U1003021

無錫文庫

第一輯

〔嘉慶〕增修宜興縣舊志

鳳凰出版傳媒集團
鳳凰出版社

ISBN 978-7-5506-0293-9

圖書在版編目（CIP）數據

（嘉慶）增修宜興縣舊志 /（清）李先榮原修 ；
（清）阮升基，（清）唐仲冕等增修 ；（清）甯楷等增纂
. -- 影印本. -- 南京 ： 鳳凰出版社， 2011.2
（無錫文庫. 第1輯）
ISBN 978-7-5506-0293-9

Ⅰ. ①嘉… Ⅱ. ①李… ②阮… ③唐… ④甯… Ⅲ.
①宜興市－地方志－清代 Ⅳ. ①K295.3

中國版本圖書館CIP數據核字（2011）第036124號

責任編輯　王　劍
裝幀設計　姜　嵩
出版發行　鳳凰出版傳媒集團
　　　　　鳳凰出版社（原江蘇古籍出版社）
　　　　　南京市中央路165號　郵編 210009
　　　　　發行部電話 025－83223462
集團網址　鳳凰出版傳媒網　http://www.ppm.cn
印　　刷　無錫市證券印刷有限公司
　　　　　無錫市揚名高新技術産業園B區75號　郵編 214024
開　　本　889×1194毫米　1/16
印　　張　35.25
版　　次　2011年2月第1版　2011年2月第1次印刷
標準書號　ISBN 978-7-5506-0293-9
定　　價　460.00圓
（本書凡印裝錯誤可向承印廠調換，電話：0510－85435666）

無錫文庫工作委員會

顧　問

楊衛澤　毛小平　周和平　譚　躍

主　任

王立人

副主任

曹佳中　陳海燕　吴小平

委　員

方標軍　須　儉　陳堯明　尤文科
何承志　蔡文煜　葉建興　施　展
嚴克勤　劉　川　雷群虎　李祖坤
瞿　敬　華瑞興　周興安　姜小青

無錫文庫編輯委員會

主　編

王立人

副主編

須　儉　姜小青

編　委（按姓氏筆畫排列）

王進雄　王賡唐　卞惠興　全　勤　吴　迪　沙無垢

金其楨　夏剛草　倪培翔　徐志鈞　浦學坤　陳文源

過旭明　過耀華　許墨林　張志清　程勉中　湯可可

蔡家彬　劉桂秋　錢建中　錢菲菲　顧文璧

執行編委

王華寶　王　劍　薛　飛　陳紅彦　林世田　謝冬榮　徐憶農

編務人員

顧志堅　李躍光

無錫文庫學術顧問

（按姓氏筆畫排列）

朱玉麒　朱維錚　江慶柏　李文海
沈衛榮　武秀成　金良年　胡福明
莫礪鋒　徐中玉　陳熙中　許倬雲
張仲禮　張廷銀　彭　林　程章燦
馮　遠　馮其庸　楊天石　趙生群
劉玉才　錢　遜　錢中文　錢文忠

總序

七千年文明史，三千年建城史，江南名城無錫，襟長江依太湖，自古以來就是魚米之鄉，禮儀之邦。無錫文化自泰伯南奔以來，騰蛟起鳳，尚德崇文，在數千年的傳承發展中，教化常持，經世務實，人杰輩出，大家林立，文藻絢麗，錯彩鏤金。舍南舍北皆春水，欲與湖山作主人，數千年的人文傳統，賦予了風光秀美的無錫以獨特的文化魅力，鑄就了城市剛柔相濟、秀逸清麗的的文化品格。

無錫是中國吴文化的發源地。早在商代晚期，周太王古公亶父的長子泰伯三讓王位，携其弟仲雍奔吴，定居無錫梅里，建『勾吴國』，『端委以治周禮』，施以禮儀教化；興修水利，授以農桑，不數年而『民人殷富』。泰伯帶來的中原文化與無錫本地土著文明相結合，吴文化以及作爲其重要組成部分的無錫文化就此發端。晋室南渡，北方人群大量南遷，帶來了中原的文化技術，促進了無錫農業、水利、手工業和商業的發展，中原文明再度與吴文化進行融合互滲。在本土文化與异地文化的碰撞和交融中，不斷推動着無錫這座城市的文明進步。

無錫歷史文化『追歷七千餘載歲月滌蕩，遂經四大轉折而成其廣大深厚：泰伯西來，吴文化成焉；永嘉南渡，江左文脉振焉；宋室波遷，江南文風始焉；歐風東漸，錫邑占風氣之先，民族工商文化始焉。數百代鄉彦賢達智慧與創造累積，文獻足徵，無慮百千』（《錫山先哲叢刊》重版弁言）。無錫文化以兼容并蓄多樣化的形態不斷發展。

崇文尚教，以教促文。北宋嘉祐三年（一〇五八），無錫始設縣學；北宋政和元年（一一一一），理學傳人楊時在無錫創建東林書院，此後無錫出現了喻樗、尤袤、李祥、蔣重珍等一批知名的教育家。至明代，顧憲成、高攀龍等在東林書院講學，此後又有許多書院相繼而起。古代無錫對教育的重視，促進了『崇文』和『尚教』的風氣，也造就了大量的人才。自隋朝開創科舉取士到清末廢除科舉，無錫共出了五名狀元、三名榜眼、六名探花和三名傳臚，并有五百四十名進士，一千二百多名舉人；『一榜九進士』、『六科三解元』，自古傳爲佳話。近代以來，經濟的繁榮進一步帶動了教育的興盛。無錫籍國學大師錢穆曾說：『晚清以下，群呼教育救國，無錫一縣最先起。』此後無錫的實業家紛紛出資興辦文化教育事業。教育的繁興，在極大程度上促進了無錫的文化發展，出現了空前的文化人才崛起的高峰。

文脉綿延，後出轉强。歷來『文化』的概念有廣義和狹義之分，這裏的『文脉』之『文』，用的是狹義的概念，即指經史、文學、藝術等人類所創造的精神財富的總和。在無錫的歷史文化傳統中，自古及今，悠悠文脉，如瓜瓞之綿綿。必須指出的是，從文化發生學的角度來看，早期中華文化的中心是在黄河流域的中原地區，無錫在宋元以前，雖有像顧愷之、李紳、尤袤、蔣捷、倪瓚等一批人文英才，但在整體上，無錫的文氣是自明清以迄近現代達到巔峰。在整個江南地區文教昌明和無錫經濟繁盛、教育勃興的大背景下，無錫地區在經史、文學、繪畫、音樂等諸多領域中，建樹卓越，俊才雲蒸，真正呈現出『人文之盛，冠於南國；碩彦輩出，著述繁富』的局面。

求實務本、重工崇商。無錫自古爲江南富庶之地、魚米之鄉。明代東林講學者將士商并列爲『本行』，講求經世致用；近代早期維新的思想家、實踐家薛福成提出『黜浮靡，崇實學』，大力倡揚『工商爲先，耕戰植其基，工商擴其用』的觀念，這些都成了近代以來無錫人求實務本、重工崇商的重要的思想根源；兼以明清時期，封建自然經濟解體，資本主義開始萌芽，無錫經濟日趨繁盛。鴉片戰爭以後，上海開埠，由於商品經濟的發展和商業資本積累的增加，逐步形成了一個以上海爲中心的，北接江陰、靖江，西連蘇州、無錫、常州的經濟區域。有布、米、絲、錢『四大碼頭』的無錫，被譽爲『小上海』。到了十九世紀末、二十世紀初，無錫許多有識之士積極引進西方生産技術，大力興辦工廠，形成了近代六大資本系統，無錫成了近代中國民族工商業的發祥地和蘇南經濟中心。經濟的繁盛，不僅爲無錫文化的不斷發展提供了堅實的物質基礎，而且也形成了無錫文化的主流形態之一的，具有鮮明特色和豐富内涵的『工商文化』。

文化源長，文獻宏大。在歷史上，無錫有過兩次較大規模的文化整理。一八九九年，《常州先哲遺書》是包涵無錫城市在内的第一次區域性文化整理集成。一九二二年，《錫山先哲叢刊》是無錫真正意義上從城市角度進行的一次文化整理。當時，國家積貧積弱，社會動蕩離亂，身處亂世的有識之士高擎文化的旗幟，以縱覽千古的魄力和毅力致力於城市文化傳統的繼承與弘揚，爲無錫地方人文教育提供了文化楷模，對增强無錫崇文興教氛圍發揮了重要的作用，爲無錫躋身江南名城提供了文化動力，其意義至今爲後人感念。

滄桑巨變，天上人間。經過近一個世紀的奮鬥探索，特别是改革開放三十多年來的迅猛發展，中華民族强勢崛起。國運昌隆，盛世修典。中共無錫市委、市政府高度重視地方傳統文化的整理弘揚工作。自二〇〇七年提出『建設文明無錫，打造文化名城』以來，無錫全面深入開展歷史文化遺産的挖掘、清理、保護和修復工作，傳承弘揚優秀傳統文化，彰顯城市人文歷史底藴，掀起歷史文化名城建設新高潮。此後，市委、市政府在《無錫市文化大發展大繁榮行動綱要》中明確要求全面整理出版地方歷史文獻，市委、市政府在《關於深化文化體制改革加快文化强市建設的决定》中再次明確要求編纂《無錫文庫》，正式啓動迄今爲止無錫地區規模最大、綜合性鄉邦文獻集成的修編工作。爲確保《無錫文庫》的編纂工作順利進行，市委、市政府專門成立了『無錫文庫工作委員會』，由市委宣傳部牽頭，設立了『無錫文庫編輯委員會』，計劃用三年時間完成編纂出版工作。《無錫文庫》的編纂，將以嶄新的學術角度和現代學科框架對城市歷史文化進行全面梳理和弘揚，站在時代的高度，充分展示城市深厚的歷史底藴，彰顯先賢哲人的智慧創造，解讀無錫文化的獨特個性，提煉升華無錫的人文精神，光前裕後，古爲今用，以文化人，由人化文，以史爲鑒，開啓未來。

《無錫文庫》的編纂出版必將發揮重要的文化功能：首先是搶救文獻。無錫自古即有豐富的地方文獻，無論經史子集，都有重要著作流傳於世。然而無錫近代歷經戰亂，一些重要典籍已毁佚，僅有書名存留；還有一些珍貴的明清地方史籍，也以孤本存世，處於若存若亡之間。由於各種原因，一些代表無錫文化的典籍保存於國内外各大圖書館中，在無錫不易見到。從清末到民國期間，在文化上有不少重要成果，而這部分書籍因長期被忽視而處於毁佚的邊緣。《無錫文庫》的編纂就是爲了搶救文獻，保存文脉。其次是古籍整理。無錫先賢留下的載籍很多，但現存書籍，版本雜亂，良莠不齊，整體而言没有經過系統編排梳理，使用不便。《無錫文庫》的編纂，就是從版本目録學的角度加以梳理，每書皆撰提要，鈎玄指要，便於閱讀使用。第三是服務大衆。《無錫文庫》所收皆爲地方古史遺文，是研究無錫歷史沿革和文化傳承的必讀書目。《無錫文庫》的編纂出版，使這些書籍的使用更加便捷和廣泛，對無錫的文化建設、城市規劃、古迹保護、名勝開發都具有很高的學術價值和實用價值。

歷史唯物主義觀是《無錫文庫》編纂出版工作的重要指導思想。《無錫文庫》是一部具有社會主義新時代特點的典籍集成，編纂理念和選編觀念更加科學，注重學術性、實用性和經典性相結合，并且儘量收入古籍版本研究的新成果，廣泛收集流散在國内外的珍貴典籍。編纂工作中，始終堅持『尊重歷史、尊重科學、尊重規律、尊重專家』的原則，堅持『雙百』方針，對傳統文化中重要的不同學派、不同觀點的資料兼收并蓄，力求客觀、完整和全面。當然，《無錫文庫》不可能包羅萬象，而以文史哲爲主要内容，兼顧其他類别著述，整體呈現出無錫歷史文化的發展脉絡。强化編纂工作的學術規範，提倡實事求是的良好學風，對文庫的整體規模、體例框架、所收書目、版式裝幀等進行反復論證，反復比較，多方聽取意見，慎之又慎，力争使《無錫文庫》成爲一部真正代表無錫文化的綜合性鄉邦文獻集成。

編纂出版《無錫文庫》的盛舉，得到了海内外衆多著名的文史專家、學者教授的熱烈響應。許倬雲、馮其庸、楊天石、李文海、徐中玉、馮遠、胡福明等無錫籍文化名人和劉玉才、程章燦、江慶柏、張廷銀、金良年等專家學者應邀擔任《無錫文庫》的學術顧問，他們扎實的學術功底、嚴謹的治學風範、卓越的學術見識，爲《無錫文庫》提供了有力的支撑。

千年吴地文明，百年工商繁華，賦予無錫人聰慧和靈秀，創造了具有獨特品質的城市文化和城市精神。當我們手捧先哲留下的珍貴文化遺産，不僅滿懷感恩、敬畏之心，更涌動着不負前賢、勵志圖新的激情，去努力創造城市文化嶄新的輝煌，讓無錫文化大發展大繁榮的春天更加姹紫嫣紅、繽紛燦爛！

無錫文庫編輯委員會

二〇一一年一月

凡例

一、《文庫》所收爲無錫籍作家的著述和與無錫相關的歷代文獻，分爲《官修舊志》、《地方史料專著》、《年譜家乘》、《無錫文存》和《近現代名家名著存目》五輯。

二、無錫地域範圍以現行行政轄區爲準。《文庫》立足無錫市區，兼顧江陰、宜興，適當選收江陰、宜興具有代表性的著作。

三、《文庫》所收著作，以史料價值高、使用價值大爲原則，適當兼顧其版本價值。

四、《文庫》主要采用影印方式出版，《近現代名家名著存目》收入作家小傳和主要著述目録。

五、《文庫》所收著作，其編纂年代下限爲一九四九年；《近現代名家名著存目》則不受此限。

六、《文庫》所收著作，原書如有蠹損、殘缺、漫漶不清處，原則上以相同版本予以换頁、補頁，使全書清晰、整齊。

七、《文庫》對所收每種圖書，均撰寫提要，置於每種書扉頁之背面；每册均新編頁碼，自爲起訖。

八、《文庫》編制書名索引和著者索引，以方便讀者使用。

第一輯編輯説明

本輯爲《無錫文庫》之第一辑《官修舊志》。

無錫自古爲文化昌盛之地，修志傳統源遠流長，延綿不斷。歷代纂修的地方志卷帙浩繁，内容豐富。其特點是修志年代早，數量多，品種齊，質量上乘，在全國方志中占有一席之地。

中國最早的風土記——晋代《陽羨風土記》發源于宜興。清代嚴可均認爲『古地説《山海經》、《水經》外，此爲最舊』。無錫修志事業發達，無錫、江陰、宜興三縣歷代纂修志書五十四部。特别到了明清時期，較他縣猶盛。明代纂修縣志十四部，清代修了十七部。無錫舊志的種類繁多，除了風土記、地記、圖經外，還有軍志、郡志、州志、縣志、合志。從記事的上下限看，有通合古今的方志，亦有斷代的續志，形式多樣。在修志過程中，李兆洛、嚴繩孫、繆荃孫等一些名人親自制定凡例，廣搜資料，考證史實，講求章法，成就了一批名志佳作。在晋代有『文言美詞列於章句，委曲敘事存於細書』（章宗源《隋書經籍志考證》）的《陽羨風土記》；元代有『詞簡而事該，亦地志之善本』（《四庫全書總目》）的《［至正］無錫志》。《［萬曆］宜興縣志》『引史證志，爲修志創一新例』（《稀見地方志提要》）。清《［康熙］無錫縣志》因『秦、嚴并名流，精史法，故其書完美。所爲凡例，尤多名論，誠佳構也』（《續修四庫全書提要》）。《［乾隆］江陰縣志》以其『文亦詳密瞻雅』（《續修四庫全書提要》）受到史學家好評。《［道光］江陰縣志》被贊譽爲『體例精嚴、裁制有法，在當時推爲佳志』（《續修四庫全書提要》）。《［光緒］宜興荆溪縣新志》『其文字之雅，搜輯之宏，誠爲後來居上』（《方志考稿》）。繆荃孫主纂的《江陰縣志》因『石刻及藝文孜孜彌詳，至有價值』（《江陰志略》）。

無錫縣先後修志十三部，散佚四部。宋代和宋代以前修有舊經、圖經、無錫志三部，均散佚；元代凡一修，明代有景泰（散佚）、弘治、萬曆三志；清修康熙、乾隆（二部）、道光、嘉慶、光緒志六部。從晋代到民國，宜興編修志書二十二部，散佚十四部；宋代以前（含宋代）修的九部志書均佚；明代修五部，僅存萬曆志一部；清代至民國修志八次，散佚一部。從宋代到民國，江陰纂修志書十八部，散佚十部。宋代和宋代以前修的五部均佚；明代修八部，存弘治、嘉靖和崇禎三部；清代修志五次。

本輯收録了民國以前無錫現存的二十六部舊方志（本輯之末附宋代的常州府志——《［咸淳］毗陵志》）。從時期上分，宋代一部，元代一部，明代七部，清代至民國十八部。按行政區劃分，無錫九部，宜興、江陰各八部。另附府志一部，其緣由是無錫、江陰、宜興的宋代方志均散佚無存，而常州府的《［咸淳］毗陵志》保存了所轄區内各地修志上繳的史料。

本輯影印的這些志書，有稀見的珍本、孤本，也有名構佳作。原書如有殘缺、漫漶不清處，以相同版本予以换頁、補頁，儘量系統而完整地整理影印出版，以起到資治、存史、教化的作用。

本輯排列順序，無錫、江陰、宜興，後附《『咸淳』毗陵志》。各縣之下以志書出版年代先後爲序。每部志書前冠以提要。

目録

［嘉慶］增修宜興縣舊志

（清）李先榮 原修
（清）阮升基 唐仲冕 等增修
（清）甯楷 等增纂

本書十卷首一卷末一卷，據清嘉慶二年（一七九七）刻本影印。

阮升基，字昉岩，福建羅源人，進士，乾隆五十七年（一七九二）任宜興縣知縣。唐仲冕，字陶山，善化（今湖南省長沙市）人，進士，乾隆五十八年任荆溪縣令。甯楷（一七一三—一八二〇），字櫟山，金陵（今南京）人，乾隆五十八年（一七五三）舉人，十九年任涇縣縣學教諭，後任蜀山學院教官，曾與江寧何夢篆、上元程延祚等共纂《上元縣志》。阮升基、唐仲冕任職期間，聘兩邑縉紳設局纂修邑志，由甯楷總其事，越一年書乃成。此志續康熙二十五年（一六八六）之舊志增補而成，記事至雍正四年（一七二六）析宜興縣而另置荆溪縣爲止，故稱『增修舊志』。卷首序、舊序、凡例、目録、纂修姓氏、縣境全圖、縣城舊圖、學宮舊圖，卷一疆域志，卷二營建志，卷三田賦志，卷四學校志，卷五職官志，卷六武備志，卷七選舉志，卷八人物志，卷九古迹志，卷十藝文志，卷末藝術、寺觀、方外等。此志『采輯舊文，諮諸遺獻，粗加釐訂，追續前書』（《凡例》），詳今略古，融褒貶於記述之中。但在内容上略有重複，『營建志有廢署亭館與古迹復出；古迹一志多載前人詩文與藝文，有復出』（《方志考稿》）。

序

朱子三幹之説原本於山河兩戒南幹之山由黟歙至天目而赴義興者茅蔣之右肱也義興徑圍二三

百里瀠洄坱圠迴環於句溧茗霅之間枕荆南包百瀆面五湖爲東南之奥宅爲其間秀靈之氣吐吞欝積蔟爲英豪忠孝彪炳之

儔文儒魁礨之士層見叠出代有其人觀其史不絶書亦可謂盛矣義興後因避諱改名爲宜興惜乎地勢稍偏而平土亦隘不可

以爲都會故宜興雖鉅邑舊領於毘陵逮

本朝休養生息百有餘年益加繁盛至雍正丙午析荆溪而二之視諸鄰境猶

然大邑也舊志編纂已越百年今且析爲兩縣則土地人民政事與一切憲典更張日新而月異以及諸父老之所傳遺士君子之所懋著者皆不可以不紀也阮侯唐侯慨焉興起率兩邑之縉紳先生請爲重纂以貽諸後人適有白門甯君在籍余屬其禮聘而

序三

綰紀之甯君者白門之老宿也越一載書既成兩侯曁紳士復請敘於余余謂朝廷有一統志提其綱也省會亦有志振其要也至於郡邑之志則無所不詳所以樹一方之標則爲士師之龜鑑也宜荆谿名勝之區多宦遊之轍其故家遺俗流風善政大有存者

序四

余復何言哉而亦有不能已於言者地偏則其俗必毅地隘則其情必拘毅則勇於爲拘則暗於識皆不可以易治也況其地當幽

序五

險更爲山水之奥區乎父慈子孝兄友弟恭礪廉隅砥名節易曰君子以朋友講習此邑中學士大夫之責也又曰王公設險以守

其國重門擊柝以待暴客君子以思患而預防之則莅兹土者不可以不慎也蓋史者用章明於既往而志者欲裨益於將來後之

序六

君子閱志中控扼一篇或有握之爲始計者矣

旹

嘉慶二年歲次丁巳冬十一月上澣知常州府

事廬江胡觀瀾撰

序七

序

古今無二致也往者過來者續曷為乎志之唐虞三代邈矣自秦漢以至於今雖有列史不能盡詳也至于一邑其小焉者也朝廷析天下為直省省若析方域為郡國郡國析土地人民為州縣一代各有其規一方各有其俗一官各有其治大都隨時以處中因地以制宜耳又曷為乎志之然而　功令所在必詳以修志為要者何也不察往無以

序　一

知其不除與無以興利與不除利不興無以盡邑大夫之責也宜興古之壺邑也今宜興分置荆溪以其地大事繁邑大夫之責尤重也於昔先曾爲州矣州之志今不得而見之又曾爲郡矣郡之志今亦不得而見之其可見者特王升徐喈鳳之志耳顧百年以來積漸更張又復不少矣不有以修之後之官斯土者將何所據以爲勸懲之本哉雖然吾且有說焉其必欲志之而

使之不朽者已過之迹皆前言往行也其亟欲志之而俾其勿壞者未來之事當思患預防也思患預防之事若何亦存乎因革損益而已矣邑之人勤耕鑿重詩書講忠孝敦節義輔之翼之此其當因者也邑之人習欺詐近佻達愛佚遊崇報賽止之黜之此其當革者也至於朋宴漸豪侈服飾漸靡麗婚嫁漸華美勸其儉約撙詘可損者損之至於城郭之坊廟

郡圖之守望山徑之曲防湖濱之分伺審其險要酌諸可益者益之凡此皆邑大夫之責也雖然吾猶有說焉邑大夫者官於此者也積功累仁或一二年而去矣或三五年而去矣雖愛民如子亦

莫能挽之長留而竟絕於不去而邑之人自紳士耆碩以至畊漁樵牧之家則世世子孫墳墓在焉居址在焉欲長保其遺業者也而可或即於澆漓而日流於敗壞也乎是則因革損益

在上者固當有以倡之尤賴在下者有以講明而互勉之也自徐志之脩今百有餘年矣前邑令阮唐二大夫慮其久而文獻無徵將亦莫詳其分合之由因謀諸紳士設局而更修之其曰合志

者邑既分治自有不得不分者亦有不能盡分者也始領其局者爲山右燕亭晉君晉君未來久適有他務還辭去兩邑大夫暨紳士請於太守胡公胡公云宜荊古義興也爲江南之望

邑蠡山川之要會核英賢之本
末非白下寧君不足以當臣席紳
士愕然曰白下甯君將在乎太
守曰今年將九十老而健清而
有神而邑侯暨紳士聞之喜甚
遂走聘以邀之余以年邁過額

學殖復荒蕪已久再四辭不獲
允既至局中始知分纂者皆邑
中積學之士是非得失考據詳
明其有稗於政教者靡不娓娓
載之余斟酌之下百不能益其
一二也嗟乎余之慕義與古自

少時而有於吳乃以舟走四方每
由一至今得於耄老之年過其
地覽其山川風景而又獲觀諸
前輩之遺績與衆英俊之風
采搴華擷實留傳後賢殆所
謂天作之合也乎越一載書乃成

諸君子請序之是時太守方卓
異赴都而唐阮二公名有調任
他所者矣　嘗
嘉慶二年歲次丁巳孟冬月上
浣之吉江寧甯楷撰

重修宜興縣志序

明 危山

郡縣之有誌書者所以載山川民物風俗事蹟之詳悉也使其書不全將何以備忝考乎宜興爲常之屬邑地雖偏僻而山川之秀民物之盛風俗之醇其事蹟又甲於他邑故杜牧之蘇東坡嘗買田築室於此實爲圻內之大縣也舊志作於周子隱今所存百中之一二耳後有續者而譜帙散亂傳至於今又多缺訛縣令樂安鄒君旦丞鄱陽李君矩皆有學識者也顧是書之缺屬予修之又得丞上虞竺君倫廬山趙君艮簿新城王君能幕賓樂平朱君輝僚佐一心亟欲成之因取舊時抄卷重加修飾其事物有缺失者又命邑人于文葦徧搜備取於是繁者去之訛者正之缺者增之編集成帙分爲十卷以壽鋟梓因謂志書有關於政事尚矣然有司不可不重昔高帝入關諸臣皆以金帛財物是取獨蕭何先收丞相府圖籍藏之使帝得具知天下阨塞戶口多少強弱之處噫若蕭何亦可謂知先務者矣今宜興諸君以志書爲急如是非知先務而何書成一邑事蹟之詳悉可以備忝考矣但去取未當而葫蘆依樣之譏滄海遺珠之嘆不能免者惟以俟後之君子倘有以補刪之庶幾亦斯文之幸也

重修宜興縣志舊序

西蜀陳遴瑋 劍華

周官志統於史氏所以察民俗稽吏治而礪世訓俗之大端也秦興罷侯置守而縣邑通爲志矣卽不領於史氏亦邑之史也第史美惡竝書以垂勸誡而志主於紀美體差異焉然能使有志者屬慕而不肖者亦以反觀而內愧或微其詞以示貶卽孝子慈孫不能增損其間殆所云以勸爲誡者耶宜興志創自子隱而二單嗣之厥後未有間及我皇祖定鼎金陵麗畿甸者名邦相錯而宜興稱巖邑焉正統間邑大夫鄒公旦能以纂修爲急屬其學博危君山輯而成志事具危序中然太史公稱孔子作春秋隱桓之間則章而哀定之際則微厥旨深矣故忝修者事非博之難而難於核文非工之難而難於直去留與奪非古之難而難於今故華之學競之筆綜其煩操其衡乃稱能志也孚齋王先生少志聖賢之學以狷介自持而於書無所不讀窺其中裕如也其識炯如也蓋邑人士翕然宗之矣予于公暇見舊志久墜觀省未備而以屬王先生先生以老辭再強之乃許余請而與邑中諸君子共纂錄之傍掺近攬纖巨畢陳俾夫譌者正逸者存微者顯缺者補屬在晚近而舊志所未及者各以類入一切考之輿論無間言乃始彙爲十卷而成書蓋粤秦漢而迄於茲如次諸掌云時

少宰檢菴翁以太夫人假還少宰國史官也卜築於宜而家焉予謁公請公以史律志而假一言之重以垂不朽公歎曰夫志也事核而不溢文簡而不靡例嚴而不苛取善廣而不狥存疑辯忒標形會景煩疏有體而不放吾乃知王先生諸君子果能相與以有成也予邑令也不與有藉乎由是不佞之王先生所謀授之剞劂且以諗王先生曰公之志於輿地見山川之毓秀於營建見宮室樓櫓之壯麗於官師則長令以下誰敢不動色相戒於食貨則軍儲所需能不愀然危恐自是而選舉而人物而藝文夫孰非邑之華而足以誡且勸者哉然予反覆於志之始末而竊

有慨也蓋宜俗故稱樸厚爲江左望郎吾鄉先哲蘇長公以文章節義雄長天下而乃擇里於宜宜之醇俗可知也不佞以樗材學製於此而適遘祲時拮据撫摩余固哀宜之艱而宜亦安余之拙凡四歷年所矣間余涖政之暇觀風問俗則不無今昔之感蓋今之聲名文物或視昔過之而困輪旣斲土埴爲樽如長公所稱地僻民儉者不逮矣此豈山川鬱氣久而洩耶抑澌靡使之然耶抑亦無識微之君子因其流而挽之耶夫萬古此溪山耳而令後之人追咎宜俗之入於漓自今日始可乎哉且考古今之變察淳漓之繇以無忘先進之風以不失蘇長公以來及太史諸公卜居之意則有是志在王先生拜手謝曰夫必端本澄源爲吾宜圖久遠甚盛心也老夫耄矣無能爲矣其自今以後嘉父母之賜藉之

重修宜興縣志舊序

邑人徐顯卿 檢菴

宜興去吾蘇三百里而近相傳毛萇由張公洞入東行從包山林屋洞天出其事不可迹亦足明地脈云余自諸生赴都時入其邑樂其山川土風遂入仕病告在里曾當避地遂占籍于斯探諸名勝得芙蓉嶺搆亭栖息久之病良已還朝又十年扶侍太淑人歸始築室長橋之南奉先大夫祠而遷焉時邑令陳侯修志書成謂余邑人也屬之序余謝幸甚明府遽邑人我夫周官外史掌四方之志志猶史也宜興爲江表名區故無紀述自晉周孝侯有風土記宋單氏績之正統間鄒令旦以屬訓導危山因舊編而飾

之成縣志更七十年正德之季韓令儒以屬教諭林文聰重修又七十年爲萬曆初韓令容延楊別駕阜李學諭延謚暨諸文學分任參考垂成而韓以制去事遂已今陳侯莅政三載重本力端士習化行訟簡文教聿興一日抱韓侯遺稿造王別駕升閎學諭國賓而屬之重訂王君篤行好古相與博採羣史蒐遺闡隱芟繁去譌輯成新志十卷首輿地而次營建重民社也先食貨而後學校循養教也官師而後人物究化原也忠義而後文藝權本末也他如引金陵志以證銅官由漢鑄山得名而力辯袁玘降棺之謬據晉史以表孝侯臨難慷慨狥義而不襲其家傳之譌稽蔣氏世譜以續雲陽亭侯黙十封統收單鍔水利之策以裨於時務而悉補舊籍之所缺遺改正蘇文忠於僑寓叙其遷逐不偶匪獨沾沾於焚券一小節大都會要而折其衷亶爲一邑之信史矣而余則謂志以徵文獻亦所以昭治理志以紀見聞尤所以重勸戒昔王澄問陳留人士吏舉蔡子尼江應元其他官位弗及也澄歎曰舊名此邦有風俗小吏亦爾蓋古人所謂士風以道德爲重者如此宜之風俗志所稱古直淳遜至於今不無小異然視他邑鮮惰窳淫侈奇衺黠僞之習齊民盡力農桑巨室無歌舞聲盬又以僻故不甚被兵革舊家大族能根據數十世以

上所從來相保不艾要在長吏幸先而訓植之而邦之士大夫益務砥礪其名行爲庶民倡俾前有模範而後有矜式斯志所爲重也不然山川勝概與天地俱封場所屆帝王經畫其餘沿革損益各因其時即紀述弗遺亦文具焉耳矣何當于師帥指乎茲非不佞樂居之意云爾余職史氏嘗修國史矣請以史例志可哉陳侯曰是吾志也夫

是吾志也夫侯名遴璋別號劍華四川富順人丙戌進士

纂修諸君子自王別駕而下俱邑之名士備列左方

重修宜興縣志舊序

晉州李先榮冀南

宜興爲毘陵名邑山水秀發人文蔚起如震澤荆溪之滙注銅官南岳之聳拔蜀山蛟橋之勝蹟張公玉女之靈異往往聞而慕之歲乙丑得承乏是土甫入境即搜其志乘乃散佚磨滅幾不可識詢厥所由蓋以俗疲民敝逋賦日積

國朝定鼎四十餘年易令凡二十有一人或二年去或一年去甚或以數月去民視官如羈旅官視邑如傳舍救過不暇百凡墮壞邑志之散佚磨滅又何怪乎余媿瑣劣繼踵前人益兢兢滋懼戴星出入惟錢穀簿書是校奚有餘力爲纂述事竊念

天子明聖遣使圖繪天下名山川爲一統志訂訛証誤不遺荒遠而宜邑江國名區幸際

昌時顧使邑乘弗備四境不知亦負職取戾之一端也爰問邑紳徐竹逸先生先生曰某因其舊文增以近製稿具矣需明府潤色之即可付梓余於是取而披閱審定之事核而辭達例嚴而義該與曩之散佚磨滅者迥不同矣遂晉剞劂氏竣工焉夫邑志之設匪獨取其文詞之博洽已也政教風俗於是寓焉記曰修其教不變其俗齊其政不易其宜夫亦言其常耳若宜邑當積獘之後非改絃而更張

之惡乎濟惟邑賢士大夫錫之嘉謨以匡不逮俾獲幸告無罪將百凡之墮壞者修復尚有期也茲志其先之者矣

重修宜興縣志舊序

邑人徐喈鳳 竹逸

粤稽周官外史掌列國之志然周千八百國未聞有以志傳者至漢班固始以禮樂刑法分著十志而亦不屬之列國惟陳壽撰蜀魏吳三國志而世稱其善敘事後之史家恒以志列於紀表傳贊而不專以志名書雖鄭樵合諸史爲通志而其體仍歸於史余嘗反覆考論志爲史中之一目而實兼紀表傳贊之義但三國志通志以志爲史故善惡並載有勸有戒若近世郡邑志載善不載惡以勸爲戒任其事者其難有九前人有所遺而修者撏羅弗廣不能補其闕略是曰紕漏其難一前人有所誤而修者較核弗精不能剔其訛謬是曰因循其難二往代之蹟以人亾而

故刪之目前之事以人存而附入之是曰忘遠暱近其難三揚前代之美鋪張過實述近時之行簡略無文是曰尊古薄今其難四世家巨室無美而諛之單門寒畯有善而抑之是曰趨熱遠凉其難五前不考信於書史後不咨詢乎父老而任意爲增損失則妄矣其難六心之所好則録之心之所惛則擯之而遠衆以去取失則私矣其難七務爲新奇與僻之詞上無關於政治之得失下無裨於風俗之淳漓失則浮夸其難八喜爲索瘢摘瑕之論或以一眚掩大德或以末節棄生平失則刻覈其難九其難如此余胡爲任其事乎蓋康熙癸亥秋盧邑侯崇義延余修郡志辭弗允遂與五邑紳士分任其事甲子秋蔡邑令司霑延余修邑志余知其難辭之再學論顧君智王君在豐語余曰郡志五邑所共先生猶任之宜志何可辭乎於是翻然任之第襄事者僅得潘文學大儒陳儒士維岱同居志館披閲舊本商酌新條匝月而規模粗定余又攜稿歸息齋中獨爲訂正芟其繁補其缺辨其訛作小序論説跋贊三十餘首綴於各卷中雖卮言譾語竊欲少補於吏治民生人心世道也然而余之任事有三罪焉今

天子聖文神武合海内外從欲嚮風在廷侍從皆皋夔伊傅

之才會典正在纂修制作隆於千古爰檄郡邑志以成大一統之書甚盛事也余以庸質淺學僭掌外史之職備天祿石渠之採輯才不勝任罪一宜邑薦紳先生或養重林泉或究心理學或古道相尚力挽澆薄之風品望足以壓衆器識足以成務者不乏其人余以少賤習鄙凡山川風土兵賦事物稍能通曉而於聖賢修省身心之學欲實踐而未能德不堪任罪二宜邑山水明秀英賢蔚興魏科顯爵雖不及前其身列詞翰之苑秩居撰著之席者踵相接也余以薄宦歸來自放於山椒水湄日與樵漁爲伍甘心貧賤歷廿餘年一齊民耳分不宜任罪三辭九難而不獲

受三罪其奚疑閱五月稿成授梓乃蔡令緣事工遂輟迄
丙寅秋李邑侯翼南蒞事期月才斂守堅民安吏肅百廢
漸興一日詢及邑志余以剞劂未完告侯慨然曰志雖一
邑之書而朝廷之大經大法於是乎昭地方之大利大害
於是乎辨官長之教養士民之習俗歷代之文獻悉於是
乎徵烏可有稿不梓無以彰同文之治乎郎細加潤色捐
俸鳩工刻期告竣嗟乎余於是不能無慨矣宜志自萬歷
巳丑王別駕升修後至康熙壬子史令君宗堯奉上檄延
史司理[redacted]吳司理晉剡陳檢討維崧任文學元祥協修
而未成甲子秋蔡令君奉檄延修稿雖具又綠事而未梓

必待李侯運斧於盤錯之中不數月而聿觀厥成豈邑志
一書成不成亦有數乎抑亦任事者之力不力耳李侯將
有改建政堂整葺譙樓之舉此皆垂久之功可爲百世甘
棠視彼以官署爲傳舍者其度越豈不遠哉修志成例得
敘其事於簡端余思修志大義陳邑侯遴瑋家少宰顥卿
詳哉言之余何庸贅第述任事之難暨任事之罪以告通
邑之人俾後之覽者亦皆有感於余言云爾

增修宜興縣舊志卷首

凡例

一宜荆舊係一邑泥合志之說者謂未分縣以前一切
土田賦稅人物學校合載前冊斷無可分執分志之
說者謂既分縣以後職官賦稅人物學額畫然分隸
不能復合今則斷自雍正三年以前定爲宜興舊志
蓋祇徐志又增四十年矣自雍正四年分縣以後曰
新修宜興縣志曰新修荆溪縣志凡此一遵
國家定制不敢以已意妄存分合之見也
一縣志自康熙二十五年徐司李修後百一十二年未

有續編間訪前事半多湮没茲則採輯舊文諮諸遺
獻粗加釐訂追續前書以俟識者鑒定之
一舊志內惟古蹟一條分志不必重見其餘如寺觀橋
梁各條於分縣後或有重修創造者仍須詳載否則
亦不重出以免複沓
一王徐二志有與正史不符及正史雖無明文而他書
足據者其中確有譌舛酌加改定並附按於下凡以
考據宜精非妄爲改竄也
一志中有在官無案可稽如人物封廕各條有在鄉採
訪難遍如名人邱墓未旌列女各條止據現在開報

者書之此外或有闕失搜羅所及已入補遺
一田賦遺　功令分志內自應據現在者書之若宋元明以來有可考證者錄入前編舊志中以明制度所由昉亦考古之一助也
一蠲賑入之田賦卷中詳開年分蠲數并錄民捐議叙于後一以見
國恩稠疊一以見民風淳厚垂示來茲庶共知勸勉爾
一志書以人物為重若輿圖沿革疆域山川風俗田賦學校武備種種皆有關係亦未可畧故據古證今務求詳備

一學校關係風化甚大凡有碑文記序概載本條之下以其文之有功名教也至書院書籍禮器樂章皆以修明禮樂移易風俗宜悉增載
一分縣後有分而未分如城垣學宮諸項種種合一其有分隸殊制者則兩載之或制本合一則詳書於宜志而於荆志則曰詳見宜興新志庶為煩簡得宜
一選舉中科甲後繼以諸貢恩拔副歲之外其由廩增附加貢者現在國子監中定以正途之目自宜一體登載其由俊秀納粟而入仕者列例仕條未入仕者不書至於武庠報捐貢生現奉新例必須先行赴部注銷始准加捐自不得濫載
一舊志選舉科甲諸貢封蔭內間有一二褒獎語殊非志體今特照原本分類另編附錄人物志之末其已有傳者不贅
一人物志所載名人取其事業文章可法可傳者載之雖生平偶有一二遺行自宜畧去或其人有一二善行可稱亦宜登載以明善善從長之意至舊志所遺而善行流傳有確據者亦為補入
一舊志人物傳中孝友文苑行誼諸條仍而不變至儒林一條易以理學義為較切其餘如廉慎循良俱併

入治績條內惟勳德二字古人中如伊呂周召始當之無愧後世如武鄉侯汾陽王千載寥寥不易覯今特芟去以其中之人物散布各條亦曰紀事必求其實選言必居其要而已
一當官以忠義為本處變處常初無二致一切名臣忠節正直等義包括無遺冠諸人物之首稱謂闡揚已極至若一介寒微捐軀殉國如河西傭補鍋匠當其精誠所激亦復何愧聖賢彼視崇階高爵泡影粃糠正不得以勢位懸殊遂謂不宜並列也
一人品之是非高下蓋棺乃定若其人尚在雖輿論鄉

評確可共信未敢輒入以破成例藝文內所載亦然
至人物舊志或并書號茲從紀傳體概省之
一列女已旌自宜詳載其未經請旌而青年矢志苦節
完貞有確據者無論已故未故一體登載
一詩文取其有關山川古蹟祠宇寺觀者既附各條之
後此外尚有名人詩文卷帙浩繁不能盡附者彙錄
之爲藝文志其餘文辭雖工與志無涉概不濫登

增修宜興縣舊志目録

宜興縣舊志　卷首　目録　二

宜興縣舊志　卷首　目録　三

增修宜興縣舊志卷首

纂修姓氏

總裁

知常州府事胡觀瀾

主修

知宜興縣事阮升基

署宜興縣事牛兆奎

同知署宜興縣事蔣勵宜

知荆溪縣事唐仲冕

知荆溪縣事段琦

署荆溪縣事高伯揚

協修

宜興縣教諭季書錦

宜興縣教諭路一德

荆溪縣訓導史釆

總修

原任涇縣教諭癸酉科舉人甲戌明通榜掌教蜀山書院 甯楷

叅訂

封儀徵縣教諭潘時敏

原任宜川縣知縣辛卯舉人路學宏

原任崇安縣知縣己丑進士汪煥

貢生湯紹寬

貢生徐瀛士

貢生李士傳

生員莫峻明

分修

舉人蔣騏

舉人戴勉

舉人宗杏標

舉人沈兆升

舉人周葆元

舉人潘恩紱

舉人吳寧字

舉人李星

舉人萬寶

貢生潘允喆

生員萬之蘅

生員儲堦

生員儲徵甲

校理

翰林院檢討 潘東曜
舉人 曹煥
舉人 汪坤厚
貢生 周芳
貢生 路應求
生員 戴樹穀
生員 徐渢
生員 徐景棠
生員 蔣景昌
監生 潘玉珂

宜興縣舊志 卷首 纂修姓氏 三

監生 李烈
監生 任朝楨
監生 儲葆先
監生 周星垣
監生 徐經權
監生 任葆眞
童生 欽廷槐

督刊

湖汶司巡檢 喻榮疆
宜興縣典史 王蘭璧

荊溪縣典史 王衡

剞劂

監生 胡駿

宜興縣舊志 卷首 纂修姓氏 四

增修宜興縣舊志卷首

全境圖說

周禮大司徒掌邦國土地之圖周知九州地域廣輪之數職方氏掌天下之圖地辨九州之圖使同其貫而又司險掌九州之圖周知山林川澤之阻誦訓掌方志以知地俗是有志必有圖宜雖一邑將欲志其廣輪志其貫利志其險阻非冠之以圖曷以按籍而稽哉弟徐志圖多舛漏且橫亘數幅方位不明今詳加考核綜諸尺幅之中庶鈌略去而方位明差爲詳備云

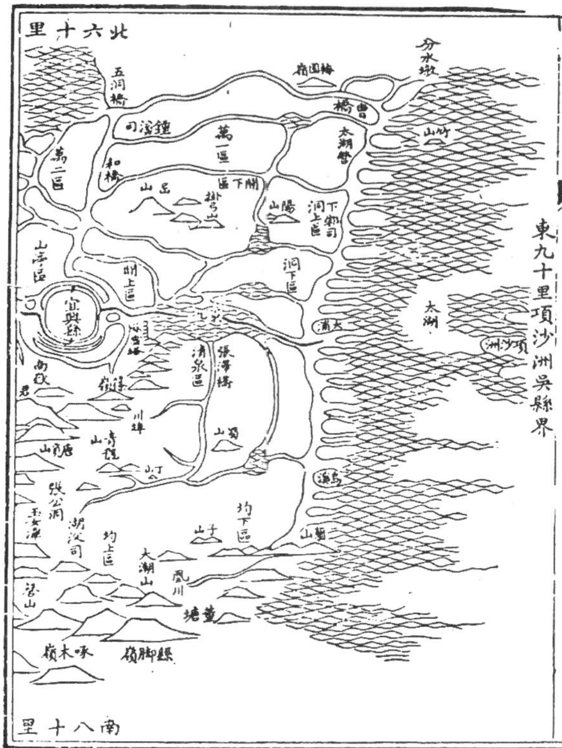

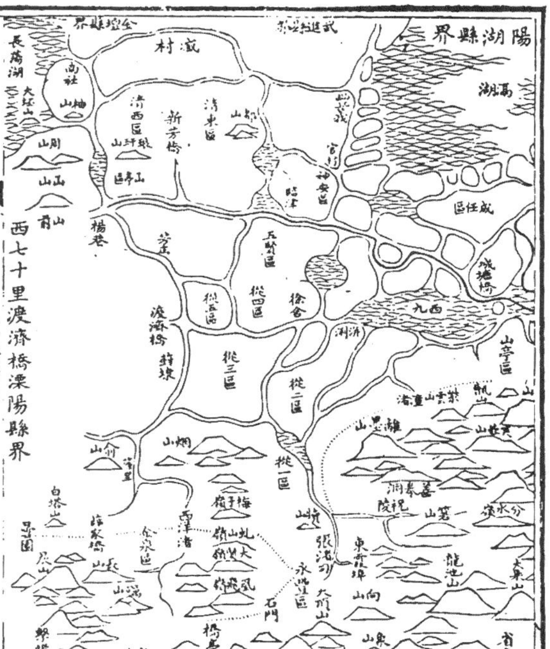

圖而係之以舊不忘其朔也士食舊德之名氏農服先疇之畎畝于今雖分而版圖比連犄交綉錯兩邑人士更無此疆彼界之心則寓合一于全境圖中亦猶存念舊之意也

增修宜興縣舊志卷首

城垣圖說

宜興城小而固東西南三面縈繞兩氿會合以達北城運河環之雉堞參差萬家烟火冠之以圖而邑屋之繁華形勢之險要一寓目而盡得之

宜興縣舊志　卷首　城垣圖　三

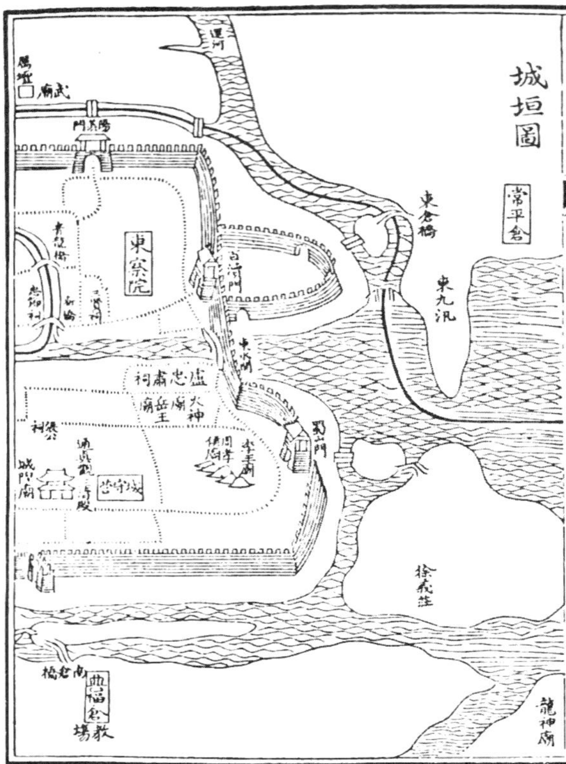

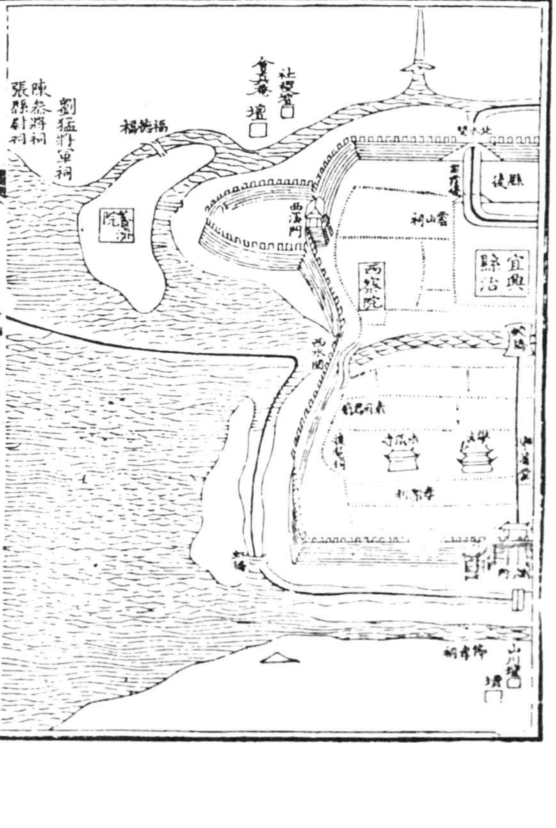

宜興縣舊志　卷首　城垣圖　四

城垣而亦係之以傳者宜城自分縣以來歷市不殊垣墉如故而一切壇廟廨坊倉庫隨時易名將遺址不可復識矣故圖其舊城以備後來者考覽焉

增修宜興縣舊志卷之首

學宮圖說

學校重於三代至秦而廢漢祀
孔子於闕里唐宋元明皆祀於廟
國朝因之而學宮之重萬古爲昭圖之所以明愼重也
徐志故有圖共制畧備但西齋後有儒署而無東齋
後之儒署射圃亭已圮仍係之西偏與制稍有未符
今特爲增損視舊加詳寄焉

學宮圖

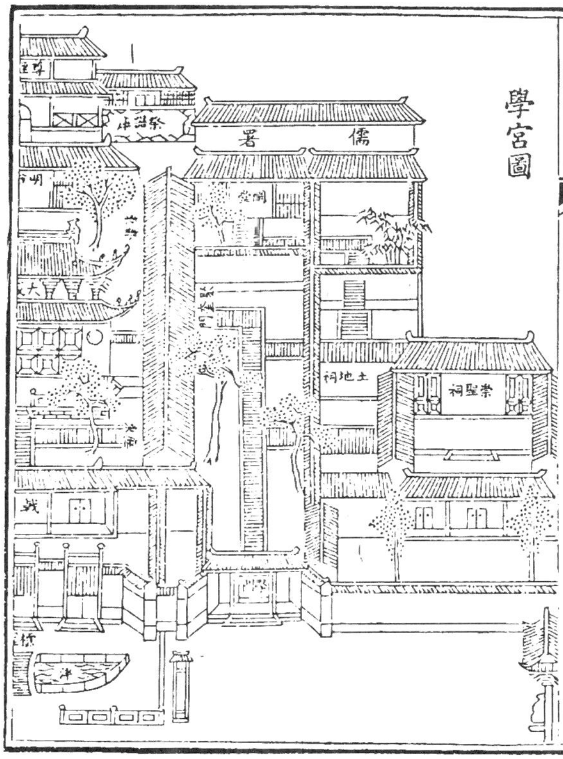

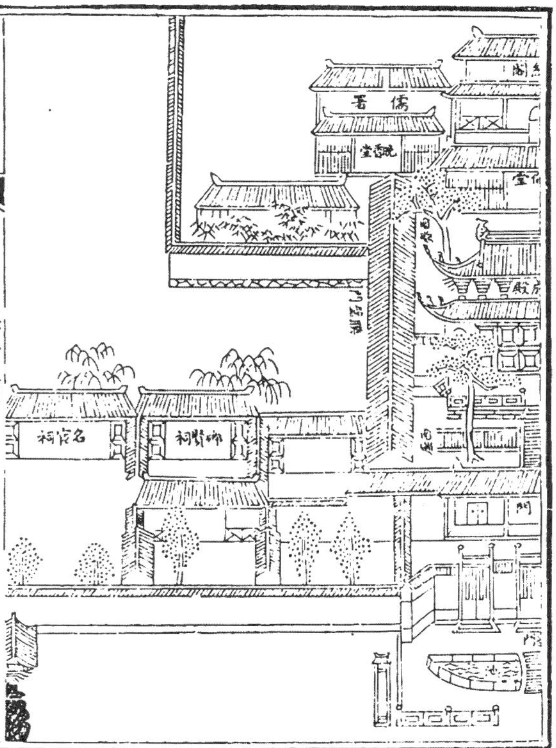

文廟爲
先師而設殿宇宏嚴正位乎中以示尊也前設啟聖祠溯
所生也後爲明倫堂尊其教也至鄉賢名宦祠以隆
儒術以勵官方制綦詳矣覽斯圖者知
國家尊崇學校奬勵士林奮興勸勉以無負
作育人材之至意斯庶幾焉

增修宜興縣舊志卷之一

疆域志 星紀

星隨天轉動也野以地分靜也以至動之星配至靜之野何能尺寸相符然熒惑守心於宋實沈爲祟於晉李郃識二使之入蜀薛頤奏四德之分秦往往奇中蓋星麗乎天躔度或移而其精氣所屬確有定位如五行之寄五方而不在以形跡求也況有遲留有伏逆有飛孛識者徵之休咎自見故唐書山河兩戒考以地証天第甘石家推測之法自有專門姑列之以俟通其術者

揚州之域天文所屬乃斗牛女之次 周禮保章氏註星紀吳越也 帝王世紀曰自牛十一度至女七度吳越分

晉書南斗十二度至須女七度爲星紀 唐書南斗牽牛星紀也 元史斗四度三十六分六十六杪入吳越分

增修宜興縣舊志卷之一

疆域志 疆域

天辨分野地辨方輿地主靜故云方地主載故云輿然統言之則爲方輿析言之則爲疆域此都會郡縣之所由起也即一邑之中城鄉都鄙界畫分明主治者斯有條理焉志疆域

宜興疆域廣袤之數宋以前不可考已載在咸淳毗陵志者曰東西百六十五里南北百十四里東九十三里入平江府吳縣太湖中沂洲西陽一云洞庭西山西七十二里入建康府溧陽縣葑埭村南六十里入安吉州長興縣垂脚嶺分水北五十四里入晉陵縣孫墅村是爲四正之境東南八十四里入長興縣義鄉山西南百里入廣德軍廣德縣伏牛嶺東北六十五里入晉陵縣百瀆口舊志六十里入武進陵臺村西北九十里入鎮江府金壇縣是爲四隅之境朱昱成化毗陵志謂明初重加揆度廣百六十二里袤百四十里東西南三界同咸淳志北界抵武進縣黃土橋唐鶴徵陳玉璂常州府志並因之三書皆言正而不及隅萬歷時王升縣志乃以東西爲百九十里其所載四正四隅惟西之葑埭村與咸淳志同其東則云抵蘇州吳江縣界太湖中項沙洲九十里南抵湖州府長興縣界豕木嶺分水八十里北

抵武進縣界黄土橋六十里東南抵太湖長興縣界浮山嘴七十里西南抵廣德州溧陽縣界分界山百里東北抵武進（舊志作無錫）縣界百瀆口七十里西北抵金壇縣界就樂村七十里康熙間徐喈鳳縣志因之據今兩縣之境考之與各志所言舊境有同有不同爰以今所定者著於篇

宜興縣舊境

東九十里至太湖中項沙洲蘇州府吳縣界

西七十里至渡濟橋鎮江府溧陽縣界

南八十里至豖木嶺浙江長興縣界

北六十里至五洞橋陽湖縣界

東南八十里至董塘浮山嘴浙江長興縣界

西南百里至伏牛嶺分界山安徽廣德界

東北六十五里至百瀆口分水墩陽湖縣界

西北九十里至就洛村鎮江府金壇縣界

由宜興城百二十里達于府二百九十里達于蘇州府三百六十里達于江寧府三千四百八十里達于
京師由縣城至無錫縣百四十里至溧陽縣九十里至金壇縣百三十里（朱唐陳府志俱作百二十里）至廣德州百八十里至浙江湖州府百四十四里至長興縣百四十里至德清縣百八十四里各志舊載併附書焉

增修宜興縣舊志卷之一

疆域志　沿革

歷代肇興首稽輿地規模互異名號各殊凡載諸史冊者班班可考然或數代相沿或一朝屢改即在一邑中亦具有盛衰興廢之迹今悉著於篇為居今稽古者之鑒云

夏商周時地屬揚州以荆南山衆水所歸故名荆溪

周初屬吳元王四年越滅吳遂屬越顯王三十六年楚滅越又屬楚俱稱荆邑

秦并楚置會稽郡改荆邑為陽羨縣以屬之

漢高帝十二年封尹靈常為陽羨侯仍屬會稽郡

後漢光武時為陽羨邑順帝永建四年改屬吳郡

三國吳寶鼎元年置吳興郡陽羨縣屬焉

晉惠帝永興元年以周玘三興義兵討賊有功割吳興之陽羨并長城縣之北鄉又分丹陽之永世置陽羨義鄉國山臨津永世平陵凡六縣立義興郡以表玘之功（王志徐志以事在懷帝永嘉四年今據晉書考定）

宋武帝永初三年割陽羨義鄉及宣城郡之廣德吳興郡之故鄣長城又增置綏安凡六縣屬義興郡至明帝泰始四年以義興郡屬南徐州（今丹徒）

齊武帝永明二年以義興郡屬揚州尋復屬南徐州

梁陳二代義興郡俱屬南徐州領陽羡臨津國山義鄉綏安凡五縣

隋文帝開皇九年廢義興郡改陽羡縣爲義興縣省義鄉國山臨津三縣入之屬常州府（常州後改爲毘陵郡）

唐高祖武德二年改義興縣爲鵝州仍分置陽羡臨津二縣屬之國山遂廢七年又改鵝州爲南興州（唐書缺載鵝州今依通典補之）仍置義興陽羡臨津三縣屬之八年州廢并省陽羡臨津獨存義興縣仍屬常州府至肅宗乾元二年割義興縣屬潤州（今鎮江）三年復屬常州府（常州天寶間改爲晉陵郡又復爲常州）

宋太宗太平興國元年避諱改義興爲宜興縣

元世祖至元十二年改縣爲南興軍（或曰宋德祐元年改）十四年仍改宜興縣屬常州路十五年陞爲宜興府二十年復爲縣二十一年復陞爲府仍置宜興縣以隸之至成宗元貞元年府縣俱廢改立爲宜興州仍屬常州路

明太祖洪武元年改州爲縣屬常州府（常州太祖初曰長春府尋復爲常州）

國朝因明舊制宜興縣屬常州府雍正二年兩江總督查弼納以宜興賦重事繁題請分爲兩縣三年析宜興城東偏及東南正南西南鄉迤至西北函亭區置荆溪縣與宜興縣同城並隸常州府

增修宜興縣舊志卷之一

疆域志 山川

山（嶺巖峯岕塢合載）

君山在縣西南二十里舊名荆南山俗名銅官山高二百三十仞麓周一十五里爲一邑之鎮風土記云東漢袁玘爲陽羡長逆知水旱每言殁當爲神後無疾而終一夕風雨晦暝亡其棺邑人夜聞此山有數千人聲旦亟往視棺在焉走白縣吏民羣至則棺已瘗藏惟見石塚石壇旁有竹枝如馬鬣遂神之爲立祠或傳玘之亡天賜銅棺以瘗或云山昔産銅有司采之故名銅官上有

龍潭産蜥蜴禱雨輒應唐陸希聲詩有君山蒼翠接青冥之句都穆有南嶽銅官二山記

南嶽山在縣西南一十五里即君山之北麓孫皓既封國山遂禪此山爲南嶽其地即古陽羡産茶處（詳名勝）

香爐峯在君山正南兩石筍間突起圓峯峭不可登俗又號雄鵝頭舊有金鵝山疑即此

篆嶺在南嶽左

馬面山在南嶽東

仰高山在石亭埠南馬面山之右

舟山在南嶽西

圍塢在縣西南十五里四圍皆山中有泉石可愛又有大
同塢小同塢俱相近
山花嶺舊名楊梅嶺在君山西昔産蜜楊梅入貢任昉謂
其病民奏革之
皂莢嶺在山花嶺北
陽嶺在君山西北
嶕山在南嶽西
柘塢在嶕山西
薔薇塢在縣西南二十五里六平村南地多此花故名
清流塢在縣西南三十里與潼渚相近

紫雲山在薔薇塢東大盧山北内有徐文靖祖墓
逢山在潼渚南
横山一名大盧山在薔薇塢南君山之西麓上有禪寺
芙蓉山在縣西南三十里君山之南麓衆峯簇擁望之若
芙蓉故名直南正與龍池對山有寺唐大𤨏禪師曾建
道場（詳寺觀）
西餛山在大盧山西其形如餛雲氣騰湧若炊故名
小心山一名敷金嶺在縣西南三十五里爲君山之西峯
其下湧泉皆金色
茗嶺山一曰閩嶺在縣西南八十餘里山脊與長興分界
東北爲龍池山
象山在茗嶺北青峯入雲層巒劍矗有盧忠肅公祖墓
正幹山在茗嶺東北
向山在茗嶺北與正幹山相連外口狹臨中極寬平良田
可五六百畝居人可數百餘家東通長興西通廣德可
以避亂在茗嶺西十里巉巖壁立仄徑通人下臨深澗
時聞瀑布聲乃象山之門戶
瑶會山在向山東北疑即唐志所稱瑶蘭山
蘭何山唐志茗嶺直北曰瑶蘭山右一枝曰蘭何山再右
曰龍池山

柏山岡在向山北
丁山在向山北（此山在縣西南七十餘里與東丁山别）
祖山在東霞埠南
長岡林在茗嶺北一名石義山疑即唐志馬耳山兩峯尖
聳如馬耳登其巔有舊城基相傳明初有徐萬戶據之
或曰有避亂者居之藉以拒盜今在永豐十七圖
象嶺在向山東
石屑岕在向山東
龍池山在縣西南七十里山巔有池池中多蜥蜴山下有
洞口陳公洞（詳名勝）

白雲巖在龍池山巔詳名勝咸淳志成化志有白雲岩無白雲岩唐志有白雲岩無白靈岩

王志徐志並載今考之無所謂白靈岩者核舊志所云峻逾百仞上有龍湫雲氣常蒸純禱雨輒應其即龍池白雲岩無疑

伏虎巖在龍池山巔稍西詳名勝

長嶺在茗嶺東

大嶺在長嶺東從茗嶺往東省庄道必經此

水竹山在龍池東南

潘山在龍池東南

陽嶺在潘山北

長龍山在陽嶺北龍池山東

慕石芥在陽嶺北分水嶺南

分水嶺在龍池北

蒿山在縣西南三十五里分水嶺東

仰嶺在龍池西北

東蔣山西蔣山在龍池西

白雲洞山在龍池西北此山名非洞名也

上葛山下葛山在仰嶺西

䈉山在縣西南五十里祝陵南山徑平坦東達川埠王志

云䈉嶺即䈉山今考縣西南八十里另有箬嶺

銅坑山在龍池西

玉帶山在祝陵南

黃龍山在玉帶山南

沿溪山在張渚鎮北與獨山對峙茗嶺之水皆會於此雨

山實遊鎮之在天頂山北二十里

離墨山在縣西南五十里九嶺相連高一百二十五仞臨

蒲墅蕩東相傳仙人鍾離墨得道於此故名山頂產佳

茗芳香冠他種

國山在離墨西南三里孫吳時有大石自立又有石立十

餘丈皓侈以爲瑞遣司徒董朝封之改名國山立石頌

德其形如鼓俗呼囤碑詳見古蹟又呼爲董山以董朝

所封故碑文兼篆隸年久剝壞乾隆甲寅年荆令唐仲

冕搆石亭覆之又自爲記勒石

善權山在國山東南

龍巖在善權山有洞曰善權洞詳名勝

茗山在縣西南五十里

三州山在襄王嶺西南東界長興西界廣德俗名茅山

襄王嶺在縣西南九十里係三州山東幹

道地嶺在襄王嶺東

太華山在襄王嶺東北山極高峻其頂有寺名九峯禪院

明天啟年建西曰黃坑岕石壁峻峭如畫東曰北川岕

共澗皆西北流滙成大澗至龍嘴潭

穀嶺在縣西南九十里太華山西北東出曰石門西出曰龍嘴

石門山近穀嶺有石門庵

天頂山在石門東長岡林西北萬山中巍然獨秀

海岱山在太華山西北

太母岕在穀嶺北

橋亭山在大母岕西係南北通衢

凰姑嶺一名王古岡在大母岕北

静山在凰飛嶺西

凰飛嶺在縣西南七十餘里上有凰飛庵其西峯曰雞籠山與嶺相連亘

横山在凰飛嶺西弔橋北其西近烏溪壩

小賢嶺大賢嶺在凰飛嶺北

虬山嶺在大賢嶺北其東爲張渚鎮

獨山一名犢山在張渚鎮北其形如象與沿溪山對峙張渚水口東岸之山至沿溪山止西岸之山至獨山止距天頂山二十里

梅子嶺在虬山嶺北宋建炎三年巡檢方允武與金兵戰歿於此 按自穀嶺而北諸嶺迢遞相接嶺西爲金泉區澗皆西流入西洋渚嶺東爲永豐區澗皆東流入張渚

獅子山在梅子嶺北

九條岡在梅子嶺西北

煙山在縣西南五十里與離墨山相對上有漁磯臨深谷舊傳孫堅釣於此

羅漢山在煙山西南

鷄籠山在煙山東北

大金山在煙山南

藕山一名藕節山在煙山西

石牛岡在煙山西

茶山在藕山西與俞山對峙爲金泉區諸山水口

魯山在茶山北西臨亳陽河

潑活岕在縣西南九十里三州山西

天井潭山在潑活岕北其南爲襄陽村其西爲西井村與鮑娘山對峙

鮑娘山在西井西

太平山在三州山西上有正覺庵

分界山在縣西南百里太平山西入廣德界山甚平坦

深洞山在分界山西

箭嶺在深洞山西

伏牛山一名金牛嶺在縣西南百里舊志溧陽分界今考
與廣德分界
黃石岕在箭嶺北有黃石庵泉石可玩
乾元岕在箬嶺北岕底有高石峯名仙人石
箬嶺在箭嶺西邑西南境止此
庵基山在乾元岕西與廣德溧陽界
武花山今名鳳凰山在黃石岕北
礪山在武花山北其形方頂平如礪王志云自小心山連
亘而起下有金泉徐志云下有泉自章山出炯炯如金
流入慈湖溪故以金泉名其鄉云

大龍山在礪山西
長山在縣西南九十里鈞橋西長十餘里奇峰峭立下有
沸泉按太華山水自東南來乾元岕諸水自西南來滙為大澗暴雨則汪洋奔迸流至長山下澗騰湧其聲如沸故舊稱沸泉
章山在長山北綿亘西來其澗自烏溪即慈湖溪北流有六壩
蓄水溉田可千畝按徐志云山周廣六十八里高六十八丈近武花沸泉二山又云過計武花西北諸山皆謂之章山今考之士人殊多不合存參
雙塘嶺在長山西有澗自溧陽來注慈湖溪有橋曰長安
橋
磨盤山在長山北

晨山在縣西南八十里山自長興北出溧陽境而左旋復
入本邑特起晨山西為西瑶岕盧忠肅公墓在焉
潘山在晨山東北
白塔山在晨山北
下山在晨山北
蔣山在白塔山北
俞山在蔣山北平中突起二山流水環之東曰小俞西曰
大俞與曾山對峙為金泉諸山水口其下有港通溧陽
戴埠
靜樂山在縣南三十里君山之東麓有禪寺景物甚幽

甑山在川埠西榭嶺東南名東甑山唐志云由甑山過榭
嶺則為君山今有甑山庵與靜樂寺同隸均上八圖梁蕭子雲贈法海師還山詩忽聞甑山侶萬里自相親沈寥曉霽霽重疊晴雲新唐僧清塞宿晝上人房詩云別來松頂宿知在甑山禪積靄沈斜月孤燈照落泉
使嶺在縣南二十五里舊稱君山最高而嶺為之東尊有
承使之象故名
榭嶺在君山東多榛栗
下馬嶺在縣南十五里山蹊巇險過者解鞍又有上馬嶺
相距半里山徑傾仄相類
下山在縣南五里一名霞山又名蝦山來自使嶺連亘龍

灃篠嶺諸山其下支壟甚多類多名冢孫鴻慶饑卅有詩云蘿㝝蘿幕
翠葉隕砌堆紅宿鳥來還去微泉咽復通
上山在下山西自騄家山以下十數山俱在縣東南近縣十數里之內而支脈則皆自南來任源祥山水志小序云君山稍北而東出至於白家山未至白家山右旋北出則爲龍潭篠嶺諸山
香山在縣南三十五里按香山村在均山鄉六十五都與川埠丁山甯墅靜樂相近距蘭山甚遠而舊志云與蘭山相接是以蘭山南之香山當之已隸長興非境內之香山也
龍山在縣南五十里下有武陵洞
磬山在縣南五十餘里湖汊西南二十里中有禪院明天
啟間天隱和尚建
垂腳嶺在縣南六十里入長興圻溪界十道志云行人陟

嶺多重趼一名懸腳嶺
積石塢在水西澗南多勇姓
白家山在縣東南二十里爲君山之東峯
騄家山在烏墅寺南
烏墅山在滄浦山南有寺
廣福山在滄浦東
滄浦山在龍潭東明萬歷三十五年建七級浮圖名承雲
塔
梅林山在下山東
龍潭山在篠嶺東

縣嶺在篠嶺北
篠嶺在縣東南五里有三塢前後連亘
銀樹嶺在縣東南十里
壽山一名陽山在廣福東
穿石山一名蛟山又名洞山在縣東南二十里詳名勝
石灰山在丁山西南
丁山在縣東南三十五里有甯相公墓或以爲甯戚
黃龍山在丁山東
青龍山在黃龍山東產黃石者曰黃龍山產青石者曰青
龍山二山相近

蜀山在縣東南三十八里一峯屹立水環其麓亦名獨山
罨畫溪自南而北至張澤橋入東溪羣山皆在河西惟
蜀山在河東山麓有東坡書院
頤山在縣東南三十五里唐陸希聲退隱於此謂此山東
走震澤有頤之象故名著二十有七詠記臺池泉石林
木之勝宋嘉祐中令趙文昌刻石縣圃
松嶺偃月嶺梅花塢俱在頤山
均山在縣東南三十五里東接長興南連廣德重山複嶺
頗易匿瑕
唐貢山在縣東南三十五里臨罨畫溪以唐時產茶入貢

故名金沙泉即在其下唐杜牧題茶山詩山實東南秀茶稱瑞草魁剖符雖俗吏修貢亦仙才溪盡停蠻棹旗張卓翠苔柳村穿窈窕松澗渡喧豗等級雲峯峻寬平洞府開拂天聞笑語特地見樓臺泉嫩黃金湧芽香紫璧裁拜章期沃日輕騎疾奔雷舞袖嵐侵澗歌聲谷答迴磬清藏葉鳥雪艷照潭梅好是全家到兼為奉詔來樹陰香作幄花徑落成堆景物殘三月登臨愴一杯重遊難自尅俯首入塵埃

張公山在縣東南五十五里山巔空穴到底郭璞註云陽羡有張公山洞中有南北二堂故老傳云張道陵居此

求仙詳張公洞

會仙巖在張公洞側百餘步孤峯壁立若雕琢然詳名勝

金晶巖在張公洞西南二里許詳名勝

紅嶺在湖㳇南十餘里山多映山紅花開時遍山盡赤一

作洪林山

大成山一作大乘一作大城在湖㳇渚西八里下有洞旁有庵儲大文記云大乘寺適當龍池磬山中行者得憩焉

啄木嶺在縣東南七十里唐湖常二守貢茶相會之地

大湖山一名南山在縣東南五十里上有金雞墩內有洞可藏二三十人夏瓊詩雨歇捲疏簾嵐收見孤嶺丹浮蜃氣明翠接波光迥露花松墜香風葉荷翻影白雲何處來半掩青螺頂

楚山在縣東南五十里與大湖山連亘而西挺然特出

蘭山在縣東南五十里麓周一十五里輿地志云石蘭山斗入太湖五里南曰大蘭山北曰小蘭山舊多產蘭故名石麓入湖中謂之蘭壓旋舟多罹其險明宏治間沈亞卿暉夫人捐米二百石鳩工運石築高壘以為標望行者知避至今德之項麒詩透迤石蘭渚蘭香濃欲滴念彼種蘭人徘徊日將夕

義山在縣東南六十里東臨太湖有義鄉城廢址南入長興界

子山在蘭山西北

湘于嶺在鳳川

鏡臺山在縣東南六十五里鳳川西南大埠頭

九里山在縣東九里

段岡山在縣東十里臨東溪上山麓多巨石風水相搏湍流峻急舟行至此多罹其險

計山在縣東北二十五里俗作岊山山巔有龍池宋時築龍祠於其上蔡肇詩云南山鼕鼕天作鼓號召諸龍畫行雨惟有禿角最先到潑墨雲中雪鱗舞

金鵝山在岊山東昔有金鵝飛集唐改義興為鵝州以此

虞山在縣東北二十里岊山東舊志云曾產連理木

挂弓山在岊山東

保安山在岊山東南有寺

玉犬山在保安山前

李山在縣東北三十五里岊山東北有李山禪寺

陽山在縣東北三十五里一作峄山風土記云山多縱石上有周孝侯試劍石又有宋樞密使郭三盆香火院曰彰善寺

浮山在縣東北三十五里兩峯對峙三面溪環詩人多題咏目爲浮峯醮碧

竹山在縣東北六十里太湖濱沙塘港口其阜直峙湖中山洞出白泥可堊壁

洞山在竹山西北

蓼莪山在縣東北六十里舊傳晉王裒嘗隱於此

百瀆山在縣東北與陽湖分界百瀆村北里許有陳墓灣

山隸陽湖界 舊志又有柯山在滆湖鄉下有蔣默墓今卯橋西南有柯山橋而無山亦無蔣墓在竹山

都山在縣西北四十五里一名工字山西南一峯東西二峯中亘小嶺有蔣澄墓山西有蕩

安樂山在都山西十里蒲千蕩東

函山在縣西北七十里西入溧陽界風土記云昔函姥於此得道後人立亭記之漢封蔣澄爲函亭鄉侯舊志云與函山對峙者曰荆山又分大玉山小玉山今俱無考

臥牛山在函山北

金豐山在安樂山北

董家山在金豐山北

彭祖山一名黄土山俗名彭庄山在董家山北

琅玕山在縣西北九十里新市河東上有龍湫歲旱禱雨

力山一名楊渚山在蒲千塘西距縣八十餘里

前花山在縣西北八十餘里楊渚河西

周山在前花山北其支曰東山 舊傳魏博士周生烈葬此或云有斷碑乃烈所作

黄家山在周山西洮湖濱

漸山在洮湖濱峯巒奇怪以詩有漸漸之石故名

小坯山一名白石山在洮湖中輿地志云水底有石室亦有虎跡涸則見

大坯山在小坯山北亦在洮湖中二山相望水四面環之若浮故名其山金壇溧陽志並載今此山專屬宜興上有普門禪院 芮熾詩昨宵海上失蓬萊愁煞羣仙望不回飛入洮湖飛不去青蓮湧出浪花堆 按此山坐落洮湖宜金溧俱載此山者因在三邑交界故各引爲名勝耳稽之王徐二志載明國稅專屬於宜上有曹氏祖墓自明季迄 國朝俱係曹氏全辦山糧乾隆十一年普門寺僧揑詞上控欲將此山改歸寺業奉撫院莊批府審勘山仍歸曹寺亦永作曹氏香火並將丈出餘山及山下灘漲准令曹氏報陞遂爲定案

柚山在縣西北九十餘里與大坯山對峙多巨石延袤數里下臨洮湖風起水湧濺沫如雪東麓有蔣氏讀書精舍今不存

山洞

張公洞在張公山詳名勝
善權洞在善權山詳名勝
飛蓋洞在會仙巖
白馬洞在張公洞後詳名勝
白鶴洞在張公洞北二里
佛窟洞在張公洞西南三里玉女潭西詳名勝
君陽洞在水犀洞南當君山之陽故名詳名勝
大成洞一名淩家洞在大成山詳名勝
金沙洞在湖㳇金沙寺俗名鮎魚洞
武陵洞一名西施洞在龍山下詳名勝

川埠洞在穿石山詳名勝
天井洞在芙蓉山寺前深峻如井以上十二洞俱載咸淳志
水犀洞在天窟洞西以上二洞唐志所增
碁盤洞在會仙巖詳名勝
三郎洞在芙蓉山寺前
善行洞在君山北其峯最高右洞左池岩石如蓋詳寺觀
陳公洞在龍池山麓因土人陳輿所闢故名
天窟洞在玉女潭西南三里詳名勝以上四洞王志徐志所增
仙人洞在長山麓

山潭

玉女潭在張公洞西南三里詳名勝
金牛潭在張公洞後水泓澄不竭舊傳有金牛八此潭又名伏牛潭
黿潭在湖㳇側孫鴻慶詩云從來白馬澗聚作烏黿潭
蔣墓龍潭在縣東南二十里穴出山頂水清有魚魚不可食每遇大雷電則龍火輒焚林木後以鐵投潭中遂息蔣景坡書龍潭二大字刻石上今不存
君山龍潭
岳山龍潭
聖山龍潭以上七潭俱載咸淳志

清水龍潭在縣西南五十里
龍池山龍潭
琅玕山龍潭
章㮾潭在湖㳇東南里許以上四潭王志徐志所增外又有白茫源拜都潭皆非山潭另列諸溪

山泉

金泉在金泉區礦山泉色炯炯如金故名徐志云金泉有三一在永豐區敷金嶺一在均山區唐貢山今無考
真珠泉一名卓錫泉在南嶽寺前大旱不竭唐稠錫和尚嘗欲以此泉烹桐廬茶未幾有白蛇啣茶子置庵側自

是種滋蔓味極佳時人爭致官府徵需無藝寺僧苦之有題壁間云官符星火催新焙反使山僧怨白蛇泉舊有亭覆之吳達可題卓錫泉三字

潛虬泉在湖㳇渚幽深不可測中有四足鮎數歲輒一出出必大水陸希聲詩蟠虬小穴出嵌空潛伏幽姿在此中

於潛泉在湖㳇鎮稅務場後穴濶二尺許狀如井其源嘗伏味甘洌唐修貢茶時此泉亦上供

沸泉在慈湖溪側詳見長山

湯泉在金泉匯十五圖有湯泉村今已無泉舊志以爲水

溫可浴以上六泉俱載咸淳志王志增游泉本寰宇記在縣南四十里北流入圻溪今訪之莫有知者徐志增陽美茶泉本湖州府志云在啄木嶺今亦無考

澗渚

黃潼澗在縣西南五里源出君山圍塢嶺經石亭至南郭入東西兩溪

大澗在縣西南十里源出南嶽山北流至後袁河入西溪

沿林澗一名洎林澗在縣西南五十里舊志云源出君山北入荆溪今考之莫知有沿林洎林之名惟有澗出嵮山經環里彭庄北至後袁河入西溪西南山澗惟此爲最大又有洎林村與彭庄相近則今之嵮山澗即舊志沿林澗無疑

洛澗在縣東南二十五里與查林近源出君山北流至張澤河入東溪

橫澗在縣南二十五里舊志云源出君山北入東瀉溪

白馬澗在張公洞側舊傳白馬見於此韓熙載洞靈觀碑云飛白馬於澗邊臥金牛於潭底以上六澗載咸淳志

水西澗在縣南七十里今考懸脚嶺有澗北流至澗潨經鳳凰橋入太湖疑即此澗也以上一澗王志增入今橫澗白馬澗水西澗俱不著名然山澗未嘗改移特古今異名或村居遷徙莫可指耳並載之以俟考

薔薇澗在縣西南二十五里源出薔薇塢北流經陸平村

入西溪

梅林澗在縣東南十里源出篠嶺諸山北流入東溪

潼渚在縣西南三十五里源出橫山蓬山經下埠頭北流入張渚河

烏塘涂在縣西南五十里源出鳳凰窠梅子嶺諸山自西南來滙葉溪諸澗東流至五洞橋入蒲墅蕩

祝陵澗在縣西南六十里源出砮山善權諸山西流經玉帶橋楊春橋合張渚河入蒲墅蕩

畫眉澗即東霞埠澗在縣西南七十里源出龍池諸山北流至新橋與張渚合

張渚一名桃溪一名章溪一作張溪在縣西南七十里源出茗嶺北穀嶺諸山流入張渚鎮合東霞埠諸水同注獨山口又北合祝陵水入蒲墅蕩

西洋渚在縣西南八十里源出太華諸山西流經磄山北滙溧陽西來諸澗流爲慈湖溪俗名烏溪又北流爲西洋渚按太華西來之澗甚廣而易涸故名涸溪又名始通舟考溪乃慈湖溪之上流慈湖溪又西洋渚之上流

湖㳇渚一名湖㳇在縣東南四十里滙東南諸山澗流至湖㳇鎮始通舟又東爲罨畫溪過蜀山其東流入太湖其北流入東溪東南又有石蘭渚卽蘭山港列諸瀆中潼渚張渚湖㳇渚皆載咸淳志至舊薇澗梅林澗烏塘浛祝陵澗畫眉澗皆新增入山澗甚多特誌其稍著者

增修宜興縣舊志卷之一

疆域志 山川

湖溪河及港瀆川蕩浛俱分見

太湖在縣東四十五里南踰蘭山至董塘嘴入長興界北越竹山抵百瀆口分水墩入陽湖界其占本邑東境百里而遙納七十四瀆之水由湖注三江以達海禹貢震澤爾雅具區左傳笠澤史記五湖皆謂此

百瀆港在縣東北六十里港南屬宜興北屬陽湖西爲分水墩有汛

陳墅港　河墅港

堵區港　亭瀆港

鄭瀆港　灣浜港

下澤港　吳溪港

大區港一作太墟有汛進內二里爲周鐵橋鎮太湖右營守備駐防處周鐵橋北通分水墩南連丁蜀山東出大區港　長林港

沙塘港在竹山下山上有汛自陽湖縣下埠港之虎嘴至竹山湖岸皆東南向過竹山湖岸皆正東向

符瀆　黃瀆

五千瀆　歐瀆

彭瀆　毛瀆

葛瀆　趙瀆

郲瀆西接下郲通下郲橋　和瀆

徐瀆　師瀆
隆瀆　黄干瀆
舊瀆有汎　陽溪瀆上接陽溪舊志陽溪源出陽山
北津瀆　辛瀆
中津瀆西通橫塘橋　茭瀆一作高傍皆茭草上有茭瀆廟
社瀆　南津瀆
五寺瀆　澄瀆
官瀆　卞瀆
洪港瀆有汎　吳泗瀆
洋會瀆　大浦港在縣東三十六里李蟥所謂太湖浦也港南屬荊溪北屬宜興有汎太湖備考云以上四十二口險要在竹山沙塘港其地斗入湖中竹山據高見遠左縈右拂可以兼顧舊時黄瀆亦稱要地鄭若曾云賊出太湖東南由黄瀆東北由沙塘港今黄瀆塞而沙塘港如故　後河港有汎

南河瀆　凌義瀆
趙庄瀆　湯瀆
章瀆西通南施蕩有汎　中邾瀆
梁新瀆　衛瀆一作魏
寺瀆　陽湖嘴港一名呂瀆其南有徐瀆今湮塞
北黄瀆　廟瀆一名尹家灣
楊達港　雙橋港有汎

定跨港　烏溪港舊名烏瀆有汎最深闊太湖備考云烏溪爲湖嘉杭入常必由之道西自東壩入湖亦牽由此最爲險要港近蘭山古時香蘭寨想爲此防設
南黄瀆　南邾瀆
蘭後港一名石蘭渚在蘭山子山之間其港北入湖
凰川新港　凰川大港有汎
董塘港以上三港東通湖西至山足而止故名無口瀆自董塘而南入長興界舊志編次百瀆南北錯亂今據太湖備考爲之釐正

太湖備考云大浦港以北諸瀆上流有荊溪水運河水其由運河分支又有殷村塘瀆草塘湛瀆諸港皆由橫塘分下諸瀆以入太湖蓋橫塘自北而南長四十餘里

凡西北境之水盡貫入焉其不及者大浦以南自後河至蘭後諸港耳唐鶴徵河渠說云定跨烏溪蘭後三港之上有蓮花蕩汪洋渟泓湖㳇南來之水皆會於此以下震澤此蓋就橫塘以南之水言之按宜興地形卑下北有運河洮滆之水西有金壇溧陽之水南有張渚湖㳇諸山之水羣會於荊溪以下百瀆百瀆不盡與荊溪相接西北諸水不能分洩必致漫溢賴有橫塘自北及南以衍其流然後分下百瀆以入湖方無壅漲之患今長興烏程震澤三邑入湖諸漊港俱以上流水盛港首皆有橫河亦同此意

各港前用木柵堵塞歲支該墅關稅銀修葺至乾隆四十二年改建石柵爲一勞永逸之計下邾湖汊巡檢司專任巡查防守每歲具結送部備查

滆湖一名西滆沙子湖在縣北二十七里東西闊三十五里南北長百里與武進陽湖中分其界南通荆溪諸水西受洮湖之水東通運河注震澤其港自西北庄河港迤南圜轉而東迄五洞橋陽湖界共計三十餘港祥符經云湖多白魚南連沙子舊傳有滆姓擕龍穀歸地遂陷今烟霧中或見蜃樓沙子即湖嘴風浪掀湧亦一險也王超詩湖上人家淡夕暉青山數點映柴扉桃花流水迷歸棹楊柳東風拂釣磯晚飯香炊雲子白晨羹細斫錦鱗肥卜鄰我欲從漁隱歲晚滄洲願不違

庄河港一名湖瀆南屬宜興北屬武進西達孟涇河

彭瀆　大渚瀆舊名談如瀆俗名大邾瀆

蔣家瀆　莊家瀆一名當渡瀆

莊五瀆　西亳瀆

觀瀆西通官村　薛家瀆

仙人瀆　栗瀆

許瀆西通鍾離橋橋跨孟涇河諸瀆俱東入滆湖西通孟涇河　以上

李塔港　集義瀆以下諸瀆北入滆湖東南通高城河

樓公瀆舊志宋熙寧間邑令樓閈所開俗名龍宮瀆

湖頭瀆　新河瀆

瀚瀆　西桃園瀆

東桃園瀆　馬家瀆

朱家瀆　賀家瀆

梅家瀆　亳瀆一名吳家瀆

新瀆一名杜家圩港　卬瀆一名呂家圩港

高瀆一名吳林圩港又稱高巷港　富瀆一名許瀆

永豐瀆一名避風瀆　塘瀆港

馬嘶瀆　湖瀆港

黃瀆港　練墅港

官瀆　五洞橋港北入陽湖界自高瀆至此俱東通運河

洮湖一名長塘湖在縣西北百里東西闊三十里南北長九十里與溧陽金壇分界風土記云陽羨西北有洮湖中有大小坯山郭璞云具區洮滆皆隸宜興境

南港自前花山南經楊莊至上黃東經溧陽境三里仍入宜興達蒲干蕩

中港自大坯山東經康莊橋山下橋南達蓬𡋯橋入蒲干蕩

北港自金壇湖頭橋大云橋入宜興境經就洛村接渡橋庄河港至湖瀆橋達孟涇河東入滆湖舊志秋瀆在縣西北二十七里北入洮湖黃瀆在縣西四十五里此二瀆今多堙塞僅存其名

溪河

荆溪在縣南以近荆南山得名上通蕪湖下注震澤漢書謂中江出蕪湖西南東至陽羨卽此溪也周處斬蛟在此自明中葉後水口阻隘其流日淤唐杜牧嘗作水榭於是溪之上宋蘇軾又欲買田種橘其間益山水致爲佳勝按咸淳志有荆溪無西溪蓋統指西溪爲荆溪也有東𧑅河無東溪蓋指東溪爲東𧑅河也王徐志有東溪又有東𧑅河故東𧑅河無確所有荆溪又有西溪故荆溪專指城中而言其實自溧陽西來之水統爲荆溪今旣以名縣自應標於衆溪之首而運河爲國課攸關東西兩溪夾城如鏡實衆水之綱紀故提敘而衆水以次附入

運河在北門外宜興之漕自東倉至東關口北達運河荆溪之漕自南倉北達東關口溧陽之漕自西溪來遶城

南折亦會於東關口遶運河一路北行經高橋三里橋十里牌橋孫婆橋岳亭橋塘瀆橋和橋柵頭橋鍾溪橋至五洞橋入陽湖界自縣至此共計五十二里其開浚詳水利其東西諸港所通分列於後

西湛瀆西自滆湖高瀆吳林圩高遶工文橋諸境入運河

前亭港西自滆湖富瀆五條港富村富陽橋龍亭橋前亭橋諸境入運河

莊瀆港西自滆湖永豐瀆四條港庚南諸境入運河

塘瀆港一名西鋤港西自滆湖裡塘瀆橋中巷橋外塘瀆橋諸境入運河

北高橋港一名允濟橋西自滆湖馬嘶瀆王墓馬橋官庄廟橋北高橋諸境入運河

湖瀆港西自滆湖車口橋入運河

黃瀆港西自滆湖東入運河

練墅港俗名楝樹港西自滆湖東入運河

官載瀆西自滆湖徐隆橋東入運河

東湛瀆由運河東達下裴塘横塘河合陽溪入太湖

草塘港由運河東經草塘橋遶呂山西麓與湛瀆合

燒香港一名東塘瀆港由運河東經官路橋馬塘橋楊五公橋合吳溪入太湖

順瀆港由運河東經茅菴前折南達官路橋

殿村港由運河東經萬石橋尹隆橋折東北合吳溪入太湖

黃塘港由運河東北達白魚蕩經東黃土橋曹橋新塘橋至分水墩入太湖

北渠港一作北渠由運河東經小灣渡合白魚蕩

黃土港由運河經西黃土橋合白魚蕩

西溪一名西氿在縣西關外凡廣德溧陽金壇并縣西南諸山之水總滙於此中流貫城分流遶南北郭入東溪以注太湖汪洋浩蕩茫然巨浸　近西關曰潭氿南北廣三里東西長五里有沙洲當其西東南北水道名蝦籠涇南岸有伍相廟爲役袁河之北境北岸有燈樓達程墅橋洋蕩洲西爲大氿長二十餘里西至洴瀏直達溧陽爲南溪至城塘橋西北達楊巷爲北溪

東溪一名東氿在縣東關外西溪之水合注此下太湖汪洋同西氿而湍流更深　東關外有潭水勢湍急李公

堤適當其衝（先是風浪衝激閘橋隄壞明正統間丞李恒築長堤以障之而患始紓）又東爲洲田長圩青墩曲折東行四里許達大洑沿北境行幾二十里爲大浦港沿南境行幾二十里爲張渚橋港

新溪在縣南興門外一里宋嘉祐中令司馬旦所鑿（按新溪疑即今之深溪橋河然王徐志載新溪橋又載深溪橋一附郭一在山亭似未可混而爲一今無確考）

洑溪在縣東南三里源出君山北入荆溪以水勢洄洑故名

東蠡河在縣東十五里東南入太湖宋咸平中邑人邵靈甫重浚（按單鍔水利書云宜興東有蠡河橫亘荆溪東北透湛瀆東南接罨畫溪昔范蠡所鑿此似指東溪爲東蠡河而王徐志顯分爲二似又未可合且經邵靈甫重浚則又非東溪矣今按均下區有蠡河村或者近東溪諸水道皆謂之蠡河姑俟考）

蜀山河在縣東南三十八里由東氿南進張渚橋又南十八里至蜀山橋折西九里至湯渡一名山溪即古罨畫溪也又西南十里至湖汊

施蕩河在東溪南境西距張渚橋港二里許張渚橋舊有汛今移於施蕩河葢當險處也北曰北施蕩南曰南施蕩達定跨烏溪入太湖

橫塘河在太湖濱由東溪東十八里南劉港入橫塘河北行十餘里至橫塘橋（橋在中津瀆之西）又北十里至下邾橋又北十里至周鐵橋又北十里至百瀆口入陽湖界葢縣東境南北經流之大者（按舊志開橫塘南北亥西十里以貫百瀆今考自大浦港以南水道貫入施蕩河蓮花蕩惟大浦港以北直至分水墩盡貫入橫塘也）

張公墈河在縣北四十里俗名新河自殷村港萬石橋北達東黃土港約十餘里西距運河六七里河身狹小有於庄尤塘六塾徹等橋餘詳水利

通澤河在縣東二十里明嘉靖辛丑令馮惟訥以東氿風波險惡創議開浚邑人吳仕（徐志作吳仁誤）協成之西接荆溪東聯震澤脈絡相貫滙爲安流其功與後袁河並著云吳仕詩百尺堤橫萬鍤齊恍看砥柱障前溪一帆新水天同遠十里青山路不迷桃李春城迴晚市桑麻午巷聽啼雞計功不在西河下剩有遺碑待爾題（唐志圖繪在東氿南云避風波險惡今據各志考之無確指處惟由溪口北進蔣巷河東經五瀆唐閘諸港達橫塘最爲東北捷徑馮令所開浚當在此處）

罨畫溪在蜀山河中間一名東瀉溪俗呼爲山溪（詳名勝）

白雲溪舊名白雲涇在縣西六十里西受溧陽諸水東達蓮河溪北通楊巷

蓮河溪在縣西六十里南達堰頭北達徐舍

了溪一名霞溪在縣西四十里

姚溪在縣西北七十里西接洮湖東流至臨津（舊志無姚溪而有塞溪云在縣西北七十里源出洮湖東入洋渚又東入荆溪欄路溪在縣西五十里北流至臨津前入塞溪此二

溪應與姚溪近然終無確指姑缺疑俟考

孟涇河在縣西北四十里唐刺史孟簡所浚東傍滆湖避風浪之險南自臨津環繞滆湖西北出了河達運河

縣西北境在洮湖滆湖之間其南北經流惟孟涇河爲大自北溪河之臨津蕩折東北九里至吳青橋又北五里至鍾離橋又北三里至官村橋又北五里至資村顯達橋又北經南庄袁村豐義共十餘里達莊河港接武進界

閘溪河在縣西北三里東自常富橋西至城塘橋相去二十餘里明尚書曹三暘以西氿風波險惡請於水利御史檄縣開浚邑人多便之

白龍河在縣西北十八里東抵梅村明宏治間主事姚文灝檄縣重浚今白龍河之名不著疑即宋瀆河

莊河在縣西北境西通長蕩湖由金壇湖頭橋就洛村入宜興界東經接渡橋新橋臧村河頭橋又東經楊橋江庄橋莊河橋湖瀆橋乃入滆湖凡莊河之北境皆界金壇武進武邑志作張河

後袁河在縣西南二里西通洑溮東入荆溪明成化癸卯令袁道開浚以避西溪之險民甚便之詳水利

南溪河在西氿正西由縣往溧陽有二道南曰南溪北曰北溪南溪河自洑溮至徐舍橋又至下新橋又至渡濟橋入溧陽界古陽羨荆溪中江故道即此

北溪河在西氿西北自城塘橋至樂成橋過臨津蕩又西至楊渡橋橋已圮又西至楊巷接溧陽界

張渚河在縣西南七十里西南山鄉之市莫大於張渚鎮其道自洑溮稍南抵胥家渡韓家渡盛家渡達蒲墅過五洞橋乃抵張渚

篠里河在縣西南六十餘里自南溪至下新橋又至水西橋又至堰頭橋又西經湯泉亳陽過俞山乃抵篠里

屋溪在篠里東南波流曲折十餘里南經珠潭廣橋可達西洋渚按屋溪徐志增入咸淳志有竹溪註云在縣西南四十五里產水菖蒲兩涯多竹共土骨如石疑即今之屋溪

蕩滸

梅村滸一名洋塘在縣西北十里

亳村滸在縣西北二十五里

馬公蕩在縣西北三十里西至臨津蕩西北通孟涇河東達高城

臨津蕩一名止口蕩俗呼注氿蕩在縣西北五十里都山滸相連屬

都山蕩在縣西北六十里都山西麓源自洮湖滙於山下

流入滆湖蕩甚淺易涸

蒲干蕩在縣西北七十里西山東北南通楊巷北達瑯玕

西接洮湖

洴洞淤在縣西二十七里荆溪貫其中通白雲逕

蒲墅蕩在縣西南六十里離墨山西西南諸山澗滙焉南

通張渚西達烟山北注歸逕龍溪諸河

蓮花蕩在縣東南五十里蜀山東南承諸山澗水東入太

湖

下裴蕩在縣東北三十里

錢墅蕩與下裴蕩相連屬

陽山蕩在縣東北三十五里源出陽山東入太湖

餘皮淤在縣東十里卽東溪之西北境

下邾淤在縣東北三十里

浯溪蕩一作吳溪塘在縣東北五十里東達浯溪橋入太

湖舊志有朋溪在縣東北五十里云郎下漳港湖支流宋令董升卜居建橋與浯溪近今無考

黄土淤俗名白魚蕩在縣北五十里東西兩黄土橋之間

東通太湖按黄土淤王徐志皆不載今照咸淳志補入

洋淤在縣西北三十五里北連馬公蕩

溪潭

閼廟潭在北溪河樂成橋閼廟前大旱不竭

白茫潭在縣西北四十五里方廣數百畝潭産銀魚最潔

白世稱茫溪銀魚

月牙潭在北溪河與樂成橋近大旱不竭

拜都潭俗名擺佈潭在縣西四十里迷風橋北大旱不竭

分庄廟潭在縣西北七十里西連楊巷深廣各十餘丈

蕭家潭在西溪中

李家潭亦在西溪中北對城塘橋大旱不竭

閼王潭在張渚鎮北爲獨山水口大旱不竭

陳家潭在馬公蕩西北里許大旱不竭

李墅潭在蜀山河大旱不竭善權小水洞龍湫深不可測大旱不竭詳名勝鷄鵡潭舊

名鷄鵡塘在北門外華要村西北前志皆稱廣袤百畝有灌溉之利今僅存一二畝

唐鴻徵云君山雄視諸山爲一邑之主其實王山乃是最南之茗嶺蓋宜興之山來自徽州而度廣德長興至於茗嶺始入宜興界直北而行曰瑤蘭山右一枝曰蘭甸山再右曰龍池山山之北麓有一洞名曰陳公洞更右曰大謝山小謝山靜樂山丁山羣峯雜沓多不知名洞則於此最多張公洞飛蓋洞棊盤洞白馬洞白鶴洞佛窟洞天窟洞水犀洞君陽洞玉女潭北則諸山之南麓也然君山多洞一方皆洞豈天特洩其靈耶過分水嶺則曰銚山山其麓東出爲香山洞山伏牛山西出爲銅坑山雞籠山箬山東蔣山西蔣山白雲洞上葛山下葛山玉帶山黄龍山由銚山過楙嶺則爲君山東出曰白家山東北出曰楊梅嶺使嶺楙嶺北出曰南嶽山下山九里山篠嶺縣嶺銀樹嶺西北出曰馬面山曰舟山曰紫雲山西出則離墨山國山善卷山則善權洞在焉西南出曰香爐峯東南爲芙蓉山青龍山白虎山均山垂脚嶺下馬嶺冢木嶺唐貢山大湖山楚山顧山假月嶺松嶺蘭山子山蜀山茗嶺之左曰向山正幹山馬耳山天項山過谷嶺曰石門山北行而爲亭山鳳飛嶺茗嶺相

公嶺殺嶺襄王嶺箭嶺四嶺梅子嶺大賢嶺求山嶺出此而北則淡烟嶺求山嶺石牛碉烟山獨山篠溪山磯山小心山橫山蒿山茗山章山分界山龍山義山列東北者曰岳山金鵝山虞山李山柯山保安山蓼莪山陽山浮山竹山列西北曰璟玕山石山柚山列正西者曰大坯山小坯山都山漸山局山力山安樂山臥牛山荆山董家山彭祇山其泉則眞珠泉潛虬泉於潛泉金泉湯泉沸泉游泉其渰則都山渰臨津渰蒲墅渰洋渰亳村渰梅村渰餘皮渰下邾渰其蕩則馬公蕩蒲干蕩蓮花蕩其河則荆溪貫於城中北關河出通津橋口會焉西溪浸其右東溪浸其左成化癸卯令袁道傍西溪鑿河曰後袁河嘉靖辛丑令馮惟訥傍東溪鑿河曰通澤河蓋避兩溪之險也然僅可通民舟而溧陽漕艘仍出西溪以達運河萬歷間御史林應訓奉勅查理江南水利檄知縣丁懋建另鑿閃溪河以通溧陽之漕民甚便之其功與後袁河通澤河並著云由慶源門抵鍾溪六十里爲武進界曰運河左右枕運河者爲湛瀆塘瀆岳亭鍾溪左通滆湖右貫百瀆而入於震澤震澤滆湖與武進共而洮湖則與溧陽金壇分界焉西南則忻溪章溪慈湖溪東北則浯溪陽溪沙塘港東南則東瀉溪定

跨港烏溪蘭後港正東則洑溪東蠡河滄浦大浦後河港正西則白茫潭白雲涇蓮河溪正南則新溪正北則張公壜河而傍滆湖鑿河以避風波環入武進界出南運河曰孟涇於太湖口疏爲百派導荆溪之水以入震澤曰百瀆太抵宜興之水西接溧陽西北接金壇及洮滆二湖由西溪以入縣境下注東溪分流於百瀆以達具區而入江入海

任源祥曰宜興山水稱勝其西南境叠嶂如雲幾於哇日府志云君山雄視一邑其實主山乃最南之茗嶺此亦自君山而湖其宗耳自茗嶺湖之則本於長興之湖迢山自湖迢右旋爲武花爲伏牛乃金陵之幹勢也幹勢以西非宜興境勿論幹勢以東一東出至於香蘭山入湖中分白芬峯東止洪林周太康之禱父墓在焉一東北出而爲龍池登其上觀旭日不減太山日觀一東北出而爲茗嶺盧督師故居也一北出溧陽境而右旋復入宜興爲俞山巫溪環之茗嶺分二派其左旋北出者爲烟山其右旋而東出者爲甑山未至甑山北出右旋則君山峙焉君山分四派其南曰芙蓉自南而西出至於晉權其北曰南獄自北而西曰舟山其西出至於紫雲徐少師發祥於此故名言吉氣之氤氳也其稍北而東出至於白家山未至白家山右旋北出則爲龍潭篠嶺諸山附郭卜葬與洛陽之北邙無異山雖多大略如此若其東北境則以岳山爲宗西北則以石山爲宗歷歷可數西氿丕洋外受瀨江洮滆內受諸山之水貫城郭迤東氿入於大湖觀者得其要領而巖洞溪潭之勝皆可攬也

附考

舊志於山川卷後附錄井五堰七埭二堤一皆有關於邑之水利考正韻以土堰水曰埭壅水爲埭曰堰今名存實亡難於確考井宜附巷但自通眞觀丹井外取汲之利無聞堤附水利不必復載因舊志既存其名姑錄舊文以備摭遺之記

丹井在縣東南隅通眞觀三清殿前舊傳呂洞賓煉丹於此（泉水甘冽大旱不竭） 天然井在南嶽寺前（久爲僧廢） 葛墟井在縣北三十五里舊傳煉丹於此（無考） 白兔井在沖寂觀三清殿前（一名玉兔井） 胥井在縣西南八十里泉湧則溢俗名西井（今僅存村名實無井也） 廢埭在縣南四十五里（今無考） 蔣埭在縣西南七十二里與溧陽分界（今存村名埭無考）

東堰在縣東關外西堰在長橋西並宋時廢 潘堰

程墅堰 離羣堰 湯堰並在洞山鄉（今俱無考） 繅車堰

在東氿北有捍水堤明閔詵築（今存村名堰無考）

增修宜興縣舊志卷之一

疆域志 水利

水經云兩山之中必有川焉兩川之中必有山焉南幹正山由黄山至天目分二支結蘇杭水爲苕霅其正幹北走廣德建平由金壇溧陽之間下起茅蔣故西面之水勢皆入江東面之水勢皆歸海雖有五湖之瀦三江之洩而其濬導隄防利害不可不預講也志水利

周元王二年越大夫范蠡伐吳開漕今曰漕河亦曰蠡河陳玉璂府志

按江南通志宜興縣漕自縣北三里橋至鍾溪過五洞

橋經府城名南運河鎮江府溧陽縣漕由西氿達宜興縣之荆溪西出蠡河來會境内運河達府城者止宜興荆溪溧陽三縣之漕餘皆不由此

漢陽羨令袁玘築長橋鑿便民河通志

按便民河係袁玘鑿王徐二志皆未載但於袁道開浚下稱爲後袁河據通志當袁道未浚之前即稱爲便民河則玘首創之績不應沒也

唐元和間常州刺史孟簡開瀆後人稱爲孟瀆又有孟津河亦孟簡所開濬在府城西南繞滆湖入宜興界通志

按孟瀆在府城西奔牛鎮東南流入運河孟津河一名孟涇河自臨津來繞滆湖北入武進在縣西北四十里可避滆湖風浪之險

宋嘉祐六年縣尉阮洪以吳中水患屢告上書監司乞開百瀆得請遂疏四十九瀆田禾大稔通志

阮洪上言請就長橋東市中創一橋南通荆溪從之既鑿見泥中舊橋柱尚存乃知昔人已設橋於此名通津橋又名新橋徐喈鳳舊志

八年知縣司馬旦鑿新溪通志

按徐喈鳳舊志新溪在南興門外一里疑即今深溪河然舊志有深溪新溪二橋一附郭一在山亭鄉似又未

可混今不可考

治平四年知縣樓閌濬四十二瀆通志

熙寧元年樓閌復開一瀆民頌之爲樓公瀆徐喈鳳舊志

淳熙間丞韓隆胄尉秦膺剛重浚運河有記今不存徐喈鳳舊志

明洪武二十七年復浚運河府志

正統初丞包用達浚運河府志

正統間丞李晅築長堤東水關外因太湖水漲風浪衝激閘橋屢修屢壞築堤障之邑人稱李公堤後知縣鄒旦主簿王能追建杜樊川水榭于其上今爲僧菴徐喈鳳舊志

按李公堤俗名水浮地設東氿汛于其上堤東北爲宜
興漕倉西爲高木橋係漕艘要道
成化十九年知縣袁道濬便民河并觀鶴漊通志
尹直記略曰邑西有巨浸曰西氿渺瀰逾舍許邑之山
亭等八區暨鄰邑溧陽所屬水道必由公私商旅之舟
浮亂沿泝卒值風濤覆溺漂潰患莫甚焉前後有司智
力鮮逮徒形諸慨成化癸卯夏袁侯以名進士來尹是
邑詢民咸苦有以西氿告者惻然軫念躬臨達觀之顧
西氿之南有古鶴鸛漊積淤成陸遺迹尚存其東復有
小河達縣城南惟中隔澗北土千兩村僅十里耳因指

示從者曰爲下必因川澤苟闢此河上泝游泖下達小
河將可避西氿之害乎遂具圖白諸巡撫巡按皆遣官
覆核翕然如議時方季冬民隙侯即計徒傭辨高下凡
役夫二萬五千爲河長一千五百四十餘丈廣爲尺七
十深視廣僅二之一兩岸各廣十尺復搆二十六橋于
河上以通阻絶而下流小河亦疏浚之其開毀官民田
地一百八十畝有奇皆公償其值而別均其稅自始事
至訖工甫匝月而河成水行瀰泛衍注舟安於乘梁易
於涉遐邇永賴頌聲載道明年孟秋侯被召促裝有日
僚佐吏民相與語曰漢袁玘令茲邑嘗搆長橋以利涉

民到于今蒸嘗之今數千百載後乃復有令若侯鑿此
河以濟民而侯之姓適與玘同安可無所表識別異以
示不忘于永久乎因命之曰後袁河而屬二尹相良佐
詣予請記鑴之石立於溪滸而覆以亭垂之無極玘固
不得擅美而專祀矣侯名道字德純吉水官胄今召爲
御史
宏治四年伍性濬湯溪等瀆凡五百六十丈太湖備考
八年伍性濬葛溪等瀆凡一千四百九十丈太湖備考
按通志作六年水利御史徐貫所濬
九年水利工部主事姚文灝濬仕瀆等四瀆通志

十年姚文灝濬白龍河
按徐喈鳳舊志作十一年姚文灝檄浚白龍河河在縣
西北抵梅村疑即今宋瀆河
十一年濬黄瀆等五瀆通志
知縣張偉濬運河徐喈鳳舊志
十四年提督水利郎中臧林濬宜興港瀆通志
十七年臧林濬後河并三瀆通志
正德七年巡撫俞諫濬宜興港瀆凡七萬二千四百三十
二丈太湖備考
嘉靖二年開珠瀆洋會瀆畱溝瀆辛瀆下澤瀆長林瀆山

瀆丁卯瀆共九千五百八十六丈以洩東西二氿荆溪之
水入太湖太湖備考
按太湖備考不詳何人所開嘉靖二年當是知縣何棟
任內事
二十年知縣馮惟訥鑿通澤河通志
按徐喈鳳舊志通澤河在縣東二十里馮惟訥以東氿
風波險惡又多盜劫議開浚邑人吳仕徐志作仁誤今從唐志王志
協成之西接荆溪東連震澤脈絡相貫滙為安流其功
與後袁河並著今考之土人莫知有通澤河者惟縣東
北十餘里有港名蔣巷河疑即此而唐志圖繪通澤河

在東溪南未知何據
二十五年知縣方逢時穿張公壩河通志
方逢時記略曰嘉靖壬寅余釋褐令宜興早夜靡寧求
所以利便其民者問民疾苦輒欲罷之問民所利輒欲
興之居無幾值歲大旱當道有興水利之議諸長老來
言張公壩地勢最高氿泉源不通罹災獨甚故有河歲
久湮廢請疏之余往按視其地一如長老言乃復之當
道請疏之維時飢饉之後民力不堪方謀為捐俸發倉
廪之事而溧陽史恭甫氏家居聞之告余曰公疏河以
利民某願捐利以助役遂發巨艘運米五百石于河上

令其紀綱之僕三人來經出納河工用成既予去宜興
宦游幾四十餘年而民有時時來傳言張公壩水泉溉
田之利者予曰此恭甫氏之功也時姚江胡公旦往令
茲邑謁余問其事欲立石志之余為追敘其始末如此
恭甫名際溧陽人歷官至太常卿
按徐喈鳳舊志張公壩河在縣北四十里地極高阜水
道不通者數十里令方逢時躬蒞規畫南起萬石北訖
黃土中有六壩悉穿為渠每壩址仍跨梁以利涉後官
至司馬移文立石于接官亭之左今河流如故而六壩
跨梁之迹無存

萬歷六年水利御史林應訓濬閃溪通志
按閃溪河在縣西北三里東自常富西至城塘相去二
十里以避西溪之險明尚書曹三暘請于水利御史林
應訓檄縣令丁懋建開浚邑人初苦其役河成至今便
之
萬歷間知縣秦尙明同邑人蔣芸於西溪南後袁河內築
壩以敵風濤之險舟行便之邑人感其惠立石壩上曰秦
公壩其陰曰蔣封翁壩歲久水嚙復穿俗呼為浪打穿
金泉區南境萬山叢疊其澗自太華山褒王嶺諸山北流
十餘里有壩曰龍嘴壩溉田千畝又北流十餘里合溧邑

西流之水爲烏溪壩又北爲張家壩士婆壩大塘壩殷家壩薛家壩各溉田數百畝而後入西洋渚壩在上流截水水自潛行灌溉之利山農均賴可爲式焉

按自國初至今宜興水利不過因前人舊迹而疏之濬之未聞有更移開鑿之舉故自徐志後無事蹟可傳卽皆鳳水利論欲易銀林分水二堰爲閘如北河漕運之制當水漲時上下二閘加板以障其水平時則撤板以便舟行至旱則遠引江水使趨荆溪以濟暵乾亦屬臆說而不可見之施行者若單鍔所著水利書雖古今形勢不一而其論疏濬下流之法終不可易故存其略使後之言水利者得所依據云

附宋單鍔水利書其略曰蘇常湖三州水害逾五十餘年矣或曰三州之水咸注震澤入松江以至於海自慶曆以來吳江築長堤横截江流由是震澤之水常溢而不洩以至壅積此其一也或曰溧陽之上有五堰所以宣節宣歙金陵九陽江之衆水由分水銀林二堰直趨蕪湖後木商由宣歙販運者以五堰爲艱阻因紿官長以去五堰五堰既廢遇山水暴漲皆入于宜興而注震澤此其一也或曰宜興有百瀆所以洩荆溪之水東入震澤今已湮塞而所存者秪四十九條疏此百瀆則宜興自無水患此又其一也譬猶人之一身五堰則首也荆溪則咽喉也百瀆則胸也震澤則腹也旁通衆瀆則脈絡衆竅也吳江則足也今上廢五堰之固下又有吳江之阻而百瀆不通是猶有人焉桎其手縛其足塞其衆竅以水沃其口沃之不已腹滿而氣絕何以異哉然百瀆非不可治五堰非不可復吳江岸非不可去而治之有先後夫吳江界於吳淞江震澤之間慶曆二年欲便糧運築岸横截江流五六十里而岸之東自築岸以來沙漲成一村今欲洩震澤之水莫若先開江尾茭蘆之地遷沙村之民運去其所漲之泥然後於吳江岸鑿

其土爲木橋千所以通糧運每橋計開水面二十三丈一千條橋共開水面二千餘丈隨橋谼開茭蘆爲港以走水仍于下流又開白蜆安亭二江使太湖水由華亭青龍入海則三州水患必大衰減常州運河之北偏乃江陰縣也其地勢自運河而漸低上自丹陽下至無錫古有洩水入江瀆一十四條曰孟瀆曰黃汀堰瀆曰東函港曰北戚氏港曰五郎堰港曰梨溶港曰歐瀆曰蔣瀆曰魏瀆涇曰支子港曰蠡瀆曰牌涇今名存而實亡以其一十四處立爲石䃮斗門每瀆于岸北先築隄岸使無泛溢以制水入江宜興縣西有夾苧干瀆在金壇

宜興武進三縣之界古人所洩長塘湖之水東入滆湖及白鶴溪而北入常州之運河由運河而入一十四條之港北入大江今亦名存實亡依古開通則西來他州入震澤之水可以殺其勢深有利于三州之田也又滆湖有二瀆一名曰魚灣一名大吳瀆洩滆湖之水入運河由運河一十四處斗門下江又有高梅瀆亦洩滆湖之水入運河凡所欲導必自下而上先治下則上之水無不流若先治上則水皆趨下漫滅下道而不可施功其勢然也故今治三州之水必先自江尾海口諸浦疏鑿吳江岸及置常州一十四處之斗門築堤制水入江

與吳江兩處分洩積水最爲先務也鍔存心三州水利凡三十年每覩一溝一瀆未嘗不明古人之深意其間曲折宛轉皆非徒然今幷圖以獻惟執事上之朝廷庶幾三州憔悴之民有望于今日也

按單鍔著水利書凡歷三十年而後成元祐間蘇文忠公知杭州聞之召問乃以書幷圖上獻神宗不果用後其裔旻梓其書行世至今言水利者多宗之

增修宜興縣舊志卷之一

疆域志　區圖　街巷村名市鎮附

宋制在城曰坊街凡九　崇禮坊荆溪南之左　遵義坊荆溪南之右　蛟川坊荆溪北之左　昭德坊荆溪北之右舊志載荆溪南曰欽善新安北曰輔賢荆陽　宜化坊在譙樓前　澄清坊縣東通察院　英烈坊長橋東南　果利坊長橋西南　集賢坊長橋南通儒學　在鄉曰鄉凡二十　中鵠　臨津　震山　豐義　開寶　洞山　善計　萬金　滆湖　成任　伍賢　神安　清津　函亭　從善　金泉　永豐　山亭　清泉　均山

明制在城曰坊廂凡六　左廂長橋南右街　右廂東門外止倉南北門外止高橋北　中廂東北隅　前廂東南隅　後廂西北隅遶縣後至新橋河止　中左廂南門內外止碓坊橋西門外止張王祠　在鄉曰鄉都凡一十有六　開

寶鄉一都至三都　善計鄉四都至七都　洞山鄉八都至十五都　萬金鄉十六都至十八都　滆湖鄉十九都至二十二都　成任鄉二十三都至二十七都　伍賢鄉二十八都至三十都　神安鄉三十一都至三十三都　清津鄉三十四都至三十七都　函亭鄉三十八都至四十一都　從善鄉四十二都至四十七都　金泉鄉四十八都至五十三都　永豐鄉五十四都至五十八都　山亭鄉五十九都至六十一都　清泉鄉六十二都至六十四都　均山鄉六十五都至六十八都

舊志云併中鵠南入清泉北入開寶臨津入伍賢震山入洞山豐義入滆湖止存十六鄉鄉統都都統圖都凡

六十八圖凡三百六十有六萬歷二十九年知縣王以寧丈量田地改鄉稱區改都編圖改萬金爲萬一滆湖爲萬二善計南入開寶北入萬二分清津爲二區從善爲五區共二十區編千字文每圖一字號在城坊廂編入區圖自在城區天地玄黃起至仁慈隱惻止共三百七十二字後加又號十五共三百八十七圖

國朝承明制後分開寶洞山均山各爲上下合在城共爲二十四區三百八十七圖

在城區六圖　開上區二十二圖　開下區二十一圖　洞上區十八圖

洞下區十八圖　萬一區二十六圖　萬二區二十一圖　成任區二十五圖

山亭區二十二圖　神安區二十五圖　清東區十七圖　清西區十三圖

函亭區十三圖　清泉區十一圖　均上區十七圖　均下區十七圖

五賢區十一圖　從一區十二圖　從二區六圖　從三區九圖

從四區九圖　從五區十圖　金泉區十七圖　永豐區二十一圖

雍正四年分設荆溪縣區圖各照所分管轄

增修宜興縣舊志卷之一

疆域志　風俗

寰宇記云人性佶直黎庶淳遜敏于習文疎于用武東坡卜居記云地偏俗儉朱晦菴學記云縣人學子知所向慕舊志云不事浮華罕爲商賈耕稼自給三魁之邑（宋熙寧癸丑邵材試開封第一邵剛試禮部第一余中廷試第一故曰一邑三魁）士尚儒術搢紳代不乏人男子不遠遊婦女不出中門士夫不衣文繡不乘輿馬其俗多尚吟咏喜于送舊王升云宜之風俗昔云美矣今漸澆漓冠蓋輿衛以非分而交騁庖俎珍麗以侈富而相高所望還淳復古之士起其敝而維持之徐喈鳳云昔人

有言民愚則使之智民智則使之愚宜民以狡致貧者四訐訟呼盧演戲扮會以愚致貧者二祀神佞佛司風教者嚴其禁而力挽之民俗不還淳未之有也其節序則元旦長幼悉正衣冠以次拜賀市肆不張凡三日初五日俗傳路頭生日具牲醴致祭大小戶皆然旬日內讌集親朋謂年酒行團年禮上元節懸燈謂燈市婦女挈伴夜遊以過三橋爲度二月二日爲土神誕日鄉城競爲土地會誇尚豐盛以迓神福初八日作祠山會俗傳張大帝（大帝漢張渤也治水有功因廟祀之）生日必有風雨本田家五行志所謂請客風送客雨晴暖主歲稔三月三薺花天氣換單衫葷大倫詩也婦

八折薺花戴之曰可驅蚳清明上塚挂紙錢兒童放紙鳶爲戲四月八日爲浴佛節造烏飯相遺卽青精飯僧人尤尙之四月下旬舉城隍會儀從極盛粧飾故事俱極精巧士女雲集五月五日插艾飲菖蒲酒食角黍婦人製綵符繭虎相遺二十分龍廿一雨俗諺也蓋四月二十爲小分龍五月二十爲大分龍次日雨主歲稔六月十九爲兵備張公忌日邑人念其德以酒脯祀之七夕陳瓜果祀織女星取蜘蛛貯奩盒曉啓視之以布網爲得巧中元節作茄餅祭先寺僧作盂蘭會中秋節造月餅相遺街市懸燈照耀與月光相映重陽節食棗糕少長登高遊覽九月八日

爲果利袁公誕辰演戲祭祀遠近皆會冬至祭祖先臘月八日作菜粥雜果餌爲之名臘八粥二十四日祀竈曰送竈作米團如盎曰人口健計家人長幼數倍爲之或雜糖粉爲團曰瑪瑙團二十六日浴謂洗福祿二十七洗啾唧二十八洗發達皆俗諺也除夕供祖先像帖春聯門神以白堊畫地作方勝及弓箭之形和綠豆紅米作飯計口可啖數日曰年飯賜小兒錢曰壓歲錢飲椒酒曰歲酒其民業則種稻平田宜夏至後山田圩田宜夏至前清明浸稻種穀雨以穀芽入田芒種插苗曰蒔秧大雨時行謂之梅雨高下齊插更相倩赴俗謂做黃梅老幼不得休息田極高者種菽粟或木棉或交秋種蕎麥極低者秋前蒔穜稑秋分刈早禾霜降刈晚禾謂之收稻場刈禾後種大小二麥俗謂麥黃梅田有不種二麥者冬後耕鋤俗謂冬田正月雨水時多于溪河撈泥壅田俗謂罱泥水鄉稱急務其在山鄉樵戶以八月入山斫柴俗謂八月柴茶戶以穀雨日賽茶神入山採茶俗謂開園其他業竹器者在張渚湖汶諸鎮業窰器者在丁山蜀山諸山業冶鐵者在張渚篠里諸市業石工者在永豐均上等山其種苧芋燒石灰造紙料漁舟獵戶蠶桑搖織之事各就所居爲業勤者富惰者貧其大較也若夫讀書之士辛勤績學以取榮名文章

氣節蔚爲民望自漢迄今典型具在邇來士業稍偸不務實學汲汲謀生賢者不免惟在有志之士振興文敎庶不與惰游之輩並譏焉

增修宜興縣舊志卷之一

疆域志土產

穀之屬

大麥有紅白二種　小麥有水白蠶老早紅晚紅諸種

元麥　蕎麥

細子秈早熟無芒　銀條秈早熟無芒

大紅廣秈早熟　六十日秈早熟無芒又名四十日秈

穜穋稻早熟　晚青稻晚熟稃黃有芒

白稻中熟稃白有芒　短嘴芒稻晚熟有芒

香珠稻中熟有芒　天落黃稻中熟色黃無芒

老來烏稻晚熟有芒　大黃稻晚熟稃黃有芒

姜黃稻一名蘇州青晚熟稃黃有芒　朱砂稉一名臙脂稉中熟

黃殼稉中熟稃黃無芒　香珠稉中熟稃白芒紅

見霜青稉晚熟　白果稉中熟稃圓無芒

蔴筋稉中熟無芒　牛筋稉中熟無芒

芝麻稉中熟稃白有芒　蠶豆即大豆九月種蠶月熟故名

黃豆六月種九月熟　赤豆

菉豆　角豆

扁豆　豌豆

萁豆　珍珠蘆粟一名御米

高粱粟有稉稬二種俗名環頭蘆粟　芝蔴有黑白二種

蕢蔴　白豆一名羊眼角

蔬之屬

菘菜　青菜　芥菜

莧菜　菠菜　芹菜

韭　薑　薤

葱　蒜　胡荽

瓠瓠長瘦匏短頭大腹匏苦瓠甘細腰者葫蘆　苦菜子可作油莖不可食

油菜子可作油莖亦可食一名蕓薹　蘿蔔

竹菇色如臙脂大如錢他邑無菌春名桃花菌味絕佳秋名雁來菌亦可啖其餘種類極多或有不可食者

香芋　山藥　百合山藥百合俱產湖濱其產山石間者堅細味佳不易多致

茨菇　茭白

紅山芋　馬齒莧　蓬蒿

馬蘭　謝菜　石花生山石上

黃瓜　菜瓜一名長生瓜　絲瓜

西瓜　冬瓜一名枕頭瓜　番瓜俗名飯瓜一名南瓜

北瓜色赤而小但可供玩　金瓜　刀豆莢

茄　長豆一名裙帶豆　生菜莖高無枝葉

甜菜　白蓬一名黃花郎和粉作團　禮蒜

諸葛菜　芋頭有龍潭飯團諸種　香椿春初嫩芽香美

山花俗名山花蘿蔔產山石間可禦荒　筍冬春之間曰圓筍三月纔廣毛竹筍
味尤佳剛竹燕竹慈竹筍次之

菓之屬

梅　杏　桃　李　柿

白蒲棗　梨　栗　榛　蓮

菱　芡俗名雞婆婁子　櫻桃　石榴　枇杷

花紅　橙　紫葡萄　荸薺　白菓銀杏也

香櫞

花之屬

紫薇有紅紫黄白四種又有瑪瑙色者　杜鵑　山茶

宜興縣舊志　卷一　土產　卅七

紫荊一名滿條紅　海棠　木樨　梨

梅花　杏花　桃花　石榴

郁李　梔子　瑞香花微赤而大者佳

牡丹　綉毬有藤本木本二種　蠟梅

映山紅　木槿　辛夷即木筆俗名玉蘭亦有紫色者

木芙蓉　楊妃茶葉如山茶冬月開　以上木本

蘭春曰蘭夏曰蕙蘭一莖一花或兩枝三枝名並頭品字蕙一莖十餘花有發于秋者名秋蘭亦一莖一花但不
多產耳以素心爲上品士夫家爭蓄之有一花價數十金者　澤蘭花似蘭色紫無香

菊　荷即芙蕖　芍藥

水仙　葵有蜀葵錦葵秋葵向日葵四種　鳳仙

雞冠　玉簪　萱

漢宮秋有紅黄二種　剪春羅　剪秋羅

玫瑰　金錢　秋海棠

渥丹　長春　洛陽

荼蘼　虞美人　荷包牡丹

鶯粟　丁香　棣棠

雪蕉　木香　十姊妹

珠藤以上草本　薔薇有紅黄白三種　月季

佛見笑　虎刺　西番蓮

天竹　鐵線蓮以上藤本

宜興縣舊志　卷一　土產　卅八

藥之屬

黃精　何首烏　白芍　貝母　車前子　大黃

山查　菖蒲　蒲公英　草麻子　金銀花　萹蓄

罌粟殼　紫蘇　苦參　丹參　沙參　穀精草

金櫻子　蒼术　白术　馬鞭草　兎絲子

地榆　皂角刺　辛夷　益母草　大薊　天南星

小薊　瓜蔞仁　水蓼　水萍　稀薟草

蒼耳　水荇　商陸　威靈仙　水藻　天門冬

旱蓮草　牽牛子　薄荷　地錢草　馬勃　青木香

夏枯草　馬兜鈴　山茨菇　蘆根　香附子

瞿麥　土茯苓　五加皮　地骨皮　羊蹄根
百部根　枸杞子　天花粉　桔梗　鬼箭羽
山梔　茵陳　藿香　青蒿　牛蒡子
澤蘭　女貞子　千金子　蟬蛻　蟾酥
龍胆草　夜合花　麝干　紫花地丁　仙桃子一名打不死草
夏至時生麥田中可治刀創　南燭子一名青精子　花椒
王不留行　牛膝　薏苡仁　高良姜　枳實
鬧羊花　娑羅子　金絲荷葉　鍾乳石　寒水石

木之屬

松　柏有扁柏剌柏羅漢柏等種　檜　檀

楡　梓　桐　杉　冬青即女貞
槐　椿　椐　柘　桑
樗　楊柳　楝　楮俗名穀　槿
栗　棠梨　朴　烏桕　白楮
黄楊　棕櫚　竹種類極多惟毛竹剛竹水竹用最廣餘有慈竹筋竹淡竹護基竹斑
竹紫竹筷竹衣竹等種　魚米樹一名康洋樹結子似米則年豊似魚則多水若似稗草則
占爲無年

草之屬

芝　藻　水蓼　萍　艾
結祥　獅子草　金絲荷葉　仙人對坐　鵝兒不食
金不換治刀創　朝陽草可已瘧

鳥之屬

杜鵑　鶯　鵲　練鵲帶鳥也　百舌
鵓鴣　祝鳩　鳲鳩布穀也又名郭公俗名鵓姑　天鵝
畫眉　鷹　白頭公　青絲鳥　告天知
夢春　鴉　老鸛　啄木　黄豆以上山禽
竹雞　鵁鶄　鷓鴣　燕　鴿
雉　雀　蝙蝠　雞以上原禽　鴛鴦
鸂鶒　雁　鳧水鴨俗名水葫蘆　鷺
鶩　鴨一名舒鳧　鵝一名舒雁　鷗以上水禽

魚之屬

鯉　鯿　鯽　鰱　鮎身滑無鱗
鰻　烏一名七星魚　銀魚　鱔　鯤音據
斑形圓無骨　白魚　金魚　青魚　姜公無鱗
土鮒色斑無骨附土而行不似他魚浮水李郢詩土酘獨斑竹菇赤字書酘音役似鮎而四足似小兒啼善登
竹今無之以時與色按之當即土鮒也具區志鮒魚下亦引此句　湖鱭
鰕　橫身大有力　鱓音況無骨小　鮋彭似鯿而小　鰷似白魚而尾紅俗名黄常
鰷　鰲鰷音參身狹而小　機身狹而圓　鮰順産慈烏溪至西洋渚
以下則無之似鯉色黄味腴而不膩以上鱗族　龜　鼈
黿　蚌　螺　蜆　穿山甲

蟚產西溪浙湖口者尤佳俗名溪蟚以別于江湖　以上介族

獸之屬

牛　馬　羊　豕　犬

驢　騾　貓　鼠以上家畜　虎

豹　鹿　兎　麞　狐

獺　貛俗名豻　貒　猬一作蝟毛似毫猪形如栗房俗名雪立團

松鼠　柹狐一名果子狸食柹而肥山間偶有之味腴美　麂

野猪以上野畜

蟲之屬

蠶　蜂　螳螂

蜥蜴　蝘蜓一名壁虎爾雅云守宮也　蛺蝶

蜘蛛一名䵹公　蟢子山堂肆考云壁錢也　蠖

蠅虎山堂肆考云蠅豹也　馬蟥本草云水蛭也　蛇博物志云一名升卿

蠅　蜻蜓以上卵生　蟬

螢　蟋蟀促織也　絡緯莎雞也

蚱蜢土螽也　金蟲　蚊

蛾　螬　竈雞雜俎云竈馬也以上化生

田蛙水雞也　土蚓　蜈蚣

馬陸本草云百足也　蝸牛四角負殼　蜒蝣二角無殼

蝦蟇　石獺形類蟾蜍皮色深紫生山石澗中味清美

斯螽爾雅云蚣蝑也　横秋時雨後日照稻葉捲而虫生須作大梳梳之否則稻葉卷曲吐花不直多癟殻　蛀桿食稻節　蝻能害苗滴油水中趕虫入水沾油而死以上濕生

布帛之屬

紬　絹　棉布　苧布　縑絲

麻布　木棉　絲綿

貨之屬

茶葉產茗嶺銅官離墨諸山者尤佳　苧蔴　石灰

靛　化果可以染　紙有檀皮連四桃花諸種　酒

煤　炭　蘆　皂莢一名皂角

肥皂　菸　火石　石脂即鍾乳石產山洞中

土骨　赭石　石青者產青龍山黃者產黃龍山

器用之物

竹簟　竹籮出張渚北川　竹筐　竹椅桌

鐵鼎　鐵鍋　鐵犁冶鐵產篠里任氏世業

缸　甕　甁　缶

茗壺產蜀山川埠諸山窑及花瓶水注之屬初用紫泥素質今用五色彩油俱極精巧

增修宜興縣舊志卷之二

營建志 城垣

宜興城垣即古陽羨城也建於吳赤烏六年前臨荆溪後阻河左右俱塹有濠周一里九十步高一丈二尺厚稱之濠濶三丈五尺晉惠帝永興元年立爲義興郡城爲太守治所移縣治在君山後復爲縣又或稱州稱軍稱府皆因之具見沿革志中舊有二門南二里曰南興北一里曰慶源明初克宜城總制楊國興改築永樂十四年益展拓之南距周瀆北距慶源東西夾兩㳂周九里三十步高二丈五尺濠濶三丈餘深一丈五尺東西南北凡四門又設小

東門各建戍樓於上成化十四年重修宏治四年令陳策復修正德七年令劉一中修整雉堞併築東西北三水關俱有閘有護隄十四年令劉秉仁復修嘉靖三十四年令董鯤以倭警增建敵臺五座四十三年令黃茂增建東西關樓

邑人吳可行關樓記曰宜興爲東南隩壤宣歙溧金諸郡縣居其上游水之入具區沿吳淞以歸於海者率由此邑城東西滙爲大壕中釃爲大渠因堰以爲隍跨渠以爲梁若歲水溢暴集怒湧弗可抑制設關於梁下視他邑稍難他邑多孔道或當要害獨宜興爲僻壤其地勢險其田產良其民山採而水蒔足以自給晏然不問桴鼓之警召發之役也關之設否若有無繫於安危者往者倭夷匪茹竊發海浦逸竄具區湖中浮舟負颿可踔而至於是設關之議始興黃侯後山公來尹茲邑以請於撫院謝公按院董公咸報曰可取費於鍰金取力於羨卒爰擇能吏揆日庀工以甃以甓以繩以削東爲樓若干楹西爲屋若干楹樓暨屋之南北各房一所皆乘夫跨渠之梁焉梁之下方承以磚防其頹也梁之內方旁以石以爲闈也中置木板視水之高下而增損之前置鐵局視日之昏昕而啟閉之禁障宣通咸適其節

心思旣竭難者易焉不督不期役者自勸不踰時而告成事嗟乎予觀衣袽之爻桑土之什而知聖人貴防於豫也究其所以爲防在於持危保治之心平政明刑之舉而設險除器凡以耀威而弭變者莫或先之及夫時所當爲則又不敢以爲後鄭國火子産爲之救災補敗衛有狄難文公治其城市宮室史記之詩人咏之蓋取其因時而得宜也黃侯之爲邑也寬以有制靜以有謀甫及載期俾姦强桀帖隱詘發舒政治旣洽民用輯寧無形之防所資以鎭衛者大矣吾宜瀕于倭患剥膚震隣殆幾乎鄭衛之所遭者因計久安遂興茲役先事之

脩及時圖之邑居衆庶見闕門之鞏固而不知財之所出幸舊澤之息瞥而不見勞之及已即文公子產何以加焉侯嘗寓書於予曰子邑人也宜有言以語後之人令嗣續而完之以永其存善夫仁人慮事之周恤民之勤如此予敢以不文辭哉故推本設關之意而為之記

增修宜興縣舊志卷之二

營建志公署 僚屬衙署附

自建縣以來舊在長橋北二十步至晉宋五代置郡時為郡治而縣治移君山麓後復舊所元元貞初改為州治至正十六年兵燬明初改為守禦總制官治尋改守禦千戶所移縣治於東隅今東察院其故址洪武十三年裁守禦所官仍以為縣治重建正廳架閣庫川堂後堂儀門譙樓令趙惟一增設戒石亭旌善亭申明亭暨六房吏舍洪武三十二年令周賓設各官公廨監房宣德九年令章惟澄設同心堂兩廊屋正統九年建鑾駕庫東庫西庫嘉靖間令馮惟訥建石庫後令方逢時改同心堂為後堂撰知縣題名記立石於正堂之左

方逢時題名記曰洪惟我國家稽古建官上而公卿大夫下而百職事尊卑有等貴賤有差內外相資體統不紊凡以為民也然位高者其情塞勢遠者其澤窮故施政布惠與民最親且切者惟令為然蓋令者位卑責重百司之務咸與焉位卑則勢有所不及責重則不可以易舉百務咸舉則其才或有所不周叢脞瑣屑難於厥職者亦惟令為然故曰生民休戚在守與令又曰苟非其人民受其殃噫其可以易而為之哉宜興為毘陵僻

邑風氣敦樸民物質野而錢穀訟獄實繁且劇其治之
也爲尤難嘉靖壬寅予來承乏濫諸君子之後仰其人
師其政事而勸戒之心生焉久之且懼其名自我而沒
之也爰於庶務之暇遡而求之百八十年間得卜公原
善以下三十九人著其姓氏考其里爵次其任之先後
始於國初重時制也畧於丞簿政不在也信者書之疑
者缺之示可徵也既成乃命工鐫之石以垂不朽而謬
序其言於石之端如此夫是石之立也所書者名而已
若夫所謂忠詐直曲之戒如古之人所云者則民之輿
論遺思昭昭在也予曷敢知亦奚敢於詳雖然循名而

責實因人而反已願同志者加之意而已愼毋以其名
而忽之其庶幾乎
隆慶三年令徐應聘闢首領衙之南隙地爲迎賓館三間
茶房一間繚以周垣萬歷二年令韓容以縣署之旁爲刑
獄庫藏所悉撤土垣周遭叠石爲之凡一百五十丈併重
整譙樓萬歷十年令黃道瞻以同心堂後寢室卑敝乃鐲
已俸撤舊宇建樓前後各三間扁曰自公樓萬歷乙酉令
梁銓以縣治歲久而敝兼堪輿家說不宜左偏撤舊鼎新
徙正堂稍西與頭門相直儀門甬道戒石亭六房兩廊並
徙正之大堂後增建後堂五間以舊治廳址改建架閣庫

丁亥春令陳遴瑋復徙土地祠迎賓館於儀門外左偏以
補其闕而以旌善亭申明亭徙建譙樓門外規制宏敞整
整可觀堂額舊名新民今改明新邑人曹三暘爲之記
曹三暘明新堂記曰我國家崇表經術故士大夫談理
道者率以明德新民爲準卽二百年來所稱盛德至善
樂利親賢未必盡追隆古而較諸史氏所稱吏稱其職
民安其業不啻過之則經術造士之效也葢表端則影
直源潔而流淸上感下應理有固然顧予以爲上下相
與其勢相親便者尤莫如縣令自縣令而上若刺史若
臺省若部院若宰輔其職漸尊其去民漸遠卽有徵發

期會必轉自縣令出故縣令之於民也其歡欣疾苦相
通也其起居作息相覩聞也其淑慝邪正相視效也一
言之發民爲傾耳一政之布民爲拭目一意念趨舍動
爲民之竊伺而潛窺是以令之欲新斯民者尤必以明
德先焉求人以其所有非人以其所無淵涓蠖屈之中
不加惰大庭廣衆之上不加修而民日蒸蒸焉去爾詐
僞還爾淳龐耕而食鑿而飲含哺鼓腹而嬉而游是邑
民之新卽令之所以明明德於一邑也晩世士大夫急
乘其德鄙夷其民無論貪汙淫虐卽有好修勵行者往
往用智喜功詭道要譽彼且以鷹擊毛摯爲快以箝鉗

發摘爲神噫德薄矣民何由化夫止水之明也以靜而
淵魚見察則爲擾日月之明也以公而一人煬竈則爲
偏今弗咎其德之弗明而嘵嘵然罪其民之弗新曰是
末俗季世不可以上古之化化也其誣民抑又甚矣吾
邑山水深厚風氣渾樸自昔號稱易治邇雖浮華漸長
奸宄寖多稍稍非昔比然比之治他邑猶倍蓰也是在
長民者加之意耳蚌胎視月月盈則充磁石引鐵鐵赴
如指在物且爾矧民也乎哉單父秉魚之俗成於宓賤
成人蠶績之利昉於子皐豈其邑之故歟其觀而化者
有自也邑治舊有堂扁曰新民視門樓稍東偏且歲久

蠹甚狀若摧圮觀者危之而詘於經費莫有處也梁侯
涖政以來約己裕民帑有餘積因建議更置爲請於上
官報可乃鳩工程材相度形勢移而西者數武不旬月
而規制宏敞煥然一具瞻矣堂既成問名於余曰孔子
稱物有本末又曰本亂而末治者否矣今堂曰新民而
不及明德木末之謂何某懼夫昕夕顧諟者遺其本而
末之求也請以明新易之何如余曰梁侯其知本哉今
而後吾民其幸得新矣無何侯以入覲行猶惓惓焉囑
吳尉某襄其功而屬記於予予不能以不文辭乃爲述
其命民之意而記之如此梁侯名銓浙之仁和人以鄉

魁登進士第筮仕吾邑其措注作用種種與俗吏別茲
舉也乃以自勗併以勗夫後之繼侯而治者爲宜人造
福無涯也例得特書云

國初六房吏舍盡圮順治十七年令王震亨重修未竟康
熙二年譙樓以雷震圮康熙七年令高標倡設吏舍重建
譙樓功未就而解任康熙十一年令史宗堯踵其事亦未
就而去康熙十五年令劉啟和重修功克成

縣丞廨舍二所舊在縣正廳東南一南向一西向萬歷庚
寅縣丞陳耕指俸改建

典史廳舍在縣署儀門外東公廨側

下邾巡檢廳舍在縣東北三十五里洞山區明洪武三年
建

鍾溪巡檢廳舍在縣北五十里萬一區明洪武三年創建
嘉靖間增廳舍萬歷間重修

張渚巡檢廳舍在縣西南七十里永豐區明洪武三年建
萬歷二十二年重修主事張納陛記

湖㳇巡檢廳舍在縣東南四十五里均山區明洪武三年
建

增修宜興縣舊志卷之二

營建志倉庫

苗倉宋時建在縣西門今廢

麥倉宋時建在縣東門今廢

常平倉宋時在通眞觀南元初改附無錫州至正辛巳仍移本州治東壬辰兵燬

社倉宋時建舊址無考朱熹記

朱子記曰始余居建之崇安嘗以民饑請於郡守徐公嘉得米六百斛以貸而因以爲社倉今幾三十年其積至五千斛而歲歛散之里中遂無凶年中間蒙恩輒以

上聞詔施行之而諸道莫有應者獨閩帥趙公汝愚使者宋公若水爲能廣其法於數縣然亦不能遠也紹熙五年春常州宜興大夫高君商老始爲宰於其縣善計開寶諸鄉凡爲倉者十一合之爲米二千五百有餘斛擇邑人之賢者承議郎趙君善石周君休承直郎周君世德以下二十有餘人以典司之而爲書以屬予記予心許之而未及爲也會是歲浙西水旱常州民饑尤極流殍滿路顧宜興亦不熟而貸之所及者尤有賴焉然吾獨慮夫貸者之不能償而高君之惠將有所窮也明年高將受代以去乃復與趙周諸君皆以書來趣予文且言去歲之冬民負米以輸者繦屬爭先視貸籍無合龠之不入予於是益喜高君之惠得以久於其民又喜民之信愛其上而不忍欺也則爲之記其所以然者抑又慮其久而不能無弊於其間也則又因而告之曰有治人無治法此雖老生之常談其實不可易之至論也夫先王之世使民三年耕必有一年之蓄故積之三十年則有十年之蓄而民不病於凶饑此可爲萬世之良法也其次則漢之所謂常平者今固行之其法亦未嘗不善也然考之於古則三登太平之世葢不常有而驗之於今則常平者獨其法令簿書筦鑰之僅存耳是何

也葢無人以守之則法爲徒法而不能以自行也而况於其所爲社倉者聚可食之物於鄉井荒閑之處而主之不以任職之吏馭之不以流徙之刑苟非得聰明仁愛之令如高君又得忠信明察之士如今日之數公者相與并心一力以謹其出入而杜其奸欺則其法之難守不待他日而見矣此又予之所身試者故并書之以告後之君子云

常豐倉即宋時常平倉在縣治西明洪武初令謝德濟創建後改移西察院順治初年燬今址尚存

預備糧儲倉四所一在縣治東一在縣治前一在縣西北

七十里西亭區一在縣北二里開寶區今並廢
濟農倉在縣治東南明嘉靖五年令趙繼勲建前有月臺南道門樓中有廳事川堂後堂兩旁有廒貯各項備賑米穀崇禎間燬遂廢
東倉本名常平倉在縣東門外中有廳事川堂後堂前有月臺南道門樓旁有廒收貯開寶等區糙米
南倉本名興福倉在縣南門外規制並同東倉收貯伍賢等區糙米

國初兩倉廒盡燬順治五年奉撫院土國寶批行圖稅法使輪年甲運自造倉廒每一啚爲一協七八協爲一廒廧步相通以便兑米每兩廒相對口置柵門外口置大柵門嚴整有加於舊

縣庫在縣治正廳東與縣治同建有大庫小庫明嘉靖間令馮惟訥增建石庫藏貯庫銀黃洪毘記

黃洪毘石庫記曰陽羨風淳民樸視江左爲尤俊滿麗法者反多於他郡觀風史稽利弊率衆以戒莞庫之士雖豪傑守令不過憤且惜之而已庚子冬同年馮君少洲至見庫門敝漏上隙旁穿可以手攫而取橐鍵委私室奴隸人或竊處其中喟然嘆曰弛禁以起貪陳利而誨盜是設穽而驅之也罪果在吾民乎遂請於當道撤而新之石壁磚甃望如雪洞然門竪二大石函堅木於中啟閉則上下其板內外隔絕藏閉深邃爲樓於巔而眺望焉於是縣之奇峰激湍皆若獻巧於前百姓若樂之狀風花魚鳥之適又以助政理而動幽思蓋所費不過數十金民爭趨之不日而竣辛丑夏六月雲間司理翠岩黃洪毘氏以吏事蒞堂少洲君令執役者閉門而入日中秉燭周睇四旁無異城郭翠岩子揖而賀曰少洲他日宰天下亦如是庫矣夫民函五常之性莫不有仁義欲利之心顧長人者防之耳過矣哉或前令以三代待人也貪泉不飲鋤金不顧古今能者幾人乃以責諸輿臺其亦未之思也乎夫周禮非周之盛時歟泉貨會計王后世子無敢畧也今於編氓而不知慎何也雖

天下事否而泰蠱後飭不極則不反宜興藏府之更殆亦氣數之會也少洲力主之吾張太守黙成之雲汀翁侍御規畫而允之三善具而後百餘年之弊改觀焉事之不易成人之不易遇嗚呼繼少洲者可以思矣少洲名惟訥字汝言山東臨朐人其文章治行海內共推者此特衆美中之一耳然義利防關本源澄澈儒者作聖之功實見於此予故僭記其顛末云

鑾駕庫在縣治東偏總舖後明正統九年建藏貯儀仗嘉靖間重修萬歷十六年令陳遴瑋從置道與觀道會司東後廢仍建舊所今亦圯

架閣庫與縣庫並建在縣廳西藏貯板籍久廢康熙七年
令高標重建

增修宜興縣舊志卷之二

營建志　廨署　亭館附

都察院原名書院在縣治東察院西明宣德八年令章惟澄建為巡撫重臣駐節之所成化元年重修嘉靖間圮今址尚存

東察院在都察院東明初移縣治於此以今縣治為守禦官所洪武十三年革守禦官令趙惟一仍移至今縣治以東隅新縣治為東察院成化元年丞廖桓重整二院都察院東察院門逕其左右各建牌坊前臨河闢為馬頭可停舟檝宏治十六年巡按御史馮允中檄令王鏃鼎新之楊循吉撰記

楊循吉察院記曰常鎮蘇松四郡輔京畿居東境天子歲命憲臣臨治行事所至激揚屬吏剪豪猾問民疾苦故無常居居之所在大政輒集故非高顯殊特則不足以容衆而臨治也宜興察院創自國初洪武中棟宇簡質結搆嚴重以歲久益敝腐欹缺疎有司憚其難也或外塗飾以緩責然非制奸之道宏治癸亥巡按監察御史郴陽馮公允中奉命至邑顧而咨嗟以爲敝予改爲古之訓也作其咨已乃屬邑令王君鏃議之君度材計費官帑有縮濟以勸相而後克從事於是盡撤故搆作

廳事增崇之凡四尺深廣加一丈有奇拓其基又三丈有奇中堂燕寢皆次第層列具如法式周垣既築重門以峩立其宏規以及其細廊廡庖湢莫不咸秩後爲虚軒用待逸暇其西室則書吏止焉其墉陰則池亭設焉葢及是而居之道爲大備是役也經始於歲之七月逮十月告成公至自金壇居其中臨涖有儀堤防克固肅嚴邃麗爲諸邑冠咨美之不足爲弭節久之而去他日命予書其勞於石用示旌勸或曰宜興山邑也凡宜從菲而已矣是大不然民惟遠也而不能無怠心怠則難牧也是固聳之以憲府之觀使民望之而知畏因以守法無煩於撿約此君所以祇承公命而致力者歟雖然公則能矣非公啟之功何由成葢惟不疑而後能任人公之明也惟不私而後能使人公之孚也且朝廷以賞罰之柄予公公好善惡惡出於天性其賢且才者得而用之且陞之夫何容心哉公登成化甲辰進士居內臺夙以忠鯁聞至是持法務存大體尤著聲望而王君亦以甲第任今官民牧之美固敢附書以俟後有考云

西察院在縣治西隅嘉靖間改常豐倉爲之順治初年燬今址尙存

南察院在縣東南隅茶局之右改府舘爲之今改爲城守

備衙門以上四察院俱爲上司行署

批驗茶引所在張渚鎭元初設時名茶園提領所至明初大使項仲實重建易今名洪武間裁革尋復嘉靖初再革入本鎭巡司餘基鬻爲民居

稅課局在縣東街明嘉靖間裁革今爲民居

陰陽學在縣南大街城隍廟西明洪武十七年開設訓術吳允亨建尋廢萬歷間惠守元申請復葺今廢

醫學在縣西街明洪武十七年開設永樂元年知縣周實令訓科潘彦剛重建正統七年復建尋廢

主簿廳在縣治西今廢

僧會司明洪武十五年於法藏寺開設今廢

道會司明洪武十五年於通眞觀開設今廢

迎恩亭在慶源門外高橋南舊名慶源亭正統十三年鼎建改名迎恩相傳東坡嘗艤舟於此

丁侯去思碑亭在迎恩左偏萬歷九年令胡旦增建附方侯重濬張公蕩河碑並刻於亭

春風亭在縣治內創建年月無考今廢　沈暉次袁大尹詩云主人私淑程夫子亭上春風日藹然樂地何如隨柳處韶光不減浴沂天窗開萬紫千紅裏道契三皇五帝前我欲相從坐一月碧桃花底聽鳴弦

陽羡館舊名迎華驛在長橋北岸西隅遵義坊左唐張祜次荆溪

（呈崔明府詩有艤舟陽羨館之句）宋紹定初令趙與悊因祐詩乃改驛爲陽羨館今其址鬻爲民居

荆溪館在縣西隅明洪武四年令謝德溥因西館驛舊址爲之今廢

茶局在縣東南隅南察院左宣德九年令章惟澄建每歲御茶於此修貢今廢其故址尚存

增修宜興縣舊志卷之二

營建志　壇廟

社稷壇在縣西門外元時在州治南明洪武三年令謝德溥移置今地初爲二壇八年詔爲一壇北向東西廣二丈五尺南北如之高一尺四寸四分木主二高二尺二寸方四寸五分一縣社之神居右一縣稷之神居左旁列神厨齋房北爲宰牲池外繚周垣環蔭巨木每歲春秋二仲月上戊日有司先期齋戒致祭

山川壇合祭風雲雷雨之神在縣南門外元時在州治西南與文廟相隣洪武三年令謝德溥移置今地壇南向廣袤與社稷壇同木主三一風雲雷雨之神居中一本縣境內山川之神居右一本縣城隍之神居左神厨齋房牲池與社稷壇同周垣植蔭木每歲春秋二仲月上巳日有司先期齋戒致祭

邑厲壇在縣北門外明洪武三年創立繚以周垣壇之高廣與社稷壇同木牌二俱題本縣境內無祀鬼神每歲春三月清明日秋七月十五日冬十月朔日晡時致祭先三日有司移牒城隍神廟名集鬼靈屆期奉城隍神位於壇正中南向以轄其祭

里社明洪武八年定制每里立社壇耆老歲以春秋二仲

月祭本境五土五穀之神今廢

鄉厲明洪武八年定制每里立厲壇耆老歲以春三月清明日秋七月十五日冬十月朔日祭本境無祀鬼神今廢

按里社鄉厲二祀設自明初恩禮至周渥比來鄉村不特廢祀并夷其地而侵漁之申明其禁以廣祀典亦良有司之責　本徐志

城隍廟在縣治東南二百步舊在縣治西首倉門東宋嘉定間令羅仲舒拓縣圃地益之紹定間令趙與悊繫城西垣爲坊臨通衢洪武初移置今地正統間重修立石坊於前姜洪撰記嘉靖間增建廟後廳房康熙三年邑

人周士選等倡捐重修吳振纓撰記每歲春秋仲月合祭于風雲雷雨山川壇清明中元十月朔主祭邑厲壇有司蒞任則以特牲告廟每月朔望行謁

姜洪記曰通天下郡邑廟祀城隍神者感其功在捍禦而宜報之也神爲一縣一邑之屏蔽而以捍禦之功庇其邦之人邪之人不思所以廟祀之則報之之誠安在韓子曰神之所依者惟人人之所事者惟神然神固當廟祀矣又必爲守令者有以倡之于上然後斯民有以從之于下也况宜興之爲屬邑土地人民賦稅甲于他邑凡水旱癘疫之祈禱必賴城隍焉其廟舊在縣西國朝洪武初守禦官楊國興移置于縣之長橋東南二百步人之奉祀日嚴而神之靈應日著七八十年間廟雖存而兩廡儀門不足以稱民崇祀之誠正統壬戌歲縣令樂安鄒侯旦二令鄱陽李暄相與謁廟顧而嘆曰凡祀城隍必在深嚴欲致深嚴又在長民者有以舉之也于是退而倡諸邑人捐貲重新廟庭肖神像于中增兩廡儀門三門垣四周加丹堊藻繪其壁有渠横過又梁其上而亭覆之斲石柱爲牌坊臨通衢其廟勢覃覃然巖巖然足揭虔妥靈其耋耄髫稚來觀者亦無不顧瞻起敬焉先是廟未修歲或旱潦疫癘自二侯之爲此雨

暘隨禱而應疫癘不作五穀六畜繁茂肥大人愈給足無事迺來屬文以記其成夫治民事神實令佐所當爲者然必其人讀書明于義理而後能盡其道今二侯皆有學有行則其爲此宜無難矣

宜興縣土地祠在縣治內儀門東洪武初建奉祀本縣土地之神嘉靖間重修萬歷十五年令陳遴瑋重建列於迎賓館東

內關帝廟在北城內背城臨衢南向康熙二十五年奉文創建

外關帝廟在北門外城河之北明萬歷戊寅邑令丁懋建

創建徐顯卿撰文萬歷戊午萬明詔重修康熙甲寅邑
令黄錫朋重修
按內廟未建之前有司春秋二仲月上戊致祭及朔望行香俱在外廟及內廟既建後有司朔望行香在內廟而春秋戊祭仍在外廟
徐顯卿碑記略曰漢前將軍關蓋圽而崇祀稱王云關
王祠滿天下其在宜興者漫不可跡萬歷初年道士匡
永媧於北門外渡濠折而西敕庇材鳩建焉雖鉅衍繪
塈有竢將來而巉巉亭亭廟貌森嚴過瞻惕遨宜樹穹
碑會予卜居陽羨山人羅雙湖屬其子一鰲請文付勒
嗟乎予於是徵神道邇也自古忠孝義烈生爲名臣没

有生氣何代蔑有獨王精爽充天地間所在香火伏臘
其圽而燀赫殆甚於生彌久彌烈當王之生存匪知有
操若權知昭烈而已匪私左右昭烈知漢而已此其天
性固然獨任綱常之重死生以之亘千古一人可謂爭
光日月者非耶或曰兹邑蕞爾僻在湖濱不足以辱王
之從者則奈何是不然兹邑周孝侯斬蛟射虎處也又
岳武穆嘗駐兵廟貌在焉以王之忠勇設與二公者同
時寧無相遇中原橐鞬鞭弭之約况王之靈降陟於風
雲杳渺之間若水之在地又何弗至而况兹邑哉余既
撰說復系楚聲三闋付巫陽侑神焉其辭曰

天門窅兮覞而瞰紛雜雲兮不了了震潬兮波瀾采采
兮藺藂銅官上兮天半若有象兮蟠蜿靈辰辰兮日焞
焞不可度兮矧敢言救羣霧兮清路提青龍兮赤兕驁
横四海兮神怒右迎神
四海兮焉窮一怒兮泉荷戢歙兮縠登不忠孝兮無那
雷訇兮電矚羣執兮顯戮天霽兮風清蘇赤兮袍緑神
之假兮上下倏而徐兮忽而趣左彷彿兮孝侯右惝怳
兮武穆𠖥深兮不及夕霞兮落曵僾其慨兮告予精白
兮罔渝不得問兮難再值中心惕兮神之貽右降神
翩其來兮聯而遝排兇奔兮謁帝旖旎兮干嵯峨摩蒼

蒼兮藉巫神之覞兮欻而舉逅張師兮從蜀主扱陰陽
兮御元氣睇六合兮芥細大明作兮悠久中外輯兮罔
諱卸神之錫兮民物阜右送神
袁府君廟在宜興縣治西南隅北向祀漢陽羨令袁玘宋
皇祐三年以雨應禱虞大熙作祠銘紹聖間令王粱材
增葺之邑人單子發序其事政和初賜廟額果利紹聖
九年賜爵嘉惠侯洪武初詔去舊號題木主曰漢陽羨
長袁公之神正統間令鄒旦重修仍塑像崇祀訓導危
山撰記
危山記曰聖王之制祀典也能禦大災則祀之能捍大

患則祀之其祀之者所以報其功也彼有捍禦之功而
國家不知報之惡在其爲重祀典乎宜興廟祀袁府君
有由然矣君諱玘生爲東會稽人後漢時爲陽羨令陽
羨郎今宜興也君之政績他無考舊時譜牒載君爲令
始創長橋逆知水旱故民感其惠及沒而民立廟祀焉
當廟祀後凡水旱癘疫請禱屢應宋政和元年有司上
其事賜廟額日果利紹興九年封嘉惠侯命有司春秋
仲月致祭國朝因之祀事孔嚴邑民商旅往來祈祀于
廟者晨昏絡繹正統戊辰廟遭回祿縣令樂安鄒侯旦
欲新之顧歲歉民貧而事有未宜明年己巳歲稍熟與

二尹鄱陽李侯暄上虞竺侯倫判簿新城王侯耿幕賓
樂平朱侯輝同寅協恭資捐于己力借于民于是作正
廟兩廡及儀門大小凡二十楹且肖君像于中繪故事
于廡仍題額曰漢陽羨令袁公之祠其以府君稱廟者
又邑人之常稱也既又作齋房十楹于後命方士吳士
芳住守以奉祀事侯方倡之而民皆樂就其功未朞年
而告成已而士芳請曰是廟缺經理幾代矣今幸一新
願記刻石以垂永久可也夫橋梁之修王政之一事水
旱之憂爲政之大本修橋梁則民不病涉知水旱則民
有所備袁君令于此而盡乎此及沒而又昭靈應于此

則事合民心順天理禦災捍患宜其廟食茲土而無愧
于先王之祀典也雖然前者後之鑒袁君生爲正人沒
爲正神固有功于斯邑矣鄒李僚佐爲之重構廟宇若
是凡水旱懇懇焉請禱于是其亦心袁君之心政袁君
之政而有功于神人者矣宜書之以爲後人鑒云
周孝侯廟在縣治東南隅北向祀晉平西將軍周孝侯處
陸機爲譔碑文王羲之書其碑摹始末詳古蹟志中宋
紹興七年敕賜廟額曰英烈十年封忠義侯後又封忠
武公父魴封積慶公妻盛氏封慈祐夫人四子靖肖靈
公玘肖武公札肖義公碩肖勇公明洪武初詔去舊號

題其木主曰晉平西將軍周孝侯之神有司歲以春秋
二仲月致祭門廡間列古今碑碣凡二十六座歷代及
今修葺不一一記于後唐徐鍇一記于宋沃彥蕭德藻
一記于明正統間趙琬至嘉靖間道人史普海募貲創
建前殿改立石柱兩廡寢室並加修葺萬士和撰記
國朝康熙年間重修
萬士和記曰吾邑周孝侯廟創自晉人蓋舉以死勤事
禦災捍患之典也厥後屢圮屢修或出于公或出于私
若朱董純儒沈德遠之再新侯廟其始蓋彤之夢寐間
豈侯精神之感召固如此哉今道人史普海朱明恩者

止因初發一念遂不可遏然易石柱且木植磚甃務爲堅久工鉅而力不貲普海至以身繫鐵鎖不能償所負商賈久之而始完其勤如此余目擊其事感而嘆曰陽羨溪山洞壑勝甲東吳然人物之魁奇瓌瑋者上下數千年間寥寥然一孝侯而已侯少時任俠跅弛不就繩墨一旦因父老之言洗刷舊習挺身與猛蛟惡獸戰于深山大澤之中搏而除之自古改過之勇其有如侯者乎及其師事二陸學問過之歷官漢荆忠信明斷人心歸附入爲中丞按梁王肜不法邀侯平日所爲心地洞達無纖芥私曲葢其氣剛勁果決不但婞娿問縮之態

不作于心即覺知思慮之用或當機而回互或應物而有遷侯一無是焉此勇者至道之效也侯之表見千古感召人心者抑在玆與至於臨陣死戰非侯之所難也余嘗謂人心之靈意之所動鬼神得而知之匹夫匹婦得而知之有不可掩者侯平生心事大與關雲長相類二公死後人咸傳其爲神雲長之靈遍有顯應而侯之保祐吾邑者不一而足此其事近迂然千萬人之所向慕者即神之所在也二公强直壯勇之氣鬼神知之匹夫匹婦知之語曰千人所指無病而死聚億兆之精神于一人而日無感召者無是理也然因感召而尊侯則其知侯也淺因精神而得侯則其知侯也深故普海之發念不過修侯之廟貌而我輩之發念直欲追侯之爲人彼知過而不改也改而不勇也心術之邪曲回互也與人不信而臨事不忠也持此以追侯之爲人遠矣而我輩往往自蹈此弊無勇敢直前之氣則是普海知侯之淺者以身繫鐵索期于必成我輩知侯之深者竟不能奮迅激昂以期于有成也此其志與普海何如哉嗚呼以陽羨之勝上下數千年而寥寥惟一孝侯吾輩可以愧故記之以志吾感

岳忠武王廟在周廟西南向宋建炎間忠武自桐川提兵

來平巨盜郭吉邑人德之爲立生祠塑像于英烈廟淳熙八年郡守章冲易以袞冕嘉定間王裔孫珂守嘉禾屬令戴栴卜徙今地歷元迄今歲久頽毁遂訛岳爲嶽而像設東嶽之神宏治九年胡璉白其事令陳策復之增葺堂廡繪塑其像徐溥爲記

徐溥記曰宋建炎間值金人南侵攻常州羣盜四掠宜興皆爲所蹂躪時岳鄂王方提兵抗禦邑令迎王移屯其地兵出屢捷遂保無事避地者亦頼以免邑人圖像祀之學録周端朝實爲之記歷歲既久人習稱嶽廟因訛傳爲東嶽之神歲時男女雜糅求福於是葢廟記既

亡而王出兵時手書紀功小碑後築城復置之亂石間莫有知王之功者近世士大夫稍知之欲正其繆妄而小碑亦以城圮而出雖殘缺不完尚可考信葢王之功當不可泯也令武陵陳君重修其廟而仍刻端朝記於石陳君報功之心其即宋令戴君之心也乎刻成余故書其事于後記云王設方略降馬臯慴林聚而史則云盜郭吉逝入湖王遣辯士馬臯林聚盡降其衆事不同豈臯聚既降而後遣之耶俟考

國朝順治初年大殿圮道士王啓元閔啓隆募建康熙八年二尹岳維城係王後裔竭力捐募殿以落成

火神廟在岳忠武廟旁天啓間道士周文英周文嘉於老君堂遺址募建山門正殿榜曰南星宮

函亭侯廟在五賢區祀漢函亭侯蔣澄漢永平元年建唐天寶十五年御史蔣晃重建齊光乂撰碑宋紹聖三年學士蔣之奇重建明萬歷元年蔣祐奉勑重建每歲春秋仲月上戊委官致祭明末兵燬

衛將軍廟在宜興縣治東二十五步祀唐衛遜許渾嘗題詩有敘明洪武間廟僧徒將軍像改爲華光廟宏治元年邑人胡璉白憲司復之後僧又滅將軍像仍額華光廟辛酉晉江王鏷來知縣事邑人以告盡斥僧徒令道士劉克誠主之反正廟名邑人杭濟撰碑記

杭濟記曰維我義興有唐鉅臣曰衛將軍遜少習劍武長遊并汾學明義道高祖起晉陽將軍仗策從之出入陣伍前奚後擊征竇建德有功太祖拜將軍宿衛旣而上疏乞歸養卒以孝敬聨閭門忠信居鄉里邑人懷其賢立廟祀之唐史失其傳惟許渾有詩及序頗記其事廟在縣治東二十有五步舊有碑誌久滅亡今郡國志具載之洪武時廟附淫祀廟僧利其善幻、或人遂徙將軍像宏治戊申邑人知州胡璉白憲司交牒命復之厥後屢廢屢復庚申僧遂滅像毁額專崇淫祀適大令晉

江王君鏷始政邑之士人奔走祗告令乃蹙然起諗于衆曰惟僧畔神若是詎可以守祠乃命盡斥其黨特令道士劉克誠主祠事黜滅淫祀反正廟名像塑額顔煥然具整殿廡庭垣悉戒潔除咤士賀忭邪道塡溢令可謂祗力于神也至矣遺廟百年蹶而復振固大善足以鼓動百世抑亦天意祐善自不薄耶訖事令來請予記石子賢大令之善善而樂忠孝之弗泯遂爲記其事云

許渾題衛將軍廟詩并敘將軍名遜陽羡人少習詩書學弓劒有武略年二十七遊并汾間遇神堯皇帝始建義旗遜以勇藝進備行列洎擒竇建德遜時挾鎗劍前

哭後翼太宗奇之錄功拜將軍宿衛以母老乞侍養詔許之既而以孝敬睦閨門以然諾居鄉里及卒邑人懷其賢立廟於荆溪之湄以弓甲懸東西廡下歲時祀之因題詩廟壁詩曰武牢關下護神旗挾槊彎弧馬上飛漢業未與王霸在秦兵纔散魯連歸墳穿大澤埋金甲廟枕長流掛鐵衣欲吊忠魂何處問蘋花楓葉雨霏霏

二忠祠卽舊衛將軍廟改建正德甲戌邑令泰和鍾卿密奉部檄增入本邑吳尚書雲並祀於衛將軍之廟改額爲二忠祠少師徐謙齋鈔吳尚書忠節錄一卷李東陽爲之序

李東陽序云公宜興人明洪武初累官刑部尚書出爲湖廣行省參政時元梁王據雲南未下高皇帝命公往諭會梁王使其臣鐵知院等二十餘人使漠北爲我軍所獲上歸之令與公偕行至雲南境鐵知院等說公改制書共紿梁王梁王亦遣人來刼降令易服以見公仗義直辭以死自誓遂遇害梁王命收其骸送四川給孤寺藏之先是金華王忠文公禕奉命往使不屈而死距公死方二歲耳後雲南入版圖朝廷始知公死狀及公子瓛以事來白乃命馳驛歸葬而詔瓛爲國子生瓛貧不能歸塟公于武昌舊治因占籍長子縣令閎再世矣宏治初李尚寶應禎使湖訪公墓不可得乃爲傳以傳之比都御史王公詔巡撫雲南聞公事謂忠文在正統間已贈官賜謚建忠節祠於其地而公事獨未著爲請于朝今上復贈公刑部尚書謚忠節與忠文並祀其祠額爲二忠茲先生所錄者其始末略備矣方瓛葬公時大夫士賦忠節詩爲卷并其誥命遺書皆燬于火潘子安海夫青牖集有詩一章劉職子高集四章則爲公作者故并錄之而凡書奏公移及續有賦者皆附焉惟我國朝以綱常立天下而以風節勵之於勤事死節之臣必有褒恤之制雖先朝所未及知所未暇行者亦舉而

行之不以其人已遠時已久而或置意周而法密矣雲南遠在萬里外而其名蹟顯著歷百年如一日英廟之恤恩今上之秩祀蓋推高皇帝蔭子返葬之意而推行之者也嗟夫時變境易兵革擾攘之餘雖闕庭畿甸之下節義之沉没者多矣况其他乎金華文獻在國初極盛故忠文最著公之名雖前輩所重然非文足以輕重一世言足以榮辱天下如先生者則其事終不白而恤典未必行也崇德報功之柄固係于國論如此哉東陽觀國史知公名又從先生獲睹兹錄因題其後

關帝行宮在和橋上塘南首明萬歷三十三年建

蘇東坡祠在蜀山祀宋蘇文忠軾公嘗愛宜興溪山之勝卜築於此歲久其址質入金陵保寧寺遂爲寺之別墅後寺僧敏機仍作草堂以存舊蹟徐一夔記明宏治間邑人沈暉白其事于撫按令王鏷躬訪遺址贖而還之爲建祠名東坡書院李東陽撰記萬歷元年巡撫張佳胤檄令韓容重修堂宇額家俱鼎新之

國朝康熙戊申署府判事熊坊重修邑人周啓㒞記

李東陽記常州宜興之荆溪有蜀山本獨山也志稱文忠與學士蔣之奇同舉進士買田卜築于山之麓於是易獨爲蜀云按爾雅山獨者皆爲蜀志又稱愛其山則然也公嘗欲作亭種橘預名曰楚頌後上表乞居常及

歸自嶺南卒于州耶其弟文定公以其喪去葬于頴上其家亦不至常當是時葢有所謂東坡書院者詩輒廢越七十年郡守晁子健擇地學旁建祠祀公元僧敏機因山爲祠爲之居守晁公武徐一夔皆有記今常州祠尚存而蜀山祠廢已久明宏治庚申縣人沈暉自南京工部侍郎致仕歸以告巡撫都御史彭公禮巡按御史王君憲暨知府連君盛知縣王君鏷僉議旣協鏷躬訪遺址悉爲民所據贖而歸之得地三十餘畝一時好義者爭割田山捐金帛以益之士人吳綸董鳩材督工國子生王永實相其役經始于辛酉之四月至十二月而成爲堂六楹肖公像其中寢稱之爲左右二亭一刻公楚頌帖及諸詩詞一刻興造之碑東西廡及門各四楹廳館庖湢諸室爲楹者以十數其外則甃石爲周垣者百二十丈視州祠深廣略稱而偉麗過之旣而用表忠觀故事命道士謝允昂居之歲奉祀焉夫天下之論名臣碩輔者或原于嶽降或歸之地靈文章氣節亦以爲江山之助固也及乎遐陬僻壤一邱一壑或有所憑藉亦足以不朽于世是所謂人與地者恒相須以顯而不能不相爲重輕若君子去父母之國則遲遲其行在物

國則觸物感事懷思顧戀而不能已是葢存乎人而物不與焉會稽之東山以謝傅名其在金陵亦築土以象之天下之爲東山者何限而非其人莫之名也公之自蜀之洛隱然動京師父子兄弟之名遂擅天下則公乃天下之人俗傳三蘇生而眉山之草木皆枯者妄也及其流離貶竄不能歸其鄉卜居茲山托名以寄意頴之山名曰峨眉者亦此義耳役雖其體魄在頴而魂氣之無不之者安知其不徘徊眷戀于此山也耶且公所謂不待生而存不隨死而亡者將流行充塞於天地間而況其經過流寓之地哉公之文章氣節天下莫不尊之

是雖不得與天下之祭撰諸鄉先生祉祭之義有過而無不及獨山之爲蜀也其祉之類乎然則是祠之設固耆民俊士衣冠俎豆所宜周旋而傾注者也夫使文章不如公氣節不如公則蜀之王禹亦嘗榜鄭邸爲蜀舍而朱俊民劉跂爲之記銘然亦不顯東陽楚人而燕産嘗因贈太師徐文靖公之約買田兹鄉而遽羅家難竟莫之遂工部以其蹟頗相類而不知其文之弗稱也請爲記祠事之成予於是亦誠有感焉因用楚語作迎送神詞其亦橘頌之遺意也夫其詞曰橘之樹兮如蓬鬱青葱兮閒玲瓏彼亭兮在中信吳邦兮楚風橘之樹兮

如蓋朵芳鮮兮薦肥脆我公兮來歸神降陟兮如在公之樹兮荒萊公之亭兮但室苔植我樹兮構我亭望游魂兮歸來公歸來兮恍不可見渺惆悵兮悠哉荆之土兮如酥荆之米兮如珠山有茶兮溪有魚生不足兮没有餘公去此兮何居楚之調兮欲獻蜀之山兮盤紆神往復兮無定所聊爲此兮踟躕生不爲世所容兮没將忞其所如鑿余井而得泉兮又安窮其所歸亭常存兮樹常寔持以薦公兮願以少駐乎公車

三賢祠 一名崇儒書院在宜興縣治東萬歷甲辰郡伯歐陽公邑令王鏃創建祀宋唐少秘明周紀善萬學博三先生吳達可記

侍御吳達可記曰稽陽咸所王侯之涖吾邑也政行舉課績成思以文教風起闔邑無如崇祀先賢而郡侯歐陽公方修復龍城郡宇列晉陵先哲登之俎豆偕郡邑同志輩闡明正學其風化一新之會乎于是邑之官紳及青衿士僉謂萬文恭先師既有專祠爰考先賢之宜祀者得三人焉宋唐彦思先生明周道通先生萬古齋先生也祠成之日巡察馬公侯代兹境額其扁曰景賢堂適予觀風江右得代旋里王侯謂不可無一言以記其事予何敢辭謹按唐彦思先生去世頗遠嘉言懿行

無可考見惟于程氏遺書中反覆問答大都得其概焉道通周先生篤實醇謹恂恂性成省身克已孜孜問學師事文成一聞良知之說晨夕體會精思力行故其師稱之曰篤信好學云古齋萬先生剛方嚴峻孝弟視躬而尤尊朱晦翁氏生平自淑與所以淑人課子者蹈繩踐矩尺寸不踰宜其發祥賢嗣而後先輝映也三先生之行略可述者以此竊有感焉從心所欲不踰矩尼父道學之正派也言隨心所欲不遺乎矩中庸首末二章子思子道學之宗傳也言性命而繼之以修道之教言無聲無臭而先之以衣錦尚絅我聖祖御製一書譚心

論性豈不超軼宋儒之上而制科範士必曰程朱聖賢維世之教意良深遠予竊觀近世學士家之論學者類樂超脫惡拘檢藉口無善無惡之旨以恣肆其行議者鄙焉乃矯其說者則曰務宗程朱黜異學藉令程朱之訓反躬實踐即悟境未入豈不賢于倡狂放逸之流哉而以正學之名爲賈譽之地翻令濂洛關閩之傳脫略於躬修踐履之際則亦肆然無忌者等耳故志眞然後可以論見見定然後可以言學質有敏鈍悟有遲速而學無眞志則難以言學矣三先生或師事伊川或師事東越或私淑紫陽師傳異也或從大學論孟入門或從

致良知入門或從居敬窮理入門宗旨殊也然其省躬力踐念念修眞絕無粉飾覆護之態豈有異哉所以爲吾宜先輩典型也自三先生倡道荆南而流風餘韻三吳俗尚至今語眞樸者必以陽羨爲稱首余自垂髫時本生考元圃翁每命侍文恭孚齋兩先生側見其言論風範眞意溢出確有古先輩切琢規模年來歸卧山中追惟父師遺教兢兢以自訟日省爲功課人或少余悟道之未徹而余深愧眞修之未能也茲因王侯崇儒之請而嘉之而猶慮夫矜飾易生眞志難立陽收其名陰背其實有負王侯風勵之意且孤先哲垂訓之心豈非不佞與諸同志者責歟謹書之以俟後日考証

盧忠肅公祠在邑東水關南十餘步北向康熙二十六年各憲題請奉
詔建特祠

張公祠在東廟巷附邑城隍廟後祀常鎮兵備道張公鍵康熙丁酉年建

徐義莊祠在邑南門外臨洑溪祀明贈太師文靖徐公溥明宏治十一年建

胡憲言撰記曰事有涉于彝倫關于風教者必銘鼎彝勒金石以俟其美所以昭示天下後世使知趨向也程

子曰萬物本乎天人本乎祖故族屬雖有期功袒免親疎之殺然以祖宗視之則本支百世均爲子孫固無親疎也三代盛時以井田養民以比閭族黨聯民以學校三物之典教民凡羣居類聚者非必有昆弟之親宗族之愛然患難相恤死喪相助喜相慶而戚相憂小而五家之比大而萬二千五百家之鄉其情皆如骨肉之親厚且篤也及乎後世法弛教失雖同宗共出之人乖離渙散而不相合貧也而或棄之患難也而或乘之死喪也而或棄之于是倫理大壞而不可振先王良法美意至是蕩無存矣吾邑謙齋徐先生以殿最發軔仕至三

公存心近古深惡世俗不以根本爲重視同姓如路人不相顧恤其先公内翰封君嘗欲倣范希文義田爲睦族法未就而卒遂遵其遺訓置田若干頃構屋若干楹于東溪之滸名爲義莊歲儲所入量視族人所乏而周之嫁娶者有助疾病者有資守節者加厚焉尊卑喪葬賻有厚薄之差科貢聽選贐有輕重之别遴選幹局明强者司其出納之數又闢塾延師教育子姓其師取其行而文其教各隨其材質修譜牒以明其本時燕會以維其心歲有羸餘增益其産頒列條約品式備具睦族之法可謂得其道矣文正公之盛事不圖復見于今日

也懇切以爲天下之俗固非一人一族之所能變然天下者一人一族之積也居今之世莫不有族使有族之人皆知相親相輔歲時爲酒食以洽其歡胥告戒以匡其失賙恤資助以全其生是雖未行比閭族黨之法而先王之法意實行乎其中矣如是則不遺其親而根本之義明天下幾何而不治乎先生相天下民具爾瞻其睦族之法固不止于一家而將及乎天下也觀其疏其事於朝可以識其意矣夫繼父之志而成其事者孝也彰君之賜而爲義舉者忠也贍給族人而周其患者仁也一事而三美具在是不可以無傳其他豐功偉烈采之太史固非晚學敢僭及者姑記義莊一事以勵俗云

萬履菴祠在西城法藏寺西二十步祀明尚書贈少保文恭萬公士和萬歷間建

唐鶴徵撰記曰自孟氏願學孔子之説行學之弊也久矣非孟氏之弊也襲孟氏之口胳者弊之也上智之資世豈常有學亦得其資之所近極其力之所抵焉耳不就其資之所近不究其力之所抵而妄意于聖人皆自欺也世之學者不就其資之所近不究其力之所抵豈非謂其偏曲而不睹聖人之全哉荆溪萬履菴先生生而純粹淡然無欲少習于其尊人古齋先生履繩蹈墨

罔越纖毫長復遊于荆川府君之門首析義利之辨其學一就乎資之所近力之所抵視世之敢爲高論而不顧喜爲詭行而不耻者戒之如探湯避之如燎火其所諭萬物一體之學本之無我見于蔣道林先生祠記者皆其精思實踐之所自致蓋雖游乎知巧獵利之場而不解當乎紛華波蕩之衝而不染也誠有由由與之偕而不自失者始進而讀書中秘遂請之部既而又請之南不謂之不卑小官不可也久之而總憲江右于時分宜柄國仕者爭求官其鄉有給諫者爲求要地不知先生之久抵江右也懸論先生赴瓜之後期而去之先生

欣然以歸狎所故侶尋所故遊樂而忘倦其何怨何憫乎新鄭起又去之江陵起又去之士師之三黜何加焉當其時雖庸夫豎子莫不信先生之言如其心行如其言嘖嘖歎服葢棺二十餘年嚮者愈切慕者愈廣一時來官者與其鄉之學士大夫博士弟子俎豆之思不謀而同眞有鄙寬薄敦之風嗚呼是豈可以倖致哉先生自嶺南歸顧謂鶴徵曰余在嶺南時閒嘗讀蘇長公孤月此心明之句而恍然見本來也然則由先生之道而不已又烏知其不進于大成哉鶴徵將與聞先生之風者共擇去取故記其說于麗牲之石

曹雲山祠在西門大街祀尚書贈少保曹公三晹萬歷四十八年建

節孝祠舊在周孝侯廟側創建年代無考今移建在南門外

三魁廟在周孝侯廟東廡祀魁宿之神宋熙寧五年邑人郤材試開封第一郤剛試禮部第一佘中廷試第一裒然三魁甲於天下令趙與悊榮其事爲建三魁廟今廢

三夫人廟俗名三姑廟在蜀山東祀烈女之神詳見軼聞又一在柯城沙子口云爲湖神舟行者多祀之

許太尉廟祀漢許武孫馘今廢許廟有碑歲久多磨滅唐元和中許氏諸孫重立碑陰題八字曰談馬礪畢王田數七八莫能曉邑令徐延休一見解云談馬乃言午即許字礪畢即碑字王田乃千里即重字數七乃一六即立字謂許碑重立也人服其慧

永清侯祠在周廟西廡唐大中時襄州判官王士澄刊其事於石云神有祠在房州永清縣令嘗夢神告曰予義興人大父周子隱予受上帝命於均商房金四郡捕鷙獸人爲立祠號曰虎神以其爲孝侯孫故附祀於廟又康熙初宜興守備張國威以南山多虎患入山手馘六虎後一虎猛甚從叢篠躍出未及防遂爲所害民德之因附祀於永清廟今並廢

廣惠行祠祀漢張渤俗稱張王殿明鍾卿密碑云其先名秉佐夏禹治水有功渤生于漢神雀三年二月十一日能役陰兵治水在邑開聖瀆有功民多祀報之境內祀宇頗多一

在縣西門外元大德丁酉邑人吳澄建明正德甲戌縣丞李廷珪修　國朝康熙甲子道士錢慎行蔣玉垣募修大殿重建大觀樓

按宜令趙錫禮毀邑內淫祠數十所特表陳安張子慶二人爲設主張王廟之兩廡又捐田四畝以供祭祀於春秋戊日遣官分獻西建迎秀閣奉文武曲神像東建錫祚閣奉張仙神像　一在胥村有單子發撰碑一在鄄堂一在覺丁一在擁村一在張渚西南一里名承福殿元大德間里人周嗣叔后叔建一在湖㳇一在凰川一在潼渚名靈山殿邑人蔣應震撰碑一在昌福其廟祀之多答其開聖瀆之功也凡各鄉每於歲二月八日祭禱屢有

靈應

西津廟在縣西百步祀吳戡螺婦之神今廢

謝將軍廟舊傳在綠水岸將軍劉宋人軼其名南郭外二里許有謝墩虞顥詩云虛名但有孤墳在勇節還隨古廟空廟今廢

臯山廟在湖㳇鎮東二里舊傳神姓潘氏兄弟三人遊北山指一草云此可爲茶烹之信然人以爲神爲立廟又一名青口廟在湖㳇山中

東嶽行祠一在西門外面西沈明萬歷七年建曹司勳撰文一在縣西九十里一在郚墅蕩道人吳因德重修一在成任區亳村明萬歷三十七年里人陳一經建邑人

湯兆京記

伍賢祠又名伍相公祠在縣西九里舊傳伍子胥去楚適吳駐跡於此因祀之

忠烈行祠在縣西北姚村祀漢秣陵尉蔣子文嘗逐寇至宜興後死於蔣山因祀之

隋陳司徒行祠名烈帝廟在縣北三里大聖院西明時建至 國朝康熙三年里人莫廷鶴同僧明清重建

李侯祠在縣周孝侯廟之右搜神記云侯姓李名祿長興童莊人没而爲神世有靈跡宋寶慶間有司列狀請路州縣祀之又一在瓦窑一在凰川

附各廟基址

按秩祀國之大典其各廟基址土田咸出於官所以示尊崇之意故掌守者不得鬻諸人而便近者不得攘諸已比來私相貿易相習爲奸萬歷十七年縣令陳邃璋特令淸查併在城僧道會司寺觀及附郭庵院凡一十二區繪爲圖冊將前後侵廢基屋詳註其下鈐印貯庫俾近售者或有悔心將來者永爲法戒因據現在基址摘其槩於左徐志

關帝廟

原額舊基元字一百號六分三釐乾隆四十五年重建擴充基現額元字一百十四號平二分四釐四毫六絲

一百十五號三釐三毫現有山門殿宇寢樓共計屋十六間旁屋二十一間

城隍廟

原額基址一十五畝六分二釐五毫八絲一忽現額黃字號基地平一十七畝九分一釐七毫三絲南止育嬰堂北止東廟巷街西止路祠東止儲宦房屋現有儀門殿宇廊房寢樓共計屋一百三十三間

袁府君廟

舊額基址五畝八分四釐八毫增額天字號平一分五釐二毫北止西廟巷街南止白䓴巷西止城墻東止各姓民房見有山門殿宇等房共計九十二間

周孝侯廟

舊額基址六畝四分現額黃字號平　畝　分　釐東止民房南止䓴西止民房北止街見有山門殿宇等房共計四十九間娛晚堂舊志基址一畝三分堂宇樓房共計九間舊誌共地闊碑刻王文恪公記郚賢祠誌娛

晚堂捨入周廟爲道士奉祀修眞之所今鞠爲蔬圃覽者有今昔之感

岳忠武王廟

原額基址六畝一分現額黃字號平五畝四分有零見有山門殿宇等房共計屋　間

岳續忠侯祠

現額夜字號基地五分六釐六毫見有祠屋十間

火神廟

現額黃字號基地　畝　分見有山門殿宇等房共計屋三十七間

盧忠肅公祠

現額基址黃字號平　畝　分見有儀門祠宇等房共計屋三十六間

增修宜興縣舊志卷之二

營建志　坊表

崇禮坊舊在荆溪南左一名禮仁　遵義坊舊在荆溪南右　仁德坊舊在稅務前　毓秀坊舊在縣西　昭德坊舊在荆溪北右　蛟川坊舊在荆溪北左　荆溪坊舊在毓秀坊西　澄清坊舊在察院前　英烈坊　承流坊在長橋南　尊賢坊　通眞坊

樂善坊爲吳淑立　柱國坊　師傅坊上二坊爲大學士徐溥立　世科坊　雙桂坊爲張邦祥邦瑞兄弟立　科第坊舊在儒學前　進士坊一爲通邑進士立一爲李震李雲立一爲邵暉立一爲杭濟立一爲王纓立　文銓坊爲邵賢立　司諫坊爲芮畿芮稷立　晝錦坊爲蔣守約立　青榮坊爲黃澤立　傳芳坊爲胡申胡璉胡孝胡忠立　登第坊一爲宗鉞立一爲王楸立　擢英坊爲施教立　梯雲坊爲尹弼立　冠英坊爲卜祉立　登俊坊爲陳符立

僉憲坊　繡衣坊上二坊舊在大街並爲吳淑立

已上諸坊俱係改廢

收愛坊在縣治前舊名宣化　糾察百官坊在察院街左舊名揚清　撫安萬民坊在察院街右舊名激濁　狀元坊在學街西爲佘中立舊名育才　榜眼坊在學街東舊名儲英　柱國太師坊在長橋南　及第坊在洑溪　義莊坊在小東門外里許上四坊並爲徐溥立

都憲坊一在黃瀆爲沈暉立一在百瀆爲杭淮立　經魁坊一在芳莊爲李震立一在西廟巷爲卜同立　雙鳳坊在芳莊爲李震李雲立　名應臚傳坊在祝陵爲邵賢立　青宮少保坊在大街舊名大宗伯　華要坊在北門外　學士坊在長橋南東街上二坊並爲吳儼立　大方伯坊在百瀆爲杭濟立　大中丞坊在東廟巷爲杭淮立　兄弟亞魁坊在上黃爲黃玭黃爵立

金紫聯芳坊在學前爲胡申胡璉胡孝胡忠立、銀臺坊在梅村爲御王玉立史坊在川埠爲陳全立　繡衣坊在長橋南東街爲陳最立歲久頹圮厥後貧弱不能修葺吳文肅公孫夢松捐貲鼎新邑八義之　解元坊在西廟巷　四省文宗坊一在學前一在長橋南西街上二坊並爲吳仕立　會魁坊在長橋西南爲萬士亨立　兄弟進士坊在學前爲萬士亨萬士和立　尚書坊在大街城隍廟西爲曹三賜立　父子進士坊一在學前爲曹三賜曹司勳立一在長橋南西街爲吳達可吳正志立　啟元坊在琅玕爲曹珂景賜曹司寀立　光啟坊在琅玕山爲曹珂等宗祠立　青宮法從坊在大街爲吳騏立　科甲傳芳坊在學前爲黃兌黃羅黃登黃時黃澤黃金黃玭黃譽黃體乾立　天官坊在亳村爲吏部員外尹弼立　文魁坊在漳渚爲舉人談世善立　會元狀元坊在學前爲周延儒立　節鎮三藩坊在北門外高橋爲蔣允儀立　作朕耳目坊在學前爲陳于廷立　給諫坊在學前爲何士晉立　進士坊在西廟巷爲吳炳立　陝州司馬坊在西墟爲犖昌府通判潘思善立　貞節坊一在上黃爲黃鎧妻儲氏立一在常富爲吳駟妻屠氏立一在長橋西南爲邵寶妻萬氏立一在亳村爲陳憲章妻邵氏立一在邑西大樹村爲丁烈妻陳氏立一在彭庄爲歐一會妻閔氏立一在西長圩爲王元妻陳氏立一在土圩爲生員吳炤妻萬氏立一在冊村爲周備妻王氏立一在東廟巷爲進士吳夢熊妻趙氏立一在倉橋南左街爲生員史文政妻俞氏立一在敎塲西爲廩生吳梁妻沈氏立一在十里牌爲封御史湯鍾壽母王氏立一在縣治南街爲徐啟鍔妻王氏立　三節坊在學前左首稍南爲御史吳達可祖母屠氏御史湯兆京祖母王氏御史陳于廷祖母邵氏立吉水鄒元標記　貞女坊在祝陵爲邵一龍妻史氏立　貞烈坊在南嶽爲徐文秀妻王氏立　孝義亭在遺踪爲潘元妻吳氏建　承雲墖在縣東南五里萬歷三十五年建堪輿家謂巽峯把科名大盛後果如其言順治九年重九日有少年攜酒登高失火延燒屆曲至頂然木燬而磚石尚存其形如故

增修宜興縣舊志卷之二

營建志　橋梁

長橋在縣治正南去縣治二十步高二丈七尺長二十五丈自袁令建設迄今橋雖屢圮屢建而其址未嘗遷改唐以前修治無考唐代宗永泰乙巳邱令新之後唐甲申義民吳蒙吳須捐私帑重構逾三十年甲寅越侵南唐燒營而遁熖飛延橋梁木焚毀著作郎劉令以聞給賜上供錢成之徐鉉作記勒石

徐鉉長橋記曰昔人作川梁以濟不通舟車所及纚連棋布若乃形勝傑大名聞天下者亦無幾陽羨其一也夫英賢之所踵次邑居之所瞻望山川之精粹宅焉里域之神靈憑焉廢而興之絕而續之豈惟備政足以徵福是橋也徵之譜牒則後漢時邑令袁君所造國朝永泰中縣令邱君新之其他無聞焉中興之初有義夫吳蒙吳須率以私帑備加營構人賴其利越三十載甲寅歲國步中梗於越寇邑人敗之燒營而遁飛熖旁及橋梁木摧既而著作佐郎劉君來爲邑長視其制度知非民力之所能濟乃狀其事白於有司上聞嘉之詔賜錢八十萬君信而好古寬而得衆政無不和事無不舉乃相與敷王澤因民心備物制用程功揆日器利工善材

頁事戊戌辰歲冬而載明年薪春而畢長五十步廣七
步對縣樓而直出跨荆溪而横絶丹艭其飾紛偃蹇而
虹舒崇高其勢巍岩嶢而山立朱輪方軌駟馬連騎營
營市井憧憧往來有袵席之安無揭厲之患昔者乘輿
濟涉聖人以爲難橋梁不修宣父知其弗能以古方今
勝負判矣書之考績傳載異代庸庸善善其可廢乎刻
之貞珉以示來者

宋景德初復毁三年修建令李若谷穇始剏令賈昌朝䢖
工高廣有加於舊越四十年嘉祐戊戌令司馬旦復修之
元豐二年郡丞錢垂範行縣庖舟遺火爇之殆盡四年辛

酉令褚理鼎新易之以石名曰忻濟蜀蘇軾過之大書其
牓曰晉平西將軍斬蛟之橋旁書李贊皇長橋詩著其本
末刻石道左崇寧禁錮禍作沉其石于溪水元大定甲子
知州辛思仁重整明天順間邑丞廖桓增置石欄

以上節王升長橋考

國朝康熙六年橋西南角圮僧本來募金重修邑人潘瀛
選捐百金助之橋故陡峻本來創爲平級行者便之邑人
周啟儁作記

通利橋俗名西水關橋在縣治西舊以木爲之明正統間
易石鼎建

廣濟橋即東水關橋在縣治東南以木爲之明正統間易
石鼎建成化二十一年令袁道重修

徐溥撰記曰始吾聞台之太平有賢令曰袁君廉平公
恕綽有惠政以憂制去百姓爭乞留之嘗嘆曰使吾宜
興得袁君者爲令縣其治矣乎後三歲縣以闕令告而
君起復居京師適改選吾縣復嘆曰袁君嘗所欲得者
今幸得之縣其治矣乎君既拜命至則首革二三弊事
民有不率敎者更痛懲之縣中肅然已而循衆情立良
法日夜切切求所以保護其民惟恐一毫傷之不數月
民皆晏然以安而縣果治予然後益信君之賢而向之

所聞者不妄也君才具甚優凡所設施不動聲色政事
之暇至工役之當興者亦力爲之不辭蓋縣之東關舊
有橋名廣濟歲久傾圮過者病之前令率因循歲月不
以爲意君獨謂是橋人出入必由不修將益壞壞則費
益多而功益難成其爲民病益甚吾旣有百里之寄事
苟有利於民者當力任其勞不可重爲後人累也則以
諭民民聞之相與欣然助役凡得白金若干兩計足用
乃以成化二十一年正月十一日工完他日縣父老具
其事來求予爲記大畧爲君之利吾民者不能悉書特
欲托此一事俾子孫不忘君之嘉惠耳予素信君之賢

及聞是益爲吾邑人喜執筆以記其何敢辭惟昔子產之治鄭也孔子稱其有君子之道四而孟子獨譏其以乘輿濟人爲惠而不知爲政夫子產有君子之道四可謂賢矣孟子所以譏之者是責備賢者之意也即此而觀亦以見一徒杠輿梁之未成猶足以爲賢者之累則治民者未可以其小而忽之蓋亦爲政者之一事也夫謂之爲政者務大體而不行乎姑息懷永圖而不恤乎謗議所謂窮而不怨者也惟其不怨其爲利也久而一時之惠不足言者君既能之其知所以爲政者乎然君不獨爲此若成任鄉有成塘橋山亭鄉有就安橋皆當

要道而傾圮與廣濟同亦以次修而便於民者益多又嘗以民病西溪之險因其南有古渠浚而通之者凡三十餘里民始得避其險其爲利尤不可計此亦工役之可書而皆爲政者之事也因併載之君名道字德純吉水人登成化八年進士第其在爲縣於此仍歲大熟民益愛之故君得成其事而部使者郡守尤察其無私凡欲有爲輒從其請故君得信於民以行其志更二歲政績卓然爲江南諸縣最吏部方奏請召還將有不次之擢矣

通津橋（俗名新橋又舊名市橋宋治平間令樓閎建又五賢鄉有橋同額）北水關橋（在縣治西北舊志缺）紫霞橋（在縣治北北水關之南舊志缺）青龍橋（在縣治北）

已上跨城河

通濟橋（在縣大東門外天順四年丞廖桓易石重建）杜橋（在大東門外酒務後四十步名蝦蟇橋本名土橋因邑人王公輔治地得巨木板周布其下相傳爲杜牧之水榭故址因稱杜橋）蔣瀆橋（在西壙東首）西隆橋（在西門外俗名土橋）渡椰橋（在西隆橋北首五十步）福德橋（在縣西門外跨運河洪武四年道士陳坦然重建嘉靖四年官給銀重修）周橋（在縣南門外周瀆宋治平間令僂閎建紹興間令趙與蔥再建）一名武安橋　南倉橋（在周橋南跨寺瀆宋紹興間令高商老建後令趙與蔥再建本朝康熙間常州通判署縣事熊坊再建改名壽山橋）寺橋（跨寺瀆）新溪橋（在縣南門外宋嘉定間建明正統間邑人顧信中重建）東倉橋（在東門外古縣尉司北宋寶慶間縣尉趙汝邁建）宜民橋（在古縣尉司北寶慶間縣尉趙汝邁建今廢）通運橋（在古縣尉司教場西縣令趙與蔥建今廢）高橋（今名迎恩橋在縣北門外迎恩坊北）壇橋（在縣北門外邑厲壇東今廢實土爲關廟址）

已上附郭

義莊橋（在徐義莊東傳大木架木爲梁未久輒圮文靖公孫中舍封于萬歷十六年捐貲易石重建今廢）蠡瀆橋（在縣東十八里）慶源橋（今名象賢橋在縣北三里宋紹定間令趙與蔥重建明宏治間令陳策重建　國朝康熙九年邑人朱拱泰倡修）十里牌橋（在縣北十里明洪武初知州卜原普建隆慶六年縣令韓容移建去舊址向南約數十步）葛墟橋（在縣北三十里跨運河）寺莊橋（在縣東北十五里木橋二）古竹橋（在縣東北十三里）黃土橋　袁橋（邰氏建）唐門橋（在縣東北七里石橋東首有木橋）下張橋（在縣東二里明洪武二十七年建）王婆橋（元至正七年建）新橋（明宣德八年僧眞相眞誠同建）上塘橋（明景泰八年施燕建）方橋（元至正間建）沈家橋（明嘉靖初沈行仕建）錢墅橋（明正德六年錢道建）塘角橋（明嘉靖四十一年建）橫塘橋（明嘉

靖四十二年官銀建。下裴橋國朝康熙二年陸澄修建。汸瀆橋在縣北九里明崇禎間邵忠赤捐貲募修

已上跨開寶區今入開上開下區

湛瀆橋在縣北十五里跨湛瀆元至元間蔣監正建明嘉靖末官給銀重修。孫婆橋去湛瀆北數十步明隆慶二年陳經等領官銀建。工文橋在縣北十五里湛瀆西二里。歸美橋在縣東北跨運河一名龜尾橋宋寶慶間丞沈次卒邑人建大德間史瓚重建改名斜橋。坊橋在縣北十五里。梢瀆橋在縣北十八里。胡橋在縣北五十里。官路橋在縣東三十里。和橋在縣北三十里宋泰定四年永定邵氏建正統十年邵俊再建。開明橋在保安寺前僧法慧同王文愷建。南塘瀆橋在縣北二十里正德七年邑人堵安建康熙十六年里人蔣其燧重建改名繼善橋。草堂橋在縣北二十里康熙二十三年里人蔣其燧裴顯節同建。黃屋橋在縣西北二十里康熙十九年大水衝激傾圮二十一年

里人周謙吉蔣學思吳誦芳余明旭重建僧宏倫碑記。岳亭橋宋嘉熙中建後復建明嘉靖六年邑人堵彝易木為石重建。北塘瀆橋明嘉靖二十五年堵彝妻龔氏捐貲建。深瀆橋明嘉靖四十三年姚相蔣煥領官銀建

已上舊在善計今南入開寶山亭區北入萬二區

新瀆橋在縣東南三十六里。魏瀆橋在縣東南三十六里。大溝橋在縣東北三十二里。向覺橋在縣東北三十五里。官莊橋在縣東北三十七里。方橋在縣東北陽山前明正統間莫景源建。萬石橋在縣東北三十六里。扶風橋明嘉靖四十四年建。雙龍眼橋東一橋明洪武間里人裴彥禰建。宋橋明嘉靖四十五年虞化領官銀建今圮。東武昌橋元大德庚子岳某建。上王橋建于宋圯于明今易為木梁改名上陽地亦以上陽名。三洞橋舊係石梁後改為木順治十五年里人王期昇徐喈鳳捐貲重建。楊母公橋在縣東北四十五里。沙塘港橋正德五年

裴清等建。許墓橋明嘉靖十年道人翁江等建。周鐵橋在太湖濱。下邾橋明宏治十六年陳祿建。萬瀆橋明隆慶初年建。蔣瀆橋明正德二年建。社瀆橋明嘉靖二十年建。官瀆橋明正德十年建。吳四瀆橋明嘉靖十二年建。中津瀆橋明嘉靖四年建。大浦橋明宏治十年建

已上舊在洞山區今入洞上洞下區

分水墩橋明正德八年布政杭濟建。新塘橋明嘉靖十年都憲杭淮建康熙十三年杭昌齡重修。褚店橋濱湖。鍾溪橋明嘉靖二十二年司丞吳性建。黃塘橋明正德二年建。應村橋明嘉靖四十三年建。朱石橋元至治元年朱和募修。蘇墅橋明嘉靖二十五年建。馬庄墩橋在普陀菴前節婦邵龔氏陸唐氏邵張氏於雍正初合建

已上在萬一區

寺橋明隆慶元年建。中巷橋明洪武三年建。東富陽橋明成化間建。西富陽橋明成化間建。龍亭橋明正德十二年建。歸龍橋明嘉靖八年建。黃墓橋明嘉靖十二年建。高城橋明嘉靖二十年建

已上在萬二區

遺愛橋俗名雲霧在縣西二十五里宋嘉定末攝令洪僩築堤成梁凡十有四後以規利為渡者撤之今復建橋。城塘橋在縣西二十七里。高遥橋在縣西北十五里。天生橋在縣西北二十五里陸友仁建國朝康熙八年陸英捐貲重建。范道橋在縣西北三十里元至正間建明萬歷五年戴姓重修有碑記。岸瀆橋明嘉靖二十五年建。巷大橋明嘉靖二十九年修建。亳村澮橋。黃干橋。桂橋距城西十里。宋瀆橋距城西十八里。澄潭橋距城西十二里。程墅橋距城西十里在軫村桃花圩之間。閔溪橋

已上在成任區

鍾離橋在縣西北五十里明嘉靖十五年重修　駱家橋在縣西四十五里　新河橋明嘉靖二十四年建　許瀆橋明嘉靖二十八年建　孟河橋明嘉靖四十年重建　南莊橋明嘉靖十六年吳秀領官銀建　林上橋明嘉靖三十八年建　袁村橋明萬歷元年建　豐義橋明嘉靖三年建　馬家橋明嘉靖二十六年建　莊河橋明嘉靖三十三年建　廟下橋明嘉靖四十年建　殷莊橋明隆慶元年建　江莊橋明嘉靖四十三年建

已上在神安區

周舍橋在縣西七十八里　周山橋在縣西九十里　符墅橋在縣西九十里　坊前橋跨長壽河南北孔道　墊頭橋去坊前橋西一里　江步橋去墊頭橋西五里　店基橋去江步橋西三里北達沙僑村南適新市　金湯墅橋在縣西九十里　南社橋在縣西九十里　吳墅

橋　新莊橋明嘉靖四十三年建　受陞渡橋明嘉靖三十六年建　鵬程橋明成化二年建　河頭橋明嘉靖二十五年建一名通濟橋有碑

已上在清東清西區

就安橋在縣南三里縣令趙與悊建康熙甲午年邑人中丞潘宗洛捐貲重建有碑

邑人瞿源洙記曰由邑南門趨溪南諸村必自土千始而中隔巨浸昔有就安橋載縣誌歲久傾圮無遺跡居民設舟以渡而水勢汪洋風衝濤激往往覆溺問津者多病涉康熙甲午年大中丞潘公自湖南巡撫歸見而憫之曰此吾桑梓地安可視其阽危當造一橋以濟之德配蔣夫人立賫千金畀族人令壘石爲橋于是運土鞏石工以千計不再期橋成開三水門以通舟仍名就安俗呼三洞橋逾年而蔣夫人卒中丞公亦卒橋雖成而未固其上壘石痺薄易動搖車衝輦擊日夕奔馳橋遂將圮其嗣君東平牧承權曰此吾父吾母功德所寄當繼志以成之遂于己巳年捐貲再加甃石缺者補之欹者平之勒級百層以便行人橋始鞏固爰述其經始之年與落成之歲云

謝橋在縣西南五里　流杯橋在縣南六里相傳周孝侯射虎處　大澗橋在縣西南十里　深溪橋在縣西明嘉靖三十三年重建西氿之水數道東下惟此最大亦最迅故俗稱急水橋士人依橋設網得魚最多國朝順治三年吳洪裕捐貲撤其網請當事立案永禁　碓坊橋在縣南明嘉靖二年重建　坊

前木橋明景泰元年重修　離羣橋明嘉靖四十二年蔣潘等領官銀重建　澗北橋明嘉靖四十二年周祀等領官銀建　柘塢舖橋　夏姜橋建自夏姜二姓故名　石澗橋明里人許順等重建　五湖橋雍正間里人張枚臣建　雁行橋　姚庄橋明隆慶二年蔣寶等建　張師橋　常富橋明嘉靖二十六年節婦居氏捐貲修建

已上在山亭區

黃瀆橋　烏溪橋　橫塘橋　永豐橋　義瀆橋　梁辛瀆橋明正統四年重修　湖洋淊橋明萬歷間顧環建　昌福菴橋　後河橋明嘉靖三十八年建　張澤橋在縣東南二十里跨蠡河康熙五十四年重建　梅林橋在縣東十里　施塘橋在縣東二十三里　雪響橋在縣東南三十里

已上在清泉區

侍郎橋在湖㳇鎮舊傳陸希聲隱處蔣穎叔題其宅云二十四亭無没處溪邊猶有故時橋 宋方橋在縣東南五十里元至正間崔重寶建 夾浦橋明成化間重建 定跨圓橋 定跨方橋 洞靈橋在天中宮前 迎仙橋在天中宮前 皇駕橋在侍郎橋北 李廣橋在張公洞北 川埠橋明嘉靖三年建 蜀山橋明嘉靖四十一年史際協助陳金領官銀重建 永寧橋明洪武四年建 湯渡橋舊志名畫溪橋康熙四十四年建爲湖㳇咽喉十八二十八兩圖衝道村民公建 長春橋 永安橋 柴瀆橋 袁阪橋 鳳凰橋 灌瀆橋 秋濱橋 古橋 馬瀆橋 箭瀆橋 雙橋 丁山橋

已上在均上均下區

通津橋一名高陽橋在縣西四十五里宋泰定三年建明嘉靖二十四年許楷修 宜豐橋在縣西四

十里明隆慶間重修 徐舍橋在縣西南三十六里明嘉靖四十三年盧偉李嚴領官銀重建 安樂橋在縣西四十八里 宛莊橋在縣西北四十里 西蕩橋在談村明隆慶六年建 李瀆橋跨李瀆明萬曆二年重建 李家大圩橋在北禾豐西明嘉靖末鄉民協建

已上在五賢區

都村橋一名洞子橋在縣西五十六里正德十六年張銑募建 牛車埰橋在縣西五十六里 遥村橋 東塘橋 何塘橋 鎮龍橋 楊埠橋明嘉靖四十三年建今圮 寺橋明嘉靖十八年建 宋安橋 廟橋以旁有函亭侯廟故名 流芳橋 塘橋 楊巷橋名廣通橋舊壘石爲一洞歲久而圮明嘉靖三十三年溧陽史際改建三洪平背兩匪增修石堤 西莊橋 安樂橋在縣西六十五里

已上在函亭區

歸逕橋在縣西南四十五里康熙二十二年邑人蔣永修重建 雙監橋在縣西南四十七里康熙二十二年邑人蔣永修重建 八字橋一在澗橋西一在分水墩 周通橋 鯨塘橋明嘉靖三十年錢鐵捐貲首倡與李金募建國朝康熙二十五年錢鐵元孫之璲復捐貲倡修 堰頭橋明嘉靖三十七年建 東蕩橋明嘉靖二十年吳卓領官銀五十兩姪䅗捐貲代建 蔣店橋 大樹橋明嘉靖四十三年丁顯領官銀建明末廢國朝康熙七年生員丁新運捐貲重建 朱潭橋明嘉靖四十三年紀孝領官銀建 蔣滸埠橋一名五收橋明嘉靖四十三年芊寶領官銀建 西吳澤橋明隆慶三年建 西蕩圩橋明隆慶六年李涇等重修獨石爲梁兩堤亦易以石 五升圩橋明隆慶三年建 躍龍橋明天啟二年史汝建 白雲徑橋

已上在從善區

廣濟橋在縣西南八十里明嘉靖二十一年任卿建崇禎十七年任允淳改建徙北更名泰來橋 義莊

橋在任卿義莊之西南 振龍橋一名南橋在義莊橋之東任堅建 步龍橋在振龍橋之東 雙橋 浯橋 西洋渚橋 紫雲橋順治十六年錢坤建 前庄橋任宙建 鄭瀆橋任楠建 牛橋任兆年建 薛家橋任宇隆建

已上在金泉區

永隆橋明正德元年張軏妻杜氏捐貲建 五洞橋明嘉靖戊申道人許德熙募建溧陽史際作記四十八年僧尚義重修邑人何士晉作記國朝康熙二年僧松齡重修 張渚大橋明嘉靖四十三年僧洪員領官銀建國朝順治七年張萬銓重募建 百家橋明萬曆四十三年陳梗領官銀建今廢 玉帶橋在縣西南六十里祝陵埠相傳蘇文忠公捐玉帶助建 下洋澗橋國朝順治間重建 七里店橋一名馬逵橋

已上在永豐區

增修宜興縣舊志卷之二

營建志 郵所

養濟院二所一在縣治西南西廟巷北一在法藏寺傍西城下明宏治間令王鏷增建萬歷七年令丁懋建移置西門外福德橋西南前兩所並廢

樂善堂一所在南門大街城隍廟前創建歲月無考

義阡舊在城西明正統甲子宜興令鄒旦奉周文襄公忱檄營設計地六畝宏治壬戌宜興令王鏷增至十畝又以城西地偏一隅別置城南廢地二十六畝沈暉撰記但此地舊志已稱迷失明崇禎間湖州錢元慤暨邑紳清出二

畝建墖其上 國朝順治五年邑人任畢臣俞南吉倡買基地四分五釐建地藏菴於墖前募僧居之

沈暉記太祖高皇帝受天明命代元爲華夷主旣援斯民於水火之中而納之仁壽之域復念鰥寡孤獨疾廢之人生無以爲養死無以爲葬也特詔天下郡縣各設孤老院以養贍之置義阡以收瘞之築無祀壇以祭享之所以仁恤窮民者至矣但歷歲滋久有司視爲故事養濟之典雖尚舉行而義阡則廢已甚矣比歲貧民死亡無地者往往投諸水火或附寄寺觀甚者暴露中野爲鴉犬之所殘毁殆有不忍言者武進鄉民屠敏者憐之白諸郡守楊公二和乞修治義阡楊公是之命下之屬縣時知宜興縣王君鏷方以修舉廢墜爲心得郡檄歎曰此縣官之責也敢不力遂躬訪各鄉義阡則十廢八九獨城西一區乃文襄公令前尹鄒旦所營遺址尚存但地僅六畝叢冢已徧不可復葬乃出羨財增置十畝又以地偏西北一隅別置城南廢地二十六畝爲義阡各甃石爲四丈廣凡寺觀寄留櫬櫝及田野暴露遺骸悉收葬其中仍爲屋各十楹繚以石垣共三百丈有奇前闢大門募里民無田宅者居之使司啓閉而禁樵牧又以地去稅存未免累及地主則歸于諸鄉之新墾

可謂處置得宜澤及存亡者矣于是合縣士庶咸願刻石以紀功德命庠生單旻等述事狀來請予文予遂爲之記

增修宜興縣舊志卷之二

營建志 鋪舍

文移急遞刻不容遲鋪舍之設非細故也故例載之

急遞鋪舊凡一十五所明洪武十八年府判湯德重建

正統十四年令鄒旦再建每鋪設鋪司一名鋪兵六名總

鋪在縣治東十里牌鋪草堂鋪官路鋪黃土鋪萬石鋪

並在縣東北境通武進路彭庄鋪柘塢鋪潼渚鋪上干鋪張

渚鋪橋亭鋪分界鋪東山鋪薛家鋪並在縣西南境通廣

德路

成化八年裁革萬石黃土二鋪改設塘瀆栅頭鍾溪三鋪

並通武進毘陵驛路

嘉靖末裁定各鋪兵役縣前總鋪特設鋪司一名鋪兵六

名十里牌至鍾溪凡五鋪每鋪設鋪司一名鋪兵三名

省彭庄上干橋亭東山五鋪自縣至潼渚改名與中鋪

設兵一名存張渚鋪留司兵二名存分界鋪南通廣德

存薛家鋪西通溧陽各留司兵一名

國朝設南北兩塘共設鋪舍一十三所每鋪屋三間共設

鋪兵二十一名額編工食銀百五十兩有零北塘各鋪

通毘陵驛文移繁劇南塘接遞隣郡文檄事較省北塘

設鋪兵數倍之衙僻不同故也

增修宜興縣舊志卷之三

田賦志 戶口

三代以上有授田之制無無田之丁迨後世而授田之

法不行故計丁出賦漢之八出一算唐之調宋之計丁

率米即今之地丁錢糧也自明以來田賦定額有地丁

有漕項漕項按畝而徵地丁計丁各辦於是乎無田之

丁徭里科銀一律催比自康熙雍正兩朝增丁不增賦

丁銀隨田辦而丁多之家不憂賦重無田之丁永免催

科迄今戶口滋生皆

國家深仁厚澤涵濡而長育之者也志戶口而良法於是

乎見矣

宜興戶口遠代不可考據地里志晉太康中義興州領戶

四千七百八十八又據郡國志宋太始中領戶六千二

百九十三口八萬九千五百三十

元景定中領主客戶共三萬九千九百四十口四萬六千

五十九

至正中領戶七萬六千五十五口三十四萬九千八百四

十一

明洪武十年勘元末戶八萬一百九十七當時現存者戶

三萬七千八百零九至洪武二十四年戶三萬八千六

百五十七口二十萬七百四十七
永樂十年戶四萬三千六百七十二口二十一萬七千六
百零九
宣德十年戶四萬六千七百六十二口一十六萬五千二
百二十三
正統十四年戶四萬六千七百八十一口一十六萬九千
八百三十八其時各戶役叅差不同
民戶四萬三千九百九十五　軍戶一千七百一十五
各匠戶七百七十六　官戶五十一　公侯莊戶二
將軍戶一　儒戶一　力士戶一　醫戶二十三

僧戶一百二十三　道戶八　厨役戶六十三　舖戶
二　馬頭戶二　脚夫戶二　尼姑戶二　拨尉戶二
捕戶五十二　雜戶三百四十二
天順七年戶四萬六千九百九十七口一十六萬九千二
百零六
嘉靖四十一年戶六萬四千九百七十口一十八萬八百
一十一
萬歷四十一年戶六萬五千一千口一十九萬一千八百
一十九至崇禎末人丁一十四萬八千六百六十
按明初每戶各給戶帖備開籍貫丁口產業其軍匠等
籍例不分戶每十年一造冊其丁口田產之增減皆照
現額爲法良善但歲久弊滋或有戶無人弊在花分或有人
無戶弊在詭寄或載丁不實弊在已死不開除或實丁不載弊在成丁不入
冊其後錢糧多逋逃役使多偏重率由於此
國朝順治二年照明季舊冊載人丁一十四萬八千六百
六十內因雍正四年分縣劃分宜興人丁八萬七千六百七十五劃分荆溪人丁六萬九百八十五又
原額內除鄉紳舉貢生員優免人丁一千九百一十二
後又奉文優免止及本身一人又除吏員承差不免外
實免人丁八百九十七外餘一千一十五丁仍照科編
徵但優免人數增減不常須先期報明於每年易知由

單內核筭報部查考實在當差人丁一十四萬六千七
百四十八丁分宜興八萬六千四百五十丁分荆溪六萬二百九十八丁每丁科徭里銀一分六
釐四毫三忽七織二沙四塵四漠四埃
順治十二年編審增人丁九百六十編審戶口以順治十二年爲始以後每五年編審一次
至康熙十五年經四次編審除荆溪分管人數外宜興實
核人丁九萬八百二十九
至康熙五十年經七次編審宜興實核人丁九萬二千七
百九十一
康熙五十二年四月戶部奉

恩詔頒行詔曰海宇承平日久戶口日繁地畝並未加廣宜
施廣大之恩共享熙恬之樂嗣後直隸各省地方官遇編
審之期察出增益人丁止將實數另造清冊奏聞其徵收
錢糧但據康熙五十年丁冊定爲常額續生人丁永不加
賦仍不許有司於造冊之時藉端需索用副朕休養生息
之意欽此
康熙五十五年編審增人丁三百七十五
康熙六十年編審增人丁四百二十
又經二次編審宜興實核人丁九萬三千五百八十六

增修宜興縣舊志卷之三

田賦志　科則

粤稽貢易爲助助易爲徹則田賦之制古昔之世已有隨時制宜者矣自漢以來禹貢下下之田賦易爲上上遞更遞改而東南之賦日增雖地運使然然不析而志之將守土者弗能詳無以申恤下之仁也志田賦

宜興在宋時有公田民田之分田數久靳其額咸淳間減去公田應徵之數其民田之賦

夏租爲上供絹二千一百二十九疋一丈二尺九寸除公田外准供衣絹二百二十三疋　又上供綿萬八千一百

七十四兩除公田外准供衣綿千六百三十兩　又上供折帛錢六萬九千九百四十六貫四百八十七文除公田外准供衣錢二千四百七十三貫八百九十二文

秋租爲上供苗四萬二千五百三十七石四斗五升五勺五抄　馬料大麥萬八千八百四十九石四斗八升五合八勺　小麥三千八百七十七石七斗一升七合七勺

按宋史食貨志紹興二十九年詔賣官莊田營田宜興令陳迟以賣田稽遲貶秩咸淳毘陵志云寶祐年間前知郡趙屯田重行修明經畧除郟第官莊井天荒田地外實計如干又除公田外凈合如干則是公田之外仍

有官莊田在也其租入莫得而詳

課程爲綱目錢萬四千八百三十一貫文　又上供錢六千九百七十三貫八百十四文　又本縣市務錢九千貫文　張渚務抱息稅錢千四百四十貫文　湖㳇務抱息稅錢萬八百貫文　又坊場錢爲縣丞廳租額二萬五千八十八貫文

按咸淳毘陵志祗載宋財賦尙語焉不詳何況餘入宋史食貨志載紹興間右承議郎魯冲上書論郡邑之弊以臣前任宜興一縣言之漕計合收窠名有丁鹽坊場課利錢租地錢租絲租紵錢歲入不過一萬五千餘緡其發納之數則有大軍錢上供錢糴本錢造船錢軍器物料錢天申節銀絹錢之類歲支不啻三萬四千餘緡又有見任寄居官請奉過往官軍批劵與州郡督索拖欠畧無虛日今之爲令者苟以寬恤爲意而拙於催科旋踵以不職罷能迎合上司慘刻聚斂則以稱職聞是使爲令者惴惴惟財賦是念朝不謀夕何暇爲陛下奉行寬恤之詔承流宣化者哉又載前常州宜興縣無稅產百姓丁輸鹽錢二百文下戶有墓地者謂之墓戶經界之時均紐入正稅又令帶輸丁鹽絹作折帛錢至隆興元年始用知縣姜詔言令與晉陵武進無錫三縣一

例隨產均輸此二條足補諸志所不及而當時吏治民生亦可畧於此想見

元延祐二年經理官田民田宜興州有官田土六千四百三十八頃五十四畝五分二釐八毫民田土一萬六千五十七頃一十五畝七分八釐二毫

夏稅爲絲二千七十二觔二兩五分　綿七百六十六觔九兩五分六釐　麻布千六百八十八疋一丈六尺三分一釐　麥一千一百六十五石三斗三升二合四勺　中統鈔五十一錠五十六兩五錢七分八釐

秋糧爲官田正米十五萬九千七百三十七石三斗二升四合　民田正米二萬一千六百一十九石七斗四升四合　又有概管財賦田賦哈尋錢糧米二萬七千一百八十八石五斗七升一合九勺　絲四十一觔二兩五錢　中統鈔四十錠二十四兩五錢八分五釐　又有助役田每畝收租不等納正糧外悉以助役其田數闕其爲米萬二千二百二十七石七斗

課程爲在城稅務鈔千四百三十一錠八十九兩六錢三分六釐

明洪武十年宜興縣報已墾田土萬三千一百四十二頃五畝至二十四年黃冊實徵田土萬五千五百一十三頃

五十四畝一分二釐一毫　內官田地山蕩塘灘涂三千六百六十五頃五十五畝一分八釐八毫民田地山蕩灘塘涂萬一千八百四十七頃九十八畝九分三釐四毫

夏稅爲絲萬七千七百四十五兩七錢六分　綿七千六百三兩三錢三分四釐七毫　麻布五千七十丈七尺一寸四分三釐　小麥萬七千六十七石四斗八升四合二勺

秋糧爲糙粳米十九萬九千九百八十石三斗六升一合三勺　馬草十三萬七千九百二十九包一觔九兩

按明史食貨志太祖定天下官民田賦凡官田畝稅五升三合民田減二升重租田八升五合五勺沒官田一斗二升而宜興民田元時每畝徵五升三合五勺太祖即位之前以伐張士誠鈌餉與武進皆預借一年併徵一斗七合至洪武元年常州知府趙艮貴遂以併徵數作爲實額是未預減二之恩而反受加倍之害也宜興官田之重亦似沿元舊制與蘇松之籍豪富田以私租爲稅額者異觀元官田數僅民田十分之四有奇而賦米乃居八分有奇其緣起亦可見矣

又按絲綿麻布三項元則晉陵無錫諸州縣分征明則獨科宜興各志皆不言其故

宣德五年二月詔舊額官田租一斗至四斗者減十之二四斗一升至一石以上者減十之三七年三月復詔官田塘地稅糧不分古額近額悉依五年敕諭減數時宜興減夏麥秋糧有差

按宣德間江南巡撫周忱請檢重額官田極貧下戶兩稅準折納金花銀每兩當米四石時以金花銀六萬四千兩派武進宜興二縣又派官布八萬疋每疋折米一石爲得一時權宜之法

成化十八年黃冊覈歷朝田數遞增時爲官田二千五百五十三頃二十一畝六釐五毫　官地一百七十四頃八十畝八分六釐二毫　官山六百七頃三十三畝四分二釐八毫　官灘四頃三十三畝九分九釐五毫　官塘六十七畝八分七釐八毫　官蕩四十四頃一十一畝六分一釐五毫　官涂一頃三十七畝五分五釐　又爲民田八千三百七十二頃四十七畝八分九釐六毫　民地一千八百頃九十六畝七釐三毫　民山五千六百七十四頃三分六釐五毫　民灘二百六頃二十八畝五分五釐六毫　民塘三十四頃七十畝三分四釐九毫　民蕩三百六十九頃一十五畝五分四釐二毫　民涂二十六頃二十一畝三分九釐三毫

夏稅爲絲二萬二千六十六兩五分八釐九毫一絲　綿
九千五百三兩三錢八分三釐五絲　麻布六千二百八
十一丈三尺三寸七分　小麥二萬一千二十七石八升
五合九勺
秋糧爲糙粳米十八萬二千八百七石二斗二升四合四
勺　黄豆三十石三斗三升三合八勺　房租米二百二
十三石九斗五升一合　馬草十六萬九千三百一十包
一兩
嘉靖七年知縣丁謹入覲具減賦奏其畧曰切見本府屬
縣武進無錫江陰宜興前代稅糧每畝實徵五升三合

五勺至正丁酉武進宜興先歸天朝因大軍乏食權於
武進宜興預借次年秋糧併徵一斗七合至戊申爲洪
武元年常州知府趙艮貴於無錫江陰俱照舊額武進
宜興則併舊額及預借之數概作實徵未曾分豁宜德
間巡撫周忱憐二縣糧重奏乞金花銀六萬四千兩每
兩折米四石官布八萬疋每疋折米一石儘派二縣歲
遠政更金花銀每兩折米二石八斗省出之數反包別
用官布亦爲松江嘉定分去三萬是二縣雖有銀布之
名無銀布之利又况本縣地方西南連長興廣德山水
時發衝成澗壑東北接沙子湖太湖湖水時漲沒爲沙
渚加以災傷叠遇田拋荒三分有一正稅仍舊民不能
堪逃亡日甚臣伏覩嘉靖六年二月詔書隨加招諭凡
願開墾荒田除力能自爲之家其餘無力俱於導河夫
銀項下計費量支其不自具農器者給以農器乏米糧
者於濟農倉內給與限秋成輸倉計開過荒田二萬二
千一百八十七畝半荒田五千四百六十七畝顧目前
之利雖興誠恐墾闢之田糧積年之久不能常如初賦
之輕而豪強之人見利之興不免妄起紛爭之訟又
各戶拋荒舊逋今援三年免稅之例應減里甲代輸伏
乞敕部詳議將前項招民各開之田轉行撫按着落有

司刻石註明俾永執業豪強有爭治以强占之罪所免
三年之賦暨衝成澗壑之田悉作輕賫或將本縣餘米
差徭剩編等項官錢查支包補金花銀兩乞照舊折米
四石官布爲松江嘉定分去者照舊復還儘派宜興武
進仍將例派耗米比照江陰無錫減半科徵如此則民
食日充國賦易定事下巡撫行勘常州知府張大綸勘
得無錫之糧得與江陰同宜興武進反不得與無錫比
委係不平然舊額卒難擅改議取彼之餘包此之耗於
是通融均派而邑賦以平
按唐鶴徵府志云疏再上每畝得減耗米三升五合二

縣共免米二萬石有奇

嘉靖十六年巡撫歐陽鐸通計夏税秋糧并里甲均徭共准平米起科不論則數時官田地畝科平米三斗二升五合二勺　民田地畝科平米一斗八升一合六勺九抄四撮七圭　民灘塘蕩涂畝科平米三升二勺　官田地衝成澗壑者畝科平米二斗五合一勺一抄五撮　民田地衝成澗壑者畝科平米一斗四升四合一勺三抄六撮　山脚抛荒民田地畝科平米五升　計平米二十五萬八千四百二十七石三斗二升八合六勺內爲本色米九萬八千二百二石三斗八升四合九勺爲折色銀六萬四千

八十九兩九錢七分七釐五毫

按明史周忱召父老問逋税故皆言豪右不肯加耗并徵之細民民貧逃亡而税額益缺忱乃創爲平米法令出耗必均至是鐸以科則重者不能盡損惟遞減耗米派輕賫折除之陰予以輕輕者不能加益徵本色遞增耗米加乘之陰予以重此折色銀六萬四千餘當即忱所請之金花銀也任源祥志稿謂折色徵銀自此始吳紱又以每米四石折銀一兩爲始於王文殆皆未細考

嘉靖四十二年知縣郁言丈量奏以官民田地一例起科時平田地萬二千二百九十二頃一十九畝六分五釐五毫八絲二忽畝科平米二斗四合三勺五抄　極高極低田三百一十一頃九十四畝四分四釐六毫三絲畝科平米一斗四升六合三勺　山竹茶地四百六十二頃九畝六分三釐六毫一絲畝科平米五升九合　灘塘蕩涂四百一十二頃五畝五分二釐五絲五忽畝平米三升九合七勺

時又覈出無糧民田地千一百三十頃五十三畝八分一釐三毫六絲八忽七微　丈折官田地四百五十三頃一十六畝五分二釐九毫七絲　丈折衝成澗壑官田地百八十五畝九分五釐四毫七絲　丈折山脚抛荒民田地

二百四十四頃二十一畝三分一釐二毫九絲　灘塘蕩涂三百六十七頃四畝七分二釐五毫四絲五忽　通計以覈出數抵折數餘田地六十三頃八十九畝二分九釐九絲三忽七微作入會計科糧

按唐鶴徵府志宜興與無錫官民田一則起科自此始民甚便之王升志則云民田加税裒官以益民似也灘塘蕩涂山脚地加若干又田地每畝虛增二釐夫蕩灘等通縣加税宜均糧之輕也而反益重田地通縣無糧者覈出宜補糧之實也而反加虛豈丈量之際委托匪人不能體長民者之德意而或罔上行私以致然耶据

此知鶴徵民甚便之語不足信
萬歷十年知縣黄道瞻奉文覆量漲出田地二十九頃七十二畝二分七釐七毫時科則惟平田地蕩塘灘科米仍舊其高田畝科平米一斗七升二合　低田畝科平米一斗四升二合　山竹地畝科平米八升六合四勺三抄六圭　茶地畝科平米六升六合　其時本色折色之外有練兵銀四千九百五十九兩三錢四分二釐六毫
萬歷二十九年知縣王以寧履畝丈量漲出平沙等田二百一十五頃九十八畝七分一釐五毫五絲除豁丈折高田五頃一十八畝七分一釐五毫四絲時科則惟灘塘蕩

仍舊其平高低田山竹茶地各減米有差增極低田一則覩山竹地起科總計科米之數較萬歷十年增三百三十二石六斗九合二勺
按王升志止於萬歷十年唐鶴徵府志止於萬歷四十五年時載宜興縣平沙田共二萬三百七十八頃六十五畝一分五釐二毫二絲內有魏國公莊田一百四十六頃二畝八分四釐徐義庄田九頃九十畝一分三釐其實徵本色米九萬四百二十二石七斗七升四合八撮折色銀六萬八千一百一兩八錢四分九釐二絲四忽至天啓崇禎年間田糧盈縮不等大概與萬歷間定額相去不遠而有明一代之賦稅於是可見
國初順治初年宜興縣報原額平高低田及山竹茶地灘塘蕩等項田地二百三萬七千八百六十五畝一分五釐二毫二絲　內除不科糧止科絲綿麻布銀山地六十二萬二千八百七十畝八分　又除勲莊田一萬五千五百九十二畝九分七釐歸入蘆課另徵實在科糧田地一百三十九萬九千四百一畝三分八釐二毫二絲額科平米二十六萬四百六十一石一斗五升六合三勺四抄八撮八圭五粟
平田原額一百二十四萬三千七百三十五畝九分二釐

八毫四絲（每畝舊科平米一斗九升七合七勺九抄八撮二圭二粟四顆四粒）
高田原額一萬三千三百五十九畝八分八釐四毫六絲（每畝舊科平米一斗七升今每畝折實平田八分五釐九毫四絲六忽一微七纖九塵一渺一埃該折實平田一萬一千四百八十二畝三分九毫四忽）
低田原額三萬二千四百六十五畝二分八釐五毫二絲（每畝舊科平米一斗四升今每畝折實平田七分七毫七絲九忽一微九纖九抄五塵九渺三漠二埃該折實平田二萬二千九百七十八畝六分六釐六毫四絲七忽）
山竹地原額五萬二千七百二十七畝一分六釐九毫（每畝舊科平米八升六合九勺三抄六撮四圭二粟二顆五粒今每畝折實平田四分三釐九毫五絲二忽七微四沙二塵七渺三漠五埃該折實平田二萬三千一百七十四畝六分八釐三毫九絲八忽）

極高低田原額四千六百三十六畝六分一釐八毫三絲每畝舊科平米八升六合九勺三抄六撮四圭二粟二顆五粒今每畝折實平田四分三釐九毫五絲二忽七微四沙二塵七渺三漠五埃該折實平田二千三十七畝八分八釐九毫九絲二忽

茶地原額二千五百二十五畝七釐七毫每畝舊科平米六升今每畝折實平田三分三毫三絲三忽九微四纖二沙六塵七渺四漠一埃該折實平田七百六十五畝九分五釐五毫四絲一忽

灘塘蕩原額四萬九千九百五十一畝四分一釐九毫七絲每畝舊科平米五升今每畝折實平田二分五釐二毫七絲八忽二微八纖五沙五塵六渺一漠八埃該折實平田一萬二千六百二十六畝八分六釐二毫三絲六忽

以上七項田地共折實平田一百三十一萬六千八百

二畝二分九釐七毫五絲八忽

按徐喈鳳志云順治初年簡明全書舊例本折起存錢糧俱於平米上各則驗派自康熙五年定新例俱在折實平田上一則起科其法極簡而可久

又按實徵科額每人丁一名科銀一分六釐八毫七絲八忽有奇每折平田一畝科本色漕米五升三勺六抄六撮有奇白糧米一升四合七勺五抄八撮有奇小麥一合四勺八抄三撮有奇漕贈五米二合三勺八抄有奇順治十四年每正糧百石除正耗外加米五石爲漕贈五米之始每折平一畝科折色起存銀九分三釐六毫九絲六忽有奇存留搭錢一文七釐二毫一絲四忽有奇漕折灰石銀一釐二毫三絲四忽有奇漕贈十銀四釐七毫六絲八微有奇順治十六年以蘇松常鎮糧多路遠每正糧百石贈銀十兩爲漕贈十銀徐喈鳳云現在徵解額數與簡明全書原額不盡相符故録明科額以便查考雖歲有損益而其大概可一覽而悉云

康熙五年知縣蕭薦馨奉文爲清各省之地事時丈增平田六十二畝七分二釐七毫七絲　增極高低田六百五十二畝八分七釐一毫　增山竹地九百八十七畝六分六釐六毫三絲　增茶地五百六十八畝九分八釐九毫八絲　增灘塘蕩一千二百三十六畝一分六釐三毫九

絲　丈減高田二百四畝五分二釐　減低田五百六十畝一分九釐六毫二絲

康熙十七年知縣劉啓和具文爲坍荒賠累無追等事適詳時巡撫慕天顔親臨勘確版荒田地具題豁免賠累錢糧　勘版荒平田一萬一千三百四十九畝三釐四絲七忽　版荒高田一千一百三十五畝二分七釐九毫一絲二忽　版荒低田七千七百一十二畝三分二釐四毫四絲二忽　版荒山地四千七百二十八畝七分三釐一毫九絲三忽

康熙十九年知縣姚景崇奉文爲請丈蘆洲事時蘇松督

糧道劉鼎親臨丈勘轉熟平田一萬七百二十二畝三分八毫七絲八忽二微具題歸入漕項並徵外存勳莊田四千八百七十六畝六分六釐二毫一絲一忽八微仍入蘆洲徵課

按徐喈鳳志以上高低平山竹茶地灘塘蕩等項通共折實平田一百三十一萬六千八百二畝二分九釐七毫五絲八忽原額科米二十六萬四百六十一石一斗五升六合三勺四抄八撮八圭五粟至簡明全書訂後增折實平田六百九十六畝五分七釐六毫四絲五忽七微七纖三沙九渺八漠二埃該科平米一百三十七石七斗九升五勺五抄五撮二圭三粟一顆二粒　除鐲徵版荒折實平田萬九千八百六十一畝八分五釐六毫七絲二忽七微五纖一沙九塵四渺一漠三埃該科平米三千九百二十八石六斗三升九合九勺九抄三撮六圭八粟三顆二粒　加蘆課歸漕平田一萬七百二十二畝三分八毫七絲八忽二微該科平米二千一百二十石八斗五升三合六勺三抄八撮五圭四粟八顆一粒四粞　現在實該科糧通共折實平田一百三十萬八千三百五十九畝三分二釐六毫九忽二微二纖一沙一塵五渺六漠九埃該科平米二十五萬

八千七百九十一石一斗六升五勺四抄八撮九微四粟六顆一粒四粞　其折色銀照折實平田一則起科共徵銀一十二萬五千九百二十五兩七錢一分八釐四毫四忽三微七纖八沙五塵六渺五埃　喈鳳云賦役一志恪遵簡明全書原額備載但全書訂後本邑又有丈增田畝蘆課歸漕坍荒鐲豁三項各有增減故悉錄之以備稽考今志則自康熙二十年以後載入宜興荆溪兩縣分志

增修宜興縣舊志卷之三

田賦志 解支

宋有義役田鄉民助保正差役元有助役田八戶津助賦役其詳不可得而考明則役法有二曰里甲曰丁田

里甲役法以編民一百十戶爲一里每里擇丁田多者爲里長（城內曰坊近城曰廂鄉都曰里）是爲田甲甲領中產十戶爲甲首其丁產少不任役者帶管甲役是爲畸零十長輪年應催辦錢糧勾攝公務又合設耆老於本鄉年高有德者衆推選充里長有事得就正焉

丁田役法隆慶以前俱按黃白二冊以丁田之多寡分爲

上中下三等編差中戶或一差中上戶或數差最上戶或數十差下戶則以數人朋一差是爲均徭

萬歷十六年奉撫院編定里甲銀二千九百七兩五錢一分三釐三毫七絲又編定均徭銀一萬一千六百四十八兩八錢六分八毫二絲

凡南京兵刑部衙門五城兵馬司國子監光祿寺各衙門及督撫都察院學院兵備道衙門及本府本縣府儒學縣儒學下邾張渚湖㳇鍾溪四巡司衙門一應皂隸門子馬夫膳夫禁子庫子民壯快手弓兵各該派雜項銀均於均徭項下支取

凡本府本縣應朝造冊紙張工食　本縣應祭各壇廟祈晴禱雨養濟院孤老柴薪布　本府本縣公堂紙張筆墨油燭　各上司案臨行香講書委官查盤　各上司操練官兵犒賞　撫院按院公費　學院歲考筆墨花紅　本府本縣修理各衙門各該派雜項銀均於里甲項下支取（以上參節王升舊志）

其起運本折各數以萬歷間定制計之兌運者爲

正米四萬五千七百四十六石七斗二升二合

耗米萬八千二百九十八石六斗八升八合八勺

二十六輕齎銀五千九百四十七兩七分三釐八毫六絲

解扛銀五十九兩四錢七分七毫四絲

過江水脚銀千八百二十九兩八錢六分八釐八毫八絲

蘆蓆銀八十二兩三錢四分四釐九絲九忽六微

折色蘆蓆銀百六十兩一錢一分三釐五毫二絲七忽

聽修運河銀三百六兩八錢一分八毫五絲六忽五微六沙

鎭江衛淺船科銀百三十六兩九錢七分一釐四毫七忽六微

民運者爲

內官監白熟細米四百四十四石三斗九升六合七勺每

石加耗米三斗春辦米九斗夫船米七斗七升八合四勺三抄貼役米五斗派車脚銀三錢三分九釐二毫一絲七忽貼役銀二錢五分
內官監白熟粳米千七百九十七石一斗九升二合七勺每石加春辦米二斗其耗米夫船貼役等數與上同
供用庫白粳米四千四百九十六石二斗四升九合二勺每石貼役銀一錢四分其餘耗米夫船等數與上同
光祿寺白粳米千四百一十一石七斗六升七合六勺白糯米二百九石一斗二升七合八勺八抄每石貼役米三斗車脚銀二錢三分九釐二毫一絲貼役銀一錢二分其

餘派數與上同
瑞惠桂三王府祿白粳米各二百六十一石四斗九合八勺每石貼役銀六錢其餘貼數與內官監粳米數同
府部等衙門本色八分糙粳米千三百四十八石七斗四升九合二勺九抄有零每石加耗米二斗貼役米四斗貼役銀一錢夫船米車脚銀與光祿寺米同
犧牲所糯穀准糙米三十二石六斗七升六合二勺其加派各銀米與府部米同
專解折色者爲
京庫金花銀萬七千四百三十八兩二錢七分六釐六毫五絲（每兩解扛銀二分）
京庫折色布疋銀千五百兩（每兩扛銀一分四釐）
京庫絹草鹽三欵折銀四千四百四十一兩五錢一分九釐二毫一絲三忽（每兩扛銀一分四釐）
甲丁二庫硃漆料銀五百三十二兩六錢四釐九毫一絲二忽水牛角折銀五兩五錢五分四釐九毫五絲九忽（每兩扛銀一分四釐鋪墊銀三分）
供用庫本色蠟茶銀二百二十六兩六錢九分四釐六毫一絲二忽折色黃蠟銀九十五兩三錢六分六釐八毫八絲（本色每兩扛銀二分五釐　折色每兩扛銀一分四釐）

光祿寺篆筍料銀百三十七兩八錢六分七釐五毫四絲二忽牲口料銀四百三十兩八錢八分八釐四毫（每兩扛銀一分四釐）
工部四司料價銀五千五百八十五兩六錢七分七釐二毫（此因嘉靖三十六年三殿之災大工費鉄於平米內每石加銀二分一釐六毫二絲後遂爲例）
工部箭枝料銀六十九兩四錢五分八釐一毫一絲七忽
工部磚料銀二百二十三兩二錢五分八釐二毫三絲五忽
工部緞疋銀三百一十兩五分四釐二絲七忽遇閏加銀十六兩八錢八分七釐七絲三忽（鋪墊銀三十五兩二錢六分二釐四毫一絲六）

忽工料銀六兩八錢四分四釐一毫　每兩解扛銀八分三釐
府部等衙門折色二分糙米銀三百三十七兩一錢八分
七釐三毫二絲每石編銀一兩每兩扛銀一分四釐
公侯米麥折銀千三百三十八兩九錢七分五毫二絲五
忽米石折銀七錢麥石折銀四錢每兩扛銀一分四釐
宗人府等祿米折銀四千九百五十七兩三錢五分五釐
四毫二絲
南京公侯府部祿米銀千九百一十兩一錢二分一釐九
毫四絲其米每年派數不一有原編增派之分皆石折銀七錢
南京祠祭署麥折銀二十七兩六錢五釐一毫六絲石折銀四

宜興縣舊志　卷三　解支　五四

錢每兩扛銀一分四釐
南京供用庫折銀四十兩七錢二分二釐三毫四絲每兩扛銀
一分二釐
南京戶部定場草折銀六百六十九兩二錢八分二釐九
絲
南京光祿寺糖蜜料銀二十二兩六錢六分四釐二毫三
絲柴薪銀二百五十兩二錢五分六釐四毫五絲四忽每兩扛銀
一分二釐
南京庫麻布折銀二百四十九兩三錢四分六釐六毫五
忽

鎮江倉麥折銀四百九十六兩一錢二分九釐四毫一絲
草折銀百五十一兩一錢三分七毫三絲四忽
揚州倉麥折米銀千八百八十五兩二錢九分一釐七毫
六絲
淮安倉麥折米銀六百九十四兩五錢八分一釐一毫七
絲四忽
鳳陽倉麥折米銀千五百三十八兩一釐一毫七絲二忽
壽亳二倉麥折米銀千九百八十四兩五錢一分七釐六
毫四絲一忽
南京各衛倉米折銀二百五十兩三錢九分五釐一毫七

宜興縣舊志　卷三　解支　五五

絲
協濟會同館暨涿鹿固節等十二驛銀千八百四十三兩
三錢八分四釐七毫每兩扛銀一分
遼餉銀萬曆四十八年派七千八百五十六兩二錢四分一釐八
絲解扛銀百九兩九錢八分七釐三毫七絲五忽
工部胖襖銀六百一十兩一錢三分五毫六絲每兩扛銀八分三釐
此項五年一造時編派
按明季賦役偏枯或田連阡陌倖脫征徭或地鮮立錐
簽差里役我
朝均田均役積困始甦舊例啚分十甲甲領三百三十畝

間有盈縮照田應役顧甲必均田有田去而甲尚存者得貲始售而田多者又以別求入甲爲累及販圖順庄法行所居之壤即納糧之區不必別求入甲比戶相安且一切差役均歸於官徵調無聞終年樂業實爲不朽良法至徵漕一事富民苦充糧長順治間改爲官收官兌重累得除然雜費無資仍簽民承應運丁恣索累復不支巡按馬騰升疏定章程而漕贈五米十銀以次增給恤民恤丁最爲周至從前積弊自此無不廓清矣

又按折色銀兩明季簽點各區啚殷實人戶充當銀頭令其值櫃收銀飯食紙張俱令備辦拆封之時或有短

少立責賠補每至破家順治四年設立官收官解之法每啚各點老成書吏一名在櫃出串登記流水號簿里甲赴櫃完糧遵照司法自封投櫃給與印串不令久候收訖之時拆封貯庫委官解司民無拖累永爲定例

附國初戶科給事中柯聳均田均役疏略竊以任土作貢因田起差此古今不易常法但人戶消息不同田畝盈縮不異所以定十年編審之法則役隨田轉冊因時定富者無兎脫之弊貧者無妝負之憂勞逸適均輸將恐後法至善也臣五年里居每見官役之侵漁差役之繁重不一而足其源總出於簽報之不公積弊之未剔

今前冊已滿目下編審屆期此小民身家利害之關亦胥役張牙吮血之會也若不徹底更張痛除積弊何以振民困而垂永久查一縣田額若干應審里長若干每里十甲每甲該田若干田多者獨充一名田少者串充一名其最零星者附於甲尾名曰花戶此定例也所以各項差役俱係里長挨甲充當故力不勞而事易辦獨蘇松常等處名爲簽報殷實竟不稽查田畝有田已賣完而仍報里役者有田連阡陌而全不應役者不特十年之中偏苛殊甚至年年小審那移脫換叢弊多端田歸不役之家役累無田之戶以致貧戶竭骨難支逃徙

隔屬及今大造之時必期田盡落甲役必照田務將本區之田均役本區十甲倘本區甲多則推入別區挨田起役不得混空簽報以滋賣富差貧之弊則民困可以稍甦良法可以永遵矣

附馬騰升請官收官兌之弊疏略臣於去年題准良法虛懸一疏業經嚴飭各屬晝一遵守矣然恐將來不肖有司陽奉陰違仍復審簽糧役如蘇之公正糧長松之啚記典耆常之里甲啚收一經簽定收漕責成漸復在民請自今秋早定收糧各官開倉之日糧戶輸納即挨次交收無致臨兌雜沓縣官照條銀例先期印發糧串斛過糧米即照數填給勿使

糧戶伺候至如兌竣之時通關每多勒掯五兩五石之外曰順風曰花紅曰犒賞巧立名色恣意索取今議各州縣漕船聽候漕臣頒發全單給糧道開明某衛船若干隻兌某縣米若干石該道須發號單每單兌米一百石連加贈銀米交清即將一單着令衛官塡註收數一船兌足即出給水程勒令開帮是爲節節割絶使無勒掯通關之弊再令糧道查照各屬額設幾倉每倉額設號簿幾本將前各丁船開列在簿兌明即註明已兌如過期不兌監兌推官周歷所至按簿責比旗軍以杜愆期之弊更有驍軍沿途停泊竊取墳樹種種等情許地方官嚴拿解送糧道或兵巡守道重懲其運官約束不嚴申報漕撫侯過淮之日創治以禁在途生事倘水程限日遲延一并查處則糧艘可速進而延悞之弊亦除矣以上參徐喈鳳舊志武進新志

國初解支之數有夏稅折色秋糧折色夏稅本色秋糧本色分四項派徵

其夏稅折色之解司轉解戶部者

京庫金花麥折銀五千五百七十兩三錢一分五釐六毫五絲每兩滴珠銀一分扛銀三分解費二分

公侯駙馬伯麥折銀五十六兩七錢一分七釐三毫六絲每兩扛銀一分四釐解費三分

京庫農桑絲折絹銀五十九兩四錢三分七釐七毫扛銀費銀與上同

甲字庫折色銀硃銀五百四十七兩五錢八釐七毫五絲六忽鋪墊銀二十兩七分五釐三毫二絲一忽每兩扛銀一分四釐解費二分

甲字庫折色臙硃銀三兩七分六釐八毫九絲二忽鋪墊銀一兩七錢八分一釐三毫五絲八忽

甲字庫折色烏梅銀九兩六錢五分一釐二毫五絲五忽鋪墊銀二兩六錢五分四釐九絲五忽

甲字庫光粉銀一十六兩九錢四分八釐五毫一絲七忽鋪墊銀一兩九錢八分三釐三毫三絲七忽

甲字庫靛花青銀二十三兩二錢五分五釐五毫八絲九忽鋪墊銀四十二兩六錢三分五釐二毫四絲七忽以上每兩扛銀解費銀與折色銀硃項同

丁字庫折色桐油銀四十七兩五錢六釐八毫九絲一忽鋪墊銀四兩七錢五分六毫一絲九忽

丁字庫黃紅熟銅銀五十四兩八錢四釐八毫一忽鋪墊銀六兩八錢九分八釐八毫九絲五忽

丁字庫黃蠟銀三十八兩九分三毫八絲二忽鋪墊銀一兩五錢二分三釐六毫一絲五忽

丁字庫折色生漆銀二百三兩二錢一分六釐二忽鋪墊銀一十六兩二錢五分七釐二毫八絲

丁字庫折色生銅銀六兩五錢二分五釐鋪墊銀一兩三錢五釐

丁字庫折水牛角銀三十二兩鋪墊銀九錢六分以上每兩扛銀解費銀與甲字庫同

供用庫折色黃蠟銀三百二十三兩八錢七分二釐六毫三絲七忽

供用庫芽茶茶葉折色銀四十六兩一錢八分八釐九毫三絲四忽　二項每兩扛銀二分五釐解費二分

其秋糧折色之解司轉解戶部禮部工部者

戶部

京庫金花米折銀萬二千五百二十七兩三錢九分一釐六毫　每兩滴珠銀一分解費二分

京庫布折銀一千五百兩　每兩扛銀一分四釐解費二分

府部院等衙門米折銀三百四十二兩三錢一分四釐六毫　扛銀解費與上同

宗人府衙門米折銀五千一百二十四兩八錢三釐八毫八絲　扛銀解費與上同

公侯駙馬伯祿米折銀千五百六十一兩五錢七分九毫二絲

京庫折色草銀三千九百五十二兩二錢六分六釐

京庫折色潤白棉布銀萬六百二十七兩二錢　鋪墊銀四百二十五兩八分八釐

富戶銀九兩三錢四分七毫五絲

京庫戶口鹽鈔銀四百二十九兩八錢一分五釐五毫一絲三忽

九釐地畝銀萬二千八百五十五兩六錢六分七釐四毫　以上扛銀解費俱與上同

改充餉南太常寺山川壇麥折銀二十七兩六錢五釐一毫六絲　每兩扛銀三分六釐解費二分

改充餉南公侯俸折色米銀千三百八十九兩一錢八分六釐三絲四忽　每兩扛銀一分六釐

改充餉南公侯祿折色米銀五百二十兩九錢三分五釐八毫七絲　每兩扛銀一分六釐

改充餉南供用庫折色草銀四十兩七錢二分二釐三毫四絲五忽　每兩扛銀一分二釐

改充餉南定場折色草銀六百九十七兩四錢一分五釐四毫　每兩扛銀一分四釐

改充餉南光祿寺蜜黑砂糖料銀二十二兩六錢六分四釐二毫三絲　每兩扛銀一分二釐

改充餉南光祿寺柴薪銀二百五兩二錢五分六釐四毫五絲四忽

改充餉南戶部茶課銀二十一兩六錢五分三釐一毫五絲七忽　以上太常寺起每兩解費俱同　自南太常寺至此各款原係解南今酌議留充南撫標缺額兵餉銀兩

禮部

光祿寺牲口料銀四百三十兩八錢八分八釐三毫九絲二忽　每兩扛銀一分四釐解費二分

光祿寺菉筍料銀一百三十七兩八錢六分七釐五毫四絲九忽　每兩扛銀費銀與上同

工部

承運庫歲造緞疋銀三百一十兩五分四釐二絲七忽　鋪墊銀三十一兩七錢七分五釐七毫　每兩扛銀八分三釐　閏加銀一十六兩八錢八分七釐七絲三忽鋪墊銀三兩四錢八分六釐七毫　每兩解費二分

箭枝銀翎毛銀五百七兩四錢九分五釐　每兩扛銀一分四釐

磚料銀二百二十三兩二錢五分八釐二毫三絲五忽　每兩扛銀一分四釐

胖襖銀二百四十五兩七錢 鋪墊銀一十三兩六錢五分 每兩扛銀八分三釐

折色魚線膠銀三兩九錢五分五釐 每兩扛銀一分四釐

折色白麻銀四兩八釐三毫七絲五忽 每兩扛銀一分四釐

折色黃麻銀九十二兩七錢四分五釐四毫 每兩扛銀一分四釐

折色麂皮銀五十九兩五錢三分五釐五毫 每兩扛銀一分四釐 以上解費銀俱每兩二分

織造府營繕司料價銀千七百五十六兩九錢二分二釐七絲六忽

虞衡司料價銀九百六兩八錢八分三釐五毫一絲一忽

都水司料價銀千五百七十六兩五錢四分六釐一毫八忽

屯田司料價銀千三百五十一兩三錢二分五釐一毫五絲 上四項解費每兩二分

其夏稅本色物料之解戶工二部者

戶部甲字庫本色銀硃一百二十二觔四兩九錢五分三釐三毫 每觔價銀五錢鋪墊銀一錢一分

本色賦硃一百二十一觔一十一兩三錢九分三釐三毫 每觔價銀一錢九分鋪墊銀一錢一分

本色烏梅五十三觔九兩四錢九分七釐九毫 每觔價銀二分鋪墊銀一分一釐

本色光粉一百二十二觔四兩一錢四分六釐 每觔價銀四分七釐鋪墊銀一分一釐

本色靛花青一百六十四觔一十五兩五分九釐四毫 每觔價銀七分五釐鋪墊銀一錢一分

丁字庫本色桐油千三百八十四觔四兩七錢六分一釐七毫 每觔價銀四分鋪墊銀八釐

本色黃熟銅二百六十九觔六兩四錢七分二釐 每觔價銀一錢一分三釐鋪墊銀一分六釐

本色紅熟銅九十九觔七兩六錢三分二釐七毫 每觔價銀一錢鋪墊銀一分六釐

本色黃蠟三十觔三兩三錢八分四釐七毫 每觔價銀一錢六分鋪墊銀一分六釐

本色生漆五十七觔九兩七錢一分九釐八毫 每觔價銀一錢鋪墊銀一分六釐

供用庫本色黃蠟二百五十六觔一十四兩九分四釐五毫 每觔價銀二錢

本色芽茶三百四十五觔三兩三錢五分六釐六毫 每斤價銀七分 以上甲丁供三庫物料價值貴賤不一於順治九年十月奉文令各屬自行採辦徑解內部隨時定價逐年報明

京庫本色潤白棉布二千二百八十八疋 每疋價銀三錢鋪墊銀二分四釐 水脚銀五分

工部本色魚膠二十一觔三兩 每觔價銀八分

本色白麻五十七觔四兩二錢 每觔價銀三分

其秋糧本色之起運歸於戶部者

兌運正米四萬五千七百四十六石七斗二升二合

耗米萬八千二百九十八石六斗八升八合八勺 按舊編每正米一石加耗米四斗輕賫米二斗六升折銀一錢三分 每正米二石蘆蓆一領內本色三分隨糧給軍折色七分隨徵解部 又江北衛兌每正米一石過江水脚米六升折銀三分 又每正米一石垂夜過江米二升折銀一分解江北河工支用 又每漕正米二千石加增楞木一根內三分採辦本色七分折銀帶解 又每正米二千石加增松木板九片內三分採辦本色七分折銀帶解今各項纂編於後

輕賫米折銀五千九百四十七兩七分三釐八毫六絲 每兩扛銀一分解費銀二分

本色三分席銀八十二兩三錢四分四釐九絲九忽

折色七分席銀一百六十兩一錢一分三釐五毫二絲七忽　每兩解費銀二分
過江水脚米折銀一千三百七十二兩四錢一釐六毫六絲
河工米折銀四百五十七兩四錢六分七釐二毫二絲　每兩解費銀二分
本色三分楞木銀木六根八分六釐　每根編銀五錢該銀三兩四錢三分
折色七分楞木銀八兩五釐　每兩解費二分
本色三分松板銀六十一片　每片編銀四錢該銀二十四兩七錢四釐
折色七分松板銀五十七兩六錢四分　每兩解費二分
聽修運河米折銀三百六兩八錢一分八毫五絲六忽　每兩解費二分
兌運白糧正米萬五百二十四石三斗八升八合九勺
七抄二撮五圭二粟七顆六粒

按舊編內官監白細粳米耗加三　白熟粳米耗加三　供用庫白熟粳米耗加三　光祿寺白熟粳米耗加三　王祿白正米耗加三　府部院等衙門本色八分糙粳米耗加二　犧牲所糙粳米耗加二
白耗米三千一十九石一斗七升四合一勺四抄二撮
五圭五顆五粒
舂辦米二千六百六十一石五斗八升四合三勺九抄
增糙耗米二千四百七十石五斗九升六合三勺三抄
三撮七圭
按舊編府部院等項米原係糙米不加　舂辦止該增糙耗米其米每石加二
運船水手飯米七百五十七石七斗五升六合六撮二
粟二顆

查舊例每船一隻載正米五百石每船用頭舵水手一十二名每名給飯米一石八斗令依糧例每正米一石給飯米七升二合
募船水脚銀萬三千六百八十一兩七錢五分六毫六
絲四忽
查白糧自順治三年官運起定例每石派募船水脚銀八錢添貲提溜過壩盤剝銀二錢車脚銀三錢三每正米一石派銀一兩三錢
又有分派淮揚壽鎮等倉米麥數銀數
按各派原編祗有折色無本色順治十四年奉文本折均平其存屯者皆折色其給軍者一半本色一半折色
淮安倉本色麥八百三十四石三升三合七勺三抄六撮五圭　折色麥九百二石四斗一升九合一勺九抄九撮九圭　每石折銀四錢每兩扛銀一釐五毫每兩解費銀二分

壽州倉本色麥二百三十二石一斗八升五合　折色麥二千二百四十八石四斗六升二合五抄　每石折銀四錢每百兩扛銀六錢每兩解費銀二分
鎮江倉本色麥五百八十二石八斗六升一合七勺六抄三撮　折色麥六百五十七石四斗六升一合七勺六抄　每石折銀三錢五分每兩解費銀二分　折色草六千一十五包　每包折銀二分五釐每兩解費銀二分　衛淺船科銀一百二十七兩八錢二釐九毫
鳳陽倉折色麥三千八百四十五石二合九勺三抄　每石折銀四錢每百兩扛銀三錢每兩解費二分
亳州倉折色麥二千四百八十石六斗四升七合五抄二撮　每石折銀四錢每百兩扛銀六錢每兩解費二分
揚州倉折色麥九百九十二石二斗五升八合八勺二抄八圭　每石折銀四錢每兩扛銀一

釐五毫本色米六百六十九石五斗九升四合八勺八抄九圭一粟六顆折色米千八百一
十一石五升二合一勺七抄一撮八粟每石折銀六錢每兩扣銀一釐五毫解費二分

又有南各衛支給軍糧米數

南各衛倉兌糙正米四百石六斗三升二合二勺七抄
二撮一粟五顆六粒每正米一石加耗米一斗五升每一石加夫船米三斗五升

又有支給孤貧口糧本色米數

養濟院孤貧四百七十名每名歲編口糧三石六斗遇閏加米三斗該米一千六百
九十二石

又有外府驛站扣截充餉銀數

北京會同館驛銀三十一兩八錢三分四釐一毫

順天府涿州驛銀二百四十兩四錢五分六釐六毫　固節驛銀二百三十一兩六錢九
分二釐五毫　宣化驛銀三十兩二錢六分三釐九毫　汾水驛銀二百一十八兩九錢五分六
釐八毫　歸義驛銀二百四十五兩二錢四分九釐二毫

河間府瀛海驛銀二百八兩二錢二分四釐　鄚城驛銀一百五十兩六錢三分三釐
三毫　樂城驛銀八十七兩八錢九分九釐七毫　新中驛銀二百一十六兩八錢九分四釐

鳳陽府固鎮驛銀一百六十九兩三錢七分九釐一毫　王莊驛銀五兩六錢五分五
釐九毫　大店驛銀六兩二錢五分一釐二毫

又有支給各營兵餉銀數

江南省會鎮標兵餉銀萬三百五十二兩三錢二分九
釐九毫四絲六忽按此項原編銀八千一百四十二兩九錢八分五釐六毫因其數不敷將

前秋糧折色解南各欵改抵充餉外又將南京各衙門所裁皂隸民壯弓兵禁子膳夫一切工食銀共充此數

操江兵餉銀千五百五十一兩五錢解費銀三十一兩三分　按此項原
編一千一百一十四兩今扣裁撫學院道府公費又裁撫院按院公費共充此數

操江兵餉銀千五百五十一兩五錢解費銀三十一兩三分　按此項原
編一千一百一十四兩今扣裁撫學院道府公費又裁撫院按院公費共充此數

各衙官役俸工細欵

撫院項下

操賞銀一百兩遇閏加銀八兩三錢三分三釐三毫三絲三忽

皁隸一名工食銀六兩遇閏加銀五錢　鋪兵半名工食銀三兩遇閏加銀二錢五
分

按院項下

菜燭炭銀三十六兩　門子一名工食銀一十二兩遇閏加銀一兩　傳報舍
人一名工食銀七兩二錢遇閏加銀六錢

鹽院項下

書吏一名半工食銀九兩遇閏加銀七錢五分

學院項下

廩餼供應等銀一十三兩七錢六分二釐六毫二絲遇閏加銀一兩二錢四分六釐八毫

各工食轎傘等銀一十六兩五錢三分四釐二毫五絲遇閏加銀一兩三錢七分七釐
八毫

常鎮兵備道項下

桌圍傘扇銀五十兩 轎傘扇夫七名工食銀四十二兩遇閏加銀三兩五
錢
督糧道項下
俸銀三十五兩五錢四分八釐遇閏加銀二兩九錢六分二釐三毫三絲 修宅家伙銀
三十六兩
知府項下
轎傘扇夫七名工食銀四十二兩遇閏加銀三兩五錢 倉書一名工食銀六
兩遇閏加銀五錢
同知項下
皂隸十二名工食銀七十二兩遇閏加銀六兩

通判三員項下
皂隸三十六名工食銀一百一十六兩遇閏加銀一十八兩
推官項下
紙張銀二十兩 桌圍傘扇銀一十兩 皂隸十二名工食銀七十二
兩遇閏加銀六兩 燈夫二名工食銀一十二兩遇閏加銀一兩
經歷員下
俸銀二十四兩二錢二釐遇閏加銀二兩一分六釐八毫 皂隸四名工食銀二十四兩遇
閏加銀二兩
知事員下
俸銀二十一兩一錢一分四釐遇閏加銀一兩七錢五分九釐五毫 皂隸四名工食銀二

十四兩遇閏加銀二兩
照磨檢校員下
俸銀三十九兩四分遇閏加銀三兩二錢五分三釐三毫 皂隸八名工食銀四十八兩遇
閏加銀四兩
獄官員下
俸銀三十一兩五錢二分遇閏加銀二兩六錢二分六釐七毫 書辦一名工食銀六兩遇
閏加銀五錢 皂隸二名工食銀一十二兩遇閏加銀一兩
府儒學員下
教官三員分編俸銀二十二兩四錢四分遇閏加銀一兩八錢七分 廩生十
名廩銀四十兩遇閏加銀三兩三錢三分二釐三毫 馬草料銀三十六兩遇閏加銀三兩

知縣員下
俸銀四十五兩遇閏加銀三兩七錢五分 薪銀一十八兩 紙張銀二十兩遇
閏加銀一兩六錢六分六釐六毫 修宅家伙銀二十兩 送上司傘扇銀
一十兩 吏書十二名工食銀七十二兩遇閏加銀六兩 門子二名工食銀一
十二兩遇閏加銀一兩 皂隸十六名工食銀九十六兩遇閏加銀八兩 馬快八
名每名工食銀六兩草料銀一十兩八錢共銀一百三十四兩四錢遇閏加銀一十一兩二錢 民
壯五十名工食銀三百兩遇閏加銀二十五兩 燈夫四名工食銀二十四兩遇閏加
銀二兩 禁子八名工食銀四十八兩遇閏加銀四兩 又修監銀二十兩 庫書一
名工食銀六兩遇閏加銀五錢 轎傘扇夫七名工食銀二十四兩遇閏加銀三兩五
錢 倉書一名工食銀六兩遇閏加銀五錢 庫子四名工食銀二十四兩遇閏加

銀二兩斗級四名工食銀二十四兩遇閏加銀二兩

縣丞員下

俸銀四十兩遇閏加銀三兩三錢三分三釐三毫薪銀八兩二錢二釐書辦一名工食銀六兩遇閏加銀五錢門子一名工食與上同皂隸四名工食銀二十四兩遇閏加銀二兩馬夫一名工食銀六兩遇閏加銀五錢

主簿員下

俸銀三十三兩一錢一分四釐遇閏加銀二兩七錢五分九釐五毫書辦一名工食銀六兩遇閏加銀五錢門子一名工食與上同馬夫一名工食與上同皂隸四名工食銀二十四兩遇閏加銀二兩

典史員下

俸銀三十一兩五錢二分遇閏加銀二兩六錢二分六釐六毫書辦一名工食銀六兩遇閏加銀五錢門子一名工食與上同馬夫一名工食與上同皂隸四名工食與主簿員下同

巡檢員下

巡檢四員每員俸銀三十一兩五錢二分該銀一百二十六兩八分遇閏加銀一十兩五錢六釐六毫書辦共四名工食銀二十四兩遇閏加銀二兩皂隸共八名工食銀四十八兩遇閏加銀四兩

儒學員下

掌教分教兩員每員俸銀三十一兩五錢二分該銀六十三兩四分遇閏加銀五兩二錢五分三釐三毫朔望香燭銀三兩六錢齋夫共六名工食銀七十二兩遇閏加

銀六兩門子五名工食銀三十六兩遇閏加銀三兩書辦一名工食銀七兩二錢遇閏加銀六錢膳夫二名工食銀四十兩遇閏加銀三兩三錢三分三釐三毫馬夫二名草料銀二十四兩遇閏加銀二兩

查以上經費派編內於順治九年四月奉　文扣裁
本縣修宅家伙本府各役工食等銀三百六十四兩
四錢　又續裁院道府縣各衙門新燭蔬炭桌圍送
上司傘扇各役工食等銀四百三十兩六錢九分二
釐並改
解充餉

存留支給細款

導河銀二百兩每兩解費銀二分協濟砲船銀二十五兩

本府歲終新書節炭銀一十兩原編二十兩奉裁一十兩充餉

本縣歲終新書節炭銀三十兩原編五十兩奉裁二十兩充餉

修造座船銀三百兩府儒學生員膳銀四十兩全裁充餉

縣儒學生員膳銀八十兩全裁充餉府總書造冊銀一十三兩

看守院道門子二名工食銀七兩二錢遇閏加銀六錢

本府公館門子一名工食二兩六錢遇閏加銀二錢一分

巡司弓兵一百二十名共給工食銀五百六十一兩六八錢遇閏加銀四十六兩八錢

府巡鹽民壯一十四名共給工食銀六十四兩八錢遇閏加銀五兩四錢

舖兵四十二名共給工食銀三百二兩四錢遇閏加銀二十五兩二錢

兵備道水手二名共給工食銀一十兩八錢遇閏加銀九錢

本府各官齋緻關領歷日銀一十兩

本府慶賀

萬壽長至元旦表箋銀三十三兩五錢 內裁一十六兩七錢五分充餉

府縣春秋祭各壇廟諸祠祭祀銀 共一百四十兩

祈晴禱雨銀 二兩四錢

鄉飲酒席費銀 一十兩原編銀二十兩奉裁一十兩充餉

各衙門桃符門神春牛彩鞭等項銀 三兩原編六兩奉裁三兩充餉

各上司按臨行香講書紙筆銀 一十二兩

撫院公費銀 九兩四錢原編四十兩今裁三十兩六錢充餉

過往上司下程小飯等銀 四百兩

各上司閱操官兵犒賞銀 一十五兩此項全裁充餉

布政司造冊刻由單紙張銀 三十兩

養濟院孤貧柴布銀 四百七十兩此項全裁充餉

本縣備用銀 四百五十兩全裁充餉

各上司委官查盤紙張筆墨銀 一十兩全裁充餉

本縣新官到任公宴祭祀等銀 三十兩六錢六分六釐七毫

本府修理衙門銀 二十五兩全裁充餉

本縣修理衙門銀 一百兩全裁充餉

走遞班夫八十名 工食不等實給銀三百八十四兩遇閏加銀三十二兩 原編八百六十四兩今裁留此數

座船水手八名 工食銀三十二兩遇閏加銀二兩七錢

進茶水手銀 四十兩

各上司卷廂架損幷奏本紙劄等銀 三兩全裁充餉

走遞馬工食草料銀 一百六兩六錢六分七釐原編三百二十兩今裁留此數

本府歲貢盤纏牌坊等銀 二十四兩原編一百四十九兩六錢今改編銀一百二十兩五縣分編

本縣歲貢盤纏牌坊等銀 六十兩

學院考府縣生童供給銀 八兩 原編一十六兩奉裁充餉

本府考各學生員供給銀 一十一兩 原編二十二兩奉裁充餉

按院觀風各學供給銀 五十兩 原編一百兩奉裁充餉

本縣奉文季考生員考卷銀 一十五兩 原編三十兩奉裁充餉

府縣考試生童幷學院考試生童供給銀 一十兩 原編二十兩奉裁充餉

學院賞生員花紅銀 六十兩 原編一百二十兩奉裁充餉

考試武生供應銀 五兩 原編十兩奉裁充餉

朝覲造冊紙張路費銀 解布政司六兩六錢六分六釐七毫五絲解按察司一兩六錢六分六釐七毫五絲

朝覲本府縣應造冊紙劄路費銀 本府一十二兩四錢本縣四十九兩六錢六分六釐六毫八絲

上二欵原係三年輪編於順治十四年奉文三年帶徵其不朝覲二年扣解充餉

鄉試謄録生供給銀 三兩三錢三分三釐三毫

科場席舍銀五十五兩八錢三分三釐三毫
武場公用銀二十六兩六錢六分六釐六毫五絲 上三項原係三年輪編今分逐年帶徵
南各衙門柴薪值富戶解損等銀二十二兩八錢七分九釐八毫五絲
府縣宴待儒學應試生員銀 每名編銀四兩二錢八分二釐 酒席一桌 絨花一對 紅紗一疋 紅綠綾旗一對 盤纏銀三兩 船錢五錢 卷資銀二錢 其遺才生員每名盤纏銀三兩係圍日照名補給
新科中式舉人牌坊等銀 每名一百五十五兩二錢 銀花二枝重二兩 紅緞一端價一兩二錢 折筵銀一兩五錢 綵旗四對價五錢 旗扁一座價七錢 盤纏長夫等銀二十四兩 牌坊銀一百兩 水菓一桌價三錢 盃盤一副重四兩 各上司行賀折儀銀二十一兩
新科進士行賀牌坊等銀 每名一百二十四兩

新科武進士牌坊等銀 每名五十兩
舊舉人會試銀 每名盤纏酒席銀三十兩 每科名數多寡不一 一向係臨期照名編給康熙十二年為額款增減不一嗣後以己酉庚戌兩科中式名數為準三年內分徵
舊科武舉會試路費銀 每名一十八兩
新科武舉會試路費銀 每名二十四兩 以上應試生員起凡七項俱三年輪編
以上係順治康熙年間定款俱參徐喈鳳舊志

增修宜興縣舊志卷之三

田賦志 漕運

明季差役之害北運為甚民收民兌簽充糧長弊累無窮

國朝順治間行官收官兌法民困稍甦而雜費無出有司復簽民承辦旗丁横索仍至破家康熙間議添設官役凡俸工雜費悉於漕糧耗費支給漕政肅清而業戶輸將公私交益矣作漕運志

順治二年始行漕糧官收官兌法 閏六月十一日巡按山西監察御史黃徽以欣聞捷音恭陳末議事具題條陳四事一曰漕運宜革也漕糧有正有耗初制甚善但完糧者民

運糧者軍民弱軍强故兌糧之時多方勒索計一百石使費銀四十五兩稍不如意則旗軍操戈相向臣以為宜立官兌之法止令百姓完糧在倉臨時則糧官印官監兌推官督之務令軍與民不相見則爭端自息需索計窮一曰白糧宜飭也白糧原屬民運糧長簽解身家立破崇禎十六年已議官解之法惜乎行之已晚臣以為宜令官解凡使費腳費頭派之外不許多索分毫一曰絹布宜調宜折也江南本色錢糧不可殫述而其大害在絹布二項糧長一簽此役家資盡而性命隨之臣以為亦宜用官解長年絹布不必多積積久則腐止須酌議每年應用若干多者俱可量行折色一曰關稅宜減也關稅日增商賈裹足臣以為宜查照前朝國初舊額一切加派俱應報免疏入奉部覆准行

順治三年始行白糧官收官解法 江南巡撫土國寶以酌議北運經費事具題畧曰白糧為上供玉粒每縣皆簽糧長舂辦兌納盤剝募船車腳起運除原編外指費萬計每膺一役無不破家是以明季議改官收官解然猶令舊編解戶津貼去害未

盡而愁慘仍不忍聞
皇上輕徭薄賦不忍累民二年分錫七征三爲數雖無幾
而所費尚不貲也臣前檄督糧道臣王懩將蘇松常
三府應運白糧各該若干應加耗米及經費該若干
先以原編夫船銀米貼役車脚等項開銷逐一通盤
打算盡數扣抵外然後查其不足若某縣應補若
干照畝加派某縣向餘若干應存充餉不得復議糧
解津貼亦不必論幾畝起派致滋高下飛詭之弊至
于二年分扣耗水脚鋪墊自應隨錫照派務期上可
裕國下不病民捲敲至當如有未盡事宜不妨聲說
明白去後隨據該道覆詳前來除先將蘇州松江二
府核計酌加耗米及酌定募船車脚由閘過壩總協
部官公費各役倉脚糧夫工食等經費之數以原編
夫船米并加編船戶飯米每石折征銀與同原編夫
船車脚貼役銀儘數扣抵前項經費外將實少之銀
與該府之田核算加派其蘇州府每畝驗加一毫一
絲松江府每畝驗加二毫一絲六忽再查常州府酌
加耗米該三千五百八石三斗四升九合一勺酌定
募船車脚由閘過壩總協部官公費各役各脚夫糧
夫工食共經費銀一萬四千九百五十八兩一錢九

分六釐四毫又續加船戶飯米一百六十八石今以
原編夫船貼役米一萬五百四十二石四斗四升三
合內扣抵加耗并船戶飯米共去二千六百七十六
石二斗四升九合一勺外存米七千八百六十六石
九斗三升九合每石折征銀一兩作銀七千八百六
十六兩九分三釐九毫與同原編車脚貼役等項除
武無縣用存外該銀六千一百六十兩二錢六分一
釐四毫儘抵前項經費外實少銀九百三十一兩八
錢三分七釐一毫計該府官民田地六萬九千四百
一十九頃有奇每畝驗加一絲三忽四微如此計畝
編派貧富適均每畝亦僅輸毫末便可免大戶簽點
之苦似可永著爲令疏入奉　部題覆准行
順治七年巡撫土國寶批推官劉元運申詳據生員
吳崑珊等公呈改倉頭爲圖兑明季倉頭動輒破家
鼎革時倉厫盡燬倉頭賃房貯米其困尤甚至是重
建倉厫每一圖爲一㯳各圖甲運各自收兑衆擎易

畢民無偏累
順治八年巡撫土國寶批推官劉元運申詳據生員
吳崑珊等公呈革免雜汎差徭時有縣區總募船什
物等役爲費不貲至是責成吏書民無意外之擾
康熙元年奉　文行均田均役法　明季田役不均
邑令秦尚明立鼠尾冊以定徭役夙稱精核乃久而
弊生有官戶田地混入民圖徵比之時小民上官門
催納刁頑煩難大爲里長累又有田多之民反倚官
戶爲避役之窟而詭寄者有挽通猾胥而花分者有
名挂別圖而寄庄者有故宦而仍濫免者諸弊叢生

官莫能詰一遇編差上戶不足點及中戶中戶不足
點及朋戶於是貧民獨出其力以代大戶之勞費而
莫能察科臣柯聳疏陳均田均役法于是江南巡撫
韓世琦奉
旨檄行各屬爲請乘編審之期事內開三吳財賦十倍于
他省而徭役困苦莫甚于今日豪强兼并之家脊腴
滿野力能花詭避役以致富者益富貧弱無告之民
役累隨身每致流離逋負以致貧者益貧弊不可究
詰幸
廟堂軫念奉

旨均編當亟遵條例通計合邑田畝和盤打算按圖裒益
分配均停務將圖外官戶自兌附運花名詭寄等項
盡行刪汰一惟論田起役俾戶無無田之役田無不
役之人庶積弊頓除窮簷稍可甦息檄到着各縣官
吏即將所屬區圖統計合邑田畝若干分配逐里均
平將一應圖外花名盡歸入甲如官戶務要直書鄉
紳名姓庠戶必須書生員名姓不得別懸戶籍另立
混淆一應徭役按田起差毋蹈夙弊等因奉此隨將
通邑田地分配均平截然畫一且因順治十七年奏
銷之後紳衿懼累皆不復立官庠戶名所有田地一

體編入里甲當差積弊一朝立革戶無無田之役田
無不役之人凡科征錢糧漕糧並無多寡參差又造
徵糧分串册以杜同甲朋役牽累之害民間便之
康熙十六年奉 文添設收糧官役一切水次承值
雜費皆于漕糧耗內支給 漕糧之弊自順治間奏
准官收官兌法 部覆通行而一應雜費無出有司
仍簽民承值水次積蠹勾合旗丁橫行需索康熙十
四五年間兌糧一石累賠耗雜費銀至八錢餘而米
一石值不及六錢民簽承役無不破家至是生員沈
廷颺等具呈經巡按馬騰升疏請申飭仍議添設官

役凡倖工修倉鋪墊串紙油硃等皆于漕糧耗費支
給馬疏畧臣查江省于收糧之時有司仍復簽民間大戶充當糧役如蘇之公正糧長松之斛記典
者常之里甲胥收一經簽定收漕責成漸復在民請自今秋早定收糧各官開倉之日糧戶挨次交納縣
官照條銀例先期印發糧串斛過糧米糧官即照數填給勿使糧戶伺候至如兌竣之通關每多勒掯五
兩五石之外日順風花紅犒賞借名恣索今議各州縣漕船聽候漕臣頒發全單給糧道開明某衛船若
干隻兌某縣米若干石該道頒發號單每石兌米一百石連加贈銀米交清即將一單着令衛官填注收
數一船兌足即出給水程勒令開帮是爲節節割絶使無勒掯之弊絲毫不以累民
額奉單派長淮淮安大河等衛運船一百零五隻三
分
運官四員 運丁一百六名

領兌漕糧正米四萬五千七百四十六石七斗二升
二合 耗米一萬八千二百九十八石六斗八升八
合八勺查奉 文爲請議歸併漕截事案內准 部文以康熙十一年爲始照漕糧正耗每石該
徵五米十銀統入出单地丁一體編徵隨漕給軍理合註明
帶運白糧正耗米一萬九千四百三十三石四斗九
合八勺四抄七撮五圭六粟七粒原編春辦續增耗米并水手飯米俱
在數內白糧向係總協部委官運解近准部議隨漕帶運理合註明以備查考

增修宜興縣舊志卷之三

田賦志 雜稅

宋時本縣市務稅額每年合解九千貫文張渚務抱息稅錢每年合解一千四百四十貫文湖㳄務抱息稅錢每年合解二萬六百貫文

元延祐乙卯本府在城稅務錢一千四百三十一錠八十九兩六錢三分六釐

明洪武十年本府取勘商稅漁課酒醋課程錢鈔本縣稅課局商稅錢鈔一千二百九萬八千一百三十六文酒醋錢鈔一百二十萬九千三百二十文

永樂十年辦商稅等項錢鈔一萬五千五百一十四鈔三貫九百二十文內稅課局商稅鈔六千八百五十一錠一貫九十四文門攤鈔三百八十一錠三貫契本工墨鈔一十九鈔七百二十文酒醋課鈔一百九十六錠一貫一百二十文茶株九百七十萬一千五百七十六株科鈔六千八百二十二錠七百四十文茶引鈔九百七十四錠房地賃鈔二百七錠四百文

正統十三年各色課鈔一萬七千一百四十一錠一貫三百八十六文內商稅課鈔八千一百七十五錠三貫三百三十三文門攤課鈔一千六百三十九錠一貫五百文酒醋課鈔三百一十二錠二貫八百八十文房地賃稅二百九十二錠二貫九百三十三文茶課鈔六千一百二十二錠七百四十文本色茶葉一萬八千五百觔折鈔一千五百五十錠

成化十八年稅課局正辦課鈔九千七百四十錠一貫三百一十五文銅錢九萬七千四百三文內商稅課五千三百三十九錠二貫一百八十五文銅錢五萬三千三百九十三文門攤課鈔七百五十六錠三貫銅錢七千五百六十六文酒醋課鈔九十八錠五百六十文銅錢九百八十一文房地賃鈔一百三十五錠二百文銅錢

一千三百五十二文茶課鈔三千四百一十一錠三百七十文銅錢三萬四千一百十文內存留買辦歲分芽茶葉一萬三千觔每觔准鈔五百文共除准課鈔六十五錠銅錢六千五百文

宏治正德間大率與前相類

嘉靖十六年本府備照冊本縣稅課局課鈔六千三百二十九錠九百四十五文每鈔一貫折銀三釐計銀九十四兩九錢三分七釐八毫三絲五忽銅錢六萬三千二百九十三文每錢二文折銀三釐計銀九十四兩九錢三分八釐一絲五忽共銀一百八十九兩八錢七分五

釐八毫五絲遇閏加鈔四百三十錠五百六十一文六
分七釐銅錢四千三百一文一分二釐四毫共折銀一
十二兩九錢三釐四毫
張渚茶引所南京戶部歲給茶引八千二百九十八引
轉給各茶戶照貢每引徵鈔七百五十文每錢二文折
銀三釐共銀二十四兩七錢七分四釐　解縣轉解本
府本部交納鈔四千一百二十九貫每鈔一貫折銀三
釐計銀一十二兩三錢八分七釐銅錢八千二百五十
八文每錢二文折銀三釐計銀一十二兩三錢八分七
釐

隆慶萬歷間
官基地賃鈔每年折銀六十兩三錢一分五釐四毫五
絲解撫院聽用
漁課鈔每年折銀四十八兩六錢八分四釐六毫八絲
魚目收貯庫解南北二京
門攤課鈔每年折銀一百八十九兩八錢七分五釐八
毫五絲遇閏加十二兩九錢二釐四毫六廂收解南京
戶部
食鹽鈔舊例用歲報口數照丁徵之成化間巡撫尚書
王恕於秋糧耗米內帶徵官給解戶起解正德間巡撫

都御史張鳳因歲荒傷兌運之外包補不足仍申舊制
照口徵收至嘉靖後復於秋糧帶徵
天啟崇禎之間賦役繁重徵稅不時歲更月異
本朝定鼎革除民累酌定稅法順治康熙
兩朝賦役畫一夙弊遂清謹照徐志書之以昭示後來者
焉
國朝
歲貢芽茶一百觔貢茶舊典也唐以前無考自唐御史大夫李棲筠守常州有山僧獻陽羨佳茗野人陸羽以為芬芳冠絕他境可薦上方棲筠從之遂置茶舍歲貢陽羨茶萬兩此其濫觴耳宋時因之元貢薦新茶九十觔貢金字末茶一千觔芽茶四百一十觔明時貢薦新細芽茶一百觔續郡志云洪武十年歲貢

芽茶四十觔葉茶一萬三千觔後按額裁減止進芽茶八十觔南京禮部二十觔各茶戶辦納
本朝因之止貢芽茶一百觔每歲穀雨前一日縣官祭山神開園擇取入簍自縣起程赴　司　府驗明候布政司拜表發解到部例有定限明時于里甲內簽點解戶四名遵限解交禮部掣取批迴
國朝革除民解嵩委張渚湖汶巡司輪年領解
歲徵茶引紙鈔銀數
張渚司辦納引銀三十兩七錢七分四釐
湖汶司辦納引銀四兩
歲徵門攤銀數
門攤課鈔銀一百八十九兩八錢七分五釐八毫五絲
每兩解費銀二分該銀三兩七錢九分七釐五毫一絲七忽　遇閏加課鈔銀一十五

兩三錢七分二毫加解費銀三錢七釐四毫五絲二忽以上銀兩係城鎮小甲收解充餉

歲徵城租銀數

城租銀四十八兩二錢一分五釐六毫五絲此係民賃官基租稅銀兩向充府縣修城支用于康熙十五年奉文爲合計天下之財用等事案內奉裁充餉

歲徵匠班銀數

額載匠戶二百三十四名每名徵銀四錢五分該銀一百五兩三錢每兩解費銀二分該銀二兩一錢六釐

按本縣匠役明初共四百二十五名景泰五年例分作四年每年一班每班正役一季成化二年例令班匠有願出工價免役者每月徵銀九錢嘉靖十六年本府備照冊每名納銀一兩八錢遇閏加銀六錢遂爲定制後徵輸年久各匠子孫逃故無追州縣或着里甲賠補故徐志云匠班銀兩原因匠戶而設今則徵于里甲蓋匠戶版籍已成烏有若就工而論現習儘可成編據此則康熙時匠班銀未攤入田畝也自雍正七年後始將匠班銀數編爲雜辦派入地丁錢糧內徵收

歲徵田房稅契銀數

額徵田房稅契銀六百兩

田房稅契銀兩自明時迄
國初從無定額每逢推收編審之年查核民間買賣過戶投納稅契儘收儘解康熙十四年分別州縣大小徵解充餉迺有定額徐志因其現在言之後奉行未久賠補山深乃復改爲儘收儘解不拘定額云

歲徵蘆課銀數

額載舊熟蘆高低極低田山地蕩塘灘漊溝上中下灘共三萬五千七百五十六畝二分九釐四毫九絲二忽二微四纖

高田一畝八分五絲每畝科銀六分八釐八毫

低田三千三百一十二畝二分五釐四毫三絲六忽每畝科銀六分

極低田山地一千四百五十五畝五分六釐九毫六絲每畝科銀四分

山地一十二畝六分三釐三毫二絲每畝科銀三分五釐二毫

蕩塘灘漊溝一千二百六十五畝八分七釐三毫一絲三忽每畝科銀二分

上灘六千三百六十四畝五分三釐五毫五絲四忽三微每畝科銀三分

中灘二千七百五畝六分六毫每畝科銀二分五釐

下灘二萬六百三十八畝二釐二毫五絲八忽九微四纖每畝科銀二分

實徵蘆課銀九百五十四兩一錢八分七毫三絲九忽三微一纖八沙

查蘆課銀兩原係魏苝徐義莊田畝另徵起解工部蘆政分司衙門于順治五六年間并田變賣民戶執業改解藩司與民間所執濱湖蘆灘無涉也迨奉文爲請丈蘆洲等事一案始將東西兩湖各蘆灘併丈入冊

申報統徵課銀仍解 工部康熙初年復解 藩司至康熙十九年撫道劉鼎親臨丈勘莊田內轉熟平田一萬七百二十二畝三分八毫七絲八忽二微 題准歸漕入地丁科徵外實存前數另徵蘆課理合註明

雍正元年漲陞下灘三萬六千三百三十八畝二分三釐三毫每畝科銀二分

蘆灘轉則極低田二千三百十一畝三分五釐每畝加科課銀二分

共增課銀七百七十二兩九錢九分一釐零

通共各則蘆洲七萬二千九十四畝五分二釐六毫

通共連舊額課銀一千七百二十七兩一錢七分二釐零

鹽課附

額銷兩浙運司行鹽三萬八千三百七十引

增修宜興縣舊志卷之三

田賦志 積貯

積貯之法莫善于常平倉社倉賤糴貴糶穀價以平乘時出貸民免凶饑二法行而荒政舉歛散得其人則有備無患矣

常平倉宋以前無考自宋時始建元初改附無錫州至正辛巳仍移本州明洪武初邑令謝德清修建之改名常豐倉迄康熙初改東倉爲常平倉又有濟農倉以貯備賑米穀其所貯之石數無考

社倉宋紹熙五年高商老宰宜興子善計開寶諸鄉建倉十有一貯米二千五百餘斛擇邑人之賢者承議郎趙善石周休承直郎周世德以下二百餘人以典司之而朱子爲之記迨元明迄

國初米穀石數未詳徐志載宋時建而宋以後闕如豈米穀出貸民弗能償其倉遂廢耶則信乎有治人無治法朱子所論誠不虛耳

增修宜興縣舊志卷之三
田賦志 蠲賑
蠲租賜復兩漢以降見于歷代史書盍尠而凶荒賑恤
亦訖無善策明季預征倍征民重困矣我
國家亟熙累洽
惠政頻頒偶遇偏災必勤加撫恤宜興一邑上溯順治以
來
恩詔之布可悉數焉謹志之俾編戶之甿咸知沐浴
膏澤如此深耳
順治二年平定江南奉

旨蠲免本年稅糧十分之七兵餉十分之四其明季無藝
之徵盡永除之
順治八年大水斗米三錢八分按院秦 題請蠲賑
通計各鄉災荒蠲及十分之四
順治十六年大水奉
旨蠲免十五年以前未完錢糧
順治十八年大旱蠲免被災田糧十分之三攤派通
縣免十分之一
康熙九年大水巡撫馬祐題請被災田地漕白米攤
徵仍蠲起運正折銀十分之三

康熙十年大旱巡撫馬祐題請蠲免被災田地起運
正折銀十分之三
康熙十一年大水巡撫馬祐題請蠲免被災田地起
運正折銀十分之三是年五月特奉
上諭憫江南水旱頻仍停徵九年分攤徵米折銀及九年
以前未完正銀
康熙十三年奉
上諭戶部江南蘇松常鎮淮揚六府連年災荒民生困苦
所有本年錢糧除漕白外其地丁正項錢糧特行蠲
免一半又蠲本色兵糧并恤孤口糧米一千零五十

餘石
康熙十八年大旱自春至秋並無滴雨湖水盡涸運
河幾至絶流禾苗枯槁至八月十二日始得微雨江
南巡撫慕天顏具題舊欠無徵謹請酌蠲分緩疏畧遞年
用兵征輸 臣屬錢糧解支大兵協餉省餉以及供應
軍工等項司庫所出京倉所入每歲本折不下七百
萬較之別省數倍焉夫此急公好義之民皆我
皇上愛養之赤子也乃因水旱洊臻閭閻之困日甚蘇松
常三屬坍荒故絶之缺額無可徵求以故民屯地丁
每年仍有餘欠今康熙十八年開徵伊始十七年
奏考現在核造完欠外其康熙十年十一年十二年
十四年每年考成年限未完銀米止有十二三萬不
等康熙十三年奉 恩蠲半未完銀米五萬有奇康
熙十五年則有未完銀米二十萬康熙十六年未完
銀米三十餘萬此數積欠以考成十分而論遠年者
欠不滿二三四釐近者欠亦止八九釐然民間艱苦

實有萬萬難完者。査臣前任江蘇布政司，康熙九年冬抵任之初，清察元年至八年錢糧，每年奏銷民欠五六十萬不等，而那混缺額又共二百餘萬。臣痛心疾首，謂江南財賦重地，如此抗逋侵那，章罔何顛首革耗蠹，次勸墾耕，夙弊漸除，欵目歸正。是以康熙十年以後考成，未完皆不及一分之數。而康熙十四年以迄於今，將存留項下錢糧裁扣增入奏銷，前此奏銷少此裁扣百餘萬而尚欠五六十萬，今頻加此數而僅欠二三十萬，轉相比並，則起運原額已完足而有餘矣。且此存留往日原聽本地支銷驛站俸工等不可缺，然而征于官後散于民，民間仍有金錢轉運也。或欠于民而詘于官，亦不計考成，民力猶得寬舒也。今則盡歸充餉，絲毫不緩，欠民安得不窮？今計筭呼于民者，十年至十八年，新舊錢糧九年並征，凡州縣比較，大率十日一限，舊欠一拘，比之里甲，即新徵赴限之糧戶也。假使每日輪比，一年則十日中此一日空閒，而九日應比矣。一鄉城躑躅接踵，匍匐公堂，將何日寧家力農乎？假使一日而比較數年，則先因某年之欠而敲朴之，復因某年之欠而枷責之，淋漓血肉，尚有完膚乎？民安得不困？況積欠之數非係版荒坍缺，即屬死絕逃亡，在有司以正額難虧，不得不責成于現在之里甲，本戶應輸尚難措据，何堪包賠累？馴至荒熟之民，并思逃避，于是牽連親族者有之，拋荒產者有之，究竟荒絕之積逋終無完補，而又加之以饑饉，民安得不重困？臣既不忍疾苦遺黎益致荒逃，又不敢以定限考成自爲寛假。惟是上年旱荒，流移載道，臣目擊心傷，于今年正二月間措捐賑恤，冀得拯拔稍起，不意各屬告饑之文踵至，哀憐之聲四徹。臣每一出，鳩鵠男婦攜老挈幼，環車號泣，而就食粥廠者日多一日。荷蒙

皇恩俞請動帑，

命臣等親行督賑。臣閱道府冊報饑民戶口，一邑多至十數萬，恐有胥濫，臣于是微服單騎，躬往村鎮部屋，惟見柴門盡掩，烟火寂然，偃仆之人餓不能起，乞食道路者皆尫羸露骨，奄奄欲斃，幾非人形，詢之而答不成語，祇聞嗚咽悲啼，臣不禁淚汗如雨也。臨倉散米之際，有人持斗粟力不勝者，有既得領賑坐而感泣者。臣反復宣布

皇仁，以去臣之隨行員役無不潸潸涕零矣。夫蘇松常鎮城市之間，外貌觀之，有摩轂擊，猶稱繁庶，是皆逐末之輩聚集謀生，致兒紛廢。其實輸賦小民，萬分凋瘵，農桑村落，一望蕭條。臣有封疆民社之責，使在下之痌瘝不以上聞，是以負斯民，實負我

皇上而欺天矣。臣伏念我

皇上軫念江南百姓，節次蠲免，非常優渥。今此連年積逋，倘可催徵取足，豈待數載之久而尚不完？或有法以搜求，臣又何憚而不督責？乃經征之官已數更，催科之術已窮，盡紙上虛名，委係有糧無田，有戶無人，里甲徒受鞭笞，毫無禆於公帑。臣敢請

皇上俯允所奏，將康熙十年、十一年、十二年民屯地丁并漕項未完銀米，槩賜蠲豁。此三年民欠不滿四十萬，在

朝廷不過蠲此無徵之虛數，而窮黎已得共邀免比之

恩宥，斯其利益有不可勝言者。至若康熙十三、十四、十五、十六等年分民屯地丁民欠錢糧，仍不能併征完足，益一年併徵則重累，民雖有些微上納，自揣難免刑杖，百計貧免，愈滋耗費，實爲無益。若分年帶征，則累輕，小民既無日日候比之苦，完一分即補正供一分，深爲有益。臣敢再請

皇上俯允所奏，將此四年民欠緩于康熙十九年起，分爲

四年帶徵，務祈全足。如再不完，催徵各官從重處分。民力寬而感激鼓舞，官力省而嚴厲清釐矣。疏

入奏

旨：江南財賦繁多，舊欠無徵錢糧如再行追比，恐累小民。其十年、十一年、十二年錢糧俱着蠲免，其十三、十四、十五、十六年錢糧俱着以十九年起分年帶追，以紓民力。着該督撫遵行曉諭，務令均沾實惠，以副朕愛養斯民至意。該部知道。

康熙十八年，巡撫慕天顏因江南異常旱災，行文所屬地方開報荒冊，各縣知縣遵行，備細攢造荒數，計算通縣田畝，除山蕩等項不成災外，荒及十分之七

據實造冊申報隨委督糧道劉鼎親行履畝踏勘覆
核無異巡撫慕天顏彙疏題蠲奉
旨九十分荒者免本年稅糧十分之四七八分荒者免十
分之三五六分荒者免十分之二續蒙巡撫慕天顏
念江南各郡籽粒無收正耗漕米難辦再疏懇請各
屬災田漕米緩至來年帶徵而于緩徵米內半徵漕
麥代米又因本省奇荒米無從辦特許告糴鄰封不
拘米色紅白兼收粳秈並納民間便之
宜邑自康熙十七年旱災延至十八年復大旱河流
盡涸百姓絕粒草根樹皮搜括殆盡死亡載道目擊

心傷隨蒙巡撫慕天顏具題動支正項錢糧廣行賑
濟專委督糧道劉王賑知府孟宗堯督同各縣僚屬
紳士分往各厰監督每縣城內外附郭及四鄉市鎮
各擇空曠之處設厰煮粥撫院慕與糧道劉扁舟減
從親臨粥厰布政司丁思孔親發庫銀照時價採買
發縣賑濟造冊呈院送 部題請開銷又奉撫院慕
捐貲採買藥料選擇良醫分散各縣鄉村沿門就病
施藥醫治
康熙十九年大水城市街衢盡成巨浸舟行城內各
鄉無分高下盡數淹沒廬舍漂流人民溺死無算二

麥登場悉皆浥爛巡撫慕天顏具題奉
旨蠲免被災田畝錢糧十分之三又緩徵災田漕米于二
十年帶徵
康熙二十年因宜邑版荒田地賠糧累民巡撫慕天
顏以坍荒賠累無追亟請
皇恩豁免疏畧臣惟地震之變
皇上躬行修省勑將應行應革事宜條奏臣愚最重者首在恤民而恤民
之窮若最急者莫若豁免江南坍荒田地錢糧一事臣查蘇松常坍荒田地向來屢經勘驗實有三千餘
項合算其本折錢糧亦不滿十萬而因此賠累反致欠多民情之隱苦實有不可勝言蓋坍者久成白水
無土可問荒者磽瘠不毛無法可耕公占則地入公家民已失業臣撫任三載正值軍需告急之時何敢

仰瀆宸嚴是以日切焦思而對此包賠之窮民赧顏無以自解
恭逢下詔求言之日臣再不言臣罪益深矣又念此坍荒錢糧
如果可徵賠臣又何敢即言奈何有糧無田有戶無人歷年地丁係折原無完納委係紙上虛數不豁亦
無完豁之可免累耳惟糧漕一項徒累里甲里甲因此包賠逃亡株連不知凡幾官役因此漕欠那移墊
買每致難清完猶不完也三吳賦重額繁保無頑梗拖欠然每歲考成計民間零星尾欠積累而有數萬
或災患不時民力困竭逋逃者又數萬總以四百餘萬之額徵而論亦不可謂之頑矣此有戶有田之欠
數仍可于年限續完惟坍荒所欠萬萬無從責賠臣前於備陳舊欠無徵等事一疏題蒙
特恩蠲停者即此坍荒在內也今查前勘坍荒數內如長洲田地新經丈清陞補無缺不議外其太倉常熟崑
山嘉定華亭婁縣上海青浦宜興九州縣確有坍荒未豁臣請
皇上大沛恩綸特准開豁容臣再加覆勘細數造冊報部從康熙十七年起扣免于民毋容纖毫捏冐此係

永遠甦困培萬年之樂利非比一時之蠲停將見
渙汗一頒民之歌舞雷動于三吳豈不可生致休祥哉
疏入奉　部議覆准行豁免本縣版荒田地折平共
一萬九千八百六十一畝八分零一應本折錢糧自
康熙十七年免編起
康熙二十年奉
恩詔赦免自康熙十三年起至十七年止除河漕二項錢
糧不赦外其餘地丁本折正雜錢糧盡數蠲免
康熙二十三年九月
聖駕南巡二十四日奉
恩詔蠲免本年漕糧三分之一又停徵漕項錢糧自康熙

十三年起至二十二年止挨年帶徵以免十年並徵
之苦
康熙二十八年正月初八日
聖駕南巡二十五日奉
上諭江南全省積欠約有二百二十餘萬除正項錢糧已
與直隸各省節次蠲免外再將江南全省積年民欠
一應地丁錢糧屯糧蘆課米麥豆雜項槩與蠲免
康熙三十年欽奉
上諭將各省起運漕糧按年分省通行蠲免一次
康熙三十三年奉

恩詔赦免舊欠帶徵錢糧
康熙三十八年三月十二日
聖駕南巡十三日欽奉
上諭江南舊欠帶徵錢糧除三十三年以前已經赦免外
其三十四五六年奏銷未完民欠一應地丁錢糧米
豆麥雜稅概行蠲豁
康熙四十六年秋被旱災不等田地奉
旨分別蠲免地丁銀米
康熙四十七年水災奉
旨蠲免地丁銀及漕項銀又南恤升新陞充餉等米

康熙五十二年
萬壽恩詔蠲免本年地丁銀
康熙五十三年秋被旱災不等平田奉
旨分別蠲免地丁銀米
康熙五十四年被水災不等平田奉
旨分別蠲免地丁銀米
康熙五十五年秋被旱災不等平田奉
旨分別蠲免地丁銀米
康熙六十年秋被旱災不等平田奉
旨分別蠲免地丁銀米

康熙六十一年秋被旱災不等平田奉
旨分別蠲免地丁銀米
雍正元年秋被旱災不等平田奉
旨分別蠲免地丁銀米

增修宜興縣舊志卷之四

學校志　學宮

宜興

先師廟舊稱大成殿明嘉靖九年改稱廟廟制大殿三楹中供
至聖先師孔子木主次爲復聖顏子宗聖曾子述聖子思子亞聖孟子分東西向稍後東爲閔子冉子雍端木子仲子卜子有子皆西向西爲冉子耕宰子冉子求言子顓孫子朱子皆東向廟旁東西夾室各一楹東廡八楹供先賢蘧子瑗等三十九人先儒公羊氏高等二十三人西廡八楹供先賢林子放等三十八人先儒穀梁氏赤等二十三人前爲廟門三楹舊所稱大成門門左右列二十四戟者也門左右各夾室二楹又東三楹爲將事官會集所又前爲櫺星門三又前爲泮池池有橋有闌有垣又前爲照牆東西下馬牌各一池東爲德配天地坊西爲道冠古今坊廟之後明倫堂爲楹五東西齋各六楹齋之南爲門二東曰聚奎西曰聯璧堂後爲尊經閣三楹閣東爲祭器庫三楹由廟門而東爲崇聖祠三楹中供
肇聖王
裕聖王

詒聖王

昌聖王

啓聖王五木主堂左右祀顏氏無繇孔氏鯉曾氏點孟孫氏激兩廡東祀周氏輔成程氏珦蔡氏元定西祀張氏廸朱氏松廟之西爲鄉賢祠祠西爲名宦祠祠東爲忠義祠祠前爲廳廳西爲孝悌祠皆三楹又崇聖祠之後北有褒勑丁祭公所爲楹二又北有土地祠三楹祠東一楹爲王公祠祀明教諭王夢周明倫堂之西爲教諭公署今分屬宜興東爲訓導公署今分屬荆溪今詳考歷朝移徙修建之顛末著於篇

宋景德四年始建學於縣治東南直史館陳越有修文宣王廟記佚 在通運橋西北其故址俗名學基頭

皇祐元年知縣事鄭民彝徙學於南興門外并州刺史張伯玉有徙建新學記佚

紹興十六年重修括蒼陳鎰有記佚

乾道八年重修知縣事孫固有記佚 按咸淳毘陵志碑碣門云重修學記乾道八年令孫固撰而秩官內逸其名

紹熙五年知縣事高商老重修

朱子記曰紹熙五年十二月宜興縣新修學成明年知縣事承議郎括蒼高君商老以書來請記而其學之師生廸功郎孫廷詢貢士邵機等數十人疏其事以來告曰吾邑之學久廢不治自今明府之來即有意焉而縣貧不能遽給其費乃稍葺其所甚敝亟補其所甚闕且籍閒田五千畝以豐其廪斥長橋僦金歲入七十餘萬以附益之爲置師弟子員課試如法而又日往遊焉躬爲講論開之以道德性命之旨博之以詩書禮樂之文使其知士之所以學蓋有卓然科舉文字之外者於是縣人學子知所鄉慕至于里居士大夫之賢者亦攜子弟來聽席下無不更相告語更相勉勵而自恨其聞之之晚也退而相與出捐金齎以佐其役合公私之力得

錢幾七百萬而學之內外煥然一新堂除門廡靡不嚴備象設禮器皆應圖法蓋高君之於是學非獨其經理興築之緒爲可書而其所以教者亦非今世之爲吏者所能及而邑之人材風俗實有賴焉幸夫子之悉書之以告來者於無窮則諸生之望也予頃得高君於會稽而知其賢今乃聞其政教之施于人者又有成效如此固已樂爲之書矣而况其邑之父兄子弟能率高君之教而有所興起皆知從事於古人爲己之學而不汲汲乎誇多鬭靡之習以追時好而取世資則又予之所深歎而尤樂取以告人者也乃爲悉記其語使後之君子

有考焉抑高君之於此邑嘗新其社稷之位而幷作風
雨雷師於其側以嚴祀事穿故瀆疏積水以防旱澇作
社倉儲美粟以備凶荒其所以事神治民者類能行其
所學而皆出於至誠惻怛之意是以言出而人信從之
蓋不待於論說之間然後以言教也嗚呼賢哉慶元元
年春三月庚申朝請郎提舉南京鴻慶宮新安朱熹記

嘉定九年知縣事羅仲舒作學宮東序堂

嘉定十年知縣事戴栩重修

葉適記略曰戴君栩卒宜興既補弟子員徙于學觀學
舍壯整者惟高君商老敬止堂羅令仲舒東序堂然亦

傾敧餘或闕或毀故其士陳夢印章悉夫買旁縣材棟
僝工作叠二年復修廟堂設大門門左右掖前崇門櫺
對立西序宗子小學凡職列之次故所無皆具然後俾
沈夢龍來言曰噫可記矣荆溪禹貢中江也渚洑澄澈
雲木縈帶君山最雄秀巖洞尤怪偉方周孝侯童騃肆
暴一旦感激發虎斬蛟從陸士衡兄弟學前死不卻顧
大節尙生存或疑非地力之勁挺不能也熙寧更用經
義于時開封禮部有二邵集英親策有余遥皆第一或
疑非地稟文華不能也夫發于勁挺孰若納于中和善
其文詞孰若厚其根本今夫邑之翹材穎質將進于道
必約以性無恣其情無撓其靈則偏氣不勝而中和全
矣浚深于學必測之古證之今上該千古旁括百家異
流殊方如出一貫則枝葉爲輕而本根重矣由是登高
卬可以奄胥俯長流可以觀逝則山川雖富同遊于覆
載之內義理至樂獨行于物欲之外矣豈非令長修學
之本意哉畚畫之溪猶浴沂也善卷之會亦舞雩也非
騷人墨士專而有也嘉定十三年十月乙丑記

淳祐六年重修宛陵吳潛有記佚

元初燬於兵

至元中重建其年分與修者姓名舊志失載

至正十六年復燬

明洪武初知縣謝德清始移置今地建殿堂門廡及稽古
崇文二齋

宣德十年圯知縣章維澄訓導羅鵠重建工未竟正統初
知縣蔣義成之

泰和王直記略曰宜興之建廟學久矣六七十年來未
有能修飭之者由是日入於敝宣德中縣令章維澄以
大成殿之將壓也乃謀新之材始搆而以事去正統初
上饒蔣侯義自桃源簿以賢舉來爲令始至謁先聖而
周覽學舍慨然發嘆思竭力圖之顧重於勞民即盡發

已貲以爲倡且召邑人許信等告語之復俾耆民徐宏
誼董蒞其役於是富者出財貧者出力乃市材命工完
殿之未備者塗塈而葢覆之兩廡兩齋戟門靈星門會
饌之堂諸生燕息之舍悉次第改作施以粉堊丹漆塑
聖賢像皆如制經始于宣德乙卯九月十六日以正統
戊午七月望日訖工侯既告成于廟而進諸生使學焉
教諭邱純諗於衆曰吾侯用意于學校至矣然其爲功
也實難宜刻石以告後人使維持之且使學於是者亦
勉勉以副侯意衆皆曰然遂因予友清河太守李侯信
圭求予記夫學校之教所以明道也其入道之方則必

以讀書爲務窮其旨趣發其蘊祛其惑知之至行之力
斯能有以成其才三代以來皆然也我朝列聖尤以教
學爲重於五經四書皆有纂述以發其蘊與慎擇俊秀
俾業于是而訓以良師且專置風憲官往督勵焉葢欲
明道以興治今蔣侯之爲是也凡來學者進而謁于廟
仰先聖之德容而知夫道之有統退而習于學誦經傳
之微言而明夫道之有常居則行于父子夫婦長幼朋
友之間出而用之君臣上下應事接物之際而無不盡
其宜然後爲道之成則無負朝廷教學與蔣侯新學之
意矣予故爲之記以勉夫學者且示後之人俾善繼之

一永勿壞
正統七年知縣鄒旦市甘指揮學旁地拓學基爲重門延
文林坊重刻朱子宜興學記
泰和蕭鎡記略曰宜興常之屬邑畿內地也學之建未
詳其所始歷歲滋久廟廡湮漫而故址湫隘不足以居
生徒前途狹陋不足以容車馬正統七年秋大尹樂安
鄒君旦來涖是邦釋菜之日顧瞻咨嗟慨然有擴而新
之之意而未得其便是冬節鎮指揮甘雨調桂林以學
旁空地四畝售之富室君聞之曰此于學爲切近不可
棄即以已貲百金贖之於是址得拓而路得以廣乃卜

良日選材徵工首飭孔子廟明倫堂次修兩廡既又
斵石爲柱起靈星門又作東西齋而庖牲之廚祭器之
庫會饌之所游息之舍以序完繕之爲屋凡若干間丹
漆黝堊煥乎一新生徒講肄于是者悠然樂今之寬閒
而忘其昔之敝陋也至是君考績來京師求文爲記予
以爲今之學雖不皆古若然聖賢之典籍具在讀而講
之足以知天地事物之理古今治忽之情起居作止飲
食之節修身爲國家天下之要於以長夫禮義廉恥之
風而成其敦厚樸茂之德非徒竊科名徼利祿而已是
以朝廷惓惓焉以爲重而郡縣良守令知治體者必以

之爲先夫爲政而不知以學校爲先猶欲陟遠而徒行升高而去之階也今鄒君於宜興下車未幾汲汲焉閔夫學校之傚而其所成就既完且美如此使邑之士游息其中相與成德達財出而爲國家之用者繼繼不乏則君之功效豈小補哉君爲人敏而通惠而有制在官七年民安便之其所施設累累有可道者

危山跋朱子宜興學記略曰朱子記表高君之政教美士俗之信從可謂詳且切矣當時學舍建於舊茶場之基而記亦刻石於中元至正學毀於兵碑記隨泯後遷學於今地數世以來而未有能舉往事者景泰初縣令

樂安鄒君貳令番陽李君皆以文學莅政作興學校因詢故事取斯記重刻之樹於明倫堂俾縣人學子知考嗚呼朱子表高君之賢所以望後世之爲賢人者也美當時士俗所以望後世之爲士俗者也今諸君重刻斯記蓋欲復高君之政教思無負於朱子之望宜興人士于此寧可不思自勵以求無負於朱子耶

成化十年知縣孟瀛增建東西號樓

十六年知縣沈振修建兩廡戟門齋舍

宏治元年清戎御史王溫贖西南民地鑿泮池

十三年縣丞張朝用教諭楊清重修明倫堂

正德三年知縣孫燧重修戟門饌堂

八年知縣劉一中與邑人吳儼重修明倫堂

十三年知縣劉秉仁建學職衙門三所

十六年知縣韓儒重修殿廡齋舍

按儒修學事王升徐喈鳳志皆不載見於吳仕記

嘉靖二年知縣何棟建尊經閣三楹額曰奎文重修東西號樓

六年知縣丁謹市地別爲泮池甃石橋石闌

邑人吳仕記略曰嘉靖丁亥我丁侯謹以進士來莅吾邑體國保民日惟不遑暇則詣學宮召諸生於前數宣

聖天子崇儒右文之意耳提面命以諭之于道者無曠時日惟時泮池荒隘弗理雜潢潦其中侯視之以爲大弗稱古制乃更而北數步許甃整如式跨石梁其上繚以石闌池淵然澄澈異於常流池前有隙地購得之伐榛莽撤敗垣而銅官諸山縈青繚碧若揖而前舊有綽楔當門中曰科第乃與靈星門俱移而南左曰儲賢亦移而南丈許右曰狀元爲宋佘中立已圮補立之與儲賢對峙而衢路亨達行者爲之改觀諸生請其師掌教祁君鳳毛訓導任君鰲朱君鵬屬記於予予惟丁侯之鑿池也易汙而潔其除道也以隘爲廣反觀于心有能

滌之除之亦若池之淵然潔淸道路之谿然亨達者要在夫人之自爲耳是固我丁侯今日意也諸君子亦嘗因是而有感否乎茍徒騖志紛華而惟末流之是狥滯心偏曲不思大道之日灕豈惟不嘗我賢侯興作之意寧不重爲陂池道路之羞也哉

八年詔建敬一亭刻欽製敬一箴併欽諭及先儒視聽言動箴心箴于石

十年祀聖賢用木主撤塑像

二十年署縣事通判焦希程重修學宮知縣方逢時續修功克成

唐順之記曰先王因人情而施之教知夫人情所不樂則不可以從事于久不可以從事於久則不可以責其器之備而業之精也是故學校以教士而養之以禮樂以柔伏其速成躁進之心使其終日從事于俎豆筐篚象勺干籥盤辟綴兆之容與其弦匏搏拊笙磬雅頌歈擊歌詠之聲盤辟綴兆其文郁如歈擊詠歌其音鏗如是耳目之所悅血氣之所暢也天機與器數相觸而不自知是以能終身安焉而不慕乎外上之人九年而後視其成四十而後試之仕而士不自以爲滯也故其器之備也則自簡廉直温剛塞恭愿至於中和孝友皆能盡其微妙而無有粗疏傲戾之氣其業之精也則自虞夏商周之典章鞮譯象寄之語言至于射御操縵雜服之技凡可以爲家國天下之用者能貫而通之而無有乎鹵莽生澁之習蓋其磨揉之久而其勢不得不至乎此也今也禮壞而樂廢先生之所以爲教弟子之所以爲學者何也朝擊柝而聚之而課之晝夕擊柝而聚之而校之文口吻剽于蠹編之誦記而思慮倣于游詞之剽綴夫士者之爲此其不得已而應有司之求則可耳豈人情之所樂而況聲利之熖薰心炫目又雜然而日出以非可樂之習驅之以必可奪之誘則宜其有厭苦

學校之心惟恐其去之不速亦何怪乎業之不精而器之不備也蓋孔門諸子嘗言志矣點獨不願仕也浴沂舞雩鼓瑟詠歌以適其意而子夏亦云出見紛華盛麗而悅有鼓瑟詠歌浴沂風雩之樂則點也可以自足於洙泗之濱而無所慕有紛華盛麗蕩之于外則子夏不能自必于其中今也無禮樂以養之有聲利以驅之而欲使之終身安焉而不去豈非勢之難者歟宜興有學舊矣歲久不葺通判泌陽焦君希程來署縣事斥贖金之餘凡若干兩鳩工庀材以繕其事又立名宦鄉賢兩祠于靈星門之旁以祀宦于其縣與其鄉先生之賢者

而學之制于是爲備既訖工教諭張君某偉碑作訓導某君碑作陳君賢傳胡君灝率其學之弟子來請記嗚呼禮樂以養士古之道其不可復矣雖然無體之禮無聲之樂流乎宇宙而著乎人心不假器數而傳則古之道固未嘗不在也誦書綴文以應有司之求士生于今不可以已矣雖然其誦書也務于約而不汩于百家傳註之煩其綴文也盡乎已而不牽于時俗好醜之説則今之法固不能爲累也古之所謂可樂者未嘗不在而今之所謂非可樂者不能爲累則亦可以無用於速而去之矣宜興溪深而谷窈石峭而泉洌自古宦游之士多欲徙而家

焉蓋隱然有舞雩沂水之風而地僻以簡冠蓋文繡之所不衝大賈重裝之所不輳故其俗鮮見紛華盛麗之習然則有點也之樂而無子夏之誘宜莫如此地者噫諸君子其務求古人之所可樂以自足于其間以修其器與其業而無急急於務去其學也哉

按碑後紀年云嘉靖二十二年撰文二十四年立石以荆川文集校之於碑刻畧有不同今從集本

二十一年知縣方逢時奉文建啓聖祠祀叔梁公其祠在廟之東南隅

萬歷間知縣梁銓重建尊經閣

邑人曹三賜記曰聖人之道寄之者經尊經于學宮不使異說進於經也夫自有書契以來諸子百家各以意立言亦既奇且博矣然其言輒隨世朽卽弗朽學者亦弗信弗信弗尊也惟聖人作爲易詩書禮樂春秋以垂教萬世萬世而下罔敢或悖故尊之曰經夫經常也彼諸子百家豈必皆不尊然而不以進於經者尊經也象犀珠玉天下寶之而不以進于布帛之用熊膰豹胎天下嗜之而不以進于菽粟之用聖人之經天下之布帛菽粟也進之以楊墨則戰國進之以申韓則秦進之以黄老則漢進之以梵書禪語而宋齊梁陳前後覆轍比比相尋則信乎諸子百家之不可進於經而經之尊無

疑也雖然經聖人之道也亦吾人之心也心有陰陽故聖人有易心有性情故聖人有詩心有政事故聖人有書心有中和故聖人有禮樂心有是非故聖人有春秋聖人以人心之理發于經俾天下後世學者反之虛靈之中曰吾心本如是稽之載籍之迹曰聖人之經果如是夫然後信之奉之歷萬世如一日故尊吾心卽所以尊聖人之經也若乃竊尊經之名無尊經之實則窮探象數非所爲尊易也呻吟篇什非所爲尊詩也誦習謨訓非所爲尊書也玉帛鐘鼓筆削災異非所爲尊禮樂春秋也況乎易隱于九師詩亂于毛鄭書散於今古之

文而戴氏所記三家所傳寖失乎禮樂春秋之舊其不
假借附會而爲非者鮮矣尚安望其經之尊也哉自三
代而下藏經者有天祿石渠有四庫書目其表章校正
之功代或有之而往往教化不興士習不正則知尊經
而不知所以尊經耳譬之獵夫漁父亾其魚兎而徒負
罝罟以號于市曰此魚兎所在也乎竊爲是懼焉謹因
斯閣之成借言之以告同志者俾知尊經有道不在于
經而在于心沿流以得其源循末以求其本炯然見聖
人之道而諸子百家之異說不得進而參之則經之所
爲尊尊經之閣之所爲重也不然經之爲糟粕也久矣

又況斯閣也其不爲糟粕之蘧廬也夫吾邑學宮舊有
尊經閣圮壞且久迨梁侯至乃始鳩工聚材一鼎新之
時邑博朱君金君秦君造余徵言爲記予雅重梁侯且
廹于三君之請不得以不文辭也因爲申其說如此若
工費顚末則有司存不具載梁名銓仁和人朱名衍昆
山人金名垣晉江人秦名三麟常熟人

按王升梁銓傳註云萬歷十一年任在任止二年則修閣當是十二年事

萬歷十六年知縣陳遴瑋重修以東西號樓廢址各爲堂
三楹東偏別爲吏舍五楹

曹三晹記略曰昔眉山蘇文忠公節義文章彪炳百代
其地與陽羨相去越數千里嘗讀其乞居疏若有餘思
夫公亦奚擇而取諸此也說者謂其山深谷窈隱逸之
居爲宜地僻道迂奇珍之品不至故其士風敦厚民俗
務實猶有上古之遺意焉文忠公之所取其在斯乎是
則然矣而涵養陶鎔之機鼓舞化導之自抑教化固其
本而學校固其樞也宜興學宮歲久不葺稍稍圮壞至
學官公廨不蔽風雨巴蜀陳侯以省魁登進士第來令
愷悌子民尤優厚學校于是斥贖金之餘凡若干兩鳩
工庀材爲之修其圮壞更其頽敝而一新之迄幾月完
工門堂殿廡丹雘黼黻登而觀之如睹洙泗之宮牆其

學官居舍始令安其卽次以得益勵于訓課侯之爲吾
宜造福者固不一二此則執其樞而重其本所關乎風
化者尤大訓導陶君陳君樂觀其成感侯所以作興之
意率諸生王彝敘路雲藩徐啓鉞堵應科等謁予爲記
余維在宋紹熙初括蒼高君商老知縣事視學宮久廢
不治亟先修葺且躬自訓誨詔之以道德性命之蘊博
之以詩書禮樂之文俾知士之所習有出於文章科第
之外而一時之教化風俗賴焉晦菴朱文公深嘉而特
記之迄今以爲榮今陳侯嗣嶶高君而愧余不文無能
爲侯重然二君之請不可虛乃述其槩如此而且申告

諸生曰吾宜古稱厚今稍已漸趨于薄古稱實今稍已
漸趨于華余雖老矣願與諸君子盟恪守先民之矩妣
釰長者之風居其厚勿居其薄處其實勿處其華今之
陽羨猶古之陽羨也況去留都五百里而近所謂首善
之地將使所在風俗蒸蒸復古人皆曰自陽羨始豈不
盛歟不然往往先哲所稱說陽羨果爲銅峯能增而高
之玉潭能濬而清之陵谷諸勝蹟能反而古之耶作與
者司教化者之任厥所習俗非余與若輩士大夫相砥
礪操行於其間而誰諉也遂誌之石以志盛美云

二十三年知縣秦尙明重修

徐顯卿記略曰邑侯太康秦公尙明有聲蕭山調宜興
之明年廢墜畢舉治教大行時儒學歲久不葺值積潦
之後頹敝益甚汪學諭國瑞以爲言侯慨然曰吾事也
不以煩吾民乃取贏于官得學租二百六十餘金請于
督學御史豫章陳公子貞侯奉檄鳩工庀材自萬歷乙
未七月至次年三月告成事汪君等率諸生請記於予
余惟侯加意于學校至矣而諸生亦各加意于學以副
侯之盛心乎夫學校者人材之所自出所爲學校重者
人材也蘇長公蜀人也暫寓陽羨欲買田構亭志竟不
遂迄今邑人尙想其風采矧茲邑人顧弗克以天下名

教自任爲茲邑重者非夫也周孝侯非雍容俎豆而朝
夕絃誦之士也其遷善自新自不減顏子之不貳過仲
由之無宿諾乃自命曰儒人亦儒之其始側注靑衿俄
而進賢靑緋而不聞道者非夫也今自聖廟及堂廡齋
舍次第修飭丹漆黝堊輪奐一新士游息其中相與考
問德業追蹤往哲不專絺章刻句以獵世資而毅然紀
綱人倫扶植風化不爲一邑士而爲天下萬世士使學
校由人材重斯爲無忝茲學而亦豈非侯作新之至意
哉

三十四年知縣喻致知重修

邑人吳達可記略曰歲丙午余奉差南旋適江右義微
喻公來令邑事中州信子吳公掌教吾庠睹學宮傾圮
急命諸生具呈督學奉憲檄重新之越明年丁未告成
殿廡堂舍輪奐一新堂後增惜陰軒扁曰考德問業父
老僉謂二百年來所未見之盛美也

四十五年知縣劉永基捐俸金倡修署縣事通判萬明詔
竣其工

邑人史孟麟記略曰丁巳春山陰劉侯永基來令宜甫
下車輙以興教化爲急務見敗垣折棟愀焉興慨先捐
俸若干以始事未幾竟以內艱去而萬公明詔繼署宜

篆聳蠹剔獎興廢振頹時學博區公訓導陶公余公以
劉侯旨請公欣然經其貲費多方以贍之庀材鳩工役
以公旬董以公正始丁巳孟冬迄戊午季秋閲期月而
工就
國朝順治十三年知縣吳一鯤捐俸金倡修知縣劉方顯
踵成之
邑人蔣永修記略曰吾邑學宮自前朝嘉靖二十四年
重修而後圮毁幾百餘年郡侯崔公前任邑侯吳公新
任劉公捐俸修葺教諭于公亦起而慨捐朝董夕率載
葺載茨寢廟宏敞齋宮嚴閟軒墀廟廡肅穆清謐靈星

牆仭望之生敬而且講筵有位鼓篋有室指蹤灑掃滌
除雅潔彷彿如三古之遺風修於長安鄄寄郡友曰諸
君子何必僦舫烟川銜卮別墅卽此俎豆之間射圃之
側相與竹牕連夕風雨論心靡間晨夕亦儘足稱名教
中樂地矣
十七年教諭丁允齡復捐俸金倡修
康熙十五年教諭顧智訓導王在豐勸修二十二年工竣
蔣永修記略曰宜興廟學之建舊矣每修必有記宋自
朱子記之葉適記之明王直蕭鎡吳仕唐順之又記之
其言營建之制詳矣其論修己治人之法備矣康熙二

十二年夏廣文丹徒顧君暨溧水王君復悉力重修之
工成請記于予予何能益一辭哉顧吾宜之士氣向亦
少挫矣奏銷逋糧一案去籍者幾六七百人罷廢庠者
百數人而已今幸邀新令得廣額六年四試浸益至四
百餘人此正上子加意濯磨之時亦司教者可展布有
爲之時也雖然教有本有文立教之事有緩有急其本
不立雖日從事書策琴瑟之末而無當身心性情之爲
本立矣而文從之則砥其實爲孝子悌弟之人舉其華
卽公卿大夫之選苐以身教者從以言教者詔驅之於
禮門義路雖不肖者將畏而趨焉若久放軼于宮牆踰

越乎坊表自非賢者鮮不蕩而自廢故棟宇不恪俎豆
不肅顧子岌岌乎憂之蓋顧子之來也承宜庠敝載缺
官之後雖前廣文丁君允齡略爲草創久而復圮顧子
得募貲値歲祲以時値售民間之鬻産者舉六十年廢
墜之廟學煥然重新之費省而功倍其公署則顧子與
王子各捐己貲而成者不以煩公力焉予常與顧子王
子升其堂翼然履其門巍然瞻其楹桷榱棟燦然屹然
乃嘆曰非二子之力不及此則吾宜之人亦可識其所
以教而得其所以學矣教諭顧君名智字季貞丙子舉
人訓導王君名在豐字履盛明經襄事者則邑諸生蔣

子瑛潘子廷選碑無廷選名潘子起潘子元祺也其樂助紳
士姓氏例得備書於左
又邑人儲振記略曰振假省歸里摳謁聖宮見昔之頹
潦腐壞者煥然改觀訝其功捷而化神多士潘起蔣瑛
等曰乙卯歲某等蠲葺拮据卒瘏期年而聖殿甫有成
規丙辰冬毋徒顧師智來諭茲土毅然肩爲已任行躬
坐畫設方略勤勸募毋堊榱甓悉手指口授不遺餘力
司訓溧水王師在豊繼至同心勷相盡閱八歲乃告成
焉振於是昌言於衆曰諸生知

朝廷建學郡縣意乎忠孝節義根於天性而貫漸被於
聖王之教化禮義廉恥薫陶于教化而實培育于萃
州處之學宮使學宮不飭諸生俎豆弗親絃誦無地而
欲養廉恥生道義勢必不能今諸生鏃礪括甋爲碩儒
爲名臣
國家文明昌熾之氣必有厚鍾于陽羨一隅者兩廣文
與多士鼎新學宮之志亦藉是以不朽矣振不敏將珥
筆以紀其盛
三十五年邑人呈請按田捐錢重修教諭楊綠董其事併
重修啓聖祠
潘宗洛記略曰國家所首重者賢才而賢才之本在學
校吾宜自康熙十七年庠彦蔣君瑛暨余同祖兄起等
增加修葺迄今又二十載聖殿兩楹漸蠹啓聖祠更極
頽圮予以丁艱旋里心竊憂之爰集同志創首捐貲諏
日興事而工費浩繁所輸不給因具呈縣府計畝勸輸
不踰時雲集駢奏乃庀材鳩工棼橑棟桴牆壖甓甓一
整而新之築之期堅覆之期密非以飾觀欲其久而勿
壞也以三十五年經始至三十八年告成綢繆肇畫益
歷四載矣是役也紳士咸盡心力而董其事者實爲學
師吳居楊公公寧國宣城人秉鐸茲土十九年廉以持
身恕以接物專務德化而無刻期乎人事竣後予膺

簡命視學楚中聞楊公守制歸邑之紳士念楊公之績又
以予實昕夕其間願記其事以垂諸後予惟吾邑山水
之勝甲於東南二氿揚清九峯聳秀扶輿磅礴鬱爲人
文掇巍科取高第者無不於學宮是重而又時偭右文
人知向道三農之暇無不踴躍鼓舞以襄厥任雖曠日
久遠而鼛鼓弗勝詎退阻於修治之艱而怠緩從事也
哉後之人有鑒於此其亦預知所重矣
四十三年訓導朱士楨募布殿磚重新明倫堂
邑人任宏嘉記略曰邑必有學學必有堂堂之榜皆曰
明倫倫之不可不明也尚矣我

皇上崇儒重道文治日興
御製訓飭士子文頒布學宫俾列於庠序者束身修行納
於倫物則斯堂者教於斯學於斯所以免其進戒其不
率者亦於斯堂不綦重哉吾宜學宫歲久頹壞先是司
教宛陵楊君暨邑中紳士公議捐修至聖殿啓聖宫以
及東西兩廡頗稱完固而殿磚未布丹堊未施至今以
爲缺至明倫堂則未暇及也數年來棟梁榱桷荟甍級
磚無一完者而覆壓之勢成矣司敎朱君以歲貢秉鐸
來宜相顧以歎遂請諸邑侯蔣公公曰是吾之夙志而
未逮者也捐俸若干金以倡朱君遂慨然以爲己任捐

俸若干金於歲之三月鳩工庀材諸庠士一乃心力而
從事焉夫司教寒官也不惜長物加意圖之於是鄉先
生靡不翕然共襄厥事桷腐者改棟撓者易礎甃黝堊
堅實完美不兩月而告成其籌畫之慎拮据之勤無過
於是者非賢邑宰其誰倡之非賢典學其誰任之今者
堂成矣都人士子登斯堂者窮居達用吾秉吾倫修而
明之其無負
聖天子之造育亦將以斯堂觀化成也
五十三年知縣趙祁重修五十七年竣事
祁自記略曰宜之學未詳所始讀朱子序而高公商老

以傳明三百年間首事倡新則謝公德清傳後蔣公義
鄒公旦楊公清或葺其頹敗或增其式廓亦無不傳
國朝教諭丁君允齡外則傅顧君智王君在豐楊君綠
朱君士楨迄今又數十年風雨剝落飄零澌漫廟貌雖
存駸駸乎有鞠爲茂草之慮何以妥先聖之靈廣文明
之化卯甲午夏中丞潘公宗洛自楚歸同縉紳萬公廷
詔儲君雄文吳君端升合辭爲余言余唯唯而未有以
應也因詣學集紳士共謀僉謂捐租便不足則捐俸再
不足則勸輸以濟之請之當事遂鳩工庀材而經始焉
兩學施君麟瑞孟君維遂任勞董率節汰持籌綜理曲

盡先大殿次兩廡內尊經外櫺星泮池丹漆黝堊煥然
一新余濫竽五載雖不獲與博士弟子敦詩說禮日優
游於其中然以下車而工興以將去而告竣揆之初願
亦可以不憾也夫
雍正元年奉文改啓聖祠爲崇聖祠設
五王木主

增修宜興縣舊志卷之四

學校志 四祠

名宦祠在戟門西與鄉賢祠並明嘉靖二十八年知縣王鈴建

鈴自記曰邑有名宦祠所以旌民功勸吏理也常之宜興獨缺焉鈴嘗以吏事瞻顧學宮之旁嘆果利袁公之巍然獨廟于西也諸生旅進而僉言曰嘻君不聞吉水之袁澤州之丁乎二公嘗爲吾民樹長畫與其利而授之業除其患而遺之安者數世於茲矣民咸有尸祝之願而恨無從焉惟君圖之鈴乃集邑父老於庭而訊之

曰若之前令尹有能爲若韙與利除害至於今猶賴之者乎則不約而稱袁公丁公既而登陴度兩闕聞崩雷聲驚矚其下嘆其以累石扼衝波約亂流而吞吐之若有神力焉顧左右知築自袁公因公事將之溧陽衡風出西沈波浪駭目篙師震掉從者請從後袁河得安流以濟蓋袁公所疏也西鄙多圩田嘗從父老歷埂塍挑高原爲沃脊之土城如甃井問之則曰多丁公圩也國初湯總兵以權宜預借之策遺我民艱鈴嘗詢漕目而咨嗟之老吏進曰丁公嘗疏於上矣省其耗餘錙其逋負者戶有差矣不爾則積板之圩田其何以閉十六鄉之奔氓其誰與復乎鈴聞而領之比謁邑外紀於太師徐文靖公溥得廣濟橋記焉於侍郎尹公直得後袁河記焉於提學副使吳公仕得修學記及謝奏均田賦序焉噫文獻其足徵哉乃諏於僚士鳩工庀材度地於鄉賢祠之西隨其高廣而堂焉堂成率邑父老申告之曰昔漢果利公功遺吾民長橋其大概然於二公何加焉果利可廟而二公獨不可堂乎諸父老聞之津津喜諸生請合輿情移文焉其略曰前令袁公丁公敷功庇民不愧前烈應古爲民禦災捍患則祀之義鈴等何敢蔽賢太守東臺余公勉學義是舉也亟請于督學御史

象岡胡公植公之再涖宜興也嘗廉得二賢名至輒可之弗疑牒下民大悅鈴乃卜日設木主迎賓於堂陳牲薦幣爲文以酹之額曰名宦祠告成事焉時嘉靖己酉冬十一月九日也嗚呼今以往凡涖茲土升斯堂者有不聞二公而興起者乎或曰二公之政有不止於前所聞者其勵廉節崇敎化慎庶獄革吏弊要之咸有古純良之風斯更宜有考云袁公諱道字德純政成以侍御遷丁公諱謹字惟安居凡三載卒於官

鄉賢祠舊在縣西南二里名先賢祠宋寶慶三年知縣事趙與悊建

浦城真德秀記曰古者鄉先生沒而祭於社夫社者報本之事也鄉先生何功而祭於此耶蓋嘗深思社之爲羣祀首者以其産嘉穀育蒸民而鄉先生之重於鄉亦以其蹈道秉德而牖民於善也育之以保正命釐之以全正性其功一爾然聖門所論必不得已寧去食以存性而君臣父子或失其正雖有粟不得而食焉教導開明之功若是其重此所以祭於社百世無慚歟後世先賢有祠其人遠矣而言行風蹟凜凜具存鄉人子弟猶有所觀法則雖歷千百祀不可忘也陽羨自晉以來世有顯人若周孝侯遷善之勇死國之忠卓然爲百代標

表餘梁而唐文章事業亦或間見可觀迨至國朝則有若樂安蔣公儒術爲時所宗雖金陵猶推尊不敢後若古靈陳公則嘗守郡而卒葬於此東坡蘇公則買田築室而終於此二公之學行節守蓋皆一代偉人塋域所藏寢廟所寄雖非其鄉而謂之鄉人可也若道鄉鄒公則歸自嶺南一托宿於道流之館耳而邑之人至今曰吾鄉公也嗚呼民之秉彝好是懿德若是非耶然自晉迄今惟周侯實有廟享餘未聞尸而祝之者寶慶三年浚儀趙侯與悊來宰宜興以扶敎導人而咸稱其位又惟內翰汪公兵部侍郎王公簡惠文忠二周公亦近臣碩儒或家或寓皆用故事以祀九月望日安侑如禮侯於斯舉其欲邦人士君子相與奮發爲道德之歸乎周孝侯同桑梓有爲若是今昔豈殊吝心苟忘何過弗可改壯志一立何事弗可成雖然是非必襲其跡也昔吾先聖之敎自春秋賢大夫如史魚之直子産之惠槩以告羣弟子非一至其親切傳授則曰仁而已苟仁矣天下萬善莫不具於其中以之事君而直以之養民而惠何者非仁之功用耶學者齊能服膺洙泗之訓而以同雍所從事者爲指歸則前修之言行風蹟雖不規規求合吾見其無不合也祠在縣山川最勝處甫成而瑞木

叶符異材奮興此其兆也侯於此多美政今皆不書獨書其所以幸乎宜興之士者

明成化七年知府龍晉同知謝廷桂撤學旁梓潼祠改建邑人徐溥記曰宜興縣舊有鄉先賢祠宋西山真先生記之以爲在山川最勝處實縣治之西南二里也歲久祠廢獨其文存成化辛卯郡守江西龍侯晉二守山西謝侯廷桂按部茲邑惻然興歎以崇化導民作郡之事也昔賢無依祀典有缺甚非所以崇重先賢勸民爲善之意顧可以省財惜費之末節而不爲乎乃撤縣學旁梓潼祠而改作之蓋以文昌之祠非禮之正鄉賢祀社

在禮攸宜且權宜措置財不取民民不勞力輪奐一新上下胥悅謂宜有記以某鄉人爲宜記者夫諸先賢或以道德或以功業或以文章或吾邑之人或非吾邑之人而死于吾邑者或生死皆非吾邑而暫寓吾邑者其顛末備載前記茲不復贅某特以爲古者祀鄉先生于社非特爲觀美而已也亦非但爲崇祀典而已也蓋將以風勵後人焉耳是故爲吾邑之人而祀之則思曰吾邑之先人如此其賢吾獨非吾邑之人乎昔也可爲今也獨不可爲乎非吾邑之人死而祀之者則思曰彼非吾邑人也死於吾邑而祀之耳吾邑之人反不求所以祀之乎生死皆非吾邑但寓而祀之者則思曰彼非久于吾邑也但以賢而吾邑之人重之耳吾亦賢將不爲他邑所重乎是三者皆有勸焉昔者鄭立子洩之廟昔人以爲知禮予獨謂洩果當祀乎不當以厲而祀之也洩果不當祀乎不當因厲而祀之也其于崇善化民之意安在哉若龍謝二侯舉所當舉而知所本故樂爲之記

嘉靖二十年署縣事通判焦希程移建今地易名鄉賢祠

天啓七年知縣駱天閑重修

邑人蔣允儀記曰邑有祠以祀鄉之賢者固與學宮並興者也顧歲久而圮適當時詘不能與學宮並葺頹毀日甚今年夏秋間多霖雨遂致棟折榱崩獨神櫥僅存若有呵護之者邑大夫駱公謀所以新之而諸賢之後亦各有所捐助自鳩工至落成不兩月蓋吳生自懋指畫督促之力居多焉制視舊加崇三尺許深倍之增庭砌一週闢門南面而入規模既敞扃鑰亦嚴俾典守得人以時葺治無使爲風雨所蝕庶幾君子之澤常新是所望於後之人耳

忠義祠舊在學宮牆外雍正初奉文建

孝弟祠舊與忠義同祠二祠碑記見新志

增修宜興縣舊志卷之四

學校志 禮樂器

歲春秋仲月上丁日致祭先師廟牛一羊一豕一帛一祝版一酒尊三爵三登一鉶二簠二簋二籩八豆八禮三獻每獻奏樂祭四配有四壇各羊一豕一帛一爵三鉶二簠一簋一籩六豆六祭東西哲二壇各豕一帛一獻爵一坐爵六簠一簋一籩四豆四東西廡各豕一帛一酒尊一獻爵一兩廡各六壇每壇簠一簋一籩四豆四坐爵東六十有二西六十有一祭崇聖祠有五壇各羊一豕一帛一爵三鉶二簠一簋一籩八豆八酒尊共一祝版一東西配各

豕一帛一獻爵一坐爵二簠一簋一籩四豆四東西廡各豕一帛一獻爵一坐爵東三西二籩四豆四是日附祭名宦鄉賢忠義孝弟諸祠皆羊一豕一帛一祝版一爵三簠一簋一籩四豆四惟鄉賢祠廣爲三壇各簠一簋一籩四豆四其祭器明宏治元年清戎御史王温始置并爲殿廡置銅爐

國朝順治十七年教諭丁允齡增置籩豆

增修宜興縣舊志卷之四

學校志 臥碑

順治十二年二月禮部

題奉

欽依刊立臥碑曉示生員

朝廷建立學校選取生員免其丁糧厚以廩膳設學院學道學官以教之各衙門以禮相待全要養成賢才以供

朝廷之用諸生皆當上報

國恩下立人品所有教條開列於後

一生員之家父母賢智者子當受教父母愚魯或有非

爲者子既讀書明理使父母不陷於危亡

一生員立志當爲忠臣清官書史所載忠清事蹟務須互相講究凡利國愛民之事更宜留心

一生員居心忠厚正直讀書方有實用出仕必作良吏若心術邪刻讀書必無成就爲官必取禍患行害人之事往往自殺其身當宜思省

一生員不可干求官長交結勢要希圖進身若果心善德全上天知之必加其福

一生員當愛身忍性凡有司官衙門不可輕入即有切已之事止許家人代告不許干與詞訟他人亦不許牽

連生員作証
一為學當尊敬先生講說皆須誠心受聽如有未明從容再問無妄行辨難為師者亦當盡心敎訓勿致怠惰
一軍民一切利病不許生員上書陳言如有一言建白以違制論黜革治罪
一生員不許糾黨多人立盟結社把持官府武斷鄉曲所作之文不許妄行刊刻違者聽提調官治罪

增修宜興縣舊志卷之四

學校志學額

歲貢兩年貢一人
拔貢每六年貢一人
廩膳生員定額二十名 膳銀每名六兩 學租銀每名一兩七錢
增廣生員定額二十名
附學生員明萬歷間或六十名或七十名無定數以屢發大魁崇禎間增至九十六名 國朝順治初年八十名五年四十九名十八年科歲併考減至十五名康熙初年科歲仍分考定額五名二十年改定十五名後又改定二十五名 撥府學者不在內

武生歲科併考定額十五名
附學生員廣額數康熙六十一年廣額七名餘見新志

增修宜興縣舊志卷之四

學校志 學田

明嘉靖十一年攝縣事推官曾見以罰金鬻民田六十畝爲學田坐落清東義埭圩計九號

邑人吳仕記曰吾聞天下之物具乎人之一身而人之一身之微足繫乎天下之物之衆夫物於我乎繫者則亦於我乎資焉理之常也是故有我資於物者我蓋由之以生若養生送死之需是已有物資於我者物非我無以生若仰事俯育之累是已我資乎物而物不足以濟我之用則我爲之窮物資於我而我不足以應人之求則物爲之困然欲足夫人己之欲而免夫困乏之患者夫人皆難之而士爲甚蓋心無並用藝不可以兩能故古之貨殖之徒未聞以道德名而豪傑之士往往困於不得其所資以與亦其勢然耳今天下之士賴我國家之制以教而資之者亦既隆且備矣然民用無涯制則有限以有限應無涯吾未見其濟者況夫餼廪之所未逮恩意之所遺焉者尤多乎異端之教行乎中國琳宮梵宇遍天下膏田腴土連阡陌而莫之禁而吾儒之徒獨無所資以學焉謂非盛時之缺典亦豈有司之責矣乃嘉靖壬戌春餘姚曾侯以郡憲來攝吾邑搜奸剔

蠹百廢爲舉間視學宮督諸生以學而又捐告贖金以兩計者六十買田以畝計者亦如之歲將取租入以資夫諸生之貧不自贍者蓋亦古之恒産之遺意而亦我國家之所欲爲而未逮者於是諸生咸德之懼其事之久而或湮也乃相率以告於教諭祁君索予爲之記予惟侯之設田以惠士者以養之於學也非徒使之自有餘而已而士之自爲田也盍知所從事以報稱矣乎是在吾之察之而已何者其在心也有體焉體也者以言乎其具也而或習氣勝之乎若蕭稂之我侵也吾從而察之而去之以規乎其全其在性也有分焉分也者以言乎其受也而或知見鑿之乎若螟螣之我傷也吾從而察之而弭之以反乎其始其感而爲情則謂之端端也者以言乎其著也而或壅於所未推也吾從而察之以兼覆於無外其措而爲事也則謂之功功也者以言乎其成也而或畫於所未至也吾從而察之而至之以馴致於無疆夫如是而後士之業爲益廣矣夫如是而後侯之施爲有光侯也爲昔人所未有以益士士也卽吾身所自有以報侯其施其受兩得之矣苟惟假是田以爲有利其田之入以自肥而於吾之所自有者顧漫焉而不之省豈惟虚侯之施抑亦滋士之恥也哉侯諱

見起家進士爲常州推官其攝吾邑也途歌里咏政化若神茲固其首施而波及者亭書之以朂多士因以告後之嗣侯者庶幾體侯之意於不替持之以有終云祁君諱鳳毛四川人敎有成績可書盍亦贊侯之美者也書之

嘉靖三十三年巡按御史周如斗入大理寺左寺副任鄉助學田一千九百七十三畝八分六釐至隆慶六年任鄉姪克恭告收回九百七十三畝止存一千畝八分六釐計坐落二處一在從善鄉一在金泉鄉

嘉靖三十六年知縣董鯤入贖貴田三十二畝坐落開寶

鄉又入史際田十六畝一分七釐坐落山亭鄉徐志兩項田共八十二畝一分七釐又入蔣文瑞田六十五畝五分九釐坐落萬二區滆湖鄉

溧陽史際記曰勸學育才政治之首務而爲國求賢之君子恒必以是爲急焉宋以前法制未詳設官未備我朝創制立法媲美三代庠皆備官而又拔其英以廩之然限於制額蓄才之邑有志於上進而困於貲給者未免累及俯仰宜興東南文獻之望邑也庠多美才而貧者過半先是郡憲餘姚石峯管公視篆茲邑以贖金購田歸於邑庠而資其貧者其留心育才不爲小補管公去任已踰二紀士夫至今稱之嘉靖癸丑海寧少濱董公奉命來知邑事適値倭寇猖獗之時撫民訓兵興廢舉墜日不暇給乃尤留心於育才暇輒詣庠較諸生藝剖析精微厚給楮筆膏䊧以奬拔之圖維經久之計復捐俸贖購官民田蕩共八十二畝一分六釐以拓管公之業計其入以資貧士視昔之所給充然有餘而所及者廣矣庠生張誠立吳騤路其直李釆芮宏蔣校吳應賢施學禮王德元吳驌吳集吳槃吳杲吳夢周吳蔓熊等徵言以紀其事而垂諸遠余謂公之嘉惠諸生者非欲以私恩稱美於人也其屬望諸生蓋有大於所資焉

者英傑之士能體公之盛心懋修德業藏器待時遇而用世上輸忠於聖明下惠濟於窮困不幸而不遇不失爲賢者俾邑之子弟有所矜式以廣公之嘉惠於無窮是則公之所望誠有大於所資也千古而下有稽載籍而交頌其美者矣請勒諸石以俟之

隆慶三年掌縣事通判劉守謙入狄斯道助田六十畝二分基地五分瓦屋五間坐落無考徐志止田五十九畝七分八釐五毫無基地瓦屋兩項

隆慶六年知縣韓容入許樞助田二十七畝七分瓦屋十間坐落淸泉區又入吳湘田五畝四分三釐五毫坐落伍

賢鄉又入潘守約誤賣學田銀六十兩買田三十四畝三分五釐九毫三絲坐落伍賢鄉徐志無吳湘潘守約兩項萬歷五年知縣丁懋建以遞年積獘多端牒委訓導陸振履畝逐一丈量釐正立冊歸縣徵收立石學内時共丈量實在田地蕩塘屋基一千三百一十五畝九釐三毫每年應實入租米一千五十六石三斗四升八合夏麥一石五斗九升六合其各佃戸額定每石輸銀四錢

邑人蔣瑞卿記曰宜之學有田曷始自嘉靖壬辰攝縣事郡佐餘姚石峯管公贖金購田始繼而邑侯海寧少濱董公復增益之漸擴而至於今者也學有廪矣而又

設之田者何廪拘於額制也田則收其歲之所入儲而餼其士之貧者數不限也私也夫如是則其來舊矣而釐正者何田散隸鄉落舊有佃戸業之圖保總之者民會計而斂散之法久而獘緣習爲奸幾於牢固而不可窮詰肥瘠變更則業佚之編戸新舊逋負則業漏之私家兼之乾沒於其中者又比比焉士之不得蒙實惠也蓋數十年於茲莫可誰何前任學師淳安石泉汪先生嘗憤之欲一釐正莫有任事者遂賫志以去歲萬歷丙子永嘉觀濵陳先生錢塘養吾陸先生莆田近洲彭先生來典教事相顧謂曰田不釐正雖多無益也乃請之邑侯丁先生丁侯浙之餘姚人素稔斯獘遂檄陸先生而責成之乃廉士之幹直有聲者徐生大本邵生文孫與之偕履田畝而覈之必慎必恪其隂據爲己業者奪而還之雖豪猾弗貸也相地肥瘠以定其租較民賦更從寛減俾官民兩獲所利也乃又著之冊繪之圖昭然若指諸掌計其田一千三百一十五畝有奇每歲計其租之值官給印照令佃自行輸納而革去耆民仍申督學命永遵守昔之所謂佚者逋負者乾沒者數十年牢固而不可窮詰之獘一旦剗然釐正焉士始得蒙實惠而先生之功大矣諸士子欣然奉丁侯之命俾予爲之

記記成士有鍾子門言曰田則釐正矣然昔盱之學今盱之縣是學無田也將若之何余曰不然學校之事患有司不加之意耳今加之意矣則由請之必以豫給散之必以時縣任其勞學享其成也他又奚患耶乃余竊有說焉余從諸生中與駿奔執籩豆之事今禮器十不能存其三典籍經史諸書百不能有其一且也學舍之頹落官廨之欹剞幾於不可收拾學有田千餘畝而其制疎陋若茲夫乃非歟縣大夫更加之意收其田之所入以其半餼其士之貧而羨而存者什猶二三也申之督學使者時而葺焉則宮牆廟宇之制詩書俎豆之輝

不有彬彬可觀者邪三先生亦未可默默已也余有感因記學田而輒附此并具其數於石之左

坐落凡八處一在清東區三十七都一在從善鄉四十四都一在金泉區五十二都一在開寶區五都一在山亭鄉五十九都一在滆湖二十一都一在伍賢鄉三十都一在清泉區六十三都俱照碑刻

萬歷三十六年教諭吳登仕捐俸置祭田三十五畝勒石學門其田坐落東陽山外又申請置田八畝六分八釐以給轎傘夫

吳登仕記曰夫典莫重於祭神禹明德猶致孝乎鬼神

故粢盛豐潔犧牲碩腯豈以備物昭其敬也況吾夫子道冠今古德配天地非他羣神之比春秋二祭僅僅仰答其靈貺而不腆不潔褻孰甚焉余以萬歷乙巳季冬月望銜恩命署宜興教事次年春仲得承大祭目擊庶品京薄所餘神賜膰幾不及於士大夫與祭者惻焉傷之意圖增益議請之有司懼嫌涉瓜李且條編有額難乎其爲有司議集之諸生懼事同築舍且豐歉不常難乎其爲諸生躊躇者久迨歲戊申彙得新進贄儀并俸金共捐百兩置田三十五畝坐落邑東陽山後每歲冬租三十五石夏麥三石五斗以供二祭之不及庶垂永久是役也贊其始者杭生承榖徐生天錫卜生元贊襄其成者周生啓元孫生美其祖課逋負周孫二生承任有原劵在其侵隱乾沒則有通學之公議在間之二十年前儀物倍今十七何其隆乎而今顧若斯之菲而衰也憫其衰僅復十之一力不逮也倘推尊吾夫子而慨焉動全復之思以俟後之君子

邑人蔣應震記略曰朝廷尊崇孔子獨邁前代屢詔頒釋奠儀增祭物釐正祀典成憲具在罔敢不欽迄江陵柄政專尚操切海內有司望風承旨僉務節省甚至裁及文廟祭品當時譚者無不掩口而苟簡相承卒亦無

議復者吾宜學祭聞之往昔儀物倍今十七而今菲褻殊甚非所以肅明禋昭靈貺也萬歷乙巳冬大梁吳先生來署教事次年春目擊庶羞涼薄頒胙不敷惻然於中亟圖增益而無其策歲戊申乃捐俸金百金置田三十五畝以所入供春秋二祭之不及嗟嗟學官視學猶傳舍耳視祭猶故事耳捐貲置産豈人情所樂爲者先生此舉仰體朝廷尊崇至意克襄祀典歲歲春秋永有攸賴顧不休歟先生魁梧倜儻剛態毅腸與人絕不作婞婀狀待諸生不問勢家子弟有過輒面斥之諸生靡不敬憚監有惜陰軒題曰考德問業他如謝貧生之贄

愼賓筵之選剛方正直之行咸足端士習樹師模誠艮
敎職之選乎
萬歷四十一年巡撫徐民式巡按房壯麗撥發滸墅督稅
郡丞許某羨金二百五十兩檄縣增置學田又陞任知縣
喻致知曾捐俸五十餘兩又署縣通判陳奉璋捐俸四十
餘兩共得銀三百五十兩七分買田一百二十八畝四分
三釐三毫一坐落開下區一坐落萬一區一坐落山亭區
邑人史孟麟記略曰宜故有學田今增置者何則巡撫
徐公直指房公大造宜人士而設也二公按部四郡甫
下車輒問民間疾苦釐剔奬蠧又以培養人才振作士
習爲已任値蘇郡丞許君督稅滸墅裁靡約已常貢外
得羨六千有奇悉輸公帑二公喜曰散廉吏之金資養
士之祿是不可以成吾志乎遂移檄諸郡縣派置學田
歲入租以供月課賑貧生吾宜坐派銀二百五十兩檄
至署縣事郡倅陳公尤注意作興曲爲擘畫以奉行美
意擇買民田履畝較勘價不滿者三之一不欲以損公
儲先是江右喻公令宜時常出橐中貲五十餘金欲增
置義田因大潦不果乃金故在遂上其事於兩臺報可
復捐俸金四十餘兩以足之助成事云
湯伯閎助田四十畝二分四釐坐落呂山

知縣駱疑創駱天閑 入陳元祈助田九畝
知縣李入許文徵助田二畝六分六釐六毫已上三項其
入田年月無考
國朝康熙三十六年貢生蔣庠復助田四十八畝坐落師
古圩舍項上
五十六年貢生黃進章助田十一畝九分一毫坐落山亭
區艮字號　掌縣事通判于入陸羽助田二十二畝三分
七釐六毫坐落從二區優字號

增修宜興縣舊志卷之四

學校志書院

崇儒書院在宜興縣治東（即今三賢祠詳見壇廟）

明道書院在城東隅周孝侯墓側明萬歷間太僕史孟麟講學之所後邑令喻公致知倡建以爲士紳講習地巡撫周公孔敎題曰明道書院一時名賢學士雲集與東林相輝映至魏璫擅國時乃毀後史夏隆憫先業之廢追敘其事而爲之記

記曰明道書院先君子繼東林書院而手創者先君子同高忠憲勤事顧端文修復東林講會因朝夕之便別

建書院於宜城城東隅有晉周孝侯墓墓左隙地可建書院先君子輸稅築基焉時郡伯劉公邑侯喻公襄其事而宜邑始有書院講堂三楹顏宏整顏曰敬學堂後有樓樓祀三先生門東向額題明道書院左右立兩碑一鄒忠介公撰文一則先君子自記講期定於朔望有不遠千里而赴者如鄒南臯劉念臺諸先生近則顧唐高姜錢諸君子暇則集及門士談經課藝道遠者給其資斧俾卒業周相國時年少尤朝夕侍焉癸亥十月先君子棄世邑侯饒黃山率通邑紳士祔主列祀隆生也晩甫就塾卽隨班聽講天啓初魏璫擅國詔毀天下書院助大工周相國讀禮家居出橐貲收其屋地未幾相國大拜爲乃祖少康公請專祠卽其地興工意蓋附孝侯也踣兩碑遷木主於別業書院之跡遂滅隨見他郡邑稍稍復書院相國不自安擬別基再造未果行而殞隆痛先志之久淪念遺踪之難復圖其堂閣門垣之制記其題額碑篆之文列講林之姓氏詳其事之多賢輯成編以俟來哲披覽者能無興廢之感乎

東坡書院在邑東南蜀山麓舊有東坡祠卽公所欲買田築室處歲久廢爲僧居明宏治間沈侍郎暉復之又助地三十餘畝肖公像祀之額曰東坡書院聚邑之士紳講誦焉李東陽爲之記今其記不存

增修宜興縣舊志卷之四

學校志 社學 創於明初猶古塾師之意亦教化之一端今雖廢不可不留其名

明洪武八年命諸縣立社學宜邑社學在城西南隅成化間縣丞臧禮徐麟重建林智爲記

記曰聖天子卽位三年詔郡縣立社學擇師範以教其子弟復勅董學憲臣考校責取成效恩至渥也維時侍御臨海陳公遐以學行絕倫用廷臣薦上賜璽書特命總理南畿學政公旣受命夙夜殫慮端軌範嚴條約抑浮靡戒奔競所至拳拳焉以崇正學廸正道爲先適詔令有司營剏社學四年秋柳州李忠知宜興縣於縣治

西南隅得民間隙地四畝有興作間以老告歸繼而縣丞臧禮徐麟協力經理作正堂三間於南齋房六間於東西高深廣狹咸稱其宜五年夏知縣楊祥始涖治復作前屋三間夾室四間外樹大門揭以華扁內砌堦除加以粉飾乃置几案什物鳩庶民之幼沖使執業而居焉簡士林之博雅俾課其徒而息焉給其膳羞蠲其繇役教者讀者各有位置游焉息焉悉有常居經始於戊子歲冬落成於己丑歲夏越明年陳公考校至邑詢其創造之因以爲屋雖官覆地由民儌出於權宜殊非久計乃令臧丞捐貲以市其地立劵以歸於官葢欲世爲講肄之所復命刻石以垂諸後竊聞古昔盛時上自王宮國都下及閭巷莫不有學是以人人士行比屋可封治隆俗美降自漢唐學制非一洪惟國朝法古興文崇儒宏化不惟建學於郡邑民間里社亦各有學培根達支端有賴於斯焉遠近承風靡敢或後然而求益之童來游於是當敦行乎孝弟謹信服習夫灑埽應對進退之節典夫詩書六藝之文收其放心養其德性由是入於大學進修德業而致夫明德新民之功實於此乎基斯學之設豈細故哉後之長民者時葺而屢省之俾勿壞斯可矣按社學至宏治間令王鎭重建廳堂五間東

西房各三間門道一座設教讀二人生徒選市民俊幼者充之洎萬歷之季虛名備數多以市井屠沽子弟充厠其間惟圖苟免差役然至月吉讀法時尚有童子歌六條詩章比年來竟爲絕響學舍竟成瓦礫僅存二間徒供胥役之居而已姑書之以俟後之復古者 徐志

增修宜興縣舊志卷之四

學校志

鄉飲 禮有五曰吉凶軍賓嘉鄉飲酒賓禮也一以尊齒一以尚德使通邑之人皆知尊齒尚德而風俗歸厚焉

鄉飲酒禮行之三代尚矣明洪武初頒定此禮每歲以正月望十月朔行之於儒學明倫堂必請邑之耆碩衆所推重者爲賓次爲介凡拜至拜見拜送以致潔致敬致尊讓猶有先王之遺風

國朝因之甚盛典也比年視爲具文曠歲不舉或越期乃行典浸微矣良有司尚其念之

鄉約 講約於鄉與講學於庠序書院事相夾輔此崇教勵俗良法因附于學校後

古者鄉社讀法所以廣學校明倫之意也明洪武初倣古三物意頒六諭以約天下之鄉化行俗美厥有明驗我

世祖章皇帝頒行申飭四方奉行已久但週年視爲具文良有司於政務之暇令民舉行亦挽頹風臻上理之一助也

增修宜興縣舊志卷之五

歷代職官考

宜興在漢爲陽羨有令有丞有尉有簿縣改爲邑則有長晉改義興郡則有太守有都尉有長史有督郵主簿所屬陽羨國山臨津義鄉永世平陵皆隋改郡爲縣則有令有丞尉簿等官唐改南興州則有刺史有別駕有長史有司馬有録事參軍所屬義興陽羨臨津皆改州爲縣後有令有丞有簿有尉宋爲宜興縣有知縣事有丞有簿有尉有主學有學録有監市務酒稅監張渚鎮監湖洑鎮有香蘭寨分界寨巡檢其知縣事初以京朝官或試銜幕職爲之

元豐後始用選人元改宜興州則有達魯花赤有知州有同知二州判二有都目有儒學教授有大學訓導小學訓導有蒙古字學教授有茶園正副提領明仍爲宜興縣則有知縣有縣丞有管糧縣丞宣德成化正德間嘗置治農縣丞皆旋省宣德六年又增撫民縣丞後亦省有主簿有典史有儒學教諭有訓導二有巡檢四有陰陽學訓術有醫學訓科兼領惠民藥局有僧會有道會有稅課局大使有張渚批驗茶引所大使有守禦正副千戶有鎮撫有百戶崇禎間復設欽依守備

國初宜興縣有知縣有縣丞有主簿康熙間省有典史有

恐檢四有教諭有訓導有守備有千總有把總自漢以來舊志所載多闕訛咸淳毘陵志又不載宜興守令今稽之史籍於康熙二十五年以前視徐峕鳳舊志所缺者悉補之分爲守令僚屬學秩武秩四目庶覽者有所徵信云

職官志 守令

漢陽羨長傳者二人

袁玘 會稽人　孫權 富春人策定諸郡時權年十五以爲陽羨長

晉陽羨令一人

賀循 會稽山陰人舉秀才

東晉義興太守傳者十有四人

孔侃 元帝時人　蔡謨 元帝時陳留考城人

劉超 明帝時琅邪臨沂人　顧衆 明帝時吳郡吳人

荀羨 穆帝時潁川臨潁人　褚爽 孝武時河南陽翟人

謝泉 孝武時陳國陽夏人　桓元 孝武時譙國龍亢人

魏隱 安帝時人隱傳作鄧今從帝紀　周亢 淮南人

臧謐 廣陵人　劉赤松 東萊掖人

王靜之 琅邪臨沂人　施斌 安吉人

東晉縣令傳者四人

何尙之 安帝時臨津令廬江灊人　伏滔 孝武時永世令平昌安邱人

薛翼 孝武時永世令　羊元保 安帝時永世令泰山南城人

宋義興太守傳者二十有三人

江夷 武帝時濟陽考城人　王準之 少帝時人

向劭 文帝時河內山陽人　王球 琅邪臨沂人

羊欣 泰山南城人　張茂度 本名裕吳郡吳人

傅隆 北地靈州人　劉損 沛郡蕭人

劉楨 闕　顧琛 吳郡吳人

王琨 琅邪臨沂人　臧質 東莞莒人

王僧達 琅邪臨沂人以上俱文帝時任　到元度 孝武時人

垣閬 孝武時略陽桓道人　劉延熙 孝武時人

庾蓁 明帝時人　王蘊 明帝時琅邪臨沂人

王儉 蒼梧王時琅邪臨沂人　謝超宗 順帝時陳郡陽夏人

王鎣 順帝時琅邪臨沂人　庾深之 新野人

何攸之 廬江灊人

宋縣令傳者三人

劉秀之 文帝時陽羨令東莞莒人　司馬敬琳 文帝時國山令

巢遼 明帝時綏安令

按舊志列江秉爲永世令在少帝時考宋地里志其時永世已歸丹陽唐鶴徵府志載之疑誤

齊義興太守傳者九人縣令傳者一人

王績 高帝時琅邪臨沂人　王秀之 武帝時琅邪臨沂人

謝朏 陳郡陽夏人
褚蓁 河南陽翟人
張充 吳郡人以上俱武帝時任
賈秕 長樂人
王騫 瑯邪臨沂人
王晃 瑯邪臨沂人
劉瑱 彭城安上里人以上俱太守
孔道 高帝時陽羨令會稽人

梁義興太守傳者六人監義興郡者二人

任昉 樂安博昌人
陸杲 吳郡吳人
褚翔 河南陽翟人
柳明 河東解人以上俱武帝時任
韋載 元帝時京兆杜陵人
陳擬 敬帝時吳興長城人
杜稜 監義興郡吳郡錢塘人
韋鼎 敬帝時監義興郡京兆杜陵人

梁縣令傳者二人

劉潜 武帝時陽羨令彭城安上里人
劉杳 武帝時臨津令平原郡平原人

陳義興太守傳者五人

胡頴 吳興東遷人
蕭濟 東海蘭陵人以上俱文帝時任
沈欽 吳興武康人
毛喜 榮陽陽武人以上俱宣帝時任
許允宗 後主時人

唐義興令傳者十有一人佚其名者五人

李銘 元宗時人
邱 代宗時人
陳從諫 憲宗時人
徐延休 昭宣帝時會稽人進士
鄭機 鄭州滎澤人
裴知久
鄭
崔 將仕郎
陸士倫
李
崔

按鄭機裴知久見於唐書宰相世系表臨津鄭明府見杜審言集將仕郎守義興令崔見曾仙碧石刻陸士倫見李嘉祐詩李明府見皇甫冉詩崔明府見張祜詩故悉依舊志次之

南唐義興令五人

楊廷式 洧原人
李處裕
趙宣輔
歐陽度 宋建隆元年任
劉勳 著作佐郎建隆四年任

按度見於雲麓漫抄所載善權寺碑勳則有自作平西將軍贊其時李景雖奉宋正朔而官則仍自授故次於此

宋知宜興縣事百二十有七人

太宗時二人

孔揆 大理寺評事雍熙二年任
李正基 試秘書省校書郎端拱二年任

真宗時十有二人

張顏 團練推官試秘書省校書郎咸平二年任
陳龜從 大理寺寺丞咸平三年任
孟穆 景德元年任
李若谷 徐州豐人進士大理丞景德二年任
令狐餘慶 大理評事大中祥符元年任
徐汸 大理寺丞大中祥符三年任
崔仲卿 太常寺博士大中祥符六年任
李昭迥 大理寺評事大中祥符七年任
高紿 太子中舍天禧元年任
胡楷 試秘書省校書郎天禧五年正月任
馮直亮 衛尉中丞天禧五年七月任
陳湘 太子中舍乾興元年任

仁宗時十有九人

辛有孚大理寺寺丞天聖元年任　邵谷右贊善大夫天聖二年四月任

李周民大理寺寺丞天聖二年十二月任　賈昌朝真定獲鹿人殿中丞天聖五年任

周陵太子中舍天聖六年任　盛山甫將作監丞天聖八年任

陳淨殿中丞明道元年任　解察大理寺寺丞嘉祐二年任

王罕成都華陽人太子中舍寶元元年任　孫奕大理寺寺丞康定元年任

劉永太子中舍慶歷三年任　邊明秘書丞慶歷五年任

鄭民彝太常寺太祝慶歷十年任　尹文煥太子中舍皇祐元年任

燕雍國子博士皇祐三年任　李從簡國子博士至和元年任

司馬旦陝州夏縣人太子中舍嘉祐二年任　趙文昌比部員外郎嘉祐四年任

吳申殿中丞嘉祐七年任

英宗時二人

王應辰太子中舍治平二年任　樓閱婺州人秘書丞治平三年任

神宗時八人

李杞大理寺寺丞熙寧二年任　路授職方員外郎熙寧四年任

王子韶太常寺寺丞熙寧六年四月任　李佑賢太子中舍熙寧六年九月任

陳厚夫殿中丞熙寧八年任　夏亶光祿寺寺丞元豐元年任

褚理奉議郎元豐四年任　李去盈宣德郎元豐六年任

哲宗時五人

李權奉議郎元祐元年任　周明之奉議郎元祐四年任

賀璋左奉議郎元祐七年任　王梁材宣義郎紹聖二年任

田覺宣德郎元符二年任

徽宗時八人

王昌彥奉議郎建中靖國元年任　葉世隆朝奉郎崇寧三年任

陳傑奉議郎　王師伏承議郎大觀三年任

劉彥祖宣德郎政和二年任　徐孝廣承事郎政和七年任

張銳宣議郎宣和二年任　徐大均通直郎宣和六年任

欽宗時一人

趙子璘承議郎靖康元年任

高宗時十有七人

呂斌奉議郎建炎二年任　趙子沃奉議郎建炎三年任

盧湛鄞縣人建炎中任　黃積厚朝奉郎紹興元年任

王葆崑山人左從事郎紹興二年任　趙不搖左承議郎紹興五年任

趙公白左朝奉郎紹興八年任　閻邱崇孫右奉議郎紹興十一年任

張壽祺右通直郎紹興十四年任　鄭知剛左奉議郎紹興十七年任

榮蘗左朝散郎紹興二十年任　甯沖右通直郎紹興二十二年任

施佑右通直郎紹興二十四年任　陳起右通直郎紹興二十六年任

曾逮右通直郎紹興二十九年八月任　曾愷右承務郎紹興二十九年十一月任

姜詔右承議郎紹興三十二年任

按咸淳毘陵志碑碣門云岳忠武生祠記建炎二年令錢諶撰唐鶴徵本朱昱舊志遂於職官表增諶名

据宋史淳熙六年始謚武穆何以五十年前生祠已書謚法此必有誤故從缺

孝宗時十有五人

錢從之右通直郎乾道元年任　王際右通直郎乾道二年任

劉揚庭左宣教郎乾道四年任　詹儀之左朝奉郎乾道六年任

吳千乘右通直郎乾道八年任　黃開宣教郎淳熙元年任

姚耆寅宣教郎淳熙二年任　蘇沂宣教郎淳熙三年任

趙達夫宣教郎淳熙四年二月任　王燾宣教郎淳熙四年十月任

左昌時鄱陽人宣教郎淳熙五年任　鮑文奉議郎淳熙八年任

周梓宣教郎淳熙十年任　周時文通直郎淳熙十三年任

俞亨宗從政郎淳熙十六年任

按咸淳毘陵志碑碣門云重修學記乾道八年令孫固撰而所載秩官內是年則吳千乘唐鶴徵本朱昱舊志增入又訛爲孫回此不可考姑從闕

光宗時一人

高商老處州人承議郎紹熙元年任

寧宗時十有四人

徐栻宣義郎慶元元年任　張澤奉議郎慶元四年任

陳祖永宣教郎嘉泰元年任　韓耀卿朝散郎嘉泰四年任

趙積謙通直郎開禧二年任　張大鼎宣教郎開禧三年任

秦鉅朝奉郎嘉定三年任　趙伯鯉奉議郎嘉定四年任

羅仲舒宣教郎嘉定六年任　林惟孝宣教郎嘉定九年任

戴栴永嘉人進士承事郎嘉定十一年任　任桌嘉定十四年任

陳見德嘉定十五年任　洪倜鄱陽人嘉定末攝任

理宗時二十人

趙與悊浚儀人寶慶二年任　謝奕修天台人紹定三年任

朱詵紹定六年任　汪塇端平元年任

計朋龜嘉熙元年任　施滂嘉熙二年任

趙時楙嘉熙三年任　王鎔宣教郎嘉熙四年任

趙與京淳祐三年四月任　虞姚淳祐三年十二月任

吳巳之淳祐四年任　趙時籽宣教郎淳祐五年任

徐該子　周夢發

李煒　葉從龍

桂錫孫宣教郎寶祐二年任　林應發

林讖　葉悊佐景定間任

度宗時二人附不著代者一人

趙汝稸咸淳初任　范金迪功郎咸淳三年任

趙彥俠宗室寓任宜興不著代

元宜興州知州三人

辛思仁英宗泰定間任　張復順帝至正間任

卜原善益都人至元末任

明宜興縣知縣八十有二人

洪武時四人

卜原善元知州元年任　謝德清明州人三年任

趙惟一陳留人賢良方正十一年任　周賓奉新人

永樂時二人

劉深南和人監生元年任　楊宣蒼梧人進士十二年任

宣德時四人

范載昌豐城人監生元年任　臧性鄞縣人進士

章惟澄永嘉人舉人五年任　蔣義上饒人人材十年任

正統時一人

鄒旦樂安人七年任

景泰時一人

宗顯鄞縣人三年任

天順時一人

李忠鄧州人六年任

成化時八人攝任者一

楊祥永平人進士五年任　謝庭桂常州府同知五年攝任

何鑑浙江新昌人進士十六年任　孟瀛博野人進士十年任

沈振山陰人進士十三年任　袁道吉水人進士十九年任

陳昱玉山人舉人二十年任　謝文獻華容人舉人二十三年任

宏治時四人

陳策武昌人一云武陵進士元年任　朱輔公安人進士七年任

張偉內江人進士九年任　王鋑晉江人進士十四年任

正德時五人

孫燧韓城人舉人二年任　劉一中蒲州人進士十六年任

鍾卿密泰和人進士九年任　劉秉仁大邑人進士十二年任

韓儒平鄉人進士十五年任

嘉靖時二十一人攝任者三

何棟長安人進士元年任　趙繼勳汝陽人進士三年任

丁謹澤州人進士六年任　管見常州府推官十一年攝任

彭簪常州府通判十一年攝任　谷蘭一作繼宗歷城人進士十一年任

林東海莆田人進士十四年任　趙國良同州人進士十六年任

李明餘干人舉人十七年任　杜朝聘東阿人進士十八年任

馮惟訥臨朐人進士十九年任　焦希程泌陽人常州通判二十一年攝任

方逢時嘉魚人進士二十一年任　王鈴黃巖人進士二十一年任

李郁安居人進士二十九年任　董鯤海寧人進士三十二年任

杜謙裕州人進士三十五年任　鄧球祁陽人進士三十九年任

郁言山陰人進士四十年任　李江順天人進士四十三年任

黃茂武昌人進士四十五年任

隆慶時三人攝任者一

徐應聘黃岡人進士二年任　劉守謙安福人常州通判三年攝任

韓容青城人進士六年任

萬歷時十六人攝任者一

丁懋建餘姚人進士三年任　宋國相濱州人進士七年任

胡旦餘姚人進士八年任　黄道贍晉江人進士九年任

梁銓仁和人進士十一年任　陳遴瑋富順人進士十四年任

傅慶貽南安人進士十八年任　李問春上高人進士二十年任

秦尚明太康人進士二十二年任　王以寧會稽人進士二十七年任

喻致和南昌人進士三十三年任　陳翼飛平和人進士三十八年任

朱瀛遠餘姚人進士四十一年任　劉永基山陰人進士四十五年任

萬明詔常州府通判四十六年攝任　蔣英嘉善人進士四十七年任

天啓時三人

蔡璿福建人進士元年任　饒京蘄州籍進賢人進士四年任

駱天閑泉州人進士十七年任

崇禎時九人攝任者一

李獻廷洛陽人進士元年任　童兆登慈谿人進士三年任

石確黄梅人進士六年任　蔡如葵常州府同知十年攝任

李覺先鎮遠人進士十年任　吳翔鳳大興人進士十二年任

宋東璧山西安邑人進士十四年任　葉承光湖口人進士十六年任

熊興麟永定人進士十七年任

國朝未分縣以前宜興縣知縣四十四人

順治朝十二人攝任者一

熊訥敬淸江人恩貢二年任　王勸諸城人進士四年任

張得用遼陽人貢生六年任　劉國進遼東人貢生七年任

張世則安邑人舉人九年任　王元士臨潼人進士十年任

吳一鯤陝西榆林人拔貢十三年任　劉芳顯京山人副榜十四年任

謝九錫魚臺人貢生十五年任　王震亨稷山人進士十六年任

謝良琦常州府通判十七年攝任　徐日藻臨川人舉人十八年任

康熙朝三十有二人攝任者十

李元華南昌人舉人二年任　蒲薦馨南部人舉人二年任

熊坊高安人常州通判七年攝任　高標滿洲人進士七年任

童雯仁和人舉人九年任　史宗堯淸苑人生員十年任

劉啓和江陵人進士十四年任　張含瑾蒲州人進士十八年任

姚景崇奉天人監生十九年任　胡巴鑲白旗人蔭生二十二年任

蔡司霑龍溪人舉人二十三年任　李先榮奉天人貢生二十四年任

文超靈東莞人進士二十七年任　趙觀冀城人舉人三十一年任

何振宛平人常州通判三十三年攝任　張玥陽信人監生三十四年任

王禹鼎大興人江陰縣丞三十八年攝任　蔣尚緯全州人舉人三十八年任

王儒松江府通判四十四年攝任　胡鳳翬鑲白旗人監生四十五年任

耿起鳳句容縣丞四十九年攝任　陳智先騰越州人副榜四十九年任

周岢常州府通判五十年攝任　卞永昱常州府通判五十一年攝任

顧爾敏 昌化人貢生五十一年任　趙祁 孟縣人進士五十三年任

彭燿祖 漢軍正白旗人監生五十七年任　李世金 常州府同知十八年攝任

魏元琦 龍谿人舉人五十八年任　周中鋐 崇明縣縣丞六十年攝任

張汝愫 常州府知府六十一年攝任　鮑楹 餘杭人舉人六十一年任

雍正朝在未分縣以前者三人攝任者二

嚴接 金壇縣知縣二年攝任　王時瑞 仁和人進士二年任

赫勝額 鎮江府同知三年攝任

四年後新分兩邑載入後志

增修宜興縣舊志卷之五

職官志 僚屬

齊義興郡督郵主簿一人

吳逵之 郡人高帝建元中任

梁義興郡督郵主簿一人

蔣嗣宗 郡人

隋義興縣丞一人

鄭元恭 鄭州滎陽人

唐義興縣丞二人

盧揆 范陽涿人　李翔 奉義郎

義興縣主簿一人

王廣

義興縣尉八人

嚴挺之 華州華陰人進士制科中宗神龍元年任

袁德師 滄州東元人德宗貞元中任

房 佚其名　何玠 灊人

鄭鈇 鄭州滎陽人　張仲宗 韶州曲江人

元昱　權況 秦州略陽人

按臨津房少府見楊炯詩所謂臨津當亦指義興鈇仲宗並見宰相世系表玠見咸淳毗陵志仙釋門况咸淳志權德輿傳陳玉璂府志又載有鄭豐据世系表豐乃無錫尉疑玉璂誤列於義興故不載

宋宜興縣丞七人

黃彥會稽人神宗元豐間任

呂袞哲宗元祐間任

韓隆胄孝宗淳熙中任唐鶴徵徐喈鳳志皆作隆晋

趙師森光宗紹熙間任

劉璧寧宗嘉定間任

洪僩鄱陽人寧宗嘉定十六年任

沈次夋理宗寶慶間任徐喈鳳志作次郊

宋宜興縣主簿五人

吳闓哲宗元祐間任

朱倬閩縣人進士高宗紹興初任

陳晦吳興人光宗紹熙初任

趙汝漕寧宗嘉定間任

朱冠卿

按周必大於橘頌帖後引主簿朱冠卿續編宜興圖經所紀皆蘊文忠在宜興事或北宋末南渡初人也

宋宜興縣尉七人

阮洪仁宗嘉祐間任

李寬哲宗元祐中任

趙伯津孝宗淳熙元年任

謝遺規江陰人進士淳熙二年任

秦膺剛淳熙中任陳府志作應剛

賈子堅光宗紹熙初任

趙汝邁理宗寶慶初任

宋監宜興縣稅一人

趙不衰宗室高宗紹興初任

按不衰之名見於宋史善俊傳朱子爲作墓誌祇云公諱某而吳紱據朱子集補入徐喈鳳志乃以某字爲基字之訛殊悞

宋督宜興縣圍田租一人

孫子秀越州餘姚人進士理宗時任

明宜興縣丞百十有六人

宣德時三人

李鼎新五年任

鄧躍吉水人五年任

包用達桐廬人六年任

正統時五人

鄒倫萬載人六年任

和祥巴陵人六年任

李暅鄱陽人七年任

陸潤杭州人

竺籥上虞人十年任

天順時三人

廖桓

趙良蘆山人六年任

徐麟武安人八年任

成化時七人

戴禮四年任

相輔安邑人十一年任

張縉陽曲人十三年任

暢衡江陵人十五年任

林鳳舉十八年任

延尙十九年任

李正良眉州人二十一年任

宏治時十四人

宋欽餘姚人監生二年任

蘇繼先諸城人監生二年任

陳謨清江人四年任

陳輔臨漳人五年任

宋穆武强人七年任　高啟曹縣人八年任
司馬庠山陰人十年任　崔偉歷城人十年任
張朝用陽穀人監生十一年任　李恕潁川衛人監生十二年任
王贇深州人十五年任　薛麒鄆縣人十五年任
楊謙交河人十六年任　曾基固始人十八年任
按唐鶴徵陳王基府志俱以陳謨爲陳模陳輔爲陳浦司馬庠爲司馬祥薛麒爲薛騏似誤今從王升志

正德時十二人

孫承祖平定州人二年任　李繼祖衛輝府人二年任
劉暹大庾人五年任　安希賢無極人六年任
李廷珏盧谿人八年任　魏達豐潤人八年任

謝九臯章邱人九年任　南輔安邑人九年任
黃舉威海衛人監生十一年任　楊奇趙州人監生十三年任
張克明潞州人監生十四年任　魏玉公安人監生十五年任

嘉靖時二十八人

周賢元年任　張緯十年任
陳永十年任　向應奎十年任
呂體時十七年任　紀忠十七年任
馮光國慈谿人監生十八年任　陳由仁十八年任
王世相安邑人監生二十年任　梁橋二十年任
張宏濟河南人二十一年任　孫昂博野人選貢二十三年任

莫如幾安吉州人選貢二十三年任　楊迴武安人選貢二十三年任
莫繼武錢塘人二十五年任　陳愈歷城人監生二十七年任
閻釧隴州人選貢二十七年任　文炳綿竹人監生三十年任
馬清長子人貢生三十一年任　徐夢周武邑人監生三十三年任
李朝聘山東人貢生三十五年任　黃檄秀水人知印三十六年任
王學習安肅人舉人三十六年任　吳瑞龍新淦人監生三十八年任
陳顯道貢士三十八年任　林尚秀福清人吏員三十九年任
黃九臯建德人監生三十九年任　齊堯臣南宮人監生四十年任

隆慶時五人

李沂淮安人貢士元年任　李芬廣西人貢士二年任

唐恩東鄉人貢士五年任　賀國忠隰州人監生五年任
朱冠魚臺人監生六年任

萬歷時三十人

楊文盛安州人恩貢三年任　周尚志衡陽人貢士四年任
董學詩棠陰人貢士七年任　冦官紀應城人恩貢九年任
楊喬永福人貢士九年任　張廷松萬全衛人貢士十二年任
陳欽志興寧人貢士十三年任　王希孔柳州人貢士十五年任
宋訓平樂人選貢十六年任　黃沛邵武人選貢十六年任
陳耕武寧人監生十七年任　彭幹武城人選貢十七年任
張易高陵人選貢二十年任　魏士偉南昌人二十二年任

鄧選新寧人選貢二十三年任　郝敬京山人進士二十六年任

諸烝蘭谿人二十六年任　顧一言會稽人二十七年任

李天成南海人吏員二十八年任　周治岐忠州人選貢三十一年任

王薦宜章人選貢三十二年任　鍾達大宜南人貢生三十五年任

李正員縉雲人貢生三十七年任　會三樂蘄水人三十九年任

倪天祿上虞人四十一年任　王家棐金華人四十二年任

高廷聘孝豐人吏員四十五年任　童大奇施州人選貢四十五年任

張煥南鄭人吏員四十七年任　周用禎吉水人貢生四十八年任

天啟時二人

張士選莆田人吏員二年任　郭夢日延長人吏員六年任

崇禎時七人

傅奇山陰人吏員元年任　涂士元南昌人貢生四年任

唐昌祚桂林人貢生七年任　段一麟松潘衛人貢生十年任

賴喬揚義寧人貢生十三年任　覃楚大長揚人貢生十五年任

劉齊昆銅仁人監生十七年任

明宜興縣主簿五十四人

洪武時三人

許穆樂平人三年任　郭獻遷安人八年任

王復春十年任

正統時二人

崔冕襄城人　王耿新城人

天順時二人

蕭蕭同安人二年任　王能新城人八年任

按朱昱毘陵志有王能而無王耿王升因之唐鶴徵志謂王能天順八年任徐喈鳳因之正統十四年修袁府君廟危山作記有判簿新城王耿名各志錄山記而職官內乃不補耿名疑朱昱志偶誤耿爲能唐鶴徵又誤以正統末年係之天順末年也姑並存以俟考

成化時五人

呼昱吳堡人五年任　郝翥寧津人十一年任

顏綱寧晉人十五年任　李珣慶陽衛人二十一年任

朱悔陝西人二十一年任

宏治時四人

路鐸曹縣人元年任　伍倫德化人九年任

徐洪東陽人十二年任　孫定襄城人十八年任

正德時五人

郭士純絳州人三年任　李學滑縣人六年任

唐潔莒州人九年任　樊智溫縣人十年任

彭琛獻縣人十三年任

嘉靖時十人

李餘慶十年任　周昂北勝州人十四年任

苗秀吳橋人十七年任　朱邦俊博平人貢士二十四年任

王璟三原人監生二十七年任　張棹安平人貢士二十四年任
李逢春三十八年任　謝展天津衛人貢士三十九年任
江山鐵嶺衛人貢士四十六年任　周助四十五年任

隆慶時二人

姬業保山人貢士元年任徐志業作葉　邢平尉氏人監生四年任

萬曆時十二人

宋稌餘姚人監生二年任　林煒陽朔人恩貢五年任
何嗣亮龍川人恩貢七年任　黃禮南城人監生九年任
吳紳秀水人監生十二年任　周田獲鹿人貢生十八年任
國時道延慶人選貢二十二年任　周諒延津人二十八年任

金有光義烏人二十一年任　楊繼震龍溪人三十五年任
胡大德山陰人三十八年任　王日講會稽人貢生四十二年任

天啟時二人

岳成玉平定州人吏員元年任　陳仁淸化人吏員七年任

崇禎時六人

錢一泮上虞人吏員三年任　韓國良南豐人貢生六年任
黃堂福安人貢生七年任　楊紹芬吏員九年任
吳汝遷山陰人吏員十一年任　蔣汾翰義烏人吏員十六年任

附

周默名見田藝蘅詩不著代

明宜興縣典史五十二人

宣德時一人

劉九淵淸江人人材元年任

正統時一人

朱輝樂安人七年任

按朱昱王升志無朱輝任事年分以危山重修袁府君廟記考之其爲正統間無疑而唐鶴徵志乃改爲方輝又於天順六年增一朱輝註云樂城人徐喈鳳志因之明史地理志無樂城名鶴徵蓋誤分一人爲二也

天順時一人

蕭再暘龍溪人六年任

成化時五人

吳福南城人五年任　吳秀中部人十一年任
邢旺行唐人十六年任　郝經二十年任

梁瓚東莞人二十三年任

宏治時二人

李賢臨川人九年任　江同攸縣人十五年任

正德時五人

吳璧臨桂人舉人元年任　張玉新鄉人十五年任
劉祖善南海人五年任　楊朋遂州人九年任
周茂梁長樂人十三年任

嘉靖時九人

宏綱十六年任　項秀十八年任
何官四川人二十一年任　呂鳳上虞人二十五年任
姚漸磐河南人二十九年任　方華慈谿人三十二年任
曹雲山湖廣人三十五年任　王遠孝豐人三十八年任
劉璉冠縣人四十二年任

隆慶時二人

王儀新建人元年任　何其斌江山人五年任

萬歷時十五人

陳景山仁和人三年任　陶杏臨海人四年任
方橋山陰人八年任　楊文重鄞縣人十一年任

錢棕山陰人十四年任　馮瑚山陰人十八年任
田應龍靖安人二十二年任　陳夢周福清人吏員二十六年任
焦宗清閩縣人吏員二十八年任　林富材晉江人三十二年任
金良賢黃巖人吏員三十四年任　張謙會稽人吏員三十七年任
孔用國平陽人吏員三十九年任　侯服周營山人吏員四十四年任
張文桂湖廣人吏員四十七年任

天啟時三人

鄭豐福建人吏員二年任　陳子棠湖廣人吏員四年任
况逢春江西人吏員七年任

崇禎時八人

柴守康山西人吏員三年任　舒廷美浙江人吏員五年任
余開祿北直人吏員六年任　王燦生浙江人監生八年任
謝永禎浙江人吏員十年任　陳應明湖廣人吏員十三年任
廖含光雲南人吏員十五年任　沈時達嘉興人吏員十七年任

明宜興縣張渚司巡檢十二人

萬歷時十人

盧穗縉雲人十七年任　林一鵬邵武人二十年任
毛懋慈谿人二十三年任　陳漸南昌人二十八年任
甯登東醴泉人二十九年任　李發榮永寧人三十年任
曾希智蕭山人三十四年任　沈景文慈谿人三十八年任

龔彥義烏人知印四十年任　丁仕德清人吏員四十三年任

天啟時一人

丁應鸞豐城人四年任

崇禎時一人

姚舜功桐廬人十三年任

明開國初宜興縣批驗茶引所大使一人

項仲實吳元年任

國朝宜興縣縣丞

順治朝五人

許鼎鉉平湖人吏員二年任　朱大倫仁和人吏員四年任

施我瑾良鄉人貢生十年任　王用益都人吏員十二年任
龔璟錢塘人吏員十六年任
康熙朝七人
朱時化會稽人吏員元年任　岳維城鄒縣人貢生四年任
熊一湘江西人貢生十七年任　張列星山東人貢生二十二年任
陳五誥廣東人拔貢二十六年任　劉朝珍遼東人生員二十八年任
周繼祖大興人貢生五十一年任
國朝宜興縣主簿
順治朝五人
沈時達嘉興人吏員二年任　張可薦延長人生員八年任

高金紳臨安人貢生十年任　謝兆龍會稽人吏員十四年任
張鵬南天津衛人貢生十七年任
康熙朝五人
董家彥黃岡人吏員元年任　童欽美會稽人吏員七年任
李培麟三原籍通州人吏員十一年任　邱承吉浙江人吏員十四年任
王嘉錫蕭山人吏員二十一年任
按陳玉璂府志於王嘉錫名下註云已後奉裁
國朝宜興縣典史
順治朝五人
張之龍通州人吏員二年任　陶希召仁和人吏員四年任

杜儒宛平人吏員十三年任　張于慶華州人吏員十六年任迎錫禮張縣
尉傳作于慶　胡鉉山陰人吏員十八年任
康熙朝十二人
張雲翰山陰人吏員二年任　李國俊榆林衛人吏員八年任
史秉直華州人吏員十二年任　馬維驊錢塘人吏員十七年任
孫之范大興人吏員十九年任　朱涵燕山衛人吏員二十二年任
扈昌儒武陟人吏員三十二年任　賈成祥符人供事三十六年任
黃彥奇介休人吏員四十九年任　唐佐富平人吏員四十一年任
凌冲霄松滋人吏員五十五年任　王佐臣漢陽人吏員四十八年任
國朝宜興縣張渚司巡檢六人

順治朝一人
宋穀城大興人十四年任
康熙朝五人
任文燿宛平人元年任　丁夢球鄞縣人十二年任
齊祖望永年人二十二年任　王綸燕山衛人二十三年任
陸繼灝清苑人吏員五十七年任
按陳玉璂府志巡檢表康熙二十九年宜興有姜義祖山陽人不著何司或即張渚或爲湖㳇諸司
宜興縣湖㳇司巡檢
康熙朝四人
李邦枏永康人二十五年任　王臣青縣人二十九年任

周欽璋 寶坻人三十二年任　王士晉 順天人吏員五十八年任

宜興縣下邾司巡檢

康熙朝四人

張茂萱 昌平州人吏員二十四年任　張桂昇 大興人吏員三十三年任

王之琦 永城人吏員三十八年任　米基翰 順義人吏員五十三年任

宜興縣鍾溪司巡檢

康熙朝七人

浦嘉慶 秀水人吏員二十四年任　胡世信 永清人二十六年任

張進臣 龍門人吏員四十二年任　王國先 孝感人監生四十四年任

張之璽 寧夏衛人吏員四十九年任　郭惟都 太平人吏員五十一年任

王用楷 順義人吏員五十八年任

增修宜興縣舊志卷之五

職官志 學秩

宋宜興縣儒學學錄二人舊志缺今從徐志補入

孫廷詢 廸功郎光宗紹熙間任　周端朝 溫州人寧宗嘉定間任

元宜興州儒學教授三人

黄玭 世祖至元二十三年任　盧端智 州人至元二十八年任

包植 江陰人至元二十八年任

按袁袞送仇仁父分教溧陽兼寄張仲實詩末云西臺公子眸炯炯陽羨三年官舍冷憑君為我致相思行矣追尋嘯烟艇似仲實當時為宜興學官但仲實之名與其事皆無可確考故從闕

明宜興縣儒學教諭五十七人

洪武時一人

尹範 縣人明經

永樂時三人

陳璉　陳敏 縣人

林士敏 莆田人舉人

按朱昱毘陵志於璉敏皆不書年王升志以敏為本縣人永樂間任而次璉於後作陞璉唐鶴徵府志以璉敏士敏俱繫之永樂二十一年今無可考

宣德時一人

丁泰亨 新城人舉人

正統時二人

邱純 貢生元年任　蘇燮 石首人舉人三年任

景泰時一人

楊敬 泰和人貢生

天順時二人

邱厚 仁和人舉人元年任　林智 莆田人舉人八年任

成化時三人

蕭仰 泰和人貢生七年任　張尹 魯山人貢生十五年任

吳偉 閩縣人舉人二十三年任

宏治時四人

戴錫 鄞縣人舉人五年任　楊清 山陰人舉人六年任

方璽 通州人舉人十五年任　吳時俊 南海人舉人十八年任

正德時二人

劉愚 嘉祥人舉人九年任　林文聰 長樂人舉人十五年任

嘉靖時十五人

祁鳳毛 榮縣人舉人八年任　阮艮璽 晉江人貢生十四年任

樊問仁 河南人舉人十七年任　徐亘 閩縣人貢生十九年任

張偉 貴溪人舉人二十年任　王齊 洛陽人舉人二十三年任

劉自省 莆田人舉人二十六年任　曹栻 廣西人舉人二十八年任

蔣尚恩 全州人舉人三十三年任　鄧棟材 澧州人貢生三十五年任

卓光謨 長樂人貢生三十六年任　戈止 嘉興人貢生三十八年任

陳巽言 宜春人舉人四十一年任　姚東陽 潮陽人舉人四十五年任

林應騰 莆田人舉人四十五年任

隆慶時二人

張輅甫 太康人舉人二年任　汪一淳 淳安人貢生五年任

萬歷時十四人

陳鳴鳳 永嘉人貢生二年任　佘鍰 歙縣人貢生七年任

徐大佑 黃巖人貢生十年任　朱行 吳縣人舉人十一年任

金滌 龍游人貢生十六年任　倪莊猷 平湖人舉人十七年任

汪國瑞 黟縣人舉人二十年任　游之光 婺源人舉人二十四年任

王學益 金壇人貢生二十八年任　王夢周 太倉人舉人三十二年任

吳登仕 河南人舉人三十五年任　鄭繼學 長洲人舉人三十八年任

區慶雲 南海人舉人四十三年任　唐紹堯 武陵人舉人四十七年任

天啓時一人

馬禎義 新繁人舉人二年任 陳王堪府志作禎義

崇禎時六人

朱國輔 崑山人舉人元年任　楊瓊芳 句容人舉人七年任

包萬善 訓導十年陞任　熊濂 四川人舉人十年任

王明汲 金壇人舉人十三年任　陸汝孝 吳江人舉人十六年任

明宜興縣儒訓導凡十一人

洪武時一人

蔣宗儉縣人明經

宣德時三人

羅鵠豐城人舉人　楊逑崇德人舉人五年任

陳祥臨海人舉人五年任

按朱昱志鵠與祥皆不書年王升志以逑與祥爲五年任唐鶴徵府志則併鵠皆繫之五年無可確考

正統時三人

俞山桐鄉人舉人元年任　危山安慶人舉人九年任

林智莆田人舉人十三年任

按王升志謂俞山後官吏部侍郎見危志而桐鄉志無俞山爲少宰者俟考

成化時九人

姚彦章慈谿人貢生元年任　汪暘開化人貢生元年任

周泰崑山人貢生二年任　韓子寬富順人貢生二年任

高瑤閩縣人貢生十一年任　王綖山陰人貢生十二年任

李賢定州人貢生十五年任　宋佳奉化人舉人二十三年任

孫鑰鄞縣人舉人二十三年任

宏治時四人

周章象山人舉人六年任　徐清江山人舉人六年任

應綱永康人貢生十四年任　蕭芰漢陽人舉人十七年任

正德時五人

李儒武康人貢生元年任　丁鉉郎城人貢生四年任

黄麒南安人貢生八年任　劉廷憲黄陂人貢生十一年任

宋鴻開化人貢生十四年任

嘉靖時十六人

任鰲餘杭人貢生五年任　朱鵬衡陽人貢生六年任

楊熙臨海人貢生十一年任　李陽南海人貢生十四年任

陳賢傳高安人貢生十八年任　胡顒鄱陽人貢生二十年任

邢祜閬中人貢生二十三年任　范崐古田人貢生二十七年任

杜允恭易州人貢生二十八年任　王廷臣臨朐人貢生三十一年任

鄒葵新淦人貢生三十三年任　胡子器湯溪人貢生三十七年任

熊琮袁州衛人貢生三十八年任　姜徵嘉興人貢生三十八年任

張霞歸安人貢生四十二年任　王璋沂水人貢生四十四年任

隆慶時四人

黄儒新蔡人貢生元年任　張緯通渭人貢生二年任

魏璽宜城人貢生五年任　王璋沂水人貢生五年復任

萬歷時二十二人

陸震錢塘人貢生二年任　彭維芳莆田人貢生三年任

金垣晉江人貢生八年任　秦三麟常熟人貢生九年任

陶景時當塗人貢生十三年任　陳邦略定遠人貢生十四年任

陳汝瑒高安人貢生十八年任　趙重道吳江人貢生十八年任

戴承玉五河人貢生二十一年任　陶謨德陽人貢生二十四年任

朱漢臣 吳縣人貢生二十七年任　劉廷論 慈谿人貢生二十九年任

王詔 懷遠人貢生三十二年任　計思義 溧水人貢生三十四年任

李應鐘 休寧人貢生三十四年任　游承宗 婺源人貢生三十五年任

沈坊 六合人貢生三十九年任　曹森 泰興人貢生三十九年任

范樂善 常熟人貢生四十年任　毛文炤 長洲人貢生四十年任

陶鎔 太倉人貢生四十三年任　余純熙 婺源人貢生四十四年任

楊清 應山人貢生四十七年任

按唐鶴徵府志以計思義列江陰謂曹森爲江都人徐喈鳳改之不知何據今姑從之

天啓時四人

孫文沛 歙縣人貢生元年任　孫名吉 沛縣人貢生二年任

霍克儉 任縣人貢生六年任　劉謨 縣人貢生七年任

按徐喈鳳陳玉璂志皆謂謨縣人明史地理志無謨縣名不知是何縣之誤

崇禎時九人

薛二樓 定海人貢生二年任　金時舉 松江人貢生四年任

徐汝鎏 蘇州府人貢生五年任　包萬善 雲南人貢生八年任

陳文銓 常熟籍徽州人貢生十年任　陳繼鼎 丹徒人貢生十二年任

丁維貞 淮安人貢生十四年任　施匪躬 無錫人貢生十五年任

袁薀 河南人貢生十七年任

國朝宜興縣儒學教諭

順治朝四人

江九逵 江西人貢生二年任　陳自勵 石埭人舉人七年任

于越 金壇人貢生十一年任　丁允齡 如皋人貢生十七年任

康熙朝十八

劉之勃 南通州人舉人四年任　吳岳 吳江人舉人十年任

何景宣 宿松人貢生十三年任　顧智 丹徒人舉人十五年任

楊禄 宣城人舉人二十四年任　呂連順 嘉定籍無錫人貢生四十三年任

朱士楨 訓導四十五年攝任　王時憲 太倉州人舉人四十五年任

歸梁 嘉定人舉人四十八年任　施麟瑞 嘉定人舉人五十三年任

雍正朝一人

盧香 如皋人舉人元年任

宜興縣儒學訓導九人

順治朝三人

李寶樹 舒城人貢生三年任　張思齊 徐州人貢生十一年任

趙之鼎 徽州人貢生十四年任

康熙朝六人

王在豐 溧水人貢生十六年任　黄曉 六安州人貢生二十七年任

蔣凝錫 蘇州府人貢生三十五年任　宋維章 舒城人貢生三十七年任

朱士楨 泰州人歲貢四十年任　孟維邃 太湖人貢生五十年任

雍正朝一人

高乾生 潁上人貢生四年任

雍正四年後新分兩邑載入後志

增修宜興縣舊志卷之五

職官志　武秩

晉督義興諸郡軍事四人

周筵　陽羨人明帝太寧二年任　　虞潭　會稽餘姚人成帝咸和二年任

王允之　瑯邪臨沂人成帝咸和三年任　　謝瑗度　陳郡陽夏人安帝隆安三年任

南唐義興君山水軍十寨都虞侯一人

宋延魯　檢校官銀青光祿大夫

宋宜興巡檢一人

方允武　衢州人武學上舍高宗建炎初任

按巡檢在宋爲武秩總於都巡檢聽州縣守令節制非若明代之竟隸州縣也又按朱子有贈函山前巡檢司都巡舍人詩云古寨依山麓頹垣近水湄有兵耕綠野無盜弄潢池歲稔村村樂官閑事事宜我來無所餽聊遺一聯詩唐鶴徵府志載入詞翰吳級批徐喈鳳志乃爲補入職官但宜興在宋惟香蘭分界二砦可考至元而函亭巡檢司之名乃見豈朱子時已有是官耶

明初宜興守禦二人

楊國興　定遠人戊戌年任　　耿再成　五河人戊戌年任

宜興守禦千戶所正千戶三人

師璠　鳳陽人　　湯起宗　全椒人假千戶攝任

湯旺　鳳陽人義兵頭目

宜興守禦千戶所鎮撫一人

童復　攸縣人

宜興守禦千戶所百戸三人
趙民聚定遠人　朱谷鳳陽人
鄭昭壽州人以上皆洪武初年任
宜興守備一人
楊大相貴州人練兵官崇禎六年任
國朝宜興營守備
順治朝六人
謝皇恩郏縣人遊擊二年任　李滄龍聊城人六年任
楊彩安平人武進士九年任　范起順河南人十二年任
黃德興嘉定人武進士十七年任　鄧麟全荆州府人十八年任

宜興城守營守備
康熙朝十人
李森宣府籍紹興人武舉五年任　邵雲從山海籍浦江人十年任
張國威延安人行伍十一年任　鄭嶶兗州人武舉十八年任
王極池州人武舉二十二年任　范丕顯大名人武進士三十二年任
倪崇儉合肥人武進士四十年任　吳文江陵人行伍四十四年任
展上達天津人行伍五十二年任　孫學禮大興人行伍五十九年任
雍正朝一人
趙弼璽大同人武舉二年任
太湖水師右營守備
雍正朝一人
何仕乾二年任
水師右營右哨把總
雍正朝一人
王子盛行伍二年任
雍正四年後新分兩邑載入後志

增修宜興縣舊志卷之五

職官志　爵秩

後世封爵與古諸侯不同衣租食稅而已非政令之所寄也咸淳毘陵志有封統一目朱昱王升唐鶴徵徐喈鳳等志因之置諸官師志之首輕重失宜矣今別爲一卷次職官末於前志之誤者正之使後人有所考據焉

漢陽羨侯三人

靈常　以荆令尹漢五年初從擊鍾離眛及陳公利幾從爲漢中大夫從至陳取韓信遷中尉以擊布功侯二千戸高祖十二年十月壬寅封在位十四年薨謚曰定

靈賀　常子高后七年嗣在位八年薨謚曰共

靈勝　賀子文帝七年嗣在位六年薨謚曰哀亡後

按史記功臣侯表作陽義徐廣曰一作羨索隱曰縣屬宜陽漢表義作羨羨與義或當時傳寫有訛今以前漢表爲據

𠙶亭鄉侯二人

蔣澄

蔣休　澄子襲封

陽羨西亭侯一人

蔣通　澄子

按𠙶亭鄉侯碑祇言嗣子休襲封咸淳毘陵志於澄傳云澄五子孟東亭侯通陽羨西亭侯休襲父封於蔣默傳云封爲雲陽亭侯其封統內列澄通休三人而不及默與孟王志乃於雲陽東亭上各增陽羨二字并默子何封邵陵侯俱載入封統雲陽今丹陽地東亭不可考然咸淳志既别西亭爲陽羨則東亭非陽羨可知封統但當載封於此地者而更載邵陵侯何以稱焉今依咸淳志止載三人

吴陽羨侯一人

孫邵　北海人黄武初封

按咸淳毘陵志載孫紹封吴侯註云策子又載孫邵爲相封陽羨侯而誤書邵爲紹朱昱因之王志遂合二人爲一書云孫紹策子封陽羨侯唐鶴徵徐喈鳳陳玉璂等志因之吴志孫策傳末曰封子紹爲吴侯後改封上虞侯孫權傳黄武四年夏五月丞相孫邵卒吴録曰邵字長緒北海人長八尺爲孔融功曹融稱曰廊廟才也拜廬江太守遷車騎長史黄武初爲丞相威遠將軍封陽羨侯年六十三卒是邵與紹且非一族何前志俱未之考耶

晉漳浦亭侯一人

周札

按史漳浦上無邑名而咸淳毘陵志古跡卷謂宜興有漳浦亭在縣西二十五里晉以封札今姑從之

永世縣侯一人

錢廣　長城人以平陳敏功追贈

宋綏安縣侯一人

武念　新野人泰始二年追封食邑四百戸

義興長公主一人

武帝女　名惠媛謚曰恭

陽羨公主一人

明帝女　適王儉

齊義興公主一人

高帝女 適沈文和 諡曰憲

按齊高帝以長女妻沈攸之第三子在宋景和世至昇明二年攸之敗公主已早薨時高帝猶爲領軍其稱義興公主當是踐阼後追封故入之齊文獻通考書爲獻公主與宋書南史不同齊書高帝紀又謂攸之第三子名元和未知孰是今從宋書

梁義興長公主一人

武帝妹 名令嫕適王琳諡曰昭

義興郡公三人

陳武帝霸先 長城人太平元年封

陳文讚 武帝父太平元年追封諡曰恭

陳道談 武帝兄紹泰二年追封諡曰昭烈

義興國夫人一人

章氏 陳武帝后太平二年正月甲寅拜

義興國太夫人一人

張氏 陳武帝母太平二年正月丁卯追封諡曰宣

陳義興公主一人

文帝女 適錢肅

唐義興王一人

李重俊 中宗太子聖歷二年封諡曰節愍

義興郡公三人

李晧 高祖孫　李道彥 宗室武德初封

高儉 字士廉以字顯齊淸河王岳之孫武德間封諡曰文獻

義興縣公一人

蔣乂

按王升徐喈鳳二志作蔣義

義興縣子一人

蔣儼

明宜興公主一人

英宗女 下嫁馬誠

按王升徐喈鳳唐鶴徵等志載有晉史詔交州屬國都尉豫章太守封陽羨侯各志載有梁蕭泰蕭寶封義興郡公周杜杲封義興縣公吳祓批徐喈鳳志又補有漢劉賈封荆王後梁蕭瓛封義興王但史詔不見於史所云屬國都尉乃漢官晉無此稱泰寶杲瓛見於北周書陳書北史等書其時義興屬陳而泰寶

杲瓛四人受周隋之封特虛名耳至於劉賈封荆王其地兼故東陽郡鄣郡吳郡五十三縣似不當於邑志載之故皆不列

增修宜興縣舊志卷之五

職官志 守令 名宦

袁玘東漢陽羨長始造長橋以利涉邑人爲立廟歲時祠祀不絶或曰玘能逆知水旱俾民預備卒葬君山巔石塚葢天成云 叅節咸淳毘陵志 王升舊志 唐鶴徵府志

賀循字彦先晉陽羨令以寬惠爲本不求課最 叅節晉書

劉超字世瑜晉明帝時義興太守後遷射聲校尉時軍校無兵義興人多隨之超因統其衆以宿衛號君子營蘇峻之亂朝士多遣家人入東避難義興故吏欲迎超家而超不聽盡以其妻孥入處宮内 叅節晉書

按超政績無考史紀其遷任之後郡人多隨之遭亂之時故吏欲迎其家二事則其遺澤在人可見故補爲之傳

王球字倩玉宋義興太守在郡有寛惠之美 叅節宋書

傅隆字伯祚宋義興太守在郡有能名 叅節宋書

劉損字子騫宋義興太守東土殘饑太祖遣揚州治中沈演之東入賑卹以損撫綏有方稱爲良守 叅節宋書

王琨宋義興太守以廉約稱 叅節南史

王儉字仲寶宋義興太守梁任昉嘗叙其文集云風化之美奏課爲最 叅節朱昱毘陵志 唐鶴徵府志

庾深之宋義興太守以善政聞 叅節南史

劉秀之字道寶宋陽羨令著能名 叅節宋書

巢遼宋綏安令孔顗之亂惟遼秉節不移不受僞爵 叅節宋書

謝朏字敬冲齊義興太守在郡不省雜事悉付綱紀曰吾不能作主者吏但能作太守耳 叅節梁書

按朏政無可觀朱昱毘陵志節梁書語入宦績王升不爲入名宦傳而載其語于職官内朏名下徐喈鳳志因之今名宦祠所祀者袁玘之後即繼以朏故爲補入

張充字延符齊義興太守爲政清靜民吏便之 叅節梁書

孔逭齊陽羨令王績爲義興太守録郡吏陳伯喜付陽羨獄欲殺之逭不知何罪不受績敎 叅節齊書

任昉字彦昇梁義興太守歲荒以私奉米豆爲粥活三千

餘人時産子者多不舉昉嚴其禁孕者供其資費濟者千室在郡所得公田奉秩八百餘石昉五分督一餘悉原之兒妾食麥而已及被代登舟止有絹七匹米五石至都無衣鎮軍將軍沈約遣裙衫迎之 叅節南史

陸杲字明霞梁義興太守在郡寛惠爲民下所稱 叅節梁書

褚翔字世舉梁義興太守在郡潔己省煩苛去浮費百姓安之郡之西亭有古樹積年枯死翔至郡忽更生枝葉百姓咸以爲善政所感及秩滿吏民詣闕請留之敕許焉尋徵爲吏部郎去郡百姓無老少追送出郡涕泣拜辭 叅節梁書

劉潛字孝儀梁陽羨令甚有稱績 叅節梁書

劉杳字士深梁臨津令有善績秩滿縣人三百餘人詣闕請留敕許焉（參節梁書）

蕭濟陳天嘉中守陽羨臨津所在皆著聲績陳高祖鎮京口時以爲明威將軍文帝即位後歷三部尚書（參節陳書）

徐延休字德文唐天祐中爲義興令勤卹民事初郡守多遣小吏循縣爲民患延休箠而遣之刺史服其剛正貽書謝過（參節咸淳毗陵志）

楊廷式南唐義興令以清苦爲政民甚安之（參節咸淳毗陵志）

李處裕南唐義興令從王茂章扳青州爲軍鋒與梁苦戰被執朱全忠欲釋之處裕請死不得瞋目大駡乃被害（參節朱昱毗陵志）

李若谷字子淵宋景德間知縣事時官市湖汝茶歲約戶稅爲多少率取足貧下若谷始置籍備勾檢茶惡者舊没官若谷使歸之民許轉貿以償其數（參節宋史）

王罕字師言以蔭知宜興縣縣多湖田歲訴水塹重失其平罕躬至田處列高下爲圖明年訴牒至按圖示之某戶可免某戶不可免衆皆服范仲淹在潤奏下其式於諸道

西方用兵仍年科箭羽于東南價踴貴富室至豫儲以待鬻罕白郡守倍其直市之而令民輸錢旁州聞之皆願如常州法（節宋史）

司馬旦字伯康嘉祐中知宜興縣民多囂訟旦每獄必窮根株痛繩之校繫縣門民稍以詆冒爲恥長橋壞廢旦勸民修葺不勞而成時王安石守常州開運河調夫諸縣旦言役大而亟民有不勝請令諸縣歲遞一役雖緩必成安石不聽秋大霖雨民苦之多自經死役竟罷（參節宋史）

樓閌治平間知宜興縣有能名濬治陂塘溉田甚廣在任累轉屯田員外郎作有經理邑事總記（參朱昱毗陵志咸淳志）

褚理元豐間知宜興縣時長橋燬于火民病涉者三年理至鼎新之易木以石名曰忻濟後蜀郡蘇軾大書其榜曰晉平西將軍周孝侯斬蛟之橋（參節唐鶴徵府志）

高商老紹興中知宜興縣修學校豐士廩穿故瀆疏積水建社倉十一區于開寶諸鄉是歲浙西饑流殍載途宜興民獨賴以安（參唐鶴徵府志朱子文集）

戴桷嘉定間知宜興縣興學愛民卓有美績（節王升舊志）

趙與悊寶慶中知宜興縣修舉廢墜邑人稱之時境內多虎患與悊至悉殲之金壇劉宰爲賦殺虎行曰君不見陽羨周將軍射殺南山白額虎千古萬古流聲聞又不見宜興趙大夫南山三十有六虎令行殺取無復餘一虎昔何少三十六虎今何多虎多人不患所患政之苛苛政滅人門猛虎戕人命擇禍莫若輕泰山之人論已定大夫性高

明下令走風雨所知在田里了不見豪府旣令民免政之
虎又與民除虎之苦四境之民歌且舞或云殺虎太傷和
胡不令渠自渡河我聞此言笑且呵大夫憂民憂豈必限
吾土不然隣國以爲壑信也白圭愈於禹古陽羨今宜興
大夫邑之主將軍邑之賓主賓多寡事不同千古萬古同
清芬參節唐鶴徵府志漫塘詩鈔
趙彥倓字安卿由平江推官攝宜興縣縣自中興後豫借
民明年稅民挾此得慢其令彥倓請禁預借邑遂易治節宋
史
辛思仁元宜興知縣潔已愛民浚溝渠修長橋多著美績

叅節朱昱毘陵志
謝德清明洪武初宜興知縣以學官累遷兵燹度地經始
又立西南北三壇建常平倉人稱其識治體叅節唐鶴徵府志楊懐
遠鄉評備考
周賓洪武間宜興知縣涖政八載廉潔無私吏民畏服叅節王升
舊志
劉深永樂初宜興知縣涖政九年爲治有方聲聞隣邑後
疾卒民哀思之節王升舊志參楊懐遠鄉評備考
楊宣永樂間宜興知縣性行純謹廉而有爲百姓服之節王
升舊志

范載昌宣德初宜興知縣熟于律法在任廉幹民皆畏服
節王升舊志
章惟澄宣德間宜興知縣在任六年除革奸弊豪強屏迹
小民德之節王升舊志叅楊懐遠鄉評備考
鄒旦字孟旭正統間宜興知縣修舉廢墜撫恤困窮嘗捐
貲市地拓新廟學又置義阡收露胔在任蓋凡十年云節王
升舊志叅唐鶴徵府志楊懐遠鄉評備考
宗顯景泰間宜興知縣公廉仁愛綜理周密百姓懷之節王
升舊志
謝庭桂字時芳成化間以本府同知攝宜興縣縣舊有先

賢祠久廢庭桂聞於知府龍晉謂鄉賢禮所應祀乃撤學
旁廢祠改作之不取民財不勞民力上下胥悅叅王升志謙齋文
錄楊懐遠鄉評備考
何鑑字世光成化間宜興知縣廉公有威甫下車訪知攬
運貢茶二事爲民厲亟請便宜區處又罷催徵火甲之擾
逾年邑大治一日村老數百人捧薯蕷五束茶少許詣庭
下拜曰吾儕小人不識官府自公下車夜不吠犬人安寢
食故來見時有通判至縣欲召問之衆曰我輩爲何尹來
他不願見也後累官兵部尚書節鄉評備考參王升舊志
沈振字克成成化間宜興知縣涖政勤敏殁于官民哀之

節王升舊志
袁道字德純成化間宜興知縣民苦西氿風波之險乃循氿南鑿夾河自土干村至洴洌延袤三十餘里舟行便之名曰後袁河謂與漢陽羨長玘同功也嘉靖間祀名宦參節王升舊志 唐鶴徵府志 王鈴名宦祠碑記 鄉評備考

王鏷字子鋒宏治間宜興知縣莅政嚴明興學勸農百廢具舉時太湖盜發剽刼焚燎鏷聚衆悉力備禦訪宋元水寨遺址立堡三十建瞀樓十二楹募丁壯三千更番守之寇至則鳴桴合勦去則歸農兵不知勞盜不入境民得安堵參節唐鶴徵府志

鍾卿𡨴字宣猷正德間宜興知縣節用愛民以治最召爲御史節王升舊志

劉秉仁字思孝正德間宜興知縣治崇簡靜民信服之陞錦衣衛經歷去之日行李蕭然時通判傅朝適至縣見之歎曰昔趙清獻尚有一琴一鶴今劉公乃併無之也參節王升舊志

何棟字伯値嘉靖初以御史謫宜興知縣先聲懾人置一豪右于法遠近帖服後累官兵部尙書參節唐鶴徵府志

丁謹字惟安嘉靖間宜興知縣廉潔愛民以興利除獘爲巳任嘗念宜興稅糧之重于嘉靖七年因入覲具奏疏畧見田賦志疏入得旨下戶部行勘乃以本府轄下餘米補豁于是二縣糧額得減三之一民歌之曰我赤立兮孰授我以廣衣衣則有敝兮侯之庇我無改爲我枵腹兮孰飼我以餔糜糜則有竭兮侯之恩我無窮期又歌曰粟粒衣縷兮維侯之遺匪侯之遺天王尸之後卒于官邑人爲立碑于迎恩亭二十八年與前令袁道同祀名宦參王升舊志名宦傳 楊懷遠鄉評備考

管見嘉靖間以本府推官攝宜興縣摉奸剔蠹而按法平允民犯輕罪者令入金贖以罰鍰鬻民田六十畝爲學田縣有學田自此始參節鄉評備考 王升志學校卷

彭簪嘉靖間以本府通判攝宜興知縣多善政里甲供歲例金革去之曰祿外私一錢不可也或謂恐病來者簪曰吾知自盡耳來者賢必不我咎其或不賢吾又安能爲之地乎參節唐鶴徵府志

趙國民字邦遂嘉靖間以兵科給事中謫宜興知縣禮士愛民甫半載遷任去參節王升舊志

馮惟訥字汝言嘉靖間宜興知縣嘗患東氿風波險惡開濬通澤河十餘里舟行者感之參節王升舊志

方逢時字兆行嘉靖間宜興知縣年甫十九精敏練達剖決如流老吏不能及値歲旱徵輸賑貸調度咸宜民用安

墒縣東北張公壩地勢高亢故有河歲久湮廢稚旱災尤
甚逢時躬往規畫南起萬石村北訖黃土村中隔六壩悉
濬成渠於壩址各爲梁以利涉其爲役計戶派夫計丁給
米興水利而隂寓救荒之策後累官兵部尚書節鄉評備考叅王
升舊志

王鈴字子才嘉靖間宜興知縣豈弟愛民操持清介入覲
時囊篋蕭然行資取辦於家會御史有嗾之者中以他事
調任去後歷官山東僉事節唐鶴徵府志叅王升舊志

李郁嘉靖間宜興知縣治崇簡易節用愛人遷戶部主事
叅節王升舊志

董鯤嘉靖間宜興知縣臨下有威人不敢犯時倭寇竊發
鯤備禦甚力建敵臺五座於城上旋以治最召除御史叅鄉
評備考王升舊志

李玨字汝貢嘉靖末宜興知縣居官廉平聽訟不限期日
隨時剖斷天沍寒西氿氷卒合行舟凍阻爨火俱絕人多
僵仆玨飛夫役以數小舟束葦燃火救之餉以粥糜困者
得蘇在任二年擢御史後歷官刑部侍郎叅王升舊志唐鶴徵府志
鄉評備考

韓容隆慶末宜興知縣性嚴毅不輕假人辭邑而崇學校
畢類做抑豪強動恤民心俗以五月二十日爲城隍誕用

香燭酒脯鼓樂祀之嘉靖末更募人裝神像喧闐街市咨
至乃禁止焉節鄉評備考叅王升舊志

宋國相萬歷初以如臯知縣改宜興廉慎平易未久以憂
去士民惜之叅節王升舊志

黃道瞻字臨汝萬歷間宜興知縣爲政以敦教化正風俗
爲務質訟讞情無枉者鞭朴幾不用自奉廉約嘗盛夏有
鄉人至郇以巳帷帳供客而自露臥與話舊以性鯁直不
爲上官所喜餘姚孫鑛掌選乃破格選入兵科未幾言事
被謫人稱爲艮有司名諫議云叅節唐鶴徵府志　王升舊志　陳玉璂府志

梁銓字叔衡萬歷間宜興知縣節用省刑而於庶務剖决

無滯催科法簡民稅易輸在任二年瑞麥兩見叅王升舊志

陳遴瑋字玉甫萬歷間宜興知縣修學校優厚士類連歲
遇旱疫悉心惠濟民賴以安時邑志久不輯遴瑋延邑人
王升載筆有成書焉叅王升志學校卷　鄉評備考

秦尚明字湛若萬歷間宜興知縣以興利革害爲已任執
法嚴雖士大夫親族有犯不少恕及審圖運令凡寄莊悉
照本邑居民不得優免時稱其才如利刃守比清冰云叅唐鶴徵
府志

王以寧字咸所萬歷間宜興知縣縣田地高下紊錯戶役
不均以寧用千字文編爲圖號以次清丈分平高低塘灘

蕩山竹茶地爲六則條分縷析如指諸掌（参節徐喈鳳舊志）
愉致知字養微萬歷間宜興知縣以循良自期清賦稅懲奸宄弭盜賊嘗建明道書院爲士紳講習地又倡建承雲塔於縣治東南山麓（参唐鶴徵府志 徐喈鳳舊志）
劉永基字時倩又字止庵萬歷間宜興知縣未第時嘗從師至宜興芙蓉山中講學及爲令發奸摘伏興利革弊不畏強禦三月而政聲大著人比之程子之在晉城陸子之於荆門云旋以憂去邑人築望來臺思之（参徐喈鳳舊志 亦爲堂集）
蔣英萬歷末宜興知縣崇禎六年宜興民變英時分巡蘇松坐事貶秩未行上官以英先治宜興得民心檄之撫治英單騎至宜懲豪家僮客數人令亂民自獻其首惡亂遂定

饒京字黃山天啟間宜興知縣聽斷明敏操守清謹後歷官巡按御史（参節徐喈鳳舊志）
石確字景雲崇禎間由丹徒知縣調任宜興時宜興民變初定確先聲所至羣不逞望風膽落確廉其渠惡次第除之乃均賦役興文學理冤滯蠲贖鍰隣境震於寇警確不動聲色陰爲固圉制勝之策未嘗役一人歛一錢後以憂去邑人爲立德政碑（参節蔣允儀濬香居士集）
李覺先字天子崇禎間宜興知縣民間田畝出入戶名久而遞詭有虛田漏糧兩患覺先令川抄號推收積弊一清未幾卒於官民哀思之（参節徐喈鳳舊志）
王勸順治間宜興知縣時鼎革未久宜興冦盜竊發而西南爲甚勸下令招撫有賊首三人投誠復亂勸簽捕之斬於市邑境乃安（参節徐喈鳳舊志）
吳一鯤順治間宜興知縣不畏強禦民愛戴之（節鄉評備考）
高標字玉立康熙間宜興知縣爲政數月百里內無博場諸博戲具不鬻於市拳勇游食無狀之人不問於途城鄉無跨街演劇者寺觀無婦女迹女巫淫祀絕蹤夜輒從數役巡及郊外人人憚畏莫敢爲非旋被誣劾或曰勢要者

嫉之或曰知府王某所搆（参節儲欣在陸草堂文集 徐喈鳳舊志）
張含瑾字荆涵康熙間宜興知縣時值大旱饑民聚山中謀出掠張渚巡檢報縣或議發兵剿之含瑾曰此不過饑所驅耳擒其首數人衆解散獲名冊一本付之火旋設法賑濟四境以寧（参節鄉評備考）
姚景崇字又元康熙間宜興知縣時年甚少聰明絕人值大旱後烟火斷絕餓莩塞途景崇請於上官停徵賦四鄉以賊告者訊實即荷重校發本鄉不繫不止盜無留種民皆感悅（参節儲欣在陸草堂文集）
李先榮字翼南康熙間宜興知縣才敏守堅民安吏肅百

廢漸興邑志久不修前令史宗堯延吳晉剡陳維崧任源祥葺修之爲無賴子所閧功弗成後令蔡司霑屬徐喈鳳掇拾舊稿成書至先榮莅任乃授梓焉（參徐喈鳳舊志序鄉評備考）

文超靈字挺叔康熙間宜興知縣始莅任時富商有訟一吏伺燕居挾重賄進郄之詰朝呼至痛撻革其役諸吏股慄終任無敢作奸者接紳士辭氣温下惟恐人不盡言及干以非義則張目不答錢穀出入之數月造印冊期於朝上官約以七日清逋課不三日攝篆者至事用弗集邑人罷夕行在任五年以遠年漕項負課降調邑人數千走控爲立碑記德（參節儲欣在陸草堂文集）

蔣尙緝康熙間宜興知縣治尙寬厚在任日久民咸樂業焉

耿起鳳康熙間以句容丞攝宜興知縣洞悉民情務爲休息紳士以薄禮相餽亦郄不受人稱其清操如水愛民如子在任不及百日去民號泣攀送（參節鄉評備考）

陳習先康熙間宜興知縣謹身寡過不以苛察爲能

趙祁康熙間宜興知縣具有吏才人稱爲剛不吐柔不茹云

鮑楹康熙末宜興知縣喜培植士類尤拳拳於民間風俗敦淳樸以救囂凌凡世家子弟咸率其教焉（參蔣汝誠邑志偶抄）

唐書常州刺史李栖筠捕斬陽羨西山宿賊里無犬吠

明史常州守莫愚請減宜興歲進茶數儲掌文雲溪文集載　國初監軍張鍵字一清陝西人因力護宜興城自殺城得全邑人祀之或曰鍵山東人或曰名斌以非本邑職官事亦不詳故不爲傳

增修宜興縣舊志卷之五

職官志 僚屬名宦

唐嚴挺之名浚以字行神龍初義興尉號材吏姚崇爲常州刺史深器異之及崇再入爲中書令引爲右拾遺 參舊唐書新唐書

宋洪偁鄱陽人丞相适之孫嘉定間宜興縣丞嘗攝令事修舉廢墜葺周孝侯廟清其墓之侵地植松杉萬本 參節唐鶴徵府志

朱倬字漢章閩縣人紹興初宜興主簿金將犯邊居民求避地倬爲具舟給食衆賴以濟未幾民告滂於郡郡檄倬

考實乃除田租什九守竟不能奪後以張浚薦歷官同平章事 參節宋史

阮洪嘉祐間宜興尉深明水利時吳中値水患洪屢上書監司乞開百瀆得請遂疏濬四十九瀆其年大稔又上言請就長橋東市中創一橋使運河南通荆溪旣鑿得泥中舊柱乃知昔人已嘗設橋於其地 參節王升舊志唐鶴徵府志

趙不衰字夢周宋太宗六世孫年甫冠調監常州宜興縣稅是時寇難未夷道路艱棘不衰治征筭不以苛皦爲事往來便之在官獨居一室日以讀書鼓琴爲事同僚莫測其所爲至使人陰伺之已乃信服累官至武經大夫 參節朱子文集

孫子秀字元實由吳縣主簿辟淮東總領所中酒庫檄督宜興縣圍田租旣還白水災總領恚曰軍餉所關而敢若此獨不爲身計乎子秀曰何敢爲身計寧罪去爾力爭之遂免景定初以浙西提點刑獄兼知常州 節宋史 參朱昱毗陵志

明鄧躍字九淵宣德間宜興縣丞佐理有方吏民畏服 參王升舊志

包用達宣德間宜興縣丞佐理得宜擢徐州判官 參王升舊志

鄭倫正統間宜興縣丞任滿考績入都邑人王晏作父老行送之有曰官長前年始下車敎化吾民苛政除門靜鄉

無吽罵吏婦女育蠶男讀書官長今年朝闕去田辟荒蕪戶增數利澤於人惠有餘往者紛紜奚足慕又云京華得意看春色還作吾邦父母來後倫致仕遂家於宜興 參王升舊志 沈敕荆溪外紀楊懷遠鄉評備考

李暄字鳳儀正統間宜興縣丞縣東水關橋因風浪衝激屢修屢壞暄乃築長堤障之而患以紓邑人名其堤曰李公堤又嘗偕令鄒旦修城隍廟袁府君廟周孝公廟皆著勞績 參王升舊志輿地卷秩祀卷

魏玉公安人正德間宜興縣丞廉潔幹敏吏民懷服南京工部尚書秦金特薦之 參王升舊志

許穆樂平人洪武初宜興主簿工於詩佐理有聲百姓欣
戴秩滿去父老遮留之節朱昱毗陵志
郭獻洪武間宜興主簿以賢能著績邑人稱頌參王升舊志
王復春洪武間宜興主簿太祖聞其守公不奉上遣吏科
庶吉士齎手勅往勞慰卽擢爲同知參節春明錄
江山遼東人嘉靖末宜興主簿持身清苦卒之日至無以
殮典史劉璉訓導張霞捐貲助之節王升舊志
劉九淵清江人宣德時以州同謫宜興典史性公直能知
民利病數請興革後致仕去邑人思之參節王升舊志唐鶴徵府志
國朝張子慶字雲齋順治間宜興典史時流寇餘孽未靖

有劇賊號赤脚張三能與其妾使連環火銃白日劫擄莫
之敢攖子慶捕之賊列舟陳兵於西氿子慶冒死搏戰爲
火銃所中墮水死賊乃逸去邑人感之葬之西氿之滸參節趙錫禮張縣尉傳
朱時化康熙初宜興縣丞時有殷二者號二郎神殺人而
姦據其妻事覺或欲寬之時化堅執中詳上官立寘諸法
一邑稱快後遷山西陽曲知縣參徐喈鳳舊志
王佐臣康熙間宜興典史蒞任匝月安善鋤強廉能之聲
聞於遠邇佐臣生朝自縉紳暨乞丐皆爲稱觴市民有談
八者屢犯法佐臣置之獄失令意而宜興民謂佐臣廉且
惠相約日給米薪蔬菜佐臣辭不獲受二日令指爲罪巡
撫張伯行廉得之謫佐臣給事軍門一日多官請謁伯行
獨問誰爲宜興王典史因語衆官曰官無大小在得民心
如佐臣者公等當以爲法會有怨談八於軍門者伯行下
佐臣勘問令求見其牘不得遂誣申佐臣誤刑平民致死
伯行委吳縣令檢驗無實佐臣離任士民控軍門懇留仍
爭出薪水給之節楊懷遠鄉評備考

增修宜興縣舊志卷之五

職官志學秩名宦

元黃玭至元間宜興州教授克修學政參王升舊志唐鶴徵府志

盧端智至元間宜興州教授訓誨有方參王升舊志唐鶴徵府志

包植至元間宜興州教授啓廸士子多著成效

明尹範洪武初宜興教諭善施敎參節王升舊志

陳敏永樂間宜興教諭教人亹亹不倦後遷給事中參王升舊志

林士敏莆田人永樂間以大理卿謫宜興教諭清儉自持勤於啓廸去任後邑人士稱頌不衰參節王升舊志

丁泰亨新城人宣德間宜興教諭明飭條教師道尊嚴蔚有賢聲後擢御史參節唐鶴徵府志

羅鵠宣德間宜興訓導教規整飭嘗偕知縣章惟澄建明倫堂後遷監察御史參節王升舊志

楊述宣德間宜興訓導治尚書義最精弟子受業者多所造就參王升舊志

林智字若濬莆田人正統間宜興訓導條約整肅昧爽輒秉燭登堂誦經書爲諸生倡講學論文無間寒暑士習爲之一新以內艱去任服闋再除本邑敎諭士子欣躍趨迎文敎彌振提學御史陳選舉智自代吏部不允遷知縣改蘇州教授三應聘爲考官所取多名士參節唐鶴徵府志謙齋文録

兪山正統初宜興訓導德器厚重條敎詳明後歷官吏部右侍郎參節王升舊志

宋佳字子美奉化人成化末宜興訓導事母以孝聞於諸生訓誨肫摯夜籠燭循行號舍聞讀書聲必食以茶餠惰者詰責之後爲國子監丞時宜邑門生杭濟杭淮並以進士居郎署毎見必名之蓋以師道自任也參節王升舊志唐鶴徵府志

應綱永康人宏治間宜興訓導家居時以孝名及教人亦首以爲重參節唐鶴徵府志

宋鴻開化人正德間宜興訓導精易學尤長於詩文其敎

有成規言不妄發卒於學舍門下士無不流涕者嘉靖間知縣王鈐建名宦祠並祀鴻焉參王升舊志唐鶴徵府志

阮艮壐嘉靖間宜興敎諭以博學知禮稱參王升舊志

張偉嘉靖間宜興敎諭寛裕以敎廉儉自持後遷南京國子監助敎參王升舊志

劉自省莆田人嘉靖間宜興敎諭潛心問學啓廸後進於利淡然無營遷南京國子監學正參唐鶴徵府志

祁鳳毛衆縣人嘉靖間宜興敎諭束諸生以嚴厲月三試之校閲精詳遷推官未任卒參節王升舊志

卓光謨嘉靖間宜興敎諭寛和善敎諸生中貧者有所餽

悉卻不受後遷慶遠府教授參王升舊志
陳冕言宜春人嘉靖間宜興教諭方正自持取予不苟遷
上杭知縣參節王升舊志
林應騰莆田人嘉靖末宜興教諭制行端方不拘拘於科
條之設而師道自立後遷歸善知縣參節王升舊志
王夢周字堅吾萬歷間宜興教諭時學政圮甚夢周力振
之首立思過簿曰諸生吾弟子也而乃數勤縣大夫吾今
與若約非公事勿至縣有欲言者吾代爲言戒而勿聽即
吾不能爲諸生師且閉閣思吾過矣於是諸生皆斂足自
守縣庭爲之一清月兩會藝手自校閱窮日夜食不過蔬

菜曰此吾苜蓿家風也諸生以修脯來者留與其飽其貧
者卻勿受間有所誨責屬其父兄施夏楚勿辱於隸人卒
於署不能喪諸生殯之及櫬歸諸生哭送至滸墅關而返
參節王衡緱山集
吳登仕字信予河南人萬歷間宜興教諭嘗出俸金百兩
置祭田三十五畝邑人士德之祀名宦祠參節徐喈鳳舊志
楊瓊芳崇禎間宜興教諭端嚴有守時諸生沃育麟爲婺
家陷入盜黨令知其冤不能直瓊芳力爭謂無罪殺士傷
國體將聞諸巡按御史不則解印綬去令不得已乃縱育
麟瓊芳後登崇禎十三年會貢元參節楊懷遠鄉評備考

國朝丁允齡字孩修順治間宜興教諭時學宮頹圮允齡
竭力募修兼增置籩豆又出俸金置五經四書及綱目諸
書資諸生講習參節徐喈鳳舊志楊懷遠鄉評備考
顧智字季貞康熙間宜興教諭才學兼優勤於課士時學
宮久圮智肩爲己任行籌半載不遺餘力丹堊榱甍悉手
指口授閱八年乃告成焉參儲振修學記蔣永修修學記徐喈鳳舊志
楊緣字與右康熙間宜興教諭在任十九年廉以持身恕
以接物專務德化時啓聖祠圮聖廟兩楹亦潛蠹邑人士
請於當事計畝勸輸緣董其事矢公矢慎工竣以憂歸人
咸思其績焉參節潘宗洛修學記

王在豐康熙間宜興訓導厚重有師範與教諭顧智協力
修學復各出俸金修署不以煩公力參徐喈鳳舊志蔣永修修學記

增修宜興縣舊志卷之五

職官志 武秩名宦

晉王允之字深猷蘇峻反允之行揚烈將軍擊退賊將韓晃陶侃至京以允之督護吳郡義興晉陵三郡征討軍事晃等南走允之追躡於長塘西復大破之賊平以功封番禺縣侯邑千六百戶後歷官衛將軍會稽內史卒謚曰忠 參節晉書

謝琰度徐州刺史值孫恩作亂加督吳興義興二郡軍事討恩至義興斬賊許允之迎太守魏鄢還郡又與劉牢之俱討孫恩恩逃於海島朝廷憂之以琰度爲會稽內史都

督五郡軍事本官如故後遇害謚曰忠肅 參節晉書

明楊國興初名元避諱改國興濠州定遠人年十七與父勝從明太祖爲帳前先鋒勝早卒國興領兵從征甲午六月扈從渡江拔采石取太平元將陳也先突犯城國興從徐達擊敗之擒也先丙申三月從破方山陳兆先陸砦進克金陵及鎮江遂下金壇收廣德是年冬從徐達圍常州擊青軍解牛塘之厄戊戌秋從攻宜興不下以兵東截太湖絕其餉道城內乏食遂克陞右翼元帥時張士誠據姑蘇重兵皆屯舊館國興率精銳趨湖州直抵舊館生擒其弟士信陞總制大元帥時常州人陳保二聚衆號黃包軍旣降復叛國興誘督李二將執斬之宜興堰居民楊氏聚衆結三十六寨國興破之誅其首惡餘黨勿問一方以平上令總督十元帥兵鎭其地歸者月以千計勞來安集咸得其所辛丑士誠大舉入寇水陸並進國興親冒矢石士卒咸奮敵兵大敗士誠僅與僞將數人遁上嘉其功陞昭勇將軍神武衛指揮使丙午十一月圍蘇州攻閶門丁未正月十八日因中流矢卒年三十二柩還建業賜葬鳳臺門東洪武初以國興嘗鎭宜興有功其民勅封宜興城隍廟食百世國興剛正驍勇所乘千人皆廢兼通文學嘗謂兵援長興入見太祖勞之曰長興賴卿相援對曰脣齒之

地理固當然臣聞趙有廉藺强秦不敢加兵但臣愚儒愧弗及耳上悅曰卿之學問近亦進矣嘗楷書遺墨猶存其鎭宜興含煦生育如父母識者比之羊祜云 參節明史王志徐志

按王升志引開國功臣錄云洪武初以國興嘗鎭宜興勅封宜興城隍顯佑伯唐志徐志因之今考明史禮志洪武二年封天下城隍爲王公侯伯三年卽詔去封號止稱某府州縣城隍之神豈二年所封三年停止耶然以國興之鎭宜興惠及百姓則廟食也固宜

師璠鳳陽人洪武初宜興守禦千戶得軍民心後遷六安指揮邑人脫所著靴以誌愛 參王升舊志

湯起宗字紹文洪武初以假千戶守禦宜興有功授中都留守左衛百戶節唐鶴徵府志參徐喈鳳舊志

按起宗之名不見于王升志唐鶴徵徐喈鳳兩志或據湯氏譜載入喈鳳云時張士誠據浙西細作出入湖山間大小數十戰以功授中都留守卒贈昭信校尉葬于宜興北門外七里庄其子㬌襲職因家宜興占官籍其裔孫銳于嘉靖初征河南鑛賊陣亡人以爲世傳忠勇

童復洪武初鎮撫宜興能恤軍士參節王升舊志

趙民聚定遠人洪武初宜興百戶有勇智後遷府軍左衛後所千戶節王升舊志

國朝范起順順治間宜興守備禁戢士卒訓練有方後遷廣東韶州右營都司節徐喈鳳舊志

張國威康熙間宜興守備時宜興苦虎患國威擒壯丁入山手殲六虎聞一虎甚猛傷人最多國威策馬去覓虎所在虎從叢篠躍出未及防遂爲所害參節徐喈鳳舊志

王極康熙間宜興守備才兼文武兵民悅服參徐喈鳳舊志

補遺

方允武宋宜興巡檢建炎三年金人入縣之金泉鄉允武率土軍鄉民迎敵殺獲數級奪弓劍與旗後遇金兵梅嶺村力戰而歿詔贈兩官官其子二人參節宋史

增修宜興縣舊志卷之六

武備志　營制

按武備一志前志俱未之詳今據守備一員爲宜荊兩邑城守千總一員分轄宜荊凡九汛把總一員分轄宜荊凡七汛至太湖營守備千總把總更兼轄陽湖無錫境並非分隸兩邑故悉載之前志而於分志不重見云

舊志云南唐時有義興君山水軍十寨都虞候其寨之名與寨之地皆莫得而詳宋平江南後宜興置弓兵百一十人蓋本建隆三年詔以戶口數定弓兵額滿萬戶者止五十人復於縣東南置香蘭砦巡檢管弓兵百八十五人西

南置分界砦巡檢管弓兵百人元又增黃土函亭爲四巡檢司其兵額舊志失載明初設守禦千戶所在長橋北即今宜興縣治時有正千戶二員副千戶二員鎮撫一員百戶八員吏目一員洪武十三年裁守禦置張渚湖㳇下邾鍾溪四巡檢司各額管弓兵三十人厥後復廢置不一正統十四年唐鶴徵府志作宏治間於鄉廂里總八戶內僉點殷實者編爲民壯宜興額設千三百九十四名其職以守城扞掫司門鑰庫獄爲事定議十年一換八景泰七年清戎御史奏減其半嘉靖二年巡撫吳廷舉查議大縣不過五百中縣三百小縣二百以丁田近上者爲正戶次者爲貼戶每

名出銀七兩二錢僱倩諳習武藝者常年操守後因田去
差存民不勝擾包役者又不堪用隆慶二年巡撫海瑞乃
裁革力差編入均徭徵銀貯庫募民之勇健者充之其額
漸減爲二百五十名當宏治十五年時常州府推官伍文
定宜興縣知縣王鏃爲防浙西鹽徒嘗於沿湖立堡募土
兵三千餘人編以軍法至嘉靖三十三年設土兵則巡按
尚維持因倭警於各鄉里總名下編兵一名又在城坊廂
人戶內家有三人者抽一人爲兵徵銀貯庫募兵給發俾
協同民壯防守時宜興有水陸二哨官兵民壯共二百八
十四名內練兵官一員操官四員水哨捕盜二十二名水

兵百五十七名陸哨旗牌哨隊六十五名操壯八十五名
萬歷三十一年設練兵小廠於大浦港防守沿太湖汛地
三十五年更移南倉西河駐劄總巡西汛計哨官二員哨
船二十一隻分撥各處險要而濱湖之寇每以隔屬難捕
邑人史孟麟因疏請設同知一員於長興交界處管常湖
二府捕盜事銓部以同知權輕倣江西九江諸道帶管閩
楚州縣事例專設一道爲宜下所司議湖州守巡格不報
崇禎五年因南劉陽山民變添設守城兵二百名巡按祁
彪佳題請設欽依守備一員卽以練兵官楊大相爲之
國朝順治三年設守備一員把總一員戰守兵各百名城

守千總一員兵百五十名康熙元年裁城守鄉兵併千總
入宜興營以江浙太湖營遊擊標把總分防凰川康熙十
一年改宜興營爲常州右軍雍正二年以江南太湖營右
營守備駐防宜興縣周鐵橋右營把總駐防荊溪縣凰川
汛乾隆四十七年置營員俸薪養廉改舊支馬戰糧數爲
實額時宜荊城守添兵十四名凡各營汛兵額裝械糧餉
徐嗜鳳以前各志皆不之載今爲詳著於篇

宜荊城守營

守備署在城南門內舊爲南察院順治三年改凡三十一
間署旁箭道一所

教場在南門外里許明初在城東久廢萬歷間置今地廣
三十一丈袤九十丈

千總一員耑管東北九汛外委千總協防其在宜興縣境
內者六汛

東氿口汛坐落開寶區一圖雍正八年十月建額設巡船
一派兵五名

湛瀆汛坐落開寶區十四圖雍正八年十月建額設巡船
一派兵五名

和橋汛坐落萬二區五圖雍正八年十月建額設巡船一
派兵五名

鍾溪汛坐落萬一區二十二圖雍正八年十月建額設巡船一派兵五名
下邾橋汛坐落洞山區十九圖雍正八年十月建額設巡船一派兵五名
高城汛坐落萬二區七圖乾隆三十九年八月建派兵五名
荆溪縣境內者三汛
南施蕩橋汛坐落清泉區八圖乾隆三十八年十二月建額設巡船一派兵五名
湖汊汛坐落均山區三十四圖雍正八年九月建派兵五

名
洴瀝汛坐落山亭區十七圖乾隆二十八年建額設巡船一派兵五名
把總一員嵩管西南七汛外委把總協防其在宜興縣境內者二汛
福佑汛坐落神安區十三圖雍正八年十月建額設巡船一派兵五名
楊巷汛坐落丙亭區十二圖雍正八年十月建額設巡船一派兵五名
荆溪縣境內者五汛

城塘橋汛坐落成任區十九圖雍正八年十月建額設巡船一派兵五名
徐舍汛坐落任賢區八圖雍正八年九月建額設巡船派兵五名
下新橋汛坐落從四區二圖乾隆三十八年建派兵五名
王家橋汛坐落丙亭區一圖乾隆三十八年建派兵五名
張渚汛坐落永豐區五圖雍正八年九月建派兵五名
額兵百五十五名爲馬戰兵六名內有外委千總一員外委把總一員額外外委一員步戰兵三十七名守兵百十

二名
額設軍裝兵械
鐵盔五十七頂　鐵甲五十一圍
皮盔七十頂　花綿甲七十六圍
號帽百三十三頂　號褂百二十三領
大小旗二十九面　單夾帳房三十頂
梅花椿五十六根　鐵響鈴五十六個
三號紅衣礮二位乾隆四年從蘇軍局領回派防南北兩門
礮臺二座　劈山礮三位
過山鳥二位　鳥鎗七十六管

火藥九百觔　鉛子六百十觔七兩五錢二分
礮鉛子五十五觔　礮鐵子二十五觔
藥袋八個　皮葫蘆三個
鉞斧七十六柄　腰刀八十六口
馬鎗二桿　長鎗一桿
藤牌十面　牌刀十口
雙手帶刀一把　樸刀二柄
連夾棍一根　銅鍋三十八口
金鑼十六面　木梆十六架
救火器具一副　坐戰馬十四匹

官兵自備者
步弓五十一張　撒袋五十一副
撒袋箭五百十枝　鈚箭二千枝
靶箭二百五十五枝　火藥百五十二觔
鉛子萬五千二百粒　麻火繩五百九十四丈
歲需製配出陳易新供操演之用者
火藥三百八十一觔九兩六錢
鉛子九十觔二兩八錢八分
歲支廉俸糧餉銀二千九百五十九兩五錢六釐米五百五十八石內爲
守備養廉銀二百兩俸薪銀九十兩七錢六釐
千總養廉銀百二十兩俸薪銀四十八兩
把總養廉銀九十兩俸薪銀三十六兩
外委千總養廉銀十八兩
外委把總養廉銀十八兩
馬戰兵每糧一分銀二十四兩米三石六斗
步戰兵每糧一分銀十八兩米三石六斗
守兵每糧一分銀十二兩米三石六斗
坐戰馬每匹料乾銀十三兩二錢

太湖右營

守備署在周鐵橋西凡四十間雍正二年建乾隆五十八年守備徐溮重修署前舊有營房七十二間今圮
教場在守備署前坐西面東廣袤計一畝七分
守備領額外外委一員轄六汛其一爲陽湖縣境各汛共額設沙船一大小快船二唬船二裝船二其在宜興縣境內者五汛
周鐵橋汛坐落洞上區十圖派兵五名
竹山汛坐落洞下區二十八圖派兵五名
大墟汛坐落洞下區二十六圖派兵五名
盛瀆汛坐落萬二區一圖派兵五名

分水墩汛坐落萬二區二圖派兵五名
右哨二司把總駐風川協防外委把總駐烏溪轄八汛額設唬船二小快船二其在宜興荆溪兩縣境內者三汛
大浦汛坐落荆溪縣東清泉區三圖派兵五名
洪巷汛坐落宜興縣東洞上區十五圖派兵五名
舊瀆汛坐落宜興縣洞下區三十五圖派兵五名
荆溪縣境內者五汛
風川汛坐落均上區一圖派兵十名
烏溪汛坐落均下區二十四圖派兵五名
雙橋汛坐落均下區二十四圖派兵五名

漳瀆汛坐落清泉區八圖派兵五名
後河汛坐落清泉區三圖派兵五名
額兵二百九十六名其左右哨千總左哨把總駐防無錫陽湖長洲吳縣境各汛兵皆統此數爲馬戰兵十一名內有外委千總一員外委把總二員額外外委一員步戰兵八十三名守兵二百二名
額設軍裝兵械
鐵盔三百三十二頂　鐵甲九十四副
花綿甲二百二十九副　布綿甲九副
緞號帽二百二十七頂　布號帽百四十四頂
單號褂三百三十一領　袷號褂五十領
銅頂綠緞大旗八面　綠緞小旗四十八面
黃布大纛旗十五面　黃布小旗七十五面
先鋒旗五面　哨旗十二面
中軍帳房一頂　單夾帳房二十頂
布城一座　金鼓樂器一副
子母礮一位　百子礮十三位
淨瓶礮四位　決勝礮二位
劈山礮四位　過山鳥二位
小銅礮一位　發熕礮二位

鳥鎗二百二十一管　鉛子千九百五十九觔四兩
火藥千斤　鉞斧二百二十一柄
腰刀百九十九口　馬槍三桿
長槍二十桿　藤牌五十面
牌刀五十口　牌兵跳衣五十領
雙手帶刀十　片刀十把
銅鍋二十四口　金鑼十一面
木梆三十五架　巡籤十四枝
救火器具一副　坐戰馬二十三匹
凡軍火甲械於乾隆二十三年移貯洞庭東山副將營

官軍自備者

角弓九十四張　撒袋九十四副

戰箭千六百九十二枝　守備餘箭百五十枝

把總餘箭百枝　外委把總餘箭七十枝

額外外委暨馬兵餘箭各四十枝

步兵餘箭各三十枝　麻火繩千四百四十六丈

歲需製配出陳易新供操演之用者

火藥千四百七十九觔十二兩

鉛子百六十五觔四兩

歲支廉俸糧餉銀六千六百十二兩三錢六釐米千四百

二十五石六斗左右哨千總右哨把總弁兵額領銀米皆

統此數內爲

守備養廉銀二百兩俸薪銀九十兩七錢六釐

右哨二司把總養廉銀九十兩俸薪銀三十六兩

右哨外委把總養廉銀十八兩

馬戰兵每糧一分銀二十四兩米三石六斗

步戰兵每糧一分銀十八兩米三石六斗

守兵每糧一分銀十二兩米三石六斗

坐戰馬每匹料乾銀十三兩二錢

增修宜興縣舊志卷之六

武備志 武事

晉太康八年十二月吳興寇蔣迪圍陽羨

吳興人蔣迪聚黨反圍陽羨縣捕討伏誅 節晉書武帝紀

太安二年十二月議郎周玘等起兵討石冰

議郎周玘前南平內史王矩起義兵以討石冰推前吳興太守顧秘都督揚州九郡傳檄州郡殺冰所署將吏 節通鑑 參晉書惠帝紀 周處傳 綱目

永嘉四年三月錢璯寇陽羨周玘率鄉人討斬之

琅邪王睿遣將軍郭逸都尉朱典等討璯以兵少不敢

前玘率合鄉里義衆與逸等俱進討璯斬之傳首建康 節晉書周處傳 通鑑 綱目 參懷帝紀

建興三年春正月周勰作亂黃門侍郎周筳誅之

周勰使吳興功曹徐馥矯稱周札命收合徒衆馥殺吳興太守欲奉札爲主札告亂勰不敢發周續聚衆應馥左丞相睿議發兵討之王導以周筳忠果有謀請獨使筳往筳至郡殺續於太守孔侃座因欲誅勰札不聽委罪於從兄邵誅之 節通鑑 參晉書周處傳 綱目

太寧二年秋七月周騫殺僞義興太守劉芳

王敦遣其兄含及錢鳳等率衆向京師軍敗敦憤惋而

死義興周𤄃殺其所署太守劉芳 節晉書明帝紀 參王敦傳 通鑑

咸和三年五月韓晃冦宜興

蘇峻遣韓晃入義興張健管商宏徽等入晉陵後商等進攻吳郡焚吳縣海鹽嘉興韓晃又攻宜城商等又焚餘杭而大敗於武康退還義興峻死晃等南走督吳郡義興晉陵三郡征討軍事揚烈將軍王允之與吳興諸軍追躡於長塘西大破之 節晉書蘇峻傳 參成帝紀 王舒傳

隆安三年十一月義興許允之反太守魏傿出奔衛將軍謝琰度討斬之迎傿還郡

孫恩陷會稽殺內史會稽謝𬶨吳郡陸瓌吳興邱尫義

興許允之臨海周冑永嘉張永及東陽新安等凡八郡一時俱起殺長史以應之吳國內史桓謹義興太守魏傿臨海太守新蔡王崇等並出奔朝廷加衛將軍徐州刺史謝琰度督吳興義興二郡軍事討恩至義興斬許允之迎傿還郡 節晉書孫恩傳 參安帝紀 謝安傳 通鑑 綱目

宋泰始二年春正月義興太守劉延熙據郡反臺軍吳喜等討平之

是年正月七日晉安王子勛稱帝於尋陽改元義嘉諸郡響應義興太守劉延熙亦舉兵應之太宗以庾業代延熙為義興以延熙為巴陵王休若鎮東長史業至長塘湖即與延熙合休若督諸軍東討建武將軍吳喜殿中將軍杜敷真及員外散騎侍郎竺超之等至國山縣界遇東軍於虎檻村擊破之自國山進吳城去義興十五里延熙遣楊元孫橋之沈靈秀黃泰四軍拒喜喜等兵力甚弱衆寡勢懸交戰盡日臨陣斬元孫黃泰餘衆奔走因進義興南郭外延熙屯軍南射堂喜築壘與之相持庾業於長塘湖口夾岸築城有衆七千餘人器甲甚盛與延熙遥相犄角太宗復遣督護任農夫至業城未合農夫率廣武將軍高尚之永世令徐崇之馳往攻破

之業走義興先是龍驤將軍阮佃夫募得蜀人數百多壯勇便戰着犀皮鎧執短兵本意就佃夫向晉陵未發會農夫須人分以配之及戰每先登東人惟其形飾殊與舊傳狐獠食人見之輒奔走農夫收其船仗進義興援吳喜二月一日喜度水攻郡分兵擊諸壘柵農夫雖至衆尚少喜與數騎登高東西指麾若招引四面俱進者東軍大駭諸營一時奔散惟偽龍驤將軍孔叡一柵未拔喜以殺傷者多開閤緩之其夜庾業孔叡相率奔走義興平延熙投水死有人告之乃斬尸傳首京邑 節宋書孔覬傳 鄧琬傳 參明帝紀 子勛傳 通鑑 綱目

梁太清三年劉神茂攻破義興
　侯景陷宮城吳興太守張嵊舉義賊行臺劉神茂攻破
　義興遣使說嵊嵊斬其使遣軍主王雄等帥兵於鱧瀆
　逆擊之破神茂（叅節梁書張嵊傳）
紹泰元年十月義興太守韋載據郡反司空陳霸先討降
之
　陳霸先殺王僧辨震州刺史杜龕據吳興叛義興太守
　韋載據郡應之霸先遣周文育輕兵襲載載嬰城自守
　龕遣其從弟北叟拒戰敗歸義興文育攻之急載所屬
　縣卒並霸先舊兵多善用弩載收得數十人係以長鏁

　所親監之使射文育軍約日十發不兩中者死每發輒
　中所中皆斃文育軍稍却因於城外據水立柵相持數
　旬霸先聞文育軍不利表自東討克其水柵仍遣載族
　弟翽賚書諭載以誅僧辨意幷奉敬帝敕令解兵載及
　北叟降義興平（叅陳書韋載傳梁書敬帝紀陳書武帝紀通鑑綱目）
隋開皇元年蕭瓛自義興入太湖秦國公宇文述擊敗之
　隋平陳吳人推吳州刺史蕭瓛爲主隋遣宇文述討之
　瓛立柵於晉陵城東絕塘道留兵拒述瓛自義興入太
　湖圖掩述後述進破其柵迴軍擊瓛大敗之（節隋書宇文述傳）
　按隋書外戚傳北史宇文傳皆言瓛敗後逃於太湖與

傳小異
唐廣德元年常州刺史李栖筠捕陽羨西山宿賊殲之
　宿賊張度保陽羨西山累年吏討不克至是發卒捕斬
　支黨皆盡（節唐書李栖筠傳）
光啟三年宣州賊李君旺據宜興六月杭州刺史錢鏐遣
將擊破之
　宣州賊李君旺陷義興守之時鎮海軍將劉浩逐其節
　度使周寶推薛朗爲帥寶奔常州依丁從實錢鏐遣都
　將杜稜成及攻薛朗稜子建徽攻從實聲言迎寶擊破
　賊君旺取船八百艘遂圍常州（節新唐書周寶傳僖宗本紀叅五代史吳

越世家通鑑綱目）
　按通鑑作杜稜等敗薛朗將李君旺於陽羨不言其爲
　宣州賊疑薛朗先招誘君旺爲已用故杜稜等亦先擊
之
南唐保大十二年吳越來侵敗之
　甲寅歲國步中梗於越冦邑人敗之燒營而遁（節徐鉉長橋記）
　按周世宗伐唐乃顯德二年事元年加吳越王錢俶天
　下兵馬都元帥五代史吳越世家云唐遣使安撫境上
　相國吳程聞陳滿言遽調兵攻常州爲柴克宏所敗豈
　卽此時分兵攻宜耶

宋開寶八年夏四月吳越王錢俶遣兵攻下宜興

宋加昇州東南行營招撫制置使使助討江南俶率兵五萬攻常州拔關城遣兵攻江陰宜興皆下之 節續通鑑綱目

建炎三年二月募土豪守垂脚嶺

二月庚午分命浙西監司等官募土豪守千秋垂脚褁陽諸嶺以扼宜常諸州險要 節宋史高宗本紀

金兵掠宜興巡檢方允武死之

金人入縣之金泉鄉允武率土兵鄉民逆敵殺獲數級奪弓劍與旗後遇金兵梅嶺村力戰而歿 節宋史方允武傳

四年淮南宣撫司統制岳飛屯宜興遣兵平盜郭吉於湖

金人攻常州宜興令迎飛移屯焉盜郭吉聞飛來遁入湖飛遣王貴傅慶追破之又遣辨士馬臯林聚盡降其衆有張威武者不從飛騎入其營斬之 節宋史岳飛傳

德祐元年三月叛將李大明等走宜興

陳宜中殺殿前指揮使韓震震部將李大明 蘇州府志作世明 等二百人擕震母妻并諸子逃至平望殺巡檢縱兵放火殺掠從小長橋出許市時潛說友守平江不能捕遂走太湖由宜興至建康降元 節蘇州府志 參宋史瀛國公本紀 元史世祖本紀

宜興民兵助禦元

四月戊辰詔宜興溧陽民兵助戰有功特免今年田租 節宋史瀛國公本紀

元至正十二年江東寇陷宜興

江東寇犯浙西宜興陷 節楊基金烈婦傳

紅巾賊掠臧林

元季年紅巾造亂掠常潤間道經臧林縱劫 節儲欣在陸草堂文集

按紅巾掠常潤不見於史傳以他書參互考之當在陷杭州後故附是年

十六年張士誠遣將唐本初據宜興

士誠先遣弟士德由通州渡江入常熟是年二月陷平江湖州松江及常州諸路遣莫天祐據無錫陽山唐本初據宜興州黃傳據江陰州 參明史張士誠傳 朱昱常州府志

十七年徐達兵徇宜興

耿炳文取長興徐達取常州吳良等取江陰張士誠兵不得四出勢漸蹙亡何徐達徇宜興攻常熟 節明史張士誠傳 參太祖本紀 徐達傳

十八年冬十月徐達克宜興

先是達率邵榮廖永安等攻宜興久不下明太祖遣使謂曰宜興城小而堅未易猝拔太湖口餉道所經絕之

始可破遂乃遣丁德興楊國興等分兵駐太湖口城中
食乏遂拔之即命國興爲守節唐鶴徵府志參江南統志
宜興堰民作亂守將楊國興討平之
宜興堰居民楊氏聚衆三十六寨大肆劫奪國興麾兵
破之誅其首惡餘黨弗問一方以平節王升舊志
二十一年張士誠攻宜興楊國興敗之
士誠大舉水陸並進國興操矛弧與戰敗之又以礮擊
其戰船漂溺萬數士誠遁去節王升舊志
二十五年十一月張士誠陷宜興徐達復之
達率常遇春等徇淮東克泰州吳人陷宜興達還救復

之節明史徐達傳
按明太祖本紀云士誠寇宜興達擊敗之不言城陷與
達傳微異
明宏治十五年浙西鹽徒掠宜興推官伍文定擊走之因
募土兵沿湖守戍
浙西鹽徒竊發由湖散發各縣劫財傷人宜興被害尤
甚知縣王鏌集衆禦備撫按委常州府推官伍文定率
舟師追襲獲賊首數十人餘黨悉散鏌訪濱湖水寨遺
址及要地立堡二十募丁壯三千餘人更番戍守節沈聯謍
樓記

嘉靖三十四年九月倭至宜興
倭自杭州北新關西剽淳安突徽州歙縣至績谿旌德
過涇縣趨南陵遂達蕪湖燒南岸奔太平府犯江寧鎮
徑侵南京倭紅衣黃葢率衆犯大安德門及夾岡乃趨
秣陵關破溧水劫溧陽宜興曹邦輔傳作破溧水抵宜興聞官兵自
太湖出遂越武進抵無錫駐惠山一晝夜奔八十餘里
抵滸墅爲官兵所圍追及於楊林橋殲之節明史日本傳參曹邦
輔傳
按碧里雜存云乙卯五月賊焚無錫宜興告警是賊由
錫至宜非由宜至錫也與史異

國朝順治二年閏六月大兵徇宜興明中書舍人盧象觀
率鄉民拒戰兵敗走死
盧象觀等倡起義兵鄉里揭竿以從閏六月二十五夜
劫大營火發大敗退結柵於張渚之新橋復大敗象觀
後走長興戰死節任源祥參鳴鶴堂文集
十六年宜興縣典史張子慶捕寇不克死之
時流寇餘孽朱靖有赤脚張三與其妾能使連環火鎗
白日搶劫莫敢攖者子慶率衆捕之賊練兵西氿子慶
冐死戰爲火鎗所中墮水死賊尋逸去
王升徐喈鳳二志於歷代兵燹闕焉不載朱昱唐鶴徵

等府志附見於沿革表畧而不詳江南通志別爲撫史記事一條亦止撮其大凡今博稽史傳事仿綱目例書之所以昭鑒戒非徒供學士文人之憑弔已也周玘討陳敏以廿卓之兵事在外不書舊志引周孝侯廟碑云宣和間盜犯境事無徵不書崇禎末蔣允儀記於司理定亂事云二月十五日湖洑人謀入城搶糧其事未成亦不書

增修宜興縣舊志卷之六

武備志　阨塞

宜邑山川之險東北分水堰西北滆子湖南阻銅官離墨諸峯東南由湖洑諸山達長興界西南由張渚諸山達長興廣德界其東面則自上百瀆至下百瀆俱濱太湖波濤險塞惟西面路稍平夷直達溧陽界然長蕩湖大坯山阻其西北藏埠白塔諸山阻其西南誠所謂四塞之地也善防守者察其形勢扼其險要則周禮司封掌固之職固國家所利賴哉志阨塞

五洞橋右濱滆湖左阻小洋塘烟波極望村落寥廓宵小時或出沒其間中貫運河官塘陸路沿運河而南直達縣城凡盜賊北來者由此現設鍾溪汛兵五名巡船一屬城守營

分水堰俗名分水墩左濱太湖西接梅園嶺由無錫陽湖兩縣至分水墩曹橋入宜興界自此而周鐵橋下邾橋橫塘橋至大浦港入東汍民居稠密惟周鐵下邾鎮最逼湖濱盜賊頗易窺伺現設周鐵橋汛兵五名屬太湖右營下邾橋汛兵五名巡船一屬城守營

竹山在太湖接周鐵橋與夫椒山對峙陳墓灣山隸陽湖逼分水墩二山胥左眺太湖右眺無錫陽湖諸境最爲要害之地現設竹山汛兵五名分水墩汛兵五名屬太湖右營

陸路自無錫來由陳橋自陽湖來由曹橋其餘小徑曲折可達宜界者不一大抵與兩路比連兩路防守旣嚴則有備無患矣現設太湖營左右哨千總左哨把總駐防無錫陽湖長洲吳縣境各汛共額兵三百九十六名屬太湖右營

西滆湖直接五洞橋西其東北口出武進縣丫河港西北口出武進縣卜易橋港以達奔牛鎮西爲孟涇河由官村豐義入武進界東爲運河由官庄西施蕩官才瀆出運河至五洞橋入陽湖界湖水瀰漫南北百里東西四十里與武陽兩邑中分其界南通荆溪迤邐接金壇溧陽界港瀆雖多而沿湖四面民居稠密無可容奸惟五洞橋一帶至

武進丫河村庄寥落盜賊出沒之所最宜防守

長塘湖本名洮湖俗名長蕩湖東西三十里南北九十里與溧陽金壇分界湖中大坯山小坯山南北對峙水環四面濱湖一帶函山安樂山琅玕山夾岸聯屬宜荆溧金四縣之地宛然在目可以眺望可以防守

楊巷鎮南隸荆界北隸宜界西隸溧陽界西北二十餘里抵長蕩湖大坯山隸金壇界溪湖繚繞人烟荒僻亦宵小出沒之地現設楊巷汛兵五名屬城守營

渡濟橋荆溪溧陽分界自此而東至徐舍洴㴊烟水蒼茫沿溪蘆葦或十餘里無人村旁多支港最易藏奸現設洴㴊徐舍汛兵各五名巡船各一屬城守營

西氿自洴㴊口西至渡濟橋爲南溪西氿西北口進城塘橋至楊巷爲北溪凡金壇溧陽西北陸路俱繞北溪而來其溧陽正西陸路由封埭繞南溪而來水港錯雜灘蕩相連兵汛沿溪止防水寇雖有小徑並非官道行人惕息現設城塘橋汛兵五名巡船一屬城守營

施蕩河東接太湖由大浦港入東氿此爲咽喉且東北沿湖一帶自周鐵橋來五十餘里東南沿湖一帶自凰川嶺來亦五十餘里太湖襟帶兩邑百瀆諸港隨處可入內地獨施蕩河居其中控扼南北爲東氿障蔽最宜防守現設

大浦汛兵五名屬太湖右營東氿施蕩橋汛兵各五名巡船各一屬城守營

太湖在縣東四十里南踰凰川蘭山抵董塘嶺入長興界北越竹山抵百瀆口分水墩入陽湖無錫界綿亘百里東帶蘇郡吳江震澤吳縣長洲諸境湖中盜賊往來倏忽宜仿明制設警樓二十座以守之現設太湖右營守備一員駐周鐵橋統轄宜荆各汛自分水墩至烏溪凰川止有馬戰兵十一名步戰兵八十三名守兵三百三名

百瀆港俱濱太湖在縣東南五十七里者爲上百瀆在縣東北五十里者爲下百瀆二十座警樓可設呼吸相通港

瀆雖多巡哨自密矣

定跨港烏溪港蘭後港俱在縣東南五十里迤邐相連並入太湖以達杭嘉湖三州之境鹽徒劫盜往來作商販行色乘間入耗內地及強民截害商船最宜防守現設凰川烏溪雙橋汛兵各五名屬太湖右營

銅官山舊名君山在縣西荆溪之南山高二百三十仞周一十五里雄視一邑嶺塢四塞最易藏奸其南麓芙蓉山由雙茶亭至芙蓉寺入山其西麓大盧山一名橫山由漳渚進至大盧寺入山其東麓靜樂山由查林至靜樂寺入山其北麓南嶽山由婆窠進漢里至南嶽寺入山其中岡巒四合包

絡二嶺明季土賊據山剽掠村民被害尤劇預宜防密解散俾無嘯聚則民居安堵矣

百合場出南城二十里土人相傳岳忠武於此與金人決戰百合故名土地平曠縱廣十餘里可陣可戰洵為駐屯善地

張渚鎮在縣西南七十里山民都會五方雜處最宜稽察現設張渚汛兵五名屬城守營

茗嶺在張渚鎮之南面由張渚入山二十里過嶺即長興縣界兩旁荒山密箐可以設伏可以堵截

襄陽嶺一名襄王嶺在張渚鎮之西南面由張渚進至襄陽界三十里陟嶺又五里至嶺下即長興縣界兩旁荒山密箐可以設伏可以堵截

橋下村在張渚鎮之西面進山三十里至村旁又十里至廣德州分界山一直可通徽州兩旁荒山密箐可以設伏堵禦

雙塘嶺亦張渚西面由張渚七里至大賢嶺又七里至凰飛嶺田疇嶺界連屬二十里至雙塘嶺入溧陽西蔣界嶺路崎嶇可以防守

章山舊名黃山亦在張渚西南近沸泉武花二山迤亘入寧國界可以堵截可以眺望

湖㳇鎮在縣東南四十里山民都會五方錯處最宜糾察現設湖㳇汛兵五名屬城守營

省庄村在湖㳇鎮之西南由湖㳇進山三十五里至村旁又十里至纜嶺嶺之麓即長興界隨路荒篠蒙密最宜設伏堵截

由烏溪至凰川為湖㳇東面其水路出凰川港至長興夾浦蘭山石麓直入太湖與香山麓相對風濤激撞防守最為險固其陸路由蘭後十里至董塘分界石即長興縣斯岐灣界又十里而至香山一路左濱太湖右阻高山徑極險塞可以防守

懸脚嶺一名垂脚嶺在湖㳇之東南由湖㳇十里許至紅嶺又
南約十里至嶺嶺之南即長興合溪界兩旁高山峭壁最
宜堵截
東林嶺在湖㳇正南七里又五里過嶺至厓宅塢又十里
許即長興縣界又由東林嶺過西至蔣塔又三里至馬囦
又西二十里至磬山又二十里至羅界又十五里至太華
山又迤西南十五里至廣德泗安界山路多岐崎嶇錯雜
悉其徑路察其形勢隨路俱可設伏制勝
按宜興歷代寇警由陽湖官塘運河入五洞橋界者三隋開皇元年平陳陳吳州刺史蕭瓛立柵於晉陵城東絶塘道又從義興入太湖圖掩宇文述後述進破其柵

回軍擊賊大破之宋建炎四年金人攻常州宜興合迎統制岳飛移屯宜興元至正十七年徐達取常州徇宜
興久不下太祖使詔達曰太湖口偏道所經絶之乃可破達遣楊國興分兵駐太湖口城中食乏十八年冬遂
拔宜興命楊國興守之由無錫冠曹橋入分水墩界者一元至正十六年
張士誠遣莫天佑據無錫陽山唐本初據宜興州由金壇入楊巷界者二蕭梁紹泰
元年義興太守韋載據郡叛陳霸先表自東討克其水柵元季年紅巾賊掠常潤間道經宜興燬林縱掠守
長蕩湖連柵西氿至城南據南北兩溪之險而破滅者
一劉宋泰始二年義興太守劉延熙據郡反庾業至長塘湖興延熙合巴陵王休若督吳喜等東討業于長
塘湖夾岸築城與延熙遙相犄角太宗復遣任農夫至攻破之吳喜渡水攻郡分兵擊諸壘柵大破之由
溧陽劫掠宜興界者二宋建炎三年金兵掠宜興之金泉鄉巡檢方允武戰沒於梅嶺
村明嘉靖三十四年倭冠掠金陵破溧水遂自溧陽劫宜興官兵自太湖追擊由宣城廣德入

宜興張渚界者二晉咸和三年蘇峻遣韓晃攻宣城遂冠陽羨揚烈將軍王允之追躡於長
蕩湖西大破之唐光啓三年宣州賊李君旺陷義興錢璆遣將杜稜等擊破之取船八百艘遂圍常州山
浙西長興入宜興張渚界者一宋建炎三年分命浙西監司等官募土豪守千
秋亞陬襄王諸嶺以扼宜常諸州要害由浙西長興入荊溪凰川界者四
晉太康八年吳興人蔣迪冠陽羨南唐保大十二年吳越王錢俶攻義興宋開寶八年錢俶攻下宜興元至正
十二年江東冠犯浙西宜興陷由太湖用水軍入宜荊上百瀆下百瀆
界者六蕭梁太清三年侯景行臺劉神茂攻破義興吳興太守張嵊遣軍於鱧瀆迎擊大破之南唐保
大十二年宋開寶八年錢俶兩攻宜興水陸並進是水軍必由太湖入也宋德祐元年殺殿前指揮使韓震部
將李大明逃至平望焚掠遂走太湖是由蘇州入太湖冠宜興也元至正二十一年張士誠太舉水陸並進守
將楊國興以礮擊其戰船漂溺走士誠二十五年張士誠陷宜興徐達復之明宏治十五年浙西鹽徒竊發由

太湖登宜興劫掠知縣王鎭常州府推官伍文定帥舟師襲破之鎭訪湖濱水寨遺址于要地立堡二十募丁
壯三千更番戍守沈少司空暉有警樓記附後堰民聚衆劫掠者一王志宜興堰民楊氏
聚衆三十六寨大肆劫奪守將楊國興討平之凡此乘間竊發皆由防禦廢弛
昔明太祖有言宜興城小而堅未易猝拔若因其山川
之阻修其戰守之具仿明舊制設警樓數十餘座募兵
數千更番戍守水陸巡哨俾周圍百數十里呼吸相通
則宜荊雖小邑溪湖浩淼岡巒重叠形勝甲於他邑信
可恃也幸際
昇平之世思患而預防之是誠守土者之責哉亦讀書經
世者所宜致思也爰列其險要及屢朝寇警著於篇俾

後來者有所考證焉

警樓記附　　沈暉

宜興之爲縣西南據萬山東北距五湖而五湖者卽禹貢所謂震澤雄跨常蘇湖三郡中有七十二峯旁通諸溪瀆以達於江海波濤浩瀚林巒深窈最爲盜賊淵藪自宋元以來濱湖各立水寨以固備禦我皇明奄有天下百五十餘年海內成平日久兵備漸弛各寨鞠爲荒墟盜賊出沒無禁宏治十五年歲饑浙西鹽徒竊發聚衆千百成羣駕舟入湖散發各府縣鄉村科擾甚至劫財傷人燒毁室廬奸污婦女靡所不至而宜興被害尤甚時知縣事王鏸深以爲患既集衆悉力備禦自以賊衆我寡勢不能敵具申本府轉達巡撫南畿左副都御史彭公禮提督操江右副都御史林公俊巡按浙江御史饒公榶巡按直隸御史王公憲陳公熙各下郡縣委官督屬會捕而吾常推官伍侯文定先率舟師四路追襲未幾獲賊首數十人案問皆伏法餘黨悉散時御史陳公適按宜興猶以爲小捷不足恃乃進鄉老問計咸謂賊去難保不來而官兵不可久駐必募土兵防守方可永保無虞陳公深以爲然卽行縣令轉達巡撫巡按諸公會議處分皆報曰依議於是王侯躬訪各寨遺址及要地立堡二十每堡量募其丁壯多者二百

三十人少者百數十人共三十餘人以軍法編之每十夫爲小甲十甲爲一總甲俾大小相維若綱之在綱臂之運指又念各人無所棲止官爲給價諭富民協助各建樓一座計十二楹高二丈六尺深廣如之甃以崇墉前爲重門以通出入上啓四牕以便遼望樓成使常川寓此更番守戍寇至則建旗鳴鼓互相傳報協力隄備勦捕去則各歸務農規制既定伍侯又周歷勸相增益其所未備且爲條約榜示樓間使朝夕觀省恪遵毋怠經今行之五年兵不知勞盜不入境而鄉民安堵樂業得免荼毒之苦者皆二侯之功而諸公用人之得其當也於是合縣士庶德侯保障者相率過余請文刻石以昭永久予家居湖濱固常被虓傷而感德尤深者因不辭而爲之言曰天下之道有陰必有陽有治必有亂有君子必有小人雖唐虞至治之時不能無寇賊姦宄之爲亂況後世乎要在思患而豫防之耳易曰王公設險以守其國重門擊柝以待暴客蓋取諸豫書曰有備無患此之謂也昔李德裕守西川建籌邊樓圖山川險易以謹備禦土番不敢犯境范文正鎮延綏築城堡樓櫓嚴爲隄備西賊爲之納款今二侯斯舉蓋與李范二公異世而同功宜乎羣盜之畏威而逆罪也或者又謂盜本良民一時爲饑寒所迫不得已而爲盜耳與其

齊之以刑不若道之以德與其嚇之以威不若懷之以恩苟能如龔遂之治渤海陳寔之在太邱有何盜賊之不可化哉故孔子告季康子曰苟子之不欲雖賞之不竊又曰子欲善而民善矣君子之德風小人之德草草上之風必偃斯固二侯之所素講而優爲者而凡爲政皆所當知也予故歷敘二侯暨諸公之功而復推本於德化者如此伍侯字時泰松滋人由已未進士佐郡公勤讞獄平恕人以比歐陽崇公王侯字子錄晉江人由丙辰進士蒞政嚴明見義必爲其善政若復東坡祠立演武場修行臺廣義阡興學勸農諸事已具西涯太史及揚儀部文

增修宜興縣舊志卷之七

選舉志　徵辟

學自制科盛而徵辟廢宋元以前頗多湮没明初首行薦辟多得顯官至中葉專重科甲正嘉而後薦辟寥寥今將崇禎時薦舉及　國朝召試者續入

漢

許武　舉孝廉長樂少府有傳　許晏　武弟舉孝廉王志陳府志俱作景　許普　晏弟舉孝廉　許荆　舉孝廉永元中諫議大夫有傳

吳

周魴　舉孝廉鄱陽太守有傳

晉

周玘　魴孫處子舉秀才有傳　周札　玘弟舉孝廉

唐

蔣儼　舉明經蒲州刺史封義興縣子有傳　蔣將明　天寶末徵辟河中使府見唐書　許景先　舉手筆俊拔茂才異等見新唐書本傳　蔣鎮　唐舉賢良方正見唐書喬琳傳

宋

慕容彥逢　舉宏詞崇寧進士咸淳志作彥進吳穀本作元祐戊辰李常寧榜崇寧誤　奈安行　中曾孫官中書紹興中叩閽論事被逐　蔣之奇　舉賢良方正皇祐五年進士見府志　吳邦翰　宗旦子舉明經淳熙進士　何益　舉明經　何堅　益弟舉明經並據何氏譜　儲時可　舉行誼純固紹定三年舉臨安教授累官吏部侍郎　任　儲俊之　舉將才　儲時昇

時可弟舉善理財賦據儲大文宗譜蔣瑎之奇子舉明經元祐三年進士見陳府志單子發
舉八行孝弟忠信睦婣任恤見陳府志

元

董蕃舉茂異見陳府志有傳許應祁舉茂異山陰知縣有傳蔣禹玉舉儒士抗
州學錄吳寬蘭溪判官儲士方舉儒士建德路教授見存研樓集儲維志舉儒
士廉州路學正見宋濂集府志作武進教諭

明

馬治舉秀才建昌同知有傳吳雲舉求賢刑部尚書有傳蔣宗儉本學訓導陞國
子監學錄尹範本學教諭詳官師師祐洪武間舉任淮安同知後改武職儲宗儒
端州檢校儲安禮贛州倉庫使並據儲大文宗譜儲可求本府訓導累官吏部侍郎有傳

陳敏任本學教諭擢給事中儲振天台教諭改國子監助教徐鑑三年中式有傳徐
麟見毘陵科第考宋溥唐山知縣擢御史已上俱舉明經張以中舉才能靈邱知縣
吳源舉秀才蘭溪教諭以目疾辭儲仲淵河南府教授姚臨舉求賢昔三世孫保
定知府見峕傳張程舉求賢羅山縣丞儲燦舉經明行修仁和訓導儲思豫舉經
明行修善屬文浦江教諭與修永樂大典丁彥珉兗州府檢校郭彥英福州府同知
尹顯衛經歷王炯袁州知府字宗景舊志誤書字孔希原石州同知蔣永升
浦城縣丞徐敬延平府通判潘璽建寧府同知徐中德安府通判儲景瑜
福寧縣丞王慶建陽主簿楊晟太原府通判潘景德廣昌知縣張士林漳浦
知縣見馳封陳旭戶部主事吳埜太和知縣蔣久安兵馬指揮張永年溫州
府同知陳紀甲字庫大使鄧恭辦事文選司王瑜巡檢沈歷不就官許

茂不就官李選平陽縣丞尹天覺寧波經歷儲節宣府教授已上俱舉人才
儲拓惟賢子舉秀才阜城知縣儲拼惟賢子內邱知縣並據儲大文宗譜已上俱洪武蔣
兢建文初舉人材授文淵閣侍書見明詩綜儲錞舉茂才福清縣丞見儲大文宗譜傳湯誼
舉人才餘姚縣丞據湯譜沈原澤舉儒士代州同知王偁南山十景詩序謂舉賢良吳頴
舉儒士程鄉知縣已上俱永樂薛恆宣德間舉儒士任蘭溪知縣以公廉著聲吏民畏服卒于
官據唐府志邵維簡舉賢良方正大庾主簿吳達舉賢良方正黃州通判有德政陞廉
州知府年九十二致仕已上俱崇禎

國朝

康熙己未特開博學宏詞科試詩賦取中一二等五十人授館職
陳維崧由生員舉博學宏詞授翰林院檢討纂修明史有傳
附樂舞明醫非列選舉然蔣守約王玉並躋上卿而其人謹愿非如方士竊位者流特附徵辟之後

蔣守約永樂初徵補神樂觀樂舞生尋授贊禮郎累官太常卿禮部尚書天順元年致仕未幾復
召起俾典祀事年七十八卒于官不娶以族子悅嗣蔭玉山縣知縣守約為人潔清誠恪外肅內溫脩然
有出塵之度故天語有敬慎廉潔之褒而學士錢溥表其墓亦曰雍雍文雅殊有林下風致云悅子士脩中
正德丙子鄉試
單信景泰間舉明醫太醫院吏目據單氏譜正統十三年以儒醫召至京從征西南夷有功授太
醫院吏目景泰二年遷御醫子昌從父入京繼以隸太醫天順初以迎駕授鴻臚寺序班後從征兩廣以勞
任太醫院吏目按王志無單信有單正註云景泰元年由太醫院醫士任本院吏目子某天順初由太
醫院醫士以迎駕任鴻臚寺序班考單氏譜並無單正
卜惠府志作恩景泰間舉明醫授太醫院吏目王志授太醫院吏目改楚府良醫正
王玉字汝瑛成化末舉明醫為太醫院醫士宏治初每用藥輒有奇效上暨太后甚嘉寵之累官至

通政司賜麒麟服一襲犀帶一圍又嘗御書藥方以賜焉子廷相官御醫

楊悫 宏治間舉明醫

增修宜興縣舊志卷之七

選舉志 進士

唐

許景先 神龍吏部侍郎有傳　蔣冽 天寶吏部尚書有傳　蔣渙 吏部尚書有傳　喻鳧 開成烏城令有傳

蔣曙 咸通末起居郎　蔣伸 大中同中書門下平章事有傳　蔣兆 見唐書

宋

大中祥符五年壬子徐奭榜

蔣堂 禮部侍郎有傳

大中祥符八年乙卯蔡齊榜

邵梁 見父靈甫傳

慶曆二年壬午楊寘榜

虞大寧

慶曆六年丙戌賈黯榜

虞大微 府志作大徵

皇祐元年己丑馮京榜

虞大熙 侍講王志作人熙有傳

嘉祐二年丁酉章衡榜 是年始定間歲一科

蔣之奇 又舉賢良方正有傳　單錫 觀文學士有傳

嘉祐四年己亥劉煇榜

單鍔錫弟
嘉祐六年辛丑王俊民榜
黃肇中曲阜知縣府志咸淳志舊志俱缺徐志補入
治平二年乙巳彭汝礪榜
張磐朝散郎武騎尉舊志缺府志作盤
熙寧三年庚戌葉祖洽榜
蔣津
熙寧六年癸丑余中榜
余中咸淳志作佘中有傳　邵剛南省第一禮部第一　邵潛　邵材潛子試開
封第一鴻臚卿有傳　蔣之美之奇弟

熙寧九年丙辰徐鐸榜
錢郎龍圖閣學士咸淳志無郎名有傳
元豐二年己未時彥榜
蔣天麟　蔣靜宋史有傳毘陵人品記云宜興人府志表列江陰國子司業顯謨閣
待制
元豐八年乙丑焦蹈榜
張大年朝奉大夫府志誤入武進
元祐三年戊辰李常寧榜
蔣堦之奇子又舉明經堦咸淳志作錯　慕容彥逵又中詞科　郭三益樞密院
元祐六年辛未馬涓榜

蔣圓　蔣竿府志作竿咸淳志作芊
紹聖四年丁丑何昌言榜
蔣之武
元符三年庚辰李釜榜
余京　惠柔民　張潨磐子禮部尚書少師贈陳留縣男舊志缺府志
誤入武進
崇寧二年癸未霍端友榜
邵林見府志武進籍
大觀三年己丑賈安宅榜崇寧丙戌始罷諸州發解并省試從學校貢士是年合天
下貢士而毘陵五十有三上特賜褒詔

惠霈　惠安民
政和二年壬辰莫儔榜
蔣寧祖　吳師古郡志誤入隆興今攷宋史及吳氏家譜改正咸淳志無師古名
有傳
政和五年乙未何㮚榜
單子發又舉八行科嘗修風土記鍔長子據單氏譜爲單發咸淳志作子發　唐棣有傳
宣和二年辛丑何渙榜
邵居之見府志咸淳志作邵居　蔣及祖之奇孫　蔣榮祖
宣和六年甲辰沈晦榜禮部試進士至萬五千人是年賜第八百五人
周葵中書侍郎謚簡惠有傳　單時錫子諫議大夫毘陵人品記作錫孫有傳

紹興十八年戊辰王佐榜

龔尹　徐日章　李左

紹興二十一年辛未趙逵榜

蔣芾 一甲第二名僕射平章事毘陵科第考作武進人唐志又稱無錫人有傳

紹興二十四年甲戌張孝祥榜

單㑺 士通長子　惠哲　惠迪 俱特奏

紹興三十年庚辰梁克家榜

趙不愚 按宋史世系表太宗子漢王商王以下三百年中名不愚者凡十四人郎四人大夫一人尉大夫者二人無銜者七人並無登進士者王志邱墓內載宋宗室趙士燦墓誌云朗紹興三十年進士不愚父考士行亦無名燦者不知王志何據補入　吳師尹　張駒 國子監典簿府志誤入武進

吳宗旦 王志缺府志入武進據吳氏譜宗旦大父灌建炎三年由武進避兵徙居宜興占籍至三世應入宜興仕至工部尚書直學士院嘗遊學朱熹門下及韓侂胄攻熹等僞學宗旦疏救侂胄大怒賴帝谷免于禍等乞致仕明吳淑其後也

隆興元年癸未木待問榜

蔣繁 佘端禮中七世孫以浙江龍邱籍登第故舊志府志俱不載據佘氏譜端禮胞弟端義尚居宜興應照外籍例補入仕至左右丞相封郇國公謚忠肅

乾道二年丙戌蕭國梁榜

張坦之 武進籍見府志

乾道五年己丑鄭僑榜

趙善登

淳熙十四年丁未王容榜

張驤 上元縣主簿見府志　吳邦翰 宗旦子仕至戶部尚書食邑三千戶卒賜祭葬府志缺

紹熙四年癸丑陳亮榜

惠純夫　惠敏 府志作惠毓

慶元二年丙辰鄒應龍榜

惠端方　沈唐老　蔣志行

嘉泰二年壬戌傅行簡榜

惠棐

開禧元年乙丑毛自知榜 咸淳志作王自知誤

惠有大

嘉定十六年癸未蔣重珍榜

張大中　蔣安仁 見楊懷遠鄉評備考

紹定二年己丑黃朴榜

黃羅

寶祐四年丙辰文天祥榜

王桂發　吳載堅 有傳

德祐二年丙子王龍澤榜

蔣提 有傳

元

泰定四年丁卯李黼榜

盧端智

明制科凡鄉試者明年春會試禮部又中式者准入試內廷凡三試云

洪武十八年乙丑丁顯榜吳本作練子寧榜

陳迪刑部主事

永樂二年甲申曾棨榜以元年癸未登極補鄉試改于是年會試

杜欽四名工科給事中有傳

永樂十三年乙未陳循榜

陳善工部員外

景泰五年甲戌孫賢榜

徐溥一甲第二名入內閣謚文靖有傳　張述古僉事

天順四年庚辰王一夔榜

沈暉工部侍郎有傳　張盛山東參政有傳

成化二年丙戌羅倫榜

芮畿刑科給事中有傳

成化五年己丑張昇榜

王纓戶部主事　邵珪嚴州知府有傳　邵暉會試第二吏部郎中有傳

成化八年壬辰吳寬榜

邵賢山東提學有傳　李震兵部主事見子杲傳

成化十一年乙未謝遷榜

卜同傳臚湖廣僉事有傳　李雲福建布政有傳　吳淑四川僉事有傳

成化十四年戊戌曾彥榜

宗鉞長蘆鹽運使

成化十七年辛丑王華榜

芮稷兵科給事見兄畿傳　儲材員外

成化二十年甲辰李旻榜

儲巏會元傳臚吏部侍郎　胡孝知府有傳　陸里章邱知縣

成化二十三年丁未費宏榜

吳儼禮部尚書謚文肅有傳

宏治三年庚戌錢福榜

陸廣戶部主事南康知府據府志

宏治六年癸丑毛澄榜

杭濟倫子福建布政有傳

宏治九年丙辰朱希周榜

儲秀材子工部員外　張邦瑞戶部主事　鄧恒大同中屯衛籍

宏治十二年己未倫文敘榜

杭淮濟弟副都御史有傳　芮思新昌興寧二縣知縣

宏治十五年壬戌康海榜

儲南戶部主事

宏治十八年乙丑顧鼎臣榜

邵天和珪子吏科給事定興縣軍籍有傳

正德三年戊辰呂柟榜

胡忠副都御史有傳

正德六年辛未楊慎榜

李杲震子戶部主事有傳

正德九年甲戌唐皐榜

吳仕解元四川叅政有傳

嘉靖二年癸未姚淶榜

陳儒見吳紱志稿有傳

嘉靖十四年乙未韓應龍榜

吳性尚寶司丞有傳

嘉靖二十年辛丑沈坤榜

萬士亨會魁吏部稽勳員外有傳　萬士和士亨弟禮部尚書謚文恭有傳

嘉靖二十三年甲辰秦鳴雷榜

曹三暘南工部尚書有傳

嘉靖三十二年癸丑陳謹榜

楊準叅政軍籍　吳可行性子武進籍翰林院檢討

隆慶五年辛未張元忭榜

曹司勳三暘子見父傳　吳中行性子武進籍翰林院侍讀學士

萬歷二年甲戌孫繼皐榜

黃體乾瑞州知府有傳

萬歷五年丁丑沈懋學榜

俞霑會魁福建按察使有傳　吳達可通政使有傳　吳夢熊儼孫烏城知縣

萬歷八年庚辰張懋修榜

路雲龍江西叅政有傳　蔣瑞卿戶部主事　褚棟武進籍　褚國祥武進軍籍

據府志

萬歷十一年癸未朱國祚榜

史孟麟太僕正卿有傳　俞士章霑子見父傳　蔣應震建昌知府

萬歷十七年己丑焦竑榜

吳正志達可子江西僉事有傳　張納陛禮部主事贈尚寶司丞有傳　潘守正南戶部郎中有傳　儲昌祚四川僉事有傳

萬歷二十年壬辰翁正春榜

湯兆京河南道御史有傳　謝得申雲南軍籍柳州推官

萬歷二十三年乙未朱之蕃榜

吳道行刑科給事譜作吏科　陳于廷左都御史有傳

萬歷二十六年戊戌趙秉忠榜

何士晉兩廣總督兵部右侍郎贈兵部尚書有傳　張邦紀燕山左衛軍籍禮部侍郎卒贈尚書蔭三子　吳元中行子江西布政司武進籍

萬歷二十九年辛丑張以誠榜

陳一教浙江叅政　吳亮中行子大理寺少卿武進籍　李守俊有傳　丁天敏府志作毓有傳

萬歷三十二年甲辰楊守勤榜

吳宗達 一甲第三名武進籍有傳　吳友賢 戶部主事

萬歷三十五年丁未黃士俊榜

湯啓燧 提學道　史垂則 戶部郎中

萬歷三十八年庚戌韓敬榜

徐儀世 廣西提學副使　吳奕 中行子武進籍

萬歷四十一年癸丑周延儒榜

周延儒 入內閣　周鼎 總河工部尚書有傳　毛士龍 僉都御史掌院事有傳

萬歷四十四年丙辰錢士升榜

蔣如奇 應震子有傳　徐紹沆 有傳　蔣允儀 宏憲子有傳

曹師稷 有傳　儲顯祚 昌祚弟陝西按察使有傳　朱本吳 錢塘籍陝西布政

萬歷四十七年己未莊際昌榜

蔣覲 河南兵備副使　吳炳 江西提學有傳

天啓二年壬戌文震孟榜

湯啓烜 更名啓祥太原知府有傳　盧象昇 兵部尚書諡忠肅有傳　徐申懋 成都

知府　張定志 河南提學　吳鳴虞 儼曾孫文選司郎中有傳　顧一讓 獻縣知縣調繁

清豐　吳柔思 武進籍

天啓五年乙丑余煌榜

曹應秋 司勳有傳　吳士貞 敦復子禮科給事有傳

崇禎元年戊辰劉若宰榜

陳于鼎 一教子編修　周昌儒 建寧知府　路文範 雲龍子見子進傳　吳允

初 儼元孫嵩知縣　黃路進 文範子有傳

崇禎四年辛未陳于泰榜

陳于泰 一教子　王期昇 紹興長沙知府宜興籍武進人　徐懋曙 吉安知府見文

洪祚傳　夏尚絅 順天大興籍金衢副使

崇禎七年甲戌劉理順榜

吳國華 榜眼諭德　孫謀 戶部員外　戴英 兵科給事中有傳　吳洪昌 正志子禮

部主事有傳　路邁 吏部郎中有傳

崇禎十年丁丑劉同升榜

吳貞啓 會元禮部員外典試山東廣東提學　堵允錫 諡文襄無錫籍有傳　王行儉

重慶知府諡忠烈有傳　吳應恂 長沙知府　吳森枝 正己子福建巡按　儲堪 泰州

籍

崇禎十三年庚辰魏藻德榜 是科特用出身史淳等二百六十三名

周正儒 禮科給事　路朝陽 戶部主事　周世臣 延平推官明詩綜作與化　吳正

心 特用進士雲南布政　王榜 特用進士

崇禎十六年癸未楊廷鑑榜

盧象觀 象昇弟解元　李用楫 瓊州推官　徐徵麟 吏部主事　史夏隆 孟麟

子原名翥　吳璇 戶部主事兼兵部職方司員外郎有傳　吳貞毓 建極殿大學士諡忠節夢

熊孫有傳

國朝 科甲一依明舊制以子午卯酉年鄉試辰戌丑未年會試

順治四年丁亥呂宮榜

周啓雋春坊庶子　蔣永修戶科都給事湖廣提學　張宏修燕山衛籍題名註大興人翰林院編修

順治六年己丑劉子壯榜

潘瀛選河間知府　徐徵鳳戶部主事　吳慶期壽光知縣　儲館永豐知縣有傳

順治九年壬辰鄒忠倚榜

路邁邁弟永平知府有傳　周仲球鼎子寧波府推官有傳　周奕封延儒子庶吉士

張永祺燕山衛籍榜眼　周季琬鼎子直隸巡按御史見兄仲球傳　張定憲順義知縣

吳龍章完縣知縣吏部主事　吳晉廉州府推判官有傳　許紹芳肅寧知縣

順治十二年乙未史大成榜

蔣龍光湖東道　吳貞度洪昌子庶吉士　杜汝用延平府推官　任雄吏部觀政

史紀夏安仁知縣　周成文　萬錦雯廣宗知縣候補中書　董紹永安知縣

邦武進人　黃雲史武進人宜興籍按題名錄但云武進人

順治十五年戊戌孫承恩榜

王子玉期昇子原名紀庶吉士　麥鷁遠廣平府推官未任卒　徐階鳳永昌府推官

張炳臨洮府推官　王松曲靖軍民府推官　蔣曜　湯原清啓祥

子　李同亨祥符黃陂二縣知縣　儲士金壇籍　朱京琦仁和籍

順治十六年己亥徐元文榜

吳景運授推官未任　盧士登武昌府推官

順治十八年辛丑馬世俊榜

莫大勳刑科給事有傳　萬彥毘陵科第考作武進人

康熙六年丁未繆彤榜先是甲辰會試廢經藝改策論裁減一場是科仍之

儲方慶會魁清源知縣　儲善慶方慶兄井陘知縣　儲振會子右春坊庶子

康熙十二年癸丑韓菼榜己酉鄉試復經藝仍試三場如舊制

蔣扶暉濬縣知縣

康熙十五年丙辰彭定求榜

任宏嘉繩隗子通政司右通政有傳

康熙十八年己未歸允肅榜

陸輿本姓史庶吉士福建提學　孫朝慶　吳玶莆田知縣

康熙二十一年壬戌蔡升元榜

吳元臣貞度子桂林知府　儲掄會子臨川知縣　萬廷詔永壽知縣　萬丹詔

錦雯子石城知縣

康熙二十七年戊辰沈廷文榜

潘宗洛湖南巡撫　馬文煜順義知縣

康熙四十五年丙辰施雲錦榜

郁士超扶溝知縣　吳文淵金壇籍

康熙四十八年己丑趙熊詔榜

儲在文方慶三子編修有傳　蔣錫震慶雲知縣　陸倪溥合浦知縣　路仍起

庶吉士

康熙五十二年癸巳　恩科王敬銘榜八月會試是科始分省取中

李飛鯤榜姓顧華亭籍杭州府同知

康熙五十四年乙未徐陶璋榜

路衡順昌知縣

康熙六十年辛丑鄧鍾岳榜

吳端升武進籍庶吉士　儲大文方慶次子會元庶吉士　儲郁文方慶四子徽州府教授　儲雄文方慶五子知縣

雍正元年癸卯恩科于振榜

儲龍光戶部郎中福建按察使　朱世勳御史

雍正二年甲辰陳悳華榜

儲元升郁文子蘇州府教授桐城知縣

增修宜興縣舊志卷之七

選舉志　舉人

進士必由鄉舉唐宋元舉進士不第者復試乃解復試仍屬諸生矣至明定爲舉人可以會試可以謁選則鄉榜非可略也

贛州府志曰鄉舉在宋爲漕試謂之登解第皆送南宮會試不第須再試未偕以入仕也及累舉不第然後有推恩謂之特奏不復繫諸鄉舉元時亦然至有明始定爲入仕之途則一代新制　按唐書文宗開成五年五月丁巳勅禮部貢院進士舉人者謂舉進士之人也進士即是舉人不若今人以鄉試榜曰舉人會試榜曰進士也

唐

沈全交見唐史

宋

諸路省試皆秋取解冬集禮部春考試不第則復試乃解故有再舉四舉之名如明之武科例云

沃彥元祐丁卯　張膺紹興辛酉　張叔敖慶元丁巳寶應知縣　黃羅紹定戊子　黃登紹定戊子淳熙己酉寶祐乙卯三舉　儲廷玉咸淳庚午崑山學正見趙孟頫書墓碑

元

省試如宋制但不拘額元季法漸更會試不第者悉授以各府學正及書院山長又增取鄉試備榜亦授以郡錄縣學教諭

儲惟賢至正辛巳丁亥再舉　按儲譜至正乙亥四名丁亥解元

明

以辰戌丑未年會試禮部會經鄉舉者選試即得與新舉士偕上春官無再試之例

洪武四年辛亥

儲正夫歷任清淵昌化知縣　儲立夫莊浪州州判　儲益夫開封知府

洪武十七年甲子
陳迪乙丑進士
洪武二十九年丙子
潘吉閔鄉知縣卒于官王志云其子孫家焉府志作教諭
建文元年己卯舊志作洪武三十二年
許勝御史　王衡上虞教諭
永樂元年癸未壬午停鄉試
張善應天府經歷　宋參歷城教諭　施敬　杜欽甲申進士
永樂三年乙酉
徐鑑夔州知府有傳　儲思祉入國子監

永樂九年辛卯
陳善乙未進士　湯銘萊陽知縣
永樂十二年甲午
周士宏郡志作丁酉士作仕　蔣構刑部主事
永樂十五年丁酉
周武
永樂十八年庚子
邱誠　儲益以上二人舊志不載見南國賢書暨毘陵科第考　俞確無錫籍
永樂二十一年癸卯
倪偉仙居知縣　葉瑩新城教諭

宣德七年壬子
王懋扶溝教諭
宣德十年乙卯
孫謙蒲州同知
正統三年戊午
尹弼吏部員外有傳
正統六年辛酉
卜祉戶部郎中有傳武進籍
正統九年甲子
黃時樂平教授　陳勗嘉善訓導

景泰元年庚午
徐溥甲戌榜眼
景泰四年癸酉
李庭芝樂平知府有傳　黃澤　張述古甲戌進士
景泰七年丙子
王嵎知縣　楊薰奉新知縣　王輣四名夔州同知
天順四年己卯
張盛庚辰進士　沈暉庚辰進士　芮畿丙戌進士　王嶠知縣　蕭用兗州推官鄒
晃歷任景州平度知州
天順七年壬午

王瀚 府志作瀚
成化元年乙酉
李震 經魁壬辰進士 邵暉 己丑進士 談世善 京山知縣
成化四年戊子
邵賢 壬辰進士 儲材 祉子辛丑進士 杜瀚 府志作乙酉科瀚作翰 李雲 乙未進士
邵洼 己丑進士 吳淑 乙未進士 王纓 己丑進士 湯曾 黃金 順天中式
南雄府同知
成化七年辛卯
卜同 經魁乙未進士 芮稷 辛丑進士 范綺
成化十年甲午

范謂 潘杲 知縣 宗鉞 戊戌進士 楊琛 宜春知縣
成化十三年丁酉
胡璉 歸州知州有傳 胡申 濮州學正 黃玭 廣平同知 蕭鉷 王府教授
成化十六年庚子
胡孝 甲辰進士 陸里 甲辰進士
成化十九年癸卯
儲巏 泰州籍解元甲辰會元 蔣銘
成化二十二年丙午
芮思 己未進士陳志作恩 吳儼 丁未進士
宏治二年己酉

儲秀 材子丙辰進士中式
宏治五年壬子
陳符 鎮平知縣 李杲 震子辛未進士 王瓚 祉 嘉興訓導 蔡哲 常寧知縣 杭濟
癸丑進士
宏治八年乙卯
杭淮 己未進士 張邦瑞 述古子丙辰進士 吳完 儲南 壬戌進士 張
邦祥 例貢北榜後府都事
宏治十一年戊午
王恩 欒亭知縣 胡忠 戊辰進士 張邦穀 出書算順天中式萬載知縣
宏治十四年辛酉

邵天和 珪子乙丑進士 徐楠 武進籍
宏治十七年甲子
黃瞽 芮京 定陶知縣 李珵 推官
正德二年丁卯
吳仕 解元甲戌進士 王相 廣東鹽課提舉 儲洵
正德五年庚午
周衡 應城知縣有傳
正德八年癸酉
吳襄 常山知縣 吳弼 陳章 貴州威清衛籍
正德十一年丙子

蔣儞守約嗣孫
正德十四年己卯
曹珂都察院都事有傳
嘉靖元年壬午
吳慎完子楊光祖順天衛籍宛平知縣
嘉靖十年辛卯
李延儒杲次子一作孺楊阜饒州通判有傳潘松新城知縣有傳湯鄞更名建衛
有傳
嘉靖十三年甲午
芮亥　吳性乙未進士陳學貴州威清衛籍

嘉靖十六年丁酉
萬士亨辛丑進士
嘉靖十九年庚子
楊準阜弟經魁癸丑進士萬士和辛丑進士
嘉靖二十二年癸卯
曹三暘經魁甲辰進士李延存杲四子饒州同知見父杲傳
嘉靖二十五年丙午
吳可行武進籍癸丑進士
嘉靖三十一年壬子
周有容　宗廷美雲南臨安衛籍臨洮通判

嘉靖三十四年乙卯
曹景暘珂子西安同知有傳周之禧衡孫更名淳太康知縣有傳
嘉靖三十七年戊午
周珪更名景詵陳舜謨更名灼錢瑞　王國賓桐鄉教諭復姓周與修邑志
嘉靖四十年辛酉
黃體乾甲戌進士有傳吳中行性子武進籍辛未進士
嘉靖四十三年甲子
俞頤吉有傳俞霑丁丑會魁蔣士元鹽運同知有傳
隆慶元年丁卯

吳達聰四名陳禹謨　曹司宰工部主事見父景暘傳
隆慶四年庚午
曹司勲三暘子辛未進士邵明德　張守愚軍生北榜順天燕山衛籍
萬歷元年癸酉
路雲龍庚辰進士卜以學按察副使吳敦復仕子錢焜兵部員外郎吳
達可丁丑進士
萬歷四年丙子
蔣瑞卿庚辰進士吳夢熊儼孫丁丑進士楊應霈貴州威清衛籍郎中
萬歷七年己卯
許有節知縣俞士章癸未進士

萬歷十年壬午

史孟麟 癸未進士 蔣應震 癸未進士 儲昌祚 己丑進士

萬歷十三年乙酉

蔣宏憲 士元子有傳 盧立志 南康知縣 吳秉忠 達可子更名正志己丑進士

萬歷十六年戊子

張納陛 己丑進士 潘守正 己丑進士 湯兆京 壬辰進士

萬歷十九年辛卯

馮樸 東流教諭 吳亮 武進籍辛丑進士 吳宗奎 武進籍 吳宗因 武進籍石首知縣 楊仕漢 雲南籍 謝得中 雲南籍順天中式壬辰進士

萬歷二十二年甲午

何士晉 戊戌進士 楊于陛 吳江教諭 吳道行 乙未進士 李守俊 辛丑進士

陳于廷 乙未進士 吳宗儀 延安同知有傳 吳元 武進籍戊戌進士府志作辛卯 朱文教 浙江中式更名宗吳德安知縣

萬歷二十五年丁酉

丁天毓 辛丑進士 尹科方 史垂則 丁未進士 吳繼芳 馭子 蔣如奇 丙辰進士有傳 萬象新 刑部郎中有傳 陳一教 辛丑進士 張邦紀 北燕山衛籍戊戌進士 楊春芳 貴州威清衛籍 朱文啓 浙江中式更名本吳丙辰進士

萬歷二十八年庚子

吳友賢 儼元孫甲辰進士 李象乾 湯有望 衢州同知 王永圖 韶州知府 周鼎 癸丑進士 萬德鵬 有傳 吳宗達 武進籍辛丑進士 朱文敬 浙江中式更名懷吳邵武同知

萬歷三十一年癸卯

許際昌 湯啓燁 丁未進士 陳景源 清和同知 蔣允化

萬德綱 通州學正 徐儀世 庚戌進士 吳亶 中行子武進籍更名襄南平知縣陞知府

按北縣吳氏自性遷武進至是三世矣雖其宗族坟墓皆在本縣而占籍武進至三世之後科第雖多本縣不復贅列

萬歷三十四年丙午

潘紹祖 嘉魚教諭 蔣允儀 宏憲子丙辰進士 吳貞彦 仕孫乙丑進士更名士貞

萬歷三十七年己酉

王彝章 南康府推官 曹師稷 珂曾孫丙辰進士 顧一讓 壬戌進士 毛之

儁 荆南道臨江知府有傳 吳洪亮 正志長子有傳 儲顯祚 丙辰進士 徐紹流 丙辰進士

萬歷四十一年壬子

周延儒 淳孫癸丑會狀 任鼎 歷任當陽鄖陽瑣山知縣 徐洪祚 有傳 毛士龍 之儁弟癸丑進士 王行可 武平知縣 陳景潞 刑部郎中溫州知府

萬歷四十三年乙卯

許用卿 第二名 張定志 壬戌進士 吳洪裕 正志子有傳 吳炳 仕曾孫己未進士 曹應秋 乙丑進士 吳鳴虞 儼曾孫順天中式壬戌進士 吳正己 有傳

羊儀鳳

萬歷四十六年戊午

史鴻磐 第五名 吳國華 甲戌榜眼 萬近 更名濯戶部郎中 徐申懋 壬戌
進士 蔣覲 已未進士 毛龍光

天啓元年辛酉

吳應恂 鄉魁丁丑進士 吳洪昌 正志子甲戌進士 盧象昇 立志孫壬戌進士

湯啓烺 壬戌進士 陳于鼎 鄉魁戊辰進士

天啓四年甲子

路文範 戊辰進士 許啓洪 二名許諾欽州知州 吳永齡 儼元孫更名昶樂平知縣

黃裒赤 有傳 周昌儒 戊辰進士 路進 文範子父子鄉會同榜戊辰進士 陳貞
裕

天啓七年丁卯

王榜 庚辰特用衢州知府 周正儒 庚辰進士 任允淳 有傳 儲毓祥 順天中式

陳于泰 一教子順天中式辛未狀元 吳允初 順天中式戊辰進士 張永禎 燕山
衛籍

崇禎三年庚午

孫謀 甲戌進士 吳正心 庚辰特用有傳 王期昇 辛未進士 徐懋曙 順天中式
辛未進士 洪祚長子 夏尚絅 順天籍辛未進士

崇禎六年癸酉

謝遴 經魁鄉飲大賓有傳 堵永錫 丁丑進士 王行儉 丁丑進士 吳貞啓 儼元
孫丁丑會元 路邁 甲戌進士 戴英 甲戌進士 蔣曜 戊戌進士 吳貞毓 貞啓弟癸
未進士有傳 陳貞元 休寧教諭 萬霈圻 順天中式陝西道御史 蔣思宸 鳳陽
籍 儲堪 泰州籍

崇禎九年丙子

吳瑞鳳 馭孫 吳貞吉 洪亮子有詩名 吳洪化 正己子有傳 史翥 孟麟子更
名夏隆癸未進士 曹茂基 吳璇 癸未進士 吳遂 正己子溧陽教諭 吳
春枝 正己子丁丑進士 路朝陽 庚辰進士 徐懋曉 洪祚子 趙天錫

崇禎十二年己卯

李用楫 鄉魁癸未進士 周世臣 庚辰進士 徐行 戴允夔 英子更名
元留涇縣教諭 羊世澤 襄陽知縣陳志作棗陽 曹茂清 順天中式

崇禎十五年壬午

盧象觀 解元癸未進士 周正儀 延儒弟有傳 任雄 乙未進士 周項

吳龍章 馭孫壬辰進士 周奕封 延儒子己丑進士 徐徵麟 申懋孫癸未進士

李廉 守儉子 徐徵鳳 己丑進士 湯源清 啓祥子戊戌進士 毛元策 貞順
天中式旌德教諭

國朝

順治二年乙酉

杜汝用 乙未進士 蔣永修 丁亥進士 周仲球 鼎子壬辰進士 蔣龍光 乙未
進士 周啓嶲 丁亥進士 吳晉剡 壬辰進士 張炳 戊戌進士

順治三年丙戌

潘瀛選 己丑進士 吳懸震 儲方榮 吳慶期 己丑進士

王松 戊戌進士 儲曾 己丑進士 張宏俊 燕山衛籍丁亥進士

順治五年戊子
周成文乙未進士 張定憲壬辰進士 許紹芳壬辰進士 路遴壬辰進士 儲
士金壇籍戊戌進士 張永祺燕山衛籍壬辰榜眼
順治八年辛卯
曹愉 黃羲時 盧士登己亥進士 萬彥辛丑進士 吳近
功正心子 王紀更名于玉戊戌進士 周季琬鼎子壬辰進士 董紹邦乙未進士
史鑑宗金壇籍南陵教諭 張宏儼燕山衛籍
順治十一年甲午
萬錦雯乙未進士 儲廣顯祚孫 湯懋簡 李同亨戊戌進士 史
紀夏乙未進士 徐喈鳳戊戌進士 吳景運己亥進士 凌鶚遠戊戌進士 吳

貞度洪昌子乙未進士 路序進子華亭教諭 莫大勳辛丑進士 黃雲史武進
人宜興籍
順治十四年丁酉是科世祖於戊戌三月御殿覆試三場親擢吳珂鳴第一同進士
殿試送入詞林
萬世俊 潘毓桂紹祖子 袁炳 許鳳 任繩
隗貢考知縣順天中式有傳 朱京琦浙江籍戊戌進士
順治十七年庚子
蔣扶暉鄉魁癸丑進士 路迅
康熙二年癸卯
吳山金壇籍揚州教授

康熙五年丙午甲辰廢經藝用策論是科鄉試仍之
儲方慶解元丁未進士 儲善慶方慶兄六名丁未進士 儲振八名丁未進士 徐
煥龍 湯源振鳳陽教授
康熙八年己酉是科仍復經藝
儲善閎 仇瑞麟 何琴雅壽州教諭 吳應協順天中式
吳兆龍景運子順天中式東安知縣
康熙十一年壬子
史輿榜姓陸孟麟曾孫解元 吳元臣貞度子壬戌進士 孫朝慶己未進士 吳
玶鳴虞孫己未進士 張宏仔燕山衛籍
康熙十四年乙卯

徐炳燕懋曙子 周在亶奕封子通州學正 任宏嘉繩隗子丙辰進士 羊
球靖江籍
康熙十六年丁巳特行鄉試惟貢監得應試
周世俊仲球子 萬丹詔錦雯子壬戌進士 儲右文方慶長子知州
康熙十七年戊午
談煜 朱雲渭 周連 吳直榜姓曹龍章孫 吳奇
略榜姓周夢熊曾孫 李虎文金壇籍
康熙二十年辛酉
萬廷詔壬戌進士 儲掄曾子壬戌進士 湯汝諧
康熙二十三年甲子

潘宗洛解元　馬文煜　郁士選

康熙二十六年丁卯

史呂言山陽教諭

康熙二十九年庚午

儲欣昌祚孫四名

康熙三十二年癸酉

萬大煥榜姓姜　儲若愚顯祚曾孫南安知縣　萬晉豐順天中式永淳知縣

康熙三十五年丙子

吳崇遂孫　謝方琦遴孫

康熙三十八年己卯

周鐵在亶子歸化知縣　張鍾岳上海教諭　蔣錫震己丑進士　郁士超士選弟丙戌進士　潘旂南宮知縣　李舒春句容教諭　楊飛熊涇縣教諭

康熙四十一年壬午

許攀桂鳳子　徐嘉璟

康熙四十四年乙酉

路衡乙未進士　徐江普順天中式內閣中書改授知縣　吳文淵山子金壇籍丙戌進士

康熙四十七年戊子

儲高文二名滁州學正　吳澍全椒教諭　陸倪溥己丑進士　儲在文方慶子順天中式二名己丑進士　路仍起順天中式己丑進士

康熙五十年辛卯

儲之盤善闓子雲南迤東道　李飛鯤癸巳進士　蔣雯河陽知縣　朱世勳癸卯進士　史賡　徐藎本姓潘　毛琇　儲雄文方慶子順天中式辛丑進士　盧棟隆順天中式榆社知縣　陳履中順天中式商邱籍陝西潼商道

康熙五十二年癸巳　恩科

儲龍光癸卯進士　吳端升辛丑進士武進籍五經　儲遜振子刑部清吏司學習

儲孫武榜姓錢　許建義寧知縣　宗五雲

康熙五十三年甲午

儲郁文方慶子辛丑進士　儲建內閣中書　徐起鳳　路學濟

史惠榜姓陳吳江籍　儲大文方慶子順天中式辛丑會元

康熙五十六年丁酉

杭越　儲掌文欣孫納谿知縣有傳　史曾唯　王忠武順天中式榜姓俞浙江籍新會知縣

康熙五十九年庚子

許同

雍正元年癸卯　恩科

萬樞錦雯孫當塗訓導　任啓運癸丑進士　張大鈞吳縣教諭　儲元升郁文子甲辰進士　陸蘏　朱率衛吳縣本作李衛　吳承端升子武進籍永壽知縣

史大鯤順天中式　史曾期陸輿孫順天中式內閣中書歷任建寧知府　周頤元季琬孫順天中式如皋教諭　盧杰順天中式咸縣知縣吳縣本作豪然　邵蘭一

雍正二年甲辰

吳紱 解元乾隆丁巳進士 許祖燿 子攀桂 吳超 癸丑進士 湯咸亨

范芝 丙辰進士 周欽 順天中式 馮頎 金壇籍

增修宜興縣舊志卷之七

選舉志 諸貢

明貢士自序貢外有恩拔諸貢其制互異至輸粟一項自成化始必由增附加捐故前志無論已未仕者皆謂之例貢 本朝由監生捐貢不由增附不行考選者槩不書其仕者以雜選例貢統于例仕云

貢士雜選宋元以前世遠難稽惟據府志增吳雲一人餘俱從闕有明去今尚近前志雖佚家乘可徵正不得以僞譜疑之故自明迄 本朝遺漏者並列焉至副榜作貢自明崇禎十二年始 國朝因之遂爲定制

宋

邵機 紹興五年貢

元

吳雲 舊志以布衣授宏文館校書按明閣部大臣表雲由元貢生累官刑部尚書據唐府志

明

洪武

蔣以愚 三年貢武進教諭 儲惟德 三年貢國子監助教有傳 儲祖祐 四年貢無爲知州 儲祖學 七年貢武進教諭舊志附徵辟後云未詳其何舉今從儲氏譜 儲安善 七年貢本縣訓導 儲敬受 十三年貢四川道御史 儲周 十四年貢丹陽教諭 吳澍 十七年貢後府經歷 潘迪 十八年貢刑部郎中 徐觀 十八年貢刑部主事 楊得安 十九年貢僉都御史有傳 儲賓興 二十二年貢刑科給事 卜益 二十二年貢工部主事 邵直 二十四年貢雲南僉事 儲埏 二十四年府學貢山東布政 蘇珏 二十七年貢山東鹽運使 蔣

構二十八年貢永樂甲午中式刑部郎中商佐二十九年貢鄢陵縣丞王澄三十年貢吏科給事孫琁三十一年貢刑部主事丁寧三十三年貢福建僉事陳府志作建文二年
儲由履四年貢雲南道御史

永樂

吳圭元年貢姚安知府儲書二年貢行唐知縣張頴三年府學貢信豐知縣蔣旭三年貢衛經歷王斌四年貢黃岡知縣陳府志斌作贇楊觀五年貢邵武通判丁用六年貢刑部主事蔣質七年貢瑞昌知縣儲知習八年貢德興主簿蔡英八年貢曹縣知縣周燮七年貢鹿邑知縣吳恕九年貢工部主事談輻十年貢俞禧十一年貢蔣銓十二年貢錢鎬十三年貢陸清十四年貢儲載十五年貢大理寺右評事陳原十五年貢義烏知縣戴誼十六年貢黃濂十七年貢王漣十八年貢府志作璉宋珩十九年貢虞昇二十年貢邵武縣丞陳錫二十一年貢永和縣丞

宣德

雷音五年貢孫侗七年貢范豫八年貢順天府通判施瑄八年貢陳全九年貢袁州推官擢御史歷僉憲有傳吳琳十年貢連江知縣

正統

徐晉元年貢光澤知縣吳玉三年貢戶部員外作元年歲貢有傳諸蔣敬五年貢嘉興照磨蔣企九年貢將樂知縣王恭十一年貢衛經歷蔣益廣信同知吳盛岳州知府錢綱瀘州同知陳府志瀘作溫趙綱以上四人俱十二年取年四十五歲者貢惟是年及天啓元年再舉行取貢振淹滯也葛希顏十二年貢卞慶十二年貢吳適二十年貢潘濟十二年貢蔣宗十二年貢莫疇十三年貢縉雲知縣陳府志註柏鄉知縣

景泰

鄒瑢元年貢高安知縣陳府志高作商宣謙二年貢平谷縣丞儲掞三年貢崔惠三年貢廣平通判談銘四年貢衛經歷周輔五年貢蘭谿知縣潘亮七年貢樂安縣丞

天順

居敏二年貢嘉定州判官夏時四年貢黃金中順天鄉試南雄同知潘欽序貢長訓導增數縣丞張廣南安教諭萬盛九江推官有傳張欽虎賁衛經歷吳瑛教諭吳璽訓導宣檄以上九人俱六年取四十五歲者貢邱宗岱六年貢顧昇六年貢延平知縣曹濟八年貢祁州學正

成化

許勵三年貢學碑作厲倪金六年貢王府教授何釗八年貢黃州府經歷蕭鉷十年貢丁酉中式楊澄十二年貢知縣杭德十四年貢張習古十六年貢景州通判鄒鋹十八年貢訓導陳欽二十年貢杭鳳章二十一年貢周蘊二十二年貢蘄州判官余一德

宏治

吳經二年貢馮敬四年貢訓導黃壆四年貢沂州訓導黃忱六年貢長興訓導談鳳八年貢訓導李廷蘭九年貢訓導吳魁十年貢教諭凌庠十一年貢訓導周良貴十二年貢兵馬指揮王相十四年貢正德二年中式張綸十六年貢許南十八年貢崿嘉知縣蔣忱十二年序貢

正德

蕭鍔元年貢辰州訓導　杭洧四年貢河間府通判　張綺六年貢東陽訓導　吳昱九年貢訓導
卜章十一年貢　任珪附貢　李泮十一年貢楚府教授　杭漳十三年貢
吳駐附貢　單旻十五年貢武義訓導　吳儉鳳貢　胡憲言十六年貢合浦縣丞有傳
邵天澤府學貢　張世和府學貢

嘉靖

勇鎮元年貢棲霞訓導　張侃三年貢　陳渤三年府學貢徵江府通判　儲道附貢眞定衛經歷
閔愉五年貢嘉善訓導　王述祖七年貢　夏雲九年貢萬載訓導
王禎府學十年貢潯州府推官　李桂十一年貢光澤縣丞　吳性十二年府學選貢乙未進士拔貢嘉靖十年始有選貢
沈敕十二年選貢江西布政使都事　李延諭十三年貢龍門知縣
有傳　楊卓十五年選貢　萬吉十七年貢桐盧訓導有傳　芮褒十八年開貢長泰教諭

宜興縣舊志〈卷七　諸貢　三十八

卜云吉十九年貢竹山教諭　杭校二十年貢　杭標二十一年貢　蔣應麟二十三年貢沔泌訓導
朱紱二十五年貢玉山訓導　周有容二十七年貢三十一年中式
譚志一名吉雲南陸凉衛學貢清平衛訓導　李延孫二十九年貢蕭山訓導　萬士
禎三十一年貢餘杭知縣戊午中式　儲儀鳳三十三年貢永安教諭　王國賓三十
五年貢戊午中式　張恂三十六年府學貢孟津訓導　張成立三十七年貢　杭朝
望三十七年貢汾州知州　杭朝端三十八年府學貢光山教諭　吳集三十九年貢光
化知縣　路共直四十一年貢　萬士安四十二年貢　王革四十三年貢更名升
成都通判有傳　潘守益四十四年貢武邑訓導　陳一鸞附貢　吳夢桂附貢　儲
士魯附貢　吳駉附貢　芮守附貢　楊孝崇附貢　方大中附貢　楊孝岍
附貢　蔣善四十五年貢　張偉分宜訓導

隆慶

馮天澤二年貢羣縣教諭　俞臨吉二年恩貢通山知縣　吳騤四年貢萊州通判
吳熿四年府學貢陳志作煥　儲慶六年貢　徐翥增貢　陳二南附貢　吳志
忠附貢　徐鍾英附貢　萬春士和子官貢岳慶軍民府知府　王謨年歲貢

萬歷

萬旭元年歲貢　吳繼萊元年拔貢中書　王一鳳二年貢年老給冠帶　許斌二年
貢　吳士遇三年貢汝寧通判　周希旦四年貢歸州學正　陳嚳六年貢教諭
黃思齊七年貢碭山教諭　蔣善源七年副榜　張應辰九年貢教諭　邵秀
孫十年府學貢　潘一復十一年貢承天通判　高範十二年貢見府志　吳必成
十三年貢　吳王忠十五年貢太平府教授　潘思善十七年貢鞏昌通判　堵奎臨

宜興縣舊志〈卷七　諸貢　三十九

二十年府學選貢江西鄧州知州　陳一教二十年選貢　吳道行二十年選貢乙未進
士　尹伸選貢　王燅序二十二年貢　許龍瑞二十五年貢訓導　杜應龍
一作應運二十八年貢如皐訓導　徐遵路序貢揚州教授　路雲藩三十年選貢府志作
恩貢望江教諭　何文傑三十二年序貢　堵應科三十四年序貢　徐啓鉞三十六年
序貢安慶教授　歐文奎三十八年府學貢　杭承綬三十八年貢常熟教諭　邱衛
四十年序貢安慶教諭　吳廷獻四十二年府學貢譜作四十年恩貢　吳廷對四十二年
選貢　吳道盛四十年貢嘉興教授　儲國祚四十四年選貢廷試第一　邵應明四十四
年府學序貢　邵翼明四十年貢　陸萬春四十六序貢　堵應識四十七年貢觀城知
縣有傳　歐文在序貢　沈激序貢　袁養性附貢　堵惟山附貢　吳繼周
附貢　吳繼志附貢　徐啓鏗三十年貢祁門訓導　徐啓鑾附貢　任永清附貢

吳蓮德廩貢 吳夢松廩貢 吳宗泰附貢 萬習廩貢 萬日章附貢 陳
景灝附貢 吳正色附貢 吳正國附貢 吳正學附貢 張元英附貢 吳
彥淳附貢 吳士廉歲貢南康縣丞

泰昌

王之宏元年貢

天啓

任名臣元年副榜 黃衷赤元年選貢甲子中式兵部主事 儲毓祥元年府學選貢
丁卯順天鄉魁 曹師禹二年官貢詹事府主簿 蔣如鼎三年序貢有傳 李竑四年
副榜見父守俊傳 曹師曾四年序貢富陽訓導宿遷教諭 陳于明五年恩貢桂林通判
曹師契五年序貢宜都知縣 吳繼文六年恩貢考授通判 吳時傑六年序貢江都

訓導 吳時俊六年府學序貢 潘紹謨七年副榜任廣安州同知 徐懋賢七年選貢
戶部司務 曹懋欽七年副榜光祿署丞 潘紹信選貢中書舍人

崇禎

周應騏元年貢知縣未任 陳景華二年貢 吳三畏副榜 任延策附貢
談永嘉四年貢 周京序貢蘇州訓導 陳貞達貢生蔭應天府通判補戶部主事
周人瑞貢生任中書大理寺副 趙天錫八年選貢丙子中式 吳安期選貢 吳
振宇序貢 陳宗大貢生蔭戶部主事 周伯瑞貢生蔭南京戶部主事 吳湛
九年副榜 潘紹顯九年副榜浙江台州通判有傳 李新附貢 何暎斗十二年序貢
路之陛十二年副榜廷試第一授廣西慶遠府推官是科副榜始作貢 吳參十二年副貢溫
州府通判 毛元策十二年副貢壬午中式 儲邦輔十二年貢松江訓導 錢尚友

十二年副貢 黃岳徵十二年府學貢訓導 潘茂達增貢任浙江按察使僉事 蔣滸
十二年府學貢寧國訓導 卞葵十二年貢訓導 吳元嘉十二年序貢更名定勳 潘承
祚十四年貢殉節有傳 萬遠十四年府學貢嘉定訓導 周廷儒十四年貢任州判 尹
縉選貢 吳維垣十五年副貢 曹良輔十五年副貢 毛重光十五年副貢杭
州府理刑 儲福疇十五年副貢 儲起潛十六年選貢河南汝寧籍監軍同知 吳熙
貢生翰林院待詔 吳之建十六年貢更名光祚 陸律十六年序貢 周叔璜十七
年貢考選知縣 何捷十七年選貢順昌知縣 儲懋時十七年貢 路適十七年恩貢
吳九皋附貢 任允嶸廩貢 毛重恩恩貢 吳晉錫恩貢任光祿寺署丞 吳
貞觀恩貢 吳其靁選貢兵科給事中 吳之斑選貢富民籍 儲方榮選貢
丙戌經魁 黃岳徵選貢授訓導 許伯龍恩貢 王耿光序貢 黃麟聚選貢

以上俱乙酉年

國朝

順治

萬備二年恩貢鳳陽教諭 曾之英二年序貢蒙城訓導府志作三年貢 尹賓二年
恩貢休寧教諭陳志作三年恩貢 蔣振玉三年副貢 吳烟四年序貢永城知縣 萬廷
仕五年恩貢臨漳知縣 徐吳錦五年中書舍人 恩貢 任繩隗五年副貢考知
縣丁酉中式 何光五年貢 周履祥五年副貢 陳天策六年序貢府學訓導 陳
明彥六年序貢推官 吳滌八年序貢龍岩知縣 曹階八年副貢北流知縣 徐騰蛟
九年恩貢湖廣分守道 黃錫朋十年序貢安仁知縣 曹忱十一年選貢上海教諭 堵
祀潮十一年序貢淮安教諭 吳祥徵十二年序貢 王曰清十三年府學序貢池

州教諭吳貞緒十四年府學序貢李舒芬十四年副貢杜長源十四年序貢吳兆蘭十五年選貢河西教諭雲南武定籍李象鼎十六年序貢許立副貢蕪湖教諭儲振十七年副貢丁未進士吳兆龍十八年副貢己酉中式吳應協十七年副貢己酉中式史彙吉十八年序貢吳賡期十八年府學序貢繁昌訓導周贇官貢湖廣荊門州同知

康熙

吳瀚元年序貢史會吉元年序貢如皋訓導史三畏九年序貢陳日諫十一年序貢何揚廷十一年副貢許毓芳十一年副貢考授知縣任宏嘉十一年選貢丙長進士杜之超十一年府學選貢葉翹十二年序貢黃鶴十五年恩貢徐榮奕十五年序貢蔣庠復十七年序貢蒙城訓導陳斑二十年序貢黟縣訓導周用章二十年副貢路敷錫二十一年序貢徐籬枝十三年序貢石埭教諭路永傑二十三年序貢徐標二十三年副貢沭陽縣教諭吳梅鼎二十七年序貢任觀二十四年選貢蔣運昌二十四年選貢吳昺三十六年選貢豐縣教諭吳虎炳四十七年副貢河陽知縣吳掄五十六年序貢周方石三十二年副貢桃源教諭吳名世附貢周世賢拔貢五河教諭陞陝西咸陽知縣任西邑恩貢許鑛八年序貢萬經元年貢周連十七年序貢英山訓導戊午中式蔣景祁廩貢蔣永假附貢周鶴附貢陝西麟遊知縣周元龍二十四年廩貢路連二十五年序貢蔣前豈序貢含山訓導儲福益二十九年序貢任登朝附貢吳宸梧附貢舒城教諭沭陽知縣任馨孫附貢周伯藥附貢儲鵬慶附貢徐夔歲貢任雲威附貢吳從侁拔貢張良臣附貢周臣附貢呂錫圭三十

一年序貢萬晉豐廩貢徐瑶增貢陳履端附貢山陽訓導吳瀠附貢徐一駪歲貢吳淵附貢楊世奇附貢儲迴附貢曹亮武序貢蔣翔鳳附貢房山知縣夏之嶼附貢南陵教諭龍泉知縣曹亮邦恩貢黃啓祥附貢韋謙附貢任奕煊附貢吳如珪附貢許覲芳附貢王斗樞序貢定番州知州潘本仁附貢潘祖義附貢蔣宏錫附貢廣州府通判蔣宏緒附貢蔣鐘增貢儲屺附貢徐玫附貢吳欽任附貢潘繼堂附貢徐振緒附貢祁門教諭萬夔輔附貢史逢年附貢潘起三十五年序貢張振宜三十五年序貢史孫述附貢淮安府訓導顧李章三十六年選貢崑山籍潘啓泰附貢黃進章附貢張日成五十五年貢吳縣籍馬秉鈞三十七年序貢宋祖植序貢潘宗濂三十八年副貢考取教習胡鳴鶴三十八年副貢史嗣徵三十九年序貢尹帝錫序貢榜姓錢徐麟祥四十一年序貢萬如熊序貢王邦遇四十一年副貢正紅旗教習秦聲夏四十三年序貢本姓周范君祚附貢邵中四十五年序貢王思陳附貢王夢彪附貢陳邦榮四十七年序貢任奕焆廩貢儲鼇瓚四十一年序貢謝旭四十七年序貢張毅四十九年序貢蔣重慶附貢史賡五十年序貢儲經五十一年序貢萬作霖由歲貢考咸安宮教習任內黃知縣曾光龍序貢丁咸序序貢周楷附貢邵袞赤五十三年序貢徐惟申附貢史右章五十三年序貢任芝五十五年序貢呂鑑五十五年序貢許昌國五十五年序貢杭麟五十六年序貢顧洸五十六年副貢蔣吳綸五十七年浙江副貢貴州綏陽縣知縣沈牛成五十八年序貢豐縣訓導李起麟五十九年序貢儲晉觀五十九年副貢癸丑進士儲恕六十一年恩貢王人龍六十一年序貢

沛縣訓導 蔣豸文六十一年選貢乙卯中式 周欽六十一年選貢 吳應鏞歲貢

雍正

王景軫元年序貢 周岱鐘元年副貢 陳朝樞二年序貢 吳士龍二年副貢

瞿源洙二年副貢 黃棟二年副貢 吳懋賜三年序貢四年分縣嗣後照學冊居址分載

增修宜興縣舊志卷之七

選舉志 科名附考

制科爲取士大典前志所遺似難增出然自唐宋元以來載籍紛如有古書可考證者即依年次補入或雖見古書而未詳何科及僅見于譜而無他徵信者胥附于末以俟考焉前志外籍非本邑人亦附後

唐

蔣瓌 父祖宏文館學士見唐書

宋

吳懋 進士當塗主簿歷任明州吉州祀廬江名宦見毘陵人品記 時彥 宋史作開封人唐府

志云紹聖丁丑何昌言榜王志列蔣之武下徐志載蔣不載時誤以時之官爵註蔣下吳敍志槁云恐以他地人而誤入者故亦從延焉 邵輯 紹興時任高郵州見御製孫覺春秋經解詩註 單源 錫長子崇寧丙戌進士據單氏譜 單操 錫次子大觀己丑進士據單氏譜 單照 祥符間進士見萬姓統譜 蔣莚祖 政和壬辰進士東平刑曹見蔣氏譜 儲教 紹興癸丑進士監察御史見儲氏譜 單士逋 發長子紹興己未進士見單氏譜 儲昂 紹興丁丑進士見儲氏譜 單倬 紹興丁丑進士士逋次子見單氏譜 單芮 乾道丙戌進士見單氏譜 余從龜 端禮子嘉定辛未進士衢州龍游人王志不載 儲文盌 儲文郁 儲文璧 俱咸淳庚午見儲氏譜

明

鄧洹 宏治丙辰進士徐志鄧恒中屯衛籍府志鄧洹在無錫爲大同衛籍蓋誤一人爲二人也稽

國賢萬歷丙戌進士武進軍籍吳箴志稿云疑亦宜興人　史可程祥符人流寓宜興崇禎癸未進士

諸貢附考

楊芳譽　楊貴發　楊上山以上萬歷序貢　蔣善源崇禎己卯副榜　蔣振玉順治三年副榜

增修宜興縣舊志卷之七

選舉志　武進士

按明制捐武將材入應武舉三科中式乃選把總等職如非三科而未登會榜仍與常人無異宋明重文輕武積漸使然自明以前缺者不補不出武科第出身而歷仕者別爲武職附後

明

張邦紘萬歷癸丑　吳登俊崇禎丁丑會魁任錦衣衛千戶　史師貞崇禎庚辰　許廷玉崇禎癸未二名選福建烽火寨都司陞游恭晉副總兵　蔣俞宸崇禎癸未

國朝

毛時薦順治己丑眞定守備　曹天相順治乙未南雄守備　儲方熺順治壬辰南昌府守備　徐英順治庚子特恩進士初選宜府碧山吳堡守備陞四川撫標中軍都司僉書　龍標康熙丁丑會魁任四川川北鎮標中軍守備

增修宜興縣舊志卷之七

選舉志 武舉

明

史褒極（萬曆壬子） 秦翊明（萬曆乙卯） 張邦紱（萬曆壬子參將） 何之奇（天啟辛酉） 徐大用（天啟辛酉署浙江衢州守備） 何偉（天啟甲子） 沈起蛟（甲子） 周纘儁（天啟浙江都司） 曹師和（崇禎三科武舉廣海衛守備） 史翔元（崇禎庚午） 許勝（天啟甲子崇禎庚午兩科） 吳起龍（崇禎癸酉以勳王拜御營總兵都督同知卒贈正總兵官左都督蔭一子錦衣衛千戶） 吳宸（崇禎癸酉） 吳登俊（崇禎丙子） 杜雲石 潘康（孟河把總） 莫士能（已上俱崇禎己卯陳府志能作龍） 陸守偉（更名韶崇禎己卯南京守備） 陸琪（崇禎壬午揚州守備） 蔣俞宸（崇禎壬午癸未進士）

國朝

曹應宿（順治乙酉戊子辛卯三科徐州守備） 胡仁伯 毛時薦 黃浩卿 儲方熺（已上俱順治戊子） 曹天相 杜雲石（俱順治辛卯） 曹茂緒 周蓮祥 蔣性藩 蔣允侯（俱順治丁酉） 周長庚（順治庚子） 吳文思（癸卯） 吳杰立（康熙癸卯） 裴一豸（康熙丙午） 曹天植 丁國柱 鄭勝 碩士賓（俱康熙己酉） 王錫彤 蔣定禧（俱康熙乙卯陳府志作萬曆乙卯） 范臻 史宗謨 蔣世勳 黃斌（俱康熙戊午） 張問子（康熙辛酉） 吳龍標 張丕猷（俱康熙甲子） 吳范韓（康熙丁卯授千總） 曹可久（康熙丙子任南京提塘官） 曹大武（康熙甲午） 楊世榮（康熙庚午）

附武職

明

李敬由千戶歷陞四川都指揮使後陞右軍都督府同知鎮守蜀地孫雲襲龍虎左衛親軍指揮使

師瑛宜興守禦千戶瑀之子占籍宜興襲父爵陞廣陽衛指揮僉事

師祐瑛弟洪武中以明經薦任淮安府同知後以武功歷官福建都指揮同知

楊勝總制國興弟先鳳陽人後占籍宜興洪武初任帳前都先鋒自勝以下弟姪晉豫益等任指揮者十二人千戶一人

按危山志以勝爲國興弟而黃金功臣錄謂勝爲國興父又載勝卒于濠州而此謂勝占籍宜興互異當考

管智同弟慧子益隸楊國興麾下狗宜邑有功遂占籍焉（見瞿源洙文集）

甘遇海洪武初以武功陞指揮正統間孫雨亦以武功歷官四川都指揮僉事

湯恩高祖起洪武初以假千戶守禦宜興有功授中都留守司左衛百戶傳至恩父銳俱世襲銳嘉靖初征河南礦賊陣亡事聞加授恩本衛千戶世襲

湯飛鳳陽人因父旺守禦宜興遂占籍焉後歷官鷹

揚衛指揮使弟敬恭由隨侍舍人任廣西左參議
童復本長沙攸縣人後占籍宜興父普重至元乙酉舉茂才作白雲桃花二賦拜學士壽陽武職復襲鎮撫子孫世襲甘州中衛千戶
邵貴洪武間由武功歷陞隆慶左衛指揮同知其子榮襲調九江衛
吳夢豹天啟中由邑庠以任儀真守備陞騰驤衛鎮撫遷湖廣都僉
沈誠任鎮江衛指揮
周文郁由貲造官至參將

戴朝京江南伏波營參將
吳廷秀東宮侍衛陞指揮千戶
吳政世襲潁州衛正千總
吳來鳳任把總
吳思遠任把總
任克恭京衛鎮撫
吳從鼎任都司
范袞枝萬歷時以鎮遊授南京采石磯都司
吳觀周任江西參將
吳大忠任四川川北鎮標左營把總隨征

杭柏齡貴陽府欽依守備
潘廷瑶南京水軍都司
任緒陟任蘇州滸墅關游擊
徐懋光任福建福州府游擊
楊昌祉江西撫州衛守禦

增修宜興縣舊志卷之七

選舉志　例仕

明

成化

沈雎詹事府主簿　吳洽梧州通判　湯璈隨州判官　陳範州同　范經知縣　蹇
益知縣陞審理　李蓁州同　沈謹後府都事　張輞清和知縣　王鼎新　張
邦憲上虞知縣　徐元棨戶部照磨　黃節　陳鎰　王永

正德

儲道衛經歷　張昌齡布政使經歷　儲儼長弟主簿　楊秩　沈訥
徐元楨　杜格　王廷臣鉛山知縣　王廷相御醫　堵霽兵馬副指

揮　蹇充　蹇京　李鑰清和知縣　吳佶歸安主簿　王策寧州吏目　史
紐　王履剛　沈誥濟源縣丞　蕭涯順州吏目　任竑　胡鍇廣東
陽春縣丞太學府上書雪父仇人稱其孝　宗瀛鄞縣知縣　王鵬番禺主簿　沈諧　沈
讓浙江布政使都事　蔣相主簿　湯應陽台州知事　蔣棟行都司斷事　潘立
長興縣丞　歐楠福建鹽運使經歷　陳道生上元縣丞　陳道充德清主簿　萬溥
南雄府通判　蔣唐南昌照磨　吳儔武城知縣　沈孜　陳思忠　沈斆
宜化主簿　陳沂府軍衛經歷　堵佑金鄉知縣　徐文炯羅田北流知縣　徐文炤
沈敷刑部檢校　李鎬永定衛經歷　王綸　楊稔　楊种　歐
渤　屠繼祖桐盧縣丞　任卿大理寺副南康推官　沈謨德州判官　張樞
王紳　湯應隆宜城主簿　湯應階瓊山縣丞　萬潤兵馬副指揮　王奇

逢金華縣丞　杭封普安州判官　杭津　莫昉　杭奎淮子布政司都事
陳道成雲南按察使司經歷　陳思孝　閔昭照磨　沈聯都察院都事　張
楷　堵祐南城副指揮寧山衛經歷宣城知縣

嘉靖

任道光祿寺署正　任瑤　胡夢陽光祿寺署丞　王臣後名國臣衛經歷
吳厚內黃縣丞　陳思仁　陳思明光祿寺監事　陳思齊　吳騏
青田主簿　陳堯卿鴻臚署丞　陳舜卿　陳漢卿知縣　沈國衡　吳
騆撫州經歷　吳馴慶陽通判　吳駪　吳馭詹事府主簿　王恕桃源主簿　王
禋　李胄固原州同　堵卓大興縣丞　堵禴光祿署丞　堵橋　堵偉鴻臚
寺主簿　堵裀　堵禎　堵指光祿監事　王禴崇德主簿　王祚弋陽主簿

徐坤鎮江通判　徐臺　徐垚鄖州同知　徐垍　徐培澄州吏目　徐均
光祿寺署丞　徐墀濱州同知　張錫祚金華知事　胡金福清主簿　余一德
吳良億州同　吳維金浙江運判　邵鏊　堵釋靖州判官　莊以濟寧波
府照磨　戴昇安福縣丞遷荊州經歷　戴塘　湯敬善荊州經歷　湯敬儀
武昌護衛經歷　湯敬元榮縣主簿　吳駟光祿寺署丞　湯敬文上林苑監錄事　湯
敬訓徐聞主簿　杭縠　杭培泰安州吏目　杭維銑　杭堪保靖宣慰
司都事　杭維銑光祿寺監事　王子燿郯城縣丞　王子炫廣州府經歷　王
子焞鞏縣縣丞　堵禧古田縣丞　沈世卿兵部司務　沈煥上林苑署丞　吳達
禮光祿寺署丞陞遼州同知　吳騂鴻臚寺序班　蔣應鳳　邵延年　堵
址　萬棟福建按察司經歷　堵仲　王議通州衛經歷　徐域　閔

攸 吳篤 沈兆龍按察司經歷 許爾德序班 杭陛 萬㮕
萬晉 任友恕 儲士元鴻臚寺序班 胡翺 單宗夔
蔣志道光祿寺監事 周臣中書舍人 徐封文華殿中書舍人 沈徵布政
司都事

隆慶

任永孚 徐承志布政司都事 徐承德龍游知縣 吳近光布政司都
事 吳夢得興國州州判 吳夢爵 吳夢鯉布政司都事 談志伊
李承祧 吳同行 吳尚行 楊惟俊 陳三省
吏目 陳八士經歷 陳五常

萬歷

吳馳中書舍人大理寺左寺副 袁養正 楊于廷 芮履中 陳
夢龍光祿寺署丞 黃耀袞 邵伯英 吳世承內江主簿 徐明
羽 任與春光祿寺署丞 徐啟鐲 蔣國賓辰州經歷 吳夢翼
任陝西泰州同知 吳達義 芮恭灝 任懷禮京衛經歷 萬燧
任懷義 周同芳 吳晉明南京太常寺主簿 曹司典雲南布政
司都事 吳士濂 萬晢奉化縣丞 陳志德 曹司綸 吳道
宏上林監副 任履偃師主簿 蔣宏典施洛州吏目 萬會 蔣紹芳
陸萬春 曹司政光祿寺署丞 吳惟鏞 吳司訓南鴻臚序班
王國傑無錫籍四川布政司理問 湯欽止荊州照磨 吳芳舒郴州照磨 吳琛
按察司經歷 吳時舉房縣主簿 吳時宗太常寺典簿 吳念良中書舍人

天啟

王達茶陵州判署益陽知縣 儲鵾祚郴州州判 李守祖曲阜縣丞

崇禎

吳瑞昇江西按察司知事陞德安知縣 史禹謨光祿寺典簿 周永儒光祿寺署
丞 周人瑞中書大理寺副 夏爚如鴻臚寺少卿陞鞏昌同知 潘紹光雅州州判
陞清軍同知 李竦州判 任韓臣安仁知縣 莫可及 尹天明海鹽縣丞
吳友忠吏目 萬球考選內閣中書恩賜紅緞銀牌銀甌等物 吳鴻嘉順天府昌平衛
經歷 吳熙翰林院待詔 吳之建改名光祚 潘亮樂安知縣
以下前志俱入雜選多無年次可考今并附後
儲同初海寧縣丞 儲資陽穀主簿 陸景新由掾吏任光祿署丞 陳獄辦事中書

陳自新冠帶 儲愚工楷書與修永樂大典授常山縣丞 儲禮用都察院司務 儲
紹南京倉大使 徐文煒鴻臚通事 徐文熺錦衣衛冠帶舍人 徐文光戶部
寶鈔庫副使 吳夢弼序班 儲榮鳳陽驛丞 徐瑞冠帶儒士 陳一本鴻臚寺序
班 吳儲應天府檢校 楊孝岏承天檢校 徐圭叙州檢校 儲知遠蕭山縣丞
徐垠鴻臚寺鳴贊 徐埈禮部冠帶儒士 吳士杰撫州檢校 吳獻可禮部冠帶
儒士 謝三錫禮部冠帶儒士 杭立美禮部冠帶儒士以上由儒士 徐汝翼御醫
王承學御醫以上由醫士 吳辰樞任邱縣主簿 吳應時王府工正 楊棠
知事 杭渙蘄州知事 張希曾經歷 沈徵知事 湯應陶知事 吳棠以上由書
算 任俌布政司知印 徐坦鴻臚寺通事 湯應陳 萬柟 萬哲
萬士禮 任永貞以上俱吏目 楊倖主簿 湯敬時檢校 萬民

表儒士戴蘭襄陽府通判戴萱光祿寺署丞戴滋德州通判萬惟成
任允蕃俱鴻臚寺序班袁文煜吳守正俱典簿任克信吏目戴
碧鄭州吏目任克惠楚府典儀正萬士定南昌府照磨戴朝儀太醫院院
判儲柏襄府典膳莫幾及知印李滋張祺齡俱典史徐啟劍
臨清州州同尹思孝驛丞吳洋衛輝驛丞王詔巡檢儲士宏禮部儒官儲
統祚上虞主簿瞿細驛丞楊侃經歷李德光驛丞李有幹縣丞任序
大使沈俊傑典史萬豐湘潭驛丞徐紹澥禮部儒士蔣應霖驛丞朱纓
賢典史瞿經大使張元通驛丞徐紹洙光祿署丞許用驛丞陳邦驛丞
徐芾典史吳情文思院副使徐明翰禮部儒士瞿守恩經歷陳情大使
吳守身典史楊夢熊驛丞俞森吏目蔣貢衛經歷王應賓驛丞以

上吏員吳曾元臨朐縣典史吳廷璽吏部冠帶儒士吳士玠揭陽縣典史
徐昌明海寧衛經歷馮呈瑞仁和縣丞盧建揆河南衛輝府經歷盧建
勳盧建謨盧廷登俱禮部儒士徐基盛禮部冠帶儒士

國朝

順治

邵時夔聞喜知縣夏時騏興化府通判周啟封長興主簿周裔封州同

康熙

徐承宗臨清州州同潘眉興化知府蔣宗瑜彰德府通判吳定勳
鑲黃旗教習賜六品服吳名世州同周世賢五河教諭湯雯州同任西邑
州同徐兆昱通判徐颺廷知縣徐荃任宏燾州同徐寬縣丞徐

宏縣丞任雲驤州判陳宗石河南商邱籍戶部主事徐洪澤沁水典史張
玉珂米脂典史徐士蕃鄭州州判孟載稅課大使吳元豐大埔知縣蔣天
麟興化府同知吳宸梧沂陽縣知縣董儒龍湘潭縣知縣蔣學致金谿
縣縣丞楊世奇龍巖縣知縣潘秉禮國子監助教潘以智獲鹿縣縣丞
吳瑞九江府經歷蔣三益新興州吏目黃圖珌華亭籍衛州府同知蔣权
華崇明通判蔣祥鳳房山縣丞陞知州湯星南嘉魚縣知縣

雍正

吳時亨東安縣知縣楊起元靈州知州楊起文永福縣丞

增修宜興縣舊志卷之七

選舉志 封贈

明

儲燧 以子埏秩 贈廣東按察司僉事

杜謙 以子欽秩 贈戶科給事中

丁仲炎 以子寧秩 贈福建按察司僉事

吳以中 以子玉秩 贈戶部員外

徐福 以曾孫溥秩 贈光祿大夫柱國太子太傅戶部尚書兼武英殿大學士

徐鑑 知府 以孫溥秩 贈光祿大夫柱國太子太傅戶部尚書兼武英殿大學士 凡父祖曾膺官爵及鄉會中式者俱倣此書封贈之前

徐琳 以子溥秩 贈光祿大夫柱國太子太傅戶部尚書兼武英殿大學士

王璿 以子輣秩 贈邵武府同知

張岳 以子穎秩 贈信豐縣知縣

陳永 以子全秩 贈監察御史

張元愷 以子迹古秩 贈行人

沈德榮 以孫暉秩 贈副都御史

沈彝 以子暉秩 贈副都御史

張亨 以子欽秩 贈虎賁衛經歷

邵昉 以子珪秩 封戶部郎中

張士林 以子盛秩 贈工部主事

芮以端 以子畿秩 封刑科給事中 又以子稷秩 贈兵科給事中

王茂林 以子玉秩 贈資政大夫

尹庸 以子弼秩 贈吏部主事

邵瑄 以子暉秩 封吏部郎中

邵貞 以子賢秩 封兵部主事

卜祺 以子同秩 封刑部主事

李佫 以子震秩 贈兵部主事

李愷 以子雲秩 封戶部主事 贈禮部員外署郎中事

吳賓 以子淑秩 贈蕭山縣知縣

宗琳 以子鉞秩 贈戶部員外

胡澈 以子璉秩 贈福寧州知州

儲祉 舉人 以子材秩 贈中書舍人

鄒瑢 以子晃秩 贈邵武府通判

吳滿 以子洽秩 贈兵馬司副指揮

王鳳 以子恩秩 贈樂亭縣知縣

吳　玉員外　以孫儼秩　贈侍讀學士禮部侍郎
吳　經　以子儼秩　贈侍讀學士禮部侍郎
杭　倫　以子濟秩　封吏部主事
儲　材員外　以子秀秩　贈工部員外
儲維勳　以子南秩　封戶部主事
徐元楷　以子文煥秩　封尚寶司丞
徐元相　以子文燦秩　封尚寶司少卿
胡　申學正　以子孝秩　贈郎中　又以子忠秩　贈參政
沈　曦　以子謹秩　贈光祿寺典簿
李　玉　以子蓁秩　封府軍衛經歷

吳　綸　以子仕秩　封禮部員外
堵　安　以子霽秩　贈南京兵馬副指揮
堵　雲　以子佑秩　封兵馬副指揮
萬　鍾　以子潤秩　封兵馬副指揮
陳　誠　以子沂秩　封府軍衛經歷
萬　璵　以孫士和秩　贈禮部侍郎
萬　吉訓導　以子士亨秩　封戶部主事　又以子士和秩
贈禮部侍郎
楊廷璿　以子準秩　贈戶部主事
晉　詔　以孫三錫秩　贈南京工部尚書

晉　珮　以子三錫秩　贈南京工部尚書
蔣　秀　以子士元秩　贈薊州知州
黃　棟　以子體乾秩　贈瑞州知府
吳　儉　以子馴秩　贈光祿寺署丞　又以孫達可秩
贈南京光祿寺卿
吳　儔　以子馭秩　贈詹事府主簿
王　亶　以子升秩　贈國子監學錄
俞　炎　以嗣子霈秩　封南京吏部主事
俞　珮　以霈本生父　移贈南京吏部主事
蔣　禮　以子瑞卿秩　贈南京戶部主事

吳　騆　以嗣子達可秩　贈南京光祿寺卿
吳　駿通判　以達可本生父　移贈南京光祿寺卿
路其直　以子雲龍秩　贈貴州按察司副使
任　蝺　以子卿秩　贈都督府都事
徐文煒　以子燁秩　贈南京衛經歷
蔣　芸　以子應震秩　封宜春縣知縣
盧　誠　以子立志秩　贈儀封縣知縣
潘　怡　以子守正秩　贈戶部郎中
史褒德　以子孟麟秩　贈太常寺少卿
湯鍾壽　以子光京秩　封監察御史

俞　仕　以子頤吉秩　贈江華縣知縣
吳　棖　以子道行秩　贈太常寺博士　又以子道宏
秩　贈上林苑監副
陳悳章　以孫于廷秩　贈左都御史
陳一經　以子于廷秩　封監察御史　贈左都御史
何　樞　以孫士晋秩　贈太僕寺少卿
何其孝　以子士晋秩　贈廣西巡撫
丁　格　以子天毓秩　贈金谿縣知縣
陳儁章　以子一敎秩　贈戶部主事
湯敬德　以子有望秩　贈南康縣知縣

吳近光　以子師訓秩　贈南京鴻臚寺署丞
吳　驌　以子逵德秩　贈光祿寺署丞
王彝叙　以子永圖秩　贈刑部郎中
任克信　以子與春秩　贈光祿寺署丞
儲士晉　以子昌祚秩　封戶部郎中　又以子顯祚秩
贈戶部郎中
李延存　州同　以孫守俊秩　贈布政司參政
李承禨　以子守俊秩　贈布政司參政
史世澤　以子垂則秩　贈會稽縣知縣
吳時行　以子宗儀秩　贈延安府同知

吳晉明　以子炳秩　封福州府知府　贈柱國少傅吏部尚書建極
殿大學士
周有仁　以曾孫延儒秩　贈柱國少傅吏部尚書建極殿
大學士
周　淳　知縣　以孫延儒秩　贈柱國少傅吏部尚書建極殿
大學士
周天瑞　以子延儒秩　贈柱國少傅吏部尚書建極殿
大學士
萬　哲　縣丞　以子象新秩　贈刑部郎中
吳　騂　以子晉錫秩　贈光祿寺署丞
毛一麟　以子之儁秩　贈戶部郎中　又以子士龍秩

贈杭州府推官
吳泰孫　以子友賢秩　封戶部主事
曹司政　署丞　以子師稷秩　贈刑科給事中
萬德絅　學正　以子濯秩　贈戶部郎中
萬　星　以子德鵬秩　贈山西平陽府同知
徐　堂　以孫紹沆秩　封河南按察司
徐啟鎬　以子紹沆秩　封河南按察司
吳承裕　以子方選秩　贈南京衛經歷
周　秀　以孫鼎秩　贈工部尚書
周重智　以子鼎秩　贈工部尚書

吳夢桂　以子鳴虞秩　贈吏部郎中
蔣士元（同知）以孫允儀秩　贈朝議大夫
蔣宏憲（主事）以子允儀秩　贈朝議大夫
盧立志（知縣）以孫象昇秩　贈兵部尚書
盧國彩　以子象昇秩　贈兵部尚書
湯兆鼎　以子啟煜秩　封戶部郎中
湯兆隆　以子啟煐秩　贈兵部員外
吳敦復（舉人）以子士貞秩　贈上虞縣知縣
湯應隆（主簿）以子敬文秩　貤贈登仕郎上林苑監良牧署

錄事

徐啟熷　以子洪祚秩　贈程鄉縣知縣
吳時賓　以子允初秩　贈黃岡縣知縣
張應坤　以子定志秩　封提學副使　又以子定憲秩

贈順義縣知縣

徐廷錫　以子儀世秩　贈副使
王震源　以子期昇秩　封紹興府知府
徐紹瀛　以子申懋秩　封工部郎中
吳達德（署丞）以子正已秩　贈戶部主事
徐洪祚（同知）以子懋署秩　贈寧波府知府
夏　錦　以子尚絅秩　贈刑科給事中

路文軫　以子邁秩　贈諸暨縣知縣　又以子遴秩

贈永平府知府

孫枝正　以子謀秩　封戶部主事
許有謨　以子用卿秩　贈光澤縣知縣
周人瑞（中書）以子正儒秩　贈吏科給事中
王　亮　以子達秩　贈茶陵州判
吳龍起　以子國華秩　贈右諭德
戴時達　以子英秩　贈兵科給事中
吳　馭　以子繼茂秩　贈文華殿中書
吳方選（衛經）以子應恂秩　贈長沙府知府

王問道　以孫行儉秩　贈光祿寺正卿
王之宏　以子行儉秩　贈光祿寺正卿
吳正志（光丞）以子洪昌官主事推恩從本身秩　晉贈朝議

大夫

吳正已（參議）以子春枝官御史推恩從本身秩　晉贈中憲

大夫

吳士恒　以子熙秩　贈翰林院待詔
吳　騶（知府）以曾孫貞毓秩　贈戶部尚書東閣大學士
吳夢熊（進士）以孫貞毓秩　贈戶部尚書東閣大學士
吳時徽　以子貞啟秩　贈禮部主事　又以子貞毓秩

贈戶部尚書東閣大學士
吳世寧　以子璇秩　贈戶部主事
黃盛芳　以子晏亦秩　贈兵部員外
李河瑞　以子用楫秩　封吏科給事中

國朝

周有全　以子啟嵩秩　贈翰林院編修
蔣應豫　以孫永修秩　贈湖廣提學副使
蔣如斗　以子永修秩　贈湖廣提學副使
潘良鼎　以子瀛選秩　贈中書舍人
蔣邦彥　以子龍光秩　贈湖東道參議

周　鼎尚書　以子季琬秩　贈浙江道御史
吳繼茂中舍　以子龍章秩　贈文林郎完縣知縣
許明宜　以子紹芳秩　贈文林郎蕭寧縣知縣
吳人傑　以子晉剡秩　贈文林郎廉州府推官
王家祚　以子松秩　贈文林郎曲靖府推官
杜　誠　以子汝用秩　贈文林郎延平府推官
儲爾駿　以子曾秩　贈文林郎永豐縣知縣
萬象環　以嗣子錫雯秩　贈文林郎廣宗縣知縣
萬象璘　以錫雯本生父　移贈文林郎廣宗縣知縣
吳兗衡　以子慶期秩　封文林郎壽光縣知縣

董志學　以子紹邦秩　封文林郎永安縣知縣
黃　琦　以子錫朋秩　贈文林郎安仁縣知縣
莫汝禮　以子大勳秩　贈刑科給事中
徐元芳　以子吳錦秩　贈徵仕郎中書舍人
徐燦先　以子徵鳳秩　封文林郎雒南縣知縣
徐守魁　以子喈鳳秩　贈文林郎永昌府推官
儲福疇　以子方慶秩　贈文林郎清源縣知縣　又以
曾孫麟趾秩　貤贈資政大夫宗人府府丞加
二級
吳景運進士　以子兆龍秩　封文林郎東安縣知縣

史　法　以子陞輿秩　封翰林院庶吉士
儲　曾知縣　以子振秩　贈奉政大夫右春坊右庶子
任繩隗舉人　以子宏嘉秩　贈中憲大夫奉天府府丞
吳汝翼　以子曹直秩　贈奉政大夫戶部主事加一級
吳允祺　以子玶秩　贈文林郎古田縣知縣
萬文彪　以子廷詔秩　贈文林郎永壽縣知縣
萬祥齡　以子丹詔秩　贈文林郎石城縣知縣
吳貞度進士　以子元臣秩　贈中憲大夫桂林府知府
潘紹顯　以孫宗洛秩　贈通議大夫右副都御史湖南
巡撫

潘廷選　以子宗洛秩　贈通議大夫右副都御史湖南
　巡撫
周正儒吏給　以子鶴秩　贈文林郎永明縣知縣
葛彤偉　以子晉豐秩　贈文林郎永淳縣知縣
葛　貞　以孫中祺秩　貤贈文林郎南皮縣知縣
葛　彥進士　以子中祺秩　贈文林郎南皮縣知縣
儲方慶知縣　以子在文秩　貤翰林院編修
蔣賦芳　以子雯秩　贈文林郎河陽縣知縣
儲展成　以孫之盤秩　貤贈中憲大夫雲南迤東道
儲善閎諭教　以子之盤秩　贈中憲大夫雲南迤東道

吳定勳　以孫虎炳秩　貤贈文林郎河陽縣知縣
吳名世　以子虎炳秩　贈文林郎河陽縣知縣
蔣允俶　以子天麟秩　贈奉政大夫永昌府同知
王　壽　以子斗樞秩　贈奉直大夫定番州知州
吳如登　以子龍標秩　贈明威將軍川北中營守備
湯　霖　以子星南秩　贈文林郎嘉魚縣知縣
吳祥徵　以子宸梧秩　贈文林郎汧陽縣知縣
吳　掘　以子端升秩　貤翰林院庶吉士
吳龍岡　以子錦標秩　贈修職郎餘干縣縣丞
朱拱壽　以孫世勳秩　贈承德郎戶部主事

朱　鎬　以子世勳秩　勅封承德郎戶部主事
　以孫桓秩　貤封文林郎翰林院庶吉士
朱世勳　以子桓秩　貤封文林郎翰林院庶吉士
　補遺
楊　俸經歷　以子于陛秩　贈文林郎孔源知縣
楊　侃主簿　以嗣子于陛秩　贈文林郎孔源知縣
楊廷鶚　以子世奇秩　贈文林郎龍岩知縣
楊世奇知縣　以子起元秩　贈儒林郎霍州州同

增修宜興縣舊志卷之七

選舉志　蔭敘

宋

侍郎蔣璨以世父之奇蔭

明

玉山知縣蔣悅以父守約蔭

國子監生吳黻以祖雲蔭明史作父雲蔭爲恩生之始

國子監生吳鳳翔以曾祖雲蔭

中書舍人徐元概以父溥蔭

尚寶司卿徐文煥以祖溥蔭

尚寶司卿加四品服徐文燦以祖溥蔭

岷府長史徐文煇以祖溥蔭

尚寶司丞吳驥以父儼蔭

潯州知府吳騄以父儼蔭

光祿寺署丞吳騆以父儼蔭

國子監生沈説以父暉蔭早故沈紹以祖琿補蔭

上林苑監左監丞杭士鏄以祖淮蔭

南京後軍都督府經歷陳一龍以父儒蔭

鶴慶知府萬春以父士和蔭

國子監生曹司直以父三晹蔭

楚雄知府曹司進以祖三晹蔭

南城縣主簿吳葦以父玭蔭

兵部主事張永祚浙江鹽運使張永禧並以父邦紀蔭

戶部主事何熙祚以父士晉蔭

兩廣旗鼓僉書張永禛以父邦紘蔭

戶部主事陳貞達以父于廷蔭

戶部主事陳宗大以祖于廷蔭

南京戶部主事周伯瑞以父鼎蔭

錦衣衛千戶盧以載內閣中書盧以謙同知盧以行

並以父象昇蔭

世襲錦衣衛指揮僉事吳戩穀以父貞毓蔭

國朝

國子監生候選州同知周贇以父啟嶲蔭

國子監生七品京職候選州同知潘承柱以父宗洛蔭

增修宜興縣志卷之八

人物

忠義

晉

周處

明

盧象昇　增允錫　以上係傳

漢

蔣澄　蔣默

吳

周魴

晉

周玘　周筵　錢廣

齊

周山圖　周盤龍

梁

陳慶之　魚天愍　陳昕

陳

周文育　周寶安

唐

衛巡　蔣儼　薛登

宋

蔣堂　邵材　錢卽

蔣瑎　蔣興祖　周葵

畢時　蔣芾　邵及之

吳政　吳潛　姚訔

莫謙之

明

吳雲　徐溥　吳儼

吳玭　萬士和　吳達可

史孟麟　吳正志　張納陛

湯兆京　陳于廷　蔣允儀

何士晉　吳中行　路邁

徐槐　張邦紘　王行儉

莫可及子若鼎若鈺　孫謀　吳炳

陳貞達　吳登俊族遴　盧象觀從兄象同陳安毛得五等

麟　吳貞毓　潘承祚

曹師稷　盧國雲國焘國紘象坤

吳敞瑩廷縉廷柱蚩　潘敏成廷璜

張琳陸志　張緒吉吳許樹遠　陳寅

任源逵　周源儒　吳起龍
潘喆　邵履正　許啟洪　李碩　李來
李用楫子煟　盧象晉李則行李文注李從厚
盧象楨　步匡明徐闇如張利千唐魁徐夢岳蔣
曦陸元望儲振彩蔣章甫季明之康三省蔣七陸二王自
榮吳乾思王承昌袁魁顧文錢順朱興公錢在茲
儲京祚　何捷何掖捷子百祿姪清漢長齡
萬濯　堵正明　堵世明
吳其鑑　毛重泰

國朝

任宏嘉

補遺

宋

馬伸　黃肇中　許浩
黃天鑒

元

周紹先　邵全節　吳江靖弟

明

儲楫　儲由履　徐申懋
儲起潛　陳琨族兄所長　吳允禔

黃鍾斗　蔣永儒丁丕選周濂儒陳有瑞儲謙儲
懋捷朱邦彥何鏋鏋子天龍陳貞禧吳國士儲啟祚王德
源蔣永儼王孝源王祚榮葛敏葛嵒步守信劉應鳳
周世臣　黃守正吳上軫上弟軔
儲邦輔子封　杭彥清　吳穀戩
杜忱　吳永功趙起濂堵道楠萬象瑞

國朝

徐懋威　吳鴻泰　薛君
陳納陛　孫璲

治績

漢

蔣堪與

唐

許緒　蔣將明

宋

蔣昂　蔣之奇　蔣之翰
蔣靜　虞大熙　吳懋
蔣億

明

楊得安　杜欽　徐鎰

陳全 尹弼 沈暉
萬盛 胡璉 張盛
李雲 陸廣 杭濟
杭淮 芮京 胡忠
湯建衡 邵天和 曹三暘（子司勳孫應秋）
陳儒 楊準楊阜 曹景暘（子司宰）
周淳 俞頤吉 潘松
俞霑（子士章） 路雲龍 路文範
路進 潘守正 儲昌祚儲顯祚
徐洪祚 徐懋曙 吳宗儀

萬家新 萬德鵬 蔣宏憲
丁天毓 李守俊 周鼎
毛之儁 毛士龍 吳正已
徐紹沆 蔣覲 吳鳴虞
蔣如鼎 湯啟烜 顧一讓
吳士貞 任允淳 吳正心
戴英 吳洪昌 夏尚絅
國朝
蔣永修 周啟嶲 儲曾
潘瀛選 周伯瑞（弟仲琢） 周季琬

路遴 路序 萬錦雯（孫橚）
蔣龍光 徐喈鳳 吳滌
盧士登 莫大勳（子士超） 儲方慶（兄貞慶）
許毓芳 郁士超 儲右文
吳曹直 萬丹詔 萬廷詔
儲掄 郁士選 蔣錫震
潘宗洛 萬晉豐 潘眉
萬廷仕 王斗樞 蔣雯
儲之盤（子起掄） 李飛鯤 路衡
王忠武 蔣天麟

補遺
儲敬受 萬春 史垂則
陳景璐 路雲範（子文翰）
續補
宋
蔣循祖
元
吳熙
明
許勝 吳埜 潘亮

黄時　黄金　徐文燦
杭士鏞　湯啟華　楊大賓
許有節族子用鄺　萬溥　蔣應震
湯欽止　王彝章　吳應恂
潘紹謨　蔣濬
國朝
陳宗石
理學
宋
唐棣　吳宗旦
明
周衡　萬吉　曹珂
唐音　王升　王永圖
儲澂子秬
國朝
吳晉剡　湯之錡
補遺
明
吳鼎
續補

明
胡澂　謝惠　王彝敘
謝三錫　談儒傑　周濂學
國朝
邵贄　萬錦霏
孝友
漢
蔣政　許武弟晏普　許荆孫馘
宋
蔣恭蔣協　許昭先
齊
吳達之　陳元子
唐
蔣冽弟渙
宋
畢煦
元
儲炳
明
黄珏　胡孝　張倫弟亨新

徐琳　萬士亨　徐文煜
李延謐　李魁　談書
史元鎮　湯鍾壽　陳一經
楊萬春　黃東赤　陳一敎子于泰
吳宗艮　戴朝榮　史君爽
國朝
曹應莘　儲寅亮　許士珍
梁王郎　邵廷紀　吳箕
湯廸簡　王明俊　吳景運兄應運鼎運
錢修期　蔣廉　史泓

卷八　九

吳玫　許翎從弟翻　李舒春
王人瓏　萬迅子夔輔　蔣正泰
路念祖　蔣春　柳友德
宗士成　萬鎰　吳徵
湯咸亨
補遺
明
儲昌子浧　徐濟　張邦穀
鄒善祚　楊暉萼楊渭　周繼思
張應鵬　周昌汝　蔣允化

潘艮鼎　路文軌　萬人儒萬人佐
任億年　任友恭　徐安世
續補
明
丁文質　蹇軏　儲銘
蹇仁　杭奎　徐陞
萬士安　許鎔　李齊丁熯丁熛黃公
立陳壽章　毛伯昌毛伯晟　楊日淳
徐先枝　張敞孝子方仁　張自勵張允德
國朝

卷八　十

楊濱露　杭伊蒿　楊宣猷楊爾猷
屠元孝　陳枝先　朱華袞
許樹偉　徐龍詔　周詠
堵景源　盧素林　徐人龍
莊聖躋　陳其復　張翼運
閔佐成　蔣庠復　王九齡
吳上璆吳維垠丁詠暉丁宜盛丁棨黃養潤王裕仁蔣遜
宗蔣元溪黃天俊　陳貞慶陳書賢吳選
沈瑜德　何世鯨
文苑

唐
許景先　蔣乂　蔣係子曙
蔣伸　蔣偕　蔣防
喻鳧
南唐
蔣凝
宋
蔣璨　單錫　單鍔子子發
佘中
元

王天覺子日宜日新日晉　許應祁
明
姚臨　儲可求　儲惟德
馬治　萬譏弟稷　邵賢
李泉　邵珪　卜同
杭濂　吳仕　吳性子可行孫克奕宗元襄宗達
陸萬里　趙天錫　沈敕
周正儒　許有穀　徐顯卿
蔣如奇　吳國華　路朝陽
儲國祚　堵應譏　吳淑

許肇篠　吳仲立吳退貽周漢右
儲懋時
國朝
陳維崧　黃琦　儲方榮
任繩隗　史紀夏　吳梅鼎
任元祥　周廷求　許昌國
毛元策　萬彥　徐翺鳳族弟見龍
任培元　楊懷遠　儲善慶
儲振　萬樹　徐煥龍
史陛輿　周亦魯　俞景宸

儲欣子芝　蔣景祁　謝方琦
謝芳連　潘旂　陳枋子旋
儲華慶　路仍起　徐江晉
路朝宗　吳淵子士棻　儲高文子燧
吳澍子企劉族叔誠　盧楝隆　宗芝堂
宗五雲　史陳惠　儲大文
儲恕弟惠　儲在文　儲郁文儲雄文
徐瑤子洪鈞　杭越　吳崇
顧洮　李荃　史仲开
史高統　吳掄　萬嗣恭

萬受采　蕭趙炎子挺　葉肇虔　葉鳳翥
毛紹義子時霖　張明善子大鈞　蔣部
陳邦榮子豐坦全豐基孫晴錫銘京鎬燦文　沈牛成熊翼
補遺
陳貞貽　丁澄　許際科
徐騰蛟　許君建　湯思孝
陳天策　蔣如紱
續補
宋
慕容彥逢　馬令

明
瞿曦　吳完　儲天經
任珪　吳夢熊　朱紱
吳驌子達德　任景龍　路之陛
許明鉉
國朝
黃羲時　黃一麟　丁璣
陳維嵋陳維岳　曹亮武　陳維岱潘大儒
董儒龍孫克昌　周方石孫日暘子燁　蔣永倣
葉翹　徐璣　許泉年許古年

史元楷　潘艮瑜子學鎬　吳文斗
范度周彥　宋士班孫爲章　史逢年孫元穎
張鍾岳　潘祖義子巖　徐寬從兄珏美
陳履端
行誼
吳
張秉
宋
吳國夫
隋

蔣宏
宋
時某子彥　邵靈甫　邵民瞻
吳師古　蔣天倪
元
儲廷玉姪士方　岳濬　岳惟至惟元
明
蔣賢　潘永昂　吳以中附輿郎
施玘　萬壽曹澤任亮　陳玉陳彝潘岐陳倫吳佐曹襲宋大
德毛溥　褚錦　李愷

吳玉 卜祉 李庭芝
沈榮子彝 邵曙孫暉 盧元京
曹琳 萬士禎 任卿弟道
歐蕙 湯應隆弟應暘 芮宏
吳承裕 吳應期 蔣禮
吳馭 戴時達 徐守魁
路九同 儲邦美 吳挺秀
錢琨 黃體乾 湯得華
吳洪亮子貞吉 堵維常 謝遴
邵忠訓 胡憲言 陳廷誥

許德士 李亦八子引先 李三綱
國朝
李同亨 凌鵾遠 陳榜
楊天榮 潘廷選 吳選
史潔珵 許鳳 儲善閎
吳繩用 謝旭 潘麟如
吳宗子其濤 潘起 潘繼堂
尹帝錫子再泰 任沂 杭翔敏
吳虞衡子紘初 朱鎬 李永標
王朝珪 儲孫武

補遺
明
路其直 錢瑞 蔣瑞卿
萬士裕子惟志 謝顯 毛一麟
陳階 徐明羽子開泰 徐儀世
續補
宋
吳若 黃端友
明
吳經 吳儉 李桂

吳達聰陳禹謨 宗均琦 謝表
楊廷璿 宋遂 蹇益
徐元相 岳儉 王楨
許斌 徐承芳 蔣芸子應彩孫如斗
黃棟 湯兆隆 吳有烨
吳啟澤 任與春子名臣 周聖瑞
吳世凝 路遵聖 阿寄
許文用 宗麟壽 王士凝
國朝
何士林 吳國萃 周有全

蔣邦彦　儲國維　莫汝禮
許以經　徐漢超　吳學錄
潘日誨　許明倫　周方　仇兆麟子元善元藝
徐邦楨　劉天長　宗世求　宗廷璧　宗廷
鄒　楊廷鵬　楊士義
儲福昆子道鴻　朱緒芳　蔣亨復
史三畏元孫士陵　儲灝　潘進
王國琇　陳時英　丁聖貽
張江永　蔣師韓　呂鏞　蔣大成

隱逸

唐
馮處士　蔣逸人　陶詳　方干
宋
元薄　蔣之勉　王克疑
元
吳載堅　蔣捷　董蕃
王介顯子仁
明
王文靜　許茂沈懋　蔣兢
吳綸　王超　邵鑑族睬

李適子涇　萬善　湯聘
徐守亨　許顥昌子以忠
國朝
吳洪裕　潘紹顯子廷瑜　許肇箎兄肇箕
吳璇　蔣偉　俞南吉　曹茂才　萬津　微鄧秉貞
吳永祺　徐徵麟　儲福疇
孫夢簡　陳貞慧　路廸子培堅
吳固本　楊湛露　周新
王合　萬球　任暐臣
吳湛　路登庸

補遺

明
儲能謙　蔣宏恩　蔣天民
湯鶴翔　謝宜　翟振龍
國朝
萬謙　湯炎　金轄

續補

明
吳源　王亘　許世祥
萬棟從弟梗　錢日文

國朝
許大就　黃麟聚　蕭郡
尹毅奎　吳喬森蕭隣之　喬森子楨熙　王鳴九
任大烈　陳貞祥　任繩寵
儲弼明　尹選　吳悅可
周岱鍾

僑寓

梁
到洽
唐

卷八　九

薛戎　杜牧　李紡卿
陸勳　李戡　孫泰
陸希聲　皇甫冉　高雲
顧況
宋
蘇軾子邁迨過孫峴　王居正　慕容暉
蘇庠　鄒浩　李綱
汪藻　胡堉　岳飛子霖
胡松年孫觀　陳克　曾幾
董弇　王葆　周必大

呂祖泰　李曾伯
元
蹇大雅　張簡　倪瓚
周砥鄭元祐徐賁
明
李應楨　沈周　翁信
費宏　舒芬　靳貴
史際　王大用　唐順之子鶴徵
楊守魯　周怡　王穉登
顧祖漢　王畿　高攀龍董其昌

卷八　十

徐元昕　吳默　吳應箕顧杲
楊廷麟　俞安期　鄒元標劉宗周
侯方域　顧御
國朝
胡潛　潘天成　吳綺
龔勝玉　惲格　謝本弟廷揚子洊
史鑑宗　沈元咨

續補

宋
趙九齡　敖陶孫　李韡

莊夢旂　宗洪
明
詹榮　陸南陽　周天球
李流芳　陳子龍　曾鯨廖大受張復
章正宸　程學周
國朝
金敞金璵與子鐵圓　周容周高起　顧貞觀
鍾以晟　唐煜燦　毛惕
藝術
陳

卷八　圭

許允宗
南唐
丁謙
宋
張駒
元
於材仲　吳國艮李文遠吳善潘生湯生
明
蔣子成　吳芳　李公實
邵璨　王玉子廷相卜惠畢信楊悐徐汝翼王承學

杭倫　周衞　吳蟻
杭士銘孫茂齡　金沙寺僧　供春
董翰趙梁元錫時朋　時大彬　李養心子仲芳
徐士衡　歐正春邵文金邵文銀蔣時英陳俊卿
陳用卿陳信卿　閔賢陳光甫　沈士良
沈子澈沈君盛　陳辰　盧丹
周茲　湯啟祜　王宗雅
國朝
蔣允耆　方瑞孫東巖　徐元球
陳遠陳子畦　路錦程　徐承宗

卷八　圭

吳瀠　徐鶴詔　蔣宗琳蔣宗璽
馮嵒　許維嵩　潘育
陳漢文王南林楊繼元陳介溪　吳鉞瑞
周士標　朱嶼
補遺
明
薛贊　蹇徐
國朝
王應遇吳懋談岐　許秋翻
周清南　周天定鄭濟川水西衣

增修宜興縣舊志卷之八

人物志 忠義

兩間正氣蟠結搨詡與日星河嶽相終古於以扶翊世教激發人心斯忠義尚已蓋自從容翼贊黼黻隆平與夫犯顏直諫臨危致命下逮一介之士陷胸决脰効死彊場雖所成就常變大小不同其精誠不可磨滅一也今按唐鶴徵府志敘忠義弁孝侯謂乾坤恃以不毀倫紀由以常存信然哉讀明史盧公堵公傳竊嘆其百折不回以死報國與孝侯相伯仲此三人者皆天人也謹遵府志原例列諸卷首餘各依時代撰次云

晉

周處字子隱鄱陽太守魴之子少孤弱冠時膂力絕人好畋獵任俠自喜不修細行鄉閭苦之處謂父老曰今時和歲豐何所苦而不樂耶父老嘆曰三害未除何樂之有處曰何謂也曰南山白額虎長橋潭下蛟并子而三矣處乃入山射殺猛虎投水搏蛟蛟或沉或浮行數十里處與之俱經三日夜人謂其已死皆相慶賀處既殺蛟返聞鄉閭相慶始知人患已甚慨然有改勵之志乃入吳郡見陸雲曰欲自修而年已蹉跎恐無及奈何雲曰古人貴朝聞夕改君但患志不立何患名不彰處遂克己勤學敦忠信尚義烈期年州府交辟仕吳爲東觀左丞吳平入洛稍遷新平太守撫和戎狄叛羌歸附轉廣漢太守郡多滯訟案牘山積處詳其枉直一朝決遣以母老罷歸尋除楚內史未之官徵拜散騎常侍處曰古人辭大不辭小乃先之楚郡內既經喪亂新舊雜居風俗未一處訓以忠義又檢尸骸無主者並收葬之然後就徵遠近稱嘆遷御史中丞凡所糾彈不避寵戚梁王肜違法處按劾之及秦雍氐帥齊萬年反僭帝號圍涇陽帝命討之朝臣惡處强直皆曰處名將子忠烈果毅可使詔以處隸夏侯駿西征伏波將軍孫秀謂之曰卿有老母可以此辭處曰既辭親事君父母安

得而子乎萬年聞之曰周府君昔臨新平其人才兼文武若專斷而來不可當也苟受制於人此成擒耳既而梁王肜爲征西大將軍都督關中諸軍事處知其必將陷己顧以人臣盡節不宜辭憚乃悲慨就道志不生還中書令陳準知肜將逞宿憾言於朝曰駿及梁王皆貴戚重臣進不求名退不畏罪周處吳人有怨無援宜詔孟觀以精兵萬人爲先鋒必能殄寇朝廷不從時賊屯梁山有衆七萬肜駿分兵五千令處進擊之請後繼弗許乃與振威將軍盧播雍州刺史解系攻萬年於六陌軍士未食肜促令速進處知必敗賦詩曰去去世事已策馬觀西戎藜藿甘梁黍

期之克令終賦畢而戰自旦及暮斬獲甚多弦絶矢盡搯
系不救左右勸之退處按劍曰此吾効節致命之日也何
退爲遂力戰而歿時元康七年正月也建武元年追贈平
西將軍清流亭侯命加策謚太常賀循議曰處履德清方
才量高世歷守四郡安人立政入司百僚貞節不撓在戎
致身見危授命此皆忠賢之茂實烈士之遠節按謚法執
德不回曰孝遂以謚焉所著有默語三十篇風土記吳書
若干卷子三人靖早卒玘義興郡侯另有傳札右將軍會
稽內史諸孫勰烏程侯懋襲處爵筵征虜將軍吳興內史
贊武康縣侯滑都鄉侯一門五侯並居要位吳士貴盛莫

與爲比（參晉史）

明

盧象昇字建斗世居縣西南茗嶺祖立志萬歷乙酉舉人
歷任南康儀封知縣父國霦邑諸生母李氏萬歷庚子三
月四日象昇生七歲時母患心病象昇晝夜反側以分痛
病愈乃巳年十三就讀城中僧舍距家七十里日將夕聞
父恙卽單身赴道歷深谷叢篁中出入虎穴不稍懼比抵
家已雞鳴矣大父赴南康任挈之行失足墮江中聞疾呼
扶兵部尚書出因得附片木以免象昇白晳而臞膊獨骨
負殊力每誦讀暇輒習騎射縱觀古將相名臣兵略同輩

多笑之弗爲輟年十七補博士弟子員天啓辛酉壬戌聯
雋成進士釋褐歸過維揚有冶姬見象昇年少高第美風
儀願委身焉象昇曰吾豈以精神銷粉黛耶却之癸亥謁
選得戶部值魏璫用事求外補以員外郎出監臨清倉因
奏中州積旱民鬻妻質子難應追呼請改抵納價以紓民
困於是豫省積逋一清全活億萬戶三藩初就邸僚從噪
於途誅求無藝象昇以囊貯米預列水次至卽遺之藩艘
素聞其廉不復肆秩滿稍遷大名知府恤冤獄十七事治
聲日起崇禎二年京師戒嚴募鄉勇萬人入衛事平詔還
郡以副使階行太守事象昇乃遴所募兵日訓練之盡成

精銳時有巨室馬翩翩者任俠爲大奸齊豫燕晉諸盜多
歸之號九省通家白晝探丸刼掠莫敢問者象昇率募卒
猝擒之立斬以狥其黨不及援遂駭散三年進右參政整
飭大名廣平順德三府兵備號天雄軍是時流寇自秦蹂
晉蔓延猖獗象昇念山西密邇畿輔躬巡屬境葺城池修
樓櫓命山居百姓依險立寨貯糧器械砲石檑木諸禦賊
之具畢備而耕牧其中其平原無險則用并村法合小附
大鑿濠築垣其餘一如山寨復自爲相度處所時時往來
申警之四年舉治行卓異進按察使治兵如故六年正月
賊流入西山距順德百里象昇擊卻之二月左良玉之師

挫於武安賊從小山澗入眞定沙河臨茗等處象昇率師赴援賊遁走四月賊騎數萬屯小西天山象昇與總兵梁甫叅議寇從化合擊連敗之石城南五月要之於青龍岡大破之又破之武安連斬賊魁十一人殲其黨數千收還男女二萬八月賊經廣平民趨城郡守慮有變急扃城後至者不得入號哭動天象昇至急呼守納民寇來吾捍之遂自策馬乘城賊聞之夜遁象昇生長於南以文儒進然負胆决便弓馬每臨陣身先士卒與賊格鬬鋒刄及數勿顚失馬卽步戰弗爲卻一日逐賊危崖賊自嶺射中象昇頷又發一矢僕夫甃象昇提刀戰益疾賊駭走相戒曰盧

廉使遇卽死自是不敢犯其境三郡安堵者數年象昇遂以能兵名先是賊議分兩道一南行蹦中州一北行擾畿輔及象昇遏北衝於是賊數十萬衆盡竄而南畿輔帖然而中州楚蜀勢若决河賊以十一月渡河陷澠池伊陽從盧氏軼內鄉淅水犯鄖十二月破鄖西上津保康房縣提於風雨七年正月擢象昇右僉都御史代蔣允儀巡撫鄖陽鐖南民萬衆擁馬足若戀父母提擕送至五百里外臨河而返象昇馳至鄖賊已入蜀人民散離招募稍集視房竹諸山縣亘有險可恃用守鐖南法守之并村立寨人有固志始至鈌餉象昇自銷盔帶得百金爲衆作餐於是採

銅鼓鑄出息糴穀患漢江商船不通造兵船數千西抵商雒南距荆襄轉輸貿易物力大足撥毛兵新兵各五百人石砫兵六百人更番偵伺分布鄖津要害而躬提健卒數百往來於襄宛光均間未幾賊自蜀反楚復犯鄖象昇與總督陳奇瑜分道夾擊六月及之於烏林關大破之又破之於乜家溝石泉壩康家坪獅子山太平河木竹砭箐口諸處引兵窮追賊恐怖至晝不敢餐慮因炊煙及之也七月設伏蚋溪大擊之前後斬級以萬計其墮箟塹死者無算乃盡竄入秦漢南寇幾盡鄖屹然復成巨鎮焉八年二月三邊總督洪承疇會西寧兵變赴甘肅定亂賊承間敗

秦師於眞寧大帥曹文詔死之而朱陽關蘭草川二師皆潰賊遂分十餘股衆百萬由朱陽關出中州大震八月進象昇兵部侍郎總理江北河南山東湖廣四川兼山西陝西七省軍務賜尚方劍便宜行事與總督洪承疇協辦賊督剿西北理剿東南汝洛告警象昇倍道馳入汝賊前鋒已向楚留衆三十餘萬連營百里勢甚盛象昇督副將李重鎭雷時聲等擊高迎祥於城西用强弩射殺賊千餘人迎祥李自成走陷光州象昇復大破之於確山自大帥曹文詔陣亡尤世威徐來朝兵潰諸將率畏賊不敢前象昇每慷慨灑血激以忠義軍中嘗絕三日糧象昇亦水粒不

人口以是得將士心戰輒有功九年正月大會諸將於鳳陽象昇上疏曰賊橫而後調兵賊多而後增兵是爲後局兵至而後議餉兵集而後請餉是爲危形況請未必敷至卒從賊而爲寇是八年來絡繹而請之兵反樹賊黨積累而用之餉適資盜糧也臣以爲兵食大計當思暫費而永寧一勞而久逸督與理宜有專兵專餉請調咸寧甘固之兵屬督薊遼關寧之兵屬理若遇山林奔突不利騎兵再調川筸滇黔之兵一二萬搴援險阻佐騎兵所不及每月給需餉銀各一十三萬而聽承疇辭三邊臣辭全楚使得併力於所屬之地至各直省撫臣俱有封疆重任一處有

賊一處需援一處需兵一處求調不應輒成水火分應何以支持粉飾太平尚可調停遷就用兵剿賊豈容委曲移那臣謂所在撫臣宜分地責成人人自爲戰守不得以一方有賊輒求調援分督理之兵餉至臺諫諸臣不問事之難易不顧人之死生專事苛求識力不堅者必致因人以自餒即凊白自矢者亦且避忌而灰心據臺省動以尾擊責臣等持論非不盡善但均一剿也有追之者必更有一二重兵或堵之或扼之始無潰決之患前無堵者旁無扼者祇頼一追即有縮地法遠出其前而賊巧於避兵轉身他向仍然尾賊也即欲不尾不可得也州縣庫藏如洗折

色萬難措置本色顆粒無資剿兵所至卒多閉門堅守惟以身願聽叅罪臣以功令責之則曰凡剿寇用兵之地即兵荒應免之地偶有一二完邑所輸無幾不足以供防兵況剿兵乎賊行甚速且無定向窮兵力以追之尚虞不及今支領芻糧即使隨手立辦定稽半日之程稍遲一日再遲二日斷無及賊之理矣伏願今以後中外不惜浩費有司無憚艱難各直省毋事張皇諸紳士無好橫議百爾臣工破門戶矢公忠齊心并力務致廓凊臣與督臣有剿法無撫法有戰法無守法待賊悔禍乞降再議散遣安插然後輕徭薄賦恤死弔生保固元氣此則今日剿蕩之大局

也疏入奉俞旨聽象昇辭全楚乃起王夢尹撫楚是月高迎祥李自成等七巨寇分道趨東南陷含山和州進圍滁州象昇在西沙河聞警率總兵祖寬游擊羅岱疾馳五晝夜抵滁大戰於城東五里橋祖寬陷陣先登象昇斬賊搖天動等其駿馬賊連營俱潰大軍乘勝逐北風馳電掣一夫當十呼聲震屋瓦追擊五十里自城東至關山之珠龍橋橫屍枕籍塡溝委塹滁水爲之不流賊起數年官軍搏戰以百計而滁州之捷第一是役也象昇以巨寇畢聚期一舉盡殲之而淮撫朱大典疎於設防潰賊得收散亡從亳州還走豫永寧總兵祖大樂邀擊於歸德之穀熟集大

破之副將陳永福又敗之朱仙鎮二月象昇追及賊於裕州合寬大樂佾兵大破之七頂山盡殲自成精騎乃至南陽誓師命諸將分道逐賊而大將旗鼓出鄧州馳使告楚撫王夢尹鄖撫宋祖舜嚴兵守漢江賊可盡殄而漢南無一兵陣而待者當是時象昇晝不離鞍夜不解甲囊中時具米麥餅餱即嚙之倦即臥馬足間馬首掛硃墨汁筒文移往來倚馬立就務一心殲賊如是者半載賊困甚或分股從光化羊皮灘渡鄖襄或竄伏內淅山中而迎祥自成收餘衆復歸秦象昇乃命孔道興防雒西左良玉防雒東陳永福錢縕功等率兵專備內淅而自引軍趨秦關會承

疇共議兵事在途遺書其家題封烽火三月家書萬金問二親無恙外其訓子弟曰古人仕學兼資吾獨馳驅軍旅君恩既重臣誼安辭委七尺於行間違二親之定省掃蕩廓清未效艱難困苦備嘗此於忠孝何居也願吾子弟思其父兄勿事交遊勿圖溫飽勿干戈而俎豆勿弧矢而鼎彝名須立而戒浮志欲高而死妄殖貨矜愚乃怨尤之告府酣歌恆舞斯造物之僇民庭以內悃愊無華門以外謙卑自牧非惟可久抑且省愆凡我子弟其佩老生之常談惟我一身自聽彼蒼之禍福其訓王夫人曰予為官一十三年歷部郎郡守監司以及治鄖撫楚日惟國事蒼生為

念不敢私其妻子未嘗有負君民至鮮兯容家無長物今任討賊艱苦萬端成敗利鈍付之天毀譽是非聽之人頂踵髮膚歸之君父惟願作吾匹者以媳代子篤其婦規以母代父敦其家訓使兩親娛於堂四稚習於學吾願足矣他何計焉時大寇西遁督旅入關奇此相兒六月師次潼關時承疇屢被詔責奪五階軍氣不揚象昇憂之謂秦督吾左右手脫以法罷將奈何已而遁賊野掠偵之則闖王大隊也命祖寬迎擊之寬躍馬大呼一戰斬闖王頭軍中歡譟闖王者高迎祥也賊中號最強李自成其甥也號闖將朝廷懸重賞購其頭象昇念以今日功讓承疇當保全

乃婉諭寬寬有難色則下馬拜寬驚挾起聽命承疇由是還尚方鏹級盡復方欲與承疇會剿秦賊而先是賊之由羊皮灘渡者瀰漫宜城穀城上津山谷間鄖西縣令皆遁象昇聞之乃提兵還七月至襄追擊賊鄖西八月京師戒嚴有詔再賜尚方督天下兵勤王時良固已破涿亦岌岌象昇星夜入援

大兵從建昌冷口出關寧總監高起潛怯不敢過象昇出口迎之收回被難民萬餘歷視塞外邊地登木葉山而回至灤陽則別有詔進兵部尚書總督宣大山西軍務象昇任總理未一載將士甫調習賊望風而靡旦暮可殲一

旦移任他所東南羣盜酌酒相賀由是咆哮突出并部迹横埽蕩州郡駸駸不可復制有明卒以此亡象昇受命卽出居庸關策馬閲東界故事大帥行塞分馬𩦎左右翼傳呼禆帥而下箙矢插弓兜鍪掛鎧伏道旁象昇盡撤之控騎行六百里日呼堡上老兵訊利弊察險夷老兵意其偏禆也狎之言狀甚悉抵署則宣東形勢已歷歷在掌握間十年春因邊粟告匱請屯政括三邊裁貯銀十萬散司道官俾周視原隰高下土地所宜募民給種所在佐貳循行勸相及秋大熟積粟二十餘萬緣邊沙磧盡爲沃壤關寧備兵蔡懋德遣使求其法上聞之諭九邊皆式宣大是時

象昇勤勞過下吏子夜刻燭雞鳴盥櫛思得一要霍索披衣坐而待旦稍暇卽較獵角射嘗以箭脚花五十步外發必中遇平岡呼酒坐地與諸將講論兵法語及時事則慷慨椎心髮豎眶裂諸將聞之皆起舞又時時歷塞外諸山指點插卜板升并三十六家情形洞然是年冬乘堅冰渡河入套過李陵墓望拂雲堆揚兵大獵從容振旅而還十一年三月卜插二酋合十餘萬衆窺宣邊僞言求撫象昇夜馳至天城觀形勢策彼欲窺雲晉誘我師入宣乘虛而入因檄雲晉兵勿動而疏言求欵非實情中樞楊嗣昌手書至力主撫象昇力主戰相持久之乃密檄雲師西來宣師東來而自率兵出羊房堡刻日鏖戰卜插聞之乃遁事聞嗣昌謂無血戰功賞不行先是嗣昌奪情任中樞墨絰從事至是大拜服緋袍上政府少詹黃道周折諸廷象昇遺書諷之曰變禮易制誠非易事但使相業特盛無愧救時亦一道也嗣昌既以論邊事牴牾至是得書滋不悦兩人水火之勢由此成五月朔聞父訃乞奔喪疏五上始得俟代之旨而新督陳新甲在蜀未卽至時東事日迫嗣昌慮禍及己百計圖和授意薊門總監鄧希詔遣賁卜訾者周元忠潛詣關東爲之媾會謂兵不臨城不卽撫九月大兵入墻子嶺青山口殺薊督吳阿衡毁正關至營城石

匣駐牛蘭有詔召宣大山西三總兵楊國柱王樸虎大威入衛三賜象昇尚方督天下援兵象昇伏地痛哭麻衣草履誓師馳疏報曰臣非軍旅才愚心任事誼不避難但自臣父奄逝慘傷潰亂五官非復昔時兼以草土之身蹈三軍上豈惟觀瞻不聳尤虞鐘鼓不靈已聞總監高起潛亦衰絰臨戎象昇謂其衆曰吾三人皆不祥之身人臣無親安有君樞輔奪情亦欲使子變禮以分謗處心若此安可與事君乎當時嗣昌起潛主和議密謀輦金帛出邊已有事大事小之疏長安競啞啞則謂我有樂天之言彼無畏天之意象昇已微聞之十月三日入都平臺召對問方略

對曰臣主戰帝色變良久曰朝廷原未言撫撫乃外廷議耳隨奉旨會議安定門嗣昌媢大璫坐居下象昇略讓謝竝就上坐昌言主戰謂城下之盟春秋耻之嗣昌知象昇意不可奪嘿然退乃陰與起潛計左右牽掣之明日帝發萬金犒師嗣昌送之戒曰毋浪戰遂别去十一日師次昌平帝復遣中官齎帑金三萬犒師明日又賜御馬百太僕馬千銀鐵鞭五百象昇曰撫果外廷議也帝意甚鋭矣遂决策戰因檄諸路兵各簡勁騎三百期於十五夜分四路十面襲擊不奮者殺無赦令下而三屯營陳鎮兵已奉監檄調之東象昇頓足曰若輩撓我至是耶因疏請分兵則議宣大山西三鎮屬督關寧諸路兵皆監統之起潛擁重兵擇便地象昇名督天下兵實不滿二萬次順義十七日嗣昌至軍象昇責以阻師誤國之罪嗣昌曰誰知之象昇即言替卜者周元忠講款往來非一日事始於薊門督監受成於本兵通國聞之何可諱也嗣昌頰赤曰直以尚方劍加我矣語塞而去十一月朔

大兵三路南下一由涞水攻易一由新城攻雄一由定興攻安肅象昇遂由涿進據保定命諸將分道出擊象昇親率兵大戰於慶都又戰於真定而欒城獲鹿趙州相繼皆力戰由是樞璫騎虎難下憂不在外而在象昇計不殺之

不止編修楊廷麟抗疏言南仲在內李綱無功潛善秉成宗澤隕恨國有若人非封疆福嗣昌大怒謫廷麟兵部主事叅督軍將并殺之總監方某首詆象昇糜餉逗留詔切責且奉不許近城之旨至真定真撫張其平閉闉絶餉軍中缺糧已五日有二卒向村居覓草料象昇揮淚斬之各撫按守臣皆受樞璫指並誣督臣擁師不救一日䟫揭五六上十二月命閣臣劉宇亮督師奪象昇尚書侍郎視事嗣昌既遏餉不發且并欲盡散其兵乃僞檄雲晉有警雲帥王樸引兵徑去當是時象昇提殘卒數千人饑疲已甚次宿三宮野外畿南三郡父老聞之叩軍門請曰天下洶洶且十年明公出萬死不顧一生之計爲天下先乃奸臣在內孤忠見嫉三軍捧出關之檄將士懷西歸之心棲遲絶野一飽無時脫巾狂噪雲帥其見告矣明公誠從愚計移軍廣順召集義師三郡子弟喜公之來皆以昔非公死於賊今非公死於兵同心戮力一呼而裹糧從者可十萬人孰與隻臂無援立而就死哉象昇泣然流涕謂父老曰感父老義雖然自予與賊角經數十百戰未嘗衂今日分疲卒五千大師西衝援兵東隔事由中掣食盡力枯旦暮死矣毋徒累爾父老爲衆號泣雷動各携床頭斗粟餉軍或貽棗一升曰公煮爲糧十二月十一日進師至鉅鹿賈

莊時起潛擁闞寧兵在雞澤距賈莊五十里往乞援不應
象昇知必死謂楊參軍何寧授檄乞餉眞定促之行卽上
馬索戰諸帥皆伏地告謂往必死盍少待象昇按劍髮上
指兩眥盡裂叱曰吾今年三十有九以一死報國恨猶薄
肯從我者願勿怖皆收淚起行至蒿水橋遇
大兵象昇奮刀大呼未敷合手擒一將蟒甲銀盔遂各還
營夜半聞觱篥聲四起數萬騎圍賈莊詰旦騎來益衆環
之三匝象昇提長刀上馬周視命虎大威帥左楊國柱帥
右礮以次第發相擊四百餘礮屢兵疾戰自辰至未礮盡
矢窮短兵相接是日天霾日暈無光軍中對面不相識大

威急挽象昇馬請潰圍出象昇以刀劃其手揮之去曰吾
不死沙場死西市耶騎圍之數十重身被四矢三刃猶奮
呼手格殺數十人而仆圍人楊陸凱不忍衆躪其屍以身
蔽之背集二十四矢以死家丁顧憲見象昇斃亦自刎其
旁一軍盡覆大威國柱潰圍得脫十五日副將劉欽獲其
屍白綢巾麻衣遍用督師印印之楊參軍廷麟迎入眞定
盥面刮髮辮其刀瘢左腦一右腮一面門一兵民集視號
踊畿南數郡家祭巷哭咸曰盧尚書死吾輩無噍類矣然
樞璫慽未已順德知府于穎上其狀嗣昌匿之偵事總旗
官俞振龍以督師死事還報嗣昌怒鞭之三日夜且死張

目曰天道神明難枉忠臣而誣之者或言已東降或言快
醉歌樓火爇自斃家人待命者慄慄惶懼幽閫逾八十日
不敢閉至明年二月二十八日始大殮神色如生象昇既
死中原無復能討賊者承疇松山之役兵敗東歸嗣昌所
薦熊文燦亦屢僨事十二年九月嗣昌不得已出督師賊
玩弄如嬰兒嗣昌出揭曰斬張獻忠頭者賞萬金賊出揭
曰斬楊嗣昌頭者賞三錢後張獻忠害襄藩李自成害福
藩嗣昌知賊必殺己師次荆州自縊嗣昌死廷臣盡發其
奸乃贈象昇太子太師兵部尚書賜祭塟世襲錦衣衛千
戶福王時追謚忠烈

國朝康熙二十七年奉
詔本邑建祠以特牢祀乾隆五年
命祀廣大順三府名宦四十一年正月
賜謚忠肅
制曰取義成仁式著艱貞之烈易名表行爰昭獎卹之公
眷致命之可風彝迹未淹於異代期扶綱之攸賴休稱允
協於春秋爾故明督師兵部尚書盧象昇砥行能堅秉誠
克裕時遭坎坷恒仗節以無撓殉義從容竟捐生而不悔
朕披覽信史軫念忠藎予褒顯於崇祠用隆秩祀示表章
於往籍載錫嘉名象厥生平謚爲忠肅於戲溯芳徽於頑

廉懦立節或重於泰山彰定論於世遠風徽榮更逾於華
袞幽光特闡鑒當年皦日之心正氣咸伸勵萬古疾風之
節欽茲茂典慰爾英靈

堵允錫字仲緘世居縣北之前亭大父佳因家難徙居武
進夾山父維常一作讓年四十未舉子禱於句曲之茅峰夢
神告曰吾遣牧牛兒爲若嗣萬歷辛丑十二月八日母陶
夢牧豎投懷遂生允錫於夾山父母故呼之曰牧子及長
乃自號牧遊生十一年而父母俱喪煢煢孑立流離踣頓
不可名狀而負氣跌宕落魄無賴人目爲癡年二十遊無
錫馬太史世奇見而奇之允錫遂執弟子禮居門下是年

即以錫籍補諸生時天下將亂邊事充斥允錫慷慨思立
不世功乃爲書抵郡太守自薦邊才欲北詣經略熊廷弼
曰熊公即知兵非我佐之事不濟太守何應瑞目笑之曰
狂生然私偉其言辛未四月復歸前亭故居癸酉舉於鄉
丁丑成進士釋褐後即假歸自以幼喪父母痛於心廬墓
側三百日墓上枯桐復生有蛛絲結成孝字黃闇部道周
作禮問唁之己卯四月謁選得南戶曹庚辰二月榷北新
關時內使崔璘在浙勢甚張允錫不少屈曰設吾以忤璫
失官不較榮於司榷乎乃條陳榷關利弊十事剔蠹夙弊
殆盡時值淫雨連旬米價湧貴因捐稅以招集糧賈其師
馬世奇寓書曰聞米艘盡捐稅額杭城萬井人倚更生眞
轉移造化五色補天手也部議司關清惠第一加二秩辛
巳三月任滿同部會同邑周相國延儒再召謁者塡門允
錫獨不往周屢使人要之既見無一語周曰仲緘亦有所
囑乎正色曰某何求但得一極危險地可以畢命朝夕者
足矣周嘿然尋出知長沙府十月涖任見時事孔棘大修
武備察山川形勢作星沙守城議鎮南立新營并左右二
舊營日夕訓練之壬午四月臨藍賊蕭相宇廖二慶糾粵
西生猺諸洞蜒賊各鎮老馬子寇寧鄉聞報夜集兵得百
五十人馳救之同列謂孤軍難進允錫曰我速救賊疑有

大兵至必走不可失也賊果錯愕宵遁追及之大虎坪會
武岡黔沅兵亦至合勦於黃柴盡殪之又破醴陵賊斬其
魁草上飛等遂以知兵名吉藩宗支蔓延多兼并民田賦
煩役重會王宗與民爭田同知王秉乾聽之王宗不直于
嗾宗使譁與秉乾爲難民聚衆數千於南倉欲焚藩府時
初昏允錫聞變即馳至南倉委曲諭之民數服太守忠義
乃解散在任期年榜銷十三年積案三千餘事民賴以安
癸未四月舉廉卓入覲而流寇張獻忠於八月陷長沙上
知允錫有幹濟才命復任問關萬里爲兵盜所阻屢瀕於
死至甲申二月始抵任時賊甫退流離之民洊遭饑疫允

錫馳入武昌迎巡撫何騰蛟駐潭躬擐甲冑修築城垣招徠衆庶上地方十獘疏情詞悱切有旨陞武漢黃兵備道而北都之變適至允錫慟哭作墜龍騷五章六月奉福王命提督湖廣學政楚地屢遭兵燹學校殘破士之來者設僑學於漢陽允錫至集諸生於明倫堂訓之曰諸生登此堂不可不知明倫之義世治則君明臣良天下之父子夫婦昆弟朋友並受其福不幸國破君亡則父子夫婦昆弟仳離朋友解散故四倫必藉君臣一大倫始合普天率土誰非臣子今日明倫之務莫急於復仇復仇必須人才人才發爲經濟經濟本於學問學問根於忠孝爾多士刻刻以忠孝爲心在邦爲彥士出身爲良臣形影念慮起居動靜皆是復仇之時皆是復仇之地所謂人心不死不待舉而操必勝之術也時雖職學政而注意人才旁採謀略無日不以治兵講武爲急乙酉三月巡試湖南講學於武昌學宮欲感激諸生相與戮力諭之曰我國家三百年尊賢養士一旦中原淪喪生民塗炭一至於此朝廷負士歟士負朝廷歟有肝血者莫不勃焉憤仇矣今日與爾多士開宗大旨要以聖賢爲歸以理學爲任當下扼定百折不磨乃是戴員履方擔負綱常之男子至其入門處正不在多祇要勘得義利界限分明生死關頭透徹知明行力自然

智勇深沉於以入聖躋賢思過半矣試以義利言之義者苦遠難至利者喜近易從遽欲撇去千駟萬鍾退而簞飧瓢飲甘苦殊絕豈能以夸語欺人子不云乎富而可求執鞭亦爲如不可求從吾所好利者我所不必有義者我所自有舍我自有求諸非分一朝詭遇千古貽譏西山之歌與牛山之泣孰得孰失義利懸殊正可當下醒悟更以生死言之人當鼎鑊刀鋸何暇復談道義性命可愛勸人棄擲此難入之語也然吾非要人輕性命正要人愛性命何者性者有生而來命者天衷所降如忠孝廉節成仁取義皆吾性命內固有之物能愛此者堅如金石壽如邱山生固不朽死亦不朽今人所戀戀者非性命也血肉耳肢體軀殼豢養而成長者耆耄短者髫角吉者塚林凶者溝壑稍掩見聞蟻攢烏啄此死固朽生亦朽也吾與多士不愛已之有而愛烏蟻之有清夜自問有不啞然者乎吾願愛性命者愛得了愛得了則鼎鑊不須慷慨以赴直可從容而就也當是時諸生聞之莫不毛骨皆悚至有泣下者課士畢旋謁督師何騰蛟於長沙進策曰不措餉不能輯兵不招降不能張楚何深然之是年六月南都失守允錫聞之痛哭累日遂與章曠楊培東等起義兵設三科募士有幼讀詩書長嫻韜略慷慨願立功名者爲上科優以不次

之禮年力壯茂慕義從軍者爲次科給以代耕之祿落拓倜儻詿誤犯法希圖開贖者爲下科寬以功折之令他如奇人俠客精曉陰陽術數熟習火器弓馬及技藝醫㕑凡有一能足用者悉收錄立君子營選才敏精鋭者充之不稱兵丁稱君子以示崇異共得三千餘人分十營以爲親兵每營設都總一員統三百人都監二員分領一百五十人都哨十員統三十八都長三十八領十八一營十哨哨各有專業最驍勁者爲神鋒都習火器者爲神火都習鎗者爲神鎗都習射者爲神臂都都總以守備出身都監以把總都哨以副總餘都以効用把總出身各給以空頭劄

付有功遞加陞賞大印軍法以厲之時騰蛟何字雲從黎平人歷官大學士追封中湘王■督兵駐武昌凡機務多就諮訪特奏允錫攝湖北巡撫事駐常德八月唐王立拜右副都御史實授巡撫先是闖賊李自成有從子錦亦耿一目軍中稱爲小李自成死錦等十八部擁衆三十萬自川陝來剽掠荆湘間屯澧州界上聲言約我軍會獵遠近大震允錫曰國家新造勢不能勦當議撫事成宗社之靈否即吾致命之日偵知自成妻高氏一以爲錦之母有智略軍事皆取決而高氏弟一功驍勇爲諸軍最乃移檄何騰蛟令遣人往諭而已單騎由武陵過澧水達草坪入其營見錦等開誠慰諭導以忠孝

大義慷慨激切衆皆感泣聽命稱詔賜高氏命服錦一功蟒玉金銀器三軍皆踴躍即日軍中留宴高氏出拜謂錦曰使汝曹贖前罪洗惡名皆堵公賜也汝不可負於是李錦高一功田虎張能賀藍袁宗第塔天保黨守素李來泰馬某三十萬衆皆就撫聽允錫節制別部田見秀劉汝魁聞之亦來歸事聞唐王喜加允錫兵部右侍郎兼僉都御史手書慰勞授錦御營前部左軍一功右軍並掛龍虎將軍印封列侯賜錦名赤心一功名必正他部賞賚有差號其營曰忠貞營封高氏貞義夫人命有司建坊題曰淑贊中興允錫遂與赤心等深相結倚楚勢大張而劉體仁諸

營先歸騰蛟者亦引與赤心合衆益盛允錫以芻糧難繼令散處江北就食丙戌二月率師攻荆州久不下推官趙振芳曰降將新附軍糧不繼恐有貳心且彼援師將至今惟決水灌城可以速下允錫曰我何忍民之魚乎弗聽會援兵至有田偵者漏師潰圍赤心等大敗允錫驚憤墜馬嘔血幾死回常力疾視師發張光萃守澧州楊國棟守回子河袁宗第守新安李赤心高必正守夷陵五月荆師壓境出新安兵擊之大敗荆師於草坪八月闖變永明王立除東閣大學士兵部尚書封光化伯允錫謂封疆之臣恢勦無成功豈敢冒恩固辭封不受丁亥三月長沙破騰蛟

退駐衡州
大兵至牛皮灘允錫遣楊國棟王一賓禦之衆寡不敵師屢卻允錫亟往潞州調澧陽伯馬進忠兵進忠未應
大兵突襲常德守鎮周師忠爲内應常遂破允錫自潞返中途得報乃退駐慈利國棟一賓收殘兵來歸袁宗第亦移兵至進忠光萃俱避入永定七月允錫入永定調茅岡施溪容梅各土司悉力捍禦八月
大兵破武岡王將詣柳州甫出城劉承允迎降車駕幸脫兵部左侍郎傅作霖死之十一月允錫冒險趨夷陵簡閲忠貞營兵馬夷陵地界西川宗室經略朱容藩僭號監國

開行臺於白帝城下州鼎沸允錫聞之恐變起旦夕亟入川以大義責之輒毀行臺銷元帥印其黨悉解散戊子二月還永定三月朔大集諸將誓師對二祖列宗神御前慟哭人人感泣屆期行師禱六纛之神告之曰某此行利鈍未可期誓當身殉無還心皇天鑒之祖宗臨之惟諸將士共勗之由是馬進忠張光萃楊國棟輩皆踴躍奮力攻常城三日克之王進才復桃源袁宗第復澧州李赤心高必正連拔荊門宜城等州縣軍聲復振五月長沙鎮將徐勇以長沙兵侵常發進忠兵擊敗之踰月
大兵繼至戰於麻河允錫與進忠議曰辰州雖據吾上游其將馬蛟麟以孤城必不敢輕出吾曾有檄招之其意尚有待長沙爲湖南諸郡咽喉今徐勇雖敗實吾肘腋憂急檄忠貞營併力攻之則長沙可復長沙復則江楚可定也議定卽移檄忠貞營必正先率四百騎赴約有奸人鄭古愛與允錫有隙乃說進忠曰將軍本督師何騰蛟所進者也今與忠貞營併力攻長沙事成則允錫受其功不成則移禍於將軍何利焉進忠惑之遂暮夜燒城走赤心繼至見常城焚毀發憤曰進忠去我輩獨不能下長沙耶允錫乃委監軍毛壽登守常自率忠貞營從寧鄉益陽進兵湘潭九月克之十月兵抵長沙城守甚堅月餘不下初騰蛟

先撫馬進忠王進才號忠武營允錫繼撫忠貞營兩營多不協騰蛟欲乘間分其處嘗致書允錫曰吾與敵戰嚴關日月橋三師敗遁進圍零陵指日可下各郡邑盡入掌中聞忠貞營諸盟駐節中湘分取衡陽則功又有所屬矣近王馬諸勳舉動乖張吾已有檄諭之諒不負予也至是騰蛟克衡永率師次潭會金聲桓等守豫章
大兵圍之急騰蛟乃復檄允錫調忠貞營援之允錫本謀以全力復長沙恐兵分勢弱其勢難成持未决李赤心曰何督師既以長沙自任安用我軍且豫章亦不可不救允錫遂東行十二月至袁州己丑正月

大兵知允錫已東從湘江北岸水陸並進夜襲潭進忠遁
踣走騰蛟被執不食死之允錫在袁聞之痛憤幾絶自是
而忠貞營之聲援亦孤越三月江省亦潰江督金聲桓王
得仁俱戰歿
大兵踵至允錫退守衡陽四月朔戰於草橋敗績收潰卒
壁耒陽初五日永興被旅子正明死之乃自耒陽退入龍
虎關欲集忠貞營兵背城決戰而守關爲楚鎮曹志建素
忌允錫襲殺親兵五百人允錫及子世明十餘騎夜走猺
峝何家寨爵走賀縣招集散亡從兵稍聚當是時允錫久
臨行陣內外無援朝路不通思欲入覲以覲朝政計圖再

舉乃遣子世明先齎奏詣行在世明暴疾卒於陽山六月
抵肇慶見王行在時黔帥孫可望據有雲南十八府顧聽
撫欲求冊封廷臣畏其威不敢許允錫曰昔漢高王韓信
於齊固非得已今及其投誠降勅封之使恩出朝廷乃可
得其用請上鑄平遼王印封之議始決事詳吳貞毓傳在朝甫三
日楚粵警報迭至允錫涕泣請出兵王特賜龍旂十二徵
調天下兵馬糧餉加上柱國太子太傅文淵閣大學士吏
兵二部尚書七月師次平梧徵調滇黔兩廣巴蜀各勲鎮
胡一清趙印選張光璧王祥孫可望李定國馬進忠馬惟
興俱發偏師出楚是時各路將帥驕惰士卒罷頓又多染

疫瘴不應調允錫馳入忠貞營壁分兩營劉世俊劉國昌
各萬人從征八月平南寇徐彪作亂討平之十月次潯州
侯諸鎮兵集乃東發允錫歷年征戰勞苦憂悴常常扼腕
嘔血比連喪子姪入朝又值李元允用事劉湘客袁彭年
丁時魁金堡蒙正發附之朝中謂之五虎每有奏請輒爲
掣肘諸營又多䟦扈觀望不肯聽命展布益難遂發憤成
疾疾且革强起冠帶望闕拜遺疏略曰臣受命以來罪大
孽重辜負君恩不復自量擬再合餘燼少收桑榆不料調
兵則一營不發若日有兵則豐其羽翼也索餉則一毫不
與若日有餉則資其號召也致臣如窮山獨夫坐視疆埸

孔棘號血拊心略無展布昨上西山橫邑感厲大重一病
不起遂快羣腹臣以萬死不死之身不能畢命疆埸一旦
死於枕席是爲恨也臣死後伏乞簡任老成用圖恢復若
國家大事惟聽李元允等數人成敗可虞臣死矣不勝餘
憾拜疏訖又南向拜父母曰兒死不獲更還邱壠矣及將
絶呼筆題其象曰有明緒子生而精敏遭家不造誠身事
親遭時多難致身事君四十九年孤兒遁臣而今而後浩
然蒼旻遂卒時十一月二十七日也三軍號慟如喪父母
王聞之震悼輟朝五日諭祭九壇贈上柱國中極殿大學
士太傅兼太子太師鎮國公謚文襄明史云濟國公謚文忠正明世

明以從軍死皆子邮允錫自受業馬太史後遂專務聖賢之學雖軍中馬上未嘗暫廢所著有禮經澤書詩經澤書春秋治皇明史綱（洪武至天啓十四朝事蹟）詩有耐可吟馬革集亂後稿多不存世明既卒允錫遂無子其門下士荼陵尹惟日令和平遣人迎其柩將送歸宜會惟日又卒柩滯中途凡三徙其所其後再從子景源間關楚粵尋訪經年丙午二月始得其柩于黃梅之騎龍菴扶歸祔塟岳山祖壠同年生兵部尚書孫順爲作墓表

孫順墓表略曰公以命世之英處國家多難之際國破君亡千古時勢之難莫甚於此夫知不可爲而爲之者

非知不及義在則然當其建旗推轂申令風行持虎執獲智勇電發至單騎以撫李高非具太史子儀之謀略諸葛公休之撫馭彼蜂目狼心詎甘食葚懷音服鞭作我材官夫然後大湖南北始無伏莽剪荆之患得一意以向中原國祚相延十有三載不可謂非公再造之力也特以地屨餉匱諸降兵不免騷擾亦天時人事至此無可挽回何容引爲公咎方其大舉復湖也何公自嚴關拔衡永而下公自常武率師而北先取湘潭若此時諸將同心猜忌不作合力攻星沙且旦暮下奈何遣忠貞營鼓行江右兵分勢弱遂爲所乘致有襲營之敗蓋忠貞營一見忌於長沙合營之日再見忌於龍虎關變殺之時遂置封疆於不可爲天實爲之其謂之何在朝甫三日即出閣督師變占星隕天不憖遺至今稱宏傑精忠之士惟何中湘堵鎮國二人中湘殉難疆埸鎮國盡瘁師旅道固各盡志則同趨與日月爭光矣

增修宜興縣舊志卷之八

人物志 忠義

漢

蔣澄字少明漢兗州刺史詡四世孫詡生會稽太守助助生司徒晃晃生橫仕光武朝爲將軍橫生九子澄其季也建武二年橫從帝討赤眉有功封浚遒侯爲司隸匡路諸死衆莫敢明其冤九子悉降從澄及兄默渡江居陽羨泣血枕戈誓將復讐時童謠曰君用讒慝忠烈是殛鬼怨神怒妖氛充塞帝聞之覺赭族誅路錄橫諸子默封雲陽侯終諫議大夫澄封函亭鄉侯尋拜婺州刺史固辭疏三上不許乃受命治尚寬仁多惠政建武八年婺大饑澄不及請命發倉粟賑贍封邑內遇歲歉卽盡散所儲租民屢賴以活帝降璽書褒之年七十有一卒自封邑之民及婺民胥懷思其德爭爲立廟祀之默子何前將軍邵陵侯孫志襲祖封澄五子孟陽羨東亭侯通西亭侯休襲父封丹陽太守政荊南刺史元兗州刺史澄崇祀鄉賢祠參漢書王升徐喈鳳舊志

吳

周魴字子魚父賓仕吳爲諮議參軍累官廣平太守多治績魴少好學舉孝廉爲寧國長遷錢塘令討叛寇彭式旬月平之進丹陽西部都尉黃武中鄱陽大帥彭綺作亂以魴守鄱陽與胡宗戮力致討生擒綺送武昌加昭義校尉奉密旨誘魏大司馬曹休魴連賫七牋備述背吳歸魏之意言辭懇切休果信之乃率騎十萬入皖魴與陸遜合衆截擊斬獲萬計權大會諸將歡宴獎賞加裨將軍賜爵關內侯賊帥董嗣負阻劫掠豫章諸郡吾粲唐咨攻之不克魴表乞罷兵遣間諜授以方略狙擊殺嗣嗣弟懼請降由是數郡獲安魴賞善罰惡恩威並行在郡十有三年卒節三國志參史綱

晉

周玘字宣佩處長子彊毅沉斷有父風太安元年州刺史召爲別駕從事累薦名宰府除議郎時妖賊張昌既敗其黨石冰尚據臨淮玘結南平內史王矩吳興太守顧秘同起義兵與右將軍陳敏合討平之既而敏恃功驕恣叛於揚州帝命玘爲安豐太守四品將軍討敏玘稱疾不行密告鎮東將軍劉準令發兵臨江已爲內應卒與顧榮紀瞻共攻敏斬之建康夷三族吳興人錢璯謀不軌殺度支校尉陳豐焚邸閣自號八州都督冠陽羨帝遣郭逸宋典討之並以兵少未敢前玘復率鄉里義衆與逸等俱進斬璯傳首建康玘三定江南開復王略帝嘉其勳加威武將軍

吳興太守封烏程侯吳興寇亂之後饑饉洊臻盜賊公行玘撫安威惠兼至百姓敬愛之境內寧謐帝以玘頻興義兵勳誠並茂乃以陽羨及長興之西鄉丹陽之永世特置義興郡以彰其功役進爵爲公卒贈輔國將軍諡忠烈子勰嗣

周筵處之孫靖亥子卓舉有才幹歷官黃門侍郎玘子勰謀作亂潛結吳興功曹徐馥使殺太守袁琇奉叔父札爲主札子續亦潛聚衆應之馥敗死續兵未解丞相睿議發兵討之王導謂發兵不易續兄筵忠果有謀獨使筵往必能誅續從之詔給力士百人從行至陽羨與太守孔侃協

謀即坐上叱力士吳曾格殺續因欲誅勰札拒不許筵不復過家省母長驅而去遷太子右衛率及王敦難作筵聞札開門延寇憤咤慷慨形於辭色其公忠如此敦既得志忌周氏强盛一門五侯誣以圖謀不軌皆遇害

錢廣字敬平與周玘協力誅陳敏初敏以討石冰功自謂勇略無敵遂據江東而加禮諸豪傑名士周玘顧榮等時廣亦爲敏司馬及周玘密啟劉準遣揚州刺史劉基討敏敏使其弟昶將兵屯烏江玘密令廣謀殺昶因勒兵朱雀橋東敏使甘卓討廣卓從玘榮要說與共攻敏平之廣卒贈永世縣侯已上俱參史綱

齊

周山圖字季寂氣力絕衆食啖兼數人不事生產恒願爲將宋元嘉二十七年魏軍至瓜步臺符取健兒山圖應募領白衣隊主以軍功除員外郎加振武將軍賜苑西宅一區鎮軍將軍張永侵魏山圖率兵迎運爲虜騎所圍結陣死戰突圍出多所殺傷魏軍服其勇呼爲武原將及永軍敗山圖收散卒千餘人守下邳城是時豫州淮西地新沒虜立鎮歷陽計圖南伐以山圖爲龍驤將軍屯兵淡口廣設購募兵威大振討東海寇田流及賊帥杜連梅洛生山圖分兵掩擊皆平之豫章賊張鳳聚衆劫抄明帝命山圖

討之先以羸卒誘敵設伏水涯擊斬鳳餘衆悉降元徽三年加建武將軍督高平下邳淮揚淮西諸軍事時齊高帝蕭道成輔政山圖密啟曰沈攸之久有異圖公宜深爲備蕭公笑而納之後攸之果叛世子賾爲西討都督啟山圖爲軍副行至湓陽賾欲留屯湓口衆議謂城小難固不如還都山圖曰今據中流爲四方勢援不可以小難之苟衆心齊一江山皆城隍也賾意乃決道成聞而嘉之攸之攻郢城山圖策之曰昔嘗與亟同征伐悉其爲人性度險刻無以固結士心如頓兵堅城之下適爲離散之漸耳攸之既敗賾嘆曰周公前言可謂明於料事矣建元三年齊受

禪封晉興縣男邑三百戶假節督兖青冀徐州東海朐山諸軍事二年進輔國將軍盜發桓温冢大獲寶物客取遺山圖拒不納悉簿以還官人皆服其廉介世祖踐祚遷竟陵王鎮北司馬帶南平昌太守將軍如故以盜城之舊出入殿省甚見親信轉黄門郎領羽林四廂直衛築墅舍新林晨夜往還上謂之曰卿罷萬人都督而輕行郊外自今往墅可甲仗自隨以備不虞及疾上手勅參問遣醫給藥永明元年卒年六十四（節齊書參南史）

周盤龍仕於齊爲散騎常侍建元二年春魏攻壽陽齊高祖命假節助豫州刺史桓崇祖拒敵大破之三年魏侵淮

陽圍甬城齊遣將軍李安民與盤龍救之盤龍子奉叔以二百人陷陣深入魏以萬餘騎張左右翼圍之盤龍馳馬奮矟直突魏陣所向披靡奉叔已出復入求盤龍父子兩騎縈繞衝擊莫敢當者魏師敗退盤龍累封純陽侯（本通鑑參舊志）

梁

陳慶之字子雲從梁武帝平建業除奉朝請普通中魏徐州刺史元法僧求内附慶之與胡龍牙等率諸軍迎之除宜猛將軍攻拔魏豫州降其刺史李憲轉東宮直閤賜爵關中侯大通元年隸領軍曹仲宗伐渦陽魏遣王元昭等來援仲宗不欲戰慶之曰魏人遠來皆已疲倦須先挫其氣與麾下五百騎擊破其前軍進據渦陽魏人犄角作十三城慶之陷其四壘九城兵甲猶盛乃陳其俘馘鼓譟從之斬獲略盡中大通二年命送魏王顥還北擊走魏師元天穆遂下大梁取滎陽虎牢孝莊出居河北顥乃得入洛是役也慶之兵止七千魏衆四十萬自發銍縣至洛陽凡取三十二城四十七戰所向皆克顥入宫御前殿改元大赦以慶之爲車騎大將軍顥既得志疑慶之不遣之鎮魏將爾朱榮等奉孝莊率衆百萬來攻顥敗走臨潁被擒慶之領馬步數千結陣南還封永興縣侯都督緣淮諸軍事

討斬妖賊沙門僧强慶敗魏師江湘諸州並得安乂尋進豫州刺史歲饑發粟賑救多所全活李昇等八百人求立石頌德詔許焉卒謚曰武（節梁書參北史鄭氏通志）

魚天愍隸陳慶之麾下魏北海王元顥來降武帝命慶之送顥還北攻滎陽未拔魏將元天穆爾朱兆等率大兵來援梁士卒皆恐慶之曰我衆止七千敵四十餘萬今日惟有必死乃可得生當及其未盡至急取其城據之耳乃鼓之魚天愍踰堞先登東陽宋景休繼之將士始蟻附而入執都督楊昱天穆引兵圍城慶之及天愍力戰破之進拔虎牢（參舊志）

陳昕字君章慶之第五子七歲能騎射大同四年爲邵陵王常侍慶之在懸瓠䰟驍將堯雄子寶樂自恃勇力求單騎校戰昕躍馬直趨寶樂雄即潰散十年假節爲宣猛將軍討平妖賊王勒宗後爲臨川太守太淸二年侯景圍歷陽勅召昕還昕啓云采石急須重鎭王質水軍輕弱恐虜必濟乃拜昕爲雲騎將軍代質未及下渚景已渡江戰敗爲景擒令收集部曲將任用之昕誓不從昕因說范桃棒率所領歸降許之遂立盟遣昕夜縋而入武帝大喜事泄昕弗之知猶依期而下景邀得之遂見害節梁書

陳

周文育字景德少孤貧本居新安壽昌縣陽羨周薈養爲子敎以書計育曰誰能學此取富貴但有大槊耳敎之騎射大悅及壯從薈隸陳慶之麾下薈與白水蠻戰死文育馳取其尸賊不敢逼戰凡數十合身被九創及還請葬薈慶之壯其節厚加賵遺後從陳武帝累戰功封東遷縣侯除南豫州刺史武帝拒徐嗣徽於白城將戰風急帝曰矢不逆風育曰事迫矣何用古法抽槊陷陣殺傷數百人風亦尋轉嗣徽敗走移營幕府山加育平西將軍進爵壽昌縣公廣州刺史蕭勃舉兵叛育討平之後命爲南道都督討王琳失利遂爲豫章內史熊曇朗所害武帝聞之即日舉哀贈侍中司空謚曰忠愍子寶安嗣參陳書節南史

周寶安字安民年十餘歲便習騎射以貴公子驕蹇好遊逸文育爲晉陵守屢奉令征討委寶安監知郡事高祖患之及文育西征敗績縶于王琳寶安始折節讀書與士君子遊綏御士卒甚有威惠及文育見害起爲猛烈將軍領父舊兵仍令南討文帝即位深器重之後平王琳有功周迪之破熊曇朗寶安南入窮其餘黨天嘉二年拜吳興太守襲封壽昌縣公三年征留異爲侯安都前軍異平遷左衛將軍領衛都尉卒謚曰成節陳書

唐

衛逖少習詩書學弓劍遊并汾間遇唐神堯皇帝初建義旗以藝勇進平竇建德有功拜宿衛將軍後以母老病乞歸侍養辭意哀激詔許之以孝敬睦閭門以然諾重鄉里及卒邑人懷其賢立廟於荆溪之涓歲時祀之本舊志

蔣儼字會敬貞觀中擢明經第爲右屯衛兵曹參軍太宗將征遼東募使高麗者人皆憚行儼曰主上雄武四夷畏威蕞爾小國敢圖王人脫不幸固吾死所遂請行爲莫離支所囚脅以兵不屈及高麗平得歸帝壯其節拜朝散大夫高宗朝遷蒲州刺史稱良牧永隆二年除太子右衛副率時徵隱士田游巖爲太子洗馬無所匡正儼貽書責之

游巖愧不能答文明中封義興縣子歷右衛大將軍以年
老致仕垂拱三年卒年七十有八著有詹事集五卷本舊唐書
參新唐書
薛登本名謙光父士通仕隋爲鷹揚郎將江都亂與州民
聞人嗣安據城拒賊武德二年歸唐授東武州刺史平叛
寇輔公祏封臨汾侯謙光博通文史少與徐堅劉子元齊
名天授中爲左補闕時選舉冒濫上疏極諫轉水部員外
郎遷給事中時四夷質子在京師窺見中國法度及還並
爲邊害謙光謂入侍宜一切禁絕先在國者不使歸蕃則
夷人保疆邊邑無患武后不能從出爲常州刺史屬宣州

賊鍾大眼作亂百姓奔竄謙光嚴立守備民賴以安景雲
中擢拜御史大夫僧慧範恃太平公主勢奪民邸肆謙光
劾奏之反爲主所搆出爲岐州刺史遷太子賓客以與太
子同名特勅賜名登卒年七十三所撰有四時記二十卷
參新唐書諫選舉疏畧臣聞國以得賢爲寶臣以舉士爲
忠是以子皮之讓國僑鮑叔之推管仲燕昭委兵于樂毅
符堅推政于王猛昭王錫軺馬以止讒永固戮樊世以除
譖處猜嫌而益信行間毀而無疑此由識之明而察之深
也至若宰我見遇於宣尼逢萌被知于文叔韓信無聞於
項氏毛遂不齒于平原此失士之故也是以人主受不肖
之士則政乖得賢良之佐則時泰則士不可不察而官不
可妄授也比求與薦多以不才假譽馳聲互相推奬希潤
身之小計忘臣子之大猷非所以報國求賢副陛下翹翹
之望者也臣竊見古之取士實異于今先觀名行之源考
其鄉邑之譽崇禮讓以勵已明節義以標信以敦樸爲先
最以雕蟲爲後科衆議以定其高下郡將難誣於曲直故

計貢之賢愚卽州將之榮辱是以李陵降而隴西慙干木
隱而西河美冀缺以禮讓升朝則晉人知禮文翁以儒林
獎俗則蜀士多儒燕昭好馬則駿馬來庭葉公好龍則眞
龍入室由是言之未有上之所好而下不從其化者也自
七國之季雖雜縱橫而漢代求才猶徵百行魏氏則愛放
達晉宋祗重門資有梁薦士雅愛屬詞陳氏簡賢特珍賦
詠逍至隋室餘風尚在開皇中李諤論之于文帝曰魏之
三祖更好文詞忽君人之大道好雕蟲之小技連篇累牘
不出月露之形積案盈箱盡是風雲之狀代俗以此相高
朝廷以茲擢士故文華日繁政務日亂有唐纂歷雖漸革
于故非陛下君臨思察才于共理樹本崇化惟在旌賢今
之舉人有乖事實鄉議決小人之筆行修無長者之論明
制纔出驅馳府寺之門出入王公之第上啓陳詩惟希欸
唾之澤摩頂至足冀荷提攜之恩察其行而度其材則人
品于茲見矣徇已之心切則至公之理乖貪仕之性彰則
廉潔之風薄是知府命雖高異叔度勤勤之讓黃門已貴
無秦嘉耿耿之辭故選司補置諠然于禮闈州貢賓王爭
訟于階闥謗議紛合浸以成風夫競榮者必有競利之心
謙遜者亦無貪賄之累若重謹厚之士懷祿者必崇德以
修名若開趨競之名邀仕者皆威施而附會風化之漸靡

不由茲砥如才應經邦之流唯令試策武能制敵之例只
驗彎弧若其文擅清府便充甲第藻思微減卽便告歸以
此收人恐乖事實何者樂廣假筆于潘岳靈運詞高于牧
之平津文劣于長卿子建筆麗于荀或若以射策爲最則
潘謝曹馬必居孫樂之右若使協贊機猷則安仁靈運亦
無裨附之益由此言之不可一概而取也至于武藝則趙
雲雖勇資諸葛之指撝周勃雖雄乏陳平之計若使樊
噲居蕭何之任必失指縱之機使蕭何入戲下之軍亦無
免主之劾是以伏波聚米知隗囂之可圖陳湯屈指識烏
孫之自解謀將不長于弓馬良相寧資于射策豈與元長
自表妄飾詞鋒曹植題章虛飛藻麗校量其可否也伏願
陛下降明制頒峻科千里一賢尚不爲少僥倖冒進須立
隄防斷浮虛之飾詞收實用之良策不取無稽之說必求
忠告之言文則試以效官武則令其守禦始旣察言觀行
終亦循名核實自然僥倖濫吹之伍無所藏其庸妄也其
有文鋒挺秀武藝超絕有效伎之偏用無幹濟之大才爲
軍鋒之爪牙作詞賦之標準自可試變雲之策練穿札之
工承上命而賦甘泉稟中軍而赴敵旣有隨才之任必
無負乘之憂臣又謹按漢法所舉之主終身保任楊雄之
坐田儀責其冒薦成子之居魏相酬于得賢賞罰之令行

則請謁之心絕退讓之義著則貪競之路消自然朝廷無
爭祿之人選司有撝謙之士仍請寬立年限容其採訪簡
汰堪用者令其守試以觀能否參驗行事以别是非不實
免王丹之官得人加翟璜之賞稱職者受薦賢之旌濫舉
者抵欺罔之罪自然舉
得賢行君子之道長矣

宋

蔣堂字希魯祥符五年擢進士第爲楚州團練推官歷諸
州召爲監察御史禁中火有司請究所起多引宮人屬吏
堂言火起無迹安知非天意也陛下宜修德應變有司廼
欲歸咎宮人以之屬吏何求不可而遂賜之死是重天譴
也詔原之奏郭皇后不當廢坐贖再遷侍御史出爲江南
東路轉運使徙淮南兼江淮發運事歲薦部吏二百人或

請有謬舉且得罪堂曰什得二三亦足報國矣歷戶部度
支鹽鐵副使安撫梓夔路尋以事降知越州大濬鑑湖溉
田九千頃民沾其利復爲江淮制置發運使前後五年未
嘗賂遺權貴遷左司郎中知杭州以樞密直學士知益州
慶歷初詔天下建學漢文翁石室在孔子廟中堂因廣其
舍爲學宮選屬官以教諸生士人翕然稱之以尚書禮部
侍郎致仕卒特贈吏部侍郎堂爲人清修純飭遇事毅然
不屈好學工文辭著吳門集二十卷春卿遺稿一卷節朱史
邵材字堅規熙寧五年試開封第一與父潜同登進士歷
官監察御史郡有疑獄上刑部議當貸死用事者謂殺人

不可貸仍欲坐所奏且著令材抗論曰疑獄當貸不貸奏
者反獲罪恐獄吏便文自營不復以疑獄聞矣時王安石
當國惡司馬光論新法之害謂材曰盍去司馬大官可立
待材毅然曰君實正人也可厚誣之乎安石艴然材嘆曰
有是哉可以去矣卽自劾歸後以鴻臚卿乞祠卒舊本志
錢卽字中道熙寧九年進士授安州司理初莅事吏有誣
服抵死罪卽明其寃守將欲薦之答曰治獄得情職也擠
人以論功非吾志也調睦州推官有寃獄久不決部使者
以宿怨授意屬往按治誘以薦剡卽折獄平反全活二十
三人或誚之對曰吾寧老冗選中忍以數十命易一薦哉

於清平關東西築徐丁臺章章璹賜名曰安邊城曰歸德
堡包城萬餘頃始可耕種歲收以數萬計歷鄜延環慶經
略安撫使又移鄜延路經略安撫使城清遠鎮邊二寨以
遏賊衝增築龍泉御謀二地保聚邊民加顯謨閣直學士
政和初抗章力詆童貫貶永州團練副使後以龍圖閣學
士致仕卒謚忠定楊龜山爲作墓誌銘有文集三十卷奏
議七十卷節楊文靖公文集
蔣瑎字夢錫元祐三年李常寧榜進士宰職以明經薦徽
宗擢爲大司樂時內侍梁師成權傾中外號爲隱相瑎與
議樂舞不合師成怒瑎曰一代典禮當質諸經不顧而去

燕雲初復廷臣議上尊號瑎曰裕陵邦徽號爲萬世法奈何諛悅以虧盛德出知興元府軍卒王靖作亂瑎擒戮之曉諭餘黨帖伏後引疾奉祠鴻慶宮本舊志

蔣興祖魏國公之奇孫以蔭累調司錄睦州益起旁郡皆震興祖白州將料吏卒繕戰具盜不敢犯以功遷知開封府陽武縣土脈脆惡大河薄其南嘗積雨汛溢隄且潰興祖躬救護露宿其上彌四旬隄得完治爲畿邑最靖康初金兵犯京師道過縣或勸使走避興祖曰吾世受國恩義當死將焉避監兵與賊通斬以徇金數百騎來攻不勝去明日師益至力不敵死焉年四十有二妻及長子俱死於

難詔贈朝散大夫謚忠愍本宋史

周葵字立義宣和六年進士高宗朝兩爲言官入臺兩月章三十上條陳時政二十餘事指宰相趙鼎不任責又論張浚北伐係國存亡廷臣謂其沮大計罷爲司農少卿及秦檜獨相意葵憾趙鼎不爲已用再除殿中侍御史內降差除四人葵言願陛下以仁祖爲法大臣以杜衍爲法又歷疏國用軍政士民三大弊檜怒轉運李椿年希檜旨劾之落職屏居鄉閭坦然安之檜死起直秘閣權禮部侍郎疏言科舉之弊御史湯鵬舉劾之復罷去孝宗即位除兵部侍郎朝議主恢復葵疏陳不可輕動忤旨及李顯宗等敗績上思其言拜參知政事臺諫交章言議和太速衆論洶洶葵即求退加資政殿大學士致仕葵平生學問不泥傳註作聖傳詩二十篇文集三十卷奏議五卷晚號惟心居士淳熙元年正月薨賜謚簡惠節宋史

單時字行可宣和六年進士隆興初爲國子監主簿遷秘書丞乾道元年擢監察御史上封事言飲酒擊毬二事孝宗喜謂輔臣曰擊毬朕放下多時飲酒朕當自戒五年春除諫議大夫上以目疾久不視朝及御殿復諫疏上面諭曰卿言可謂愛朕是冬卒上爲慨惜參舊志

蔣芾字子禮紹興二十一年進士第二人授建康府推官

秦檜欲羅置門下拒之檜怒終其世不召用孝宗即位累遷起居郎直學士院因繳內侍梁珂勅事聞德壽宮上皇嘆其忠除簽書樞密院條奏邊防軍功甚悉一日進呈邊報上顧曰將來都督非卿不可芾奏臣未嘗經歷兵間願陛下更審思其人南郊禮畢宰相葉禺魏杞罷芾採衆論參已見爲籌邊志上之拜右僕射同中書門下平章事兼樞密使會母卒詔起復力辭上方銳意恢復芾力陳天時人事未可舉兵拂上意落職提舉洞霄宮卒著有榮敏奏議漢史二十卷節宋史

邵及之宣和三年進士乾道中爲司封郎時楊和王沂中子

僕在宥府乞襲封吏部長貳欲上其事吏以牘呈及之曰國家故事異姓王無襲封者雖趙韓王開國元勳亦止及身而已斥去之尋上章告老不許請益力除直徽猷閣致仕孝宗嘉之詔輔臣舉漢公卿餞二疏故事由是朝士皆作歌詩宴餞爲一時盛觀參舊志

奐政字宏道以薦授宣義郎知棗强安豐軍歷任與元都統嘉定十一年四月金人犯大散關守將王立遁政聞一日夜馳三百里至黃牛堡金人來犯戰却之至大散關執王立斬以徇事聞詔進三官十二年金人復入寇政拒戰於黃牛堡兵少無援死之贈樞密使封沂國公參節宋史寧宗本紀

奐滔字德光政之曾孫理宗紹定二年進士歷官左丞相兼樞密使時賈似道誤國滔上疏略云鄂渚被圍湖南騷動奸臣迷國諛佞成風釀成禍患爲宗社憂願垂日月之明無使小人翕聚則天下幸甚不報尋罷相遣竄衢州似道使武臣劉宗申開宴中毒而卒似道歸罪宗申仍許歸葬贈太子太師謚文成

姚訔參政希得子仕爲知州德祐元年罷官家居宜興元兵圍常州州守趙與鑑遁王良臣等詐稱郡官以城降訔與通判陳炤都統制劉師勇等合謀起民兵復之事聞朝命爲州守既而伯顏會兵圍城訔與炤劉師勇王安節固守顏招降百端終不聽顏怒命降人王良臣等役民運土爲壘併人築之日夜夾攻甚急力屈城陷訔與炤安節皆死之事聞贈訔龍圖閣待制炤直寶章閣安節承宣使文天祥嘗作哀常州詩弔之參節續通鑑綱目陳炤傳楊慷逵鄉評備考

莫謙之初於郡城護國寺爲僧德祐元年糾合義士捍禦鄉閭詔爲溧陽尉是年冬元兵陷常州謙之亦在城中率兵巷戰死詔贈武功大夫時有萬安僧亦舉義旗其詩曰時危聊作將事定復爲僧以兵力寡弱旋亦戰歿參楊慷逵鄉評備考

明

奐雲字友雲洪武初以求賢舉授宏文館校書郎出爲湖廣行省參政五年拜刑部尚書時元梁王據雲南先命王禕齎詔往遇害太祖不欲勞兵遠征八年九月再遣雲持節招撫會梁王遣鐵知院等二十餘人使漠北爲大將軍所獲械送京師太祖釋之令與雲偕行至沙塘口鐵知院等謀曰吾輩奉使被執罪且死乃說雲改制書紿梁王雲不從梁王遣人來逼令胡服辮髮雲以死自誓終不屈遂被害梁王壯其節收骸骨送給孤寺殯之雲子黻貧不能歸宜興即葬江夏金口鎮事聞補黻爲國子生宏治四年同邑徐少師溥遺書雲南巡撫王詔疏請於朝贈刑部尚

書謚忠節與王禕並祠額曰二忠正德中本邑奉部文祀雲於衛將軍祠額亦曰二忠潘子安謝遷冷宗元王鏊諸名人多有輓章同邑吳尚書儼編次成帙付之梓名曰忠節錄雲撰有天文雜志占一卷（參徐溥忠節錄序節李東陽後序）

徐溥字時用祖鑑瓊州知府多惠政溥成童時塾師窺其袖中有小冊出之乃彙古聖賢省身克己語大驚異之景泰五年進士第廷試第二人授編修孝宗嗣位歷官文淵閣大學士禮部尚書三主會試王鏊趙寬錢福皆出其門得人稱最宏治五年爲首輔與劉健李東陽謝遷等協心輔治事有不可輒共爭之八年占城奏安南侵其邊帝欲遣大臣往責之溥言外國相侵有司檄諭之足矣遣使往問萬一抗令虧損國體問罪興師後患滋大於是罷不遣十二月詔撰三清樂章溥言三清乃道家妄說臣等誦讀儒書不敢以非道事陛下帝嘉納之欽天監正李華不職罷忽傳旨復官溥言大小陞除皆出題擬別無內降若傳帖一行倖門遂啟不敢奉詔知州劉遜以事忤岷王王訐奏之遂詔獄科臣交章論救上怒并逮繫之賴溥力爭俱得釋中官李廣以燒煉齋醮被寵十年二月溥等上疏極論其邪妄帝感其言疏李廣後竟誅之尋以災異求直言廷臣所上封事經月不報而諫官論救何鼎忤旨待罪者

久溥等皆以爲言於是悉下諸章諸諫官弗問十一年皇太子出閣加少師兼太子太師進華蓋殿大學士以目疾乞歸帝眷留久之乃許踰年卒贈太師謚文靖溥性凝重有度在內閣十二年因事納忠隨材器使屢遇大獄保全善類甚衆承劉吉作威福之後鎮以安靜中外咸寧共推其休休有度焉性至孝嘗再廬墓有白鳩白雁之祥自奉至儉而好施與嘗慕范文正置義田贍族請之朝帝優詔許之復其徭役所著有謙齋集行世（參節明史）辭撰三清樂章疏曰天子祭天地夫天至尊無對故禮以少爲貴祭不過南郊時不過孟春牲不過犢牛漢祀五帝儒者非之況三清乃邪妄之說謂一天之上有三大帝乃以李聃居其一是以人鬼列于天神非禮也至于郊祀樂章皇祖舊制今所傳樂章雖載永樂大典是書博採不精不足以贖典禮臣誦習儒書若邪說俚曲尤所不習且初設文淵閣命學士居之者實欲謀議政事講論經史培養本源匡正闕失非欲其阿諛順旨以取容悅也　論燒煉齋醮疏曰祖宗自洪武至天順間面召儒臣謀議政事今朝參外不得一覲天顏且經筵日講成就君德裨益治道今每歲進講不過數日夫人君之心必有所繫不繫于此必繫於彼正士既疏則邪說乘間而入近有以齋醮燒煉進者此乃異端惑世之術聖王之所必禁也宋徽宗崇道流卒使乘輿播遷社稷傾覆至若燒煉其禍尤慘金石之藥性多酷烈一入腸腑爲禍百端唐憲宗藥發致疾雖殺方士柳泌竟亦何益今上清龍虎官神樂祠師殿及番經廠皆焚燬無遺神如有靈何不自保天厭其穢亦已明甚昔李絳有言憂先于事可以無憂事至而憂無益于事矧熒惑失度太陽無光天鳴地震草妖木異四方奏報殆無虛日伏望嚴早朝之節復奏事之規勤講學之功優接下之禮遠邪妄之人斥誣罔之說太平之業可保矣　程敏政義塾記大學士徐公世居常之宜興族甚鉅而收族之法則自其先大夫啟之未成也公既貴乃撥巳田千畝以贍其婚喪服食之費曰義莊又以爲養之不可無教也爰置學一區曰義塾歲延有學

行者一人爲師凡族之來學者咸取給義莊且具條約以
問聖天子嘉予之而下有司加維護焉公以義塾者風教
所繫不可無紀屬筆于不佞弗敢辭則述所聞以對曰古
君子之學必自家始而後可推之天下其教有章其施有
等然其學也豈自他求而後得哉尊吾之德性而輔之問
學使智長心成行與言副薰然禮義之域而忭親傚長之
風無自生焉於是徵之百聖而合放之四海而準此三代
之遺法也秦漢以來去古遠矣學不足於自修士非出于
聖選求治之隆安所得乎公歷事四朝及今青宮凡三任
輔導爲師臣其所以沃上心正王度式是百辟表儀當世
者天下誦之矣又本先志捐所有以贍族推教之所始以
永淑其後人其心公矣其善之所被廣矣昔文正范公之
置義田也百世尚之而義學無所聞何哉蓋嘗考之當宋
盛時學校之在郡邑者且未有定議況其家也我高廟革
前元之陋而建學育才取法殷周列聖相承講求益備百
餘年矣故公得以論道之暇經畫家政而爲文正公之所
未遑者豈非文運亨嘉之盛亦有所際會而然哉凡爲公
之子弟族人者誦詩習禮于此體公之心而服其訓盡其
學力之所及處爲良士出爲貞臣以古君子自勵使安于
家養而踣其身僨其家者聞風而慚撫事而悔求自列于

義塾不可得其有繫風教豈獨一家之重輕而已哉義庄
事當別有書茲不贅　王問議保義庄記宜興徐氏義庄
自少師大學士文靖公始也文靖舉進士第二人致身相
位當孝宗時君臣同德經畫廟謨多培養國家元氣稱太
平宰相嘗推廣先柱國漁隱公德意置義田千百餘畝贍
族人而收之如范文正公遺法柰酌前規列爲條約請上
命下戶部著籍仍令有司免其徭役嚴爲防護緣長子元
楷已掌祀事乃委次子元相領其事以彰文靖公丕承先
德之仁昭朝廷敦崇風化之義蓋偉典也惟時徐氏食指
尚微以故嫁者娶者喪者葬者待以舉火者每歲廪廪之
費照條約給散外充然取足一稔而有餘迄今百十年來
食指總總數倍疇昔嫁者娶者喪者葬者待以舉火者弗
啻百十餘人雲谷翁子長史公文輝於嘉靖壬戌代長兄
尚寶公文燦掌義莊時心計循舊而施則其澤易竭有擇
而與則其惠勿周苟不稍爲損益將來日復一日入不敷
出孰肯主之必不贍矣君恩祖德不能保其不隳惡在其
爲孫也不得已羣宗人折衷而類劑之嫁娶喪葬及應舉
者視昔減三之一待以舉火者亦時稽其驟奔恪惰而予
奪之族之人翕然稱不便公毅然執之不撓上其議于撫
臺周觀所公牘曰徐氏義庄條約少師題奉欽依所以睦

族裕後者周矣傳遠族繁人衆弊起因時酌裁以翼世規
门不容已者今本官所議事宜見奉先裕後之圖眞仁人
孝子之用心也尤其議下有司立石無何龍潭公于隆慶
庚午卒徐之宗人難予其繼文靖公孫文歷等會諸合族
僉謂龍潭公于中翰君封象賢足繼先世遂共推之有司
代主庄事中翰君乃請邑侯徐見吾公樹碑竣勒石事於
是龍潭公損益變通之制昭示不朽文靖公光前裕後之
規垂之可久義庄其永保矣中翰君以義庄原有錄乃翁
此舉不可無紀也介其愍親周友樵及予門人葉鳴和乞
予記以傳其事予惟惠恤不匱存乎仁裁制合宜存乎義
酌盈濟虛者通其法補偏救弊者因其時法不可以固不
得不救之以時仁有時而窮不得不裁之以義義裁仁故
不匱也時救法故可通也仁不匱法可通族故可睦也昔
先王以禮之薄厚與年之上下而制其節曰禮時爲大易
于損曰損益盈虛與時偕行於頤于旅於隨於豫皆曰時
義大矣哉頤養也旅衆也養之也衆則於時損之是隨道
也隨時損益則惠周而澤不竭行之萬世可無僻是豫道
也是舉也備易之時義而合乎禮可以書矣昔范文正公
義莊歷五六百年至今猶存者以子若孫忠宣正平二公
斟酌裁益得其宜也今長史公之議行中翰君之立石即

忠宣正平之用意也于義莊豈小補哉予素嘉龍潭公喬
梓之高義因其請遂書始末詔徐氏仁人孝子繹思其義
俾善繼進而仁義並行用培一家元氣求與文正公者共
永傳于世則余言亦當與太保守溪王公保義堂記並傳
不朽竊
有幸云

吳儼字克溫成化二十二年舉於鄉聯雋成進士授編修
歷遷侍講學士正德初召修孝宗實錄直講筵劉瑾竊柄
欲羅致之啗以美官儼峻拒之瑾怒會大計羣吏罷儼官
瑾誅復職歷南京禮部尚書十二年武宗北幸宣大儼抗
疏切諫明年復偕諸大臣上疏曰臣等初聞駕幸昌平曾
具疏極論不蒙採納既聞出居庸幸宣大宰輔不及知羣
臣不及從三軍之士不及衛京師內外人心動搖徐淮以

南鐘荒千里民無衣食安保其不爲盜所禦之寇尙遠隔陰山而不虞之禍或猝起于肘腋臣所大懼也不報十四年卒於官贈太子少保謚文肅著有忠節錄孝宗實錄摘稿四卷節明史

吳玭由吏員任贛縣主簿正德十一年南中盜賊蜂起橫水賊謝志山合樂昌賊高快馬掠大庾攻南康郡玭率兵討之力戰死督師陽明王公以其事聞詔贈贛縣知縣錄一子入監授南城縣主簿參唐鶴徵府志節明史王守仁傳

萬士和字思節嘉靖二十年進士授庶吉士三年解館嚴嵩惡其不識面抑之得禮部主事督貴州學政率厲諸生

課以文學一變其武悍之俗累遷湖廣參政撫納叛苗二十八砦以功賚銀幣時三殿工興採木使者旁午士和經畫備至辰沅之民賴以休息擢江西按察使嚴嵩劾罷之嵩敗起山東左布政使政事故專決于左士和曰朝廷設二使如左右手非有軒輊乃約右使分日治事再遷右副都御史督南京糧儲奏請便民六事勒石漕务使知歲解費額軍民便之隆慶初進戶部侍郎與高拱有隙引疾歸萬歷元年陸樹聲去位張居正欲收士譽召爲禮部侍郎條上崇儉數事又以災祲屢見奏乞杜倖門容戇直汰冗員抑干請語多不避時忌俺答及所部貢馬邊臣請加官賞士和言賞有成額毋徇額外請從之方士倚馮保求官張居正納其賂引爲內援士和持不可成國公朱希忠歿居正許贈王爵士和又力爭之給事中余懋學言事得罪士和言直臣不當斥於是積忤居正給事中朱南雍承風劾之遂謝病歸居正歿起南京禮部尙書再疏引年不赴士和生平承父吉家學又從唐荆川遊講求義利之辨甚悉嘗言吾爲兩司始知實心任事即是眞才吾仕廣一介不妄取始識得一廉字其論學以誠爲宗以靜爲鍵以躬行爲實地意主于篤信朱子雖不以王氏之學爲非而終以爲有弊林居十餘年時與一二知舊徜徉山水晤對一

室皆悠然自適其適也所著有履菴文集若干卷卒年七十一贈太子少保謚文恭明史

吳達可祠堂碑記履菴先生之歿也朝命謚之與論歸之吾鄉薰德而型範者咸謂不可以無祀而一時後學及門下士如俞君霈于君文熙唐君鶴徵顧君憲成允成湯君鍾壽路君雲龍薛君敷教蔣君應震王君樊敘史君孟麟張君納陛子子正志師恩親誼尤篤會通學諸生材應龍等屢請于督學使者詹公侍講陳公子貞僉以爲當適江右劉公應麒巡撫江南以請告待命吾邑公故先生南宮司屬知德最眞乃捐俸首倡且顏其扁曰昭代醇儒而督撫趙公可懷繼之亦慨然下憲檄捐資協濟越載而工成堂廡門宇煥然新矣余小子敢不揣蕪陋而爲之記曰吾徒今日祀先生之意豈徒一邑之美觀已哉蓋嘗遡道脈之淵源與學術之離合而祀典所係蓋甚重也古今論道學之宗尼父其準矣尼父由志學而立而不惑而知命及耳順從心猶以不踰矩終焉聖人睿智何難超悟而必假積漸存兢惕若是蓋修不離悟悟不離修而悟到後猶日兢兢所以爲聖學全功也孔門惟篤實曾子得唯一貫之傳而濂洛一派言人人殊總不越誠敬踐履二語云耳

道貴修而不尚貴悟哉明興學士家傳紫陽氏居敬窮理
之訓從身以孝弟忠信蒞官廉靖節義循循修行以爲道
矣自姚江陽明氏出倡爲良知緒論一掃支離超悟本體
此其說夫豈不善第及門之士樂放逸惡拘檢竊取禪宗
不思善不思惡之旨以恣肆其行而猶號于人曰吾誠有
萬鍾何加之心而何害于取吾誠有浮雲富貴之心而何
害于通夫悟心之說本以救着迹者之弊而弊滋甚焉此
何異投藥求以袪病卒之病不可去而變症疊見勢不能
支則非藥之愆而所爲藥者誤也先生以古齋公爲父師
繩趿墨一本程朱師事荆川氏討論心體期于無欲自得
一任天機之寂感觀所敍陽明錄言及從祀疏議良知之
學益亦確信不疑者然其飭躬範俗以名檢爲尚故辭受
取予出處進退靡不以道合眞竊先生之意若謂迹之辨
幾微最難學者未覩聖學之全寧守尺寸而不逾無寧任
心而越矩守尺寸而不逾者不失爲敦行之士任心而越
矩者將曠逸無所不至矣可自蚤歲卒業師門許其志之
樸眞慮其資之柔脆晨夕提誨諄諄于變化氣質擔當負
荷之大旨而小心畏愼染疾日深回首當年負愧師教多
矣獨愧夫俗弊風靡機鋒競起談道德者類駕言于悟性
脫略于躬修而聖學眞詮祗爲聰慧無忌者之藉口乃知

先生恂恂矩矱信近世士人對症之藥石哉僉謂子之言
所以遵師訓亦所以明道術也請勒之珉石以垂諸永永
是爲
記

吳達可字叔行萬歷五年進士歷知會稽上高豐城諸縣
考最擢御史疏請神宗御經筵勤學問與大臣臺諫面議
政務又請因始和布令舉皇子冊立冠婚禮又請撤礦稅
中使不報視鹽長蘆稅使馬堂張日華議加鹽稅達可抗
疏爭事得已按直隸歲祲繪上饑民十四圖力請賑貸存
活無算改按江西稅使潘相毆折輔國將軍謀圯肷並繫
宗人宗達誣以刼課劾上饒知縣李鴻主使帝切責將軍
謀圯奪鴻官達可言宗人無故受刑又重之以詰責將使
天潢人人自危鴻無辜不當黜願亟正相罪弗聽又言遼
東高淮陝西梁永山東陳增廣東李鳳雲南楊榮皆元惡
爲民害不可一日留又弗聽相又請開廣信銅塘山採取
大木鑿泰和斌姥山石膏達可復極諫閣臣亦爭之乃寢
遷掌河南道事痛斥首輔沈一貫疏留中累遷通政使鎭
撫史晉以罪罷妄投封章詆朝相達可封其疏劾之又奏
請正疏式屏讒邪重駁正懲奸宄數事帝嘉納焉有梃弃
案書告變事關東宮達可疏請情詞剴切竟回上意東宮
由是得安尋上疏乞休卒贈右副都御史達可弱冠卽究
心理學受業萬文恭周納溪有必爲聖賢之志其學端本

程朱更宗陽明謂良知一脈誠千聖滴髓所著有諸儒語
要日省編安節奏疏遺稿荆南漫稿諸書行世子正志進
士孫洪亮洪裕舉人洪昌進士曾孫貞吉舉人貞度進士
元孫元臣進士五世科甲蟬聯人以爲德業之報云參節明史

及徐志勤學疏略題爲歲序更始聖治宜新懇乞聖明勤
政學以養君德以隆治安事臣竊惟國家之理亂起于君
心君心之出入係于所養學所以培養君心而賢人君子
則固講明正學而惟持此心不可有一日之間斷者也我
皇上卽位以來以三六九日爲臨御之期餘爲日講期輔
臣侍側儒臣進講論經史寒暑不廢勤于學矣近觀皇上
御朝視事未明而興郊廟必親虔誠祗肅一念地方災荒
則遣部臣賑恤一念京軍苦寒則發帑金賚賜德意所敷
羣情歡洽勤于政矣夫政與學非有二也必學之功純而
後政之用善一日廢學是一日荒政也經筵大典舉于春
秋而時舉時輟所賴以啟沃君心使無間斷者惟是日講
耳乃自去冬以來聖體違和御講希少臣備員侍從願効

涓埃久矣以時方沍寒調攝宜愼未敢以請今聖體既康方春和煦可不亟爲講學親賢計乎且人之精神不着于經史則着于玩好人之學問不日進則日退未有一無所着而亦無所進退者也故日新又新日就月將古聖賢于學且不廢焉我祖宗朝歷聖相承英君誼辟豈少于學哉然禮賢有館宏文有館日召文學諸臣講論經理不輟益不以已修者自足而以未至者自歛未嘗一日不勤于學也皇上天縱聰明儒臣講習已久聖學固淵且邃矣一有間斷安保其不他有所着乎又安保其進而不退乎微臣一念惓惓實有不容自已者請自今伊始經筵照舊衆行外每旬日内以三日御朝餘日侍講燕閒温習經史無間寒暑無分朝夕凡帝王之大經大法必反而求之身心過災而撤樂減膳不徒賑給已也禱祀而秉志齋心不徒還祭已也凡此皆學之實可以養君德亦可以保聖功者也至于召對之典屢經諸臣疏請未見舉行意者皇上以事機未徹恐綸音之發難于悉中乎意者以諸臣聞見未周恐玉音之降難于登對乎臣以爲此不必慮也召對原爲商確國事而設非必其言之一發即中唐虞諸臣有都俞亦有吁咈期于共濟國事而已今廷臣中豈無曉暢事機通達國體者乎我皇上于日講之下輔臣見在即將本日

章奏面商可否經筵之暇部院大臣及科道官見在即將各衙門事宜面議從違倘聖心有疑不妨反覆問辨倘聖體稍倦不妨暫息再興略儀文之末窮理道之原援古證今必求至當將見義理講習則明治體講求則定不必更舉召對之儀而君臣道合上下心孚紛紜異同之論漸歸于一偏黨好惡之私悉化于中矣太和之氣烝徹宇宙尚何災變之不弭乎

史孟麟字際明萬歷十一年進士授庶吉士改吏科給事中疏劾少詹事黄洪憲典試作奸左都御史吳時來沮抑言路執政庇之格不行員外郎趙南星主事姜士昌相繼劾兩人吏科都給事陳與郊素附執政屬同官李春開疏訐南星士昌妄言孟麟亦上疏攻春開因求罷不許竟自引歸尋召爲兵科右給事中二十年大學士趙志高張位言凡會議會推並令廷臣類奏取自上裁用杜專權孟麟疏爭之忤旨不納再遷吏科都給事中三王並封議起盈廷詆王錫爵孟麟别白尤力略云有嫡立嫡無嫡立長東宫無待嫡之條元子無並封之例又云中宫有子則已子爲嫡無子則凡子皆子而長子爲嫡條議詳切上意遂回而並封之論不行南星以讒言斥孟麟亦引疾歸家居十五年與東林講會時望益重召起故官督四夷館會覲挺擊事疏請冊立皇太孫絶羣小覬覦且救御史劉光復帝怒謫兩浙鹽運判官熹宗立稍遷南京禮部主事累擢太僕卿卒所著有春王正月辨沈龍岡先生言行錄明道附

言二卷玉池疏稿一卷亦爲堂集節明史　爭會議疏略曰自臣通籍以來竊見閣臣侵部院之權言路希閣臣之旨官失其守言失其責久矣陛下更置輔臣與天下更始政事歸六部公事付言官天下方欣欣望治奈何忽有此令曩太祖罷中書省分設六部恐其專也而官各有職不相侵越則又惟恐其不專蓋以一事任一官則專不爲害即使敗事亦罪有所歸此祖宗建官之意也今令諸臣各書所見類奏以聽上裁則始以一部之事分而散之于諸司究以諸司之權合而收之于禁密事雖上裁旨由閣擬脫有私意奸其間内託上旨外委廷言誰執其咎又脫有馮保張居正者貪緣爲奸授意外廷小人趨承扶同罔上朝廷不得察其非當官不能爭其事又誰執其咎臣竊謂政權分之六部不可以爲專惟六部不專則必有專之者是乃收攬威權之漸必不可以從也

吳正志字子矩通政使達可子幼承家訓講學東林萬歷十七年進士授刑部主事政府私人李春開以出位糾趙

南星姜士昌都給事陳與郊實主之正志以爲大臣不職賴有諫官諫官不職則司屬當言乃上疏劾李春開陳與郊黨護大臣請加究治御史赫瀛集諸御史議合疏糾正志萬國欽周孔教不署名瀛大恚讓之國欽曰冠豸冠服豸服乃日以保留大臣傾善類爲事我不能苟同瀛氣奪疏不果上而正志已奉嚴旨切責將廷杖乃席藁待命或勸備黑羊皮以防腐潰正志不可曰如此是畏死矣閣臣申時行救解謫宜君典史直聲震天下稍遷饒州推官召爲光祿寺寺丞出爲江西湖西道僉事予告歸是時吏部推升希執政之旨痛抑謫官復上書申時行望以文彦博

薦起唐介故事識者韙之所著有泉上語錄雲起樓詩文集參節明史

參李春開疏略爲言官受古黨護大臣排擯善類懇乞聖明亟賜罷斥以快公憤以伸士氣事讜按吏科給事中李春開本以狎邪小人鑽刺賄緣得據言路受官之日即疏詆員外趙南星一時人情洶洶有竊笑之者有唾罵之者臣時亦扼腕不平欲一言以折其非第念其新進無知未即指參使春開而稍知人間有羞恥事當杜門匿影掩面斷舌悔過不暇矣孰意喋喋利口再疏攻擊南星及戶部郎中姜士昌乎臣始不暇計其靦顏蔑恥之狀舉其宗爲世道人心害者夫南星士昌疏中所指不止一二官邪已也大都目擊吏治民生之蠹而欲去其太甚者耳非漫爲無當之說以自托于鳴鳳之列也今春開徒銜其疏稱言事諸臣概詆之爲妄言橫議夫趙用賢吳中行之批鱗非怯于吳時來詹仰庇之糾工也諸臣或留滯周南或偃蹇林壑其氣力又非炤于如炎之總憲也言者何罪稱者何援徒以工士日就危疑位不能究其才賞不足酬其節舉世所敢怒不敢言者一自寬抑耳奈何談及改節之重臣則目之爲傾陷談及遷棄之孤臣則曰之爲比周豈威福足以制人者反不樂附而爲當世所厭逐者顧欲藉之以致青雲耶臣不知其解也且朝廷所與共治天下者在一二大臣大臣有所顧忌而不敢欺罔者在二三言官欲如股肱耳目交相爲用而司屬則所爲手持足行補耳目之不逮者也今大臣不得其職而諫官不言諫官不言而反歧官守言責爲二途欲禁司屬之不言股肱之寄已折耳目之寄已窮而又縶縛其手足令一無所措而後已人身如此幾何不仆國體如此幾何不難也臣無論古者懸敢諫之旌立誹謗之木即如我朝有上言大臣德政之律有許諸人直言無隱之條二百年來所家諭而戶曉者今春開但疏保留御史陳汴林祖述等同聲和之一時臺諫諸臣業已干上言德政之禁矣而又欲禁司屬之直言無隱夫天下士顧可盡箝其口耶以臣觀之邇年以來言者固不乏人而詆之者不以爲出位即以爲沽名不以爲求勝即以爲報復纔一啓吻輒加之罪譴而又嚴諭堂官各發所司令可謂至嚴酷矣然而羣工之心未已羣工之議未息也何者天下本無事小人自擾之小人不去言路不開朝廷之上雖欲一日享安靜和平之福不可得已然今之所以去小人者亦非有極重不可反之勢如疽毒之類必至于決裂潰散而後爲快也猶若人身積汗稍自拭濯則宿垢悉除頓還舊觀其勢固甚輕而其

事亦無難也

上申相國書畧正志從苦塊間藉窺邸報吏部爲推陞萬劍州一事致激上怒選司盡創爲民志不勝惶駭愕復不自揆度願因事而効忠焉夫萬劍州之被謫不過爲向者得罪于相公耳非嘗有批鱗之罪投明主之忌也間關險道業已兩年其應量移與否志誠不宜越俎稱說以冒植黨希進之嫌但此舉雖係皇上睿斷然必有爲相公調停于左右而不樂翻然改革者夫相公十餘年來休休之度朝野共知雖危疑震撼之中尚繫天下人心之望者賴有此耳方萬侍御抗疏時相公尚在中書此時不欲甘心而乃于解釋之後藏怒蓄怨陰錮之使不得庸乎又況舉朝廷之法用朝廷之人至公無私賢愚僉悅顧欲株連蔓及縶主爵者之手足使不獲用于朝終轉一郎官無辜被逮一網無餘如是而後以快當事之憤箝天下之舌乎志以爲必不其然第有一足言之獻者陟者朝廷之黜陟也而所以致朝廷之黜逐言官者則相公不得而辭其責也相公既不能中救于曩時使御史得中敢言之氣猶當轉移于今日使吏部得行善善之公如宋朝唐介極言詆文彦博初謫英州別駕彦博後登相位卒言于上起爲參政尋至大用至于壯唐介者未有不多潞公方茲皇上眷注相公未必減于執政之日而相公之

自待奈何出彥博下哉相公誠以此時力言勸諍俾皇上無以輔弼舊臣之故含怒于言官又無以舉用言官之故遷怒于銓部事濟則皇上之量合乎覆載相公之心光乎日月不濟亦使天下後世曉然知今日此舉相公真無所芥蔕於其間以此昭明汪度而贊揚盛治豈不快哉至冊立大典雖曰屢旨分明然言官職掌所關乘時建白非至上干出位之禁也皇上威嚴之下斥逐不已而至于削籍削籍不已而至于廷杖諫垣爲之幾空朝廷爲之股慄傳之中外騷動一時之人心垂諸史冊虧損聖明之盛德說者咸謂相公不在中書㡳勿之上或無人委曲調護以至聖明憤激而莫解國事決裂而難收事勢紛紜一至于此然相公昔嘗以此冒不韙去矣及今不以大計反覆開諭徐寬上怒召還鍾羽正諸人寘之諫職則羅大鋐疏中諸事幾終不白相公之心迹將何辭于天下萬世之口乎

張納陛字以登萬歷十七年進士授刑部主事改禮部三王並封制下偕同官顧允成工部主事岳元聲合疏爭之復昌議于同曹郎詣各部堂懇疏由是並封事寢皇長子

出閣讀書未幾吏部尚書孫鑨等以拾遺事被責允成謂閣臣張位實爲之上疏力詆位納陛亦抗章極論并侵附執政者帝怒謫判鄧州告假歸初王畿講學荆溪納陛年十六從之遊至是潛心理學與東林顧憲成高攀龍同邑吳正志史孟麟等爲執友講學吳中東南人士爭赴之所著有雲聲閣集易學飲河八卷疏稿積抄二卷書畫皆精絕卒時書知死知生何畏何懼八字斂手肅然而逝天啓中贈光祿寺少卿節明史顧允成傳

湯兆京字伯閎萬歷二十年進士除豐城知縣密擒巨盜范紹九積患以平治最徵授御史連劾禮部侍郎朱國祚劄遼總督萬世德帝不問巡視西城貴妃宮豎途辱侍郎敖文禎兆京彈劾杖配之因星變抗疏極言時事詞旨激切上優答之時礦稅繁興奸人競言利帝意向之兆京偕同官金忠士等交章力諫不報出按宣府大同請罷稅使張曄礦使王虎王忠亦不納掌河南道佐孫丕揚典京察所譴黜皆當而被黜諸黨爭相攻擊兆京亦疏辨之其詞直卒無以奪也順天諸府守陵中官李浚等誣陷軍民逮繫無虛日兆京按奏被繫者悉縱遣之東廠太監盧受縱其下橫都市兆京論如法嘗監斬建言御史曹學程抗疏救之僧達觀以佛法煽動公卿惑及宮禁兆京執而杖之

會掌京察羅列湯賓尹狠戾狀黜之天下稱快力請福王之國寢奪嫡謀兆京凡三奉使多所建明後以論太宰趙煥擅權忤旨奪俸拜疏掛冠歸卒年五十二天啓中贈太僕少卿著有靈蘐閣文集節明史

異星疏題爲異星屢告朝野同憂懇乞聖明洞矚安危以圖修改事臣聞變不虛生占無不應惟明主遇災思懼故能轉禍爲祥但其修禳實政則必有獨觀時急咸與惟新者年來災祲頻仍惟星變爲最大當今粃政非一惟礦稅爲至極洪範曰庶民惟星董仲舒曰衆星隕墜民失其所占書曰飛星如龕則謀事起白氣曲環者斬奪爵位色赤照地者所往有兵頭者大小衆星流移人謂兵舉民離之象臣已不勝寒心乃今福建撫臣朱運昌所奏八月長星之異頭尾紅白異色體勢彎環飛動九月紅星之異自一而五三合三離光如血巨如雞則又不止如龕而所謂白氣曲環色赤照地者不有合耶臣每讀史憶有所謂長星者矣又有所謂天星散落如雨者矣若乃紅色開合之變則寡聞淺見實所未經其應將安歸乎且南京十月

有流星燭地及光散為七道者與天鼓之鳴同時並見半陵無故延燒十餘丈夫兩京重地入閣遐邦數旬之内萬里之外何以各有告徵又何不謀而合意者権政承行四海毒痛根本無磐石之固故高廟神靈特示譴告而張嶷諸奸機易山之奏詭謀尤巨厲占爲獨與礦稅之事自大臣以至小臣言之礦稅之害自籍紳以至童孺知之何僕臣言但臣莊誦皇上稍俟充盈之旨而不能無疑且懼也竊思皇上所謂充盈果有何界限待皇上自謂充盈而礦稅恐無俟皇上停止矣何者財用在國家猶血液在人身若使竭四肢之血液盡取而注之心腹之間則四肢固將枯槁而痿痺心腹亦能無潰悶而㫆裂古稱泉貨義取流通腑滯亦號錢神勢無久聚不散善散之則爲鉅橋之粟不善散之則爲大盜之藏由我散則足收人心而固國脈由彼散適以藉冦兵而賫盜糧皇上憂其難聚臣乃憂其難散也顧内帑之積且無論先朝即皇上三十年來亦茂鉅萬今度支竭矣將作水衡困矣甚則大庖不繼矣此財將安歸乎自礦稅行而商竈交困則鹽法病商旅不行則關議栫大司農國課日虧之疏言言實事皇上以爲天下有神輸之術耶九邊年例毫髮鄭虧今歲借馬價以支吾而馬價亦空矣明歲之計又在目前將無有脫巾

之虞耶天地生財止有此數人之好利誰不如我人窮則亂獸窮則攫有司龍將有時而盡今者民窮至極矣異星之告臣實慮慮焉皇上爽然變色千古毋經獨斷必越衆思礦稅之事亦願皇上之一斷而已臣敢遇變陳言伏冀
聖明畏天以實宗
社幸甚四海幸甚

陳于廷字孟諤萬歷二十三年進士歷知光山唐山秀水三縣徵授御史前論救給事中汪若霖詆大學士朱賡甚力坐奪俸一年頃之劾職方郎中申用懋趙拱極黄克謙爲宰相私人不宜處要地又劾朱賡及王錫爵嘗斥論德顧天埈素干清議不宜久玷詞林語皆峻切視鹺河東劾稅使張忠撓鹽政正陽門災極陳時政闕失父喪服除起按江西劾湖口稅使潘相罪光宗立擢太常卿議紅丸事極言崔文昇李可灼當斬尚書王紀被斥特疏申救累進吏部左侍郎天啟四年尚書趙南星謫罷大學士魏廣微希魏忠賢指欲用其私人于廷署事持不可薦喬允升馮從吾汪應蛟忠賢大怒謂所推仍南星遺黨矯旨切責并楊漣左光斗盡斥爲民出國門賦詩示同寮曰腤章世所同侃直性所獨忠賢遣騎四偵于廷行李蕭然無所得崇禎初起南京右都御史差竣召拜左都御史以巡方責重列上糾大吏薦人才修荒政嚴屯鹽禁耗羨清獄囚訪好豪弭冦盜八事優詔褒納秩滿加太子少保三疏乞休不允壬申八月御史祝徽舉佐周以咎武弁失上旨下都御

史議于廷謂天下將驕卒惰又推挫法吏以長其焰恐成尾大之勢不肯罪御史凡五宣諭五不奉詔竟削籍歸家居二年卒福王時贈少保諡端毅著有定軒存稿三卷疏稿一卷 參節明史

蔣允儀字聞韶萬歷四十四年進士授桐鄉知縣移嘉興嘉賦役煩重建均田均役議上之當事皆報可民困大甦天啟二年擢御史時廣寧已失熊廷弼王化貞俱論死而兵部尚書張鶴鳴如故允儀不平疏其同罪佚罰因言近日言官稍進苦口輒見齟齬使諸臣不遵明諭而引裾折檻以甘斥逐天下事猶可爲也使果遵明諭而箝口結舌

天下事尚忍言哉帝不用會議延九事力詆方從哲請盡
奪官階䕃又疏論四川監司周著林宰徐如珂等功請
優敘而劾總督張我續退縮請罷斥俱不從踰月請杜傳
宣慎爵賞免立枷除苛政且言向者丁巳之察凡抗論國
本繫籍正人者莫不巧加羅織陰邪盛而陽氣衰致有今
日之禍疏入魏忠賢劉朝輩皆不悅將加重譴以大學士
葉向高言停俸半載已復因災禮上言內降當停內操當
罷陵工東手非所以展孝思直臣久廢非所以光聖德東
南杼軸已空重以屢次之加派金吾冒濫已極加以非分
之襲封區區修禳盧文安能上格蒼穹哉帝不能用巡按

陝西條上籌邊八事因言近因東事日急舉中國之全力
赴之秦中稍遠便若痛癢不相關不知彼中軍士獨能枵
腹荷戈否沿邊一帶赤地千里嗟此孑遺何以糊口若不
急加休養而復輕言征調是速之亂也帝不從其言卒召
張李諸賊之禍五年還朝與左都御史王紹徽不洽紹徽
魏奄黨也即出爲湖廣副使其冬又使給事中蘇兆先劾
爲門戶渠魁遂削籍崇禎元年以薦起御史抗言奸黨王
紹徽翔點將錄獻之逆奄清流遂芟刈無遺乞加削奪爲
傾陷忠良之戒從之二年春管理京察疏陳計吏八則得
旨務一一着實舉行仕路一清尋擢太僕少卿四年六月

以右僉都御史撫治鄖陽六年流賊大至兵少不能禦上
章乞援且請罪中官陳大金與左良玉來援多攜婦女副
使徐景麟疑爲賊礮擊之士馬多死大金怒訴諸朝命逮
景麟并允儀下獄戍邊而以盧象昇代十五年御史楊爾
銘給事中倪仁禎相繼論薦未及用而卒著有撫鄖疏草
澹香園文集節明史

何士晉字武莪父其孝得士晉晚族子利其貲結土豪黃
姓與之爲難毆之死貲產盡爲掠賣繼母吳氏匿士晉外
家讀書稍懈輒示以父血衣士晉感勵與人言未嘗有笑
容萬歷二十六年舉進士持血衣愬之官罪人皆抵法初

授寧波推官涖講鄉約手演六條比以律例傳以報應使
聞者警發報最擢工科給事中遇事敢言劾左都督王之
禎久掌錦衣爲內閣爪牙中樞心腹又劾大學士王錫爵
逢君賊善召命宜停戶部尚書趙世卿誤國無大臣體四
十三年有張差梃擊事中外咸疑謀出鄭國泰國泰懼出
揭自明士晉抗疏即據揭參駁情詞激切神宗率太子長
孫臨御慈寧宮門召文武百官面諭有何疑忌等語未幾
出士晉爲浙江僉事光宗立擢尚寶司卿遷太僕卿天啟
二年以右僉都御史巡撫廣西安南入犯督將吏屢擊却
之四年拜兵部右侍郎總督兩廣軍務五年四月魏忠賢

大熾乎挺擊者卒獲罪御史田景新希旨誣叛臣安邦彥賄士晉十萬金阻援兵遂除名徵賄助餉士晉憤鬱而卒有司徵賍急家人但輸數百金產已罄會莊烈帝立獲免復官賜卹著有家禮摘要廠庫須知十二卷疏稿一卷節參明史

參鄭國泰疏畧竊惟逆犯張差震驚儲貳謀危宗社經刑部審供口詞鑿鑿在案乃會勘之請期踰五日臺省公疏一概留中陛下之與東宮情親父子勢共安危豈有禍通蕭牆不少動念者近因戚臣鄭國泰一揭人遂疑陛下有偏護而故意遲迴竊查陸大受疏內原未嘗實指國泰爲主謀況此時張差之口供未具刑曹之勘疏未成國泰豈不能從容少待何故心虛膽戰輒爾具揭且既欲自明則宜請之皇上將張差所供內官龐保劉成等立赴三法司拷訊誰爲主謀誰爲助惡一一審確則國泰之有無虛實心跡豈不洞然胡爲勇于私揭怯于公言明告衆人暗欺皇上而人遂不能無疑於國泰矣且人之疑國泰不自今日始也陛下試問國泰三皇之議何由起閨範之

序何由進妖書之妄何由搆此基禍之疑也孟養浩等何由杖戴士衡等何由戍王德完等何由錮此挑激之疑也南宗順刑餘也而陰募死士千人謂何順義王外寇也而各宮門守以重兵謂何王曰乾逆徒也而疏中先有龐保劉成名姓謂何此不軌之疑也皇上又問國泰如林之旅環衛洛陽而肯宮之掃除誰爲減汰二萬之腴跨連三省而坟園之贍地誰爲阻撓雕峻之工增及萬厦而淑盡之坏土誰爲寢閣此偏注之疑也有此積疑至今日忽有張差一事正與往者舉措相符安得令人不疑且今日之疑國泰又非張差一事已也恐騎虎難下駭鹿走險一擊不效別有陰謀陛下不急護東宮則東宮爲孤注萬一東宮失護則陛下爲孤注如之何不令人畏且疑也國泰欲釋人之疑惟明告貴妃力求陛下速執保成下吏如果國泰主謀是乾坤之大逆九廟之罪人非但貴妃不能庇即陛下亦不能庇也借劍上方請自臣始或別有主謀無與國泰事請令國泰自今以後凡皇太子皇長孫起居悉屬國泰保護稍有疏虞罪即坐之則臣與在廷諸臣亦願陛下保全國泰無皆恩禮若國泰畏有連引一味熒惑聖聰久稽廷訊或潛散黨與使之逆逃或陰斃張差以冀滅口則此獄將終不結耶臣非不知齒馬爲媒器鼠宜忌因遷日

呼天不應諸臣無不恨國泰從中作祟而未有明發之者臣恐愈久愈激愈激愈危或致復生他變用是昧死披瀝庶幾此獄早結一日國本早安一日爲東宮即所以爲皇上東宮安則皇上亦安爲國泰者亦宜以臣言爲忠告也伏惟聖
明裁察

吳中行字子道性之子武進籍宜興人甫冠舉鄉試隆慶五年成進士授編修大學士張居正中行座主也遭父喪奪情視事御史曾士楚吏科都給事中陳三謨倡疏奏留舉朝和之中行獨憤適彗出西南長竟天詔百官修省中行乃首上疏劾居正明日趙用賢疏入又明日艾穆沈思孝疏入居正怒欲廷杖之翰林院侍講趙志皐張位等具疏救格不入學士王錫爵會詞臣數十人求解於居正弗

納遂杖中行等四人明日進士鄒元標疏入亦廷杖五人者直聲震天下中行受杖畢氣息已絕中書舍人秦柱挾醫至投藥一匕乃蘇輿疾南歸居正死廷臣交薦中行召復故官進右中允直經筵大學士許國攻李植江東之詆中行用賢爲其黨中行奏辨因乞罷章四上詔賜白金文綺馳傳歸言者屢薦執政抑不召久之起侍講學士掌南京翰林院同里僉事徐常吉嘗訟中行事已解給事中王嘉謨復摭舊事劾之命家居俟召尋卒後贈禮部右侍郎著有賜餘堂集十四卷本明史疏略曰元輔張居正乞歸守制至再至三而皇上眷倚則殷慰勉特至雖皇上之意豈不責之以義而欲其通之以權哉然而是舉也萬古之綱常所繫四方之觀聽攸關居

正父子興地分睽音容不接者十有九年一旦長棄數千里外陛下不使銜哀茹痛於廟堂之上而責以訏謨遠猷調元熙載豈情也哉元輔之爲賢輔弼也其對揚之言惟曰聖賢義理祖宗法度兢兢守之勿之有墜焉耳宰予欲短喪子曰予有三年之愛於其父母乎王子請數月之喪孟子曰雖加一日愈於已聖賢之訓何如也在律雖編氓小吏匿喪有禁惟武人得墨衰從事非所以處輔弼也即云起復有往例亦未有一日不出國門而遽起視事者祖宗之制何如也乃內閣二三輔臣首題之疏方以計聞遂以例請而臺省諸諫官乞留之疏尤昧成憲抑又謬矣皇上所以勉留之者爲社稷爲生靈也臣則謂皇上誠虛懷親賢講學圖理日召見大臣益明習國家事不以嗜欲漸開而懈心生不以彊圉僅寧而侈心生將見聖德日盛世道時雍子孝臣忠彝倫攸敘則風化行天意順或亦弭災銷變之道也臣之進也元輔之所舉也苟有十慮一得之愚所當吐露而復以全軀保妻子之念奪之非事君不欺之忠亦非事師無隱之義也臣豈不知臣之官典在筆札即隱默亦非鰥曠然昭是非垂勸戒史臣之職也與其記述於簡冊以彰穢示懲孰若披陳于君父之前求今日無過舉俾後世無遺議也哉

路邁字子就少與弟遴讀書期不負忠孝崇禎七年成進士授暨陽知縣以卓異擢儀曹旋遷銓曹員外郎冢宰鄭三俊知其淸愼委掌大計邁曰掌計重任也亦擅局也有不愼則狼籍必甚吾二親春秋高盍歸養以避之乎遂告歸鄭公留之不得家居賦詩自娛值鼎革以事連逮入獄屢經部鞫

祖皇帝鑒其忠特原之放歸卒於家著有明心錄夢餘詩草忝節舊志

徐槐義勇首領素有膂力嘉靖乙卯倭寇奔逸突擾縣境槐時年七十堅請追逐遇於蔣山適捕官馬踣槐以已馬與之抗力步戰殺傷倭數人倭怒麕至從兵皆散走槐刀折急取所佩流星鎚而繫結難解竟爲所殺本舊志

張邦綋萬歷間由武進士授南京神機營守備遷揚州游擊陞四川松潘參將帶副總兵銜征苗死于難崇禎已巳贈官諭祭蔭一子永襲任兩廣參將本徐志

王行儉字質行崇禎十年進士歷官刑部員外郎庚辰出知重慶府廉平有惠政辛巳流賊張獻忠陷夔州重慶遂宿重兵行儉撫馭有方兵民咸獲安業直指某貪而鷙爪牙數十人横虐行儉擒其二置諸獄司李懼行儉曰吾豈畏公哉即日委印去兵民大譁直指懼使巡守道更相慰藉然後還時四川巡撫陳士奇駐兵重慶遣參將曾英趙榮貴擊賊皆爲獻忠所敗甲申六月十七日賊抵城下擊以滚礮賊死無數二十日夜黑雲四布賊穴地攻城城陷率兵巷戰救援不至行儉與士奇及知縣王錫俱被執賊强行儉跪不應以鐵針針其頭刲其肉縷縷至盡終默若禪定者士奇與錫駡賊死巴人立三忠祠祀之

國朝乾隆四十一年　賜謚忠烈忝節明史陳士奇傳勝朝殉節諸臣錄

莫可及字君愚由監生授長沙府照磨崇禎十六年護寧鄉縣印流賊張獻忠陷城死之二子若鼎若鋌撥劍奔赴

并遇害

國朝乾隆四十一年　賜謚節愍（若愚若鉦從祀　參勝朝殉節諸臣錄）

孫謀崇禎七年進士以戶部員外郎督天津屯田流賊至謀度不能免先期仰藥死（參徐志 選舉錄）

吳炳字可先萬歷四十七年進士選授蒲圻令多善政行取得刑部時魏璫屢起大獄炳謹守繩法不敢有所徇改工部備三殿工興能恤工匠之困歷官員外郎乙丑尋福州知府時閩海劉香老爲寇撫軍熊文燦兵敗舟焚欲沒洋賈金以償費屬炳文致其獄炳曰殺人媚人吾不忍也閩省有陳晃者以貲綠中式事覺囑庫使會士高饋金千

兩炳却而不受尋以病免歸甲戌大司馬陸完學薦起爲留都戶部一清宿弊崇禎辛巳改提學副使敦實學勵行誼諸生競勸鼎革後流寓廣東永明王擢爲兵部右侍郎從至桂林以本官兼東閣大學士仍掌部事從至武岡聞大清兵將至從王倉猝奔靖州被獲脅之降不屈拘于衡陽縣湘山寺不食七日卒絕命府以詩授僕寄其家有荒山誰與收枯骨明月長留照短纓之句炳生而文秀天賦逸才所著有說易一卷樂府五種及絕命詩一百首行於世

國朝乾隆四十一年　賜謚忠節（參節明史及勝朝殉節諸臣錄）

陳貞蓮字則兼左都御史于廷子以父廕授應天府通判崇禎己卯補戶部主事時遣中官分理部務公卿無不承望風旨貞蓮獨不爲之下璫啣之以事下詔獄在獄中與黃閣部道周倩好最密每酒酣閣部輒指寢室曰此吾兩人山陽壚畔也久之得釋左遷順天府知事甲申三月流賊陷燕都被執瞋目罵賊賊怒以刀斫之流血被體罵愈甚桎兩足投馬櫪中潰以馬矢罵猶不絕三日而死有京營裨將陳錦衣收葬都城外裨將死遂無復識其墓者

國朝乾隆四十一年　賜謚節愍（參徐志及勝朝殉節諸臣錄）

吳登俊字民章崇禎十年武進士官錦衣衛千戶十七年

李自成陷京師力戰死其族人遴字維章監生同盧象觀起兵死於邑高橋

盧象觀字幼哲兵部尚書象昇弟崇禎壬午鄉薦第一連隽成進士爲兄請祭葬羈長安選授金谿令未任而北都變宏光立授中書舍人順治二年六月南都變象觀間道抵家

大兵將至宜興象觀集邑中士大夫於明倫堂懸明太祖成祖二象哭之觀者皆泣因謀起義兵是時福王未知所在唐王在福州魯王在紹興潞王在杭州將謁潞王至則已迎降矣象觀大失望道遇陳坦公坦公者名安江西人

賴目偉軀有勇力善用大刀嘗爲諸暨守備失諸將意去之杭州浮沉酒肆中象觀招與飲語天下事泣數行下安慨然曰吾閲人多未有慷慨如公者吾今乃以身許公矣遂與俱歸象觀與議曰北兵已南驅誠于丹陽廣德間要其歸路宋建炎事可見也募兵數百人盡散家財給軍食洪承疇移書招撫餌以富貴三至三拒之于是宜興號義兵者往往屯聚與象觀旌旗相望

大兵至營于北門諸義兵各連小舟居東西兩氿中謀以火攻六月二十五日約夜中火起則俱發會

大兵南哨熛爇草房鄉兵望見皆應之

大兵聞鼓譟聲益縱火張勢本約火攻者義兵也而三面之火反皆起自

大兵鄉兵遂亂象觀進薄其營中流矢自顧貫耳落二齒創甚乃退陳安殿矢集甲胄錚然有聲追騎近叫叱之人馬辟易手曳道旁水櫃當馬足象觀始得脫退兵張渚堅守月餘丹陽孝廉葛琳浙人徐閶如至軍聲復振象觀創亦愈結柵新橋又數日毛得五至得五金陵人與弟在廣德溧陽山中聚衆二百餘人來歸皆薙髮象觀頗疑之得五初聞盧兵盛謂可倚以立功既至不如所聞又見疑會

大兵駐戴埠張渚大震得五請以屬赴至崍山埋礮于地及戰射殺數十人會天雨礮不得發得五力戰死無何

大兵水陸並至陳安率數十人守新橋大戰移時殺數騎水兵以鳥銃旁注安中股猶揮戈力戰斬首數百刀桶脫拔劍自刎于新橋其屍越日不仆人無敢撼之者象觀既敗間道城王在長興乃與從兄象同及葛麟等往從之十月兵敗于小瀆象觀戰死與偕行數十人無一還者

國朝乾隆年間　賜象觀謚忠節象同祀忠義祠（叅勝朝殉節諸臣錄）

湯思孝明季四忠敘性歸忠孝一時見天地之心道立綱常萬古壯河山之氣是猶石火藴光乍遇擊而忽燗轟雷空震不依形而自神國運于此徂衰名教因之再起節云尙矣功亦偉焉夫義興東南一奧藪也枕雄君嶽躔斗野之星樞襟浸巨區挖勾吳之地軸是以挹菁英于夏宿固多懷才抱德之儔抑且秉剛德于川嶽不乏取義

舍生之士列諸竹簡代誌傳人載在豐碑廟垂遺跡憤膺西爽之鋒臣哉有處血灑南荒之碣帝曰咨雲毘陵郡內姚訔首矢丹心博浪城中興祖曾摧黑韃他若薄吳尉莫咸足頑軫頑鼉感其風則弱水瀾迴凜其色而霜華冰立斯誠振頑起懦挽化扶頹者矣夫何自茲以還遷流斯下態隨時媚骨以文柔笑刀舌劍偏能戰勝于朝廷耳滅首濡儒識捐軀于爵祿紫袴紆袍惟巾則幗黃金橫帶有衿皆讌非此邦之獨然亦率土其盡爾於戲茎佩捐卑誰痛蘆花夜老薇歌遏響漫哀槐葉秋零砥此波狂端須流柱苟非厲臣貞于奕世何以昭大義于人間乃者雷雨初屯前明末造兵稱赤子烽火遍達乎甘泉符屬眞人王氣潛移于綠海一人握上方而睥睨羣工奉簡命以徬徨時則有若大司馬督師盧公象昇儒生報國文士從戎躍馬汚南久試盤根之利揮戈冀北更期廋木之支君恩方沃于平臺紫騮遄錫親蒙遣達于歸幕白雁遙飛禮授金革咫尺嚴哉詔起土苫方寸亂矣究以勳高遘妬道直難容在公心自竭其精忠何敢要盟于息壤而天意欲付以節義幾同究議于風波九閽聖主脊重當年萬里孤臣身輕此日呼庚而四拜銜堅咽雪之魂逾壯免甲而單戈死陣裂眥之魄猶生豈惟勇不可能允矣仁爲已任逮夫翦邑烏

號之弓鼎湖慘目黯滿黃金之幟魁棘傷心遼遠微蹤已勝額稽之恥飄零碎影執懷保障之思時則有若重慶府太守王公行儉釋褐登車分符典郡國難失援鼎舊部而慟哭城亡必殉撫孤堞以悲歌桃溪纓禦遣子全宗玉壘浮沉留身待賊陣雲合而戰深荼苦騎鐵銑而距刃飴甘夫是時北已革年名將誰錄且此日南方襲位榮可倖梯而乃志在喪元計不旋踵實痛天王死正內廷向不爲劍閣躡臨之策況我愚臣責堅外屏忍淚作江州頭斷之言是以膝如木植鬼更厲于剜雖肌裂髮絲虐有餘于封梟莫謂片時之激應推百鍊之剛至如前督學副使吳公炳者瑤林秀葉滋蔓華于繁霜錦水文毛翔鸞音于陰雨崎嶇百粵之鄉彼固各爲其主奔走三危之境止求不負此心恍孤吟于郵壁冷件寒鴉儼勸講于舟中淚沾朝袖巫峒黯淡夢隨望帝以長征銜嶺忝差身作湘纍而未覺既遐軼于盲聾復受遜于狡童昇仁贈于淮城病歸已瞑餓登山於燕士後死彌艱養以和而自粹不矜風雲變色之奇神獨靜而返虛尚留明月短檠之句又如前進士中書舍人盧公象觀者總師介弟紹未衰之芳徽題柱書生端始逆之雅操倘列祿京之儔尚無嫌于肩敝甘居遜國之侶偏自昧于菀枯燭戈恨弱于魯陽玫石歎湮于媧女襲

宵營而爇火妄伸螳臂之雄流飛鏃以驚弦早鎩鴻皐之羽固料數于烏合之必覺而重民羹者敢惜民軀亦知上九龍亢之已窮而守天道者寧違天步魂招晶闕淚湧石尤之濤骨葬蛸山哀填精衛之木雖輕俠而奮身旋于小諒當處家而靖國實稟愚忠嗟乎茲四臣者咸克疾風露勁嚴雪挺堅矯迹寰區抗情霄漢豈非方駕文山媲徽孤竹寒錚炯秀瓌衮嵩者乎或謂朱瑟音閑乃聖賢之淑度金石調激豈盛世之休模圖忍好語淪胥過相誇耀且匹夫亦能自勉君子必取傳觀舉近舍遠錄貴略微概此數端艮皆謬戾宜詳斯語抑又匪然蓋吾道之傳也不藉辭說而藉艮知苟艮知既泯無容藉口中行國維之固也匪由形氣而由生氣使生氣常伸端賴敦崇志節故余闡祀而一統歸則功在明倫隱于城于撥亂圖難之外此孝孺出而儒風振則學期見性峙奇烈於大中至正之間此死守蒲州特錫歲寒之詔拜辭柴市猶存和淚之詩況遇日應制之詞臣各命表忠于明代幸與朝忌諱之不設何故國幽微之弗彰是當年成此名者詎爲沽名而今日傳其事者原非好事凡以推天理之極要示人心之本然俾識偷生徇欲乃真無定之巖牆應思盡道歸全不在有形之正寢故不必言貫恭遇陷騎卒從亡巴蜀臨危屬僚其義

荊水亦多同難漢江尚有遺忠而即此一地四臣後先齊軌從容慷慨各吐血誠已足係既往之留連備將來之風厲而今觀者憤感感者憤奮也至于廢承之負觸弗若商容之就列練佗之驕鬬弗若晏嬰之質盟則以死恩死暱亦爲溝壑之流究之急父急君原吾頂踵之事斯又拔清原本研嘶幾微責能慎始以全終非可執彼而議此余也衡門素士壓圖遭農問悠悠之世黑白隨時吟浩浩之歌丹青甲古夙儀型其在遡懼風雅之未揚爰殫樸思尚賡聲烈

吳貞毓字元聲崇禎十六年進士甲申國變宏光立授戶部主事丙戌八月桂王立端州十一月貞毓赴行在授吏部主事歷陞太常卿戊子五月同商邱伯侯信奉勅往封李成棟惠國公宣諭恩信開陳大義成棟恭聽受命遂出師江右王嘉其功拜戶部尚書逆臣孫可望本以流賊就

撫庚寅據貴州自稱秦王脅朝廷與勅封貞毓與大學士嚴起恒持不許可望殺起恒貞毓以奉使獲免及還進東閣大學士順治壬辰

大兵南征移蹕貴州二月至安隆可望改爲安龍府迎王居之宮室廟陋服御粗惡守護將悖逆無人臣禮可望謀禪代惡貞毓不附已令其黨冷孟銋吳象元等交章彈擊以朝事盡委奄人龐天壽武臣馬吉翔設內閣九卿科道官改印文爲八疊盡易其舊立太廟定朝儀擬改國號曰後明日夕謀篡位王聞憂懼密謂中官張福祿全爲國欲下密勅令晉王李定國入衛二人言徐極林青陽張鎸蔡

額胡士瑞曾疏劾吉翔天壽宜可與謀王卽令引以告貞毓貞毓曰主上憂危正我輩報國之秋諸君中誰能充此使者青陽請行乃令徉乞假歸葬於歲盡間道馳至定國所定國接勑感泣許迎王甲午正月吉翔以差在廣西偵知其事密與天壽私報可望且謂事由貞毓而與謀者有勲戚鄭允元大理卿楊鍾等十八人可望遣其黨鄭國至安龍威刼王令嚴罪諸臣因以兵逼貞毓就刑上不能救流涕而已貞毓嘆曰吾盡忠謀國今逼于奸逆以死報國臣之職也望闕再拜賦詩曰九世承恩愧未酬憂時惆悵發良謀躬逢多難惟依漢夢繞高堂亦報劉忠孝兩窮嗟

百折匡扶有願賴同儔擊奸未遂身先死一片丹心不肯休賦畢遂自盡時順治乙未三月也居二載定國竟奉前勑護王入雲南乃贈貞毓少師兼太子太師中極殿大學士諡文忠蔭一子錦衣世千戸餘贈卹有差建廟馬塲勒碑大書十八先生成仁處以旌其忠

國朝乾隆四十一年　賜諡忠節參明史及勝朝殉節諸臣錄

潘承祚字用卿崇禎十六年由貢生任吳江訓導福王初立擢左春坊司直郎承祚以老辭留原職順治二年

大兵南下吳江人吳昜倡城守之議推承祚領縣事數日城陷被殺節楊懷遠鄉評備考參吳江縣志

曹師稷字銘石晏暘孫萬歷四十四年進士由中書擢刑科給事中時值逆閹煽虐後慨東林諸公以忠授命特劾溫體仁錢謙益黨錮辨枉縱振淹滯前後十餘疏蹇蹇諤諤有古直臣風旋奉命封荆藩卒于道著有刑垣疏草

盧國雲字公祥國熹字仲業國紘字君鄘皆象觀從父順治二年七月戰死於張渚之新橋象坤爲象觀從弟戰死於長興

吳俶瑩字漢璋府庠生與族兄廷縉廷柱甚從盧象觀起兵後兵敗俶瑩廷柱死於邑南門外廷晉甚復從象觀至長興與俱戰死於合溪

潘敏成字克勤邑之山亭鄉人明末舉武勇團結諸村落鄉勇捍禦盜賊邑西南數十里賴以安後從盧象觀於茗嶺請試其技郎斫竹長二丈許銳其末擊刺如飛象觀兵敗敏成戰死於寺基墩其族弟廷璜字君俞

大兵將至時家人勸之避不聽被殺參節潘氏家乘

張琳字純璧邑之牧馬口農人生有膂力聞盧象觀倡起義兵率鄉勇數百人至西門接戰轉至南門琳先登持鎗刺傷一騎將

大兵環射之退入一大宅升屋烈焰起琳躍入稻田偏體觔孔如蝟鬚髮盡燬數日死其友陸志殮之志邑諸生字

斌侯崇禎元年應募勤王至京口聞解嚴返至是去之閩
粵後歸棄諸生以隱居終（節許重炎璞堂文鈔 叅陸志濟菴筆記）
張緒吉字吉人邑庠生與督師盧象昇爲姻戚象昇討賊
豫楚間緒吉以監紀秩從行後從象觀起義兵敗於張渚
之新橋死之時許樹遠字硯銘亦從象觀戚友戰於新橋中
矢死（叅節鄉評備考）
陳寅字寅公府庠生同盧象觀起兵戰死任源祥贈陳廸
公詩註云廸公兄寅公死於兵弟實有同痛
任源邃字涵生順治三年從呂氏於青山柵拒
大兵方酣戰而呂氏遁源邃被執至溧陽當事者命之跪

源邃瞋目曰若獨非故明臣乎我恨不殺汝何跪爲乃斷
頭而死（叅節侯方域壯悔堂文集）
周源儒從金聲於兵戰死於太平（本錢人麟請增祀忠義狀）
吳起龍字渥鱗崇禎六年武舉順治三年南京已降起龍
糾集義勇從楚宗室於長興搏戰小溜敗績聞唐王立奔
閩明年正月至衢州遇督師黃鳴俊留起龍守衢起龍復
開化又奏捷於遂安拜御營總兵官掛印都督同知復捷
於威嶺復常山玉山皆以少敵衆未嘗衄後浙閩俱失乃
退保懷玉山十二月與
大兵戰於德興之十三都相持二月糧盡援絶遂死之麾

下士方某詣永明王上狀贈正　總兵官左都督蔭一子錦
衣衛百戶賜祭葬然時當危亡僅虛典而已（叅鄉評備考）
潘喆字哲先庠生與邵履正俱爲堵允錫叅謀順治六年
大兵陷永興二人被執不屈死　事聞贈喆禮部主事履正
戶部主事（叅節鄉評備考）
許啟洪字任宇天啟四年舉人官欽州知州以堵允錫薦
累官副都御史巡撫廣西寇至城陷守節不屈死（節瞿笠洲文集）
李頎字廷寶明末因族孫用楫官瓊州偕入廣仕永明王
由貢士歷官監察御史時王在安龍受制於孫可望大學
士吳貞毓等謀勅李定國入衛頎與焉事洩同被害用楫

弟來字我貽由恩貢起家歷官監軍道順治十一年七月
殉難於德慶州
李用楫字若濟崇禎十六年進士授瓊州推官甫莅任廉
知有劉暋生倚前任某勢橫行鄉曲杖逐境外士民稱快
廣東多黎變教官翁某著瓊山以貪酷激變被刼殺當事
議討之用楫以爲宜撫當事即命用楫往洞口諭以禍福
止坐爲首一二人黎蠻感泣勒碑洞口後有軍役無不樂
從調肇慶行取擢御史進大常少卿出聘安南爭主兩廣
鄉試稱得人時
大兵已破梅嶺國勢日蹙會肇高廉雷羅瓊巡撫李明忠

辛大學士吳貞毓薦用楫代之遂擢兵部侍郎巡撫五府
一州時順治八年也用楫度時勢難支買宅西寧居其父
母妻子身赴任九年春耿兵來侵戰于合浦青頭營數
日勝負未決總兵萬艮告以虛實引之夜劫營師遂潰用
楫僅以身免至靈山舍門生勞貞觀家曰事無可爲當一
死報國耳是夜肅衣冠沉于勞氏園池貞觀具棺以殮十
二年其父偕家人歸宜興康熙六年次子焆間關入廣始
扶櫬歸葬節盧文弨常州府志稿參鄉評備考
盧象晉字錫侯象昇弟象昇死之明年象晉伏闕請死邊
事曰臣不才願效闔門之節帝以爲妄不用國變後奉母

李匿深山不出久之有何姓者與其族某訟辭連象晉謂
之曰急薙髮毋相累不聽太守騐視其頂髮偏寡謂已薙
復生象晉厲聲曰未也守怪之趣薙髮曰我先朝遺老兄
弟俱死國吾頭可斷吾髮不可薙守怒搒掠之獄成當大
辟其時同邑庠生李則行李文注李從厚輩皆以不薙髮
死巡撫土國寶以忠烈之弟欲全之乃殺其六死逮捕宗族
象晉不爲動守以書脅其母曰不薙髮罪且及母母詣獄
持之泣守猝入縛象晉爲薙髮而釋之象晉大號既出獄
辭母投佛寺並髡其頂人稱之曰盧三和尚自是間一歸
省母及卒視含殮會葬畢即棄家出遊其子勸徧求之歲
僅得一再見一日返宜興從子以尚止之象晉曰我將死
矣示之葬處自題碣曰委骸磯且戒曰慎毋棺盛以缶遂
卒著有處士遺書一卷節胡宗緒文集
盧象禎督師盧象昇從弟崇禎六年天罡賊犯張渚市人
恐急閉柵象禎獨冒刃直前與賊鬬於柵外賊鋒刃蝟集
象禎頭已落其身尚能躍入柵內挺立不仆賊驚潰人稱
爲喪元勇士年二十有三葬犢山之麓即以市人所稱者
顏其碑云
步匡明崇禎末爲徐閣如偏將間盧象觀起義與軍校張
利千卒衆從閣如助戰時有唐魁徐夢岳蔣曦陸元望儲

振彩蔣章甫李明之康三省蔣七陸二同戰死新橋又有
王自榮吳乾思王承昌袁魁顧文錢順俱戰死小湄朱興
公錢在茲戰敗被執勸之降不屈死之參武進錢人麟請增祀宜邑忠義狀
儲京祚郡增生崇禎甲申三月聞變儒衣冠束帶號泣赴
水死
何捷字忠甫鍾溪里人明崇禎間拔貢初任浙江安吉州
州同調江山縣丞轉福建延平府順昌縣知縣甲申城陷
死節其兄何掖次子何百祿姪何淸何漢何長齡同日殉
難
萬翟字行遠少穎慧有志操萬歷四十六年舉人由學博

擢戶部主事崇禎十五年命監淮安倉務陞本部郎中值甲申之變在淮安官署聞之號泣累日嘔血數升既聞北都殉難諸臣援筆作二十二君子贊瞋目視其子曰幸從諸君子地下遊矣卒年五十一著有意園集

堵正明字寅叔大學士允錫姪自幼即工騎射有勇略十五歲補諸生乙酉五月南都失守從盧中書象觀起義象觀死乃取道山間達楚營允錫命督君子十營每戰冲冒矢石累立功官錦衣衛指揮都督府右都督己丑四月駐兵永興

大兵從間道突至正明麾兵死戰身被重創格殺數將而

死年二十四事聞贈太子太保

堵世明字驥良大學士允錫子乙酉六月從盧象觀起義敗績乃辭母陳夫人適楚以恩授監察御史永興城陷眷屬闔門自焚世明同父脫龍虎關之難允錫將入朝先遣世明齎表自陳行至陽山暴疾卒

吳其靁字清聞少工文以乙酉拔貢入闈授兵科給事中陞御史中丞督撫兩粵繇柳之梧遂入肇慶是時從李成棟至者曹奕耿獻忠輩氣凌朝士袁彭年劉湘客丁時魁蒙正發金堡朝中目爲五虎內主李成棟子元印勢張甚其靁正色立朝助堵允錫吳貞毓力觝諸人及五虎皆成棟父子俱敗而南寧廣南安龍遂潰其靁憤恨卒於廣西柳州洛容縣閩人特祠肖像祀之陳維崧悼之以詩云傳聞陽羨吳文學老作天南哳町侯今日頭銜書不得黔蒼遺骨倩誰收後二十餘年戊申始得歸葬宜興著有清聞詩集參吳譜

毛重泰字睿思崇禎末由文庠生考將材歷官狼山總兵順治二年

大兵破揚州重泰以舟師至京口力戰死或云被兵太湖死參萬儒筆記

國朝

任宏嘉字葵尊康熙十五年進士由行人擢御史疏請裁無益廳員省官民擾害又疏言周程五子宜陞先十哲州縣宜有講堂書院又言學政爲人才所始國學乃首善之區尤宜嚴飭又極言今學道不特受制有司并受制知府蓋道府之階級不甚懸既無以資彈壓部郎之聲望不甚重又無從達封章況循資序遷未舉發請屬盈廷既抵任阻撓百出求其公明萬不可得乞重其選通列

欽點疏上都御史參宏嘉挾私更制乞勅部察議

上曰遞言官條奏少抒所見可免察議先行飭學臣定監規二條餘知道明年巡北城奏言盜風未靖由保甲不行

稽察不清由旗人雜處司坊不潔由勸懲不當又奏言州縣昏夜比較鄉民托宿無地饑寒受杖往往殞命又言
朝廷清丈原以爲民而藩府駁冊上下勒費百金津梁有關原以禦暴而今小港皆設巡欄旱路亦行堵截撿索至負擔稅課偏雜豚語多深痛明年掌山東道兼江南道上十漸疏一曰朋黨結交之漸始因交際爲餽遺漸以受悄成水火二曰奢侈僭踰之漸飲食若江河之下厮役襲組紱之華物力既虧等威亦紊三曰文武訐訕之漸督撫提鎮挾私互訐小吏效尤奸民益甚四曰紳衿吹求之漸有司視紳衿如仇讐奸民以紳衿爲魚肉五曰上下奉迎之

漸
國家良法美意奉行徒有虛文過當反成弊政六曰名器混淆之漸夫爲生養萬民計必重生養之人守令宜用正途異途但授佐貳七曰常平侵漁之漸貯穀久易浥潤多難盤查總歸侵蝕不若聽民輸錢數易稽而無朽蠹八曰河工興建之漸從古無不徙之河治道惟去其太甚不必議開議濬借一勞永逸之詞爲逐利倖功之術九曰情罪過當之漸如逃人止于鞭刺過宿反至竄流輕重不符枉誣尤甚十曰積習膠固之漸陞遷有趕缺壓缺處分則忽重忽輕營競日甚又特奏銓政不平舉八揀選邊地一科

內地乃至五科各官月選並兼雙單主事獨歸單月至捐納之有政注原近日之權宜而假急公爲居奇一石售爲數石一人攺作數人名器褻越莫甚于斯皆得
旨議行旋擢奉天府丞轉通政司參議三十九年丁母憂歸服闋以病目告卒于家

補遺

馬伸字時中先世自金陵徙居宜興父褒爲鄆州宿城尉卒于官伸以東平籍中紹聖四年進士爲鄆縣丞成都守委伸受納冬米盡革宿弊民無留滯薦西京司法時范致虛攻程頤爲邪說門下多叛去伸鋭然執贄求見十反愈

恭卒受中庸以歸靖康初爲御史汴京陷金人立張邦昌伸率同院具書請邦昌迎康王邦昌得書氣沮始議迎元祐后垂簾聽政高宗即位擢殿中侍御史撫諭荊湖廣南還奏汪伯彥黃潛善不法十七事疏入留中改衛尉少卿叅上章謂臣言可用乞即施行若臣言非是宜坐誣罔之罪移疾待命旬日責監濮州酒稅即襆被行死于道或云汪黃密害之也先是金人議立邦昌集百官以兵環脅伸言于稠人曰吾曹職爲爭臣豈可緘默約中丞秦檜共爲議狀乞存趙氏復嗣君檜不答伸屬稿呼臺吏連名書之檜爲臺長不得已書名伸遣人疾馳以達金明年汪黃始

以謀國竄死復召伸而秦檜還自金以存趙議揚言已功
取富貴伸之子孫漂泊閩中有嫂何玭者得其原稿上之
檜大怒竄玭嶺外檜死其家訟冤始復還會胡安國上時
政論乞追奬伸錄其子孫乃贈伸諫議大夫伸幼子惟功
歸居宜興之澳瀆里越十餘年檜既死上諗存趙議錄惟
功爲國學生

增修宜興縣舊志卷之八

人物志 治績

古人學爲有用致身青雲非日顯榮而已葢將於國計民生實有建豎庶乎不負所學焉上而樞輔屏藩下而一州一邑稱乃職盡乃心布德宣猷澤被當世皆不朽盛業也夫運際昌隆從容展布其矢懷精白要與忠義激發者異地而同歸口碑尸祝傳誦無窮孰非邦家之光歟錄治績

漢

蔣堪與字埜圖漢建和中仕爲徐州刺史潔己奉公去浮費省繁苛百姓安之郡庭中有古栢枯死復生咸以爲善政所感參毗陵人品記

唐

許緒景先之曾祖也武德時以佐命功歷左散騎常侍封眞定公本唐書

蔣將明父瓌開元中宏文館學士天寶末將明辟河中使府安祿山反以善謀畫佐其帥全并潞等州後兩京陷被拘佯狂以免號王巨引致幕府歷侍御史擢左司郎中國子司業集賢殿學士謚曰懿子乂別有傳節唐書

宋

蔣昻字希遠堂之弟康定初任蒲州司法參軍爲政不忍杖罰百姓號曰仁主相約有犯法者衆斥之訖二載不杖一人（本毘陵人品記）

蔣之奇字穎叔登嘉祐二年進士中春秋三傳科又舉賢良方正試六論英宗覽而善之擢監察御史神宗立轉殿中侍御史上謹始五事一曰進忠賢二曰退奸邪三曰納諫諍四曰遠近習五曰閉女謁凡數百言遷淮東轉運副使歲惡民流募修水利以食流者如揚之天長三十六陂宿之臨渙橫斜三溝尤其大也用工至百萬溉田九千頃活民數萬移陝西副使經賦入以給用度比其去庫緡八

十餘萬漕粟皆支二年擢江淮荆浙發運副使元豐六年漕粟至京比常歲溢六百二十萬石又請鑿龜山左肘至洪澤爲新河以避淮險自是無覆舟之患詔增二秩加直龍圖閣歷發運使凡六年其所經度皆爲一司故事元祐初進集賢殿修撰知廣州妖人岑深善幻聚黨數千人謀取新興略番禺羣不逞蜂起其勢張甚之奇遣鈐轄楊從先討平之以功加寶文閣待制南海饒寶貨吏多貪聲之奇取前世牧守有清節者吳隱之宋璟李勉輩建十賢堂以祀吏習丕變徙河北都轉運使知瀛州遼使耶律迪道死所過郡守皆再拜致祭之奇獨奠而不拜曰天子方伯奈何屈膝耶入爲戶部侍郎未幾復出知熙州夏人論和請畫封境揣其非誠心務守備謹斥候終之奇任夏人不敢犯塞紹聖中改知開封府進龍圖閣直學士兼侍讀元符末鄒浩以言事得罪之奇折簡別之貴守汝州閱月徙慶州徽宗立拜同知樞密院明年知院事沅州蠻擾邊之奇遣將討平之崇寧元年除觀文殿學士知杭州以棄河湟事奪職免歸提舉靈仙觀三年卒後錄其嘗陳紹述之言盡復官職贈魏國公謚文忠眞西山祠堂記云國朝若安樂蔣公偁術爲世所宗雖金陵猶推尊之何况其他又嘗置義田以贍族今其地曰南莊許有穀詩云功成身退

欲投閑穎叔湖南舊買田自是耕雲釣溪月幾家分粟共炊煙所著有尚書集解十四卷孟子解六卷逸史二十卷廣州十賢贊一卷芻言五十篇巵言集五卷老子解二卷老子繫辭解二卷別集九卷北扉集九卷西樞集四卷荆溪前後集八十九卷（參節宋史）

蔣之翰字文叔之奇同祖弟熙寧中以薦擢簽書鎭東軍節度判官案無留牘呂惠卿帥鄜延兩辟幕府辭不赴後選知登州陛辭神宗顧問久敷奏詳明甚稱上意明日語宰相曰蔣之翰有風力可使一道詎止郡守耶尋除提點京西北路公事劇賊王中往來商鄧間之翰討擒之哲宗

親政命攝吏部以疾乞補外充判湖北路都鈐轄肅清諸弊民間以竹爲屋屢遭回祿之翰莅任後無火災人以爲善政所感節蔣譜魏公之奇墓誌

蔣靜字叔明元豐二年進士授安仁令俗好巫疫癘流行病者寧死不服藥靜悉論巫罪聚其所事淫像得三百軀毀而投諸江知陳留縣與屯將不協罷去徽宗初立擢職方員外郎明年遷國子司業帝幸太學命講書無逸篇賜服金紫進祭酒爲中書舍人以顯謨閣待制知壽州徙江寧府茅山道士劉混康以技進賜號先生其徒倚爲奸奪民葦場强市廬舍詞訟至府吏觀望不敢治靜悉抵於法

徙睦州移病提舉洞霄宮越九年召爲大司成出知洪州復告歸加直學士卒年七十一贈通議大夫節宋史參徐喈鳳舊志

虞大熙皇祐元年進士元豐間陳襄在經筵神宗訪人才之可用者襄舉司馬光韓維等三十二人以對大熙與焉後以治行考最累遷至侍講參咸淳毘陵志宋史陳襄傳

吳懋字再功第進士調當塗縣主簿歲饑官出粟平糶糴者擾亂相蹂踐懋命布灰於地令循行以進右輸金左受粟人無譁者秋雨決圩堤晨夕督治民賴以濟移宿松政尚寬簡二帝北狩金人立張邦昌懋不屈棄官歸高宗即位召復故官除司農卿不拜擢知明州改吉州皆有政聲

節毘陵人品記

蔣億字仲永淳熙六年知信州鉛山縣始至即改建學校朱子爲作學記稱其材高志遠平居抵掌論當世事滾滾不窮蓋嘗有意筦兵萬里爲國家立非常之功者其辦一邑固當有餘力參節朱文公集

明

楊得安洪武十九年貢由國子生擢南和知縣永樂間遷嘉興知府爲政和易與物無競寮寀以下咸推服之歷官都察院僉都御史參唐鶴徵府志王升舊志

杜欽字葵堂永樂二年進士由庶吉士授工科給事中七

年偕右副都御史虞謙巡視淮鳳水災奏免災傷田租出官錢贖民所鬻子女尋遷太僕寺丞奉命督運軍餉道卒參明史虞謙傳王志

徐鑑字子明永樂間由舉人任刑部主事嘗與夏原吉同諫成祖北征繫獄卒以忠亮悟帝意遷戶部郎中宣宗登極知鑑忠讜有才力惟瓊州遠隔海南雜蠻難靖特賜朝旨委鑑往治莅任後廉平仁愛瓊人格心向化視若父母焉卒於官當道疏其績乃命立祠於瓊歲時致祭以孫溥貴累贈少傅兼太子太傅柱國戶部尚書武英殿大學士著有續列卿表十卷參徐志

陳全字克完宣德九年貢任袁州府推官以廉平稱擢監察御史三領勅印巡河淸戎所至兵民感頌遷湖廣僉憲致仕節王志

尹弼字廷佐性醇謹不染俗習正統三年舉人以國子生授吏部文選司主事陞員外郎時亳村東黃土橋南至邵大橋地形高阜常苦旱饑弼疏請開濬引西溪洋蕩水北注便民灌溉參徐志

沈暉字時暘天順四年進士由南京工部主事歷遷都察院右副都御史巡撫鄖陽時七府諸司皆創建吏緣爲奸地多曠土暉至黜贓吏令民無田者開墾荒野復其租三

年得熟田數千頃甓鄖陽城十二里民不知疲以鄖人飲於江多瘦疾命鑿十井於城中且造浮橋通樊城免往來風濤之患取均州太和宮香銀之半糴穀備賑後遂遵行之改巡撫湖廣奏定各藩府歲祿驗丁糧多寡定徭役輕重長沙武岳諸郡多逋負奏宜命官檢覈詔以屬暉乃蠲民逋五十餘萬遷南京工部右侍郎以釐積獘爲羣小讒毀上疏乞休卒於家暉楷書得顏眞卿筆意詩有魏晉風所著有豫軒集好學至老不倦嘗謂楊龜山集無善本刻而序之復蜀山東坡書院捐貲給膳陶淑後進參節吳仕沈豫軒行狀

萬盛字彥夫天順六年貢任九江府推官以公廉自誓嘗辨釋冤囚十餘人因家感而祠祀之年未七十乞休與鄉達邵賢輩結耆英會禮讓相敦年八十三卒

胡璉字公器由成化十三年舉人任新城知縣遷福寧州知州改知歸州所至以循吏稱居鄉嘗建議革淫祠復岳武穆衛將軍廟增祀吳師古邵材錢卽於鄉賢以上參王志

張盛字克謙由進士授工部主事佐理河道有功累陞山東參政以事左遷福建鹽運司同知時年老或勸其稍營歸計輒面斥之未幾謝病免歸舊屋數楹僦不可居門人邵賢等爲醵金改築焉參徐志

李雲字時望成化十一年進士授戶部主事改禮部時晉邸息羊病民雲奏革之宏治二年撒馬兒罕進獅子鸚鵡違例雲復偕禮部耿裕等疏請却之都民頌之有却獅詔旨頒天下萬國臣民動地歡之句累遷至福建右布政致仕優游林下二十餘年飲食衣裘泊如也平生不治產業有田三頃而已參唐鶴徵府志明史撒馬兒罕傳

陸廣字士宏宏治三年進士授戶部主事監太倉出納雖竹木葦秸無敢奸者朝廷賜藩邸田多侵民疆詔廣往覆其界凡屬民田皆正之一無所阿出知南康府致仕

杭濟字世卿父倫工詩尤善行楷書濟自幼穎悟十歲能

詩宏治壬子癸丑聯雋授吏部稽勳司遷考功員外郎考
覈臧否一時稱明暇則與同寮王守仁秦金輩爲五經會
弟淮亦與焉以親老歸省鄉人有以千金求脫重辟者拒
不受遷副使督福建學政尋丁外艱時年六十有一不以
衰憊廢禮起補河南左參政分守南陽南陽宗室以讒欲
置人於死濟反覆婉爭乃得免遷福建右布政使輕徭簡
賦有賂市舶鎮守議造海船者濟獨抗議極言通賈之害
事遂寢正德丁丑以老乞休解組後日與諸弟卽席聯句
觴詠湖山間怡怡如也爲詩文俊逸冲澹尤精楷書辛卯
年八十仲弟淮亦年七十致仕懋德重位同躋耄耋鄉里

傳爲盛事壽至八十有三無疾而逝所著有澤西文集聯
句稿行世
杭淮字東卿濟之弟宏治十二年進士授刑部主事嘗錄
囚淮揚數郡纔戮一人出爲浙江僉事楮戶輸歲課術例
有饋金卻不受捐俸葺林和靖墓重修放鶴亭督學雲南
沐英世祀於滇請陪祭不許又表吳雲忠節陞湖南廉使
屬令有婪贓者巡按意欲原之淮竟按如法轉河南左藩
有羨餘二萬緡淮命歸之帑毫釐不染丙戌拜右副都御
史丁亥總督南京糧儲會與當道者不合疏勒回籍聽用
科道交章論薦謂淮不當投閒經銓部會推者六終以疾

辭淮天性孝友重宗祊族人無遠邇貧者月給之粟平生
無他嗜好獨愛聚書解組後日與四弟瀾灘洵涍怡遊觴
詠於泉石間卒年七十有七所著有雙溪集已上參徐志
芮京號浩山宏治十七年舉人任定陶知縣下車卽捕邑
豪劉金正其罪境內肅然治尚廉愼鞫獄多平反歲饑賑
貧民全活萬衆致政家居敝衣疏食終其身節曹邦輔墓志
胡忠字企周正德三年進士由戶部主事歷廣西參政勦
賊王鏐土官岑猛負固戕殺守臣忠奉總制檄討之七日
誅鏐猛遂遁匿以功擢副都御史撫延綏致仕爲人不修
邊幅家居儉素如寒士參江南通志節徐志

湯建衡字平仲初名鄞嘉靖十年舉人官江西新城知縣
有流賊猝至守備王址死焉士民奔竄衡整衣冠坐堂上
決計死殉賊疑有備引去郡守鄧素憾址罵言址不死而
遁弔其棺將毀之衡力持不發址卒以死節聞乃修垣築
塹教民戰守創爲千里勝火銃鎗等器次年賊薄城射卻
之賊凡三掠境兩薄城衡令附郭民入城爲堅壁躬親臨
陣屢戰屢捷聞賊破建寧役偵知新城無援突來攻衡且
守且戰賊不得利乃宵遁先是賊將至有議請援兵者衡
不許賊退問其故曰請而不至民將解體至而不用命徒
增民害耳賊平遂乞歸新城人爲歌詩一冊紀其功门制

勝安民集衛天性孝友親亡後每祭必號泣兄邪卒撫二
孤如己子從弟鄭流滯他鄉覓之歸爲再置家室族弟儒
早世遺妻王氏守貞衛爲助貲旌表所著有懷南賢已浙
東紀聞燕臺感遇黎川歸田雲涇諸集（叅節舊志萬士和願菴文集江南通志）

邵天和字節夫嚴州知府珪子宏治十八年進士正德初
由庶吉士授吏科給事中劉瑾竊柄屢差勘問外官又差
查盤河東鹽課卻其不納賄因事謫判曹州旋誣其受平
陽府餽矯旨提問革職瑾誅事白進尚寶司丞累遷雲南
副使所至以清白稱卒於官同寮發其橐銀三錢而已（叅王志）

曹三錫字子泰嘉靖二十三年進士授大理寺評事精於
律獄讞出其手情法相麗老吏弗如遷寺正出知漳州府
改補濟南鄰郡有富人子罪疑按使者引嫌不敢決移獄
三錫三錫直之曰死人以博廉名太守不爲也歲大饑發
粟煮糜他郡多來就食全活無算歷進副都御史巡撫雲
南奏減貢金額又議清軍伍築邊城凡十餘疏皆報可進
南京刑部右侍郎時新鄭嗛其不附己緣考績日期遣新
例罷官後以薦起故官改戶部侍郎總督糧儲陞南京工
部尚書以病告歸卒贈太子少保子司勳孫應秋並舉進
士司勳歷官福建布政使應秋歷官河南兵備道峭直精
敏不減家風曹氏世居珥山往來城邑常苦西溪之險
三錫囑水利御史林應訓檄縣開閘溪河凡二十里費累
萬當時苦其役然至今便之（叅節王錫爵曹雲山墓志江南通志）

陳儒字懋學先世交阯人以土官百戶從征黎有功賜籍
錦衣衛儒徙居宜興遂占籍焉登嘉靖二年進士性嚴毅
有治才累官南京刑戶二部侍郎轉總漕右都御史所至
奉法風裁凜然寮屬皆悚息不敢怠平生惡封殖既謝祿
益貧臨終有入內寢問疾者見其敝帷蔽席有寒士風卒
贈刑部尚書（叅徐志）

楊準字汝平嘉靖三十二年進士由戶部主事歷官郎中
出爲衢州知府衢故產礦盜採者羣聚前守皆姑息幸無
事準單車往諭以禍福使解散不聽準乘其懈剿除之廣
賊千餘流劫經常山使其徒詐詣準稱報効準閱武揚兵
以折之賊沮退乃量給口糧遣出境衢有徐偃王廟衆捨
祀田累千百畝徐姓世蠶食之爭訟無已準論偃王僭號
不宜祀請於督學移其田入學校去任日衢人立祠祀之
進河南兵備副使再遷福建左叅政濱海民疲於倭寇逃
亡殆盡準招徠遺黎選士練兵爲備禦計寇至檄守備某
乘其未登岸擊却之巡撫上其事賜金幣會考察爲言者

所託當調簡遂告歸準少受學兩兄卓阜事之甚恭一門以孝友稱阜字汝成嘉靖十年舉人授廣濟縣知縣世宗賁海內縣令無宿逋者八人阜居一焉遷饒州府通判以疾歸（參節萬士和履菴文集　王志）

曹景陽字子升與從兄三陽共鉛槧已從荊川先生遊學業益粹由嘉靖三十四年舉人任金州知州州當兩陜衝民困供億景陽至首裁省之洵陽猺歲訟不均監司檄景陽往覈衆帖然時陜盜劉才聚數萬衆剽掠擄紫陽石泉平利諸險官軍莫敢近撫按責以征剿景陽布示恩信勸之投誠賊悉率所部降民歌之曰使君不掘牛山谷只一

夜飛機槍伏金州太平兩陜熟遷西安府同知以病告歸初金州患漢水每霖雨漲溢城市水輒丈餘景陽禱於山川爲坊禦之終其任不爲灾比去金州水陷州人又歌曰曹侯去何時還失我趙臺山趙臺山者相傳梁時避水處也子司宰隆慶元年舉人歷官南京刑部郎中著有中議三卷孫師稷由進士爲給事中有銘石疏稿十四篇（參徐題曹東岡墓志　唐鶴徵府志　王徐舊志）

周淳字還之原名之禧嘉靖三十四年舉人居兵部尚書方公幕府有暮夜饋之金斥不受張居正欲羅致門下謝弗見後官太康知縣爲誓言六條署廳事朔望命吏高聲

誦之又徙水戶不使雜民居禁吏役不得與士人齒河決沭溺者萬計淳督工疏壅關泄之下流太康不被害朞年以忤上官罷縣民涕泣送之及孫正儒登第授給事中戒之曰受此殊恩當思何以圖報（參節徐志）

俞頤吉字履貞由舉人授江華知縣縣故楚徼有劇賊鄧金虎嘯結猺夷爲亂頤吉密募鄉勇設方略擒之考最遷開封府同知（本徐志）

潘松字惟喬少孤事母三十年未嘗失其懽心有姊嫠而貧力扶持之至鬻田以贍由舉人授任邱縣教諭以身立教生徒貧而力學則捐俸館穀之故任士奮與比隆於舊

擢保定新城令寬簡得民新城衛劇巨璫巢焉松雅不便承迎遂乞改教得福州府弟子員至二千人率厲鼓舞視任邱有加當道嘉其嚴正咸尊禮之公移祗以手書相授稱先生而不名河間八閩稱師範者必曰後齋先生云（參徐志）

俞霑字時澤萬歷五年進士授台州府推官台民素才悍憚其廉明奸宄屏息地濱海夷人每乘風擾邊境霑嚴備戰守具台人獲安陞銓曹權要囑用私人弗聽出爲大名兵備副使時劉東陽反寧夏總憲檄諸道選兵以待霑以兵易聚難散募丁壯願赴者千人隨營操習鄰境效之兵

具而人不撓旋以母老乞休後以薦起山東江西副使皆不赴所著有四子解子士章字汝成萬歷十一年進士授義烏令報最擢儀曹轉主客郎中上疏勸建儲不報督楚學所拔皆佳士改福建叅政吏治肅清權使議稅逾常額士章抗不從璫知不可撓一遵舊制歲饑賑卹次黎無失所又捐俸買地瘞骸千萬閩人德之（叅節俞譜）

路雲龍字伯際忠信沉潛爲萬文恭周訥溪高弟萬歷庚辰進士歷官蘄州建昌永州俱祀名宦擢思石副使值播酋新破龍泉雲龍力守孤城瘞其印以死自誓板角之役拔幟先登破雄關擒楊應龍斬之大帥劉公綎憤民久附

貶欲屠之雲龍力持不可民得全事甫平大水衷城舍賑饑繕堞堵民安疆晉江西叅政卒于官著有毛詩講義牧政譯編思石十議風木齋集祀鄉賢（叅吳達可路漢睢墓誌）

路文範字先卿雲龍子天啓甲子崇禎戊辰與子進鄉會同登以戶曹督浙兌艘無留行視榷九江有稅無罰著爲令分巡澧陽十八洞猺獠爲暴文範擒其首八大王而散其黨民建生祠祀焉遷浙江副使告歸祀鄉賢（叅蔣允儀行狀）

路進字修期與父文範鄉會同登初守金華多善政民立石頌德名甘棠碑遷杭嘉湖道擒太湖巨盜十龍一隻虎等時流寇方熾人心惶懼進置軍器訓鄉勇嚴保甲練水師著守湖輯要治茗八法須郡縣民心始安晉督七省漕儲巡視河道兼山東左布政明亡遂隱居不出（叅莫大勲路遜修傳）

潘守正字子貞萬歷十七年進士授廣信府推官治獄多所平反擢戶部主事督運通州會有從中撓之者左遷韻令邑衡且瘠守正以廉靜治之催科聽訟視郵造士皆有法歷官南京工部虞衡司郎中祀廣信府名宦（叅潘譜陳王基府志）

儲昌祚字肩宇萬歷己丑進士令鄱陽浦城有政績兩邑俱祀名宦歷重慶兵備僉事致仕歸初昌祚登賢書萬士和語之曰足下青年榮薦前塗未可涯也居官勿納人一錢亦勿以一錢賄於人昌祚守其言終身時史孟麟張納

陛嘗講學東林昌祚謂人曰士大夫立身行已治官理家何者非學而聚徒標榜伐異黨同吾懼淸流之禍復作耳弟顯祚字文璐萬歷四十四年進士授戶部主事監內官儲閣聚而譁縛其首一人杖之譁乃止天啓元年差理延寧糧儲延鎮缺餉至百二十餘萬勢幾內潰顯祚具疏痛陳便宜調劑軍心以安遷襄陽知府有貴戚恣橫裁以法不少貸值魏忠賢用事前所杖閹其黨也遂乞歸崇禎初起補下江道歷湖南按察使致仕著有歷朝史斷三十卷昌祚子懋端年九十六孫欣舉人曾孫善慶方慶皆進士元孫在文大文郁文雄文皆進士右文高文皆舉人文學

淵源爲邑首推云參徐志節儲欣在陸草堂文集

徐洪祚字式圍萬歷四十一年舉人崇禎五年授程鄉令劇賊張文彬何四仔等擁衆十萬據銅鼓嶂勢張甚洪祚討平之而原其脅從全活甚衆復爲善後計建議於海潮程平四縣間設鎮禦寇度地計工不踰時而成遷荆州同知時缺知府聞流賊將至巡撫見洪祚名喜曰若可辦賊遂檄洪祚署印擐甲乘城暑日不解帶者二十四晝夜會滇兵二千應調至苦無支餉洪祚曰兵不可無餉留寧能無餉返乎與其譁於道孰若駐此危城緩急可恃遂持議給餉藉以擊賊城賴以全後以年老乞休歸

徐懋曙字復生崇禎四年進士授部曹典試粵東有屬其戚賄緣者懋曙曰吾三年前無科舉徇北雍惟恐弗及今幸聯捷爲試官敢負初心乎固拒之既試所得皆名士改刺吉安地界閩楚四郊多壘懋曙悉力防禦吉賴以全宗祿之謀也藩司將取吉正解改抵督逋懋曙念抵彼則此負勢且複徵民堪之乎吾寧以一官謝吉耳挂冠之牘數上而改抵之議遂寢郡多大族懋曙擊豪强絕請謁權貴重足有按使至欲中傷之至九日公讌滕王閣問知府爲官若何大司馬李邦華答云明如萬里無雲清乃一塵不染按使頓爲改容比徙官吉父老走監司乞留者萬計歷任黃州寧波太守所至多惠政鼎革後家居不仕著有且樸齋詩稿其弟懋曉崇禎丙子舉人懋曙長子炳燕乙卯舉人參節徐志

吳宗儀字象于由舉人授新河知縣舊有買馬之役額銀侵扣民以重困宗儀力請上憲如數給之民遂樂充其役邑有巨奸捕之久不獲一日宗儀謁軍門其人爲門官揚揚不避宗儀叱擒之告巡撫立置於法邑近滹沱多水患宗儀築堤捍之民獲安堵遷延安同知分司神木痛革舊例歲省商軍銀數萬餘兩每修城垣例用潼關民夫多饑寒病死者宗儀饑給以食寒給以衣病給以藥全活甚衆

神木故脂膏地宗儀莅任久清操益著遷福建鹽運司運同卒於官居常教子孫以孝弟爲先嘗曰生子掇科第不如生子能孝弟著有逍遥堂小草醒世篇蒙士八箴勸民條約清裕堂文集行世參節徐志陳玉璂府志

萬象新字與調萬歷二十五年舉於鄉司宣城鐸捐俸葺學宮課寒士麻一鳳等十人俱聯掇巍科徙山右和順知縣合里併甲薄賦輕徭邑有虎患象新爲文祭禱城隍神三日患息調繁祁縣有援遼兵過境而譁帥不能馭象新單騎往諭之悉聽命考選卓異第一擬擢諫垣時魏璫肆橫象新勇於請退稍遷南昌府同知時江西建魏璫祠監

司將使象新督役乃告歸崇禎初起刑部員外進郎中命推瑺案波累者盡釋之年六十乞休捐貲建宗祠置祭田贍貧睦族人以此益賢之參節徐志山西通志

萬德鵬字冲甫由萬歷二十八年舉人授同安教諭遷興寧知縣俗悍民偷地有斷腸草因睚眦輒取自殺以害人居奇者漁其貲産不盡不止德鵬嚴主使居奇之罪而斷腸草遂不生養老禮士禁暴勸農一變其俗嘗捐俸買學田以贍寒士又湖方橋水卩渡皆往來孔道亦買田以備修葺丁內艱歸囊槖蕭然起復補連江知縣治如興寧陞平陽同知四載致政歸興寧士民德之立祠以祀本徐志

蔣宏憲字成甫父士元字君弼由舉人歷官兗州府同知進運同以廉能著宏憲少時即清介特立嘗曰聖人思狂狷吾不能爲狂願爲狷者萬歷十三年舉於鄉由吳江教諭遷戶部主事三十八年山西饑詔擇廉慎者往賑部臣以宏憲應時議撥清源粟而清源價亦踴貴宏憲請予折色民賴以濟差榷河西稅甫至即減額十之三捐沒入之例商民德之故事榷使兼理剝運是年舟東阻蚤夜調護且代償攤耗又以歲祲民多流亡所居榷城僅於水將盡圯乃捐俸葺之以工代賑仍使病者日計口受粟於官至麥登場乃已差滿入京卒於旅次商民醵數百金爲賻子允儀遵遺命悉却之參湯兆京華笠澤行狀陳王堪府志

丁天毓字秀夫萬歷二十九年進士授金谿知縣縣有許灣稅土豪挾稅璫爲奸利天毓力請包稅撤役民立生祠祀之俗好訟動輒殺身陷人天毓嚴主使之罪俗稍稍變聽訟多令人自平罰鍰不足充積穀之數捐俸金佐之擢貴州道御史卒於京親故醵貲殮之

李守俊字念勖萬歷二十九年進士任廣東高要知縣治最遷戶部主事差榷九江未及期度無虧課即放關通舶免其稅商人立生祠祀之天啓五年歷遷廣西布政時天下藩司皆爲逆璫建生祠守俊耻之不赴任御史田景新

劾之削奪聽勘崇禎改元補湖廣左布政卒于官櫬歸過潯陽父老携羊酒泣奠曰放關一事目中不復睹矣參陳王堪府志節徐志

周鼎字在調萬歷四十一年進士授平陽府推官歷任至總河侍郎以開泇河功進工部尚書先是侍郎李化龍大開泇河避黃河之險後河决泇淤崇禎五年總河朱光祚濬駱馬湖避河險名順濟河六年匠城至徐塘淤爲平陸漕運愆期奪光祚官劉榮嗣繼之八年駱馬湖淤阻榮嗣開河徐宿引注黃水被劾得重罪鼎繼之乃專力於泇河濬麥河支河築王母山前後壩勝陽山東堤馬蹄厓十字

河擱水壩挑艮城閘抵徐塘口六千餘丈九年夏泇河復通又修高家堰增築天妃閘次塞決口三百三十餘丈次築遥隄二堤五百餘里又以邳州三面距河屢被水災特請於朝改河行羊山外邳城以安凡興四大役不忙迫不勞擾而厥功告成說者謂近自潘季馴楊一魁後治河未有如鼎者也告歸後卒以漕舟阻淺被逮科臣疊奏其有修泇功乃免戊寅冬京師告急鼎奉命移鎮臨清觀軍太監高起潛縱兵掠鼎及其未至喻以大義將士皆受約束又策其必過濟寧飛檄禁諭兩境帖然以年老罷歸卒年八十有九節明史河渠志參徐志

毛之傳字伯元萬歷三十七年舉人授宿松縣教諭諸生執經問難講論不倦崇禎乙亥流寇薄皖城或勸之去不聽賊至斫其頸仆地流血赭體意其死舍之去踰時而甦後遷北雍學正轉南戸部主事出爲臨江守下車月餘奸胥猾吏皆屏息無敢下上其手修城浚池練兵礪器以備流寇四封獲安堵焉尋推判南節使央計退諸父老卧轍不能留幅巾歸里布衣蔬食者數十年足跡不入城市卒年九十三所著有慶餘集節參徐志

毛士龍字伯高萬歷四十一年進士授杭州推官才稱其職甚有未采他郡之訟於兩臺者亦求發杭州毛青天擢刑科給事中天啓元年正月疏論三案力言孫愼行陸夢龍何士晉楊漣等有功社稷魏俊翟醜正告直罪當誅帝是之李選侍之移宮也其內監劉朝田詔等五人以盜貲下刑部獄尚書黃克纘庇 數稱其寃帝不從論死王安罷魏進忠用事朝等進重賂即傳旨貸死旨下刑科士龍抄參者三克纘請付之熱審進忠不從傳旨立釋士龍憤劾克纘阿旨骫法且數朝等罪甚悉進忠啣士龍刺骨九月士龍劾順天府丞邵輔忠奸貪輔忠大懼朝等因誘以超擢令攻士龍輔忠遂訐士龍官杭州時盜庫納妓進忠從中下其疏削士龍籍輔忠落職閑住進忠後易名忠賢

恨士龍未已四年令其私人張訥劾之再命削籍明年三月入之汪文言獄詞謂納李三才賄三千謀起南京吏部下撫按提訊追贓遣戍平陽衛已而御史劉徽復劾士龍納訪犯賄萬金下法司逮治士龍知忠賢必殺己夜中踰墻遁其妻不知謂有司殺之被髮號泣於道有司無如之何莊烈帝嗣位忠賢伏誅朝臣爲稱寃帝赦其罪士龍始詣闕謝恩帝憐之命復官致仕十四年里人周延儒再相始起漕儲副使督蘇松諸郡糧仕至左僉都御史謝病歸國變後卒著有毛氏爰書節明史王允成傳

吳正己字興則嘗與文震孟張納陛諸君子講學東林萬

歷四十三年舉人爲蒙城教諭陞國子學錄大司成命主講席圜橋聽者千百人轉戸曹督餉良涿間出入矢石軍賴以濟尋管太倉時其收放解戸便之餘米三千五百石豆二百五十石封貯於倉或請上聞不可曰市功作僞非君子之道大司農程公聞之嘆曰所謂有金如粟不以入懷者乎管崇文門稅刷蠹寬商一介不染商民爲立碑署前尋管明智草場又值軍輿買運以補不足不傷民不病兵遷湖廣郎襄兵備乞歸年七十一卒著有開美堂文集行世（參徐志）

徐紹沆字貞文萬歷四十四年進士授戸部主事屢遷郎

中督通倉糧積弊肅清廉惠大著遷靖邊兵道親歷風霜與士卒同甘苦翟中丞稱之以爲此邊帥材也轉冀南管河道責甚鉅或慮之紹沆曰禍福命也奚足慮嚴核工程防蠹穴治行卓然仕終粤東左布政（參節徐志）

蔣覲字拱北萬歷四十七年進士授趙州知州案無留牘疑獄平反者尤多壬戌調河南信陽州賦稅積逋豪强飛詭欺隱多膏腴不賦覲力爲剔理宿弊盡除課最擢兵部車駕司員外係畫九邊甚悉度機宜覈功罪數千里外瞭若指掌丙寅進郎中出爲大同兵備僉憲尋進副使周巡冀北徧歷山川險要親臨行陣日提將領訓之時西警方殷羽書旁午覲晝夜嚴哨防禦寇不敢犯冀人安堵辛未除河南尚軍驛傳鹽法道設教條明厲禁剔奸摘伏豪豪皆震慴風俗爲清以積勞致疾卒於官未竟其用大僚皆痛惜之著有空明軒宦稿（參蔣允儀蘧香園文集）

吳鳴虞字雨階天啓二年進士授戸部主事晉郎中時有托名掃積以邀寵者鳴虞恐爲朝廷歛怨力除其弊一時羣璫側目矯旨削籍崇禎元年特擢文選司郎中綜核選法愼重名器有鎭羣爵查冒濫諸疏上嘉之召對平臺痛陳諸臣輕兵政爭門藍不能公爾忘私大失朝貫旨三疏乞休乃予告歸（本徐志）

蔣如鼎字國器以天啓辛酉庠貢任浙江永康縣訓導多教澤署武義義烏縣篆皆有政聲授分水縣令弭盜安民振興文教朔望謁學必進諸生講解經義分邑士六十餘年無獲雋者至是濮有宏陳素抱等聯登甲乙科秦檜妻父王縉濫祀鄉賢命黜其主士論快之民有典妻錮婢惡習悉爲嚴禁甲戌告歸分民泣送行李蕭然兩賓鄉飲年逾古稀手不釋卷燕居必正襟危坐人咸稱爲古君子云（參鄉評備考徐志）

湯啓烺字宜仲避儲諱改啓祥天啓二年會試第五人謁選乞就南曹迎養老母嘗用白香山但休爭要路不必入

溧山句粘於壁入知其識趣之高還車駕司郎中掌船政時璫燄甚熾索進貢船踰額烺執舊例拒不多與逆璫建祠落成烺耻拜謁先期乞假歸崇禎初補原官出爲太原知府派辦鉛礦二十萬觔烺實現鈔易馳鎭集及山中與商民貿易鉛礦大集三月告竣流寇渡河守圉措餉百憂交集加以簿書鞅掌致疾竟不起易簀時宦橐蕭然寮屬捐郵乃得含殮合郡士民具生爲廉吏死作明神之詞呈請學使允祀名宦所著有石城草行世（參節徐志）

顧一讓天啓二年進士授清豐知縣居官正大寬平廉介有節蘚吏憚之未一載以疾卒於官今祀清豐名宦（參清豐邑志）

吳士貞字元滋參政仕之孫也九歲喪父哀泣過成人天啓五年進士自念兩世幼孤祖母潘母沈氷霜苦節具疏陳情旌表一門雙節授上虞知縣虞俗無賴輕死多服鹽滷自斃陷人士貞出教以鹽滷致死者不受牒并反坐其風遂絕豪家欺奪平民每威刼立契哭率僮客掠其室謂之生燒士貞立寘之法大姓屏息民間歌曰謂爾亡命毋自苦吳公不聽食鹽滷謂爾僮客毋太豪於今我得免生燒崇禎元年秋颶潰海塘捐俸增築民稱吳公堤攝餘姚緣會火旱虔禱得雨民又有惠甘霖勝珠玉之謡擢禮科給事中上疏獻先資疏又疏言邇年文體日壞士習日壓宜加釐飭皆獲俞旨卒於官橐不滿數金先是上虞有生祠卒之日像忽變色後聞訃民皆異之羣爲流涕設祭著有氷心齋集三草齋詩（參陳玉璂府志節徐志）

任允淳字還生崇禎七年以舉人授望江教諭權縣事流賊猝至衆倉皇欲奔允淳集士民於明倫堂諭以大義誓與城俱存亡衆皆奮於是登城死守賊屯西門外龍家塘夜過半開門率數百人衝出火銃齊發城上下呼聲震地賊駭懼棄營走墜谿崖死者無算允淳曰賊失利去必復來以賊所遺甲冑器械分給丁壯戽溪水入龍家塘布竹

木刺水底築堤起吊橋堅壁清野以待無何賊大至渡水決堤馬足著刺驚倒多墜水死允淳豫伏人堤邊馬奔堤上恐驅入城賊悉衆百計攻城西北月餘不克饑疲遁去無何又贏糧至爲久攻計值除夕允淳使壯士百餘人潛抵賊營放火銃大呼焚其積聚城上爆竹聲如沸賊驚潰怒甚更運糧攻城東北允淳於元夕令童子登城鳴鉦鼓爲燈戲密遣壯士百餘人復潛至賊營如前法奮呼賊復大驚亂會史可法引兵來援允淳率衆逐北與可法犄角截殺數萬賊無脫者事聞授車駕司主事桐城大學士何如寵爲作三保危城去思碑記後出爲夔州知府值明亡

未赴任家居抑鬱而卒節潘天成鐵鑪集參徐志
吳正心字誠先正已弟崇禎三年舉人授雲南富民知縣
玀多民少懵不知學泮宮設城外傾圮已極捐俸移建城
中與士子講學課藝給以薪米三年張友鹿始舉賢書自
制科數百年來未有也邑士感悅立碑記之土官倡亂邑
人震驚正心單騎入其營諭以禍福寇懾服而退士庶復
立碑記其事官至戶部郎中著有滇中詩集十卷參節徐志
戴英字育之崇禎癸酉甲戌聯雋授戶部主事旋筦銀庫
出入犁然命督儲薊鎮鎮兵素悍英善約束帖然無譁擢
戶科給事中督漕淮濟時軍事孔亟輸輓維艱英往來凡

四閱月而軍儲四百萬次第登庾後改兵垣時閣臣楊武
陵督師閫外逗留不前荆湘晉豫問患賊尤患兵英抗疏
論之盡發其蒙蔽狀疏留中二十餘日天子密遣內臣馳
至軍中使自行回奏已奉俞旨一時有朝陽鳴鳳之稱尋
持節冊封懷慶新昌兩藩中州以兵荒洊臻流離載道具
疏請蠲賑天子允之旋拜表暴盧督師之冤劾甄司寇之
奸皆言人所不敢言卒以剛直不容外轉關右憲副復中
以他事罷歸鼎革後杜門却軌惟與山僧訂方外交著有
諫垣疏稿陶隱菴詩集子允夔崇禎十二年舉人庚辰明
通進士參節龔鼎孳本傳徐志

吳洪昌字亦如崇禎七年進士授建德知縣清操自勵治
民多惠政擢禮部儀制司主事以疾假歸建德之民立祠
祀之參徐志
夏尚絅字中美崇禎四年進士授戶部主事命巡德州倉
儲盡除需索尅扣諸弊吏胥畏服擢居諫垣時京師戒嚴
議浚城濠尚絅切諫謂擲百萬費於水涯孰若用之疆場
且使塹濠可守則通德滄濟其為廣川巨浸何限而去年
賊乃揚鞭飛渡禦寇在人不在險亦明矣疏入留中後以
忤當道出為浙江金衢副使時白糧解省民戶被累往往
破家尚絅聞省中米價與金衢相若請於撫按聽民赴省

採買民困由是得紓移鎮漳泉率義勇截殺流賊乘勝逐
北會賊有援兵至攻城守者駭散城遂陷尚絅棄官歸道
聞京師已陷悲憤不食數日卒其繼妻趙氏及女在京邸
城破投井死其三媳唐氏自縊死
國朝
蔣永修字紀友順治四年進士授湖廣應山知縣民遭兵
燹後戶口未復永修撫治勞來甚有恩鄰境賊起率百姓
守禦有方賊不敢逼舉卓異擢刑科給事中敢言不避權
貴時浙江提督田雄內多貴戚援疏爭州縣文移接見禮
永修上章劾之極言 本朝定制文武不相統屬田雄何

人而敢妄議疏入　召見　內廷辨論無所屈
世祖曰蔣永修眞諫官也轉戶科都給事中疏數十上皆關
切治體已而外補以本籍錢糧詿誤鐫級知貴州平越府
倚丈苗民虛稅爲地八千有奇擢湖廣提學副使葺學校
舉名宦飭士習振文風楚人悅服歷陝西叅政未任卒著
有四垣疏稿日懷堂集叅出雄疏爲睿裁炳若日星禮儀頒布方始豈容輕議妄更以滋紛
擾事竊惟域中無兩大天下定一尊故凡制度典章一經
皇上裁定即當海宇臣民共爲恪守孰敢妄置喙於其間
哉臣辦事垣中見提督田雄文武並重一疏不禁愕然曰
何殺
王章而輕置擬議也我
朝開創文武並用原無軒輕武臣專制一方威行閫外體
貌固不可褻然州縣官品級雖卑皆承
命出牟爲

皇上撫循黎庶錢糧詞訟皆有專責與提督衙門絶不相
屬自古迄今文吏治民武臣治戎不令互相統攝原有深
意若以品級論尊卑則春秋所云王人雖微序諸侯上豈
嘗較品定儀耶聿稽唐末藩鎮擅權郡縣守令盡仰鼻息
官方斥陟財賦出入悉歸掌握變擾延及五代宋太祖鑒
前代弊始令州縣長吏親理民事不與武臣關涉故海內
復見乂安我
皇上酌古準今定爲文武接見文移之禮於提鎮衙門既
尊其體貌於州縣正官亦免其匍匐在提鎮不得挾重兵
而輕文墨在州縣亦不敢挾民社以傲元戎同心共濟各
恭厥職眞萬世不易之良規也豈意奉行未久而雄忽請
更議觀其持論必欲易劄會爲刺史卑視藩臬齊驅督撫
方可自鳴得意者嗟乎何所見之謬也夫督撫兼任文武
提鎮專職戎行責成既殊體統自別揆事較理則提鎮之
行州縣自不得更劄會州縣之見提督自不得再貶損此
其彰明較著者也況既奉
睿裁親定即爲萬世章程何得妄有異議至雄疏內有直
抒所見罔識避
天等語更爾懟褻非人臣奏告之體當併請
旨嚴飭者也

周啓儁字立五起家寒微年十七始就學授經於外有室
女夜奔峻拒之順治四年進士館選第一
世祖章皇帝眷注甚厚歲三遷至左庶子乙未分校禮闈忌
者以門下士同姓爲嫌嗾臺臣劾之啓儁疏辨
上知其無他以陳言過激降級用再遷至鴻臚少卿
聖祖即位鴻臚失請駕復降級在廷僉曰此事責在正卿辦
必復啓儁曰是益正卿罪也解官歸杜門著書邑有大利
弊必侃侃爭之甲寅冬宜邑有添兵駐防之檄率先謁當
事力言宜不需兵檄遂繳版荒逋糧邑令議分派里民啓
儁力止之後巡撫慕天顏以石田上聞除其稅邑屢饑啓

儁必倡率賑濟全活甚衆王冢宰永吉嘗曰周子爲人澹
然若木故以澹木名其齋著有文集八卷詩四卷叅前徐志
儲曾字留日順治六年進士授永豐知縣明末永豐首亂
江西入　本朝餘風未殄曾擒賊首誅之散其黨招流亡
復業邑以大治初下車見軍人攫物於道執之少頃其黨
譟而來瞋目戟手自稱督鎮標官往袁州採辦軍需者出
文符一紙曾閱訖大怒曰豐去袁六百里而幕府牒在半
載前官則逃官兵則逃兵也并執付獄移文幕府果係奸
人買僞牒具論如律他邑聞其事諸奸斂戢絞犯甘旋獄
既具曾閱獄詞疑其冤覆鞫得實知爲仇人楊誠一所誣

誠一者邑中巨猾莫敢誰何曾釋甘旋以其罪罪誠一民大怏邑多奸豪共尤橆者曰徐七曰聶某民罹其毒爭赴縣哀愬曾悉召諸豪面質之立斃徐聶杖下餘人股慄在任三年以負課去官士民攀送者以億計曾嘗葺恩江橋既去豐人爲歌詩勒諸橋以志遺愛父遇伯愷悌君子也曾筮仕誠曰學得罪上官無得罪百姓曾拜受之不敢忘歸里後杜門課子二子振掄皆成進士節儲欣在陸草堂文集 參徐志

潘瀛選字仙客由進士授中書舍人順治甲午分校北闈丁酉主試廣西皆稱得人遷兵部郎中出知河間府營兵餉不給夜譁炮聲四震上下驚怖瀛選聞變即披衣起命

參軍馳召其帥諸弁素服瀛選聞召即至士卒皆披甲彀弓以從勢洶洶瀛選坐堂上諭之曰餉易易耳我可立辦汝等胡蹈死地爲衆乃解去斧實無宿儲設法假貸邑中富家巨室素知其廉悉助之質明而軍餉數萬以給撫軍以下咸服其應變才以原籍錢糧挂誤降調寧波同知遷青州分司卒於官參徐志

周伯瑞字輯卿明工部尚書鼎長子以父蔭戶部主事居官以廉愼著弟仲球季琬順治九年同登進士仲球授寧波府推官甲午分校浙闈焚香告天所取皆寒士

周季琬字文夏選庶吉士十三年授監察御史時江南漕政積弊爲民累巡按徐世楨前奏每兌漕糧百石准加米五石銀五兩巡按孔允樾又奏請官收官兌皆未遵行季琬具疏力言利弊漕政爲之一清又有諫止裁官愼選督臣疏又以部覆勘荒非時請核實以恤民隱前後凡十餘奏皆確然碩畫康熙五年條議祀典請

聖祖躬承七鬯舉行郊祀疏入留中明年春季琬卒於京前疏忽奉

俞旨遺櫬得馳驛歸葬著有爭烟草致遠堂文集夢墨軒詩餘參徐志節熊賜履周御史墓誌銘

路遴字子將少與兄邁互相師友及邁掌銓衡杜門力學

有請干當事者輒唾不顧登順治九年進士以母老歸侍終養服闋補刑曹多所平反條議請革九鎖枷床遷永平知府地濱灤河通七里海每遇水發輒潰堤沉竈遴曰此不容惜費作旦夕計也積俸歲餘率屬鳩工築石堤數百丈水患以寧永平俗多獷悍遴抑奸扶弱不畏强禦在郡三年訟息庭清巡按董國興督學熊伯龍並薦治行第一卒於官士民建祠祀焉著有望古齋集種玉樓詩參徐志

路序字雋公順治十一年舉人授崇仁令政尚慈仁三年盜賊寢息後同邑人汪懋煃倡舉放生會于東關潭放生河之名自此始

萬錦雯字雲溉順治十二年進士授於潛令時版籍多散失桀黠緣爲奸賦不均殫力清釐民德之未幾以本籍奏銷降補山西洪洞丞攝汾西猗氏篆晉糧耗加正供三四充上下私橐民重困錦雯量留其一給公費餘悉汰之其他經畫利病種種便民遷廣宗令廣素多盜廉得巨魁寘之法盜風頓息有縣民爲隣盜誣陷力白其冤勤撫字絶苞苴所至輒著循聲擢中書舍人不就歸性耽書史編纂二十一史十年成書家居不入城市長吏不通一刺著有深柳堂集行世孫楠字如升雍正元年舉人任當塗訓導振興文教士風丕變著有入峰樓筆記

蔣龍光字譽文順治十二年進士授中書舍人歷遷刑部郎中部有大獄大司寇必屬之多所平反羣服其明慎考滿外補通薊道地故衝要責鉅且繁總轄二州六邑漕務海防鹽課驛傳屯田餉稅龍光應機立辦民無勞苦通有豪滑擾害善良龍光至即擒其魁寘諸法餘黨震慴濳遁民間有訟輒婉詞諭釋不忍輕加鞭扑薊因大水壞堤千餘丈大吏親勘令民間修築龍光力請給帑奉
俞旨發萬金百日而工竣丁外艱起復補福建巡海道承閩逆叛亂之後治以清簡調江西湖東道半載會裁缺解任年餘補浙江驛傳道嚴禁一切陋規積獘鄭政肅清以引年致仕卒于家著有日省録集慶堂詩稿

徐喈鳳字鳴岐家貧幼習農常竊聽塾師講論遂通大義乃勤學順治十一年舉于鄉十五年成進士授永昌軍民府推官時滇初定將卒驕悍或白晝刼財物喈鳳入境有遮道告者詣王帥責之王帥慚謝由是將卒稍戢招流亡嚴保甲治廬舍勸耕作日與猓女僰童剌剌蠻語誘掖勸導暇則進諸生講學課文三月之間風氣一變永昌屢旱斗米三千錢率先賑濟所活萬人値進兵緬甸養馬永昌轉順寧之粟以濟軍實于是軍糧無缺民食漸足上方畧於將軍制府曰如此則緬甸可下果如其言凡藩王幕府

奏議露布碑版之文必馳書幣乞爲之聲名大顯以本籍奏銷降調督撫將奏留力辭再四遄歸奉養老母終喪不出
詔舉博學鴻詞巡撫欲薦之辭曰淪廢二十年不復夢長安矣自是家居不問世事于鄉里利害大事則毅然持之不稍避歲大饑指畫賑濟事宜所活甚衆又如止丈畝清漕規知無不言爲鄉人所利賴方困諸生時歲大祲常至一富豪家爲饑民乞貸被毆幾斃及成進士富豪踵門請罪置不問其寬恕又如此所著有滇遊詩草願息齋詩文緑蔭軒詞讀史隨筆行世子瑶另傳

吳滌字幼清順治十五年由歲貢生授龍巖令潔已愛人勞心撫字卒于官罷市三日歛助歸櫬邑人德之祀名宦節龍巖縣志

盧士登字時謂祖仕奇性坦直好施與父建謨體父志以周恤爲已任士登幼孤苦志力學順治十六年進士授武昌府推官值山西寇警民間挾仇告逆多株累士登鑑别情實悉爲辨釋丙午入鄉闈取士多孤寒宿學賢聲益著康熙丁未告歸侍養甲子

詔起舊員借補長蘆鹽運司知事白上臺釐正鹽政盡革諸積弊商民咸被惠焉丁卯以内艱歸家居時凡邑有大

事必詣公庭爭可否若止駐防倡捐賑䘏不竭力爲之性耽詩服輙與二三故舊會小園觴醉微吟翛然物外著有本立堂詩詞各三卷黃鶴樓詩一卷十二雅詩一卷行于世

莫大勳字聖猷順治十八年進士已酉授嘉善縣知縣吏猾民刁素稱難治善邑田冊混淆有隱田飛役漏賦差貧横派代賠諸苦大勳至輙清田按號履畝核丈有田無糧者自陞有糧無田者自豁圩有此號冊有此田其數乃實而賦役惟均邑糧七萬六千有奇懸欠三萬餘爲設滚催徵令民自封投櫃禁革耗羨又釐清漕弊革去倉甲行官收官兌法巡撫范承謨下之各縣以爲式又申請漕白南糧通收糙米官兌民眷建敖設碓民益稱便康熙九年大水十年十一年旱蝗大勳力請蠲賑活饑民十二萬八千二百餘口外籍流民待濟者無算在任七年行取入京士民攀留至涕泣長號有叩堦下者願得手澤以志不忘大勳書一絶云七年赤子是吾民臨别依依渾是眞休戀舊時稱衆母將來堂上有嚴君十四年擢刑科給事有正文體嚴討典定律例諸疏論者以爲有陸贄唐介之風二十三年卒于京越四年嘉善民思之祀名宦祠其他懲豪猾摘奸胥屏苞苴杜請托修學宫諸政並載嘉善縣志自著

有魏塘政畧長子士超邑廩生以文學著名參節嘉善縣志魏塘政畧自序云天下事以有意爲之其流弊必至于膠柱天下事以無意任之其流弊必至于僨轅譬之醫者執經驗之書泥已效之方則固執而不通廢經驗之書執已效之方則私心而自用皆不可也余辛丑遊第旋里偶得明季武塘令吉水李謙菴先生退思堂集閱再過深嘆服先生李邑之善可著爲法然竊自問當授司李邑令非吾事也胡用是集爲因藏之篋中束不復覽後奉朝廷更定甲乙官制改授邑令憶及是集可授以爲先資至戊申十月銓除武塘令一郞傳至余不禁瞿然曰奇矣哉天下事非人所能逆料也一至斯乎此中前定之數殆天也非人也乃發篋檢先生退思堂集熟玩而詳味之覩善邑之事瞭如指掌是集也詎非醫人經驗之書已效之方歟已酉春暮蒞任環視善邑民風士俗大非昔比噫今日之武塘豈昔日之武塘也哉治今日之武塘豈猶得以昔日之治治之也哉雖然究無不可以昔日之治治之也蓋先生當日有治源有治法余若踵其法而不握其源是徒法以行未爲盡善余惟究其源而不泥其法是恃源而往庶幾近之先生書內廉潔一冊非治源乎余七年以來每于自公之暇擧目

仰視退思堂額未嘗不愁然懼愯然悟也朝夕兢兢惟蒼
餗之是虞豈敢作非分想今幸邀恩得以循例覲揚彤陛
謬膺鉅典不禁汗背而都人士進而請曰先生七年以來
所蘊然而見諸施行者皆秩然可昭諸法守者也獨非醫
人經驗之書已效之方乎以視吉陽李先生竊謂過之而
烏可以勿傳余惘然無以應且余初無善政之可紀間有
一二釐剔率皆招尤叢怨祗以身在地方目擊時事不敢
惜身名而避怨勞故直抒鄙見或詳之上臺或告之通國
冀俯鑒苦心得為斯民請命亦厚幸矣豈敢出稿以問世
且歲須題詩已在上頭而操觚者復問黃鶴不瞠乎其後
也耶辭不獲已乃遍搜之塵封蠹蝕中得申詳若干條文
告若干條識批若干條弁以述職一卷昭官守也殿以禖
文一卷廣搜述也不揣災棃益增惶赧倘有閱是帙者謂
余有意學吉水先生者非知余者也謂余為無意學吉水
先生者亦非知余者也余以辛丑獲讀先生退思堂集於
今日亦復有刻以附先生之後此中殆有天數焉第余之
願學先生者惟廉潔二字未知有
當于先生否敢還問之邑中父老

儲方慶字廣期好學善文康熙五年鄉試第一聯儁會試

第三知清源縣時軍興供億日繁方慶力請于上官糗糧
芻茭胥假貸而辦不徵民間一錢又山水數漲為城害修
築白石堰禦之明年春水改道而南喜曰可保清邑數十
年無患矣乃建白龍神廟于堰以鎮之戊午
詔舉博學鴻詞董學士訥舉方慶以應清民攀轅環泣者
數千人入都待試十閱月足不過公卿門試罷復以原官
用時適抱疾遂告歸自號曰遯菴兄貞慶工詩詞子五人
並登甲乙榜

許毓芳字尹吉康熙十一年副榜由教習授任邱令九年
計最擢邠州復遷北通州三年致仕歸歸六年而卒毓芳
精力過人智慮周密任邑在九河下流夙多水災為築堤
捍之親自督役兩行草宿無所避北盡趙北口南暨高陽
百二十里堤成水患息民號許公堤歲祲民饑捐俸勸諭
設廠粥以食餓者不足則繼以發倉平糶凡七閱月全活
者萬人其涖通州也旗庄張某踞民產甚夥歷控三十年
莫為直毓芳覆訊則按籍歸民旗怙強挾部檄來要毓芳
據法力爭部弗能奪通距京四十里每過
駕出先期採辦不擾民亦無廢事時安溪李相國光地巡
撫京畿知之最深其自縣而州自邠而通皆其所荐擢也
毓芳嘗言為州縣者須十分精力故在職時夙興夜寐獄

訟盈庭立時道決不使胥吏索一錢有輕罪即解釋務在
安富息貧通州任邱民愛戴之為繪像生祀焉

郁士超字峻升別字古愚康熙四十五年進士選授扶溝
令扶境環河鄢陵為其上流素有水患士超請于鴨岡口
窪子坡築堤扶民踴躍堤成而扶永無水害至今賴之值
大旱蝗生遍野齋戒虔禱甘霖大沛蝗無留種秩滿內陞
主政以年老告歸

儲右文字雲章康熙十六年舉人銓選湖廣京山令縣舊
無魚鱗字號冊丁田多隱漏詭寄逋欠日滋右文按畝釐
定冊籍丁田並核實戶省耗羨革串費京山自是無逋糧

又縣濱江湖盜賊藪匿乃力行保甲法懸牌編戶奸匪屏
息値大計督撫合題卓異至京鄉民泣送者數千人比引
見會閩撫請才能官任海疆
特命以知州銜領福建寧德縣事縣瀕海塘田多爲潮水
衝陷右文協工修築塘壩務令鞏固塘成而寧德始無水
患又縣東接官井洋商船漁船多被奸匪右文請鈐印編
號十船聯爲一甲又請增設哨船弁兵內外巡緝而洋患
乃得寧謐在任六年以積歲吏牘勞頓力請養疾歸解組
後展卷灌花逌然自樂著有敬義堂集四卷文牒十卷
吳曹直字以遜生有異稟日誦數千言性孝友年十二丁

內艱擗踊如成人弱冠遊儲在陸門三年盡得其傳康熙
十七年舉于鄉甲辰謁選授韓城令行取陞刑部雲南司
主事轉戶部浙江司充文武兩闈同考官簡廣東正主考
以年老乞假歸卒于家初任韓城韓邑舊例計里派金以
供邑宰曹直蹙然曰吾自有俸入何忍復朘赤子膏力革
之韓向催科用徒隸走民間叫囂騷突直至給牒立限有
沉寃雖舊案必爲平反邑無寃民修文廟設義學課生徒
教化大行以卓薦入都韓民攀轅卧轍不得留則捐金建
書院每誕辰立壽會老幼拜跪號曰清官社云既擢秋曹
轉司農馳檄賑梁城災民全活以億計又嘗監京倉革積

弊杖奸胥以此忤上官會大司寇張清恪公稔其廉事得
解及典試粵東所得多知名士張清恪公復欲薦爲守固
辭告歸措屋竹間朝夕吟咏足不躡長吏庭蕭然自得見
者嘆爲地行仙所著有恭受堂文集行世
萬丹詔字孫詒康熙二十一年進士授石城令歲饑奸民
乘間竊發丹詔擒戮渠魁餘黨解散隨給常平倉穀賑恤
流亡先發後報全活甚衆又捐俸修橋梁食鹽均戶口凡
便民事知無不爲以不善承上官落職息影杜門蕭然世
外課子弟讀書敦行至老不倦子作霖另傳
萬廷詔字孝升康熙二十一年同從兄丹詔登進士授永

壽令永邑從來繁重廷詔廉其弊正供外一切耗費悉除
之丁夫郵傳捐貲雇募民不知擾値甚旱親行阡陌散給
牛種請捐請賑民無饑色攝邠州獲盜魁寘之法脅從者
悉宥羣盜感愧攝淳化民素聞其治庭無訟者期年囹圄
爲空又攝三水有匿奸數年未獲莅任甫一月即偵得之
人服其神明年五十解組歸永民鐫珉南城門曰萬公廉
明正直去思碑
儲掄字瀛傑性醇謹嗜學康熙二十年辛酉舉人壬戌進
士知江西臨川縣循聲茂著歷二載卒官臨川人士祀其
治績十六則崇祀名宦

郁士選字逵掄康熙二十三年舉人以薦舉任容城令甫
蒞任值大旱士選徒步虔禱數日大雨鄰境蝗蝻蔽天躬
宿八蜡廟爲民請命蝗弗入境鄰郡邑黎縣大饑奉制府
命往賑擅發米至六千餘斛制府亦弗能罪玉田梁城火
水縣報六分災藩司命士選覆勘還即以十分災報他如
修學宮葺楊忠愍祠捐俸倡建白溝河橋善政不可枚舉
客有以納妾請者士選曰家本寒素甫邀一命遽棄糟糠
耶晚歲卒生二子
蔣錫震字豈潛康熙四十八年進士幼喜誦莊騷文選遊
儲在陸門擊賞其詩古文詞因以遺文囑編定焉嘗遊齊

宜興縣舊志　卷八　治績　壹

燕孫楚章江淮陰賦詩盈橐戊戌銓選得直隸慶雲令時
苦旱甫蒞任即大雨己亥飛蝗入境輒殲時監司議浚無
棣河檄亟下他邑莫敢言錫震極言其傷財害民之弊牒
數上事乃得寢修城東南文星臺魁星樓是秋雋者四人
又修名宦祠鐫石表古延陵臺莅任三年政爲諸邑最以
不善上官齮不得志賦詩曰舊與高人約耦耕作嬰塵網
負初盟只今脫幘須投地倔强安能更屈卿遂告歸家居
十八載惟與同志賦詩飲酒以自娛著有易說中州志見
聞雜記淸溪詩文集子汝誠工詩古文詞著有曲木集
潘宗洛字書原明工部郎中守正曾孫康熙二十七年進

士授檢討直
南書房試蜀甘肅四十二年錢糧上諭當
上指定第一
命提督湖廣學政試復第一
賜御書朱子六言詩一幅時楚南紅苗新服疏請許熟苗
應試獲
褒旨任滿入都充　日講官起居注
御試侍郎以下百六十有三人宗洛復第一是秋
簡順天正主考歷晉內閣學士兼禮部侍郎總裁
政治典訓掌翰林院掌院學士印尋簡湖南巡撫戶部咨

宜興縣舊志　卷八　治績　壼

商人王綱明等稱鉛山不禁不獨鉛觔易得而鼓鑄亦不
逕誤應令開採宗洛密疏請封禁從之時衡陽安仁水衡
失額田九十三頃有奇臨湘水衡田四頃九十畝有奇宗
洛皆力請豁之又請免墾荒之期禁楚民鬻産入川捐俸
積穀減雜裁郵遞規例又因洞庭之險楚南人士應鄉試
之難疏請另差考官至長沙考試分中楚省舉人額數之
半部議格不行至雍正年間湖南北始分闈其議蓋自宗
洛發之也五十二年罷歸五十三年媒孽者搆僞券株事
尋白五十四年二月賚雲城圯奉
旨派十二大員分修宗洛與焉九月以疾告假歸冬卒于

家著有文集二十卷恭儲大文存研樓集請禁開採疏署題爲湖南開採不便情形仰懇
照得封禁以靖邊隅事康熙五十年正月陞任撫臣趙申
喬准戶部咨爲查明虧欠事內開商人王綱明等稱郴山
不禁不獨鉛舫易得而鼓鑄亦不遲悞等語應將湖廣産
鉛之處停其禁止仍照舊開採竊思戶部既有定議臣亦何
等行至長沙稟請給牌開採茲于五月閒商人王綱明
容置喙但臣本一介孤踪受恩最厚理應知無不言言無
不盡况本年三月跪受
訓旨首及安靜臣雖下愚極曾反覆深思
聖訓誠爲至理誠爲至言大抵興一利則必生一弊故治
民之道擾之不如安之動之不如靜之也今部議開採一
事在湖南有大不便者請詳悉陳之臣前任學政時考試
湖南七府二州親身徧歷確見衡郴等處産鉛地方山深
谷邃境通黔粵人雜苗猺惟宜安靜不宜擾動今臣身任
封疆之責復檢查開採禁止根由蓋自康熙十九年聽民
開採以後司道府州縣因與情皆言貽害非淺紛紛具詳
彼時督撫次第封禁然而奸貪之徒尚有赴部具呈請開
者部文移查屢至屢覆案卷兩存幸賴我
皇上聖明洞照于康熙四十三年奉

旨閒開礦事情甚無益于地方嗣後有請開採者槩不准
行然後奸徒絶想地方寧謐者于今八年皆賴
皇上特旨之所賜非督撫諸臣之力所能爲也今戶部頓
忘
明旨叙爲停其禁止之議臣不解其何故道路喧傳以爲
商人浪費庫帑虧欠難完所以朦混戶部借名採取白鉛
以資鼓鑄其實希圖偷竊黑鉛銀礦以飽囊橐臣亦未敢
深言第就湖南情形而論愚民何知利之所在身命不顧
彼見商人僱募工價勝于力耕必將爭趨赴田畝拋荒
正賦漸缺其爲不便者一山中多一夫即田間少一農生
之者寡食之者衆米價立見騰貴貧民立見乏食無論湖
南之米不能下濟江浙而境內先不足以自贍倘致貧民
失業流離必須多方救濟則雖商人之虧欠補清終屬得
不償失其爲不便者二承平日久生齒日繁深山封禁有
年不無居民廬墓一旦遷徙頗未易言倘或損傷情殊可
憫其爲不便者三苗猺生性好利若見土人開採必行攻
奪彼此格鬬必有殺傷文武官弁私貪陋規隱諱重案必
釀禍階其爲不便者四凡開採之事獲利虧本全憑造
化竟有開挖未深其砂已盡者如此則必商人之虧欠愈
多自顧不暇其招集之衆易聚難散或起盜心或鼠苗穴

地方自此多事萬一至于興師動衆則軍需糧餉商人能
任之乎其爲不便者五凡此五者皆湖南切實情形未可
與他省並論者也臣忝任封疆若畏首畏尾不敢早言異
日一起事端然後爲焦頭爛額之舉即身受譴責不足蔽
辜誠不得不爲未然之過慮也抑更有請者伏思我
皇上聖壽屆午南嶽衡山正應午位每年恭遇
萬壽聖節撫臣專主禱祝無疆凡係南嶽來龍左右宜
秘護精華培養元氣豈容若輩匪人恣意創挖臣心惶悚
日夜靡寧是以不避仇怨密疏入告伏乞勅部永行封禁
則湖南億萬生靈均享太平無事之福而臣區區愚忠愚
孝之心亦得少安矣　請長沙鄉試分闈疏畧　題爲湖
南赴試維艱請南北分闈以收人才以均恩化事臣看得
湖廣通省幅幀遼闊人才衆多臣前任學政時查湖北府
州縣衛學七十有七考額取新生九百一十四名湖南府
州縣衛學七十有七考額取新生九百九十五名總計湖
南進學額數較湖北更多湖南能文之士較湖北相埒祇
因中隔洞庭致有南北之分每遇鄉試之時正値秋水汪
洋之候貧士拮据資斧行至洞濵一遇風濤險阻守候誤
期有志之士或至痛哭而返甚有科場期迫念切功名揚
帆冒險躋息而遭覆溺者往往有之以致多士畏慮裹足

不前其能至武昌而入場者十無二三每科中式舉人不
及湖北四分之一諸生咸以此向臣泣訴求爲題請分闈
分額臣以江南陝西俱係大省各設兩撫藩臬而鄉試總
歸省城從無分闈分額之例湖南不便獨叙異議上瀆
宸聽去年辛卯科鄉試諸生又具呈訴臣亦如前拒絶
恭遇康熙五十二年
萬壽恩科士情踴躍咸有上進之心彌切望洋之慮情願
自捐廩糧等項蓋造貢院懇求分闈分額以仰副我
皇上壽考作人之至意茲據布政司佟國勷提學道蔣德
昌詳據七府二州諸學生監公呈彙詳題請前來臣思湖
南隔越洞庭實與江南陝西水陸無阻者不同我
皇上日月照臨無幽不燭膏澤普徧無遠不周湖南士子
既有此種隱衷臣何敢壅于上聞倘蒙
皇上憐其跋涉之艱難鑒其愛戴之眞切伏懇破格俞允
另差正副考官就于長沙考試分楚省舉人額數之半則
不特湖南士子感激高厚之恩而土司紅苗亦快覩文明
之盛矣至學道一官留鄉
試期揀委一員合併陳明
萬晉豐字沛侯康熙三十二年舉人令永淳邑有大猾素

藪盜窟穴深邃自部使者以及奸胥桀吏莫不締交爲邑大害晉豐甫下車廉得狀召之至傲睨無所畏陽以好語遣之徹夜屏左右自治官書達上臺拏胥役潛至其家捕繫之立斃于杖不浹旬諸貸之緘至者十數已無及矣邑大稱快未幾以疾卒于官

潘眉字元白瀛選子以附貢生教習鑲白旗期滿授溆浦令時吳逆未殄眉謁大將軍願効力麾下大將軍壯而許之命督餉策蹇崎嶇運糧不絕師賴以濟大將軍欲特疏上聞不果回溆任又爭辰溪驛協濟事得請民大悅建生祠調遷安令尋擢大名府同知兼署濬縣篆奉委驗河賑

饑多稱職寘積蠹于法縣民稱快以卓異賜蟒袍一襲擢興化府知府禁雜派均典稅絕苞苴興學校制撫咸器重之卒于任紳士倡助成殮眉長于詩古文詞嘗與陳其年定今詞選行世著有樗年集

萬廷仕字大士由拔貢生擢令臨漳政尚清靜寧一期年廷無訟者力請蠲免浮糧得允邑人德之年未四十即解組歸放浪于善卷罨畫間與邑中名士爲詩文會執詞壇牛耳終其身著有餘菴集

王斗樞字文拱以序貢選訓導從征有功擢羅城令地近蠻疆稱難治斗樞懸重賞捕得盜魁置之法飭各汛嚴哨巡盜稍止乃修城浚隍令民墾荒貯穀復以學宮隘別建義學召諸生講習其中治稱最調天河縣廹苗疆寇盜充斥斗樞知不可以德化請兵剿撲擒斬巨魁餘悉加撫恤猺獞懾服陞定番州知州有武弁虐苗民激變州人震駭單騎往諭猺苗素服其誠信遂解散境內獲安尋以事告歸

蔣雯字羽儀事母孝好施與康熙五十年雋南省試雍正七年揀發滇省試用知縣乾隆元年任河陽丁艱歸起復補騰越州地故邊徼諸彞或依回騷擾雯單騎往諭皆羅拜聽命調通海令有白宦者恃勢佔民田數十頃雯至廉

得其情將直之白惶急賂以五百金不受立白于憲悉返民田正其罪民爲立石頌德又調晉寧會澤所至皆有聲

儲之盤字有銘康熙五十年舉人初任陝西平涼縣有異績甫八月超遷雲南楚雄府知府理煩任劇長于讞斷他省有疑難事多委任之擢迤東道安揷交阯安南諸土司得撫綏駕馭之法尤好獎勵人才知楚雄時拔諸生中有名望者延入署內資以膏火數與講論俾克有成踈于財屬吏有逋負輒爲代償餘則分給宗黨子起綸知新會寶坻縣事亦以精謹稱琯英武岡州同知

李飛鯤字圖南康熙五十二年進士選浙江慶元令慶括

巷下邑民疲俗悍飛鯤涖任會歲饑不待申報卽開倉散賑不足捐俸倡勸全活無算暇則單騎問民疾苦在任九年調海寧擊轅者以萬計時修築海塘飛鯤以西海防同知兼署寧邑事料工庀材必親監驗晝夜宿塘上捲修堵築不少懈適風挾潮湧水勢漫塘上飛鯤朝服禱神願赴水以救民須臾反風退潮環塘者咸額首稱慶士民繪廻風退潮圖以祝

路衡字垠初康熙五十四年進士辭館職告歸侍養尋丁外內艱服闋授順昌令民性摯悍難馴衡懷以恩信胥悅服感化先是邑令按行村落徵收稅課供帳驛騷吏胥需

索無度衡先期告戒輕車減從正供外不費民間一錢復召鄉耆咨地方疾苦有訟輒就近呼兩造剖決民益懽忭見學宮頹敝急召紳士協力重修城南瀨水奔駛湍激渡者多沉溺捐俸造浮梁通利濟行旅德之一切興除諸務次第舉行以積勞成疾涖任七月卒于官

王忠武字珍序康熙五十六年舉人甲辰挑選授羅次令以廉能調東川府會澤縣土司烏蒙祿氏接壤烏蒙叛率師攻城忠武悉力禦期以身殉浹月援兵至賊平大吏坐以糜餉罪罷職聞者扼腕乾隆元年以楊文定公名時薦授郫縣令三年頌聲載道調煩巴縣治尚寬平精聽斷嘗因事赴省攝篆者捕得盜六人已定讞忠武歸訊察其寃立與開釋吏以主名未得請徐之弗聽後果購獲眞盜如其數遠近驚嘆爲神君年七十引疾致仕

蔣天麟字廉石由國學考選授職出爲霑化令値歲祲弛負鹽易米之禁全活甚衆有商人因鹽事囑吏挾貲以獻立杖吏并杖商人民大悅轉調咸陽邑當要衝値
聖駕巡幸祀帳供具出俸貲以給不索百姓一錢民爲建祠聽拜旋擢鞏昌司馬轉永昌司馬永昌爲滇邊郡猓民雜處天麟撫以恩脅以威諸土司皆懾服閱數年調閩之興化轄莆仙兩邑濱海依山萑苻時警乃修兵備愼樓艣禁

樗蒲嚴緝捕境內肅然後仍調永昌以不樂仕進告歸

補遺

儲敬受字克莊洪武庚申舉明經授陝西葭州學正北平涿州判官以最薦擢四川道監察御史兼理兵備事海南諸郡寇賊悉聽督捕嘗屯兵大藤峽賦詩有直驅貔虎三千士谿洞獞蠻指日收之句再渡南海有十年鞍馬事戎行未有涓埃答聖皇之句所著有霜臺集

萬春字子仁士和冢子以廕授中府都事遷後府經歷擢雲南鶴慶府知府性樸實渾厚嘗以至誠待人初在中府後府嚴管鑰肅軍伍武弁所得糧廩毫無濡染及知鶴慶

府孳莤爲梗坂縣官春以大義諭之亂乃定地民夷雜居法網廢弛春以安靜無爲恩樸待人遠近向化大盜李天成招集亡命倚窟穴爲民患春密捕以計擒之其黨皆解散居官儉約出入鮮騶從耆隨一奚奴行衢市中路人摩肩接踵莫知其爲太守也吏民皆愛服焉

史垂則字貞卿萬歷三十五年進士謁選得會稽令有不孝子持刀向父父以告適有刲股療親者垂則令鼓樂綵旗導于前械持刀者踵于後遊歷通衢其人伏地求死乃釋之後以孝聞曹娥塲地素荒蕪募民開墾得田萬餘畝三年復其租民多沾其利莅任五載以卓異擢戸部主事

選郎中奉命督餉寧武卒于官貧無以殮賴直指郭公力旅櫬得旋故里子鴻磐萬歷戊午舉人

陳景璐字彦甫萬歷四十　年舉人累官温州府知府内自郎署外自邑令迄爲守率以廉潔稱爲温守時有海寇劉香者窮蹙乞降當事難之景璐力主受撫東浙以安適以他事忤浙撫被劾歸軍民赴當道乞留者以萬計

路雲灊字伯封孝友篤學以貢生任金壇望江教諭課士嚴而有恩署縣篆值大水力請當道設法蠲賑皖屬惟望江獨得减賦然以此忤上官即解組歸祀雷江名宦邑鄉賢祠子文翰字古空嗜古力學老而不倦舉鄉飲賓

增修宜興縣舊志卷之八

人物志 理學

天命流行物與无妄理只平常學唯真實醇儒一脉道在身體力行非徒博道學之名而已宜邑清淑所鍾醇修實踐之士往往間出亟表唐彦思以下諸人亦以見斯道之不泯於人間如此

宋

唐棣字彦思政和五年進士與晋陵周孚先恭先同事程伊川先生初見問學伊川曰入德之門無如大學今之學者賴有此一篇其他莫如論孟棣於是知所致力他日問

格物如何曰但立誠意去格之其遲速却在人明暗又問克己復禮如何是仁曰非禮處便是私意如何得仁須是克盡己私後只有禮方是仁又問知言養氣曰知言然後可以養氣問養氣以義否曰然棣不樂仕進名不他見獨著於程氏遺書編次伊川語錄二卷程門弟子中棣最詳明觀其問答可爲務實而篤志專事爲己之學者矣邑人周衡刻其所紀師説凡一百四十餘條蒞將以風鄉人之嚮道也歷官秘書少監參徐啓風志鄉評備考

吳宗旦紹興三十年進士歷官工部尚書直學士院嘗遊學朱子之門及韓侂胄攻朱子爲僞學宗旦疏救侂胄大

怒帝心是之得免於禍毋乞致仕卒

明

周衝字道通正德五年舉於鄉司訓萬安入人自喜得師擢應城令務以德化民民立生祠祀之以耳疾乞改教得邵武府教授日聚諸生講學士風丕變遷唐府紀善王世子以讒間失歡十餘年衝悟以慈孝至情王爲感動愛世子如初久之聞母訃一慟而絶學者稱靜菴先生初衝在萬安從王陽明講學得聞致良知之說南元善輯陽明傳習錄中卷有答學者要書七篇答周道通書其一也自應城之京復從湛甘泉遊得聞隨處體認天理之說覃思研

精會而通之曰湛先生之體認天理卽王先生之致良知也陽明嘗稱之曰吾門頴悟莫如徐曰仁篤實莫如周道通甘泉亦稱之曰知行博約定其指歸衝既卒其友晉陵毛給諫憲誄之曰不溺於禪不流於俗是足以知衝之學矣著有養正錄會極約希顏日鈔與蔣信新泉問辨錄孝經刊誤文集（參節王陽明文集 徐志）

萬吉字克修爲人方嚴剛峻刻意師先儒尤尊朱子平生冠履飲食拱揖趨走一遵矩矱未嘗見其有戲謔笑傲箕踞跛倚之容孝事父母自侍養及居喪皆中乎禮友愛其弟善至老未嘗異錢帛教諸子先志行後文藝寬而有法接人少寒暄語似落落寡情然久與之處眞意流溢盎如也其自奉儉薄而性好施予三族中待以飽煖者若干人義所當濟雖百計委曲未嘗有倦色人有善輒稱嘆不置有過必面折之論當世事講義利爭是非雖遇達官勢人反覆辨析必伸已說而後已年十七遊庠爲諸生三十餘年德成行尊後學者多師事之稱爲古齋先生以其行古人之道也其友同邑周衝學於陽明聞致良知之說歸以語吉吉以其說異朱子不肯信後得交唐荆川其說與衝合乃釋然曰道通愛我甚說固未嘗背朱子也嘉靖己亥以序貢司訓桐廬邑士鮮敦志操吉與講明義利之辨時

激以鈞臺故事曰若輩非子陵鄉人耶諸生乃稍稍振勵已而二子士亨士和並舉進士誠之曰吾願汝做好人不願汝得好官也吉晚年氣象和易如冬日煦人人益樂親之卒時年六十有三（節楊懷遠鄉評備考 參徐志）

曹珂字國用天性篤孝十歲時常從十數里外負米歸養口吟昊天罔極之句家貧嗜學志爲聖賢從湛若水遊聞體認天理之說悠然有會其學以敦倫實踐爲主以不欺屋漏爲宗正德己卯舉於鄉再上公車不第遂不復應舉曰吾早不能祿養忍以祿自養乎嘉靖二十三年遥授都察院經歷司都事凡子姪得第輒嘆曰人家博一科名不

如成一善士家居嚴肅不苟笑言姪三暘任知府歸猶如童幼時稟請惟謹建祠收族撫育遺孤居常無一字干郡縣里有訐訟者相戒無使曹都事知也卒時壽八十有四叅唐鶴徵府志 節徐志

唐音字希古原籍武進常從唐順之讀書宜興樂其民俗淳樸遂徙居焉少多病其父令棄學音顧晝夜刻厲不廢也性狷介不妄交遊閭鄉先生毛古菴講學造其門又聞魏莊渠先生講學於吳從之受業嘉靖七年領鄉薦當對公車竟謝不往讀書必反覆玩索推見古聖賢心即兩先生言心未愜不敢輕諾必明辨審思期於有得而後已久

之就選雞澤縣令一以實心幹理邑地瘠民貧音曰民富而後可教也勤於勸課不數年民以饒足其才贍足濟其志又能斷以必行未嘗以上官意旨爲趨向在任五年請去者三一以議督民買馬一以爲要人建坊一以欲罷巨奸於獄上官皆從其意挽留之督學使者至廣平諗諸士子於庭曰諸生何從學聖人乎學雞澤令可矣音居官惟務勤儉每語人曰勤儉者養廉之本也其治民專務德化綽有政聲壬子入覲卒於京所著有四書五經質疑若干卷叅徐志 唐鶴徵府志

王升字世新原名革督學耿天臺牒送歲貢改名升少孤奉母以居偶從友人飲且奕母有愠色終身不飲即遇奕弗視也爲人志節堅貞安貧好學初受業於萬古齋又學於唐荊川併遊羅念菴王龍溪之門上下討論多所領受自守繩墨益嚴總督胡宗憲謀梓荊川左編延升校讐時幕府士如雲獨升以嚴見憚會有以失律論死者胡公遣客邵生諭意曰子爲一言千金可得升曰其人罪當死死之由法可以生生之由總戎何溷王生爲嘉靖四十三年歲貢司訓京兆而邵生者復入宰相高拱幕見升笑曰猶然老儒耶相君欲重用子試往一見何如升不聽久之遷國子學錄張居正相亦欲致升門下托升友艾穆要之曰

行典制救矣升謝不應出爲成都通判有廉聲遷鹽課提舉遂掛冠歸升之學以程朱爲準的嘗曰孔孟而後元公淳公具體也正叔晦翁正脉也萬歷十七年知縣陳漣瑋延修縣志所著有左氏督史讀左贅言四書輯略四先生論宗及五倫分疏武經七書解等書學者稱爲孚齋先生叅唐鶴徵府志 鄉評備考 節徐志

王永圖字惟懷無錫顧端文入郡守龍崗施公龍城社見永圖年幾十四端文稱之曰此疑道之器也許妻以女攜歸敎池遂以無錫籍補諸生萬歷二十八年領鄉薦甲辰從端文講學東林書院其爲人孝友廉讓一時領服歷官

刑部員外郎會魏奄以冒功廕封爵同列獻諛者請署名永圖笑謝曰吾若列名愧元祐石工多矣獨不署崇禎初晉郎中奉命按奄黨五虎五彪諸獄奏讞無枉撓輿論大快又按改勅闕節二事持論允平允出守韶州辨冤獄數悲政韶人畏愛交至當調以病乞假歸道卒著有儉齋文集藏於家參節無錫張夏雒閩源流錄

儲澈字剛夫改字康夫少爲諸生有聲時武進錢一本以理學爲己任澈往受學遂棄舉子業專心求道人多以爲迂獨浙江章正宸一見執弟子禮直指使祁彪佳問其賢請見不得欲索所著書薦於朝澈以疾辭乃表其門曰理

學真儒所著有周易疑義春秋屬比直書四書精義幾希日記數十卷藏於家生平好靜坐不耐俗紛讀性理至天地混闢一氣渙然有得自此人我無間處喧不亂云子雍字二禾克紹家學著周易集義識者稱之參徐志

國朝

吳晉剡字錫儒弱年即慕聖賢之學規行矩步不失尺寸順治九年登進士授廉州推官訟獄多所平反有重囚竊吏持厚賄至怒而笞之曰何敢汙我以母憂歸結廬墓側哀毀骨立遂無仕進意學宗陽明致良知又倣紫陽半日讀書半日靜坐之法與同邑湯之錡術高忠憲公復七規砥礪汲引至老不懈康熙十一年邑令史宗堯奉憲檄延修縣志筆削惟嚴不能爲世家妄作佳傳紈袴子弟多唧之者乃扁舟遊浙稿未及竣君子惜之參徐志鄒評備考

湯之錡字世調安貧力學於書無所不讀尤篤信周子主靜之說或議其近於禪之錡曰程子見學者靜坐即嘆其善學易言齊戒以神明其德靜坐即古人之齊戒非禪也性至孝居親喪一循古禮就地寢苫久之受濕致隱疾事諸父懲體先人志力爲庶叔完配諸昆弟無間言既而得高忠憲復七規喟然曰此其入學之門乎於是一宗其說爲春秋兩會聞風者不憚數百里來就學焉年二十四遭

甲申之變即棄舉子業嘗論出處之道曰潛龍勿用潛要確若不確則遯世不見知而悔矣古來多少高明人只爲此一悔所悞郡守駱公請關西李宗夫講學毘陵特遣使聘之之錡堅辭不赴後延陵書院暨錫山東林亦爭延致之俱不往學校高其行欲舉公節孝諸及門體其意力沮焉錡爲學專務切近絕無緣飾或詢朱陸異同陽明致良知之說則曰顧吾力行何如耳自問較前賢奚若徒多辨論其何益一日抱微疾整襟危坐而逝年六十有二及門金敞梁溪顧培輩建書院於惠山之麓奉其主春秋祀之著有靜坐約言易論偶然吟諸稿參徐志

補遺

吳鼎字有之博極羣書弱冠即有志于聖賢潛心理學受業爭齋王先生門以正心誠意爲務既壯益自砥礪受業武進薛元臺錢啟新無錫顧涇陽高景逸諸先生門講學問道所得益深養益粹歸與史玉池切劘龐閒玉池創明道書院一時名賢雲集鼎皆與焉造就後進門下彬彬日盛著有四書心見錄四書考壁經考觀省語知非篇莫忘篇蒙養詩醒迷詩篇師門問答切磋日記游藝錄應世稿往答書東游先詩稿若干卷

增修宜興縣舊志卷之八

人物志 孝友

周禮教民六行先孝友而孟子謂爲良知良能蓋斯二者實本于天性大孝不匱小孝用勞分量雖殊竭誠則一至于蹈水火傷體膚是爲愚孝然誠至格神亦不得謂非孝也昆季分形共氣如手與足善體親心何分爾我書云惟孝友于兄弟古人類然自漢迄今並採著于篇彼有溺其天性者覽之可知所感矣

漢

蔣政字景化函亭侯澄第四子性篤孝仕漢爲荊州刺史父歿卜葬都山之陽廬墓三年服闋不忍遠離墓側遂築室居同圖毗陵人品記

許武字季長會稽陽羨人太守第五倫舉爲孝廉武欲成二弟晏普名乃析貲爲三自取膏腴二弟所得皆瘠產鄉人鄙其貪稱弟克讓後晏普刻厲並得選舉武乃謂宗姻曰向以二弟年少未預榮祿故分財取譏今殖產數倍願悉推以與弟無所留郡中翕然稱之仕至長樂少府毗陵晉王升舊志

許荊字子張武之孫爲郡功曹兄子世嘗報仇殺人怨者操兵攻之荊出跪曰兄祇一子爲嗣死即絕滅願殺身代

之怨者扶荆起曰許掾郡中稱賢吾何敢犯遂委去太守黃兢舉孝廉和帝時稍遷桂陽太守嘗行春至耒陽縣有蔣均兄弟訟財荆嘆曰教化不行咎在太守即上書自劾兄弟感悟各求受罪彬人出外多不養父母因此皆還供養者千有餘人在任十二年召拜諫議大夫卒於官桂陽人爲立廟樹碑孫藏靈帝時爲太尉今南門外有許將軍墓參節漢書王志

劉宋

蔣恭與兄協同居元嘉中晉陵蔣崇平爲刼見擒云與恭妻弟吳晞張偕行捕晞張不獲收恭付獄協列身是戶主

求兄弟恭列晞張是婦之親身甘受罪郡上其事以兄弟爭受罪爲盛世嘉事並原之乃除協義昭令恭義成令參宋書毘陵人品記

許昭先父母老病家無童僕竭力致養鄉黨稱其孝雍州刺史劉直道辟爲征虜參軍辭不就叔肇之繫獄七年昭先朝夕餽食貲產既盡鬻宅繼之肇之諸子皆倦怠昭先曾無懈志尚書沈演之嘉其事肇之因得釋補本邑主簿又固辭參宋書王志

蕭齊

吳達之嫂亡傭值以瘞從弟欽伯以歲饑夫婦被掠賣達之售田贖之郡辟主簿固遜其兄尚之又以先世遺田讓弟淳伯弟亦不受棄爲閒田建元三年詔表其閭本南史

陳元子四世同居一門百有七十餘口建元三年大使巡行天下上其事詔表門閭蠲租賦調役本齊書王志

唐

蔣冽雲陽侯默之後舉進士歷官尚書左丞父挺卒冽及弟渙廬墓側植松柏千餘株撰蔣氏大宗碑立之滆湖東葛墟村以彰世德時天寶十五載也後之奇之翰以舊碑湮泐用完石重刻之今在湖西冲寂觀前節唐書

宋

單煦少友愛兄熙嘗毆人至死煦即趨闕所願代兄受捕已而死者蘇聞之感嘆遂輟訟按單譜以煦爲祥符元年進士歷知昌濮合州皆有政績累遷至光祿卿但前志失載俟考節單譜萬姓統譜

元

儲炳字伯輝好讀書忼爽有至性元至正戊戌紅巾賊縱掠臧林炳聞大父被賊傷臂獨身仗劍追賊至東庫轉鬬移時爲賊所害人稱烈孝節儲大文傳

明

黃玭字用明有至性力敦孝行成化十年舉於鄉授廣平府同知以祖母儲苦節泣告御史徐緯爲上聞建坊旌表

奉二親愉愉色養政務寬和吏民愛之丁外內艱後不復
出節內閣中書馮斐墓誌
胡孝字企參成化二十年進士家素貧累官知府而貲產
甚薄性孝友父申成化十年舉人任濮州學正每有譴責
必溫顏婉詞以承之及父卒于官奔喪徒步慟輒仆地哀
動路人尤愛撫諸弟鄉人稱之參王志
張倫兄弟同居倫與季弟新各一子仲亨有四子皆長倫
謂二弟曰吾等老矣子婦各六人同處恐心不一盍析節
亨曰吾兄弟三人可三分之倫曰不可吾爲諸子分非爲
兄弟分也若三分之是爾私其子而吾與季私其財也乃

析產爲六倫取其下者浙人胡琛爲作孝友論贊參徐階鳳舊志
徐琳字廷璽鑑冢子幼侍父官刑曹聞祖母病請奉母吳
節張納陛傳
夫人歸省時年十二衆驚異之父以諫北征詔獄琳辭母
奔赴母命以婦將娩姑少緩愀然曰吾父有難何敢顧妻
子倍道馳至京晝謀餱糧夜籲蒼冥三年乃得釋復始歸
父陞瓊州太守卒於官琳迎喪歸葬龍潭山方開壙一虎
咆哮至琳拜且泣曰衆爲我父供役寧啖我毋傷人虎俛
首而去人咸謂孝感所致母病逾年未嘗一日離側撫庶
弟及孤姪皆盡其誠嘗欲倣范文正置田贍族以長子溥

宦京師屬仲子濟經營其事厥後溥得請諸朝建立義莊
成先志也以子溥貴封庶子贈少傅
萬士亨字思通吉冢子少秉父訓規行矩步不失繩尺善
屬文登嘉靖二十年進士時館選限三十五以內亨僅長
一歲弗肯與試其不欺如此歷官吏部稽勳司郎中奉職
勤恪操履清嚴聞父訃水漿不入口者三日捧靈位徒行
九十里抵舟哀毀愈切至家無頃刻離柩側戚若負重罪
踰五月竟不起遺命以衰絰殮家人從之
徐文煜字晉章年十六父歿水漿不入口者累日寢處柩
旁繼喪祖母承重致哀婦翁念其孤苦請婚期煜堅辭之

服闋始婚婚未幾葬父廬墓三年手植松楸指血淋漓不
顧後補弟子員應鄉試已進頭場聞母病未畢試馳歸侍
湯藥母卒廬墓如前王文恪邵文莊過訪稱嘆山人沈周
爲寫二老顧廬圖嘗從唐荊川講學言有不愜辨難至再
三荊川亦心折生平博極羣藝尤潛心理學云參節成國公朱希忠墓誌
李延謐字子靜由選貢授龍門令尋改教潛江陞益府教
授居常以父早逝不逮養爲恨自號孤山事母孝謹溫恭
至老不衰舉鄉飲賓嘗預修邑志未竟卒
李魁性篤孝父佩得心痛疾魁焚香告天求以身代踰數

月憂懣計無所出聞俗言股肉可療疾乃刲股和藥以進父疾有間未愈也或言蝟可療徧求弗獲一日至東橫橋忽一蝟突前伏不動慰喜曰此天賜也遂攜歸鼎而羞之病良已參節王志

誠書字子虞幼孤家貧事母至孝晨昏定省五十餘年未嘗一日怠母殁每食必奠以此終身爲諸生繩尺自檢言論行恭士林重之

史元鎮家失火元鎮入火救母萬氏鄰人止之號慟不復顧母子俱焚死火熄視其屍猶作負母欲出狀巡按題旌建坊墓道本徐志

馮鍾壽字簡庵事母至孝母性嚴婉以承之母稍不愉即長跪不食至老猶然萬歷十六年子兆京舉於鄉報捷時鍾壽方趺坐作靜功課訖方動及兆京爲御史誨之曰言官實心爲國上不比天子中不比宰相下不比僚友傳爲名言以子貴贈監察御史萬歷十七年與修縣志節徐志

陳一經字懷古至性純孝生不識父詢得貌繪而事之每諦視輒嗚咽泣下母節蒙旌以館貲佐官鏹建坊年十六有里艾私挑正色拒之後每迂步弗過其門僕人娶婦一經視其舉止端重詰之乃故儒生妻也急遣還不問其直設義塾置義田于子廷克成其志再受封爵而布衣徒步入不知爲御史父也初從弟一教幼孤撫誨一如子廷每就館兩攜以往館人或難其食則自出館貲以補不逮卒後建特祠於城西南隅御賜增光廟祏額鄉黨私謚曰孝潔先生著有四書大全纂參唐鶴徵府志節徐志

楊萬春字永芳家貧篤於孝友撫其孤姪三人長者延師幼者僱姆或勸使長姪力耕可濟貧曰吾子讀詩書而使兄子塗手足吾何忍長姪殀撫其二皆有成焉初萬春父母兄嫂皆死于疫已亦病甚不能送父葬忽夢呂仙授以丹覺而異香在戶病霍然乃急趨四十里至隴猶及視窆云節徐志

黃裒赤字元初幼時就里塾父母以肉羹餉之輒愀然不樂知父母不得食也既爲諸生有聲得脯資悉以膳父母天啓四年舉於鄉崇禎初署高郵學正稍積俸金買田數十畝悉以分伯仲曰吾豈先妻子而後兄弟哉歷官南京兵部主事乙酉大兵破南都被執刼之以刃不動釋之越數日又逮至乃削髮被緇以見知其不可奪終釋之乃遁迹深山中邑人高其行雖婦豎亦聞而敬之祟祀孝悌祠參楊懷遠鄉評備考

陳一教字碉雲父儁章殁年未及五十臨終語曰吾雖三子大吾門者汝也兄若弟爲吾始終贍養之没後養其兄

婚其弟悉遵父遺訓萬歷二十九年成進士是年兄殁撫兄子如己子後弟殁又撫孤使成立子于泰辛未殿試第一人官修撰鼎革後以隱逸終

吳宗良邑諸生少承父敎行庭訓以名檢自束父疾躬親湯藥日夜焦勞髮爲之枯父卒居喪盡哀思慕終身不解腴產盡推與弟不敷故典售略盡復贖歸以授諸姪年饑三黨中貧乏者莫不周給於鰥寡孤獨廢疾者尤加意焉跡其行事有類素封實不越中人產也

戴朝榮字顯于父早卒母黃氏病危飲藥勿效朝榮哀禱於神夜夢神指其左腹明晨覓猪膽和藥遂遇老叟語之

日汝母病在肝血愈之惟肝血耳語訖忽不見朝榮省悟神指乃焚香入室袒左腹剖以利刃截肝和藥進之母果霍然愈而朝榮創甚不能起謂家人日即有不測當云得暴疾愼勿傷吾母心旬日痛少差創亦旋合子母俱享上壽

史君奭字則召七歲喪父哀毀如成人事母孝析產以良田與弟姊卒無子迎櫬祭奠以慰母心妻周氏相國延儒女弟相國日益貴君奭泊然若不相涉者妻亦布衣操作自甘淡樸相國每嘆日吾不難於則召難得吾妹耳壬午秋延儒自京貽以書使其子奕封捧至內有科場秘語君奭不啓函命取火至焚之君奭幼擅文譽久困諸生中次當序貢謝不赴築室親墓居之以終其身徐志

國朝

曹應莘字期社邑諸生少孤事母篤孝崇禎末草寇焚掠應莘負母走寇躡之體中數創血淋漓以身覆母哀泣日寧殺余求免吾母賊相顧斂刃日彼孝子也殺之不祥遂舍去母子俱得全

儲寅亮字釆疇性孝友適兵至兄患病負之奔圍走兵以戈擊兄并中其鼻仆地夜半而甦匍匐十餘里乃免鄰有負逋者將鬻女以償之聞之亟燒券湖客舟覆告急啓家

以濟節儲有亭傳

許士珍家貧織屨爲業母病割股療之及母卒廬墓三年鄉里感其純孝具呈府縣給額旌獎

梁壬郎巫者梁應文子居山亭之塘前橋目不知書天性篤孝娶妻方十日而父病日夕侍父病愈乃止應文賽神以果夜雨中醉歸隔河呼壬郎扶我壬郎趨赴而父已墮水壬郎赴救父子俱溺死七日後屍出猶堅抱其父里人共往視之壬郎面如生

邵廷紀父席爲盜所執廷紀懇求釋其父廷紀被焚死妻岳氏年十八守節終身

吳箕字弓武樂邑令永齡仲子也兄雲垂隨父任箕家居侍養祖母徐氏鼎革後永齡家居箕亦絕志進取以養親著書爲事祖母卒母陸氏亦卒廬墓三年喪畢侍父書室寢食不離者十年著春秋明心錄能補傳註所不及兄雲垂卒事寡嫂如母雖盛暑不衣冠不敢見嫂卒兩姪皆孩幼撫之如己出婚配後以初析時產悉歸之遠近咸稱古君子云

湯廸簡字在廷邑庠生天性孝友年十四母卒毀戚如成人父欽止疾虔禱於神疾遂愈念其祖得莘潛德未闡持行狀徧叩紳士輿論允洽呈督學使者勘實祀鄉賢弟孝

廉惣簡析產後業中落復時給之無德色從弟廸朝卒遺孤四齡孀徐守志加意撫卹歷久弗懈又建家廟置祭田報本追遠之思可謂至篤矣

王明俊故明別駕王升族人也叔士章無子立爲嗣童年喪母號泣不食士章憐而勸之事後母尤婉曲承順其妻偶忤命即出之士章卒哀毀如母喪時鬻產營葬廬墓三年鄉人萬賢書等感其孝請於當道給額奬之

吳景進字休明文肅公儼元孫也少善屬文工書法順治十六年成進士旋以戶糧奏銷被黜父時舉卒後母周氏年邁不能行値鼎革負母避兵艱瘁萬狀母疾侍湯藥雖穢惡之役必躬親之兄應運鼎運年相若俱能詩善書子兆龍康熙八年舉人東安知縣

錢修期邑之潼渚人家貧年十三即業樵以養父母積貲置屋三間田二畝康熙丁巳四月母疾醫藥不效修期割股和劑母遂瘳八月父疾割股如前及父母終賣田屋以甃傭工自給其至性有過人者

蔣廉字燮伯因父病篤禱於神願以身代藥餌罔效遂割股以進父乃愈後父歿居喪號慟哀感路人宗黨共推其孝鄉司馬蔡如葵邑侯石確俱給額旌奬以上參節徐志

史泓字善長太常卿孟麟冢孫也早喪母弱冠遊庠旋丁

父艱哀毀骨立服闋即走京師爲祖顧請贈卹鞠育一弟一妹以婚以嫁家居謹守先業吟詩作文無間寒暑子陸輿康熙十一年解元十八年進士授翰林院庶吉士泓益加謙抑宗黨睚眦毫無芥蒂杜門不出惟以訓子孫爲務壽七十九終

吳玫字璽石邑諸生八月而孤性至孝事寡母曲體其志姊貧母憐之出所遺財產器用均給之

許翎諸生少工文篤孝友叔肇箎遺孤翻家貧不能讀書翎令與子泉同學自督課之所課未竟則撻泉以愧翻翻跪泣不敢仰視長力學有名

李舒春字惠若有至性兄早卒事嫂如母撫姪如子終身無間言以康熙三十八年舉於鄉任句容教諭

王人瓏字組卣以歲貢任沛縣訓導幼侍父疾爲之嘗糞居喪哀毀骨立三年未嘗入內家貧授徒于外節假歸侍母終夜遣之不去諭之再四乃一內寢與弟升卣友愛無間儲在陸稱其文品在二韓間行誼在二王間二韓唐昌黎 本朝慕廬二王隋文中子同族孚齋也

萬迅字叔翰士和曾孫性篤孝父卒哀毀骨立三年不踰喪次母病亟舉醫歛手迅集方泣禱于神進藥立愈忌日輒麻衣衰絰坐蒲團者一晝夜弟爲怨家所陷殫貲營救

究卒白舅氏貧乏待以舉爨者四十年伯兄兄子相繼卒三孫皆幼籍其貲經畫十餘年孫成立而後反之絲粟不漏一日挐舟往拜祖祠返命家人滌簀爇香訖偃臥而逝卒年六十九子夔輔歲貢士工詞翰孫松齡別有傳

蔣正泰少孤刈薪爲業兄弟分爨以養母兄卒遺一子一女母欲令嫂轉適正泰曰嫂能守志吾養之無憾得米供母嫂而後及其妻子兄子長爲之延師而已子負薪不輟

路念祖字敬止以國學生考授州司馬性至孝母潘恭人疾再剜股肉以進工詩古文詞有耐菴集行世

蔣椿字景文邑諸生母病急刲股以進撫弟姪最友愛初事同邑湯世調研精理學後師同郡金閶齋嘗贈勉學詩三章教以存理袪欲之要性嗜書凡藏書之家靡不游坊肆之間有未見書輒傾囊售之所爲詩古文高堅凝雅著有綵溪草堂集

郟友德字之仁年十九其父病亟友德計無所出思股肉可療遂割一臠以進病不減自咎不誠乃入拜神祠復割一臠和藥進父病竟愈

宗士成字子玉性孝友父抱危疾割左股和藥以進母病又割其右股晚年與諸弟同爨姒娣偶有違言即跪母前涕泣請自責邑侯趙旌其孝友卒年八十殮時見其刀痕

者咸爲涕泣

萬鎰字金益家貧事母至孝甘旨無缺値歲饑母于後園得苧根爲粉暴日中鎰見之曰吾不能具饘粥使母及此一慟幾絕弟有篤疾不瘳鎰念弟死則傷母心乃禱于神求減己壽私刲股以療弟母死三年不御酒肉不入內有族婦死貧無以殮解衣與之僅留短衫里有窶人死謀有以贈之不得入室中摩戛十指妻解其意曰吾惟一簪知君欲得此可持去以孫中道成進士追贈奉直大夫

吳徵字雲徵諸生家貧事父母至孝年二十父母繼歿益窮窘至不能舉火有二弟尙幼拮据盡瘁以教以育後家

業稍裕分析時悉以膏腴與弟邑令李先榮給孝友性成額旌之

湯咸亨字培菴雍正二年舉人讀書日默記數千言經史百家靡不蒐覽性友愛父歿兩弟求析㸑咸亨從之後復求合又從之授徒于外修脯所入毫釐不自私甘苦共嘗衣裳屝屨取其敝者終其身人無間言

補遺

儲昌字伯隆母歿柩在堂比鄰失火延燒及昌室昌撫柩號慟誓以身殉頃反風火熄其仲子笙性篤孝七歲喪父廬墓三年白鵲巢墓人謂孝感所致

徐濟字時望文靖同母弟幼明敏讀書強記性孝友父染危疾莫能治濟夢神授一方既覺依方服之卽瘳人以爲誠孝所感弟得心疾家人莫敢近濟日夜在側百方治療然後愈晚好讀醫書蓄善藥病者多所全活鄉黨或以貧乏告悉周之力贊文靖遵先人遺命置義田以贍族既得請于朝濟力任其事爲善後計族人至今賴之

張邦瑴字天宇僉事述古幼子父歿年止十二從兩兄邦祥邦瑞自力于學遭生母喪三載廬墓時縣尹王鈴司訓應綱皆旌其廬宏治戊午由書𡋾中式順天舉人仕萬載知縣有善政

鄒善祐父某居鄉鯁直嘉靖甲寅倭寇竊發仇家乘亂報復持刀劫殺善祐年十五急前格鬬奪刀救父十指盡斷父子遇害邑侯董公悲其死孝爲詩弔之云鄒童信不愧汪童死孝由來卽死忠雙腕奪刀寧斷指丹心報父卽穿胸

楊暉萼字常吉庠生少師堵文襄公文褰卒潯州聞訃悲號行心喪禮明季隨父避兵遊騎突至以刃刺父暉萼與弟渭抱持爭以身代兵意動父乘間得脫渭竟被害暉萼甦而復甦渭庠生文辭豪邁以少年代父捐軀所著多逸

周繼思母死廬墓三載

張應鵬字子賢萬歷乙巳父母相繼死應鵬年幾五十廬墓三載每至夜有白蛇長數丈環繞廬外一切鬼魅毒物不能侵邑人毛士龍輩作詩以贈多至數百首有司上其狀詔賜冠帶給額旌門

周昌汝字景全膂力絶人五歲喪父母改適又寡無所依昌汝迎歸孝養母禱于芽山至半嶺虎突出拽母去昌汝急掣虎尾撲傷額騰身騎虎背持石卵碎其眼會有持挺救者虎始釋母去未幾氣絶昌汝負屍歸葬每道及輒流涕

蔣允化字龍伯宏憲子生而穎異五歲能屬對搦管爲文

郎與名士爭壇席萬歷癸卯雋京兆試時父宏志以部郎差漸潞河工役允化代父日夜經畫勞勤成疾旋以兩親繼歿哀悼而卒

潘艮鼎字如愚母病刲股撫孤姪如子捐米賑饑捐地掩骼解裘修橋族人婚喪不給者助之子瀛遐順治五年進士授中書舍人艮鼎贈如其官

路文軌上舍生母蔣恭人喪廬墓三年侍父雲龍疾衣不解帶者數月撫庶弟文輗同寢處教養成立卒爲營喪殯人稱孝友焉

萬人傑字雍伯庠生季弟人佐字應生士亨曾孫胥有至

性鄧秉貞慕其孝友訂交焉母病同侍湯藥不解帶者數月祈以身代母歿人佐告兄曰母死安用生爲相抱哀號兩人遂大慟而絕聞者哀之

增修宜興縣舊志卷之八

人物志 文苑

立言居不朽之三燕許文章韓歐碑板輝映一時流傳奕世洵不朽盛事哉乃至鄉曲之士聲震藝林雄文傳誦雖窮達殊途其爲不朽一也陽羨溪山明秀孕靈毓奇文人韻士絡繹挺生於其際元圃積玉無非夜光美斯爱燮斯傳策而書之於以見宜邑人文之盛録文苑

唐

許景先真定公緒曾孫舉進士神龍間獻服慈閣賦李迥秀讀之驚異嘆曰是宜付太史中茂材異等歷殿中侍御

史按劾不避權近爲知制誥張說稱之曰許舍人之文詞吉豐美得中和之氣開元十年伊汝溢壞廬舍甚衆景先言於侍中源乾曜得旨令持節賑贍帝自擇刺史十一人景先由吏部侍郎治虢州詔御史以上祖餞帝賜詩命高力士給紙筆令自賦賚絹三千疋後徙岐州入爲吏部侍郎著有訓誥集八卷節唐書

蔣乂字德源集賢殿學士將明子性鋭敏過目不忘博綜羣集有史才時集賢殿書籍殽舛將明奏請引乂助力整理料次踰年各以部分得闕善書二萬卷貞元初爲起居舍人轉司勳員外郎皆兼史職帝嘗登凌烟閣視左壁題

文剥落問宰相無知者以問乂對曰此聖歷中侍臣圖贊口誦不失一字帝嘆曰雖虞世南默寫列女傳不是過也又問神策軍建置本末條據甚詳宰相高郢鄭珣瑜嘆曰集賢有人矣明日詔兼判集賢院事父子爲學士儒者榮之後遷兵部郎中與許孟容韋貫之刪定制敕三十卷爲開元格改秘書少監復兼史館修撰與獨孤郁韋處厚修德宗實録以勞遷諫議大夫耿介自持嘗疏裴延齡罪惡又拒王叔文不與交世益高之後封義興縣公乂束髮志學老而不倦雖甚寒暑卷不釋故能通曉百家尤明前代沿革家藏書至萬五千卷子五人係伸偕僊佶並位刺史

而係伸偕尤知名又所著有大唐宰輔録七十卷建中實録凌烟功臣秦府十八學士史臣等傳四十卷

蔣係字大中乂長子善屬文得父典實大初中拜史館修撰與沈傳師李漢等叅修憲宗實録轉右補闕宋申錫被誣文宗怒甚係與崔元亮等泣苦爭申錫得不死轉工禮兵三部郎中皆兼史職後轉諫議大夫宰相李德裕惡李漢以係爲漢姻婭出爲觀察使復貶唐州刺史宣宗立召爲集賢院學士轉吏部侍郎懿宗初檢校尚書右僕射封淮陽郡公子㬉字耀之舉進士歷官起居郎著有憲宗實録四十卷

蔣伸字大直乂次子舉進士由右補闕爲修撰歷翰林學士承旨宣宗雅重之見必咨天下得失伸言比爵賞稍易人且偷帝愕然曰偷則亂矣伸曰非必遽亂但人有覬心亂由是生帝嗟嘆拜同平章事懿宗朝命監修國史封安樂縣公食邑二千戸

蔣偕字大化乂第三子歷官史館修撰與崔龜從續撰大歷以來唐歷累遷太常少卿大中時復與盧耽等撰次文宗實録三代踵修國史世稱良筆著有文宗實録四十卷續唐歷二十二卷編次李絳論事集二卷以上叅節唐書

蔣防字如城年十八父誡令作秋河賦援筆立就其警句

云連雲楂以迥立跨星橋而徑渡于簡遂妻以女李紳命賦鞲上鷹詩云幾欲高飛天上去何人爲解緑絲縧紳識其意薦之朝歷官翰林學士中書舍人著有中書詩賦集二卷

喻凫晚唐時以能詩名舉進士爲烏程令姚合有送喻凫校書歸陽羨詩云主人庭葉黑詩稾更誰書闕下科名出鄉中賦籍除山春烟樹衆江晚遠帆疎吾亦家吳者無因到敝廬以上叅王升舊志

南唐

蔣凝字海涵姿容如玉敏哲過人天成中爲侍讀學士文

思驕麗朝中號爲玉笋班（參毘陵人品記）

宋

將璨（舊志誤作燦）字宣卿父之美早卒璨方十三歲鞠於世父魏公之奇博覽載籍操筆成章尤善爲詩魏公器重之賦詩曰渥洼之駒必汗血靑雲之幹飽霜雪以魏公蔭補將仕郎歷知平江臨安二府嘗與轉運司計料開濬常熟十四浦以通江後以侍郎守臨川告歸卒贈正議大夫孫覿稱其詩奇麗淸婉咀嚼有味如啖蔗然讀之惟恐盡其擬東坡作置蘇集中殆不可辨所著有景坡堂詩集十卷（節鴻慶集）

單錫字君賜世居邑東南鄣湖汥嘉祐二年進士明陰陽圖緯星歷諸書無不該貫嘗修宜興風土記傳於世與蘇軾爲同年進士軾愛其賢以女兄之子妻之來宜興每寓其家

單鍔字季隱錫之弟嘉祐四年進士博學明經嘗乘小舟遍歷蘇常湖三州水道經二十年一溝一瀆無不周覽著吳中水利書蘇軾録進於朝不果行遂隱不仕李公擇誌其墓云才不竟於所用命不副於所學後夏原吉疏吳江水門周忱修築溧陽二壩皆如鍔所著書其裔孫有明經諱旻者嘗梓其書行世子子發舉八行科登政和五年進士著有續風土記（以上參王志）

佘中字行老幼穎悟熙寧五年偕兄貫試禮部中預選而貫黜請自黜以薦兄有司雖不許士論嘉之次年魁廷對是科邵剛試禮部第一邵材試開封第一一邑三魁天下傳爲盛事紹聖二年使遼（舊志作使金按史紹聖間金尚未立國應作遼）還奏河朔城隍隳圮乞從密院行下葺治以戒不虞靖康間金人長驅入寇城守多不固始思其言以諫行新法忤旨謫雲川守致仕（參徐志）

元

王天覺字師尹宋王審琦之後稽古嗜學以文藝知名元

初與趙孟頫鄧文原牟應龍相友善薦爲儒官仕至蘭溪州判詩文不事雕鏤雅會天趣有覺軒集十卷及卒鄧爲撰墓碑趙爲書石嘗築別墅於梅林曰覺老山居因葬焉長子曰宣博學嗜古凡三代兩漢彝鼎之器皆能鑒識次子曰新三子曰晉俱善詩文倜儻尚氣節（本王志）

許應祁字芳所舉明經茂異善古文爲儒官歷歙縣主簿山陰知縣致仕有松軒文集行於世（本郡志）

明

姚臨字大臨嘗曾孫明敏好學淹貫經籍工吟咏洪武初徵爲萊州府同知陞保定府知府卒於官

儲可求名季德以字行幼穎悟年十五能文及長潛心理學洪武初察舉任本縣訓導累官禮部侍郎所著有五松清嘯集（參徐志節 毘陵人品記）

儲惟德字希崇有文名洪武初太祖微行至藏林時夜將半聞誦書聲喜甚扣扉入問知其爲秀才賜儒籍除充常州府學教授轉國子監兼東宮說書嘗預修春秋本末（參節 儲氏家乘）

馬治字孝常少好學精通經史爲詩文典雅沖澹善行書洪武初舉秀才仕至建昌府同知與周砥諸人友善有荆南倡和詩集海漁集六卷（參王志）

芮畿字惟聰天資絕人讀書過目成誦遊鄉校時執友邵賢戲令暗中摸碑錄其文驗之果不誤一字爲文豪邁俊逸尤喜得酒頃刻立就登成化二年進士官刑科給事中多所論列有聲青瑣弟稷字惟馨亦登進士官兵科昆季並列黃門一時稱盛

邵賢字用之幼穎敏日記數千言成化壬辰廷試擬第一人主司病其對策太直置二甲首授武庫司主事歷遷山東副使兩秉文銓宏治九年告歸搆堂城東扁曰娛晩與同邑投老諸公十二人觴咏其間十二人者推官萬盛府經何釗知府李廷芝布政參議翁信侍讀吳經侍郎沈暉通政王玉布政李雲知府胡孝知州胡璉知縣楊琛王鑒爲之記

李杲字孟寅父震遂經學尤精時藝成化八年進士授兵部主事卒於官杲爲人方嚴好古學詩思清雅舉正德六年進士授南考功補北戶部主事卒

邵珪字文敬成化五年進士授戶部主事累官嚴州知府性穎拔不羣爲詩文多藻思尤善草書小楷得晉唐人筆意嘗得半江帆影落尊前之句殊自喜因號半江有半江集六卷行世一時李東陽程敏政皆詩社中契友

卜同字從大成化十一年進士生而才敏鄉舉禮部皆第

二人累官湖廣僉憲偕同僚宴集黃鶴樓憲長屬同爲黃鶴樓賦席間援筆灑灑千餘言出如泉湧滿座奇之所著有毅齋集

杭濂字道卿淮之弟天資秀穎然志尚高古不屑爲時俗對偶之文嘗受業丁玉夫授易遊吳中與都元敬祝希哲唐子畏文徵明友詩文日益工然竟以諸生老卒後文徵明爲序其遺稿

吳仕字克學幼警穎長尤嗜學登正德九年進士初授戶部主事累遷山西福建廣西河南四省提學副使中州八閩人材地也預決魁元十不失一人服其藻鑑陞四川參

政引疾致仕家居吟詠不輟著有頫山詩稿仕年六十無子或勸以家財之半行種德十二事仕欣然次第行之果得二子騂敦復舉人孫士貞曾孫炳皆爲名臣

吳性字定甫北界里人弱冠遊郡庠文名籍甚後學多師事之由選貢入胄學領鄉薦徙居武進故又稱洗馬橋吳氏登嘉靖十四年進士乞就教職歷官尚寶司丞致仕家居著讀禮備忘二卷其奉先之孝教家之法事事可矜式子可行中行並官翰林孫宗達萬歷二十二年探花官至大學士（以上俱參王志）

邵贊字幼節明嚴州知府珪之後工詩能文章尤精懷素

書法鼎革後絕意進取康熙初郡守駱鍾麟倡延陵書院聘究心理學者贊爲祭酒焉著有遯民遺集（節鄉評備考）

俞安期字羨長原籍蘇州徙居宜興少時傭於書肆竊窺羣書遂成淹博長有詩名布衣遊公卿間爲上客所纂唐類函詩家奉爲枕秘著有詩集如干卷

陸萬里成化十六年舉八二十二年進士任章邱知縣有史學所著有國史舉領嘉靖甲午書成自爲序

趙天錫字範于少年遊校試輒冠軍由拔貢中萬歷四年舉人選授吳縣教諭陞北雍學正病卒爲人篤孝友尚忠信名譟文壇傾動州郡宜邑士大夫出其門者以什伯計

主國山大社講學於明道書院著有寫心篇明性正字等書行世

沈敕字克寅工部侍郎暉從子也嘉靖十五年選貢任江西布政司都事謝病歸杜門讀古輯有荆溪外紀二十五卷自漢唐以來詩文傳記軼事異聞搜羅殆盡眞州李文爲之序

周正儒原名肖儒崇禎十三年進士兄延儒及第登政府正儒絕不作貴介氣潛心讀書文譽籍甚所著有社集吳吟卽山軒稿（以上參徐志）

許有穀字子仁王別駕升之婿以博雅爲名諸生著有忠

貞合璧凡所見聞忠臣節婦佳話各賦一詩以紀其事上司行部採風有司必以此書呈送萬歷己丑王別駕修邑志有穀嘗贊成之（參鄉評備考）

徐顯卿字公望原籍蘇州人以弟顯卒死非命仇不共國徙居宜興隆慶二年成進士授編修充經筵日講官敢沃諄切天子爲動容傾聽累陞吏部右侍郎請告奉溫綸馳驛歸創建義倉捐金五百爲倡地方有利病條請必力非公事未嘗以寸牘千郡縣撰詩文多自出機軸典雅超雋所著有天遠樓集二十六卷

蔣如奇字盤初萬歷四十四年進士初選部曹出守廣信

屢轉東兖道值大旱祈雨泰山因登日觀峯憩五大夫松下作岱遊記謁孔林輯闕里志時有島兵自遼海寇山左如奇親甲冑嚴守禦梟賊首戚化田等擒斬四十七人賊黨遂散以母老陳情歸養邑縉紳有豪横者激南劉民變如奇素長厚服衆心出爲排解亂乃定書法與董文敏齊名有淨雲枝帖六種行世家居十年撫按交薦起補湖西道轉浙江叅政督糧入京卒贈光祿寺卿劉狀元同升序其敭歷中外清風雅韻所至見思雅好登臨每遇佳山水輒有吟咏詩格清蒼古秀能自成家著有詠風堂漫記

吳國華字以文工詞翰崇禎七年進士殿試第二人授編修充經筵日講官侍懷宗講席敷陳洞達遂蒙眷注旋奉命封趙藩壬午典試浙江拔名士黃濤王自超等數十人陞國子司業懷宗臨雍賜蟒服命代行釋菜禮召對剴切有古大臣風請旌祖母沈氏節烈復請假歸葬親皆奉俞旨賜建坊祭葬時人榮之生平贍貧賙急大度好施不見德色官終右春坊右諭德

徐騰蛟字德斐博學工詩文詩得少陵氣格文亦古峭有奇致以戊子恩貢廷試上卷授內閣中書時魏栢鄉劉安邱倡興詩會騰蛟詩一出共推白眉聲噪都下以隨征湖南功題授辰沅守道因忤直指使罷官歸著有混茫篇紀年歲諸集行世

儲國祚字忝鞠萬歷乙卯貢京師試于廷擢第一元輔葉向高遣子弟列門下擬署京學教授辭弗就少時資質鈍書案去一足支以石欲睡案翻輒驚起卒成名士爲儲氏文學開先節在陸文集

堵應羲字武卿少而敦敏長以能文稱由歲貢任崑山訓導品行清嚴督率匪懈士子深感悅之陞山東觀城令以廉潔自持稱爲古之遺愛遷王府審理不就而歸

吳叔字艾夫少好學家多積書愛吟咏由進士授蕭山知縣薦擢御史以論昭德宮杖謫德陽縣丞陞衢州府同知轉按察司僉事卒以上叅徐志

儲邦輔字爇卿崇禎十二年序貢松江府訓導爲文颷發泉湧攜北遊南歸紀程詩忠國憫時之志暨兵農要畫胥形簡帙間又著國山集行世節儲大文家傳

周漢石字某文思沉深每有作輒引被蒙頭竟日卧起則振筆疾書出語驚人著有穀城遺稿節邵子湘集

吳仲立字仲侯爲詩幽澹閒適有自得之趣著有仲侯山人遺稿節邵子湘集

吳退貽負氣自豪落筆數百言立就其詩涵演馳驟不名一體著有退貽詩集節邵子湘集

儲愻時字巽子崇禎甲申序貢淹貫羣籍著述等身在陸受經門下得其訓指晚遘風疾置筆硯床褥間默寫二十一史勤成編年紀傳二書加以論斷其他評閲子史靡不精粹子福宗工詩詞著嶽隱詞草選輯家多採録焉叅在陸文集

國朝

陳維崧字其年明少保于廷之孫康熙十八年特試博學宏詞大學士宋德宜以維崧名聞召試璇璣玉衡賦中選授翰林院檢討纂修明史居官勤慎稱職頻蒙宴賚貌清臞多鬚海内號爲陳髯順治九年蘇常四郡與同聲社名

士畢集觴酌未引維崧索筆賦詩數十韻用六朝體作序頃刻千言鉅麗無比諸名士驚以爲神年三十不遇因東羡爲汗漫遊所至諸貴人爭客之性落拓視錢帛如糞土每出遊餽遺隨手盡空囊而歸亟命質衣物供食用及無可質輒復遊率以爲常日手一卷書所歷欹危馬駭伊吟自若視諸弟甚友愛遇親朋温温若訥生平無疾言遽色得官後妻卒于家悼痛不已未幾卒於京邸諸公卿助以殮歸葬亳村所著有湖海樓集四十二卷詩馳驟李杜間詞尤凌厲光怪變化若神富至千八百首俳體有檢討四六十二卷又有兩晉南北集珍未疾時屢欲告歸以史局未竣不敢請疾革吟斷句云山鳥山花是故人猶振手作推敲勢年五十八以亡弟維嵋之子爲嗣

黃琦字惺儒進庠後教授生徒著易經講義詩古文二卷邑令駱天閑季考屢取冠軍曰此雞羣一鶴也

儲方榮字令元順治丙戌舉人詩才凌厲工書畫人多購之雜著文暨經義尤拔出振奇滌釆一變頹薾習在陸井陘清源俱嗣興著有駿坡文集節存研樓集

任繩隗字青際幼穎悟年十五遊庠文名甚噪順治十四年登賢書辛丑以户糧奏銷不得試春官乃肆力墳典殫心著述書法亦端勁深得黃庭經樂毅論筆意所著有直

木齋集行世

史紀夏字大音以制藝擅場後學多遊其門順治十二年成進士授江西安仁知縣濵江負山以多盜坐黜歸橐蕭然仍授經著書性嗜酒每飲酣興發狂歌時曲詼諧玩世或以晉人風流目之所著有尚書翼註論孟臆解等編藏於家以上叅節徐志

吳梅鼎一名雯字天篆鄖襄兵備道正已之孫未弱冠而孤事祖母及母孝養備至工詩詞善書法精畫山水翎毛與兄天石並稱一時著有醉墨山房賦稿詞稿行世叅吳氏譜

任元祥字王谷明季諸生鼎革後棄之秉性端方篤於孝

友平生寡言笑及作詩文下筆千言立就四方名士多樂與之遊著有鳴鶴堂文集十卷詩集十卷

周廷求字近于諸生鼎革後絕意舉業數十年足不入市扃戶著書凡歷數星象靡不通曉有契友晚年乏嗣嘗買妾贈之所著有春秋二十編易經天𤔠詩經大成二十一史纂諸書行世

許昌國字一清歲貢生與溧陽潘天成友善遊湯默齋門習濂溪主靜之學文名噪一時著有薪樵集行世

毛元策字棐明崇禎十五年舉人有文名選旌德教諭造有方著有五先齋文集

萬彥字我惟順治十七年進士生而穎異弱冠博涉經史爲文有更柢甫釋褐以逋賦案黜官遂遊歷東南探禹穴涉武夷反棹西江匡廬彭蠡諸名勝無不到以故識彌朗學彌邃而文亦日益工坦然不設城府族黨有匱乏者周恤備至父石居好吟咏嘗著閒閒吟時已年邁每花晨月夕攜杖相隨捧觴以進賡歌佳句以娛老云子申祺另傳

徐𡸣鳳字聲岐天資敏異經史百家無不通貫工詩詞斗酒役數千言立就同邑許豈凡黃珍伯陳其年咸推其才氣奇崛視兄喈鳳殆有過之年近强仕絕意進取乃築我園饁亭以自娛自號饁亭老農著有詩詞行世族弟見龍字文升性坦直無城府弱冠能文邑中先達咸以大器目之應試輙抑于有司遂廢業寓情詩酒

任培元教授後學奉朱子小學爲準繩嘗言旣爲吾弟子先使識義理大分根柢旣端即轉之農工商賈終不入大惡定宗法十八則

楊懷遠字文來諸生讀書有疑義必究析其所以然雖儒先不敢遽信積四十年成四書明辨錄微言大義及名物典故皆在焉又考古限田均田制爲一書古今祭禮爲一書又纂周禮疑五經疑諸儒源流考鄉評備考諸編家貧常苦饑寒而一介不苟取卒金陵邸舍

儲善慶字長能穎悟絕倫年十一援筆成十藝補郡庠康熙丙午丁未聯捷成進士知井陘縣文才吏治時稱雙絕孫麟趾已未翰林

儲振字玉依生而嶷秀十一歲擬闈墨七藝提筆立就許衣菴見而奇賞之十九歲中副車康熙五年功令初更首場用五策取士榜發方慶第一善慶第六振第八一時稱爲三鳳明年並聯儁振選庶常己酉授檢討庚戌充會試同考官是冬給假歸省時逆藩搆釁振不敢寧居急束裝入都丙辰擢洗馬庚申擢右春坊庶子纂修實錄辛酉逆藩平振乃請假歸里侍養大母與其母甲子

入都
簡任日講官起居注屢承
顧問有氣度老成之獎乙丑丁內艱歸庚午服闋將赴京感微疾而終年僅四十九振至性孝友教誨諸弟最篤先是丙午臨昜振晝夜讀毋許恭人親炊糲飯弟掄抬園中枯枝烹茶饑渴少充輒朗誦達旦其刻苦如此

萬樹字花農又字紅友學識明達以國子生遊都下才名籍甚然弗輕與人交客遊秦晉歸購吳氏鸚䳇園故址葺而居之繞園種綠楊名曰堆絮名其軒曰蘿隱吳大司馬興祚總督兩廣愛其才延至幕一切奏議皆出其手暇則製曲爲新聲甫脫稿大司馬即令家伶捧笙璈按拍高歌以侑觴所塡樂府凡二十餘種又以詩餘譜舊圖多㚈亂取宋元以來名家詞字櫛句比別同異辨謬譌成詞律二十卷藝林珍之歸自粵中歿於西江舟次著有堆絮園集香膽詞花濃集璇璣碎錦樂府十六種左傳論文行世其詞律已採入
欽定四庫全書

徐煥龍字友雲康熙五年舉人資性超拔生平好讀書每作詩古文辭援筆而成脫稿輒任人取去鄉薦後屢困春官遂潛于仕進杜門註周易毛詩闡揚經義不受漢宋諸

家牢籠所註屈辭洗髓麻若發瞶鋟板行世遠近咸珍重之

史陸輿字亦右讀書目數行下終身不忘爲文援筆立就灑灑數千言康熙十一年鄉試第一越七載捷禮闈選庶常散館改部曹補刑部主事遷員外郎遇大獄多所平反轉禮部郎中癸酉典湖南鄉試與監臨立誓于堂務遴選眞才榜發果皆寒畯士甲戌差福建督學正文體振士習八閩翕然向風辛巳協理河工捐貲督役日夜罔怠閱三載河務告竣卽引歸陸輿自幼嗜學晚而彌篤於城南築室顏曰舫齋嘯歌其中晨夕披吟不倦詩古文淳茂恬雅著有舫齋詩集

周亦曾字型曾邑諸生父漣字漪芹少負文望康熙舉人亦曾承家學能文章尤以德行自勵其論學篤信考亭嘗病四書大全于朱子意未盡合乃彙文集語類諸說別成一書名曰述朱大全行世

俞景宸字文若庠生高才績學與儲同人爲文友大文在文胥受業門下屢困棘闈賷志以沒

儲欣字同人性篤學嗜經籍弱冠萃里中八俊晨夕切劘約非聖賢之書不視非其行勿爲弟君宜早世養教二孤俾成立內兄俞文若以窶卒贍竆嫠植厥嗣性和易不可

干以非義館維揚或屬賁緣事峻拒之嘗闢在陸草堂從居夕夢盈圍桃李葩絢發識者以爲公門桃李徵以故經其指授胥一時名下士掇巍科列詞垣如楊大鶴狄億暨邑中潘宗洛朱世勲從姪大文在文輩指不勝屈康熙庚午科年六十舉鄉試第四主司安邑王公激賞不已曰眞古文一上禮闈不謁貴人門惟孜孜講業模楷後學爲己任權論古文詞甚悉嘗曰出秦漢入則句不冗又曰古文極盛爲西漢爲晚唐晚唐實與西漢埒經緯集其巨擘也宋大家老泉第一盱江李泰伯力殊勝有明一代遵岩較勝近則雪苑朝宗特出筆必能飛始可語古文能走卽不

迷蹣跚勃窣斯爲下慈谿姜西溟亟稱之曰自南渡後此道寖絕今得之宜興儲宎文體清眞閎遂視明季尤盛後遂衣被天下殘膏剩馥雖窮海絕徼胥爲沾丐著有在陸草堂集唐宋十家選八家類選子芝字五采邑諸生制義不溢先正銖黍遊其門者多獲雋從兄方慶推曰文如山人木客約而彌達蒸得梅花芬澹之性者也乃自號梅隱孫掌文別有傳

蔣景祁字京少永修子生而穎異質貌魁傑少長誦經史如夙授行文洒洒數千言立就爲詩詞與同邑迦陵諸先生相唱酬尤爲新城王阮亭所賞識屢困棘闈以歲貢生累官府同知戊辰春赴選都門得疾居京邸惟閉戶著書乙亥南歸營葬二親疾劇卒于家所著有東會集五卷梧月詞二卷春秋指掌九代說史歲寒吟燕臺唱和集諸書

謝方琦字應雲康熙三十五年舉人孝友博學善吟咏奚蘇領邵子湘諸人稱其文餅直追史漢詩歌如峨眉積雪閬風蒸霞李安溪欽其人品如鳥中孤鳳著有東墅集

謝芳蓮字皆人方琦弟淹博工詩新城王阮亭擬之世尊拈花迎葉微笑宮保蔣楊孫賦詩云王謝風流原第一至今詞藻擅芳香康熙辛卯以薦入爲分卷纂修甲午修

欽定皇輿全覽議敘以縣職用不就　愼郡桂峯兩王以

禮邀致築名士軒居之曾贈句云翰墨橫今古烟霞是性情又云梁園遲拙才華少謝客風流姓氏香著有香祖詩庸習說風華閣儷體吟臺二子稿行世

潘旂字曾覲早歲擅文名康熙三十八年舉人選授直隸南宮縣知縣廉愼寬平不事鞭扑民便安之暇則與諸生課文蓺大吏有欲列薦剡者以年力就衰却之在任三載乞休旋里杜門養疴手不釋卷卒年七十四所著有語古堂文集

陳枋字次山詩古文詞工絕一世與維崧齊名以諸生入

國學年未三十卒于京師著有水榭詩稿香草亭詞子旋

事母孝工文章
儲華廡字少白廪生經義宏博聯鋒江左楚浙學使聘衡
文時推精鑑從叔福覲蘊瓚亦咸有文望後先競美焉
路仍杞字介繁博學能文兼工書畫慨然有經濟志嘗作
莅政資言一書康熙四十二年
聖駕南巡爲頌並詩畫以獻
欽賜舉人四十八年成進士選庶常給假歸省卒于家聞者
悼惜著有史學糾頌納菴詩文集等書
徐江普字舜琴少好學工詩文喜藏書書賈至輒盡舫書
之遊儲在陛門與梅隱畫山爲文友與水榭蔣平川黃隆

吉爲詩友康熙四十四年登賢書銓注內閣中書改注知
縣皆未任著有籟閣詩存稿十卷
路朝宗字海臣廪生性孝友秉資穎悟遇事勇敢有爲于
經史子集無弗訂其訛謬勤加評騭年八十五猶赴南闈
試倒得貢未及期而卒
吳淵字玉溪國華孫少純孝父母歿哀毀淚枯砌畔海棠
紅花變白著白華集弱冠補諸生工制藝尤肆力于詩南
走山陰會稽北渡滹沱易水覽山川之勝詩益工一時海
內名士無不傾倒晚築樓城西隅顏曰遠山瞰西氿面南
山日與兄潔嘯咏其上著遠山樓詩集王漁洋稱之曰清
深雅健擲地當作金聲子士棻國學生振乾歲貢生胥承
庭訓工詩文
儲高文字風崇康熙四十七年第二名舉人少艱苦讀書
日夜不輟卒成通儒手訂古大家文尤評騭精當子燧字
敬輿亦以文名一時由進士起家官御史正直不阿
吳澍字惠侯康熙四十七年舉人時周紹濂張閎實倡學
荊南社講學論文推澍爲祭酒後任金椒教諭子企劉字
芑流天才儁上早露頭角十九游庠二十一食餼爲人骯
髒豁達里中有鬻妻者捐金贖之父有遺券數百金皆不
能償一炬焚之年僅二十五而卒著有西溪草堂文稿族

叔誠家貧嗜學企劉時贍給之訖爲名諸生亦早卒
盧棟隆字吉先三歲失怙奉大父母庭訓敦行篤孝研窮
經義寒暑靡間工文辭康熙五十年以五經雋北闈授山
西榆社縣知縣居官廉慎無愧祖風尋以年老乞休林居
惟書史自娛不問家計乾隆元年遇
覃恩貤父如其官
宗芝堂字秀三廪生幼穎敏弱冠詣文壇輒壓其曹於書
無不讀尤淹貫三傳下筆風發泉湧不名一體嘗手輯史
楷百二十卷藏于家
宗五雲字釆三康熙五十二年舉人考取內閣中書授上

元教諭讀書目數行下與伯兄芝堂齊名時稱宗家筆任
啓運儲龍光吳端升輩咸推畏友性高澹不料量門戶篤
于孝友伯兄殁膳寡嫂撫孤姪如己出晚好佛書工詩古
文詞著有荊水釣徒集
史陳惠字典學康熙五十三年舉人博學工文教後進循
循有序孝行純篤友于兄弟兄早殁遺孤二齡教育之俾
克成人性高介不爲阿世庚戌應禮部試薦不售揭曉後
同考攜卷詣其邸欲令出門下惠拂然曰公門桃李如惠
榜材莫柄又安用爲同考慚而退凡七上公車以孝廉終
儲大文字六雅學者因所居樓稱畫山先生生而沉嘿穎

異五歲授經書神解洞開如夙契十歲隨父方慶之官清
源所過阨塞險隘睥睨指顧俱有會心自淸源歸受業從
祖在陸偕諸兄讀書九峯樓者積十年或閉目竟日兀坐
或獨往城外水涯面溪光山色徘徊忘返以故文境益邃
思益奇在陸嘗稱之曰六雅坡仙化身也每應澄江白下
試與江左知名士申縞紵歡時士東南壇坫者如何義門
吳荊山胥推大文爲祭酒甲午應京兆試獲雋辛丑應南
宮試遂寧張文端得卷朗誦曰眞法度眞才情遂魁多士
授翰林庶吉士旋告病歸日坐卧畫山樓中門下士請業
者遠近畢集庚戌山右撫軍石公聘修晉志銓次三百卷

有奇乾隆元年起用在籍諸臣諸公卿推大文爲海寓宿
儒屢致書勸之北上迄不赴生平無他嗜好行車坐褥中
手不釋卷每書賈至有未見書亟置案頭窮日夜縱覽或
疑其略觀大意歷久同之無一字遺忘自諸經註疏子史
百家歷代名人文集及稗官野乘旁及佛書道藏咸所綜
貫尤講求實學上窮究天文下考索方輿于中國洪河巨
山重關保障及邊海荒徼靡不瞭如指掌立心寬而介家
有傭工竊其貲置勿問曰其人一負盜名終身莫湔矣有
祖遺屋爲里豪佔賣親黨咸不平曰獨不見東坡買田事
乎勿校也嘗达江寧試學使者致書餽贐堅却之邑富人

厚幣丐文爲壽輒勿許家居二十年同年舊雨爲本省大
僚或手翰郵詢槩不裁覆行事類如此選古今文有玉井
金梅集明文透宗集著有存研樓文上下兩集採入
欽定四庫全書
儲怨字宛若歲貢生少工文蕭疎跌宕追踪廬陵與六雅
禮執任翼聖齊名金沙王耘渠罕皆咸極獎賞訓弟悳以
文名著有碎金集春秋分國紀事
儲在文字禮執少敏悟年十歲家塾草經義已嶄然見頭
角在陸稱之曰此玉堂器也籍校後學殖彌勤偕昆季讀
書十年世傳九峯樓課藝又嘗侍在陸讀書廣陵吳氏之

存園其爲文以西京劉氏東京班氏爲宗一字之成固于
金湯思泉爽陽二愚大士後𢭏遘共格顧以困承宣試康
熙四十四年恭遇
南巡獻詩引
見行幄列籍六館四十七年舉順天鄉試第二四十八年
聯雋授翰林院編修籍六館時修歷代詩餘協編子史驛
程卉木諸書入詞垣分纂周易折衷協修
萬壽盛典乙未院試第一旋彙試西㮾閣
欽定第一隨
命侍直南書房

賜蟒袍一襲朝珠一聯是年同考禮部試雋士八人閱他
房卷雋四人四月
欽點扈蹕熱河歸邸舍內使捧黃冊數帙
命詳校
賜克食四金盃自是兼充邸教扈從金鑁豹尾往返熱河
海淀者三年丁酉冬丁內艱歸服闋後以年老屢徵不起
時對兄弟暇名清談勤課諸孫月校宗從藝業著有詩古
文詞彙二十卷名待園集
儲郁文字允嵌雄文字汜雲方慶生子五人長右文次大
文次在文次郁文次雄文康熙甲午郁文與大文分雋南
北辛丑郁文雄文與大文同雋禮部試大文獲元郁文列
魁先是右文康熙丁巳登賢書在文戊子己丑聯雋同産
五人並登甲乙榜藝林傳爲盛事郁文學問邃深文章典
贍顧性不耐煩劇得第後請就教職授徽州府教授雄文
殫精詩律于中晚唐暨宋元尤深新城王公商邱宋公雅
被賞識著有浮青水榭集四卷館課古今文詩賦行世
徐瑶字天碧嗜鳳子歲貢生沉毅好學工詩古文詞經史
子集靡不研極闇與父歿後歷遊南北徧探名勝每詩文
出輒傳誦海內爲同邑陳其年儲同人崑山徐元文徐乾
學輩所推重巡撫慕天顏目爲通才所著有端齋漫稿愛

古堂儷體桂子樓詞行世子洪鈞亦績學工詩以明經老
有栗亭集行世
杭越字承夏康熙五十六年經魁少工經義博通諸史百
家何義門儲在陸嘆爲文止思曠之儔江左文人推爲領
袖試禮部時有鉅公欲羅致門下卒不通一刺蹶禮闈遂
絕意進取門下士經其指授多掇巍科著有四書闡要五
經辨義映遠堂文集
吳崇字冲扶康熙五十九年舉人少從舅氏儲在陸遊超
識遠趣文非檀莊列屈司馬不談或經歲不作文間出一
藝沈寥夐絕在陸驚異之每日晡輒偕儲畫山涉西城俯

長溪指畫洲渚飄櫓相對靜默至日隱山乃歸其興致如此後館燕邸以疾卒有文集藏于家

顧洸字巽吾康熙五十九年副貢主司已定元以微疵抑置魁房考力爭之不得乃置副元文邃于古深博無涯涘平生和氣謙德無遽色疾言兄弟析產受薄田後乃分潤之人稱其厚選授祁門訓導未赴卒

李荃字芝室邑廩生立身方正言動不苟行文深雅堅峭以古大家自期所著有九畹齋文集

史仲升字定遠諸生少端重醇慤刻苦自勵經學邃深尤長于禮其他子史手批盈篋文章追踪先正師範端嚴不

少寬假門下士後先獲雋如編修朱昜爲儲寬夫孝廉儲實夫恒夫曹敦萊葦胥克傳其學性醇篤事親事兄極孝友兩兄相繼卒撫孤姪成立姪卒又撫其孤人以爲不負所學云

史高統字玉垂諸生文章濬發天然輔以經籍與至操管立就翛淡經營者訖無以過顧困于舉場中年去城居鄉自號隱夫力啓迪後進大宗伯任公都憲徐公胥延至其家塾課子若姪如探花任端書以及蓉湖瀨水梅里金沙暨宜邑諸俊彥強半出門下性誠懇無城府尤爲士林所推重

巽掄字豹臣諸生爲文辭善持論上下古今縱橫豪宕雄視一世與同邑儲畫山任釣臺齊名吳門何屺瞻金沙王罕皆咸擊節稱賞其文梓于試牘者至今傳誦

萬嗣恭字纘美增生聰穎絕人工舉業屢躓棘闈益發憤讀書思爲名山業博綜經史編輯筆數類纂三十卷晚更潛心性理融會儒先說著四書講義

萬受釆字文煥增生少遊儲在陸門與潘爵觀吳又葵郁峻升蔣豈潛葉聖基任緯仙及在陸子五釆族子六雅禮執允竣汜雲諸名士縱橫角藝號儲門十二子而受釆獨以簡古矜貴見重于時所著文附見在陸草堂課藝中

蕭趙炎字撥三子挺字蘭芟俱諸生工文尤工詩與儲六雅汜雲蔣豈潛曹湛斯謝應雲皆八輩爲詩友每讌集分韻蕭氏父子天才穎發咸推服焉趙炎著有騷餘集挺著有友竹居詩鈔

葉肇虔字聖基諸生遊儲在陸門文見草堂課藝葉鳳翥字鳴周乾隆初以博學宏詞徵未試卒于京邸兩人俱以文學顯

毛滔義字聖穆庠生有文名好施與于時霖家貧力學工詩文書畫旁及星卜術數靡不研究所著詩文集藏於家

張明善字慶之邑諸生文章書法俱有名檢身謹飭居家

儉約子大鈞字錦雲雍正元年舉八事父母以孝聞于咸
黨情誼尤篤選吳縣教諭造就有法吳下士欽其師範
蔣郃字大啓允儀曾孫廩生年十三工制藝童子試冠軍
嘗受業儲梅隱稱其文兼左史之清芬韓歐之灝𤅢年三
十六卒士林惜之
陳邦榮字亦尚弱冠補諸生旋食餼幼承父訓學有本源
文筆超雋晚貢成均爲邑名師生平以六行自箴故號箴
六子豐垣全豐基孫疇錫銘京鎬燦文皆有聲黌序
沈牛成字元卿少好讀書父業巫屢禁其學至破筴楚終
手執一編日夕吟誦遂以能文名後以歲貢補訓導熊翼

字紹周父早喪家貧母令習銀工度日有暇輒讀書問字
于八後漸知作文卒爲名諸生二八皆于賤業中能自樹
立者

補遺

陳貞貽字孫謀少保于廷子四歲能爲駢體十歲爲文太
守歐陽公器重之補博士弟子員益攻苦屏居玉潭閣經
史諸集丹鉛殆遍旁及稗官樂府尤酷嗜眉山長公文放
筆千言才情浩淼江左文壇推爲主盟遭母喪哀毀骨立
少保爲侍御按江右與稅璫爲難忤旨幾蹈不測貞貽驚
聞嘔血寢食俱廢得疾未幾卒所著有大全性理史綱纂

許及度世當壚桃花詩謎行世吉水鄒元標題其墓曰篤
行好學大儒孫謀陳子之墓
路朝陽字于葵祖文輗博學能文數奇不遇陳于廷撰墓
銘稱其貴遊之習俱盡道德之實闇然朝陽頴敏工文崇
正十三年成進士時初命舉子二三場兼武經書算習騎
射朝陽試高等一時稱全才授留都主政遷內部早卒士
林咸爲惋惜
湯思孝字元祥未遇而孤從母秦氏授經史克自憤勵爲
高才生儷體見稱於世值滄桑時所著多散失有哭四忠
詩敘

許際科字兆登邑諸生工古文辭闡發經學務得眞詮有
尚書影言壁經懸鏡行世尤邃易理著韋編三續一集曰
訓詁家言二集談經濟大略三集以六十四卦談戰陣法
經緯變化通古名將韜略前哲湯之錡潘天成咸珍寶之
許肇篠字圖遠邑諸生父際昌萬歷癸卯舉人才學淵懿
有會眞館課香翩齋集宗伯張飛徵君陳繼儒亟稱之肇
篠幼承家學偕弟肇箕肇篪相切劘著雙劍集伴騷集問
天集昧外集行世

增修宜興縣舊志卷之八

人物志　行誼

君子小人之分義與利而已義利之辨明於以正人心敦氣節厲末俗振頹靡古人拄劍揮鋤還金贈麥所以嘖嘖人口也近世樂善不倦輕財好施利及鄉邦澤綿奕世誠斌斌君子其人哉他若慷慨捐軀臨難不避救人之危紓人之困雖古節烈士何以加焉志行誼

吳

張秉字仲節時顧邵號知人一見遂友之邵爲豫章太守瀕行送者百數時秉疾邵辭曰張仲節以疾不克來當與

別諸公幸少俟秉自是聲譽遠播仕吳爲雲陽太守本三國志

劉宋

吳國夫與錢塘范升孫俱以義遜稱累辭徵辟嘗有竊其稻者國夫引還爲設酒食以米惠之其人慙服本宋書范叔傳

隋

蔣宏仕隋爲朝請大夫煬帝幸揚州百司艱食宏獻米萬石用廣千官手詔優寵謙讓而退本蔣氏大宗碑

宋

時某佚其名尚書彥之父初爲鄭州牙校年六十無子妻年亦四十餘以白金市妾得一處子見其括髪以布怪問之泣曰妾本京師人父終雅州掾道卒母不得已鬻妾爲扶柩歸時某惻然亟訪其母還之復出所餘金爲賻且護送至京爲營葬地未幾妻有娠一夕夢偉丈夫衣金紫入中堂遽旦生子彥字邦美後登進士仕至吏部尚書參毘陵人品記

邵靈甫性樂施與善籌畫咸平中歲游民大饑盡發所儲粟得五千三百斛傭傭自縣至湖洑鎮除道四十里浚蠡河橫塘八十餘里通罨畫溪入震澤饑人爭受役賴以全活後子梁登進士孫剛魁南省官御史參節王升舊志

邵民瞻居邑之永定里蘇軾至宜民瞻從之遊後軾自海

南歸蔡京方禁錮黨人生平親故莫敢與通獨民瞻與晨夕周旋不少畏避東坡歸陽羨詞有畫樓東畔天遠夕陽多之句因以天遠名邵氏之堂爲手書額參東坡全集

吳師古字敏求政和二年進士紹興中宰臣秦檜决策主和會金使以詔諭江南爲名樞密院編修胡銓抗疏極論坐貶師古鋟胡疏以傳金人募其書千金爲怨家所訐坐流袁州後追謚文節祀鄉賢本王志

蔣天倪字鴻宇官宣議郎性好施至老不倦理宗朝以子安仁貴封趙郡公時年已百有十八歲杖闕謝恩上優其老賜宅安養以爵坫今其地名蔣坫壽至百二十六歲卒參毘陵人品記

元

儲廷玉字君美博學修行當路特推爲宜興州學正多士矜式歲饑殫力倡賑齊家有道交友有義晚號梅心超然有出塵之趣眉山史孝祥銘其墓吳興趙孟頫書今墓刻尙存姪士方鄧文原薦知宜興州辟不就復薦爲建德路教授修舉廢墜以勞勩稱（節儲大文傳）

岳濬字仲遠忠武王八世孫忠武第三子霖自嶺表來宜興居邑東北四十里唐門村今墓猶存濬博學好義仕爲石門尉遷龜山長乞歸侍親積書萬卷一時名士多遊其門又往杭州修忠武王墳廟卒於明洪武十年壽八十二

岳惟至惟元濬之諸父皆一時名士青田劉基有送惟元歸唐門詩武進謝應芳有寄唐門惟至二律（節府志參鄒評備考）

明

蔣賢字仲賢慷慨尙義元天歷己巳旱辛未復旱賢發粟賑饑死無以葬者施之棺明太祖兵駐太平率鄉民獻粟千斛資餽餉上嘉其誠賜璽勅俾知宜興州賢以老辭官其子貞（參王志）

附

吳興郞吳氏僕也主德明卒子以忠尙幼永樂中以軍伍多規匿詔親子姪皆遣戍邑有同姓異派吳得者先與德明有隙後以罪發威遠衛充軍因誣以忠爲親姪宜補軍伍清軍御史准行檄至宜興興郞代爲申雪屢被斥乃納詞懷中深夜縊死察院門事得白免戍後以忠子玉以明經起家孫儼仕皆貴顯乃立興郞神主配享德明以報其德（本吳氏譜）

吳以中字正夫元末兵荒以教授爲業遠館潤州歸塗遇鬻妻者罄所得館穀贖還之

施玘事母甚孝嘗刲股療母疾律身嚴謹居常揭暗室虧心等語於楣間以自警與保安寺僧交僧病篤出所蓄托以後事玘令僧手識之及僧卒爲謀殯殮訖乃出所寄歸其徒封識宛然

萬壽字松軒曹澤字素菴任亮字稼軒合力整新果利廟又輸粟賑饑多行善事沒後人懷其德祔祀殿側

陳玉洞山鄉人正統五年大旱歲饑甚捐穀二千石賑之民賴全活者甚衆有司上其事賜勅旌奬時又有陳爕潘岐蹇曦各出米六百石陳倫任亮吳佐曹襲宋大德毛溥等各出米五百石奏給冠帶其四百石三百石者俱有旌表

褚錫字克文家貧爲村學究多善行雪後過茶亭拾遺金一囊俟其人至還之館隣村有少婦出奔拒不納皆偉節云（以上參王志）

李愷字思仁嘗總鄉賦值歲歉有將鬻妻輸稅者亟代之償又嘗買某田許以米作值既立券水潦至米價翔貴某慮其悔不索值偶遇諸途呼至家仍按舊估償之以子雲貴封禮部員外

吳玉字尚璞由歲薦入國學任戶部主事榷課淮上雖族姓親故市舶往來毫無徇縱役卒于官旅櫬歸蕭然破簏而已敝廬四間兄弟共之以孫儼貴累贈禮部侍郎

卜祉字景福由舉人官戶部郎中以廉慎稱爲諸生時肄業學宮於路拾遺金二裹伺失者驗實還之人服其介

李庭芝字瑞卿嘗同業師許恒應南畿試恒暴病仆闈中

庭芝哀慟即投卷負其屍出士人皆嘆慕景泰癸酉領鄉薦累官平樂知府致仕歸家徒壁立吳中李太僕應禎訪之方踞爐煨芋乃相對話舊俟芋熟啖之而去

沈榮字松隱家富而好義建文失國修撰吳成學遁迹至宜削髮爲僧榮築大潮菴居之子彝字茂常景泰五年大饑撫按勸富民出粟賑救彝捐米三百五十石彝子暉既貴榮彝皆贈副都御史以上參徐志

邵曙景泰五年大饑捐米四百石助賑又好聚書積萬二千卷孫曍字日昭登成化二年進士官至考功郎中敦慎簡淡門無私謁公餘惟晏坐而已致仕歸築室以藏書號曰城塘書屋參郡志

盧元京字道宗忠肅公高祖也性好施與凡里中文士及四方往來之賢者有所乞假無弗立應而自奉常儉約鄉人賢之節吳明善盧竹岡本傳

曹珮字國聲父病旦夕侍湯藥踰數月不怠父憐之授以遺蓄固辭强而受命藏以備女弟嫁奩遇歲歉必出米貸鄉人之窶甚者子三晹補漳州守迎養署中每稱一飯一筋皆君之賜民之力也

萬士禎字思治少工文爲諸生時歲科試輒冠軍嘉靖三十一年以序貢入國學有同舍生邵陛爲莫逆交已而陛

巡按下江會武進富人周良金以詿誤陷命案知按君重士禎願輸金鉅萬以乞命士禎爲一言陛果釋之良金輸所約却不受曰憐君冤耳良金乃潛入貲爲士禎子入胄監又歲輸金幣白粲强委之去良金又嘗寄妾其家士禎避居別墅其妻蕭同妾卧起如是者二年士禎後官永康令轉長蘆鹽運使經歷俱以廉著

任卿字世臣輕財好施助入學田千畝有奇士賴其利又置義莊於條里捐義田千畝以贍族侍郎陳儒作記勒石又置役田八百畝給里人之充里役者仕至南康府推官告歸弟道仕爲光祿寺丞有才識尤善成兄志以上參徐志

歐蕙字國磬三歲失怙事繼母潘以孝聞里中貧乏者周之遇坑破轝者爲代償釋之山中有貧婦改嫁携瞽女往後夫不能容將溺之溪蕙聞切責之月給米三斗令養女數年瞽女目復明人傳爲異事參楊懷遠鄉評備考

湯應隆字世昌太學生任襄陽宜城主簿築沙堤以禦水患晝廬洲以息民爭甫兩載上官考最以母老丞告歸與弟應陽極友愛嘉靖甲辰乙巳丙午大旱捐米五百石以賑弟應陽亦連捐米四百石學校推鄉飲率以爲首本鄉評備考

芮宏字從大邑諸生性好施與嘉靖丙午旱賑饑民散米

八百餘石野有餓殍樽埋之佃人困乏雖有年輒蠲其租甲寅澇閘湖瀆往來多水厄捐貲築石堤八十餘丈行者稱便郡守邑侯並加旌獎萬歷改元以齒德兼優恩授儒學訓導旋舉鄉飲大賓參節邑人曹貫暘墓誌

吳承裕唐諫議大夫吳苑裔也祖祠在苑墓側門屋傚與道人居吳氏式微祀事久缺道人初懸大士像旣偏塑諸佛像儼然變爲闍若承裕心傷之念無可與語者乃央計獨任其事先施慧光寺僧米五石囑曰中夜有所寄門毋扃薄暮具三舟於僻港密戒佃僕數十人二鼓齊集鎬以酒食率之入祠移佛像入舟道人旁阻扃之一室衆素神伽監舉之不能動承裕數之曰爾旣竊奈何占我直筆公地一投而起三舟滿即送至慧光寺其餘未遷者尚多悉出諸野外乃正列祖神位設奠鍵門出翌日族中佞佛者皆大詬承裕徐延入祠則木主儼然南面几筵香楮畢陳衆乃慴伏而退其神像之出野者承裕別構三楹安之衆益嘆服萬歷庚子歲饑捐米三百石給散有方民賴以濟

吳應期邑諸生世居亳村除夕散步河側聞哭聲甚哀詢知爲販綃人遇盜囊罄無以資生引歸貸與四十金商人求立券應期曰爾泛舟江湖即有券能索汝於蘆花明月中乎拜謝而去或誚其愚笑曰我志在周急固不望其償

耳一日於家園得窖金數千語人曰我非得橫財汝輩有急悉告我鄉人持券踵門數日而盡貧無以償亦不與校也至今里稱高行先生

蔣禮字敬甫嘗有還金大節萬尙書士和爲之傳以子瑞卿贈戶部主事

吳馭字惟允尙書儼之姪遊京師往來公卿間累致鉅萬顧澹於仕進謁選得詹事府主簿旋告歸性好施與捐上腴田二頃入祠以贍族凡貧乏不能婚喪讀書者取給焉又捐貲繕津梁治道途歲饑則發粟煮糜活人甚衆又因靑烏家言捐千金建承雲墖於邑東南自是魏科鵲起子

縱芳乙酉舉人孫瑞鳳丙子舉人龍章壬辰進士任完縣知縣以上參節徐志

戴時逵字汝行父應奎爲仇家誣搆陷獄中時逵號泣控上官終脫父厄昆弟五人仲叔皆早世遺孤遺女教養兼至婚嫁以時嘗館富家夜有少女來挑之拒不納翼日托他故辭歸又嘗徒步自城歸行至常富橋亭中少憩見遺金一裹約三十餘兩懷之坐以待未幾有人跋而來詰之乃鬻妻物也亟取還之生平重義輕財苟可濟人靡弗殫力爲之以子英貴累贈兵科都給事中

徐守魁字光甫事親孝撫孤姪如已出見族人入圜行竊

掩身卻走嘗夜歸道遇偷者遺其器委置道旁不顧歲饑鄉人不舉火者千餘家守魁率先捐賑勸富人共襄義舉一鄉賴以全活子嗜鳳順治十五年進士永昌府推官參周啟嶲墓誌

路九同字道通隆慶元年舉人授通山令歲荒捐俸設粥賑濟所活者無算本通志

儲邦美字賢齋性友愛晚年與兄各營葬地邦美得東壤術者謂東壤更吉邦美遂推以讓兄而自卜其西里人某貸金久不償忽治具請合券會天雨某托有急務出其妻具盤核捧卮以進邦美面發赬冒雨歸召某急至還其券

夫婦日炷香祝焉節儲大文家傳

吳挺秀邑諸生方正有守契友曹司貞將卒以孤子師夔托之方十餘歲挺秀爲理家事設籍簿錙銖必登貲產歲有增益比師夔長始授之毫忽無私里人共稱長者寓澄江夜分有女子持茶至正色卻之明日徙其寓將卒前三日置酒延姻族與訣遂卒

錢焜字韞章萬歷元年舉人官兵部司務嘗齎餉金數十萬往宣雲有積羨卻不入垂橐而返會職方以私事相累降職乃投牒歸生平以三不識自許謂誠心直道不識人世有機械事淡食敝衣不識人世有嗜好事委心任運不

識人世有徑竇事本毘陵人品記

黃體乾字行健萬歷二年進士累官瑞州知府政尚寬平初安福劉御史忤柄臣卒戍所及劉氏訟冤詔下所司會勘體乾奉委秉公直其枉具論如律人稱其義祀鄉賢

湯得莘字抱一邑諸生與弟同爨五十餘年無間言有寡姊無子迎養終身妹出閣鬻妻奩田二十五畝以治具友人卒無歸者殯之貧不克娶者室之生平酷暑不解衣每食必薦口不談人過臨終戒子勿用浮屠曰與作佛事孰若爲行人治道繕津梁乎壽八十祀鄉賢

吳洪亮字允執僉憲正志長子萬歷三十七年舉人形家

謂吳方峯起則科名益盛洪亮拮据與同志捐建承雲塔
自是大魁接踵年三十一賫志以殁士論惜之子貞吉崇
禎九年舉人能詩有春曙樓集行世 以上參徐志

塔維常字永羲邑諸生郡守杜承式重其文行而憐其貧
薦于江都宦族以親老辭杜曰得館穀以供甘旨不亦可
乎答曰菽水士之常晨昏依戀爲歡貧多不欲以彼易此
一日復延入內署遺之金固辭杜曰周之則受不至傷廉
答曰不云免死而已乎某未病凍餒而輕受夫子金是貨
也杜公稱嘆良久維常四十無子禱於茅峯夢神指牧牛
兒爲嗣果生子允錫著有詩禮春秋箋後允錫因之輯三

經澤書 本牧遊年譜

謝遴字彙先崇禎六年舉人父素貧不能延師挈兩弟養
之教之俾有成雅好施與族人不能娶則助之親友匱乏
者多待以舉火是時周相柄政或招之遴婉謝曰以相國
貴重而邑中有不逼半刺之孝廉亦足爲相國地矣遊杭
州還拾遺之金寓新安焚夙負之劵巡方御史王志舉嘗
稱其克遵孔孟一經不愧孝廉二字鼎革後構竹屋一間
坐卧其間陳檢討維崧感舊詩云半畝牛宮繞菜田鋤畦
汲水亦悠然芒鞋一兩千金直不踏城中二十年益紀實
也卒年六十有九所著有說詩志是亦樓易定天放居詩
集

邵忠訓字吳于邑諸生持己樸素宗族隣里間緩急必應
貧者不取償償者不計利一鄉德之舉鄉飲大賓

胡憲言字祖貽由序貢授合浦縣丞居官廉介不苟郡守
張嶽獨重之令數於守前毀憲言及令以墨敗慮守將廉
其邸持官橐寄憲言憲言護還之封識宛然令始悔泣守
屬憲言攝令篆固辭請致仕歸

陳廷詰字君英居湖㳇鎮爲人長厚獨嫉惡若仇崇禎末
有豪僕程相六倚宦勢凌轢鄉里廷詰憤甚一日偕猶子
昌時過市見相六橫毆市人理諭弗聽怒與角昌時出鐵
椎斃之環觀者皆稱快廷詰念昌時尚無嗣乃獨赴縣自
首願抵罪卒時人多祭奠之嘖嘖稱爲古烈士 參節儲掌文陳毅齋

本傳

許德士字雪城盧忠肅總督宜雲聞德士有幹濟才束帛
聘之至任所出並轡入共席奏疏文移多出其手忠肅與
大兵連戰都城下德士同公親督陣冒矢石慶都大捷德
士亦手擒數人公喜撫其背曰上馬克敵下馬作露布君
眞其人戊寅十一月師次完縣公命留保定戒曰君有老
母此身未可許人故免賈莊之難公死受誣棺不敢閉德
士撫尸號泣慷慨具疏爲公訟冤又作戎車日記叙丁丑

戊寅兩年事甚詳清江楊廷麟作忠肅傳亦藉爲粉本訟竝疏畧云竊惟五倫之道君首之友終之則友之道重矣臣故督臣盧象昇友共事師中者也唐張巡友李翰爲巡明忠義息羣喙臣友之死不愧巡臣敢愧于巡之文乎且偵卒俞振龍一語游移即可不死寧箠楚之斃不忍没孤臣之忠臣豈敢後偵卒乎臣見督臣長年馬背氷天烈日刀箭餘生淥陽鉅捷斬級萬餘皆身親血戰今未論其功迨介馬千里勤王東師旋退戊寅三月十餘萬騎臨墻屢戰屢捷即其生時晉階尚書伊考恩諭祭葬兩部竟束之高閣今督臣死若寒灰官貧子幼皇上盡帷之恩當惻然難忍如謂受任無成彼失火者尚丐其死豈救焚者竟莫贖耶且督臣哀哀衰疚椎心刺骨兵疲餉竭有伉無援豈不知茂難濟事而必欲明春秋之大義者此何心哉召對平臺生言論以愼重出而仰天痛哭曰愛我哉君也慷慨誓師牛蘭奏捷後數薄城俱親以火礮擊退伊誰之力哉迨至晉中僞報徵師出關雲師引兵竟去天下援師俱供手屬之他人徒餘疲餒步騎數千逐邑呼糧百無一應卒乃徒手奮呼挺身赴闘督臣雖死亦足上報恩遇矣况乎金鏃徧身斷肩斮額黃沙掩骼忠義堪憐使臣盡能爲國捐軀則滿朝哀颯可以立振方今人語及督臣靡不悲悼朝野公議自在人心皇上正當假此以示激勸忠魂鳴咽腕腐心摧臣之不敢負友猶臣友之不敢負

皇上終不愛一死也謹昧死具疏以聞

李亦人邑諸生甲申之變謂其友蔣僞曰勤王大事若不成即死耳子不知兵吾當往幸以妻子相托亦人遂往不知所終其子引先毋喪後披緇入雲南求父屍亦不返時同邑李三綱字玉華亦以諸生赴義湖南卒於郴邵長蘅青門賸稿參鄉評備考

國朝

李同亨字千郊登順治十五年進士任祥符知縣每視事不忍用刑因本籍錢糧奏銷左遷尋補黃陂知縣所至民稱老佛詿誤歸布衣徒步依然寒士

凌鷄達字秋祀順治十一年登賢書隨丁內艱十五年成進士又丁外艱辛丑選廣平推官將赴任忽遘奇疾卒爲人謙和朴訥天不假年士林惋惜以上參徐志

陳榜字文彩邑諸生其遠祖宋幹撫宗道嘗與善權寺僧善捐入常稔田二百畝卒後建祠寺中子孫歲時祭享由來已久康熙甲寅巡撫慕天顏延國師僧玉林駐錫善權未數月欲毀幹撫祠因衆議不協去之杭州留其徒白松主席僧衆多拳勇又倚國師勢橫暴鄉邑強占山田鑿隧室藏婦女莫可如何陳子孫入祠祭祀則挺擊刃攔詬詈百端地方共憤乃聚衆數千舉火爇寺白松及僧黨數十

人皆燔死事聞陳族衆數百俱罹大獄時榜授經於外寔未與其事歸則憫陷獄者多無辜因念吾一人死或可全吾族乃詣公庭獨任罪後蒙

恩旨原宥祗戮爲首一人餘皆得釋榜死之日遠近哭奠者數千人

楊天榮字子升年十五遭鼎革遂潛於進取家貧筆耕爲業然周急濟困終無倦色岳翁史希堯卒僅遺一孤天榮撫之成人爲之婚娶故友夏雲松子以官債入爲奴天榮代償所負贖還之嘗過鄉塾見塾師寒甚素非相識遽解

衣贈之其任恤之行多類此性好吟咏所著有自怡集叅鄉評備考
潘廷選字均範邑諸生少工文潛心理學於西銘太極諸書極有發明值鼎革奉兩親避於鄉未嘗造次離會聞兵至疾走數十里赴城涕泣邀兄去兄不聽即負兄子走數十里得脫兄竟死廷選撫其孤若已生迄成立乃已康熙初　文廟漸圮廷選竭力倡修經營勞瘁越二年厥功告成晚益喜爲詩與同邑周立五徐竹逸陳其年六七人聯吟社所著有斗映樓文集雙桂軒詩集行世祟祀鄉賢子宗洛由翰林累官至中丞集節儲在陸文叅潘譜

吳選字靜隨性孝友自某郡歸有館穀數百金適弟坐事繫獄罄所有脫之有朱某者爲劇盜欲掠西溪已戒行矣忽省曰吾往恐驚二相公盍指選也其盛德感人如此
史潔珵字玉涵邑諸生鼎革後不赴舉與湯黙齋吳存菴友善安貧樂道以讀書自娛歲庚子大饑傾囷儲賑貧乏後十餘載復饑家無所儲貸以賑著有放貸賑說復念性道難言不如惕世以禍福手輯感應類抄數卷梓之行世年七十四力疾書一心不亂四字而卒
許鳳字紫庭順治十四年舉人家貧力學事父至孝偕弟躬耕以給菽水才高學博工詩古文辭秉性廉介足跡罕入城市然遇大利害侃侃爭之濱湖居民以織蓆爲生舊例官府設厰倉場蘆蓆一切取辦蘆戶吏胥勒索鳳言之太守畢公飭縣勒碑永禁濱湖百里歌思之壽七十六卒子攀桂康熙壬午舉人孫祖燿雍正甲辰舉人祖樊乾隆丙子舉人
謝顒字石岡修德不倦志在活人有求無不應邑諺云家無隔宿糧須問謝石岡府賢每成義舉必以顒爲首
儲善閎字大聲康熙八年舉人任山陽教諭學宮近院議毀學墻以便輿馬善閎爭止學弟子某牴牾邑紳囑學使檄山陽學報劣善閎入謁脅以叅罰對曰叅罰是甘終不

忍以行劣錮人學使曰某劣誰不知者對曰不過語言意氣得罪于人未至敗壞坊檢學使意解某獲全旋乞歸養母楊九十三壽終善閎盡哀而年已七十有三鄉邑以爲僅見以子之盤貴贈通東道
吳繩甪字漢耆性孝友少遭兵燹家業凋落竭力以奉二親生事死葬竭誠盡禮嘗買族子某田憐其貧折券還之其他推惠宗族不可殫述
謝旭字羲占康熙二十四年歲貢事母孝好爲利濟事冬月有客舟氷西溪七日不舉火旭拯救之全活五人後復有舟如前又救之遇歲歉率先捐賑鄉人稱之曰孝義先

生著有知非錄一經齋詩文西堂四書名物考本江南通志
潘麟如字聖知好義樂施里中有公事率先倡導謹慎樸
誠衆皆推服康熙二十七年舉鄉飲賓子旂舉人南宮知
縣
吳宗字企儒諸生家極貧事親善養志昆季七人宗居三
析産獨取其羸瘠潛心理學尤好施予稱貸典衣救從子
贖孤女他所解推多類此子其濤名諸生亦以理學著
潘起字斐英紹顯孫年十歲遭鼎革奉母避兵崎嶇篁箐
間以孝聞弱冠遊庠康熙丙子歲貢授教職不赴嘗贊修
學宮歉歲倡捐賑饑又嘗偕學博賑湖㳇鎮會山民封囤

戶勢甚洶洶起婉詞慰諭衆乃解生平好善樂施有才畧
卒年八十
潘繼堂字大升附貢生醇篤有至性初父以艱於嗣撫異
姓子數人及父歿諸螟蛉藐其幼孤百計侵漁戚黨胥不
平繼堂曰彼固不仁然亦先人所撫愛破産給之每事待
以心腹各感愧不忍侮祠宇傾圮祭産多蝕繼堂力謀鼎
新清理逋欠有不能償者輒代償之家僅中貲好周人急
戚友有緩急施與無吝邑人咸推爲盛德
尹帝錫字衷若康熙己卯歲貢父承熙病濕卧牀帝錫服
勤左右七年不倦出嗣仲父有遺産分授兩弟家貧嘗貸

得斗米友人吳雪凡遺婺饑困分其半與之嗜古法書朝
夕臨摹不倦子再泰庠生亦孝友善體父志經術一準先
正任鈞臺嘗受業焉
任沂字曾儒父樂善好施沂承其志歲饑米價昂貴買米
楚中半價糶之又嘗出粟募人捕蝗使不爲災善爲人解
紛排難卒時族黨咸爲涕泣
杭翔敏字志遜邑增生孝友慈仁爲兄子延師訓誨族姪
某以歲凶鬻女代贖館台撫軍署屬吏以千金求脫罪固
却之兩舉行優制府尹題治前榜云究心經學人品謹飭
吳寘衡字時佐廩生性友愛弟某出嗣仍析産與之子紘

初字書聯諸生善承父志家貧授徒爲業所入修脯與諸
弟共之嘗館下相徐壇長特重其文遂訂交歲暮遣僕送
歸及元旦仍返驚問故則中途遇鬻妻者罄槖中金贈之
欲歸不得其仁心爲質類如此
朱鎬字文素國學生有孝行父病夜不交睫者兩月餘母
年九十二鎬年踰六十省侍不倦父母歿哀號思慕者終
身二兒早卒撫猶子如己出析産倍厚康熙四十六年歲
饑出粟煮糜全活無算雍正十二年賑濟亦如之福德橋
三里橋皆捐貲修建每歲臘底袖碎金行衢市中見有貧
窶者輒遺棄其旁如是者數十年其他周急濟貧事不勝

數子貴後愈自謙約當道罕識其面卒年八十有八子世勳進士官侍御孫桓進士官編修詵芾皆舉人曾孫成進士者二傳鄉試者五

李永標字彤升幼時父母俱喪年弱冠舉所授遺產盡讓諸兄獨出居和橋習會計業歲來往東壩蕪湖有沈姓者永標嘗主其家會沈虧逋客貨縣官追比甚急沈妻子環向泣永標慨然赴縣呈請代償乃設饌邀集衆客謂曰沈產已蕩盡某願代還但囊中祇數百金祈各折算分領衆客忻然永標竟爭橐歸一日投宿旅店榻擋卧具見席下有遺囊封識甚固明旦托疾不行有客踉蹌來問得實舉

囊以付曰吾爲卧守兩宿矣子飛鯤少年成進士授慶元令囑以須爲清白吏常以伊川先生存心利物之言兢兢致訓晚年好集古人嘉言懿行誨諸孫戒之曰士先器識後文藝飛揚浮躁雖才如盧駱終無受用處以子貴例贈奉政大夫卒年八十有二

王朝珪字文帥庠生幼敏慧於書無所不讀析理若牛毛繭絲朋儕辨難虛懷善下未嘗固執己意與任釣臺友善一日見之肅然拱揖釣臺愕然曰昨所論求放心至當謹謝教生平利不苟取名不苟邀妹倩萬廷詔爲永壽令屢書招之不應餽遺數百金遯之入都援例却弗受曰窮達命也奚事碌碌爲及卒釣臺爲之傳朝珪有弟不知所往求之數晝夜不得夢中若有指示之者卒與偕歸將殁謂其子曰城隍神邀我司善惡簿言訖遂瞑子忠武舉人別有傳

儲孫武字體三康熙五十二年舉人撫軍張伯行重其學行延訓子弟固辭歸服則燕坐讀書農時則短褐力田有持課卷就正者值孫武方叱牛耕呼問儲體三居惡在孫武謂問渠何爲乎其卷云欲體三閱耳孫武絜犢與偕返蹈脫衆送諸衢曰某日鄭致其雅量高致如此

補遺

路其眞號坦菴幼孤克自樹立古朴溫厚不欺暗室事兄撫姪曲盡恩義屬志文學尤長于說詩所著有四書求是五經講意同邑萬文恭王孚齋咸企爲畏友以歲薦應嘉靖乙未廷試第一旋以老自引家居訓子文恭誌其墓曰無忝所生式穀爾孚士論以爲實錄以子雲龍貴贈副使祀鄉賢參舊志萬士和撰墓誌銘

增修宜興縣舊志卷之八

人物志 隱逸

歐陽修作一行傳曰處乎山林而友麋鹿雖不可以爲中道然與其食人之祿尸位貽譏孰若無愧於心放身自得列代之史所以必書隱逸也敦倫行尚廉恥其有功世道顧不重哉志隱逸

唐

馮處士名佚曹唐有贈南嶽馮處士詩云白石溪邊自結廬風泉滿院稱幽居鳥啼深樹斸靈藥花落閑牕看道書烟嵐曉過鹿裘濕水月夜明山舍虛支頤冷笑緣名出終日王門強曳裾（參節王志）

蔣逸人名佚皇甫冉有送蔣逸人歸義興詩云驚湍流不極夜度濕雲岑長帶溪沙淺時因山雨深方同七里路更逐五湖心揭厲朝將夕潺湲古至今花源若許到難遠亦相尋（參咸淳毗陵志全唐詩）

陶詳校書隱居陽羨方干贈詩云芸香署裡從容步陽羨山中嘯傲情竿底紫鱗輸釣伴花邊白犬吠流鶯長潭五月含冰氣孤檜中宵帶雨聲便泛扁舟應未得鴟夷棄相始亞名千字雄飛以詩名江南咸通中舉進士不第嘗來遊陽羨（參節全唐詩）

宋

元簿字泉卿幼業進士後棄去自號耘軒嘗爲詩有歲後書懷云他鄉故鄉老若此新歲舊歲窮依然烹茶但有二升水沽酒初無三百錢（參朱昱毗陵志）

蔣之勉字敬叔吏部尚書堂從子博通典籍爲西湖大儒屢薦不仕學者稱荆南先生（參毗陵人品記）

王克嶷隱居不仕王安石贈詩二首云荒村日午未開門雨後餘花滿地存世上但能旌隱德無人知道是王孫童子穿雲晚未歸誰收松下着殘棋先生醉臥松花裡春去人間總不知（參徐志）

元

吳載堅字節齋寶祐中進士歷官四川提刑按察使疏陳親賢遠佞選將練兵四事不報後與文天祥起兵敗歸築土室居之家人罕得見其面（參江南通志）

蔣捷字勝欲宋德祐進士元初遁跡不仕大德中憲使臧夢解陸垕交章薦其才卒不就博學工詞著小學詳斷學者稱爲竹山先生（參節王志）

董蕃字子衍性沖約不慕榮利元初舉茂異除釣臺書院山長不赴著通鑑質疑行世（參節朱昱毗陵志）

王合顯字光大能詩善書畫元季挈家避兵居吳中十餘

年始歸視父所愛商彝獨存遂以名齋鄭元祐爲作記倪瓚贈詩云荆溪王隱士相見每從容借地仍栽竹巢雲獨傍松青苔蟠石淨嘉樹綠陰重約我同棲遯蒿高第幾峯

子仁字允剛以先世皆葬梅林復於梅林築室名山齋宋濂題詩有重修逸民傳之句盧熊亦贈之詩其山齋記王蒙作參沈勅荆溪外紀倪瓚雲林詩集

明

王文靜名晏以字行元季兵亂隱居不仕以吟咏自娛舍旁皆植梅自號梅西詩詞清麗書畫師宋克王蒙能造其妙洪武中以賢良徵辭不就所著有蠅聲集行世參江南通志

許茂字茂實知縣應祁子其兄卒以腴田千餘畝歸兄子自取瘠者數十畝洪武十七年詔舉人才茂爲首選檄至堅臥稱疾邑令周賓親往敦勸茂以緇衣覆體叩首謝曰小人久病固欲舍身爲僧何足當聖世沛澤後結廬墓側居之名曰終隱菴不出菴者三十餘年時沈歷亦以人才舉不就參節馬治許徵君墓志

蔣兢字維敬宜興人寓居嘉興建文初舉人才授文淵閣侍書靖難兵入兢與其師太常少卿高遜志皆棄官遯後過於永嘉山中遜志卒無以葬林有巨木腹枵然兢乞諸樵人歛殯遜志於芙蓉峯北祭之以文有曰遁跡空山潔身以俟邂逅之間師師弟弟參朱彝尊靜志居詩話

吳綸字大本性耽高尚創別墅二於溪山間南曰樵隱北曰漁樂逍遙其中自擬陶潛號心遠居士參江南通志

王超字景升一字東臯衣冠樸素有古人風致其南山小隱詩云一室南山下蕭然雲半間芹菹便病齒野服稱衰顏塵鞅何曾到仙鞭或可攀莫嫌渾懶慢幽事亦相關超善畫適意處輒題寫人爭求之所著有東臯野語參毘陵人品記

邵鑑字原明風度清雅蕭然物外不樂與塵世事詩詞簡淡遺有結蓑吟一卷族有邵璨廣學博聞棄舉子業耽於詞賦所著有樂善集

李適字叔安性恬退與物無競或以非意相加輒笑而遣之喜吟詩著有安晚集壽九十三舉鄉飲大賓子涇字宗潔亦能詩廉介有父風並爲士林所重

萬善字克一好讀古書不習舉子業長於吟咏嘉靖間舉鄉飲大賓堅辭不出邑令王鈴高其行躬造禮之定爲布衣交壽八十有四著爲菴集三卷藏於家

湯聘字起莘八歲能詠桂花詩時稱神童補博士弟子員絕意仕進居家篤孝友敦禮義暇輒吟嘯林圃間自號南園處士

徐守亨字荆逸幼穎異博觀羣書嘗曰吾性分中自有樂

地何必取青紫然後爲得志乎隱居課農於宅東隙地築小園每花時招兄弟賦詩飲酒鄉黨稱爲平地仙

許穎昌字友白品行高潔舉賢良方正不受職著灌畦吟子以忠字孝移初與華亭諸名士結五經社晚隱大潮山所著有伊蒿詩集自號伊蒿道人已上俱參徐志

國朝

吳洪裕字問卿參議正志子萬歷乙卯舉於鄉不復赴會試自號楓隱有別業曰蘭墅擅一邑勝名人王穉登董其昌皆從之遊爲繪圖作記洪裕常寢處其間日召客飲酒醉後輒諷陶杜詩卒時捨爲僧院參任源祥鳴鶴堂文集

潘紹顯字景純工部郎中守正子崇禎十七年以副貢謁選在都值流寇猖獗陳急策三條切中事機上特予優擢會城陷遂從間道歸杜門不出後督撫交薦終不起著有餘濤園集順治五年卒子廷瑜字君欽諸生鼎革後絕意進取常散貲以周貧乏著西園集藏之家弟廷選有傳

許肇虎字塤友弱冠遊庠未幾遭鼎革肇虎遂棄舉子業然益鉤貫經史自天官書及錢漕兵屯鹽馬諸利弊靡不熟悉醉則爲詩曼聲以歌之若荆卿牧豕諸曲哀思鬱抑聞者太息兄肇箕字裘遠亦諸生明亡走湖州大滌山爲僧自號腐鐵

吳璇字叔度崇禎癸未成進士授戶部主事兼兵部有精心敏手學富才優之目鼎革後遁歸屏跡不入城市閣部交薦卒不就參鳴鶴堂文集

蔣偉字韋人明季諸生弱冠從鄒秉貞學遂工詩明亡自涸於酒詩日益奇與邑人俞南吉曹茂才萬津徵游南吉字廸時家多藏書饒竹石隱采山茂才與津徵鄉津徵日拒戶哦詩自娛茂才則游塞外千餘里還覲二華再登岱嶠歸著名山志三人皆高隱與偉相知偉嘗作四子歎晚年自號南山老樵卒後族孫錫震爲輯其遺稿梓行之秉貞字子坦著有禹笑齋詩安隱集參蔣錫震青溪草堂文偶存

吳永祺字文剛吏部郎中鳴虞子鳴虞官文選時里人有以金浼永祺求向郡縣關白事者永祺峻拒之旁邑令當分校南闈屬人致辭謂吳能晤我可獲售永祺曰苟以此舉辱莫甚焉明亡後遂閉戶讀書絕意仕進蕭然四壁以終其身

徐徵麟字定侯崇禎十六年進士授山陰知縣明亡解組歸堅臥不出惟讀書歌詩以自娛已上參節徐志

儲福疇字九游有文名崇禎十五年中副榜十七年例得副貢明亡隱居不仕參節儲欣在陸草堂文集

孫夢簡邑諸生篤於孝友隱居教授邑令欲識其面不可

得雅慕倪瓚爲人卒時命以瓚畫殉節江南通志

陳貞慧字定生少保于廷季子崇禎三年副榜十一年與顧杲吳應箕爲留都防亂揭發阮大鋮奸狀大鋮聞之恚恨曰彼何人必欲殺余及福王立大鋮修出揭之怨首下周鑣於獄時貞慧爲父請恤留南都旦夕候問鑣大鋮遂誣以爲鑣行賂出一票但曰駕上來蜂擁之去商邱侯方域出橐中金付錢禧賂緹騎鎮撫而自爲求援於兵部侍郎練國事漏已下國事馳詰馬士英曰書生何罪必致之死士英曰意出圓老國事曰其先人清德重望當十世宥之柰何遽殺其子士英默然顧燭影移時曰繫之何如國

事不答遣之出境何如乃謝而退舊錦衣劉僑大學士王鐸亦致書鎮撫鎮撫臨鞫佯作色終無所鍛鍊士英亦緩之得發同大鋮切齒曰待我巡視地方未晚也會國亡大鋮走死貞慧自是屏居故里坐臥一小樓裒集先世傳誌銘贊已所往來贈答詩古文授子維崧足跡不入城市者十二年而卒著有明語林山陽錄秋園雜佩等書參雷士俊陳處士傳

路廸字惠期副使文範子善騎射舞槊能萬人敵時流寇紛擾廸嘗傾結天下奇士願爲君父紓憂逮

國朝定鼎乃散客隱居相羊於玉潭鬯晝問者四十餘年二子培堅皆能承父志讀父書云參節江劬後路廸傳

吳固本字白涵給諫士貞子明亡隱居不出陳維崧嘗贈以詞云轟隱家門捉鼻免問君何術適志耳和烟種樹帶雲舂术杜老堂前鄰撲棗陶公酒後兒呼栗更風潭夾宅月當門消閒日　詩酒外誰膠漆猿鶴侶吾儕匹任客誇裘馬人矜才筆書到成時人竟老逕當僻處蘿偏密叩苔扉半晌不逢人琴聲出固本精於琴瀟湘水雲一操人比之廣陵散焉所著有狎鷗磯詩詞稿參陳檢討集鄉評備考

楊湛露字燕侯邑諸生博通五經旁及子史釋老星歷陰陽卜筮諸書時周延儒家居重其名欲致之湛露終不一

詣年四十以歲貢當入都會明亡遂隱居教授後并謝遣生徒卒時年九十門人稱爲西山先生參邵長蘅青門賸稿

周新字瑞甫偉幹修髯讀書過目成誦工書法先人遺產悉以讓弟而筆耕自給世變滄桑廼然隱遁晚號逸菴益以逸民自居也

王合字爾俞福王時常居尚書張國維幕以薦授兵部職方司郎中見馬阮用事紀綱日紊力辭歸明亡杜門謝客褏足不入城市已上參節徐志

萬球字求玉精楷書得歐陽詢筆法崇禎中考選內閣中書明亡隱居杜門年九十餘卒參節鄉評備考

任暐臣字翼王以貢謁選署河南柘城令調署永城崇禎甲申二月銓選湖廣安仁令以道梗不赴暐臣歷官清介値流寇蔓延破産以佐捍禦有戰守功家無餘貲士民建碑頌德鼎革後杜門課子自號元栖遺訓誡子繩隗有徒然破家從軍究竟涓埃莫報君親何在七尺空存之語順治庚寅卒於家

吳湛字又鄴洪裕族孫崇禎丙子中副榜明亡以詩酒自廢與陳維崧交善卒後維崧有詩悼之曰風情琱瑑偏無賴筆墨蕭閒也不羣憶得秋城鴉蔦點墊巾嘗與立斜曛所著有匣吟草粵東紀游諸書 參節陳檢討集 陳玉璂府志

路登庸字惟孝至性過人不嗜進取隱居南郭度地爲圃帶經荷鋤蒔花種竹不問戶外事每當花晨月夕輒吟咏圃中怡然自得故自號圃凝任釣臺曰先生以圃寄意不名圃樂乃曰凝名雖小未可量也 節任啟運撰本傳

補遺

儲能謙字有大少能詩事親孝謹教四子俱通經術宋亡入元名其堂爲樗巢語諸子曰吾生無用于世死必樹吾墓以樗所以表志也學士危素銘其墓曰義興之區有文渠渠其植惟樗卷懷弗舒與天爲徒金華宋濂爲之傳

蔣宏恩字成均讀書喜嘶大義厭帖括之學棄去灌園自力稍稍積貯輒好施予歉歲待舉火者數百家里黨稱盛德焉

蔣天民佚其名生而氣宇淸朗異於常人志不慕榮利家居搆一小園多種竹自號竹莊往還皆高人逸士題詠甚多毘陵王太史俱爲之記

湯鶴翔字雪翎邑廩生經學湛深文譽焯著與文湛持馬素修黃介子諸名人相友善著麟經直編爲當時所珍又著北遊集弟四人俱負才名號湯氏五翎皆棄儒隱于耕

謝宜字復吾嘉隆時以碩德重望教授鄉里所居嘯庄東村清川繞門高樹隱屋日與名流垂釣賦詩室人荊鹿車

共挽有河汾栗里之風

翟振龍字起文奇杰慷慨有經濟才張石叟校士河南以禮羅致之既移幕于蜀時劍門失守流氛南瞰進薄成都振龍乃登城晝守禦策夜半北風甚急令健卒潛出擲炬爇賊營城中振旅以待火作賊驚譟擊之殲其魁餘賊死者無筭而援兵逗畱伺寇遁則輻輳進索銀索餉殘逞遺黎慘更甚于賊振龍知事不可爲乃從間道歸褁足洮湖濱課耕治圃暇則趺坐蒲團闃寂如老衲籜冠野服行吟山澤以高尚終其身著有五行類事握奇圖負芻雜志

萬謙字謙之英敏過人年十六遊庠鼎革後不赴舉與鄧

秉貞曹茂才爲世外交歌詩飲酒終其身著有河渚集

湯炎字學海少工文長棄帖括日肆力於古文辭尤好讀杜詩書法顏王之間家極貧釜甑生塵晏如也賃小屋竹間自號問竹居士與蕭撥三父子爲詩友儲五采父子爲文友嘗元旦閉戶誦漢書賀歲者登門弗顧其興致如此著有問竹居詩文集

金輅字天求少應童子試輒冠軍晚棄經義閉戶讀書著文不問世事儲五采以老友稱之命其子從受經焉

重修宜興縣舊志卷之八

人物志　僑寓

東坡謂一入荆溪便意思豁然倘緣地生情緣情生戀吾鄉洞壑與諸名流殆有夙因耶雖爪雪留蹤亦復臨風懷想今兹野蔓尚挹餘芬錄僑寓

梁

到洽字茂沿彭城武原人少知名有才學避居陽羨不就薦辟天監初任昉守義興訪洽兄弟邀爲山澤遊過查林見山水清勝卜築居焉後相傳爲到氏田舍 參舊志王升

唐

薛戎字元夫河中寶鼎人客居陽羨山中江西觀察使李衡辟署幕府三返乃應故相齊映代衡奏留之映罷復歸陽羨福建觀察使柳冕辟佐其府使攝刺史誣按馬總罪戎不從囚之累月冕病死得解後累遷浙東觀察使節 新唐書

杜牧字牧之京兆萬年人太和二年進士工詩文兼諳練兵事歷官史館修撰嘗殖產義興構水榭於荆溪北消題詠頗多 參劉鼎遠金華子

李幼卿字長夫隴西人大歷中滁州刺史有別業在義興玉女潭曰冢溪幽居刺滁時嘗以書托常州刺史獨孤及及答詩有日月思瓊樹書書話玉潭之句 參唐詩紀事

陸勳嘗爲校書郎寓居義興搆禪居以自隱後又出爲淮南從事李郢有秋晚寄題陸校書義興禪居詩（參咸淳毗陵志）

李戡字定臣渤海蓨王七世孫舉進士就禮部試吏唱名乃入戡恥之明日徑返江東隱居陽羨里民有鬬爭不決不之官而詣戡以辨平盧節度使王彥威表爲巡官府還洛陽（節新唐書）

孫泰山陽人中和中將家於義興置一别墅用緡錢二百千游吳興回停舟倖屋主他徙一老嫗哭甚哀詰之嫗曰老婦逮事翁姑居此有年吾子不肖舉以售人故悲耳泰憮然久之曰吾適得京書已别除官固不能駐此所居且

命爾子掌之言訖解維而去不復返（節王定保唐摭言）

陸希聲蘇州吳人昭宗時宰相初以避亂居義興之湖㳇自號君陽遁叟名其山曰頤山著頤山錄及山居二十七咏後蔣頴叔題其宅有云二十四橋蕪没盡溪邊猶有故時橋幽居之勝蓋可想見（參節唐書咸淳志）

皇甫冉字茂叔潤州丹陽人天寶中進士歷官右補闕嘗避亂寓居義興酧裴十四詩有云舊國想平陵春山滿陽羨又有送劉八長卿及祭張公洞諸詩（參新唐書蕭頴士傳）

高雲寓居陽羨皇甫冉題其客舍詩有云吳國滯風煙平陵延夢想惟將山與水處處諧真賞又許渾贈高處士詩云宅前雲水滿高興一書生垂釣有深意望山多遠情夜碁留客宿春酒勸僧傾未作干時計何人問姓名（參劉評備考）

顧況海鹽人仕止著作郎以詩文名世結廬茅山下屢召不起自號華陽真逸嘗居義興茶舍有贈僧詩曰家住義興東舍溪溪邊莎草雨無泥上人一向心入定春鳥年年空自啼（參徐志）

宋

蘇軾字子瞻眉州眉山人嘉祐二年與蔣之奇同第宴瓊林時坐相接遂約卜居陽羨又以甥女妻同年進士單錫屬以問田元豐七年三月自黃州量移汝州九月間抵宜

興館通真觀側郭知訓提舉宅十月二日書橘頌帖八年正月行至泗州道中上表乞居常州云先有薄田在宜興粗給饘粥被旨從所請回次揚州有歸宜興留題竹西寺詩後謫嶺南時命子邁迨將家居宜興紹聖二年於惠州寄以詩云寄語陽羨兒并語長頭弟門戸各努力先期畢租稅陽羨兒謂邁長頭弟謂迨也少子過後亦來居過孫峴乾道中爲大府寺丞尚居宜興（參蘇長公全集周必大橘頌帖跋）

王居正字剛中揚州人建炎初徙居陽羨范宗尹薦於朝召至語宗尹曰時危如此公不急拔元元於塗炭中尚誰待遂辭歸著三經辨說與楊時義解同進上二書行天下

遂不復言王氏學卒葬金塢參節宋史徐志

慕容暉父惟良領州刺史因家陽羨暉嗜酒好吟不務進取所居有雙楠並植樅樅如蓋嘗從蘇軾遊軾目爲雙楠居士題其軒曰南軒前頭兩佳木先生撫翫常不足尤愛薰風五月初白銀花開光照屋節咸淳毗陵志

蘇庠字養直丹陽人幼爲清江引詞蘇文忠見而奇之薦於朝不起客居陽羨號後湖居士有自宜興還西岡菩薩蠻詞云園林寂寂春歸去濛濛柳下飄香絮野水接雲橫綠烟啼曉鶯江南鵑鴂夢山色朝來重小艇小灣頭蘋花蘋葉洲參節朱彝尊詞綜

鄒浩字志完晉陵人大觀二年自昭州歸過宜興宿通眞觀道士周希信房爲題軒額曰一覺所將卜居南嶽未遂紹定初邑令趙與愨建先賢祠合寓賢祀之浩與焉參眞德秀先賢祠記

李綱字伯紀邵武人其祖遷居無錫綱未第時讀書宜興善權寺宣和元年以論水災言切直謫官復居宜興建炎元年旣罷相復游宜興有留題善權及遊南嶽之作後寺中建三生堂祀綱及李蟥及李曾伯以三人皆有惠於寺且俱氏李也參僧方冊善權古今文錄

汪藻字彥章饒州德興人舊志作鄱陽人壻於宜興莊氏愛溪山之勝因卜居焉有避地西亭野步詩紹興中歷官顯謨閣學士立朝三十年校三館秘書掌內制文學議論推重一時著有浮溪集參咸淳毗陵志

胡靖揚州人少時以行誼藻翰取重州里建炎時來居宜興年甫冠人皆愛敬之參王志

岳飛字鵬舉相州湯陰人建炎四年三月宜興令錢諶迎屯郭外平巨盜郭吉時旁郡邑棄資儲來保宜興踰萬室俱賴以免圖像祀之後破戚方復駐兵張渚有四月十二日題金沙寺壁六月望日題張大年家屏上書子霖仕至敷文閣待制紹興三十一年自嶺南來宜興邑人爲置田

宅於唐門卒卽葬焉霖子珂字肅之歷官戶部侍郎家於嘉興參節宋史武穆全書

胡松年字茂老海州懷仁人紹興中歷官僉書樞密院事權參知政事以疾提舉洞霄宮卜居陽羨之言村築室自娛匾曰橫山孫覩題詩云波間指點見青紅雪脊嶒稜倚半空幻出生綃三四幅遊人渾在畫圖中蒼雲千里蔭平覓露葉風枝繞舍寒莫遣先生賦歸去且令小吏報平安覩晉陵人大觀三年進士嘗往來陽羨題咏頗多參節咸淳志

陳克字子高天台人有詩名紹興初爲勅令所刪定官自號赤城居士寓居宜興之潼渚參郡志有陽羨競渡石亭探梅諸詞

曾幾字吉甫其先贛州人南渡後僑居上饒以通奉大夫致仕來宜興有題邵智卿天遠堂及游張公洞諸詩其發宜興詩云老境垂垂八十年又將家上鐵頭船客留陽羨只三月歸去玉溪無一錢觀水觀山都廢食聽風聽雨不妨眠從今布襪青鞵夢不到張公即善權參咸淳毗陵志

董弁字令升佚其地紹興中爲中書舍人寓居宜興之朋溪建橋溪上又作楚頌亭本蘇文忠公志也參郡志摭遺錄

王葆字彦光崑山人弱冠登進士自麗水簿遷宜興知縣時當用兵僚吏駭竄葆兼佩丞簿印諸將妄求輒面折力拒之孝宗朝歷遷至大理少卿以疾請於朝歸宜興遂終

老焉李衡布衣流落以女弟歸之周必大未仕時妻以女范成大早孤廢業留之門下訓勉切至後皆爲名臣參蘇州府志

周必大字子充一字洪道其先鄭州管城人慶元元年必大以少傅封益國公致仕初爲宜興吳氏壻後婚王氏來宜興常寓居婦家跋東坡橘頌帖云余自紹興癸酉迄淳熙己酉三十七年之間凡六至宜興參橘頌帖石刻

呂祖泰字泰然壽州人夷簡五世孫寓居宜興嘉泰元年上書請誅韓侂胄杖決流欽州侂胄誅詔雪其冤補上州文學改授廸功郎監南嶽廟卒葬宜興參節宋史

李曾伯字長孺覃懷人後居嘉興年少時葬親宜興有閩僧道琳謂之曰公異日必階政路善權爲浙右佳山水宜請作功德院曾伯笑而謝之淳祐中累拜觀文殿大學士憶道琳前語請於朝賜名報忠寺曾伯有善權奇觀及宿福巖堂諸詩後寺僧建三生堂祀三李參沈刺荆溪外紀

元

蹇大雅蜀人皇慶間提刑浙江後僑居宜興有終焉之志其子孫因占籍焉本徐志

張簡字天民金壇人宜興王日新延之訓子且爲買田築室居之倪瓚題其溪亭詩曰罨畫溪亭月當牕影更妍氷

絃彈綠水細柳舞春烟杜牧何年宅山僧棲夜禪張公一盃酒獨醉羲皇前參節鄉評備考倪瓚雲林詩集

倪瓚字元鎭無錫人博學好古工詩畫家素饒知天下將亂棄田宅孤舟蓑笠載竹牀茶竈飄飆五湖三泖間所至多居琳宮梵宇望之若仙僞吳張士誠招之不往張士信致幣及絹百匹求一畫瓚裂其絹立返其幣屢至宜興多所題咏裒爲雲林集參節鄉評備考

周砥字履道吳門人好學有賢行善爲小楷行書尤長於詩元末避亂寓居宜興南山周氏家與馬治相友善歷覽諸勝各爲歌吟有荆南倡和詩集鄭元祐徐賁諸人爲之

序元祐字明德遂昌人工詩文嘗游荆溪客唐門岳氏賁
字幼文吳興人亦避亂來寓誠周砥於顯親寺之聽秋軒
遂與定交爲作唱和集序後卜居蜀山（參荆溪外紀）

明

李應楨字貞伯長洲人慕范文正公之爲人自號范齋力
學好古尚氣節景泰癸酉舉人歷官太僕少卿致仕嘗寓
遊宜興與吳綸李庭芝友善歸吳後綸治田廬招之應楨
時一來焉（參鄉評備考）
沈周字啓南長洲人能詩工書畫郡守以賢良薦不就屢
遊宜興於善權寺題咏尤夥與邑令袁道邑人吳經昆季

爲契交其訪袁明府留别吳大常諸人詩云四五親知一
座中彭城衛氏此情同雨天深夜平添黑酒境衰顔暫借
紅地有故人堪久客民因良吏長淳風移居我欲從編戶
定任蜀山烟樹東（參荆溪外紀）
翁信字誠之錦衣衛籍餘姚人天順甲申進士歷官湖廣
參議致仕還居宜興前山東副使邵賢作東邱娛晚堂與
投閒諸老結真率會信與焉（參王文恪公集）
費宏字子充鉛山人成化丁未狀元歷官大學士以女妻
邑人吳儼子嘗寓宜興寻莊儼有邀費鵝湖過山莊避暑
詩云小洛橋西碧澗長濯纓不必問滄浪五湖地闊居偏
靜六月山深夜自涼池面雨浮菱葉亂門前風細稻花香
高旌暫駐茅簷下音信何愁滯異鄉宏亦有贈吳翁詩云
水北水南芳草山前山後白雲我欲求田問舍杖藜載酒
尋君（參荆溪外紀）
舒芬字國裳進賢人未達時嘗流寓宜興邑有富人陳忠
明識其非常人禮而館之後正德中登進士第一人官翰
林院修撰鄉人以爲美談（參鄉評備考）
靳貴字充道丹徒人正德中歷官大學士愛宜興溪山之
勝遂卜居焉築室名荆南精舍上海陸深爲作記（參儼山集）
史際字恭甫溧陽人由進士仕至太常卿豐財好奇樂施

子嘉靖間築别業於玉女潭北名玉陽洞天文徵明記之
甚詳歲癸卯甲辰宜興饑出粟賑濟全活幾二萬人丙午
聞邑令方逢時濬張公壩河復運米五百石助之（參上升舊志）
王大用字時行興化人官廣東僉事時平清遠猺盜及新
會三水洞蠻三歷巡撫皆以清惠稱致政後嘗寓居宜興
築室龍塢其落成詩有拱揖來羣峯正面離墨山之句又
有同吳頤山諸公荆溪泛雪詩（參鄉評備考）
唐順之字應德武進人嘉靖十四年由編修罷歸客宜興
居邑人杭封别業有暮春游陽羨南山詩云淸溪知幾曲
惟見白雲深一入蘼蕪徑欣聞樵採吟春鶯未停囀夏葉

始繁陰乘此縱長嘯悠然物外心十八年起故官兼春坊右司諫以詔東宮稱賀上怒詔削籍歸乃卜築陽羨山中讀書十餘年又勅起兵部郎中平倭寇歷官右僉都御史鳳陽巡撫子鶴徵字元卿歷官太常卿覽宜興桃溪之勝買地築室居之喜登龍池觀旭日捐貲建禹門禪院（參節明史荆川集）

楊守魯字允得北畿人有文武才中解會兩元以陝西右布政致仕買田陽羨爲終焉計嘗與邑諸生說春秋經義深明胡康侯之旨居七年思先人邱隴復北歸（參節王志）

周怡字順之寧國太平人嘉靖戊戌進士歷官給諫抗疏

論嚴嵩擅權樹黨言甚剴切逮繫詔獄五載釋歸寓居陽羨山中與二三知巳以學問相訂證一時學者爭師事之穆宗登極召用歷陞太常少卿著有訥溪集（參節徐志）

王穉登字伯穀長洲人國子監生嘉靖四十一年與武進吳履謙遊宜興至萬歷十一年春復偕履謙來窮諸名勝作荆溪疏二卷有重游荆溪詩云荆溪古風土陽羨好山川不遠三百里重來廿五年雲中尋洞府花裏下樓船欲買芳蘭去淸芬莫論錢（參節荆溪疏）

顧祖漢字漢凌長洲人隆慶五年四月作離墨洞志一篇於善權寺之圖通閣自云嘗七遊善權三宿三生堂盡識其勝其友無錫葉之芳跋云余嘗遊兩洞見玉女潭有金魚一旦失去後於龍湫中見之乃知陽羨諸山其中皆空洞焉（參節離墨洞志眞蹟）

王畿字汝中山陰人嘉靖壬辰進士心契王文成公守仁致良知之旨師事之歷官南京兵部郎中萬歷五年秋來宜興講學邑令丁懋建館之於葵亭別築幾題周衛遺像自署爲八十翁

高攀龍字存之無錫人歷官左都御史黃其昌字元孝松江華亭人歷官南京禮部尚書兩人皆數游宜興與邑人儲昌祚爲同年友至則寓其大礀園中（參儲大文存研樓文集）

徐元昕字東旭華亭文貞公階第五孫也官中書因有祖遺產在宜興遂移家焉（參節徐志）

吳默字因之吳江人嘗讀書宜興芙蓉山寺頗多題咏後歷官太僕寺卿（參存研樓二集）

吳應箕字次尾貴池人崇禎十一年讀書陳貞慧家會無錫顧杲至三人遂作留都防亂揭杲字子方時皆客貞慧家盤桓於其所謂文杏齋者（參陳維崧迦陵文集）

楊廷麟字伯祥清江人官兵部職方司主事崇禎十二年以盧司馬喪至宜興爲經理其家又招撫司馬生平爲立傳後鼎革時與萬元孝同守贛城破赴淸水塘死（參節靑門賸稿）

史鑑宗字緪遠金壇人年四歲時隨其姑來宜興十九歲
以就婚復來妻父萬象新授以田宅因家焉邑人任緪隗
嘗題其畫像有云束髮飄零到陽羨後官南陵教諭（參任緪隗
直木齋集）
鄒元標字爾瞻吉水人天啓中歷官左都御史嘗來宜興
明道書院會講明道書院者邑人史太僕孟麟所建也後
山陰劉宗周亦嘗來講學宗周字起東歷官左都御史（參鄉
評備考）
侯方域字朝宗河南商邱人戸部侍郎恂之子明末避亂
寓居宜興與陳貞慧結姻而去順治九年復至宜興與諸

名士爲詩會其爲人尚經濟重然諾衡論當世人物不爽
銖黍著有壯悔堂文集
顧御字吉履吳江人性清介孝友歷官工部員外郎喜陽
羨山水攜次子敦復卜居焉
胡潛號是菴太平繁昌人明末以國子生考授知縣未任
而明亡福王時以薦授兵備道不就順治中常州通判謝
良琦署宜興篆招之潛樂宜興山水因買宅居西城之隈
隱於醫（已上俱參徐志）
國朝
潘天成字錫疇溧陽人康熙初受業於湯之錡家貧性篤
孝以養親故市香市筆往來宜興最久邑諸生許昌國嘗
薦爲童子師後復來宜興贈昌國詩有不到茫潭二十年
之句（參錢盧集）
吳綺字薗次江都人歷官湖州知府康熙十一年來宜興
訪陳維崧與訂布衣昆弟之歡維崧作定交篇有云攬鏡
俄驚憔悴人開門忽遘嬋娟子屣倒狂呼忘主賓厨空絮
語憑鄉里（參迦陵全集）
龔勝玉字節孫武進人卜居宜興慕蘇文忠爲人作仿橘
圖以明志陳維崧題迦陵塘詞云有蘭陵寧馨年少風前
玉樹姚治綺芋樹柵東溪畔正傍樊川水榭誰圖畫畫秋

後霜柑百顆高低亞寒香噀射擬楚頌名亭追踪坡老此
意儘瀟灑人間世總是蝸牛傳舍休矜文采儒雅海田幾
徧栽桑後萬事虛舟飄瓦蜀山下有蘇子祠堂老木曾進
把如今盡也便結得亭成他年志遂從日誰憐者（參迦陵詞集）
惲格一名壽平字正叔武進人寫花卉入神品嘗游宜興
諸爲紳爭客之得其一紙珍於拱璧（參鄉評備考）
謝本字弼臣郟縣人父皇恩爲宜興守備因家焉本多才
藝精算法兵法嘗往數千里外窮河源著治河論又嘗改
姓身爲人作畫署名身本弟廷揚字揆臣畫尤工每登高
望低空風雨有所得輒長呼入座振筆落紙咫尺千里本

子泄得父書龍法亦有名参瞿源洙笠洲文集

沈允咎字子嶷長與人避地宜興初來居蜀山側後渡東溪結廬虞山之陽水周於屋屋外隙地皆種梅又善蓺菊多佳種年四十未娶有金壇湯氏女歸之名朝字蕉雲工詩允咎值七夕作乞巧詩與蕉雲歌吟聲達戶外里人多傳誦之時邑人周岱鍾瞿源洙集諸名流作詩文會於潮音寺允咎與焉蕉雲自號華嚴女子先允咎卒允咎爲作傳築埋詩亭於墓上墓在蜀山麓又嘗滙其夫妻唱和之作付之梓名笙磬同音集参節鮑鈐亞谷叢書瞿源洙笠洲文集

增修宜興縣舊志卷之八

人物志附錄

徐志選舉各條內間有一二褒獎語其已有傳者茲不復載其未有傳者特照原本分類附錄於此惟恐沒其善也

忠義

儲由履字正道貢生雲南道御史入蜀御寇卒于陣　徐文燦尚寶司卿器宇寬和居官不苟正德初送瑾竊柄令人索重賂許以美官文燦謝絕之瑾大怒忽出內批發回原籍爲民瑾誅乃再起用　儲起濳字楚白汝寧籍崇禎選貢監軍同知值流氛劇甚提兵往勦陣亡

治績

薛恒舉儒士蘭谿知縣以公廉著聲吏民畏服卒于官孫贊能畫　許勝洪武舉人御史以能諫名　吳達黃州通判有德政陞廉州知州年九十二致仕　吳允初進士黃岡知縣作清糧八辨羣吏懾服　杭士鏵上林苑監左監丞少學于唐荊川居官志行不苟　湯欽止荊州照磨署宜都長陽篆卓有政聲撫按交薦之歷廣東戎幕王府審理　吳亶舉人更名裏南平知縣縣有大蛇爲怪終襄任五年不敢出入謂正氣足以勝之陞知府　王夔章舉人南康推官捐俸修理白鹿洞書院　李敬右軍都督府同知鎮守蜀地有武略　沈誠鎮江衛指揮有智略　潘紹謨副貢任廣安州同三年政績載入州志　蔣濬貢生寧國訓導深得士心後致仕歸　陳宗石商邱籍安平知縣廉能聞於南北

孝友

胡鍇廣東陽春縣丞太學聠上書雪父讐人稱其孝　萬士安吉子庠貢蹈履繩墨孝友有父風　杭奎淮子有孝行能詩頗得父風遴授布政司都事　湯兆隆天性孝友氣度恬雅早歲遊庠品行端潔

文苑

單子發舉八行科嘗修風上記 儲思豫舉經明行修善屬文浦江教諭與修永樂大典 吳夢

熊進士爲程知縣恭謹好學不究其用士論惜之 胡澈字源遠博綜五經尤邃於易大司馬金濂征福建辟

之不就 吳驌字惟超師事荊川先生力學篤行稱高弟 吳達德號西雲九歲補諸生時號神童長揖

材譽從遊者衆 卜云吉貢生竹山教諭少聰穎能詩文 王燊敘貢生有才名與修邑志 路之

陛副貢廷試策問歷代配享功臣名號寘躓人俱茫然不能對之陛一一詳對遂擢第一授廣西慶遠府推官

沈敩宜化主簿能詩詞 任珪庠生有詩名與杭濂葉牛首聯句盛傳都下祭酒湛若水稱其有進道之

資 曹司直三賜子天才駿逸落筆驚人未見其止而卒所著有象罔編靡旃筆記 吳貞啟會元

禮部員外典試山東廣東提學精於時藝號得士

行誼

錢瑞舉人爲人倜儻有雅致 李桂貢生光澤縣丞資性誠愨矩度嚴整 吳逵聰舉人履醇韜和

不失赤子心 陳禹謨舉人徙躬真樸不愧孝廉之稱 吳經字大常儉樸醇誠謙恭謹厚讀書好古修

德檢身 楊廷璿字世美嚴毅端方動遵禮法子三卓阜準一門孝友見其義方之教 黃楝字士直資

性孝友優端良卒 吳驥倘貢司丞工詩文善畫竹孝事繼母友于異母弟知府驂著丞昭宗黨稱之外父費

文憲公當國時有武弁償萬金正色揮去 吳儉號納齋性質僕簡直尤尚義教恤貧士捐貲不惜一時文學有

志者多出其門生平苦志力學不傳一第驂驕之後克世其業盜食報不爽云 蔣芸爲人端毅慷慨以西沆多

風濤之險力請邑令泰公鳩工築壩由潤北運濟民甚便之有泰公壩碑并頌其德享年八十 吳世淳閑然

世外風義自持于璇孫濂皆登仕籍 蔣曜進士慷慨有俠氣急人之難膽略過人數奇未仕而卒 周有

全號荊南性孝持大節亢直不諾于俗教子讀書既貴與物無競云 蔣應霖芸子孝友忠恕與物無忤

咸稱長者里黨紛爭一言立解三舉鄉飲賓卒年八十有一 蔣邦彥號惺初嚴以律己誠以待人積德好

施焚券捐債晚年寓意書法年八十猶能燈下作細楷

隱逸

王亶貌溫性介風雅脫塵徙躬節儉喜賑婚喪每一舉觴輒吟淵明詩數篇尤愛種菊自號陶軒居士 蔣

如斗勵精讀書屢赴棘闈不遇棄而學圃曰號圃仙襟期磊落童冠與偕有春風沂水之致焉

增修宜興縣舊志卷之八

人物志 列女

節婦如忠臣而視忠較難忠激於一時節堅於畢世況復未嫁奔喪夫死身殉爲貞爲烈雖疑賢智之過要得此心之安則巾幗而丈夫天柱地維賴以不墜特是有力之家克邀殊寵棹楔流徽否則珠埋玉掩露冷烟空姓氏不傳里居莫考豈非有心人之隱痛耶爰廣爲蒐剔用慰貞魂編列女傳

齊

黄氏蔣雋妻夫早亡家人逼之嫁欲自刎因得完節建元

三年詔表其門

陳

烈王氏父富甲一鄉女每婉諫其父陰周貧乏宅前瀕河女坐臥一樓刺繡其上時義興吳興兩郡兵起土人乘勢劫掠燬其居聞女賢欲活之女號慟墮樓自沉於水里人名其港爲繡花浜祀爲土神港中無敢裸而浴者

宋

史氏蔣宏謹妻生子五歲而寡時年二十二誓不再嫁課子力學孫堂仕顯封慶國夫人初居滆湖濱蓄青鶴自給朝縱去暮揭竿於岸則畢集焉其曾孫之奇詩曰麥風泛浪白於雲野放湖中曉至昏一舉招旗畢來集至今人號養鶴墩

烈金氏陽武令贈朝散大夫蔣忠愍公興祖妻忠愍與金人戰死氏即自刎贈靖國夫人載宋史

元

臧氏餘杭縣尉儲允諧妻青年砥節教二子成立長子士方任建德路教授大德庚子旌

烈金氏名少安姚臨妻幼知書事舅姑孝謹至正壬辰兵起臨挈家入太湖避兵追之氏度不免與夫訣曰君有老親宜善保妾誓必死遂抱幼女赴水會稽楊維楨蘇州楊基皆爲作傳臨役仕至保定知府

烈儲原善二女一受薛執中聘一未字會紅巾肆掠猝擁二女以出過馬塘渡溪深波駛二女聯袂躍入賊退尸出如生葬之溪側其母每往哭輒有雙鳩繞墓鳴鳴相應母卒鳩乃不見族里異之題曰雙鳩墓建祠其側

烈儲氏名環娘紅巾賊至度不免投水死

明

吳氏潘原妻二十八歲寡家貧子弱紡織自給洪武二十二年旌

張氏朱富妻二十八歲寡苦節自勵事姑孝謹洪武二十九年旌

謝氏宗仲庸妻夫亡矢節事姑至孝永樂九年旌
石阿奴儲伯嘉婢也永樂時伯嘉以房屋違式被誣逮行
在阿奴泣請從鞫行部戍隆慶衛阿奴擊登聞鼓訴寃
詔獎其義赦伯嘉而伯嘉旋斃於獄阿奴函骨歸葬越
五十餘年衛所忽以清勾行牒至縣逮伯嘉曾孫永豐
至京時阿奴老矣憤然曰此老婢再效命之秋也復偕
永豐伏訴奉天門詔檄縣申報牘上獲雪而阿奴病卒
永豐哀甚以鐵絲曲摞其骨歸葬祖塋春秋世祀
儲氏黄鎧妻十八歲寡撫遺腹子卒年九十四成化三年
旌孫璽沂州訓導玭廣平同知

宜興縣舊志 卷八 列女 三十二

陳氏庠生王璉妻夫死矢節嘗有疑之者時食醎梅即吐
核於地祝曰妾有二心此核隨朽否則尙萌蘖以白妾
心尋挺生一樹枝榦日茂又有疑其易核者至結實猶
有醎味人始異之沈暉吳儼皆爲賦瑞梅詩崇禎丁丑
復發一花孫行儉登進士爲重慶守
陳氏蹇龍妻龍十餘歲雙瞽父母諭陳改字氏不可卒歸
龍生四子三女吳儼杭倫皆爲作嫁瞽歌
李氏杜章妻二十二歲寡鬻器服治葬舉遺腹子瓚父母
屢逼改醮氏嚙指血以矢志苦節四十餘年正德十四
年旌

王氏周遂榮妻二十四歲寡撫二子鉞鐄成立
蔣氏贛縣主簿吳玭繼妻玭以禦寇死氏年少毀容匍匐
千里外迎柩歸葬子以父蔭任南城主簿
蔣氏許錡妻二十三歲寡遺孤半歲正德辛未歲大祲氏
食糠粃乞米食孤父兄勸之嫁誓不二志卒年八十餘
萬氏邵寶妻封君璵長女少知書喜抄列女傳二十二歲
寡矢志撫孤鬻釵環爲生産計後孤生一子而卒氏撫
孤孫又逾廿稔卒年七十二嘉靖七年旌
潘氏舉人吳弼妻　鄭氏李景妻　陳氏任一暘妻
周氏吳奕妻　皆嘉靖間旌

宜興縣舊志 卷八 列女 三十三

丁氏潘鏗妻二十一歲寡卒年八十八
潘氏光祿寺丞歐鎮繼妻十八歲寡嘉靖間旌
屠氏贈光祿卿吳騆妻二十八歲寡截髮矢節無子十年
後叔騤舉亦子告於姑立之卽通政使達可也卒年七
十六贈恭人嘉靖末旌
芮氏張希孟妻二十二歲寡卒年六十八嘉靖末旌
虞氏張希高妻二十三歲寡卒年四十
黄氏吳樂琴繼妻二十二歲寡卒年七十二
蔣氏周至妻二十一歲寡子幼家貧母兄强之他適氏剪
髮自誓苦節四十餘年尙書萬士和以詩褒之

王氏庠生儲伯寅妻族子本頌之以詩曰烈志孀居五十年

鄒氏增景孚妻宜興縣令鄒倫女二十九歲寡卒年六十旌

壯氏陸璠妻二十四歲寡截髮矢節卒年六十五

王氏儲景巖妻巖以運糧卒於道氏矢節保孤成立

陳氏丁烈妻萬歷二年旌

烈李氏吳壎妻年十六適壎生一女壎亡族有嗜利逼嫁者擇日強贅氏計窮遂自經死

貞女史氏邵一龍聘妻一龍卒氏年十六告父母往成服

歸即涅中心不改四字於而以示無二後史邵家業並替女節益堅寒紡暑績兩家並資其養卒年六十餘萬

善爲賦貞女詩萬歷六年旌

烈王氏徐文秀妻十八歲寡與柩寢處撫木幾穿卜地爲雙壙以誓同穴後翁以歲飢潛納吳聘擇日入贅氏固拒知不得已取所藏夫衣履焚之火延側室家人驚救火熄而氏已自經於夫墓萬歷八年旌（墓在南嶽萬士和爲撰墓表嗣孫貧弱墓幾不守邑令陳遴瑋捐俸二十三兩買田十畝爲烈婦子孫世守計）

邵氏陳憲章妻二十四歲寡時有娠即引刀自刎傷左項三寸僕婦救免謂之曰爾娠安知非男盍少須既而生

男庶姑廹令改節氏斷髮不已至拔簪刺目又讓產獨居積女紅資送孤就塾夜讀則分燈光以績卒年七十四子一經爲名諸生孫于廷左都御史贈夫人萬歷十三年旌

王氏湯儒妻二十七歲寡姑強改嫁不從鼻衣臥雪中僵死湯灌而甦苦節數十年子鍾壽爲名諸生孫兆京名御史萬歷十三年旌坊建十里牌（今學前有三節坊表于廷祖母邵氏湯兆京祖母王氏吉水鄒元標爲之記　吳達可嗣母屠氏陳）

閔氏歐一唯妻十九歲寡剪髮毀容姑老病與同衾臥卒年七十九萬歷十八年旌

湯氏芮恢妻二十六歲寡紡績之暇課子讀書經書皆由口授萬歷十九年旌卒年六十有二子履中湖廣經歷孫曾七世俱有聲庠序

陳氏王元妻萬歷二十五年旌

萬氏庠生吳炤妻萬歷二十七年旌

吳氏徐垓妻贈光祿卿吳騤女二十四歲寡卒年八十三萬歷三十三年旌

黃氏杭見西妻二十五歲寡萬歷四十二年旌

貞烈女杭氏歲貢生校女武進庠生楊鉷聘妻楊業中替校改字女於華某女年十二矢志不移楊亦訟之官無

何鉄父卒女潛持翁喪父母兄嫂厭薄之乃依外家祝陵邵氏處一小樓焚香禮佛嘗作詩云妾身十二許楊生豈得違盟戀富豪惟有祝陵樓上月年年照見妾心清俄聞父竟受華聘賦詩遂自經有一死定知身不免九泉終信義能全句萬歷四十六年杭氏壻陸完學爲之請旌又作烈女傳勒石

李氏南康推官任卿妾二十餘歲寡卿家貲巨萬無子諸爭嗣者紛擾數年時羣妾皆散氏獨守義勤操家政待嗣定乃以莞鑰授之卒年八十六葬之祖塋世祀焉

烈張氏周珍妻年二十珍妹年十八有讐人蜚語誣之父兄知其妄不問二女痛憤曰非一死不足明心遂於八

定後赴水死其屍植立水中里人上其事於郡縣立廟祀之史孟麟匾其門曰雙烈

吳氏貽給事中何其孝繼妻其孝死非命原配子士晉方九歲氏藏夫血衣勤績以課子子讀書稍倦輒舉血衣擲之及士晉舉於鄉氏撫夫棺一慟而絕士晉成進士乃持血衣報讐特疏陳繼母存孤苦志天子爲付史館志其事云

鍾氏庠生吳起元妻二十三歲寡誓不欲生絕食者五日既而撫嗣子肅家政卒年八十四其孫應日妻黃氏亦二十四歲寡卒年四十二

錢氏張維垣妻二十四歲寡卒年七十二

鄭氏羊垣妻二十四歲寡少通孝經小學每爲諸姒娌解析既寡乃絕口不談卒年八十四兩經直指旌表

陳氏任立德妻嫁未幾夫有廢疾事之久不倦夫卒守節待嗣夫弟又夭氏矢志不渝後其翁六十一而生庶叔

殷氏張銖妻二十七歲寡

許氏堵作崗妻年十九適崗六閱月而崗卒撫遺腹子瀛成立年七十餘里中欲舉其節堅謝不可曰吾分也何足言

王氏許𤩽妻早寡卒年七十邑令陳公額旌之

陸氏王養吾妻二十九歲寡所居荒僻無鄰有里橫晚攜酒餚偕其黨闖入欲劫之嫁氏改裝穴壁而出伏叢莿中橫索弗獲迨曉血汙淋漓控於族族申縣治之得存立氏毀容力作以勞瘁卒

貞烈陸氏王涵妻未笄涵已患瘵及合巹不能成禮八閱月而涵卒氏猶處子也傍棺而寢飲食必呼既舅沒有謀奪其志者乃潛閉戶絕粒死

芮氏吳休妻二十八歲寡壽百歲孫曾十餘人列庠序天啓二年旌

儲氏庠生芮逵成妻二十四歲寡嗣子履學邑諸生天啓

五年旌

王氏周備妻天啓五年旌

趙氏進士吳夢熊繼妻二十四歲寡壽百有一歲子貞啓會元貞毓進士天啓六年旌

潘氏提學吳仕妾早寡蒙家難撫孤敦復成立舉萬歷癸酉亦早卒敦復妾沈氏撫九歲孤士貞家難又起姑媳拮据禦侮課子甚嚴士貞成進士具疏請旌題曰一門雙節

史氏黃鋐妻二十九歲寡父母欲奪其志誓以死殉完節考終金壇曹會元大章爲作傳

周氏史世茂妻早寡苦節三十年戴氏史世耨妻二十七歲寡背蒙直指優獎

趙氏張啓元繼妻二十七歲寡卒年七十六

宋氏許有祿妻二十三歲寡卒年六十七

壯氏陳新賜妻二十七歲寡卒年七十一

許氏王彬妻幼知書二十餘歲寡撫孤躬親授孝經論語迄爲名諸生氏壽終叅政吳仕誌其墓

貞烈女陸氏儲篤聘妻年十七聞夫亡號慟必欲成服父母不能止居喪四十九日以身殉

徐氏堵作邦妻早寡止一女適任亦早寡母女相依幾五十年初母慮女少無依女以夫情不可忘對母曰婦人守義不守情後年七十一女卒徐痛哭慟亦卒

潘氏史褒功妻二十八歲寡卒年五十二子兆麟邑諸生

閔氏庠生王之毅妻贈光祿卿王閶道次媳二十八歲寡卒年七十二邑侯饒給額旌之曰梅節流芳

曹氏庠生吳天相妻早寡撫五月孤成立卒年八十二崇禎四年旌

俞氏庠生史文政妻副使俞霑女崇禎五年旌

楊氏萬鎮妻甫締姻而鎮得瘋疾萬父母願辭婚氏不可卒歸萬晝夜侍湯藥歷二十二年猶然處子也鎮卒躬

井白織紡以育嗣孤卒年八十三崇禎五年縣令童兆登給額曰苦節維風

儲氏史彙麟妻十九歲寡順事繼姑撫遺腹子成立後其子與媳俱夭遺一孫三女氏復勉撫四孫艱苦萬狀宗族或召食一往輙不肯再過卒年七十三崇禎七年旌

沈氏庠生吳梁妻孫國華仕諭德崇禎八年旌

彭氏太學生徐啓鏞妻子洪祚舉人孫懋曙進士懋曉舉人崇禎十年旌

貞女吳氏光祿卿正志女蔣允佺聘妻年二十未婚夫亡女即號泣奔喪成服撫嗣子守志五十年而歿崇禎十

一年旌
王氏庠生杭登瀛妻婦趙氏廩生杭懋勳妻皆二十六歲
寡初登瀛卒王截髮殉葬嚙指告天撫孤懋勳成立懋
勳又夭無嗣趙守節侍其姑終身不服吉衣王卒年六
十五趙卒年五十三崇禎十一年通學呈縣給獎
秦氏庠生吳正誼妻二十七歲寡崇禎十二年旌
徐氏庠生吳振華妻崇禎十三年旌
陳氏王翼素妻二十七歲寡聞父欲令他適終身不歸寧
卒年七十七兩奉巡按旌
貞女黃氏幼字王姓子後王姓子爲人傭氏父欲背盟不

得憂憤卒氏遂刺涅一心不嫁四字於面王不敢娶卒
年六十一
戴氏王家奎妻贈給事戴時達女十九歲寡
吳氏周于禮妻三十歲寡卒年六十八
杜氏周于訒妻二十八歲寡卒年七十四孫成文進士
路氏吳正諫妻叅政路雲龍女
徐氏樂平令吳爾母其夫名未詳歐氏王某妻自陳氏至此俱崇禎末旌
許氏堵惟裔妻二十三歲寡家貧甚夫柩暴露積針黹微
貲以成夫壙而自爲生壙以示無他族姪永錫登進士
歸欲迎養之泣曰未亡人無志衣食卒不往卒年七十

餘
秦氏吳允禔妻允禔死於兵氏撑立門戶中外井井妾周
氏夫亡時年十九亦同守節雍正元年追　旌
張氏潘近隆妻二十六歲寡卒年八十三
吳氏庠生張元鼎妻二十四歲寡卒年七十六
吳氏徐瀚妻二十七歲寡姑病割股以療卒年七十八
王氏杭志顏妻二十歲寡卒年六十四署縣司李吳徵麟
敎諭唐紹堯俱給匾旌獎
王氏邵應魁妻二十一歲寡時翁已故太翁年八十二撫
曾孫時英泣曰七世單傳遺孤半歲余老矣無能任矣

氏拭淚承命常抱孤與夫主對食終身不服色衣卒年
三十七
杜氏廩生湯有尹繼妻邑令朱旌曰節孝可風
陳氏岳時智妻二十四歲寡
裴氏儲元美妻二十一歲寡卒年六十六
湯氏杭立忠妻苑監湯敬文女初杭避隱疾請辭婚敬文
不可卒歸杭期而寡敬文攜歸鞠之守貞四十七年卒
吳氏史秉妻早寡族有逼之嫁者乘暮赴河鄰婦援之絕
復甦晚歲尙自力食艱苦萬狀邑侯旌之
烈陸氏王某妻夫死自經以殉

杜氏周中行繼妻二十五歲寡卒年八十八
徐氏舉人史鴻磐繼妻二十一歲寡卒年三十二
路氏庠生史鴻渚妻二十三歲寡卒年四十
周氏儲順溪妻三十歲寡卒年八十九
戴氏周一鵬妻二十九歲寡邑侯石額旌之
烈杜氏舉人蔣思宸妻二妾謝氏詹氏與杜俱鳳陽人思
宸僑寓鳳陽流賊破中都思宸死杜氏年二十一謝氏
年十九詹氏年十六俱抗節爲賊所害
貞烈王氏史稷謨聘妻稷謨年二十卒氏欲往成服父母
不許晝夜號慟絶粒數日死訃至夫家迎柩歸合葬祖
塋

貞女史氏汲縣知縣金壇史熙洽女儲啓夏妻未婚而啓
夏疾篤以沖喜之說請於史父母頗難之女請行成禮
巽處未幾啓夏卒守節四十餘年卒年五十八巡按任
濬給獎
陳留姑太僕卿史孟麟妾生子方襁褓而太僕卒夫人盡
遣諸妾姑獨請留撫子夏隆成進士卒年八十餘
蔣氏庠生張元翼妻叅政如奇女二十九歲寡卒年五十
七
董氏湯子登妻三十歲寡卒年七十餘

徐氏張問明妻二十八歲寡卒年六十七
吳氏許炫妻十九歲寡卒年七十九
歐氏許有勇妻二十五歲寡卒年八十
蔣氏許用廣妻早寡府縣胥給額旌之
王氏許良知繼妻早寡苦節五十餘年
許氏儲君大妻二十二歲寡有欲奪其志者氏斷髮毀容
觸石碎首以示必死後卒年七十二
許氏殷某妻二十五歲寡卒年七十餘
楊氏杭彥北妻二十四歲寡卒年八十餘尚書周鼎爲之
傳

邵氏陸經妻早寡其兄擇一巨室令改適氏欲自刎乃止
周氏陸綺妻二十三歲寡
陳氏庠生史季麟妻二十七歲寡卒年五十五子君爽廪
生
潘氏庠生史珏繼妻二十四歲寡
王氏史應容妻十八歲寡
芮氏徐秉忠妻二十二歲寡卒年七十一
毛氏曹南暘妻三十歲寡卒年九十奉監司旌
烈毛氏曹司賢妻十九歲寡有欲奪其志者自縊不死日
夜捧木主號哭終喪而卒

陸氏曹省德妻二十七歲寡卒年七十四
蔣氏曹翼龍妻二十七歲寡苦節三十餘年
馮氏曹司程妻三十歲寡
顧氏刑科給事中曹師稷妾幼知書二十三歲寡卒年七
十二
曹氏三烈黃氏曹師佑妻袁氏曹貞儒妻吳氏曹雲鳳妻
亂兵入村三氏同潔身赴水死
貞烈陸氏字某姓聞夫訃自經
烈王氏其夫湯某爲兵所掠父母將改嫁之守義不從赴
水死

儲氏七烈郡兵肆掠儲二懷妻孫氏偕娣姒女胥完節溺
於村西之池兵退族人合葬七人爲一墓
烈錢氏庠生儲夔玉妾值兵亂赴水死
烈衛氏茫溪園丁陳大妻亂兵牽其手氏奮躍入水死
貞烈任氏字閔姓兵至赴水死
王氏大司馬盧忠肅公繼妻金壇貢生道洽女封夫人年
二十九忠肅死王事氏疏請卹典得贈謚卒年八十六
烈陳氏盧忠肅公妾年二十九聞公訃留矢以身殉除服
後哀慟成疾卒
陳氏庠生盧象同妻象同死國難氏年二十八祝髮爲尼

卒年八十五
烈張氏盧象楨妻象楨死於賊氏一慟幾絕七終哭奠夫
主畢入室自經
烈王氏順天知事陳貞達妾貞達殉難氏閉門自焚死
烈葉氏大學士堵文襄公妾公卒遺孕生子流寓南寧爲
賊所獲將汚之以刀相逼氏叱曰吾宰相妾豈受鼠輩
辱耶抱孤赴水死
尹氏蔣瓌妻二十五歲寡卒年八十
丁氏蔣懷問妻二十二歲寡卒年七十三
烈潘氏任某妻兵劫之馬上馳去任追及之氏即自投馬

下相抱痛哭赴水死
馮氏任克敏妻早寡撫按交旌其節
蔣氏任汲繼妻二十七歲寡
萬氏任驥妻苦節三十年
朱氏范杏妻十九歲寡夫兄逼之嫁陰受許姓金給氏出
拔之登舟氏投淵救免有遺腹未幾生男越三年夫兄
復誘許搶劫一夕聚至氏跳垣匿野厠中時天寒僵仆
幾絕氏乃携孤依兄嫂以居迨孤長始返故居卒年七
十八邑令王喻二公巡按薛公前後給額旌之
吳氏舉人李延儒妻二十九歲寡曾孫舉人象乾亦娶吳

氏二十七歲寡先後貞操如一
吳氏丁惟學妻二十四歲寡卒年七十二巡按陳額旌之
陶氏吳伯昌妻二十九歲寡卒年六十六
陸氏庠生史應楨妻二十六歲寡苦節三十餘年邑侯石
額旌之
徐氏庠生許礽洪繼妻善吟咏礽洪死於閩越氏艾年苦
節作四時悼亡詩以寄痛
薛氏潘亨犢妻三十歲寡
何氏蔣立昌妻二十四歲寡
丁氏蔣啓明妻二十九歲寡卒年五十四

蔣氏湯清隱妻二十六歲寡卒年九十
孔氏湯有敘妻三十歲寡苦節五十年
沈氏湯宗允妻三十歲寡卒年五十八
董氏湯敬科妻三十歲寡卒年六十九
朱氏湯守茂妻二十七歲寡卒年九十八
李氏湯有彥妻三十歲寡
按節婦有缺守節之年者有失請旌之年者併有佚其
夫名者或舊志未詳或各家譜闕或新稿漏載付梓時
已易數人手底本無可覆查刪之又不敢任咎爰備列
其名於每朝之末以俟稽考其載入　國朝及分志者
如其例
宗氏儲杏妻　吳氏許以紳妻　孫氏許啓福妻
蔣氏許玉濬妻　尹氏許體道妻　宗氏許汝璞妻
吳氏陸紹耕妻　毛氏曹沄妻　黃氏曹師確妻
任氏曹司徵妻　任氏吳某妻　任氏許某妻
潘氏杜廷銳妻　潘氏任裕妻　曹氏任六一妻
許氏顧一仕妻御史任濬額旌之
國朝
一門三烈陸氏邵齊疆妻任氏邵璽妻吳氏邵遂祖妻俱
於順治二年六月爲兵所廹赴水死乾隆六年追　旌

烈兩黃氏一丁佳妻年二十四一丁明妻年十八順治二
年九月十一兵掠其地爲所廹皆赴水死
烈徐氏何恂妻順治二年游兵劫氏馬上行覘兵稍懈躍
入谷中折脇破顱死
烈蘇氏竹工女方歸夫家姓氏未詳爲兵所掠奪刀自刎兵擊
其手躍入澗死鄉人立碑誌其地
烈王氏沈伯芳妻隨夫避亂入湖猝遇湖兵抱女赴水死
烈史氏總兵毛重泰妻金壇舉人史培元女順治二年重
泰起兵太湖氏常以匕首自隨及重泰死氏抱嬰兒赴
水或憐而鈎其袖氏引匕首斷袖死毛譜云隨夫死於京口俟考

烈史氏潘明玫妻土兵劫之去氏奮躍入水未遠絶兵怒
以槊刺死時年二十二
烈蔣氏毛桂生妻爲兵所逼赴水死
烈吳氏李逸涵妻明副榜三畏女邑亂被掠赴水死
烈馮氏徐秉謙妻十七歲歸徐七閲月而寡母欲奪其志
投池死
貞烈儲氏儲沽恩女時土寇縱掠舉家驚遁女門臨大河
賊至入水死
宗氏丁啓潤妻二十三歲寡卒年七十三
烈黄氏丁起鵬妻土寇肆掠聞夫亡即自盡

烈陸氏丁駿生妻夫死即自經
徐氏堵世明妻文襄公媳甫婚而世明赴湖南死氏苦節
十六年卒
烈唐氏堵世明妾世明在湖南時所娶永興之敗氏闔門
自焚死
沈氏堵正明妻正明隨文襄公任死於楚沈奉庶姑錢氏
守節終身
蔣氏贈主事潘喆妻喆同堵正明入楚死氏年二十九無
子乃寄跡尼菴卒年六十八
顧氏庠生路遵 妻進士一讓女二十三歲寡撫嗣子朝

陽成進士順治十年 旌
烈湯氏堵道楠妻順治十年道楠死市曹妻子例當給北
軍父振鷺持藥囊付女曰急則服此氏曰終不貽父羞
行至常州服藥死名流多作詩輓之
貞女吳氏明叅議正己女江陰大中丞袁一驥子永廣聘
妻將婚前三日永廣卒氏奔喪守志卒年五十二順治
十年 旌
貞女吳氏庠生滋女許來聘妻年十八夫卒氏奔喪成服
守節終身卒年三十五
貞女沈氏儲愜遠聘妻年十七夫卒氏毀容剪髮誓不再

字依孀母居六年卒儲迎柩與其夫合葬焉
貞女李氏李河瑞女丁新運聘妻崇禎甲申隨兄用梅任
瓊州迄順治乙未歸丁已別娶誓不他適飲恨而終
路氏庠生潘倬妻二十歲寡父欲爲請旌婉却之卒年六
十二
盧氏周倫妻二十五歲寡卒年八十三
丁氏名綠姑庠生儲雲慶妾雲慶年老失明妻子皆喪乃
買綠姑貧其侍奉至二十六歲雲慶卒氏自誓不嫁依
雲慶姪蟾桂以終
烈趙氏失其姓名夫困於貧將鬻之氏不可强之自經死

陳氏庠生范儒球妻二十八歲寡卒年四十四邑侯魏額
旌之
李氏兩粤督撫吳其靏妻年二十四其靏歿粤西守節終
身
吳氏杭彦蒙妻二十七歲寡卒年八十
王氏杭勝千妻二十九歲寡卒年七十九
邵氏例貢杭陛妻二十七歲寡苦節四十餘年
蔣氏周一琪妻十九歲寡撫孤成立子又夭復撫孫成立
卒年八十餘

烈陳氏尹佐妻佐遠館於外有縣胥沈湘催糧其家誘氏
到城與之代納因乘間欲汚之氏不從自刎死湘投屍
於水以脫逃報氏壻潘朗訟之官邑令吳以佐匿妻賴
糧具獄邑紳史某知其冤訴之推官田俊民始得其實
沈湘伏辜
儲氏庠生吳蜚妻黄氏蜚弟廷柱妻兄弟皆同盧象觀死
難二氏俱年少苦節以終
貞烈蔡氏談邦楨聘妻邦楨卒氏欲奔喪父不許既欲改
字女乃自經死邦楨曾祖母楊祖母黄皆少寡完節而
蔡尤烈乾隆五年追 旌坊建瀆南村

董氏徐承禧妻順治七年承禧為土賊所害氏年二十五
懷孕四月逃匿眢井得免生子撫之成立今其孫曾已
數十家
貞烈張氏庠生張埈女邵正垣聘妻正垣疾革埈往視之
女請隨行不許比歸女已自經康熙十一年邑令史宗
堯立碑其墓邑紳周啓嶲作傳
任氏副貢吳湛妻湛少負才名賫志而歿氏撫七月孤成
立氏無兄弟養葬父母皆氏之力其子玫為名諸生
蔣氏路賢聚妻進士朝陽冢婦巡撫允儀孫女二十五歲
寡苦節二十五年康熙十年 旌

許氏庠生徐曰僑妻二十四歲寡夫小殮氏嚙落中指投
棺中曰吾先以一指殉夫後父母欲奪其志氏將以沸
水淋身救乃免苦節十八年忽出夫手錄書付嗣子告
姑曰昨夕夢夫言五月十三日當死不能終事姑奈何
至期果卒姑金氏亦苦節五十年
陳氏庠生曹懋勤妻端毅公于廷次女懋勤疾氏刲股以
進籲天請代二十五歲寡事舅姑極孝教嗣子成立卒
年六十七子亮武歲貢生
烈曹氏庠生萬文彪繼妻文彪擅才名以苦讀殞命氏誓
以身殉絶粒數日不死乃投井中不及救而卒子廷詔

成進士

吳氏孫文耀妻二十歲寡撫孤成立卒年六十七

孫氏陳振寰妻二十七歲寡截髮自矢家貧常取草木根皮作食操作無燈火以月光出沒爲度陳固農家課次子際昌讀書後補諸生

史氏劉紀炎妻十七歲寡卒年七十九

曹氏儲奇章妻二十四歲寡卒年七十六

徐氏庠生張巍登妻二十五歲寡夫柩在家四十年寢處其側朝夕進膳卒年七十四

管氏費珍妻十九歲寡家貧斷髮毀容誓無他志嘗依寡

嫂以居值歲饑或累日不舉火

周氏庠生陳維嵋妻禮部郎中周鑣女陳業中落嘗鬻奩具助維嵋養親夫亡家益貧或竟日不爨苦節二十餘年子履端歲貢生

周氏庠生許肇覔繼妻二十三歲寡子翿名諸生邑令李給匾獎之

孫氏武進士史師楨妻二十九歲寡子昉娶劉氏亦早寡守節四十餘年

蔣氏史丹書妻二十八歲寡遺孤纔七月家貧有惡少欲毀其屋氏慟曰是脇我責身也頭可斷身不可辱遂之

里旁草舍中懷淬刃者淡月衆懼不敢逼卒年七十九

康熙三十六年　旌崇祀節孝祠

邵氏庠生徐先枝繼妻二十三歲寡撫前室子之綱延師課讀後爲名諸生氏卒年五十雍正四年追　旌坊建茶局巷崇祀節孝祠

孫氏吳時成妻年十六歸吳三日而夫卒舅姑欲嫁之誓死不從卒年八十餘

貞女陸氏庠生陸鑑女馬某聘妻馬病篤氏偕母往視及卒遂奔喪守志終身

貞女吳氏許務聘妻夫死守貞

貞女胡氏胡世定女吳瑞修聘妻年十六將于歸以父有越遊不果是年瑞修得癲疾五載不痊吳勸之改字氏不可又五年瑞修死時氏年二十五聞訃奔喪葬畢即與姑及兩庶祖姑四嫠同居貧氏紡績以供朝夕焉

貞女任氏任天象女徐中杰聘爲繼妻未婚而中杰卒奔喪守節卒年八十四乾隆三年追　旌

徐氏鄒鎮泰妻二十八歲寡卒年六十四康熙間　旌

邵氏裴正陽妻十七歲寡遺孕三月父母勸之改嫁截髮自誓性好善獨建上草塘橋以利涉乾隆九年追　旌

秦氏湯振商妻父延嘿爲湯溪令八歲在署中作古柏吟

云松栢春不花寒天亦常碧人以爲詩讖歸湯後二十
歲寡子思孝稍長即口授詩書經史後爲名諸生卒年
三十九著有依桂紉蘭二稿行世
秦氏孫誠妻二十五歲寡子幼家貧苦節四十年
邱氏蔣起富妻二十四歲寡乾隆十年追　旌
曹氏蔣廣利妻二十三歲寡子三益選授新興州佐
吳氏蔣汝霖繼妻二十二歲寡署縣周公額旌
陳氏蔣文亮妻二十五歲寡
傅氏蔣懷文妻三十歲寡卒年六十八
沈氏蔣懷慈妻二十八歲寡苦節三十餘年

沈氏蔣曰俞妻二十二歲寡卒年六十餘
丁氏蔣存德妻二十歲寡苦節四十餘年
許氏蔣永爵妻二十九歲寡卒年七十二
朱氏湯道巍妻二十三歲寡卒年五十三邑令劉額旌之
姚氏周又伯妻將婚又伯患癆症兩家議展婚期氏謂其
母曰配耦天定今有病吾奉湯藥分內事也遂歸周不
兩載夫卒誓死守節足不出閨鄉鄰罕識其面
歐氏舉人吳近功繼妻二十五歲寡事姑最孝撫遺腹子
成立卒年七十餘
貞女周氏庠生周南女胡兆祥聘妻兆祥死問訃即往奔

喪服既闋翁姑憫其年少欲歸之母家氏叩頭流血曰
大人寧不愛子耶媳在子猶生媳去子眞死矣翁姑感
其言遂不能强守節終身乾隆元年追　旌崇祀節孝祠
樊氏王宏妻二十二歲寡卒年六十餘邑令姚額旌之
烈王氏吳汝霖妻夫亡有年少路姓者强娶之遂自經於
舟中王姓訟之官治路罪時方暑月及殯已十餘日面
如生
王氏史則逵妻二十九歲寡卒年五十八
濮氏陸東升妻二十六歲寡卒年八十三
吳氏庠生萬德輝妻二十六歲寡卒年四十六子貞邑諸

生孫彥進士
吳氏李元祥妻二十二歲寡姑老子幼氏晝夜紡績寢不
解衣者十七年卒年七十三
承氏杭纘緒妻二十七歲寡　趙氏杭允祥妻二十六歲
寡
王氏儲樹聲妻二十三歲寡卒年九十一
蔣氏宗欽鄰妻二十六歲寡卒年七十三邑侯李額旌之
薛氏增生儲福蟾繼妻十九歲寡撫孤夔慶讀書遊國學
孫龍光舉於鄉報捷時適逢七十誕辰人以爲苦節之
報卒年八十贈宜人

朱氏劉夢巃繼妻二十五歲寡家號素封貧夜有盜壞門
戶抽刀馳擊傷其脘一盜呼曰此賢寡婦也不可殺乃
免卒年七十四子天長邑諸生曾孫學周進士
岳氏邵廷紀妻廷紀被盜劫爲所焚氏年十八矢節終身
岳氏太學生儲之澍繼妻二十三歲寡卒年六十邑侯鮑
額旌之
徐氏蔣永祐妻二十九歲寡姑老喪明又病癱瘓氏侍奉
十餘年不倦撫三子皆成立
周氏儲斯皡妻二十二歲寡卒年四十八
徐氏蔣巖妻二十四歲寡卒年七十八

黃氏蔣暄妻嬬居無子所居林墟閭夜常數日不啓關人
亦知其賢無有過其戶者
蔣氏錢襟白妻十九歲寡卒年四十八
范氏徐懋省妻二十二歲寡卒年七十
徐氏孫明輔妻早寡撫訓二孤成立氏弟嗜鳳欲爲請
旌堅辭乃已卒年七十三
楊氏儲克順妻十九歲寡四世單傳氏撫七月孤成立
丁氏周天秩妻二十四歲寡卒年八十餘
一門雙節朱氏蔣行卿繼妻張氏蔣道卿妻俱早寡朱卒
年七十七張卒年六十九

史氏吳某妻早寡家貧歲大饑族議賑之堅辭弗受
劉氏史經解妻二十八歲寡撫孤子成立卒年七十六
尹氏丁惠森妻二十七歲寡邑令陳額旌之
吳氏太學生儲掟妻太史貞度女二十歲寡卒年七十六
嗣子遷郡庠生述太學生康熙五十七年 旌門坊大建街南
崇祀節孝祠
貞烈莊氏楊某聘妻未嫁而楊卒父母議婚他姓氏不從
投關王潭死里人立廟於皇懺菴側祀爲土神
蔣氏盧廷錫妻二十八歲寡苦節三十餘年
岳氏邵允調妻十九歲寡卒年五十八

龔氏邵英侯妻年十八英侯被訟遠出不返堂伯某誘之
改適氏以死誓守義五十年
李氏庶子儲振妾二十一歲寡無子事嫡許宜人極謹愨
許卒蔬食三年忌日必泣卒年五十
許氏邵南谷妾鷹寢閱兩夕南谷赴維揚踰三載扶病歸
家而歿氏年二十一事嫡韋謹恪撫三歲孤成立卒年
五十六
杭氏湯槿妻二十五歲寡家貧子幼舅欲奪其志氏赴水
挽救不死宗人好義者捐貲爲置恆產其父迎養於家
迄克娶婦有孫卒年四十七

狄氏湯汝賢妻二十五歲寡卒年五十
邵氏謝祖德妻三十一歲寡卒年七十四二子方瑜方玠
並以文行稱庠序中學諭楊邑令蔣知府包學政張皆
以額旌之（此氏年雖逾例然已載通志）
張氏范坰妻二十四歲寡卒年六十三邑令趙額旌之
朱氏萬象新妻二十五歲寡家赤貧絶粒三日掩扉待斃
姪某聞而叩門餽米數斗卒年七十餘邑令魏儒學施
俱給扁旌之
蔣氏莊秀卿妻二十五歲寡卒年六十一
烈許氏范某妻范游蕩家貧如洗欲鬻妻以償博債氏泣

曰吾舅姑父母俱係名門安忍辱身貽羞耶遂自經卒
年二十四范族爲立主祔之家廟
董氏胡起龍妻二十四歲寡
陳氏鄒鳳羽妻二十六歲寡卒年六十四邑令陳額旌之
潘氏儲駿章妻二十五歲寡卒年五十二
蔣氏尹亮采妻十九歲寡夫兄伯貞以亮采逋糧無出欲
嫁氏寄受某子金氏方懷孕斷髮誓死某子訟伯貞及
氏於官氏懷一刃欲自決於公堂尹族稟生帝錫率族
直其事且代爲償逋氏出是得終守撫遺腹子成立卒
年三十九

吳氏史林茂妻二十九歲寡卒年五十六
許氏陳爾啓妻早寡撫子成立娶媳生孫未幾子卒孫殤
氏謂媳高可無守高曰姑昔年少苦守至今媳又何異
況媳代子終養分也遂相守終身
蔣氏嵇啓瑞妻二十二歲寡卒年六十二
吳氏邵麟妻二十七歲寡太守給額旌之
陸氏杭文九妻二十三歲寡搶地呼天死而甦者再既以
舅姑命撫孤讀書卒年七十
周氏杭子益妻二十四歲寡卒年七十三
張氏杭立於妻二十五歲寡卒年七十九

王氏杭振芳妻早寡苦節五十餘年
烈趙氏陸亮宇妻年飢空乏公私積逋亮宇謀鬻妻以償
氏執義不從有族匪强主婚事氏知勢不容已閉戶自
經死邑侯趙旌其室曰毅烈流芳
蔣氏路遵義妻二十三歲寡卒年七十一
湯氏路陟在妻二十九歲寡卒年三十九
蔣氏楊廷石妻二十二歲寡卒年七十五
王氏楊廷翰妻十九歲寡卒年七十四
錢氏江世嘉妻二十四歲寡翁諭之嫁不聽翁因其母家
以市販爲生人衆雜處約曰而欲守節必無歸寧乃可

氏敬諸越二十年孤娶婦始一歸卒年六十三
馬氏周旣延妻三十歲寡卒年五十九
湯氏毛秀元妻二十七歲寡
蔣氏毛有勤妻早寡苦節三十餘年卒年六十
曹氏毛尚純妻十九歲寡苦節四十餘年
周氏毛賢其妻十八歲寡卒年七十二
吳氏盧銓登妻二十六歲寡卒年七十八
周氏庠生盧昌祚妻庶子周啓謝女二十三歲寡卒年四
十六子棟隆舉人
貞女儲氏增廣生儲掞女榆社令盧棟隆次子文煥聘妻

氏年十七聞夫卒即毀容易服矢志守貞卒年三十二
任氏潘鼎元妻二十二歲寡卒年七十三
承氏陸曠淇妻二十一歲寡翁患泄痢飲食居處因三子
分異遞遷氏以翁轉徙不寧掃除寢室獨任湯藥雖中
夜一燈熒然或并不就寢如是者五閱月翁得安養以
終
許氏周惟楨妻二十三歲寡苦節三十餘年邑侯李額旌
之
宗氏史如班妻十八歲寡夫易簣時以終喪改適諭氏氏
泣誓曰夫婦同穴正也倘有異心死不得至君塋所苦

節四十年其卒也嗣子奉柩合葬於金雞墓將至塚忽
劃然開前和盡見云
杭氏沈宏朔妻二十歲寡越二十年嗣子又卒復撫孤孫
成立
薛氏儲煥文妻二十九歲寡卒年九十嗣子孫武舉人
許氏陸文成妻三十歲寡家赤貧嘗日午鋤禾見者憐之
吳氏詹席珍妻二十三歲寡姑吳多病割股者再母謝病
亦如之
桑氏馬天琪妻二十七歲寡
邵氏蔣安祖妻二十二歲寡無子設夫主於臥室敬事如

生初氏之祖母少寡完節氏見其父稱述輒曰祖母吾
師也父曰祖母有子爾無子對曰事關大義豈論有子
無子乎父爲之改容
胡氏沈貞妻二十七歲寡
吳氏庠生湯新爵妾新爵嬰風疾不離床蓐者八年氏事
之無倦色二十九歲寡卒年七十四子麟徵邑諸生司
諭施額旌之
芮氏柳啓星妻二十九歲寡卒年五十七次子時舒妻蔣
氏二十八歲寡卒年五十一
薛氏史福綏妻三十歲寡卒年六十八

吳氏莫與珙妻二十七歲寡卒年八十二
楊氏儲御侯妻二十八歲寡卒年六十二司諭楊頷旌之
吳氏儲玉俊妻二十七歲寡卒年五十一
蔣氏儲述妻二十五歲寡卒年七十三
蔣氏儲元贊妻二十八歲寡
馮氏徐澂妻早寡卒年七十六
許氏徐榮瑚妻嫁甫週而寡苦節十六年
馬氏葛文光妻三十歲寡妾劉氏十九歲寡嫡庶同心苦
節三十年邑令王頷旌之曰雙閨冰雪
承氏邵天祚妻十八歲寡卒年三十四

殷氏陳晉源妻二十八歲寡卒年七十三
王氏許善慶妻二十四歲寡卒年七十五
蔡氏陳寧敘妻二十七歲寡卒年八十二
馬氏周世邦妻十九歲寡卒年五十九
史氏陳運生妻二十七歲寡卒年八十一
史氏吳樸人妻二十六歲寡撫孤子復撫孤孫卒年六十
三
烈吳氏萬庭桂妻二十四歲寡子甫週家赤貧或勸之他
適氏曰即無斗米尚有十指吾何之乎迨孤長聘婦曰
吾事畢矣遂投繯死年三十八邑令李頷旌之

吳氏儲啓魁妻年三十生子五齡墮水死夫痛子亦赴水
死氏及姑俱慟絕已乃自忖曰夫死子死吾何惜一死
然吾死姑亦必死於是扶姑歸急營殯葬立姪爲嗣卒
年九十三
萬氏儲高慶妻二十五歲寡卒年七十子復祖娶萬氏亦
二十五歲寡姑媳相依勤撫繼嗣郡守王旌之曰貞節
聯芳
蔣氏儲茂煌妻二十七歲寡卒年八十一
蔣氏儲順元妻二十四歲寡卒年五十二
蔣氏儲惟忠妻二十七歲寡苦節四十餘年

史氏戴可式妻二十七歲寡卒年六十二
毛氏史念緒妻二十九歲寡卒年五十三邑令頷旌之
史氏曹鎬妻早寡苦節三十餘年
徐氏吳從鼎妻從鼎遘惡疾氏親視湯藥五年不懈二十
六歲寡事孀姑秦極孝謹卒年三十八子定邢邑諸生
烈邵氏儲炳文妻三十一歲寡夫弟逼之嫁凌辱百端乃
變計紿叔云爲我設齋薦亡夫則惟命齋畢乘間赴水
死麻衣衰絰縫紉密固胸中猶懷故夫靈紙云
丁氏張廷佑妻三十歲寡嘗刲股療翁卒年五十一邑令
頷旌之

周氏蔣雲澤妻三十歲寡撫姪爲嗣俞氏雲澤弟觀其妻
二十九歲寡撫遺腹子成立督學鄭旌之曰德門雙節
高氏吳逵聞妻邑侯赫額旌之
惠氏徐之紀妻二十九歲寡卒年六十三
朱氏顧燮卿妻二十七歲寡卒年七十三邑令鮑額旌之
馮氏史有秋妻二十三歲寡子繩祖娶薛氏二十五歲寡
姑媳雙貞卒年皆六十餘
潘氏路晉錫妻溧陽中允潘麒生女通書史嫺禮法二十
五歲寡以子芳節任州判贈孺人雍正元年 旌 崇祀節孝
祠
周氏武庠生俞士鸞妻二十八歲寡截髮守志子銓太學
生雍正三年 旌 坊建宋漬付
陳氏楊君啓妻二十二歲寡卒年六十一
龔氏許炙臍妻二十四歲寡苦節二十一年
許氏王泰遇妻邑令文額旌之
烈吳氏蔣蔚其妻夫死無子親屬謀嫁之迎者將及門氏
取刀自剄死年三十三
吳氏王家楨妻二十七歲寡
岳氏太學生潘承桂妻中丞宗洛冢婦承桂代父修密雲
城以勞勩卒氏年二十七扶櫬歸里撫二孤胥隸六館

尤孝事舅姑卒年六十七
段氏侯栻妻二十歲寡與嫡呂俱無子忍饑苦節以終
陸氏王順甫妻二十七歲寡苦節三十餘年
周氏例貢徐國芳繼妻十九歲寡國芳弟羽彩妻亦早寡
完節
陸氏吳華鍰妻二十六歲寡
邵氏蔣嘉會妻二十九歲寡卒年七十七
貞女胡氏吳廷麟聘妻夫死守貞
貞女蔣氏胡彥瑜聘妻甫納采而彥瑜卒氏請奔喪父不
許絕粒三日乃聽之氏往夫墓祭奠折箸誓曰夫死未
臨窆夫葬未臨穴夫空有婦名婦未識夫面事姑天年
而不委身壙下以酬夫志者有如此箸祭畢歸侍姑家
極困乏守貞十五年卒族人義之爲立石于墓
盛氏王世英妻二十三歲寡卒年七十二
路氏太學生蔣沛澤妻二十六歲寡卒年七十九
路氏太學生郁遴玉妻順昌令路衡女通書史嫺禮節二
十七歲寡撫孤源渭早卒媳曹氏二十四歲寡卒年四
十一姑媳完貞邑令沈額旌之
王氏杭懋端妻二十九歲寡
路氏潘君燦妻大參文範女二十一歲寡守節四十餘年

吳氏庠生徐化鯤妻　史氏呂世奇妻　毛氏曹茂甲妻
顧氏太學生萬晟妻　秦氏儲丞繁妻　許氏戴師夔妻
吳氏儲炳然妻　吳氏程文英妻　岳氏錢著霖妻
吳氏許某妻　華氏許某妻　任氏傅某妻

補遺

明

錢氏蔣時進妻二十三歲寡卒年八十四
儲氏毛明佐妻明佐及子貴生死于兵氏年二十九苦節終身

國朝

吳氏楊言如妻二十六歲寡苦節二十九年
陳氏傷渭妻二十六歲寡卒年六十三
潘氏蔣立統妻二十八歲寡苦節四十餘年
芊氏蔣兆安妻三十歲寡苦節三十餘年
李氏蔣景奇妻三十歲寡苦節三十餘年
蔣氏楊魯珍妻二十四歲寡司諭孟頟旌之
杜氏周鳳梧妻二十五歲寡卒年八十八
蔣氏周又曾妻二十八歲寡卒年五十五
蔣氏周伯瑨妻二十三歲寡卒年七十二署令謝頟旌之
吳氏周世則妻二十三歲寡卒年六十五

杜氏周世魁妻十九歲寡卒年四十八
徐氏周元臣妻二十六歲寡卒年六十九
黃氏周思信妻二十四歲寡卒年五十七
貞女周氏周仲璉女陸鳴珂子聘妻陸子夭氏斷髮守志終身
唐氏楊惠侯妻二十五歲寡
吳氏楊丞臣妻二十八歲寡
烈儲氏任緯妻松江教諭儲邦輔女乙酉歲聞兵至墮樓全節而亡

增修宜興縣舊志卷之八

人物志 孝女

德莫大於孝顯揚不匱在丈夫固難言之若夫已嫁之女不以有家忘父母于歸之媳不以異體視翁姑則至性過人較之薄奩具而積怨取箕帚而反唇者誠相懸萬萬故特採孝女以為壼德勸焉

明

黄氏父節無嗣贅壻張以為養節性整潔女順承父志曲盡其道夏月扇枕簟冬則令其子溫被調甘脆勤補綴悉當父意是以父期頤安樂忘其身之為獨也

陳氏贈君周重智繼妻姑卒舅失明伏蓐數年氏奉湯藥以至洗滌便液絕未嘗諉僮婢舅曰孝哉媳願天錫佳兒以報汝果生子鼎官工部尚書

陳氏邵維林妻嘗剌血寫觀經十三卷以祝姑壽姑患痛割股救療氏年二十八姑痛復作氏乃思割肝焚香籲天舉刀于手忽幽喑若神告者以刀再剔迸出火光鄰里駭為竈突焚旋視非火乃止頃之肝出昏瞶復甦割半葉納而束之仍自烹以進是夜姑疾瘳鄰里連名呈報巡撫勵賞給廩帛萬歷二十八年入憲綱

蔣氏顧沂妻姑卬性甚嚴少得當其意者氏極孝敬為所

鍾愛每稱之以飭諸婦壽百有四歲子梓邑諸生邑侯陳旌其門曰期頤壼範

周氏尹商衡妻事翁姑愛敬兼至每遇時食翁姑未嘗不敢入口或膳給不敷舵葬珥以佐翁姑宥不豫湯藥親嘗衣不解帶勤勞藏瘁如不有其身翁萬年感其孝請吳編修中行為文紀其事

虞氏廩生張四維妻姑疾篤割股以療姑竟愈

儲氏吳綸妻嘗割股療翁

儲氏儲明弼側室女郡兵猝至負母逃竄母遇害女號慟即奮身躍入水死

金氏徐日升妻八歲母病即夜起治湯藥母死哀號骨立後事舅姑以孝謹稱姑失明臥床數載氏日夜侍養能順其意姑臨卒抱氏以泣言來生願為汝媳以報其孝感若此

秦氏庠生毛麟元妻割股療姑諸名公贈詩並勒石宗祠

國朝

楊氏鄒振先妻姑染疫病危氏焚香祝天刲股以療

吳氏周贊妻掌坊周啓雋長媳執婦道甚謹深得翁姑心贊患血症危氏晨夕向大士像禱祝願以身代贊竟愈而氏卒

錢氏王紹妻事姑孝謹一日母餉以烹鵝柴覆其上氏即
分菜奉姑復見鵝急欲補奉而姑適至氏愧奔告母曰
吾進菜于姑而遺其鵝倉卒失悞罪可辭乎我必死然
姑待我厚必以我婦爲感是重吾罪也願將妹妻吾夫
以膳姑吾自瞑矣遂自縊母家哀其志以次女續焉
徐氏庠生仇兆麟妻兆麟幼孤氏父納于家敎育七年以
氏配之氏敬父母如舅姑而加愛焉未幾卒子元善邑
諸生
許氏贈中允任培元妻家貧子啓運生母宗氏天性純孝
母病篤割股和藥以進後以子貴贈淑人

蔣氏庠生徐之綱妻巡撫允儀孫女綱事繼母孝氏亦謹
修婦道姑性嚴峻氏百方承順必得其歡心而後已姑
有微疾夫婦衣不解帶待前姑女尤厚時周其乏至老
不輟云
宗氏張德其妻性端淑無子姑病篤抱之共枕臥朝夕撫
摩後翁疾氏臥榻前每夜十餘起翁或呼他子婦氏曰
伯叔姒有子他日孝養無窮媳無兒已辜二老望奈何
不專力奉養稍報萬一耶因泣下及翁呼之即拭淚解
頤稱其孝者三黨如一口
路氏贈鴻臚湯芳猷妻芳猷客都中姑病劇氏泣涕曰姑
如不起我無以見我遠人默禱宅神刲臂肉廣二寸和
藥以進越日瘳氏積勞早衰卒年四十二以子先甲貴
累贈恭人錢塘陳兆崙爲之傳
史氏張甲先妻舉人史曾唯女初氏年十九未嫁母病篤
父授經于外諸弟幼弱女計無所出割股以療子涵邑
諸生
許氏其璞女生而茹素立志不嫁侍養父母父母患病氏
割股以進得痊親亡後紡績終身卒年七十
許氏許圻女母楊早卒氏年十六父欲字之氏念父年衰
又無兄弟矢志不嫁紡績以供甘旨父卒葺茅依壠祭

享必誠卒年六十四族人爲之立額于祠立碑于墓焉
王氏王愼五女字黃姓幼有至性年十四父患病侍奉湯
藥日夜不倦見父病革朝夕焚香期以身代無何氏忽
暴疾亡而愼五遂愈
賀氏庠生吳貞明妻幼時兩割股以療母疾及嫁夫多病
七割股以進遂病羸而卒

增修宜興縣舊志卷之九

古蹟志 遺址

陽羨城

按城有三：一漢時城，後漢書許荆傳注陽羨故城在今常州義興縣南，太平寰宇記陽羨古城在今縣南一名蝦虎城是也。考城址爲今南門外土城，正對蝦籠涇，故一名蝦虎城，與教場相近。宋咸毗陵志謂過運橋在舊縣尉司教場西，宜民橋在舊縣尉司東。按通運橋今俗呼碓坊橋，則古城當在此處無疑。王志引寰宇記誤注在六朝陽羨城下，其謂宜民橋在縣尉司北亦誤。一孫吳改築之陽羨城，即今宜興縣治。一六朝陽羨城，自晉時升縣爲郡，移築縣南者，單于發續風土記謂在南山下是也，由晉迄隋故名。朱志及王志云在縣南五里山亭鄉，是正南爲梅園嶺，下稍西爲大潤彭庄，或言今广門迤西有百合場，平林清曠，疑是六朝陽羨城故址，則當作十五里，非五里矣。

國山城

國山城在縣西南五十里永豐鄉，晉元帝置義興郡於陽羨，又置國山縣於白石山西，成帝移於平地，去舊城七里，周廣二百九十步，有濠西臨漳溪，舊址則在今五洞橋東。本太平寰宇記，參王徐二志

按義興郡惠帝置，此云元帝係誤文。史能之毗陵志於西臨漳溪下引寰宇記云晉初置於離墨山西，後各志皆同。按記中是白石山，並非離墨山，俟考。

明劉震國山城詩　隱隱蒙巖山葱蘢，百尺蒼雲間白鶴。青鸞相往還，涓涓蒙巖泉一泓。漱石清泠然，流作澄潭光浸天。山可杖屨泉濯纓，此中方丈卽蓬瀛。世情過眼只長嘯，朝是暮非焉足平。君不見國山城，晉與隋廢眞

夢幻，興衰芳草春烟生。善權寺古今文錄

臨津城

臨津城在縣西北五十里神安鄉，周廣二百九十步，舊址猶存，南臨荆溪，故名。唐鶴徵府志

按唐志宋史朱二志王志云在縣西五十里伍賢鄉，與前志不符。徐志云漢時城隍廟猶存，城建自晉，漢無城，安得有廟，當以唐志爲正。

國朝邑人陳維崧臨津懷古百字令　笛聲緊處，向霜空削下，一天秋氣。我買蜻蛉剛六尺，紅樹之中斜繫。問說當年，從來此處，劇憐繁華市。如今只有，古祠閒映流水。歷數漢苑唐陵，滄桑轉瞬，大抵皆如此。繡嶺金塘都換了，何況彈丸黑子。賽鼓前村，巫歌極浦，斷礎封苔冢。

滿陂紅葉，老鴉啣上晴壘。湖海樓詞

義鄉城

按王志在縣東南八十里，宋改屬長興。又言義山有義鄉城，廢甚尚存。又王志沿革中載隋開皇九年廢義興郡爲縣，省義鄉、國山、臨津三縣。唐府志沿革中言改義興郡之陽羨縣曰義興縣。又言續通典唐武德二年置陽羨、臨津兩縣，七年改臨津爲南興州。據此，義鄉、國山之廢在隋，陽羨、臨津至唐復置，義鄉、國山遂永廢矣。

永世城

按宋志在縣西北，不載里數。江南通志言溧陽有古縣洴，在縣南五十里，晉永世縣故址，與千里洴相連。王志言在縣西南九十里，宋改屬丹陽，今屬溧陽。或云西北，或云西南，今不可考。

平陵城

平陵城在縣西北四十六里。輿地志云晉元帝割丹陽永平縣爲平陵縣，即今溧陽縣之平陵山。本太平寰宇記，參王志

按唐皇甫冉酬裴十四詩云舊國想平陵春山滿陽羨蓋指此也史志謂在縣西北六十里伍賢鄉與寰宇記不合考通志平陵山在溧陽縣西三十五里西有平陵城則永世平陵今其地皆屬溧陽無疑

綏安城

按史志云在縣西南梁陞爲陳留郡今屬宜城今考大賢嶺南風飛嶺北地名城上半里許有邗橋傳是當日綏南城濠若然其地去桃溪未遠猶隸荆溪又考廣德州本名綏安去桃溪西南八十里或當日縣治在邗橋而廣德爲所隸之地也

函亭在函山東南去縣西八十三里四面水入荆湖風土記云漢蔣澄封函山山侯節寰宇記

按函山侯疑遺一亭字函山又誤作函山王志云在縣西六十五里函姥山漢封蔣澄爲函亭侯計里與寰宇記不同

宋邑人蔣堂題函亭詩　函亭深處枕清溪萬木回環盡翠微梅蕚破香知臘近柳梢含緑認春歸風前列嶂琴三叠雪後羣山玉一圍顧我此來盤礴久塵勞瀟灑頓忘機徐志

蛟橋

按橋在城之中舊志所稱蛟橋夜月也寰宇記引陸澄地理抄云晉周處少時斬蛟即此處

元白珽有題斬蛟橋詩　桓桓周將軍英烈照千祀少年知自艾成仁不惜死射虎南山下斬蛟北橋底騰拏三日夜瀝血四十里激波爲獄立揮双雹亦駛想當批鱗初見義不見水及其立人朝矯矯中不倚文學旣英發武庫復霆起殲兒善醜正甘作忠義鬼至今有生氣耿耿耀青史蘇公百世豪氣味有相似泊舟蛟川下洗石題所以平生疾惡意十有二言裡豐碑列祠宇詞翰兼二美二美固足珍吾取不在是

國朝邑人周啓巂蛟橋夜月詩　長虹駕月對峯樓影入清溪靜不流萬堞光芒連北極千家燈火耀南洲翠華浮動冰盤露素練紆迴雪夜舟人在廣寒渾未解更疑玉女弄珠遊

國朝邑人黃錫朋蛟橋夜月詩　烟連睥睨跨長虹靜鎖溪流氣象雄鐘鼓聲中催桂魄星辰影裏映蛟宮光搖

簾幕千家畫水傍樓臺一笛風我欲乘鸞向寥廓羣仙縹緲幔亭東

國朝董元愷蛟橋月夜秋夜月詞　長橋月夜拱南山俯荆水清暉平野一望白空城郭翠浮松檟蟾鏡起彩虹落烟波如畫瀟灑偏照孝侯祠下　誰如卿者蛟可屠虎可射人人愉快剩得陰房鬼火燄旗飄尾蓼花飛楓葉染悲哉秋也歎秋光長向杯中瀉蒼梧詞

余皮在縣東十二里舊傳子隱斷蛟曝餘皮於此余當作餘有餘皮瀆本史能之毗陵志參王志

射虎亭在縣南五里晉周子隱射南山白額虎於此後人

爲之立亭今廢王志
按今城南石亭埠有射虎墩是其舊址

流杯橋
按橋在石亭埠水月庵東一小石梁橫跨澗上荆溪外紀載宋余登元流杯橋記云周孝侯射虎之暇厲地飲酒於此故以流杯名

甘草墩在縣東三十里周侯母疾思甘草侯竭誠籲天墩産甘草故名孝感又名甘草墩徐志

周袍塢周孝侯袍笏葬在離墨山南徐志

漳浦亭在縣西二十五里洴洌浦中有土隆起俗號張虎墩疑其音相近傳者訛焉晉書以此亭爲周札封邑朱昱毗陵志

碧鮮庵

明華察游善權碧鮮巖詩　落日下空門齋鐘出林莽偶茲叩精廬再宿翠微上舊遊不知處但見松杉長巖虛露氣清坐覺心魂爽月白山牕高夜靜風泉響遂令籍寐中超然脫塵網雲壑永棲遲願言稅歸鞅巖居叢

明邑令谷蘭宗祝英臺近詞并序　陽羨善權禪寺相傳爲祝英臺宅基而碧鮮巖者乃與梁山伯讀書之處也予省郊雨舍於此見其巖勢巍聳壁立數丈眞是文娥仙境但竹石陸離花芝淒冷有可傷耳因題其崖復作詞一闋亦取其舊名云　草垂裳花帶蘚春衫細如筋窈窕巖扉苔印讀書處看他墨灑烟雲光流霞綺更誰伴儲粧容與　無塵慮恰有同學仙郎牕前寄冰語芝砌蘭堦便作洞房戲祇今音杳青鸞穴空丹鳳但蝴蝶滿園飛去碧鮮巖碑

按史志云善權山巖前有巨石刻云祝英臺讀書處號碧鮮庵昔人有詩云蝴蝶滿園飛不見碧鮮空有讀書壇俗傳英臺本女子幼與梁山伯共學後化爲蝶地普醮陳克有祝陵沽酒清若空之句按碧鮮庵一名碧鮮巖今石刻六字已亾惟碧鮮庵長碑三大字字形瓌瑋詎是唐刻化蝶事有無不可知碧鮮本竹名碑刻現在無作蘚者王志誤作蘚詩句平仄失粘不可讀矣華詩作碧仙亦屬傳聞之誤

九斗壇在國山東去縣西南五十里高二丈梁武爲天旱

求雨於蔣山神感夢云九斗山張水曹神能致雨帝乃遣使立壇祀之響應節寰宇記

按王志高三尺周廣十三步山有九峯狀如覆斗其丈尺與寰宇記懸殊蓋今古遷變或有不同

任公釣臺在縣北一里臨荆溪任昉爲守嘗垂釣於此舊傳臺高二丈荒址尚存史志

按任公有泛長溪詩云道遇垂綸叟聊徃問津惑長泛滄浪水平明至熏黑詩凡十二句諸志截此四句改作釣臺詩今北郭里許有釣橋其址當在此

離羣在縣西南十八里任昉泛溪詩云絕物甘離羣長懷思去國地臨荆溪疑後人取詩句以名史志

到氏查林田舍在縣東二十里舊傳到溉到洽兄弟所居

任昉過之曰此子日下無雙且申拜親之禮史志

按查林在縣東南志遺一南字王志云時太守任昉與遊號蘭臺聚

茶舍在罨畫溪上去湖㳇一里李栖筠為州有僧獻佳茗陸羽以為芬香冠絕他境可供尚方始供萬兩置舍洞靈觀韋夏卿徙茲地南唐保大四年命建州置的乳茶號京挺乃罷貢史志

國朝邑人任繩隗罨畫溪茶舍詩　畫溪山中萬木秋畫溪渡口茶之邱茶溪左右有草廬一椽錯落臨汀洲荒郊莽蕩走狐兔石棟屏曲盤龍虬微風習習春溪寂浮雲漠漠春溪流山僧春龍手自攜刺史風流今在不鴻飛冥冥不留影天風萬里吹古愁植木齋集

李司空山房在善權寺司空名蠙嘗於此肄業王志

按蠙貴後嘗奏贖善權於此作山房固宜志又言後李曾伯李綱相繼寓為三人皆李姓人以為蠙之輪迴今寺有三生堂正此義考唐書宰相表宰相世系表皆無蠙名宋李曾伯亦未曾作相相者維李綱一人輪迴三生之說史能之未足兩毗陵志並無之此出明善權寺僧方策所言荒誕不足信蠙他書不詳其里居都穆善權記稱為義興人南豪博雅必有所據

趙莊在縣南三十里唐李戡隱居之地與蜀山相對遺跡猶存史志

李刺史玉潭莊在張公洞西南三里史志

獨孤及得李滁州書以玉潭莊見託因書春思以詩代答詩　春物行將老懷君意詎堪朱顏因酒強白髮對花憇日日思瓊樹書書話玉潭知同百口累曷日辨拙參全唐詩

按王志言李刺史玉潭莊即玉女潭刺史名戡唐渤海恭王之孫登進士第拜刺史終隱於此考唐書宗室李戡之抗節未登進士此盖滁州刺史李幼卿非戡也

杜牧之水榭在荊溪北滸舊傳邑人王公輔治地得巨橫木亘其中云是牧之築榭故址按牧之集有寄歙州刺史邢羣詩云一壑風烟陽羨里解龜歸去路非賒寄李侍郎云終南山下抛泉石陽羨溪頭買釣舟贈許七侍御云他年雪中棹陽羨訪吾廬自注於宜興近有水榭朱志

按王志於杜橋下注云在大東門外酒務後四十步俗呼蝦蟇橋本名土橋因邑人王公輔治地得巨木板周

布其下相傳為杜牧之水榭故址朱志又云杜橋在東獄廟西以杜牧之水榭故名今皆不可定

元倪瓚有題杜牧之水榭詩　水榭平居我所思看山不足倚闌時寫將黃葉溪頭路政比風流外史時徐志

明周砥經杜樊川水榭故基詩　落花風裡酒旗揺水榭無人春寂寥何許長亭七十五野鶯烟樹路迢迢徐志

五牧按史志云五牧在縣西四十七里丁正言儁作壽昌縣君蔣氏墓誌云蔣又五子皆至郡守故名攻唐書又從河南五子皆至顯秩歷州牧者四人則五牧之名似傅會

陸氏山居

唐張祜題陸敦禮山居伏牛潭詩　伏牛眞怪事餘勝幾人諳日彩沉青壁烟容靜碧潭泛心何慮冷漱齒詎忘甘幸挈壺中物期君正與酣詩全唐

又張祜題陸墉金沙洞居詩　東溪泉一眼歸臥恨高蹤決水金沙靜梯雲石壁虛細吟搔短髮深話笑長裾莫道遺名品嘗聞入洛初詩全唐

按王志陸氏山居有二陸敦禮所居在金牛潭陸墉所居在金泉攷金泉在小心山縣西南三十五里張詩係金沙洞非金泉也金沙洞在湖洑縣東南三十六里東西相懸未知孰是

山居玉潭

唐張祜題李瀆山居玉潭詩　古樹千年色蒼崖百尺陰髮寒泉氣靜神駭玉光沉上穴青冥小中連碧海深何當烟月下一聽夜龍吟詩全唐

西石亭在縣南八里地產薛梅枝幹奇古亭久不存至明吳憲副仕復植梅搆亭以存舊蹟俗名石亭埠參史志王志

明邑人馬治石亭梅詩　步出南郭門繚繞石亭路世難寒梅花雖新亦異故連雲二十畝照眼數百樹蕭條荊棘映慘淡苔蘚護彷徨水曹思清便廣平賦相思何由寄惆悵歲云暮徐志

宋陳先石亭探梅好事近詞　錦遍石亭春點點暮山明滅竹外小溪深碧倚一枝寒月　淡雲疎雨若無情得折便須折醉帽風鬟歸去有餘香愁絕詞綜

國朝邑人萬樹憶石亭梅露華詞　一年一渡其幾番名流同訪花塢草草去春花下誰留新句近山半水人家作雪欲晴村路難忘是疎籬短樹數里香霧　盈盈陌上遊女恰爭拗花枝插鬢無數不管未開將落亂折歸去襯邊淡月明時竹外斷雲流處香夢杳何時帽簷探取香膽詞

按史朱二志皆誤作縣南十五里周密癸辛雜志云梅間有小溪流水橫貫交午橋下多小石圓淨可愛風景猶不殊也吳頤山搆亭植梅今亦廢至國朝庚子里人丁良聘倡建茶亭以爲行人憩息之所乾隆甲寅火良聘元孫重建名其亭曰復古亭

邵博士溪亭

唐李郢題邵博士溪亭詩　野茶無限春風葉溪上千重返照波只去長橋三十里誰人一解枉帆過詩全唐

蜀風史志云蜀風在縣西北四十六里唐韋莊爲蜀程記云至寶雞縣過三叠坂由疇村落酷似義興境物故名朱志又引李堅詩云勿訝韋郎誇酷似情知蘇子賦歸來王志於詩下又注云以東坡蜀人嘗買田陽羨故也

按村落俗名元不必盡求其解似此終有傅會前志因仍而不改

陸相山房在頤山唐陸希聲解相印嘗隱居焉自號君陽遁叟著頤山錄窮幽極深間得其勝輒命以名史志

唐陸希聲陽羨雜咏詩　山前無數碧琅玕一徑清森五
月寒世上何人憐苦節應須細問子猷看（苦竹徑）凍蕊凝
香色豔新小山深塢伴幽人知君有意凌寒色羞共千
花一樣春（梅花塢）大河波浪激潼關青兕胡爲伏此山遙
想楚王雲夢澤蜺旋羽蓋定空還（石兕）年逾知命志尤
堅獨向青山更絶編天下有山山有水養蒙肥遯正脩
然（講易臺）惡施徒自學多方設説觀魚理未長不得莊生
濠上旨江湖何以見相忘（觀魚亭）六月清凉綠樹陰小亭
高臥滌煩襟羲皇向上何人到永日時時弄素琴（綠雲亭）
野人心地本無機爲愛茅簷倚翠微盡日尊前誰是客

秋山含水有清輝（清輝堂）妙理難觀旨甚深欲知無欲是
無心茅庵不異人間世河上真人自可尋（妙觀庵）隔林殘
日照孤亭元宴先生酒未醒入夜莫愁迷下路背人猶
在逐流螢（西陽亭）自知無業致吾君只向春（一作空）山弄白
雲已共此山私斷當不須轉徹重移文（弄雲亭）盤崖蹙縮
似靈龜鬼谷先生隱遯時不獨卷懷經世志白雲流水
是心期（伏龜堂）君陽山下足春風滿谷仙桃照水紅何必
武陵源上去澗邊好過落花中（桃花谷）小圃初晴風露光
含桃花發滿山香看花對酒心無事倍覺春來白日長
（含桃圃）二月山家穀雨天半坡芳茗露華鮮春醒酒病兼
消渴惜取新芽旋摘煎（茗坡）嶺上青松手自栽已能蒼翠
映莓苔歲寒本是君家事好送清風月下來（松嶺）芳草霏
霏遍地齊桃花脈脈自成谿也知百舌多言語任向春
風盡意啼（桃谿）一徑穠芳萬蕊攢風吹雨打未催殘憐君
盡向高枝發應爲行人要整冠（李徑）落落飛鴻漸始磐青
雲起處剩須看如今天路多矰繳縱使銜蘆去也難（鴻磐）
山嶺依稀假月形數峰倚石發空青幾迴雪夜寒光積
真是金光照戶庭（假月巖）（全唐詩）
按朱昱毘陵志稱陸詩如鴻磐雲磴伏龜臺騰蝺石講
易座觀妙庵之類凡二十有七皆以絶句紀之攷陸詩
無雲磴騰蝺石且止十九首並
無二十七首志所言不知何本

蘇東坡別業在縣北五十里滆湖塘頭嘉祐初蔣穎叔有
卜鄰之約元豐中自黃移汝至荆溪乞常州居住表云臣
有薄田在義陽可供饘粥蓋此托居（參史志王志）
慶源亭縣北門外迎恩亭其故址也元豐七年東坡艤舟
於此有求書者題其後云早發宜興飲酒一杯醺然至醉
置拳几上垂頭而寢不知舟出門外泊於慶源（王志）
東坡舊居周必大云郭提舉知訓宅在觀巷即東坡舊居
去通真觀數武（節歸盧陵日記）
養鵝墩在縣北滆湖西慶國夫人史氏蔣堂祖母寡居課
子嫂甚育鵝自給朝縱去暮揭竿於岸則畢集焉墩以此

名（節王志）
雙檣軒在縣城南慕容暉所居狀如偃蓋東坡爲命名叅
寥子詩云南軒前頭兩佳木先生撫翫常不足尤愛薰風
五月初白銀花開光照屋（史志）
按僧參寥詩徐志藝文内誤作蘇軾
南莊在縣北五十里蔣頴叔嘗置義田有詩云耕春烟一
隴釣夜月千尋未荒三徑在不負此生心（史志）
天遠堂邵民瞻居在邑東北永定里蘇軾至宜民瞻從之
游東坡歸陽羨詞有畫樓東畔天遠夕陽多之句因卽以
天遠名邵氏之堂爲手書扁（節楊懷遠鄉評備考）
宜興縣舊志　卷九　遺址　十三
曾幾宜興邵智卿天遠堂詩　目極雲沙靜眇然邵卿
風月過年年雁行滅沒山横晚漁艇空濛水接天南國
棠陰春寂寂東風瓜蔓日緜緜問君許作鄰翁否陽羨
溪邊卽買田（王志）
醒醉石在縣治内元豐間令李元盈題云爲山因纍石八
巧奪天機强説醒和醉那知是與非（本史志）
按詩句乃命名之意並無他説王志云相傳能醒醉人意有醉者偶卧此石覺而醒之語涉附會
一覺軒在通眞觀正殿法堂後嵩宗大觀二年侍郎鄒忠
公浩宿道士周希信房題其軒曰一覺所明關中孝廉魏
初復題句云借榻客重逢一覺破除今古障靈關塵不到

半生了悟五千言（張素位通眞觀志）
蔣三舍在縣西洴洞四圍皆澤國宣和間張寳文彦智遇
風寄宿贈以詩和者盈卷有兩岸更無通步路四時常有
避風船之句（宋志）
岳堤在縣南二里四水庵前岳忠武追金兵過此築長堤
里許以通騎故名（節徐志）
按沈堡淮遊紀畧云常州之役兀朮兵潰鄂王追之從
陽羨狀取廣德金椎隱隄一夕而成隄上多緑楊方春
和時柳暗花明樵青擔荷與遊人士女往來山中者相
上下至夕陽在山水光綽約兩縣漁舟競泊隄下亦不
減六橋佳麗也吳師石竹枝十二首如樵客負薪沽酒
去擔前都插映山紅又小網輕移新婦艑出簖篾多貯
竹姑猶還又間向岳堤收好句晚風吹落滿烟村之句
可想見其土風矣按岳隄左右名緑水岸隄又名緑水
宜興縣舊志　卷九　遺址　十四
圩埂南爲畫店明時爲吳氏五橋莊
又名午橋莊師石名元豹吳炳曾孫
萬幅平遠
按周必大歸廬陵日記云壬辰早泛舟數里至言村訪
胡茂老松年幅巾舊居有堂榜曰萬幅平遠邑人又呼
爲横山堂堂去湖涘纔百餘步湖外峯巒横陳又其外
遠山如屛方茂老卜築時陸藝花木水植荷蓮死才二
十一年皆湮廢不治而第宅浸壞矣甲戌歲嘗
與外舅具舟欲往大風而止今日亦遇風雨
宋孫覿横山堂詩　波間指點見青紅雪脊嶒稜倚半空
幻出生綃三萬幅遊人渾在畫圖中　蒼雲十里蔭平
寬露葉風枝遶舍寒莫遣先生賦歸去且令小吏報平
安（荆溪外記）
畫店出南門一里許曰畫店畫院供奉某所居（本周必大泛舟録）

按畫店俗譌畫爲莊今名分路口稍東爲吳氏五橋莊

惠氏南園　北園

按歸廬陵日記云葬治極有法溪水正貫園中隔街卽大第泛舟錄云與道士王見志字全隱者游惠氏南園久之過北園又云入湖洑度侍郎橋再游惠園其春春於此者以古澗碧流也惠氏當南宋時極有名泛舟錄亦周必大所集

聽秋軒在顯親寺內元至正元年僧方厓建於叢竹間丙申兵燬明萬歷二十八年邑人吳正志重建節王志參徐志

元虞集題顯親寺僧方厓聽秋軒詩　道人攝裂裟深坐滅靜定長松結層霄落竹生晝暝龍吟崖石陰鳥度池月瑩秋從何處來觸塵成我聽振空林外錫旋復室中

磬耳門澄三昧圓應溥虛磬所懷丹卯生春夢一擊醒等此聞性觀素壁寫三徑題親寺詩碑

柯九思聽秋軒詩　清池蔭落竹幽鳥語嚶嚀夜靜天籟作白露下泠泠試問軒中士喧然果可聽無作亦無止虛空動性靈詩碑

山齋

按王蒙山齋記云義興王允剛甫卽其先壟之左結屋而名之曰山齋其址在紫雲山側

明宋濂題王允剛山齋詩　幽人宅一區卜築在陽羨銅官矗蒼翠白雲遞隱見溪水抱村流觸石成洄漩鶴巢古松枝魚唼殘花片清景樂高閑雅情任狂狷山林足

肥遯軒車忘慕戀心靜養長年世榮倏驚電寄言謝遁客重修逸民傳荆溪外紀

西磵草堂

明邑人馬治官軍後還西磵草堂詩　干戈一爲用十室九不完東西南北人壞屋敢求安昨聞府兵下徒跣入荆菅一市人盡虛衡門駐旌竿還家動盈月餅粟久已殫幸茲西磵西草堂適平寬竹林最無恙秀色雨始乾石梁不可緩更造釃風湍掃地山氣潤開軒水聲寒留榻依古處援琴較初彈賓客稍稍來畦蔬亦朝餐坐中談時事廢食各永嘆西峯數里外草竊除豈難盛夏兵

既集翔翔彼何干乃知荆陽交蹀血原野丹頻年勞人馬未得賊肺肝憧憧往來地供億困百端我生固其時飄飄媿飛翰徐志

含清樓　歸樂堂　世德堂

按樓及堂皆少師徐文莊公故第在洑溪

明邑人徐溥含清樓歌　陽山何逶迤銅峯何嶢巖洑溪隨山知幾曲我樓正在溪山間樓頭四面皆青山溪流抱樓隱若環當時山水皆舊識久戀金門歸未得溪風山月夢幽幽十載相望勞胸臆一朝許歸蒙詔旨未見溪山意先喜竭來樓上何所爲仰觀山色俯聽水聲水

知州胡璉撫州知府胡孝

邵寶題東邱娛晚堂詩　荊南溪水水東頭遠使歸來訪故邱緑野竟忘裴相國香山眞識白江州風塵跡遠新圖畫山水情深舊釣遊我有一尊思共醉扁舟將趁菊花秋徐志

邑人杭淮夜集娛晚堂詩　娛晚有堂城之陰多情淸夜許追尋霄漢早看聯佩玉風塵久已謝纓簪庭葉驚風山雨至春杯信手燭花深舉杯盡壁空諸老猶憶當時醉裡吟雙溪集

邑人杭濂東邱娛晚堂詩　聖代熙文日貢臣燕老年

蟬聯俱寵極驥脫競才騫水木開幽奥星河峙廣傳機心漢陰息得失塞翁捐自覺衣冠暢如忘禮數虔琴書俱樸野杯俎亦淸便落落睢陽彥飄飄洛邑仙過從眞率地陶冶性情天淸址文鱗集翔雲高鳥還青春肴花屣斜日弄虛船碉礐文楸月茶淸玉井泉地靈昭古烈文彩動奎躔價岔山川重情高日月懸典刑良是荷風雅迄無前矯矯儀鴻飾翩翩威鳳聯神功眞慰滿天道獨恩偏秝笑齊人惡官餘子敬氈簡書形兀兀岐路走蹁躚白日披山斗泠風起偓佺題詩寄高想凉籟激虛弦徐志

淪漪以向我山蓊翠以相迎我一見之眼爲明松鬣竹徑互窈窕鵠洲鳧渚重迴縈朝披雲霧笑拄笏夜弄星河可濯纓黃扉紫閣縱然好故園山水能無情吾聞李白賦天姥又聞東坡誇仇池南中山水天下奇欲往從之力不隨何如此山此水含淸暉棲中伴我相嬉娛令我日暮長忘歸謙齋文録

徐溥歸樂堂詩　十年遊上國此日賦歸與卷却風塵路來尋水竹居山行春載酒門掩晝攤書薄暮投林鳥相看意自如明詩綜

東邱娛晚堂

明王鏊東邱會老記畧正德戊辰宜興之挂冠而老者十二人城東有周孝侯祠祠有崇邱茂林深池廣陂可以游而樂也前山東提學副憲邵君用之始經營之面邱作堂堂之後有樓曰仰高其西有閣曰涵虛堂之西有室曰存眞合而題之曰東邱娛晚以爲燕饗之所良辰美景諸老咸萃獻酬既備或登邱或弔古或奕或釣或吟咏各適其適而無禁焉十二人者前九江推官萬盛黃州經府何釗平樂知府李廷芝湖廣布政司參議翁信封翰林學士吳經工部侍郎沈暉宜春知縣楊琛逼政王玉福建布政司李澐山東按察司副使邵賢歸州

按堂在英烈廟左凡三進中有石有池乾隆二十年間止存兩進後傾圮僅屋三楹五十年重建周廟築置闌牆遂與廟隔絕

仰高樓在平西廟內正德己巳副使邵賢建中設侯像額
取高山仰止意左忠節圖繪西征力戰事右孝感圖繪侍
母疾亟每夕籲天象國子祭酒王勅爲記本張愷常州府志續集

甘泉精舍溧陽銓曹史燕峯恭甫所建延其師太宰湛甘
泉寓居於此爲講學之所甘泉爲之記

按精舍在會仙巖玉泉洞前今無一像存者惟湛碑兀立字跡尚完好

玉陽山房

明文徵明玉潭仙居記　宜興諸山銅官離墨最巨其次

穿石山峻截不如二山而巖竇虛竅湍瀨聯絡窈窕瑰
詭最爲奇勝而張公洞竅有聞玉女潭在張公洞西南
相去不三里而近相傳玉女嘗修鍊於此唐以前名賢
勝士多此遊覽而李幼卿陸希聲蓋嘗居之一時酬倡
篇咏流傳至今有以想見其盛也嗣後湮塞不通人鮮
知者溧陽史恭甫葬母山中土人有以其地售者恭甫
喜而得之乃疏土出石決滄蕩流刳闢鑱刓盡發一山
之勝幽巖絕壑靈湫邃谷各爲標表而茲潭實首發之
潭在山半深谷中停膏湛碧瑩潔如玉三面石壁下插
深淵石梁亘其上如楣而偃草樹蒙羃中流黑不可測
石上微竅日正中流影穿漏下射潭心光景澄澈俯而
挹之心凝神釋寂然忘去潭之滸有坻即坻爲臺其上
曰玉光閣閣成而潭之勝益覯以顯潭之巔有靈應亭
靈應云者山中嘗旱禱於潭而雨因爲亭以識潭四周
無際水伏流而南出於巖山之下滙爲小池玉潔不流
爲亭其上曰凝玉凝玉之西淵泓洞洑其流漸駛別疏
一渠激其流北出行亂石間緣石旋轉可以流觴曰流
觴嶼凝玉之南古櫸一株根柯虯蟠礧磈如石獨孤及
詩所謂日日思瓊樹者即此其下湍瀨瀠洄與樹映帶
曰瓊樹湍漱玉軒在焉湍流西下折旋而南屬於灣碕

石累累如龍馬下飲如砥柱中矗水奔注激射如鬭再
折而東水益駛石亦益奇夭矯如虬蟠如鼉奮飛流噴
薄濺沫成輪聲震盪如行峽中曰虬鼉峽左右石梁曰
沸玉橋踰沸玉橋而北地多美箭間以江梅曰梅竹隩
琅玕所聽玉寮在焉及北偃淵如初月曰生明池絕池
爲梁曰隔凡橋隔凡而上則玉陽山房也中爲玉虛堂
周堂爲八室室三楹依易卦爲面勢隨方署名曰純陽
曰中陽曰初陽曰循陽曰明陽曰通陽曰來陽曰升陽
自升陽北出地漸高且廣蓋山之麓也因山爲臺增爽
塏出陟級而上延閣九楹前施軒檻可以肆目曰大觀

廊廊之後爲丹室又後爲雲著臺臺方三十丈有奇始築臺而著生也又其後爲環玉岡又環玉岡東下出雲著臺之左曰澄觀樓其前爲上元祠又前爲東岡别館爲護雲莊爲仙寓仙寓之南爲來仙橋由環玉岡而西轉出玉潭之後爲祠奠焉曰玉清祠祀玉女也祠右隙地白礫纍纍散臥松竹間如羣羊曰初平林西行百步巨石盤踞環匝如墉曰盤玉隈自盤玉隈西上繞出山椒有亭直太湖縹渺峯曰縹渺亭亭下怪石林立鯨騫獸伏競爲奇壯嘉木出石罅一本七幹挺特修聳與石爭秀曰琪樹峽琪樹峽之西爲集靈谷又西爲飛雲洞

自此上下登頓緣石徑而行徑盡出於山脊平壤空曠甃以文石曰瑤臺負臺爲室曰超然宇宇後羣石掀舞如花葉駢植聯延如睥睨曰芙蓉城石之尤奇者曰天成碑曰小倉弁曰青騾巖曰三珠洞曰二姑曰雙仙皆以狀類名而二姑雙仙之間有期仙壑由期仙壑而東下二百步爲文殊峯又東爲普賢峯觀音巖在焉山自環玉岡而下左右盤互蜿蜒不絶總若干畝其中臺榭樓閣祠宇杠梁凡三百有一林壑巖竇可名者二十有三他細瑣不暇計者不在也以其地在玉女潭之陽因名玉陽山而標其前曰玉陽洞天玉陽洞天之東境之

可紀者四金晶巖最勝巖去玉陽五百步軒揭如垂石下嶤巉巖如齗齶深廣十尋其中石壁奇峭水出壁下平流兩崖交絡如織瀨水石坻可羅坐十客水環之如玦巖石晶瑩日射之炯爍如金故云金晶金晶巖之東稍南曰佛窟窅陿邃深中空洞可居别竇尤深秉炬而入詰屈不可窮其北爲回陽洞玉潭之水至是回流而南故曰回陽青鳥磯在焉其上有留仙橋踰橋而東爲鐘竇水激其中聲洪如鏞也玉陽洞天之西境之可紀者四瀧湫最勝湫去玉陽數百步在積石之下淵潛澄湛微類玉潭懸艇而入中空如室石皆下垂崯岈岝㟧

不可名狀其後石壁插水壁盡處有穴可容小舟欹仄以入中空如室而通明虛敞石尤奇麗緣石而上得穴甚隘傴僂而入輒石室之上中空如下室石柱合抱色正白如玉曰玉陽洞比瀧湫尤異勝瀧湫之西曰水犀洞水足勝舟而石壁幽峭石上有穴通天故曰水犀其水潛行而南出於南洞磐石之下石平衍可坐水縈之如浮曰浮磐浮磐之南爲君陽洞洞凡三穴最後一穴稍深曰白龍藏三洞相屬石皆穿漏如蹄股交峙水瀉其間湍激若龍揭水跣行可環遊出入彼此嘯呼與水聲相雜亦一奇也水自凝玉而來東西互流至此凡百

折乍盛乍微或浮或伏而其流皆出於玉潭石自玉潭而來或隱或見亦皆綿延相屬其間松檜楩楠幽蘭靈卉蘩生蔓被與水石相蔽虧周遊其中若去塵寰歷異境既違復合若窮而通綺錯綉綰不出里區而羣景畢集殆造物者效奇呈異獨媚於茲以成一方之勝如此夫自清濁肇判流峙攸分而是境已具其前未暇論考之唐賢篇咏玉潭之外他固未有聞也出唐至今八百餘年始自恭甫發之豈天閟絶景必待其人之賢而勝者而授之耶恭甫以粹美之質具有用之才不究於時而肆情叩鑿搜奇抉異發幽而通塞俾伏者以顯鬱者

以申而無有所蔽夫其志豈在山水之間而已哉昔謝康樂伐山開徑以極遊放柳子厚發永柳諸山而著爲文章皆以高才棄斥用攄其噎鬱不平之氣耳或謂恭甫類是而實非也恭甫恬靜寡欲與物無忤而雅事養生解組後得此用以自適而經營位置因見其才初非若二公有意於其間也雖然二公在當時或有異論而風流文雅千載之下可能少其名乎嗚呼地以人重人亦以地而重他時好奇之士遊於斯樂於斯庶幾有如恭甫者甫田集

皇甫汸由罨畫溪登玉陽山院詩　溪水鏡中渡風帆畫裡看潭猶名玉女地即傍銅官向夕山常雨先秋樹已寒洞霄供奉日歸隱聖恩寬司勳集

夏言詠玉陽洞天寄玉陽山人史恭甫風流子詞　陽羨溪山好吾將老曾見昔賢心念此語空留買田未遂桃源一別舊語難尋歎人生幾回王子棹都付伯牙琴那似山人烟霞占斷洞天深隱高臥長吟　向仙臺佛窟看紫烟歛散白日升沉時聽湍流激玉巖溜淙金更健步堪遊底須策杖直鈎可釣不用敲針何日扁舟溜水獨訪雲林荊溪外紀

湄隱園

明盧象昇湄隱園記　陽羨桃溪在邑西七十里萬山環匝林壑幽深溪水漣淪其中復有平疇墟落映帶左右眞習靜奧區也出城舟行雪蘉烟寺間凡數百曲乃至溪湄子家讀書園在焉千柳垂垣清流繞垞蒼巒繚壁當其前逶岫烟村遶其後籬落雞犬景色蓊翳衡門數尺不容車馬今將甃石爲額曰湄隱園門以內松徑桐蹊花棚竹塢及所謂雙桂軒斑衣亭豹隱齋聽鶴山房皆創自家君年來稍廓旁址得曠地十餘畝予思築室而歸休焉擬構書樓五楹顏曰讀書樓列架懸籤爲朝夕自課地樓須高廠週以複道遶以迴欄丹堊不施綺

繡不入虛其中前後洞達令溪山烟月據吾坐上時時遺我岑寂樓後作露臺與複道平寬廣可十餘武列怪石盆草磁甃石几之屬夜深人靜月冷風清搖琴數彈洞簫一弄此即吾之丹邱也臺名做居鐫片石識之去臺二丈許高垣圭竇別爲院宇曲室數區宛委而入東西莫辨巖壑同幽爲避暑三楹曰月窟爲煖室三楹曰旭塢大寒暑則入而盤礴焉過此閒隙地植女桑弱柘菜畦稻塍間值山雨乍晴吟誦餘息荷鋤戴笠親執其役以察物理攸宜四時亭壽曰明農逸墅此樓以後之大概也樓前三丈許鑿藕池半畝引流以入星布怪石

於蓮芡間可踞坐以釣疊石爲島嶼峙乎中流荷香釃時或一披襟其上不減登華頂看玉女洗頭盆也池旁垂柳瘦石短草欹花掩映蕭疎俾有遠致再前丈許編柏爲蒼屏作高軒五楹名之曰石友堂堂與雙桂軒近矣客過予者當止於是勝日偶逢良朋適至汲清溪以煮茗採園蔬而開樽藉草飛觴蔭桐點筆搜討疑義則代塵以松枝嘲弄風月則取茵於花片樂不取乎絲竹禮無拘於送迎堂前寬平令有餘地石丈可呼故所以名吾堂者於石於友有取焉花須茂密樹貴蕭森松檜竹柏棕櫚高杉有不瘁之顏後凋之操吾愛其貞壯丹

芍藥桃梅海棠有歡悅之色吾尚其不寒儉蔚桂臘梅茉莉有激烈之香吾欣其不柔媚而臭味佳芙蓉垂柳梧桐蓮菊以及水仙秋海棠之屬並以韻勝石菖蒲薜荔芭蕉以及古槐老藤之屬枝柯已極可玩果實復具珍味咸當博求佳種多植遠移夫吾園之富有至於如此視古人三徑松菊蓬蒿一室不太奢乎然木石烟霞造物不忌吾將奢取之平生無他嗜好林泉圖史之癖苦不可醫一行作吏與山靈別且十五年隔溪長松再剪再茂今又丈餘能作怒濤聲聞於兩岸矣長鬚從里中來話其崖略蓴鱸之思寧待秋風而後起乎家有藏

書千卷久束高閣日事馬足車塵今謀歸逸方當覓綠醑紅歌縱情歡樂顧以讀書名樓作博士生活又遠去城郭棲居荒寂想聞者當爲捧腹然亦各從其志不可强也獨憶少時每讀書至生於憂患未嘗不低徊三復斯言年踰二十筮仕得司農郎持籌窮日夜凡三載出守天雄時值軍興徵發如雨訟獄錢穀之苦視爲郎時十倍如是復四載尋備兵畿南鎮撫鄖楚再拜簡命督七省將士與大司馬洪公同任討賊躬冒矢石大小數十戰不宿署舍歲且三週無云家矣今年東西寇闌入上谷延至近畿倉皇奉詔入衛介馬馳三千里西寇遁

去再佩賜劍督諸路勤王之師遠出塞外登木葉山周
視冤地振旅西回及灤陽而宣雲之命又下矣時勢孔
艱天語急趣受事因馳觀邊隘冒嚴風溯雪束馬渡飛
狐之塞屈指前後在兵間八年矣毋追奔逐北波血馬
前深入窮搜分餐劍首軍吏林立煎迫所求璽夔饑書
紛紛奏檄唇焦腕脫無間晨宵褊衷敵腸之輩復環伺
而思剸刃嗟嗟乎之歷經憂患至矣獨蒙聖明生全以
有今日豈非倖哉然深恨服官太早未及多讀古人書
所在蹈危履險觸忌招尤先哲所云濟變戡亂之道未
之聞也國恩深重報稱無期今年三十有七馬齒漸長

心血已竭夙興夜寐故一割於鉛刀倘窮邊稍有起色
巨敵不致南窺當控天聰亟避賢路角巾竹杖歸釣溪
涓盡發藏書流覽今昔究養生之秘典窺述作之藩籬
致甘旨以奉二親討義理以訓子姪昔日溪中魚鳥應
有狎予者山靈豈終相笑乎或問盧子今桃溪之上君
家廬舍數楹而已未有改也紙上林園得毋爲烏有先
生之論耶予曰不然蘭亭梓澤轉瞬邱墟何物不等空
花豈必長堪把玩向者邯鄲一枕睡熟畢四十年貴賤
苦樂此吾家故事吾園又何必不作如是觀客首肯揖
予而去徐志

五橋莊在岳堤左側明季吳石渠先生炳槩花別墅岳
隄跨五橋以分瀨江西溪之流莊有巢雲閣凝翠樓抱峯
齋彩虹堂錦石軒諸勝今雖丹雘剝落然尚可遊觀也沈節堡進遊記畧

明徐問訪吳克學五橋隱居詩　扁舟尋舊隱秋日五橋
莊水抱雲廊盡山迴竹塢長避人心更遠憂國鬢俱蒼
未訂重來約因風報短章荊溪外紀

增修宜興縣舊志卷之九

古蹟志 名勝

丹井在通政觀正殿丹墀內相傳呂洞賓屢至此以爲有丹也東西各一東井尤清洌可鑒豪髮久晴味愈甘美雖大旱不竭東井西古柏二株一南一北蔭北極閣前色極蒼萃蜀人虞謩題句云雙柏婆娑三百年又云不知昔日誰手植紹興二十八年大風拔一柏去存者甚大今亦毀惟井無恙 節周必大歸廬陵日記叅張素位通眞觀志

按通眞觀志虞縕文句云三百年縕文南唐人則此柏繫赦觀時所植咸淳毗陵志謂道士馮道京手植雙柏疑有僎虞謩字縕文王志又作盧

張公洞在縣東南五十五里湖㳇之上相傳孫吳二年一夕大風雨洞忽自開高六十仞麓周五里三面皆飛崖絕壁北向一竇廣踰四尋嵌空可入遊者秉炬歷燒香臺頗平廣自此下臨如棧道怪石錯立有仙人房元武石芝田丹竈錦屏瑤草約三里南望小洞通徹徑此出洞冬暖夏寒游宜寒月夏多浮嵐蝙蝠矢覆地如雪垂溜黯人衣黕承之無迹道書白龜經云天下福地七十有二此居五十八庚桑公治之風土記云漢天師張道陵得道之地郭璞註東漢郡國志云陽羨有張公山洞帑有二堂宋元符間逸士王繹來游謂張公非道陵乃其四代孫輔光且題詩有輔光竈冷留香壞之句後造磁者取洞石合色爲彩釉茗壺石乳爲之一空天窗洞門盡皆傾圮 本朱昱毗陵志參王志王穉登荊溪疏

按自宋元以來名人來遊者詩文不可殫載茲擇其尤雅者登數首以備觀覽

明都穆張公洞記　戊午潘氏早食欲爲張公洞之遊舟經東溪風逆甚四十里至湖㳇鎮微雨予與不可過乘肩輿冒雨東南行羣山在目蒼翠可挹五里避雨天中宮舊名洞靈觀嘗有後唐明宗題榜及唐韓熙載撰碑今皆不存而殿宇亦已傾圮所存惟三星石門而已須臾雨霽道士陪予南行至盂山舍輿而登路多草莽約

半里抵張公洞詢道士洞之得名云唐仙人張果得道之所予嘗覽周處風土記謂漢張道陵修仙於此而郭景純亦稱陽羨有張公洞則知名洞始于道陵不以果也洞面西北其周五里脣有石相距丈許止一石橫亘宛若門闕俯身從石級南下數十步上皆飛巖峭壁嵌空邃深駭人心目予足弱附石小憩盤旋而下又數百步洞益空豁石壁三面儼如堂宇其通明處方可四丈謂之天牕雜樹蒙翳天光下垂傳爲吳赤烏中震霆所闢上石乳萬株異形詭狀不可摹繪時有泉下滴人黕承之出洞衣潔如故稍有言其滴處遂痕歸必浣滌亦

甚異也中一臺崇三丈面可坐百人宋縣令趙伯津築以息遊者坐飲久之俯瞰窅冥足不能措命童子秉炬先後扶攜而下臺南石刻張公福地四字臺之下怪石紛錯與石乳皆蒼綠一色傅染不遂又有如笋之植如鳳之騫如獸之怒而走饑而噬蓋洞之妙至此咸萃而遊者亦多止是洞西壁斜裂下多亂石東一穴類洞而小人不敢入正南壁下其深黑處云可通後洞出洞半里東折觀後洞門石頗隘予疲極不能入又東南數百步至會仙巖孤峯側立數似横理若鑿道士言昔有八見二叟遯形而入因以名巖空洞有泉出焉自右而遶

潺潺有聲極可聽一斷碑横臥草際乃元延祐四年重修會仙亭記與客共酌巖下日已迫暮遂返節南濠集

國朝邵長蘅遊張公洞記　張公洞在義興東南衆山間山小而最卑望之若覆盂然而洞之名特著洞所從入有二徑曰前洞後洞後洞枕山麓尤險奥故遊者往往從前洞余與同遊者約從後入束炬牽衣賈勇而下既下級峻滑且數上數下其上則選足所置或手決石吻中僅乃一登蓋以手代蹠也其下滑足不得駐則以尻代趾矣深黝中行半里許呼前行人稍憩已發炬旁眎則萬乳上下相撐拄磈砑搏攫奇詭萬狀稍前益束歷

如竇行者傴僂入中穿可二尺所背隆然不受屬右投則下覰深黑不見底左屬則石與耳磨俗呼鯽魚背矣背窮徑稍夷天光穿漏舍炬行數十步豁然開朗石臺踞之臺横廣十丈而贏縱不及者三之一怪石搴空横覆之若一乳下垂者愈益奇傍數巨石離立如長人俗呼張公張姥亦近似臺之前三面削壁直上一面磴道險絕數百級卽前洞所取徑也梓楠大皆十圍根折出崖石間枝葉蒙羃洞口遊者如坐井中望青天疑縣一片冰已尋洞口出從上俯瞰如一池澄泓蘋藻縈翳之隱隱見石臺上遊人若儵魚出沒矣夫銅官離墨諸山

蜿蜒百餘里峭崪雲矗覰茲山直培塿耳而洞之奇獨茲山擅之天地靈奥之區固不限于大小哉青門簏稿

宋尤袤遊張公洞詩并序　予舟次湖汶侍季父伯兄遊洞靈宫步行五里夾道皆喬木參天鶴巢其上若笑若咳澗水流濺嘯鳴聲甚悲殆不類人間也入洞靈宫覽前賢留題徘徊久之由石徑里許達于洞洞深數千丈磴道險絕俯僂僅可下寬廣容數百人大石離立或下聳欲落若劍盾予戟相撐拄或孽棟連地蝹起而不斷若虎豹蹲伏俯踞而拏攫中有小門持炬乃得入丹灶井壇在焉由石磚而上皆流石怪形無窮其狀旁行屈曲益深遠不可到其陽有縣崖滴孔水水流澗谷作細作大自成宮商横澗得小閣可憩朱藤纏絡崖上丹花簇簇下墜芬香襲人毛髮凜然欲少留而大風作遂歸予遊山川多矣茲游最可紀因成五百字貽我同志以備覽云

吾聞荆溪南有地仙所宅十年勞夢想今日着脚歷扁

卅下湖汶水漲沒砂磧結纜小橋旁杖藜從此適平岡
面陂陁叠嶂堆疊積行行二三里夾道喬木植其本幾
合抱其高乃千尺風生萬壑響日照西山赤時採樹林
杪忽見屋宇脊宮門何崢嶸古道頗修直長廊景曈曨
崩殿人寂寂寥落昔賢題摩沙壁間壘捫蘿上層巔俯
瞰得深窟危梯交枝撐鳥道穿詰屈投身乍寬閑跼步
仍逼窄拳援愁顛隮傲睨驚險僻懸崖朶頦頷亂石供
劍戟白雲何時橫乳溢或自滴中空正須洞了不見天
隙冥行迷近遠傴僂猶擿埴巉巖豈人工隱軫入地脉
窮幽或籌火俯跽僅容席仙壇何故處丹竈儼遺跡山

蟲鳴唧嚶野鼠聲嘖嘖傳聞父老語以往真莫測中有
白玉堂橫絕巨石塞傍連洞庭野欲去不可極潛窺目
先旋縱走脚無力邅迴步西徑兀兀出峭壁樅風高枝
樛藤蔓青陰羃芳草何芊綿丹花亦狼藉躊躇古亭上
頫仰幽澗碧可噹下流水磊塊欲落石雖云培塿高氣
與嵩華敵其南有空穴潛瀨般幽黑陰風呀吞吐冷氣
森噴逼蛟龍久伏藏金玉秘簡冊靈蹤信茫昧幻怪紛
慘戚將無神物守欲與世壤隔平生邱壑念早歲泉石
癖豈不思三山所恨無六翮樂哉茲辰遊逸與潛有激
仙翁在何許綠髮尚如昔髣髴笙歌聲徘徊鸞鶴翼俗

緣磨不盡夢境坐形役何階築衡茅幽時窮日夕風雲
西北起天地忽改色倉皇促歸旆造物豈戲劇良遊易
乖忤真賞難再得寄語山中人重來儻相識朱志
明邑人馬治張公洞詩　張公古仙伯不樂雲間遊騎驢
穴山腹古洞閟清秋空青凝丹室積翠結石樓玉女跪
而化銀漿冷不流芝田水精鹽華屋珊瑚鉤神界杳莫
測鬼工信難侔勢輕壺公壺量狹禹九州繞出具區底
仰見崑崙邱烟然一束縕吾欲窮其幽明詩綜
夏瑄張公洞詩　山盤棧道危洞鎖烟霞古砂牀滴露
華石乳流雲母谷暗燕交飛崖傾蝙半吐萋萋瑤草芳

仙跡何由覩王志
顧璘遊張公洞詩　風雷開洞府傳自赤烏年峭壁斜
傾地盤雲半覆天林抽千挺筍池綻九華蓮螺殼迴旋
入蜂房芥帶懸虛牕通白日奧室聚蒼烟石髓滋瑤惑
丹爐閉雪鉛吳山唯此勝張老是何仙輕舉應霞外真
搜破物先緬余問桃水遂爾涉芝田憩澗心方寂尋真
與已偏步凌青嶂出杯倩紫雲傳影落幽襟積飄蓬去
路牽永懷貪大藥從此謝塵緣徐志
葉向高遊張公洞詩　幾向名山賦遠遊今來此地愜
窮搜人間別搆丹霞館海外虛傳赤水邱鶴馭歸時琪

樹老龍宮鎖處濕雲流不綠久客思鄕甚杖屨還爲十日留（徐志）

會仙巖在洞靈觀側百餘步一峯壁立狀若鐫刻紹聖四年有仙人道形而入故名巖下流水可浮杯有小亭元董蕃記謂張公山嵌空坡陀甘泉流其下曰會仙巖巖前二老仙飲所也宋紹聖間湖洑寓公諫議大夫王公議所開于石隆興癸未道士應若谷築亭攬其勝慶元四年春應守柔新故亭架石梁泉上以便遊憩元至元辛卯本心文先生篆會仙二字延祐丙辰慕容誠源李質夫新亭宇完墉墻疏泉剔崖種花蒔果而會仙之境益勝（本周必大泛舟錄節董

蕃會仙亭記）

白馬洞離會仙巖里餘張公洞後金牛潭西澗水淙淙其源出洞中入洞頂如砥平傴僂進內有沈邃刻字水東注經洞靈觀南與白鶴洞水合流（本汎舟錄參王志）

宋程俱白馬洞詩　披榛不知疲詰屈巖下路俄然見深竅僂步入巖戶一泓窈而澄百步淸以鶱人言紫髯仙白馬從此度磷磷盡赤石丹竈遺滓汙收藏已兒嗁效速勝麻䕶因知世盲聾荒怪雜疑誤虛空如許大長嘯可平步胡爲萬山底躑躅向烟霧（北山小集）

洞山一名穿石山在縣東南二十里十道志謂晉時有大蛟孕子嵌空成穴其殼可容三斗故又名蛟山山純石高二十餘丈周三里其上皆叢篠篠形如張弓洞口流水淸澈覓輕舠匍匐其中夾以炬火入巖石色正白中裂鐫謂之石脊石岸如削玉如砥平如刓刻詭異不一鷲管鍾乳往往可取石燕遇火驚飛撲人行數十丈頂稍高而洞寬山巔有竅日光漏下俄值深潭或云自此進可陸行半里有石橋石磬之屬唐人刻姓名在焉此洞惟冬涸可窮覽若積雨則水與洞平不可入宋趙與悊嘗築堂于旁（本泛舟錄參王志）

善權洞在縣西南五十里國山東南一名龍巖周幽王二

十四年洞忽自闢洞門廣二十尺怪奇若椎琢側足行二十步渠渠若廣廈可羅百胡床石柱當門如踞獅中有石筍號玉柱四圍彷彿數叠墻室視張公洞差小十道志云產丹砂鍾乳洞凡三曰乾洞卽石室曰大小水洞昔人有將白犬隨入洞失之後出廣德軍綏安縣熙寧二年僧若沖與徒秉燧裹糧入行約三十里有石碓石床石羊石馬天然精巧忽大聲震懼而返權當作卷卽詩卷阿義張正素處士舉有紀行石刻在天申宮亦作卷大水洞在乾洞下披石斗瀉滙而爲湫洞中石田皆成疆畔每邱纔盈尺高高下下水滿其中石文蹙成花草如雕刻鳴湍礌砼亂

石齒齒水流與石鬬聲濺濺入稍深路乾泉洑流及潭而
止小水洞在寺後即唐李蠙見白龍騰驤處（節泛舟錄荆溪疏 泰朱）
志王志
按三國志吳書云陽羨山有空石長十餘丈名曰石室因封國山石室當即善權洞乃諸志皆言周幽王二十四年洞忽自裂考幽王無二十四年或紀載之訛也
明都穆善權記　義興山水甲於東南而善權乾洞及大
小水洞尤號勝絶歲癸亥夏四月乙卯余始至宜興欲
爲三洞之遊丙辰遂與客泛舟西南行四十里午食抵
玉帶橋舍舟北折渡石橋長松夾道其大有合抱者二
里達善權寺寺在國山東南齊建元中建蓋祝英臺之

故宅也門有榜曰龍巖福地行松間數百步泉上有亭
翼然曰湧金小憩久之復行上圓通閣左祀唐李司空
蠙宋李忠定綱李學士曾伯及我朝周文襄忱四公皆
有惠于寺而司空則義興人也閣之下多唐宋碑刻不
暇悉讀後稍右古柏仆地如虬龍欲走不可控紊自是
登釋迦佛殿其規制與今絶異山僧方策近於柱礎下
見刻字云創于大中十年七月蓋自唐迄今幾七百年
山路邃僻不罹兵燹其巋然獨存宜也相傳昔創殿時
雷震其處柱有字者凡三一曰詩米漢一曰謝釣記一
曰詩米漢謝釣之記字皆倒書大可徑尺非篆非隸深

入木理或謂三者皆雷神之名不可曉也正統間周文
襄來遊見之戲命削謝釣記三字隨削而字隨入文襄
異之乃止今柱上削處猶洼鄉民恒摹搨以去云佩之
可以愈瘧入三生堂觀李曾伯書匾右偏石壁刻碧鮮
菴三大字即祝英臺讀書處而李司空亦藏修于此寺
後亂石離立泉交流其間數十步至小水洞上飛巖突
出巉崚可二十仞而大石翼其左右其中有竇形類偃
月深莫可測水由是出客投以瓦石輒閧然鳴李司空
碑謂徵時見白龍騰出洞中蓋龍穴云水出洞潛行石
下數百步乃見其一南注經寺中鐘樓一東注于寺門

一自湧金南下與東流滙至玉帶橋入于溪鄉之人資
以灌田其利甚溥暮宿策房丁巳自寺後東北山上里
許經九斗壇昔梁武帝嘗於此禱雨後五代時爲道士
所據僧爭之至聞於朝遂復爲其有西北循石磴而下
至乾洞石崖有刻字曰仙李巖下小洞如甕覘之無所
見洞左峭壁百丈一古木葉類榆樸根緣壁下垂附石
而出復産枝葉人不知其根也洞門巨石中峙其逼明
處可容千人上流乳凝結詭狀不一其下石紛錯交互
青綠眩目顧接不暇左一石類象特巨背復有石類佛
趺坐兩目可辨右巨石與左石相向類獅子張頤若肆

誓者行百步即深黑童子秉炬前導約數十步有石柱崇幾二尋大六圍光潔如玉唐張承吉詩所謂玉柱閟靈根是也稍前有鹽堆米堆及仙人丹竈鹽堆米堆者皆以石色晶瑩取其形似恐炬滅不可久留出乾洞北下五十步草木蒙翳聞泉聲怒如轟雷衆皆膽掉股慄幾不能措足又西南下八十步至大水洞上即所謂乾洞仰視之如石樓然其前湧泉奔赴石上濺沫如銀注入洞中流出小水洞一石卧當泉衝洞穹然高敞口石立如泉頫頫乾洞上有懸石欲墮觀者悚懼而石之白而方者高下井井儼如經畫曰仙人田潴水尺許冬夏

不枯客爭取以潤目仙人田左下有池圓徑一丈其北壁石如渴獸欲飲於池策云自此炬入可聞寺中鷄犬聲而石滑湍急足不能進午刻飯方丈明日遂歸予性好遊嘗讀山經地志所謂三十六洞天七十二福地雖不能遍歷然往往見不逮聞如三洞皆怪偉奇麗乃平生之所未見而不列於洞天福地余因是又有以感士君子之修德樹功或不幸而滅沒無聞不得顯暴後世如三洞者又豈少哉雖然蒐奇覽勝以足余之平生則斯游之幸已多矣故敘而記之善權寺古今文錄

宋薛季宣遊祝陵善權洞詩　萬古英臺面雲泉響珮環練衣歸洞府潤水倒流入水洞中香雨落人間蝶舞凝山魄花開想玉顔幾如禪觀適游魴戲澄灣寺故祝英臺宅唐昭義帥李蠙嘗見白龍出水洞而爲雷雨今小水洞有鱯魚四足左右蝸蠻戰晨昏燕蝠爭九星穿曲照三洞獨何營世事嗟興喪人生見死生阿誰能種玉還爾石田耕浪語集

陳克寺後湫水詩　岡巒誰穿空脉液互吞吐憑虛倚翠巖發地涵潼乳哀絃響崖寺清鏡照林塢縈坻驟曲折噛石猶飛舞準崖浩無窮神怪傳自古參差見坤軸晃蕩連水府微生寄荒絶多病厭酸苦永懷宅清冷甃力事農圃青秧漸出水紫筍新過雨無慚種秫陶更似

煎茶羽荊溪外紀

明顧璘題龍巖額詩　蒼厓積鐵古中空若不開不知寒泉水潺湲自何來石田莽重疊上有仙人臺淋漓濕元氣玉黍長蓓蕾青春始來游桃花映樽罍主人邀痛飲酣歌日西頹獨揮晋芽帚書破巖上苔巨靈拍掌笑大劫俱揚灰吾意在山水短長安計哉明詩綜

董其昌同唐元徵宮允游善卷洞詩　神功開混沌水府亘氤氳峽隱將飛石巖垂欲墮雲龍堂陰壑迥鳥道亂泉分今日摩厓記知同藏史羣容臺集

葉向高同周警餘封君陳函山大叅李念劬方伯萬元

郡丞蔣鍾穎憲副毛伯高給諫周玉繩宮允張國瑗
葉伯英蔣文莲三山人游善權洞詩　盡說張公洞最
奇此間奇絶到方知半空忽見瑶臺起四壁爭看玉乳
垂絳節東西時往返丹梯上下各逶迤不知混沌何年
鑿留與仙人好採芝　松風深鎖石牀虛不許塵凡更
結廬洞有仙人函鬼斧寺從浩劫見雷書雲中雞犬聲
常寂潭底蛟龍氣尚嘘若識勝游能有此黃扉蚤已賦
歸與　方外由來說善卷栖真今見洞中天巖懸瀑布
皆成雨石傍丹邱盡作田震澤波光揺杖底荆溪峯翠
落尊前山靈莫笑初相識曾讀南華第幾篇　天開洞

府似層樓一半玲瓏一半幽滴瀝泉聲偏入夜蘢葱樹
色故宜秋山僧漫說眞人度野老爭誇宰相遊勝地幾
時能再到每於臨發更遲留善權寺詩碑
邑人吳貞吉善權洞詩　空際碧於澄探奇拂曙登千
年藏古雪五月墮春氷夢去疑廬阜醒來得武陵依稀
星漢近悵望六朝僧春暉樓集
國朝邑人陳維崧從小湫水陟嶺尋乾洞下探水洞詩
深山饒巖洞往往載譜牒無若善權幽累碁勢不留架
空樓細嵌鑿險洞雙疊茲游首乾洞豁達破崖腑深窅
疑道流飛騰踰劍俠入門瓔扉開石磴宛相接崢嵘玉
柱明滴瀝金膏浥稍行益爽塏屢進愈歡愜仙田劃縱
横丹竈置妥貼鹽堆及火囷鱗次儼箱篋千險肅心魂
百怪吐眉睫巖紆趣轉睽棧滑神先怯頗聞波濤聲洶
洶撼行屧　洞底洞還結此事我所疑聞聲竅幽窅果
見堆琉璃蓬尋所下路崩迫側歷麗濕如午陰中滑若
水橋欹百盤路始窮榔栗爭毫釐騰那學猿狖怵息同
蠹蝂到洞益陰森入門方聘貽水風愁殺人波濤護所
爲寒潭不敢踏踏之人命危惟從石竇罅稍就鹽湫頬
俛首一沉吟恐使蛟龍知回看向來路裊裊如春絲陳檢討詩草

陳維崧善卷洞洞仙歌詞　天風忽下劈破靑紅繭夸
父愚公費裁剪看千螺倒矗萬笏斜垂鋪碧蘚一屋閒
雲自鍵　玲瓏光上下一串銀房徧借虛空砌層巘洞
底洞還生下有泉鳴聲碎亂雲中雞犬只石怕春寒悄
無人却走入牆陰化成雷篆湖海樓詞
龍池在縣西南七十里山峯峻聳登覽無際其中爲分寶
嶺左有白雲巖石壁横空深千餘尺望之翼翼如雲自巖
取徑蜂腰僅可置足最窄處架閣淩空名曰憑虛閣右爲
上菴元至治間一源禪師於絶巘石立處架屋蓋茆居之
西上山椒有玉陽臺基平如掌溧陽史少卿玉陽所築眺

震澤波濤如在足下眹爽時亦見日所從出巔有池圍可二丈歲旱不竭中多蜥蜴大旱禱雨其間輒驗下半里許曰中菴久廢左右有二池亦多蜥蜴又行二里許曰下菴即禹門禪院境界泉石俱勝本通徹禹門寺志参王志徐志

明唐順之龍池詩并跋

遠遊爲訪白雲巖轉盡孤峯路更南龍見小身時出井虎馴大士舊開庵禪心客思俱潭水古佛寒松共石龕坐對老僧無一事夜深相與說楞嚴　嘉靖丁未春余以客病荆溪遂同杭子宣登龍池僧居嵌巖中如鳥巢梯其門以登值二老僧相對煨筍遂以筍供余二人因留宿與老僧坐至夜分說楞嚴因緣事老僧意甚樸野可愛也明日曉起嵐氣滿山乾坤如混沌狀堦前竹柏亦在摩盪中咫尺不可物色日且午始開霽則諸峯歷歷澄湖映隱樓觀草樹百里之外若在几前蓋宇宙間晦明不常若此既午出往石屑兩山夾澗山高百餘仞而澗道僅濶四五十步人家緣澗以居惟亭午則見日色蓋其勝又與龍池異觀矣既午飯遂從西霞步入舟意與悠然如有得也嗚呼此豈可與沉酣聲利者道哉遂書以貽子宣使藏之王志

邑人鄧秉貞龍池詩

山氣與雲平　松風杖底鳴巖深飛狖影池小得龍名破竹通泉冷懸厓結宇清最宜秋夜月諸界入空明安隱齋集

國朝邑人曹亮武登龍池絕頂望白雲巖詩

玉陽臺畔憑虛閣萬疊晴巒瞰五湖人近天都低落日帆連秋水亞飛梟生涯能幾穿遊屐雲物高寒入畫圖爲問白雲深護處池中還有蟄龍無南耕集

邑人陳維崧登龍池絕頂憑虛閣同雲臣遠公賦賀新郎詞

極目眞空濶倚巉巖層巒競瘦老松都活須洞荒寒非世境昏曉陰陽盪割更古木冷烟轇轕虎跡龍湫經過了一枝笻幾被罡風奪纔到得亂峯末　峯巔小閣危堪掇嵌嵚呀然如竇拳然如鉢只怕石欄憑不穩敗葉欲隨秋脫况恰對崖門初豁我愛湖光能入望約他年再與攀蘿葛看夜半陽烏渴湖海樓詞

南嶽在縣西南一十五里本名南澗吳孫皓封國山禪此山爲南嶽寺前卓錫泉深尺許圍四之清洌如鏡昔稠錫禪師駐杖于此泉隨湧出亦名珍珠泉泉旁大樹一株懸崖生圍十數抱根盤曲石壁怒突夭矯傳禪師導泉後以杖剕土中生枝葉名卓錫樹他樹無相似者泉上有亭今廢法堂後舊有天然井寺左竹林外有洗腸池禪師剖腸洗濯因以名上爲山澗水從石壁下注于池壁高丈許池圍不及五尺池外復爲澗長可十餘丈甚雨後水暴漲歎

珠濺玉聲淙淙可聽寺門大杉四株相傳明宣德間寺僧稠隱手植常有神鳥棲于其上殿前娑羅樹一株種自西域其實可療心痛節陳玉璂卓錫泉記參徐志

明朱彥昇送僧歸南嶽寺詩　山路花香上衲衣雲深南嶽一僧歸塵生古像開寒殿風度閑房掩夕扉踏雨椶鞋苔蘚滑炊香野飯稻粱肥禪餘猶轉千聲偈總有遊人得見稀

國朝邑人曹亮武初夏南岳山房遣興詩二首　花事亦已了還聞草木香若將捐世綱直欲傚羲皇曲磵泉聲細閒房午夢長悠然得小閣松影近斜陽　盡日無人到香清獨掩扉松陰時過鹿雲氣欲侵衣是處聞樵唱何山隱釣磯一燈懸靜夜兀坐已忘機

陳宗石南嶽山行分韻詩　出廓尋幽逕愁懷此日開秋光生薜荔晴色老莓苔葉黑隨風落山空任客來雲封看漸近前路足徘徊

徐喈鳳南嶽寺詩　南嶽聳峙荆溪南中有古寺開瓊龕檻外泉聲咽危石巖前樹影沉空潭寺僧當日兒啼膝兒生未老妻仍別藏衣取衣心自如出寺入寺人還一兩虎猙獰護法眞逡巡初地文彬彬只應變作六人貌却慮化爲酷吏身酷吏於今徧宇內稠錫禪師惜不在池分勺水洗其腸手拈麈尾揮其背以慈感嘆欲逃禪獨登香閣眺諸天西雨欲來雌墨頂東溪遥接具區邊法華寶藏名人筆憑僧借讀消長日淵明入社漸皈依次宗說法原超軼火雲繞寺矗奇峯雲裏新篁送好風轉眼雲峯峯盡幻紛紛世事將無同

林鼎復遊南嶽山寺同雲臣其年諸子滿庭芳詞　綠樹陰濃白蘋水漲乍晴煙景波涵中流擊楫孤棹指荆南詞藻羣推二妙湘江曲還讓陳三空憑弔蒼涼臺榭梁燕尙呢喃　當年歌舞地雲消霧散凋婉林慙且褰裳空翠縱步名藍欲拜峯頭大石斜陽近早促歸驂留餘興觴行小合潦倒鏡中酣

陳維崧登南嶽寺大悲閣賀新郎詞　峭閣騰危鶻映新晴亂崖沓嶂龍湫獸窟竹粉松脂空翠極狠籍山厨僧鉢分一半綠人毛髮倒灌寺門香雪海又巖梅萬樹參差發微笑處忘言說　颭颼悲嘯春禽聒更林間泉鳴谷響悽愴神骨今不來遊春漸老辜負浮生作達且放眼人間寥濶背後一拳看愈好蘚痕皴皺就玲瓏月依稀是袁家渴

曹亮武臥病南嶽山房承其年雪持相訪各次原韻賀新郎詞二首　寄跡空山裏是平生悅幽耽僻由來如

此未老張蒼先飲乳亦復沾沾自喜舌何在齒而脫未
肥哉何然艱一嚼啜名兒讓汝垂青史向石畔漱吾齒
諸君一棹尋山寺且烹泉林間揮麈談空說理瀑布
晴飛三百丈絕壁枯藤同倚問此外干人何事松舍欲
留君共枕正躊躇日落陰風起猛虎嘯君歸矣
又是春歸矣悵林間鶯啼燕掠花殘無幾一派新篁映
空綠入夏儘饒幽事倚傑閣爲之狂喜誰向此中頻問
訊只先生烏有公無是山與我頗相似　故人忽到空
齋裏披山酩盤餐市遠器無兼味俛仰稠公奇跡在直
欲深參禪理曳杖看泉飛雲起莫訝山前羣虎踞料世

途巇險皆然耳乃所願赤松子
罨畫溪在縣東南三十六里本名東溪任昉詩有長溪水
東舍之句故名東舍溪又名東瀉溪陸希聲君陽遁叟記
名之曰蒙溪又言山居在東溪之上自注云溪兩岸多朱
籐花映溪遠望如畫遂名曰罨畫溪周必大歸廬陵日記
所云山色如畫溪水紺綠也又因獨孤及詩名曰五雲溪
今俗呼曰山溪參王志
梁任昉落日泛舟東溪詩　黝黝桑柘繁芃芃麻麥盛交
柯溪易陰反景澄餘映吾生雖有待樂天庶知命不學
梁父吟唯識滄浪詠田荒我有役秩滿余謝病故詩紀

按畫溪名東溪不特任詩陸記亦然若東西兩氿統名荆溪亦曰長溪唐宋以前無稱東溪西溪者
唐獨孤及同徐侍郎五雲溪新亭重陽宴集詩　萬峯蒼
翠色雙溪清淺流已符東山趣況值江南秋白露天地
肅黃花門館幽山公惜美景肯爲芳罇留五馬照池塘
繁絃催獻酬風前孟嘉帽乘興李膺舟騁望傲千古當
歌遺四愁豈令永和人獨擅山陰遊全唐詩
許渾泛五雲溪詩　此溪何處路遙問白髯翁佛廟千
巖裏人家一島中魚傾荷葉露蟬噪柳陰風急瀨鳴車
軸微波漾釣筒石苔縈棹綠山果拂舟紅更就前溪宿
村橋與剡通全唐詩

許渾紫藤詩　綠蔓濃陰紫袖低客來留坐小堂西醉
中掩瑟無人會家近江南罨畫溪全唐詩
宋陳襄過罨畫溪詩　五雲深處問新亭月裏乘舟夜半
行不見藤花相掩映鄉人遙指畫溪名徐志
孫覿罨畫溪行詩　蝶趁花飛爭入座倚空百尺游絲
墮亂山銜日半船明斷雲載雨前村過蕨芽戴土小兒
拳漁市人歸柳貫鮮罨畫溪頭人語好烹魚煮蕨餉春
田荆溪外記
明邑人馬治罨畫溪詩　濆雨洗崖巘奔泉會空曲流爲
千丈溪泓渟深似玉霞凝發樹翠花艷分江綠浦雲自

點綴岸峯相映燭旁穿震澤口直瀉頤山腹日暮扁舟
來漁歌出湖洑徐志
李文春日同沈楚山泛罨畫溪詩　靚波紅樹自奇觀
畫鼓鶯簫巧坐歡泛到五雲更深處修眉橫黛是銅官
荆溪外紀
邑人王瑞罨畫溪詩　罨畫溪頭風日晴青山兩岸郭
公鳴半篙新漲花千點會記春深幾度行荆溪外紀
玉女潭去張公洞二里廣逾百尺舊傳玉女修煉于此潭
倚絶壁從壁頂下三四折方及潭深不可窮投絲一絇未
及底巖光綠可染衣水作碧琉璃色石壓疊皆畫理灌木

出壁鏬掩映渺若霄際唐權德輿稱陽羨佳山水此爲首
也明嘉靖間溧陽史際建玉光閣于潭之陽又建玉潭仙
院于其上勅賜廟額遣尙書祝釐于此文徵明爲之記記
詳載遺址本王穉登荆溪疏顧麟士荆溪諸洞游記參
明王世貞游玉女潭記　出張公洞半里許得史氏之廢
院憩焉卽故天申宮址也會所齋酒脯至相勞苦飲食
小間仰視旁口峭壁上十餘丈下有泉紺碧色酌之甘
客曰循此西可抵玉女潭余遂起躄躠行蔓草中然甃
石鱗砌道甚平曰史氏所治也可三里所棹楔書甚偉
至則道益飭治修篁茂松蕙菁峭蒨極望無涘有老氏

二宫爲主者則二僧延余縱觀爲上祝釐處久之出緣
石磴上可數十武稍折而南爲玉女潭潭方廣各五丈
許不以水旱溢涸瀰渟泓澄可數顱髮大石梁斜覆之
覆不盡者十二黃葉時墮鏗然有聲李生約絙以石而
擲之其深者竟五丈絙不見底余呼酒舉一巵下僧導
余行可百弓抵瓊樹所夭矯偃蹇欲無白日榦若數虬
盤蟉而下根則上摶相格益怒甲鱗開舊卽唐人獨孤
及所稱日日思瓊樹者也計其歲可伯仲吾虞山檜耳
傍有巨石昂首出隆準兀峍兩洞睕睕水深綠如雙睛
却視令人戄然僧乃導余飯史氏莊中堂亦祝釐處也

周環若壁爲八卦齋後樓凭之可從隙望太湖門者傚
余以不可上乃止史氏者今太僕恭甫也僧間爲言所
以得玉女潭狀云史氏初行地山下憭蕪隱約中若有
覩者異之刋蔓而潭見其右爲虎窟人獸骨甚多募力
士逐之去亭其上凡史氏所得地以十數而龍湫君陽
洞最勝余故已耳龍湫遂攝衣往可里許至湫湫爲石
澗衡二丈奇縱可六丈而殺三方皆峭壁壁多青綠色
瀦泉淵然甚洌而甘寒方舟覆焉僧爲言舟可以入洞
第非數十人莫能復余顧從行士有賈勇者募之復舟
入于三鑲七人裸而泅舟遂復已從峭壁下盤入壁僉

益斗絕仰視天一竅熒熒射入石色與水色鬬碧赤余劇呼酒張生扣舷歌歌聲泠然迴崖石間欲留小醉需次入者竚而疾呼乃强出爲待之徐行至君陽亦水洞也中空可容百人流水潺湲出石間傍復得一竇傴而入益開朗石益奇水聲益壯蓋游客所不能識者僧復言某某地亦可游以迫下舂遂歸 王志

唐馬愈玉女潭詩　潭花散淸香灑影照眉宇不見玉女容騎鸞杳何去丹光罷靑紅石室亦輕舉惟有菰蒲根年年自春雨 王志

明薬向高遊玉女潭詩　路入荆溪景倍幽芳尊隨處足娛遊仙人洞古埋蒼蘚玉女潭空漾碧流短棹凌波孤月曉輕輿度壑萬峯秋招歡況有羣賢聚欲向山靈乞一邱 朝陽道院詩碑

邑人吳貞吉玉女潭詩　潭水碧于藍中有蛟龍宿山雨欲來時樹樹驚飛瀑 春曙樓集

國朝邑人吳本嵩詠玉女潭詩　空潭有天地不知高與深孤峯掃蛾眉遠見松柏陰美人忽飛去明鏡秋沉沉俯仰總太始白雲非我心 薔權山房集

明夏言咏玉女潭念奴嬌詞用東坡韻　玉光閣上憑闌處下有蜿蜒神物窈窕洞天烟霧裏環鎖千巖萬壑鳥

埭雲間龍淵石峭虬峽濤翻雪山翁占斷江左地靈人傑　凌虛臺下倚靑冥碧樹滄洲遠興時時發極目斜陽飛鳥外杳靄斷霞明滅縹緲亭邊回陽洞口長嘯披元髮玉梁倒影古潭冷浸秋月 徐志

佛窟巖一名佛窟洞高一丈五尺濶數倍水出其左或云自玉女潭來流而爲澗石佛數像出巖中土人神之多求嗣焉或云像出時有讖云端拱二年造因名焉顧璘詩云金仙鍊白業逃虛此跏趺入天修奇供水木暢淸娛

天窟洞去玉女潭西南三里許亦史際所開鑿石縫僅容一人置石爲梯級魚貫入左右各得石室天光下入曠然若堂皇橫泉出石罅甚細手一炬從左室入右室出約地道行邃奥幾半里平崖上覆仰視猶承塵溧陽史際書于洞側闢地搆有樓館極幽雅與玉女潭娩勝

君陽洞一綫天在君山之陽故名唐陸希聲居此因號君陽遁叟兩壁如門水自洞口出行兩崖間有大石梁梁下石如砥水繞之可浮杯洞石盡處褰裳而涉雙厓劃然不合者窺天僅如綫所謂一線也兩旁石如羅漢坐潺湲界道流極駛幽勝奇絕

湖㳇南十里龍山有武陵洞一名西施洞洞中石乳凝結有旌幢羽葆之狀又有瀑布送流但榛蔓蒙密人跡罕至

增修宜興縣舊志卷之九

古蹟志 碑刻

國山碑

按王志碑在縣西南五十里吳孫皓天璽元年立碑形如鼓一名囤碑吳禪國山碑攷云高八尺圍一丈碑首上鋭微窪石色紺碧東西二面廣南北狹四之一字徑二寸文起東北而南而西訖西北風雨剝蝕字多漫滅首行二行三行並缺 四行存之子兹格于上下光被八幽蝡飛蠉動無不歸仁是故二十一字 五行存賂上尊三字 六行存靡不遑假民用六字 七行存不犯於是丞相沇率禮九字 八行存備義尊敬大宮六字 九行缺 十行存所臨徘徊于此遂基大宮玉燭澤清萬民子來不日二十字 十一行存延頸跂足率土來庭柔服百神經緯庶務日昃十九字 十二行存暇觀六經旁貫百家思該道根數世夌遲大懿未光闓立東觀二十四字此行止缺一字 十三行存紀實言建設墳典采詢徵間窮神極化無幽不闡舉逸遺佞寛二十四字止缺一字 十四行存罪宥形守道尚功嘉善矜弱哀賤愍凶朽枯上天感應二十一字 十五行存踐祚初升特發神夢膺受籙圖玉璽啓自神匱神人指授二十

二字 十六行存金冊青玉符者四日月抱戴老人星見者弍十有弍五帝瑞氣黄二十五字無缺 十七行旗紫蓋覆擁宮闕顯著斗牛者弍十有九麟鳳龜龍御圖負書卌無缺 十八行存有青猊白虎丹鸞彩鳳廿有二白鹿白麐白麑白兔卌有二二十四字缺一字 十九行白雉白烏白鵲白鳩弍十有九赤烏赤雀廿有四白雀白燕廿有無缺 二十行黍神魚吐書白鯉騰船者二靈絮神蠶彌被原野者三嘉禾秀無缺 二十一行甘露凝液六十有五殊幹連理六百八十有三明月火珠璧流離無缺 二十二行卌有六大貝餘蚳餘泉黍十有五大寶神璧水青㲉璧卌有八玉無缺 二十三行燕玉羊玉鳩者三寶鼎神鐙神璽叀祝神翳卌有六石室山石闕無缺 二十四行存石印封啓九州吉發顯天讖彰石鏡光者弍十有弍神頌歌廟二十四字缺一字 二十五行存靈示者三讖民推紀湖澤闓通應讖合謡者五神翁神僮靈母二十四字缺一字 二十六行存神女告徵表祥者卅有黍靈夢啓讖神人授書著驗者十秘二十三字 二十七行存記讖文玉板紀德者三玉人玉印文采明發者八玉玉琯玉璜二十四字缺一字 二十八行玉玦玉鉤玉稱殊輝異色者卅有三玉尊玉盌玉盤玉

瞿清潔光無缺　二十九行存賑者九子何伯子肖王言
天平壁成天子出東門鄂者四二十二字　三十行大
賢司馬徵虞翻推步圖緯甄匱啓緘發事與運會者二
其餘飛無缺　三十一行行之類植生之倫希古所覯命
世殊奇不在瑞命之篇者不可稱無缺　三十二行而數
也于是旃蒙協洽之歲月次陬訾之口日惟重光大淵
獻行無缺　三十三行存年所植寶惟玆歲帝出虖震周
易實著遂受上天玉璽文曰眞二十四字缺一字　三十
四行存帝玉質青黃䫻理洞徹䡾受祇筵夙夜惟寅夫
大德宜報大命二十四字缺一字　三十五行宜彰乃以

柔兆涒灘之歲欽若上天月正革元郊天祭地紀號天
無缺　三十六行璽用彰明命于是丞相沇太尉璆大司
徒𤺓大司空朝執金吾修無缺　三十七行城門校尉歆
屯騎校尉悌尚書令忠尚書昬直晃昌國史瑩覈等無缺
三十八行僉以爲天道元嘿以瑞表眞今衆瑞畢至
三表納貢幽荒百蠻浮無缺　三十九行海慕化九垓八
埏罔不被澤率按典繇宜先行禪禮紀勒天命遂無缺
四十行於吳興國山之陰告祭刊石以對揚乾命庶報
坤德副慰天下喁無缺　四十一行存喁之望焉四字
四十二行存中書東觀令史立信中郎將臣蘇建所書
十六字　四十三行存刻工殷正何赦六字
明盧熊國山碑跋　今大略可見者三十七行每行二
十五字合有八百餘字按碑云旃蒙協洽之歲月次陬
訾日惟重光大淵獻遂受玉璽文曰口眞口帝乃天冊
元年乙未正月辛亥又云柔兆涒灘之歲月正革元郊
天祭地紀號天璽先行禪禮紀勒天命則歲丙申矣此
文歐趙二家皆有著論其字畫形勢絶與神讖相似第
石質堅頑工人就其上鐫刻故行欵廣狹長短微有不
同宋黃伯思謂皇象書字勢雄偉殊不思皇象在孫權
時與嚴範鄭姥等號八絶則神讖碑亦蘇建無疑矣東

漢碑碣多尚隸書獨此二篆有周秦遺意神讖險勁峻
拔國山純古秀茂可與崔子玉書張平子碑相頡頏熊
向獲見搨本僅三十餘行以宜興記校之字多譌舛今
得自邵人謝林始覩其全因重疏如此朱昱成化毘陵
志載單子發風土志云碑刻字周繞體兼篆隸字多漫
滅今以舊本參校取其可辨者載之若字畫甚明不可
識亦存以俟考碑前數行已磨滅自民用不犯以下方
能辨其間有一二字可識不成文者亦略之曰旃蒙協
洽之歲者乙未也陬訾之口則月在亥也重光大淵獻
則日在丁亥也曰柔兆涒灘之歲者丙申也月在革元

則正月上日也謂皓以鳳凰二年十月丁亥受璽明年
正旦郊祀改元自丞相以下紀名凡十四人如宏翌董
朝滕循張悌丁忠岑昏薛瑩華覈皆見于志餘不可攷
荆溪外紀
元謝應芳國山碑詩　離墨山前芳草多馬蹄曾此幾
經過國碑文字無人識風雨銷殘近若何徐志
明邑人馬治國山碑詩　蕭條青山角上有千載碑形
模楷而篆製作恠且奇禎祥雜麟鳳篆隸森蛟螭炎祚
昔微絶羣雄疏驅馳孫郎最後出一戰開洪基虎視國
江左權亦善用師奈何後世謡欲慕秦漢爲區區鼎立

業詩大宜所宜瞻彼嵩岱封白雲渺予思徐志
善卷洞刻石
偃李巖 楷書周圍大七尺餘鐫洞門西面石上右署單懐李曾下闕一字當是李曾伯書
慈界仙都 真行體鐫洞門上正面題欵曰萬歷壬子秋孟閩中陳翼飛書陳系宜邑令
九斗洞 篆書右署下元癸亥左署奉諱樵山亦篆書鐫洞內左石壁上
題名四 一姚勗鍾離權等八人大中四年二月四日游此篆書中多闕文　一前進士莆田國佐等行書字多闕　一琴川楊儀夢羽奉使歸吳游此子錤侍行楷書　一壬子秋錫山鄒之孔同吳耆鄒遐齡游楷書
張公洞刻石
漢天師張公洞福地 篆書徑五尺餘鐫洞口石上

題名四 一大歷歲次甲寅奉勅張公洞字多闕　一李憲之王衡齊樞司馬經綸貞元廿年春三月十
三日四人題　一宣和癸卯孟春劉徹鄒栴周林弟梶
分書多闕　一至正六年正月八日會稽楊維禎頌容
富春吳復闕七人
來游在前洞右壁
會仙巖 徐霖篆書長七寸餘刻巖石上　玉泉洞 行書鐫朝陽道院左張公山右石崖上
宜興縣題名碑 嘉靖壬寅邑令方逢時撰
明新堂碑 曹三暘撰　張渚司二碑 並張納陛撰一記修署一題名
宜興縣修學碑 一正統四年王直撰　一景泰元年邑令鄒旦重刻宋朱熹撰文危山跋　一景泰
元年蕭鎡撰　一嘉靖已丑吳仕撰　一嘉靖二十二年
唐順之撰　一萬歷二十四年徐顯卿撰　一萬歷戊申
吳達可撰　一萬歷四十六年史孟麟撰　一順治十四
年蔣永修撰　一康熙四十二年潘宗洛撰　一康熙五
十七年邑
令趙祁撰　修明倫堂碑 康熙四十三年任宏嘉撰

鄉賢祠碑 一宋寶慶三年真德秀撰　一天啓丁卯蔣允儀撰
學田碑 一嘉靖十一年吳仕撰　一嘉靖丁巳史際撰　一萬歷五年蔣瑞卿撰　一萬歷癸丑史孟麟撰
一萬歷三十六年教諭吳登仕
撰　一萬歷三十八年蔣應震撰
鄉貢題名碑 景泰元年岳正撰　歲貢題名碑 景泰元年趙琬撰
晉征西將軍周孝公斬蛟之橋
按十二字爲東坡題長橋碑下有謝采伯跋云奕修宰
義興寄東坡書斬蛟橋石刻余歸自泉南缺思所藏真
迹恍不知何在憒憒數日忽缺有兩木篋未啓遂登南
樓一叩扃鑰得之筆力遒勁神采煥發石刻奪氣紹定
庚寅謝采伯書男朝奉郎下缺俱楊懷遠鄉評備考云康

熙戊戌已亥間浦城河斷碑復出現藏周侯祠盍碑曾隨水故多缺損字係大楷書今弄長橋南堍左首小屋內

袁府君廟碑一成化二十年謝甫文撰一成化二十年訓導王誕撰崇正六年立石曹師孟跋

周平西廟碑一晉平原內史陸機撰右軍王羲之書唐元和六年義興縣令陳從諫重樹一淳熙三年蕭德藻撰趙伯津八分書甚古質一元祐辛未沃彥撰宜興縣丞劉明仲借書一寶慶元年崔用楷越題名碑道士劉守和立石書法流逸借多殘缺一斬蛟射虎碑豹隱居士裴相如篆書四大字筆力雄雋淳熙四年立石一雲龍風虎碑淳祐甲辰趙孟德草書四大字篆宕可與裴篆相配一周孝公石像嘉定十七年宜興縣丞洪個跋一殺虎行碑劉宰撰行書前後並缺一正德九年王述祖撰一孝侯誅蛟辭嘉靖丙戌常州知府夏某撰冷宗元書白悅跋一萬歷二十年徐顯卿撰一周天球重書陸機文碑字多闕一焦希程詩碑已上十三

碑並樹殿內及殿前軒左右壁一紹興己巳胡靖撰一至元四年總管府推官汪澤民撰一至正壬辰南堂監察御史曹復亨撰一正統九年趙琬撰蔣守約書一嘉靖四十五年萬士和撰董良史書一康熙五十四年潘宗洛撰一康熙五十五年史陸與撰蔣宗琳書已上七碑並樹廟門及西廊壁

按陸機碑因貯米蒸壞俗呼麻碑辨其眞僞者紛如聚訟王鳳洲云碑後有前試太常寺協律郎黄某書名與書俱模糊而書字微可推孫月峯云唐人碑多用此眞行體盍祖聖教序來陸機撰義之書俱後人謬託者據碑後字則爲黄協律書刻於唐代無疑

蒲墅孝侯祠碑一紹興七年英烈廟額牒文一萬歷癸巳史孟麟撰一嘉靖癸巳楊儀詩

重正衛將軍廟碑正德丙寅杭濟撰邵賢書

東坡書院碑一宏治辛酉李東陽撰一萬歷庚寅石刻文忠公像周時臣跋

徐太史義莊碑一欽依義田奏一宏治戊午李東陽撰一吳寬撰

岳忠武王張安國唱和詩碑

按岳王詩云無心買酒謁青春照鏡空嗟白髮新花下少年應笑我垂垂羸馬訪高人張完詩云相別相逢不記春眼前非舊亦非新聲求色相皆虚妄莫認無疑是昔人石刻久亡明危山重刻今所存者又康熙丙申重刻

吳忠節祠碑一嘉靖丙戌陳鳳梧詩一嘉靖丁亥冷宗元詩二碑書法並工今在二忠祠

萬履庵祠碑唐鶴徵撰

儲廷玉墓碑元史孝祥撰趙孟頫書在河頭橋俗呼河頭碑

甘泉精舍碑嘉靖戊戌湛若水撰并草書碑石方四面刻字字幾五寸縱宕有奇氣史際跋

山亭鄉侯蔣公碑銘唐秘書少監齊光乂撰宋紹聖三年蔣之翰重刻在冲寂觀

蔣氏大宗碑唐蔣冽撰明萬歷二十九年蔣瑞卿重刻在冲寂觀

周簡惠公神道碑淳熙四年周必大撰在保安寺

尊勝幢碑尊勝經石幢在靜山堂菴門外後書開元廿六年歲在戊寅二月己亥缺三字碑帽失去王志目爲唐時物碑

法藏寺碑一成化七年教諭林智撰一而道碑萬歷三十五年潘守正撰一萬人緣碑崇禎甲申吳春枝撰吳洪化書一康熙四十五年任宏嘉撰

施水菴碑嘉靖四年吳仕撰
北岳寺碑一萬歷二年萬民表撰并書民表書法工鐫刻亦工一崇禎戊寅張瑋撰
芙蓉寺碑康熙丁巳徐喈鳳撰并書
大蘆寺碑一景定敕書碑字多闕一蒙古碑字多闕失
善權寺碑一碧鮮菴三大字楷書筆勢瓌瑋傳爲唐刻一嘉靖乙未王愼中題名在祖師堂壁一碧
鮮巖祝英臺近詞邑令谷蘭宗題一天啓甲子葉向高游善權洞詩草書遒逸一崇禎戊寅周延儒撰
澄光寺碑一三妙碑隆慶初萬士和撰萬民表書文彭鐫一幻有禪師塔銘崇禎二年周汝登撰文震
孟楷書一萬歷戊午唐鶴徵撰順治十年刻一順治十年戴英撰二碑並吳應運書
伏龍寺齋堂碑紹興二十一年蔣璨撰楷書圓湛後半多缺失題額九字尤工
衍慶寺碑一天順二年禮部牒文一天順三年僧會元撰朱士雲書

福源寺碑徐溥撰
顯親寺碑一正統丙寅姜洪撰一崇禎八年蔣允儀撰吳洪化書蔣如奇篆額一蔣永修撰一元
虞集聽秋軒詩一元柯九思聽秋軒詩一蔣珊詩一唐順之詩並勒石在寺門外壁間
無極道禪師塔銘危素撰景泰元年吳炳重刻于中隱禪院
工文菴碑嘉靖辛丑萬士和撰丙辰董艮書
泗州菴碑萬歷三十五年張納陛撰崇禎二年張納禮楷書勒石
大湖福源寺碑正統十三年胡濙撰宏治十五年立石沈暉跋
通眞觀碑一經閣碑成化八年卞榮撰莊遊行書一正殿玉皇樓碑萬歷十一年萬士和撰道會司閔
似然書　會眞菴碑萬歷二年萬士和撰
冲寂觀重建玉皇殿碑至元庚寅薛舉撰

朝陽道院碑碑面鐫葉向高游張公洞玉女潭詩草書觀善卷詩碑崟嶔崎碑陰鐫康熙間萬錦雯重
建道院記萬球書字多闕失
潼渚三官堂碑萬歷間錢隆祉撰邵立平行書
楚頌帖徐溥臨東坡橘帖帖言吾來陽羨船入荆溪意思豁然又言尤好栽橘陽羨在洞庭上柑橘栽至
易得當買一小園種柑橘三百本屈原作橘頌吾園若成當作一亭名之曰楚頌帖後又有買田陽羨吾將老菩薩
蠻一闕滿庭芳一闕周必大二跋跋中載主簿朱冠卿宜興續編圖經東坡四事最後有趙孟頫跋滕斌白珽柯九
思三詩泰定二年郭畀等觀帖語又乞居常州狀奏一道謝采伯跋又買田一帖帖後徐溥跋碑凡六石
淨雲枝帖蔣如奇臨魏晉及元明諸名家帖陽羨十景詩碑凡百餘石
瑯玕山龍王殿碑曹三陽撰曹應秋跋并書　神龍碑毛龍元撰記
立碑誌毛之儁撰　已上碑刻今皆現存

許太尉廟碑許郃立唐開元中許氏諸孫再刻之題八字碑陰曰談馬礪畢王田數七人不能曉徐延
休解之曰談馬言午許也礪畢石卑碑也王田爲千里重也數七是一六乃立也爲許碑重立四字見十國春秋
司農劉夫人墓碑碑文言司農夫人祖自會稽山陰姓劉氏受持貞剛體性純淑非禮不行已下
多闕夫人太尉許馘配在光和前許時爲司農未爲太尉見朱昱毘陵志無撰人姓名王志作許郃
衛將軍廟碑王鏊撰見許渾詩序
重居寺山門碑上元二年成悅撰見史能之毘陵志
靜樂寺碑建中三年梁肅撰見泛舟錄
長橋記碑徐鍇撰見史志　周將軍廟碑徐鍇撰見史志
袁府君廟碑一徐鉉寄階州詩紹興已未吳憲摹刻有云騎省篆法妙天下余所得四十五字高簡莊
重幾于周鼓泰山相杭衛藏袁府君廟見朱志一鄒子發撰見王志

新修茶舍碑　無撰人姓名中云每歲茶貢選匠徵夫二千餘人見金石錄

縣廳壁記　一皇祐六年令國子博士燕雍撰　一政和二年會稽傅堯俞撰　一紹興己亥令鄱陽左昌時撰

經理邑事總記　熙寧二年令尚書員外郎樓閌撰

修文宣王廟記　景德四年直史館陳越撰

從建新學記　皇祐元年并州刺史張伯玉撰

重修學記　一紹興十六年括蒼陳鎰撰　一乾道八年令孫固撰　一慶元元年新安朱熹撰　一嘉定十二年龍泉葉適撰　一淳祐六年宛陵吳潛撰

丞廳壁記　一元豐七年丞會稽黃彥撰　一乾道二年國子監簿沈文撰　一嘉定九年丞古瀛劉壁撰

簿廳壁記　一紹熙三年簿吳興陳晦撰　嘉定戊戌簿東郡趙汝灊撰

尉廳壁記　紹熙三年尉陽賈子堅撰

重建尉廨記　嘉定十一年令戴栩撰

社倉記　慶元元年新安朱熹撰　修常平倉記　紹熙五年丞趙師森撰

泳飛亭記　嘉定十三年令戴栩撰　修縣獄記　治平二年令王應辰撰

獄糧記　嘉定十三年令戴栩撰　周將軍廟記　景德二年郡守周絳撰

復周孝公塋兆記　嘉定十七年漫塘劉宰撰

英烈廟額　嘉定間丞洪倜立

果利廟額記　政和元年苕溪王甫撰　按王守王志誤作皇

祠山廣惠行廟記　在胥村崇寧三年邑人單子發撰

岳武穆公祠堂記　淳熙八年倅趙善譽撰

迎華驛記　治平四年安定程甫撰　重建陽羨館記　嘉定十三年邑人沈唐老撰

重建長橋記　一大中祥符三年撰　一天聖二年鄭向撰

浚運河記　淳熙五年尉秦膺剛撰　餘霽新堤記　嘉定十七年臨川陸持之撰

復養士橋錢記　紹興五年令括倉高商老撰

養濟院記　嘉定十三年天末陳壁撰　慈幼莊記　紹定二年句金王遂撰

漏澤園記　紹定元年漫塘劉宰撰　茶舍碑　一唐常州刺史裴肅撰　一唐中山劉明素撰

九斗壇碑　在善權寺前門左南唐僧崇肇撰

陸希聲顧山錄　在縣治嘉祐五年令趙文昌立　片碑　四十三座並見史志

縣學碑　一曹三陽撰　一尊經閣碑曹三陽撰　一名宦祠碑嘉靖二十八年邑令王鈴撰　一儲振撰合見文廟碑考

晉周孝侯斬蛟之橋　八字東坡書文徵明云橋題經崇寧禁錮沈石水中今十二字乃天台謝采伯家眞蹟紹定間其子奕修宰義興攜以勒石者非當時物也見甫田集

岳王題壁石刻　題云余駐大兵荆溪沿幹王事陪僧寮謁金仙徘徊少憩遂擁鐵騎千餘長驅而逝異日復三關迎二聖使我宋朝中興得勒金石重過于此豈不快哉在金沙寺壁後刻石見史志

岳王生祠石像碑　建炎二年邑令錢諶撰　薛季宣觀岳侯石像詩有幾欲歙江思道濟繆爲圖像削王敦之句注云侯祠初毀道士不忍壞侯像沉荆溪中因得不壞見宋史鈔

岳王紀功小碑　王出兵時手書紀功小碑後人築城置亂石間宏治五年城圮碑出雖殘缺不完尚可考信見謙齋文錄

岳王廟碑　建炎間學錄周端朝記歲久廟亡宏治間邑令陳某重修其廟仍刻端朝記于石見謙齋文錄

東坡祠堂碑　一乾道壬辰郡守晁子健刻有二碑一在郡齋一在洞靈觀後燬嘉定十六年教授虞申訪

舊本重刻于石見朱志

賀方回石塔銘 賀鑄字方回號慶湖居士嘗造石塔刻所作銘在墓旁見王志

善卷小水洞題石 一趙伯鯉題云試邑半載以視涝同晉陵仙尉西安劉君常德抵此日已西晚猶得歷覽三洞徧讀名刻詢田畝之高下問民間之疾苦而後行時嘉定四禩立冬後二日也 一洪武癸丑陶琛等訪用盟上人上國山題字 一宣德四年趙珩等覽勝題名周羽書 一成化癸卯刑部主事馬愈等游三洞有詩留山北洞中 一宏治癸亥謝承舉等六人題名徐霖記 一正德五年少傅王鏊通政使王玉副使邵賢隱士吳綸等題名 一正德七年通政使王玉都給事中張宏題名並見善卷寺古今文錄 一徐問題銘有怒猊攫石驚瀾沸空高居靈囿下藏蛟宫之句見荆溪外紀

就安橋碑 雍正二年瞿源洙撰

善卷寺碑 一咸通八年李蠙贖善卷寺奏狀 一乾德五年二月復九斗壇洞事實 一陳氏捨田記乾

道元年沈文撰 一陳氏捨田告給公據乾道元年六月一使司帖嘉定三年正月 一田米司帖嘉定五年八月月 一寶祐四年九月李曾伯奏狀 一重裝大殿佛像記紹興元年八月南山居士撰 一圓通閣記陳公益撰 一善卷禪堂記咸淳二年李曾伯撰并書 一善卷重建藏殿記陳㮨撰 一重修佛殿記黃宗載撰 一善卷記都穆撰並見古今文錄

張郎之石刻 善卷寺圓通閣下舊有石刻深居二字宋張郎之書沈石田詩云張公南渡諳名筆勁刻猶存玉質完作屋誰能仍舊號蒸茆深護翠雲寒見桃溪客語

重修善權寺碑 徐有貞撰有云晝見之若兜率之宮夜見之若廣寒之府見荆溪外紀

善行洞天然菴碑 邵天和撰見荆溪外紀

無極道禪師塔銘 危素撰在君山鄉寂照菴見徐志

洞靈觀碑 一長慶四年楊漢公題名 一保大九年韓熙載記 一蔡肇詩見周必大歸盧陵日記 一

景德四年尚書都官員外郎知軍州周絳詩 一天禧元年四月崇儀副使銀青郭允恭投金龍玉簡 一天禧元年十二月知郡事張方回詩 一皇祐壬辰太守邵必書張公洞三大字 一元符庚辰上元日公和通判杜子民詩並見史志 白馬洞內有沈遼刻字見泛舟錄

通眞觀碑 徐鍇撰　呂祖泰廟碑 錢子文撰

重修呂祖泰廟碑 王綎撰　周將軍廟記 趙琬撰

通眞觀山門記 危山撰　陳氏三捨田善卷記 狄斯彬撰

玉女潭記 王叔承撰　周簡惠公碑 汪藻撰

蘭州判官王天覺墓碑 趙孟頫撰

義阡記 危山撰 凡十碑並見王志

清暉閣帖 董其昌書閣在南園片野堂側明末摹勒上石後歸京江張布政适見青山庄文會記

已上碑刻見各書紀載今皆不存

增修宜興縣舊志卷之九

古蹟志 邱墓

漢

陽羨長袁玘墓君山魏晉時壇邊有數林大竹並高二三丈枝皆兩披下拂壇上甞潔淨也今但風悲日曛唯石嶕嶢而已本史志周處風土記

雲陽鄉侯蔣默墓竹山唐秘書少監齊光義爲墓碑默孫監察御史晁復立石道旁史志

亞亭鄉侯蔣澄墓都山南唐齊光義撰碑天寶十五載給事中蔣演撰湖東枝墓塋志云默十八代孫繪以上皆葬此山挺以下多葬洛陽曰從吳者存乎舊歸洛者不忘乎本本史志參王志

許氏先墓亞亭鄉潘墅塚甚高廣有石刻云許氏先君墓表史志

按王志云即馘之後也既稱先墓不宜云馘後此或馘之先爲荆爲武均未可定

許太尉馘墓南門外周瀆西馘甞歷司農洪氏隸纂有司農劉夫人墓碑其配也參史志

按周必大泛舟錄云度周橋訪後漢許太尉夫人墓有碑側立洪氏隸纂言兩墓皆在宜興此碑猶在夫人塚旁皆指夫人而太尉茔此別無碑誌載記可攷

明徐賁許將軍馘墓詩 南郭橋邊有廢墳鄉人傳是漢將軍土中印出名纔識火後碑殘跡少聞旗捲虎牙空落木劍埋龍氣只寒雲昔年我亦曾游此弔古於今又送君徐志

晉

平西將軍周處墓荆溪南英烈廟側史志

宋劉宰塋兆記 周孝公墓北向廟當其前紹興中賜額曰英烈慶元初進封忠武公周氏自魴四世顯著其盛也一門五侯墓之存於今十有一莫詳其次然公必葬衣冠其中明甚歲久梵宇民居交侵賜地之存無幾近歲有仗義起祠者所歸僅十之二鄱陽洪君倜丞是邑

謂法所得祀有功於民有勞於國與夫禦災捍患以死勤事者公皆兼之又公之英爽凜凜如生顧廟未葺墓之採樵弗禁非所以崇明德昭令典欲亟圖之季年以還攝令乃周視棟宇鳩工庀材以楹計屋凡敝而新之者十有八無而益之者十有四傾而正之者九漏而塡之者十覽其壁而飾其像設什器與凡丹堊之漫漶者既又巡行兆域辨其侵而勸相其遮攔之牆踰二百丈樹之松杉合萬有一千本又即墓之中故相朱公倬爲簿領時所築基亭焉以爲致敬之地費先捐已故助者衆役不干時故作者力凡用石米二百緡錢千有五百

其助竹木甎甓而不受直者不計經始於歲癸未十有一月丙寅而成於明年四月朔洪君之爲力勤矣既成而屬余以記附以詩俾歌以祀　南山兮嵯峩溪水湛兮平波波不驚兮山寂寂樵者唱兮漁歌遊宇兮煌煌嘉薦兮苾香公之至兮愉愉降我福兮穰穰飛龍駕兮翔鸞御公之來兮倏而去宰木秀兮隹城慰我民兮千古節王志

唐權德輿周平西墓詩　英威今寂寞陳迹對崇邱壯志清風在荒墳白日愁窮泉那復曉喬木不知秋歲歲寒塘側無人水自流全唐詩

國朝邑人史惟圓周孝公墓詩　孝公遺像儼祠堂疑塚纍纍荊水陽遥見旌旗空際出誰將冠劍此中藏古碑有字荒苔碧老樹無枝落日黃今日紛紛足蛟虎威靈寂寞對寒塘徐志

國朝顧彩題周孝侯墓沁園春詞　宿莽城隅馬鬣遺封侯墓在焉憶斬蛟名播祠留荊水平羌志實塚像邗連塵壓清談何人悞却典午河山五十年如侯者更丹心一點日月孤懸　長橋東望淒然想毅魄歸來認故園任風前白鶴啼殘華表雨中黃犢耕破平原白叟黃童羣瞻廟貌寒食還應送紙錢悲千古盡英雄逝水戰骨

寒烟荊溪詞

陽羡侯史韶墓石山寨西王志

按史墓史朱兩毘陵志皆不載王志補入考韶名不見於晉書史氏譜載韶交州屬國都尉豫章太守贈官都尉封陽羡侯食邑一千四百戶韶父爽建中校尉北中郎將遷五兵尚書本國大中正封晉陵郡公食邑三千五百戶加冠軍將軍使持節青州刺史爽父戀又爲征南將軍九眞隴西二郡太守累代爵秩巍巍必有大勳業於朝而史家無傳不應闕畧如是又載義興太守劉超墓永豐鄉鳳飛嶺考晉書超遇害後成帝詔遷高顯近地葬之使出入得瞻望其墓則當在金陵鳳飛嶺去張渚十里其不葬此明甚

陳

湘陰侯蔣有政墓白墖村石亭斋孫仕爲散騎常侍安遠將軍史志

按蔣氏封侯者雲陽石亭湘陰三侯姓名雖不見於東漢書及陳書南史然史能之咸淳志已載之盍其傳舊矣

唐

衛將軍逖墓許墅臨大溪王志

李司空蟠墓善卷龍巖亭青龍山下善權寺古今文錄

高丞相智周墓葛墟村史志

宋

知常州郡事陳襄墓箬山孫莘老誌墓邦人德之州縣歲時遣祭淳祐八年李守廸爲文屬令丞修上塚禮紹定間令趙與悊建先賢祠祀蔣之奇等八人襄與焉本史志参王志

賀通判鑄墓篠嶺史志
蔣樞密之奇墓滄浦史志
胡樞密松年墓梅林史志　惠博士廸墓玲瓏山王志
孫尚書覿墓龜潭史志
孫覿再至龜潭詩　歲歲來尋雪晝春看山弄水意常
新不知流水歸何處只有青山是故人徐志
佘狀元中墓杏花村龍潭山前史志
汪內翰藻墓楊蔡史志
按楊蔡朱志同王志作梅林近吳翰林紱於徐志下汪云葬宜興後塢又不知何據史能之去藻時未遠不應失實故仍從史志

慕容尚書彥逢墓篠嶺史志
莊待制徽墓蒿山史志
按泛舟錄云歸至香山少休遂入莊僖簡公神道長松夾路五六里蒿山王志誤作嵩山
郭樞密三益墓橫澗　沈尚書積中墓西坑
蘇待制嶠墓芙蓉山　董待制弅墓渶王志作嶸山並史志
姚參政希得墓龍耳山王志　丁待制貴方墓葉塘徐志
成開府閎墓橫澗　王樞密淵墓紫雲羅漢山
單大諫時墓大廬山　蔣丞相芾墓孫墓
周參政葵墓梅林　王太尉琪墓篠嶺
王侍郎居正墓金竹塢　傅待制楫墓祝陵

袁參政說友墓青塢　胡忠獻世將墓橫山
劉侍郎應起墓臺莊並史志　姚太守昔墓南嶽王志
呂直言祖泰墓西墓村久廢莽為邱墟成化十八年知縣
沈振訓導王縱訪得斷碣於土中題曰有宋嘉泰直言南
嶽東萊呂公之墓因為之經理朱志
姚太師端珪墓大廬山　孫太守恢墓龍山
孫太守悅墓玉潭並王志
忠武王子纘忠侯岳霖墓唐門顯祖菴側徐志
按唐門村在縣治東北四十里侯墓係夜字一千八百四十五號五畝九釐一毫東南角稍長係羽字號四釐五毫官免不科糧東西各三十四弓南三十弓北四十二弓共一千二百二十二步

吳尚書宗旦　吳尚書邦翰墓並萊村
元
儲學正廷玉墓臧村　王州判天覺墓梅林
蹇提刑大雅墓圍塢並王志
明
許御史勝墓蕭庄　丁僉事寧墓渶瀆並徐志
楊都憲得安墓小謝　徐知府鑑墓龍潭
吳員外玉墓篠嶺　徐太師溥墓南陽山並王志
張僉事述古墓馬埠徐志　沈侍郎暉墓凰川湘子嶺徐志
張參政盛墓官莊　翁參政信墓清泉鄉瀆

吳尚書儼墓梅林　李布政雲墓芳莊
李主事震子主事杲墓並吳澤村
邵知府珪墓張公壩　邵副使天和墓篠嶺並王志
胡知州璉墓百瀆山　邵郎中暉墓城塘橋大郎墩
萬推官盛墓篠嶺　卜僉事同墓石亭埠伏虎山
邵副使賢墓祝陵　吳僉事淑墓篠嶺並王志
杭布政濟墓百瀆靜壽菴西　陳知府景潞墓馬鞍山
杭都憲淮墓百瀆蔣灣鳳凰山
胡知府孝墓鳳凰山　胡都憲忠墓鳳凰山並徐志
吳副使仕墓篠嶺　陳侍郎儒墓下山

萬訓導吉墓子吏部員外士亨墓並澗南
唐知縣音子進士一夔墓並澗南小山並王志
王主事纓墓下山徐志　吳司丞性墓饒山
楊參政準墓浯橋　楊通判卓墓馬埠
吳知府駿墓瀆渚　曹都事珂墓琅玕山
萬尚書士和墓明珠山　黃知府體乾墓豐義明珠墩
曹尚書三賜墓琅玕山　曹同知景暘墓琅玕山
蔣運同士元墓紫雲山　吳司丞驥墓臺莊
唐知府琎墓篠嶺　史太僕際墓離墨山並王志
蹇知縣益墓金鷄山　俞兵備震墓湖汊後庄門

唐太常鶴徵墓均山上區周彪圩子翰林敬純附葬
蔣員外宏憲墓大澗　萬知府春墓烟山
任廷尉卿墓俞山徐志　湯御史兆京墓保安寺前
陳少保于廷墓亳村　丁御史天毓墓祝陵張山
史太僕孟麟墓東霞埠　吳參議正已墓竹塢岕
萬部郎象新墓言村　潘郎中守正墓塢墅
蔣知府應震子督糧道如奇墓並西畲
萬同知德鵬墓鮑塔　李布政守俊墓張墓
吳主事洪昌墓武花山並徐志　俞參政士章墓新庄
儲參議昌祚墓亳陽　儲副使顯祚墓臧林篠橋

黃員外衷赤墓普照寺傍　潘通判紹顯墓東圩
芮刑科畿墓力山　毛知府之儁墓高窑
路參政雲龍墓湖汊汪洋橋
蔣巡撫允儀墓大澗　路副使文範墓東山灣
何司馬士晉墓官塘　徐副使儀世墓言村
徐布政紹沇墓湖汊黃嶺山
夏督糧尚絅墓銅盆墩　周尚書鼎墓篠嶺
盧大司馬象昇墓西窑岕宜溧分界處
徐知府中懋墓龍潭　毛中丞士龍墓遺蹤明珠山
吳詹事國華墓塘瀆並徐志　路濟儲進墓南嶽

陳參將安墓張渚沿溪山　吳忠節炳墓石亭埠
戴兵科英墓烟山　路員外邁墓龍潭
吳忠節貞毓墓楊蔡　徐知縣徵麟墓龍潭
李中丞用楫墓山亭區山堡
國朝
潘知府瀛選墓雞籠山　萬部郎澀墓澗南
周御史季琬墓前桂　儲知縣會墓臧村
路知府邇墓滄浦　陳檢討維崧墓亳村
莫刑科大勳墓西溪背墩　徐知縣徵鳳墓龍潭
徐知縣洪祚墓下餘皮

張縣尉子慶墓西門外溪濱大觀樓側
張推官炳墓黃塘　蔣提學允修墓鳳凰山
徐知府懋曙墓阡塘　張知縣定憲墓
萬部郎錦雯墓馬藍澗　吳推官晉剡墓龍潭
儲庶子振墓塔下山　李同知同亨墓龍潭
蔣參議龍光墓大城下陪堰
周推官仲球墓姚莊　任通政宏嘉墓唐門橋
任知府允淳墓石牛岡　凌推官鵠還墓紫雲山
潘知府肩墓南嶽　儲知縣方慶墓
儲知縣善慶墓艾墅　徐中書江普墓章山

儲孝廉欣墓龍潭　潘中丞宗洛墓宜生山
以上凡徐志已載者悉照舊徐志漏載者例補入其有
例應載而後裔未經送局者暫闕

增修宜興縣舊志卷之十

藝文志 奏議

文章與道德相表裏或摛藻彤廷或高歌蓬戶均足以紹先哲之緒餘展才人之蘊抱宜邑澤媚山輝雲蒸霞蔚靡不家傳繡虎人握靈珠矣珊瑚人網美不勝收今茲所採特全豹之一斑云爾錄藝文志

請自出俸錢收贖善權寺事奏　唐　李蠙

臣竊見前件寺在縣南五十里離墨山是齊時建立山上有九斗壇頗謂靈異每准赦令祭名山大川即差官致奠凡有水旱祈禱無不響應寺內有洞府三所號爲乾洞者石室通明處可坐五百餘人稍暗處執炬以入不知深淺其中石有鳥獸之形及鹽堆米堆怪異之狀極多洞門並下便臨大水洞潺湲宛轉湍瀨實繁於山腹內漫流入小水洞小水洞亦是一石室室內水泉石底大旱不竭洞門對齋堂厨庫似非人境洞內常有雲氣昇騰云是龍神所居之處臣太和中在此習業親見白龍于洞中騰出以爲霄雨寺前良田極多皆是此水灌溉時旱水小百姓將水車於洞中車水車聲纔發雨即旋降會昌中毀廢寺宇之後爲一河陰院官鍾離簡之所買宣宗却許修崇佛寺簡之便于寺內所居堂前造一逆修墳以絕百姓收贖建立

之路其塋纔成忽見一大赤蛇長數丈據于墳前簡之驚悸成疾遂卒於此子息亦固悋寺前良田竟葬簡之於其間萬古靈跡今成塋域鄉村痛憤不敢申論往來驚嗟無不嘆息況簡之男姪家業見居揚州海陵縣松檟亦元在彼處只以固護廢寺田產一二兒姪在此今伏遇陛下至明至聖凡是墜典已皆舉明今以古蹟靈境恐遊玩喧譁居人褻瀆肸蠁無依神祇失所尚令官中收贖復置寺宇豈有此靈異古蹟兼是名山大川之藪今爲墓田理交不可臣懷此宛憤近三十年倘不遇陛下睿思通幽聖慮徹古特降勑命盡許却收即難特有論請齊朝梵宇永爲邱墟神仙窟宅終被蕪穢臣今請自出俸錢依元買價收贖訪名僧主持教化同力却造成善權寺其連寺田產收贖之後並却舍入寺家永充供養伏乞聖慈勑下常州差官檢勘勒簡之男姪等移旅櫬歸海陵其寺地及林木莊田等並重出公驗交付臣勾當軍將待揀定僧徒後施入常住其收贖價錢亦請便交付簡之男姪等其寺仍請准近勑格度僧住持靈泉勝境因陛下重遂掃灑洞府仙官因陛下再獲依據佛刹重興千舊地鐘磬復聞於故山臣既沐元澤獲畢素願臣無任踴躍忭荷屏營之至謹錄奏聞伏聽勑旨

咸通八年六月十五日昭義軍節度使中散大夫檢校
工部尚書兼御史大夫賜紫金魚李蠙狀奏中書門下
牒奉勑李蠙自出俸錢收贖靈跡已有近勅難阻深誠
宜依所奏仍令浙西觀察使速准此處分牒至准敕故
牒咸通八年六月三十日下

乞晉周孝侯廟額奏　宋　無名氏

兩浙運使奏據常州申宜興縣城東南有周將軍孝侯廟
侯蓋晉平西將軍周處實陽羨人忠義勇烈超冠一時其
折節除害見危致命與夫執德不回之實載在晉史揭于
廟碑垂七百年昭然可考其間陰功異跡芘護甚厚雖祈

禳疾癘請禱雨暘威靈感格應若影響宜和間方臘嘯聚
其徒傅臯欲侵邑境卽見金甲神人擁兵而出曰我平西
將軍也衆遂神馳魂散狼狽竄伏就擒于郡城昨者虜寇
猖獗所至殘破毘陵諸邑惟此地獨保無虞潰兵叛將如
張琪等睥睨亦久或壓境而不敢入或入境而不敢肆悉
謂嘗見將軍衣甲冑執戈矛旌旄亘天震讋營壘衆皆投
戈屈膝之不暇靈感狀跡類非一事父老相傳咸有證驗
乞賜廟額本司尋委簽書鎮江軍節度判官朱亮功躬親
前去宜興詢究上項靈應事跡據朱亮功狀覆實得委實
祈禱必應陰靈威烈保明詣實本司再委本司催促羅買
官李澗躬親前去宜興縣覆行按實據李澗申詢究得委
實祈禱無不感格有功于民保明詣實本司保明詣實擬
合奏請廟額行宮禮部狀準都省批送前事循行下太常
寺勘會去後今據本寺狀來兩浙運司保奏到常州府宜
興縣周將軍孝侯廟祈禱威靈感格乞賜廟額伏乞朝廷
詳酌指揮施行伏候指揮勑宜賜英烈廟爲額

乞常州居住表　宋　蘇軾

臣向以狂妄得罪伏蒙聖恩賜以餘生處之善地歲月未
幾又蒙收錄量移近郡再生之賜萬死難酬臣以家貧累
重須至乘船赴安置所自離黃州風濤驚恐舉家重病幼

子喪亡今雖已至揚州而費用竭罄無以出陸又汝州別
無產業可以爲生犬馬之憂飢寒爲急竊謂朝廷至仁旣
以全其性命必亦憐其失所臣先有薄田在常州宜興縣
粗給饘粥欲望聖慈特許于常州居住若罪戾之餘稍獲
全濟則捐軀論報有死不回臣今來不敢住滯一面前去
至南京聽候指揮干犯天威臣無任俯伏待罪戰恐之至
謹錄奏聞伏候勑旨

又

臣軾言臣聞聖人之行法也如雷霆之震草木威怒雖甚
而歸于欲其生人主之罪人也如父母之譴子孫鞭撻雖

嚴而不忍致之死臣漂流棄物枯槁餘生泣血書詞呼天
請命願回日月之照益明葵藿之心此言朝聞夕死無憾
臣軾誠惶誠恐頓首頓首臣昔嘗對便殿親聞德音似蒙
聖知不在人後而狂狷妄發上負恩私既有司皆以爲可
誅雖明主不得而獨赦一從吏議坐廢五年積憂熏心驚
齒髮之先變抱恨刻骨傷皮肉之僅存近者蒙恩諒移汝
州伏讀訓辭有人材實難弗忍終棄之語豈獨知免于縲
紲亦將有望於桑榆但未死亡終見天日豈敢復以遲暮
爲念更生僥覬之心但以祿廩久空衣食不繼累重道遠
不免舟行自離黃州風濤驚恐舉家重病一子喪亡今雖

已至泗州而貲用罄竭去汝尚遠難于陸行無屋可居無
田可食二十餘口不知所歸饑寒之憂近在旦夕與其强
顏忍耻干求于衆人不若歸命投誠控告于君父臣有薄
田在常州宜興縣粗給饘粥欲望聖慈許于常州居住又
恐罪戾深重未可聽從便安輒敘微勞庶蒙恩貸臣先任
徐州日以河水浸城幾至淪陷臣日夜守捍偶獲安全曾
蒙朝廷降勅獎諭又嘗選用沂州百姓程棐令追捕凶黨
致獲謀反妖賊李鐸郭進等一十七人亦蒙聖恩保明放
罪皆臣子之常分無涓埃之可言冒昧自陳出于窮迫庶
幾因緣僥倖功過相除稍出羈囚得從所便重念臣受性

剛褊賦命奇窮既獲罪于天又無助于下怨仇交積罪惡
橫生羣言或起于愛憎孤忠遂陷于疑似中雖無愧不敢
自明向非人主獨賜保全則臣之微生豈有今日伏惟皇
帝陛下聖神天縱文武生知得天下之英才已全三樂躋
斯民于仁壽不棄一夫勃然中興可謂盡善而臣抱百年
之永嘆悼一飽之無時貧病交攻死生莫保雖鳧雁飛集
何足計于江湖而犬馬蓋幃猶有求于君父敢祈神聖少
賜矜憐臣見一面前去南京聽候朝旨干冒天威臣無任
俯伏待罪戰恐之至

到常州謝表

臣軾言先蒙恩授汝州團練副使本州安置尋上表乞於
常州居住奉聖旨依所乞臣已于今月二十二日到常州
訖者積釁雖磨未經洗濯至仁易感許即便安祗荷龍靈
惟深感涕伏念臣所犯罪戾本合誅夷向非先帝之至明
豈有餘生于今日銜恩未報有志不從已分投身寄殘骸
於魑魅敢期擇地收暮景于桑榆此蓋伏遇皇帝陛下仁
孝生知聰明天縱寅奉上帝之眷命述修累聖之成謀念
此管蒯之微庶幾簪履之舊俾安田畝稍出縲囚飽食無
思但日陶干新化杜門自省當益念於往愆臣無任

又

臣軾言先蒙恩授汝州團練副使本州安置尋上表乞于常州居住奉聖旨依所乞已于今月二十二日到常州訖者罪大人微自甘永棄食貧口衆未免求安忽奉俞旨出於獨斷仰銜恩施不覺涕零伏念臣猥以凡才早塵仕籍生逢有作之聖獨抱不移之愚廢棄六年已忘形於田野泝沿萬里偶脫命于江湖豈謂此生得從所便此蓋伏遇太皇太后陛下厚德載物至仁代天春生秋成本無心於草本風行雷動自有信于蟲魚致此幽頑亦叨恩宥耕田鑿井得漸齒于平民碎首刳肝尚未知其死所臣無任

乞恩請命保守義田奏　明　徐溥

臣世居直隸常州府宜興縣本族計若干房耕讀之外無他藝業生息日益貲產日分或至嫁娶失時蒸祭愆禮世復一世尤未可知是雖服有遠近皆祖宗一體之分休戚所關自有不能已者先臣琳每與臣言及此輒慨然興歎蓋嘗修祠堂以合族增墓田以供祭顧于周卹之道尚有未備用是欲倣宋臣范仲淹義田故事量撥地畝贍給族人以臣有職於朝特屬臣弟濟經營其事不幸臣父既没弟亦早亡因循至今未獲就緒今臣累蒙先帝皇上簡任以至今官祿賜所入實有餘裕臣仰思聖恩追念前訓勉終前議以酬夙懷乃于前年令臣男元相撥地若干畝置爲義田歲收租稅除辦納常賦外另爲掌管遇有本族婚喪諸費量數分給且斟酌范氏舊規立爲條約期於世守不墜使徐氏子孫永永霑沐恩澤講畫三載始克有成臣竊以區區之計幸而少遂者實惟皇上優渥之賜不然則臣身臣家僅能自給奚暇及人况臣才德遠愧仲淹而遭際寵盛乃實過之臣雖至愚寧不知感故凡政涉彝倫事關風俗者皆悉心畢力以贊皇上德睦九族仁覆天下之治而况私親近族分之所當盡力之所能及者哉但人心難合而易離義事難成而易廢雖田畝已定家規已行然條目不關于部曹數目不藉于郡邑誠恐他日子孫或視

爲度外則鄰有侵而莫知或認爲分內則族有訟而莫止分者肆强取之姦主者滋吝出之獘勢有必然所宜豫處是以昧死上聞另將所置義田頃畝數目冊子二本并條約一紙告送戶部伏望皇上私鑒臣情乞勅該部將臣冊子用印鈐記一本發臣本管府縣當官存照一本并條約給與臣家收執永爲遵守待造黄冊之年另以徐義莊爲名立戶造入本里帶管數內以便關領由帖辦納稅糧若他人侵佔即與斷理或本分子孫妄欲爭分及各項違犯條約情獘即與禁治庶幾家法之存永賴國法而祖宗九泉之慰子孫百世之休皆皇上今日之賜也臣不勝懇欸

祈請之至

戶部覆奏徐義田議　明　葉淇

該通政使司連狀據徐元相告將義田條約開單一紙并項畝數目等項備細冊子一樣二本通送到司按呈到部臣等切惟古者民有定業卿大夫有世祿天下之人皆得以養生送死于是可治禮義修忠信以成治化後世井田壞溝洫又廢富者連阡陌而鄉黨無卓錐之地貴者私妻子而兄弟無餬口之資以致倫理教衰廉恥道喪其爲流弊何可勝言有國者未嘗無養民之法而務或不周有家者未嘗無合族之心而力或不逮故晏嬰有彰賜之志而

身後無遺范仲淹有活族之規而國典不預載之史策猶爲美談今大學士徐溥仰惟君恩追念父訓置爲義田以贍宗族立爲條約傳之子孫又慮人心易離義事易廢乃乞恩請命欲賴國法以存家法益眞見夫教人之道先于足食仁民之澤始于親親以欲爲之心乘可爲之力祿賜不私于一身而均之羣族規制不止于一世而貽之無窮近代以來罕有此事仰惟皇上有睦族之德有覆物之仁而輔弼元臣首爲義舉誠可以贊揚造化宣布仁風教化所關實非細故合無准其所請本部將其所置義田頃畝冊子并所定條約通行印記令公私存照仍令徐義莊戶

管其後有他人圖賴侵佔者即與斷理本族爭分沮壞者即行禁治俱下本管有司以官法從事仍令府縣正官親詣莊處所集其族人奉宣德意嚴加戒諭俾其永遠遵守勿得違越庶爲有益臣等又查得洪武年間該學士解縉陳言凡天下之世臣義族皆當旌之復之以爲民表率太祖高皇帝特嘉其議令本官族內既有正戶以供差賦義莊之戶係是別設合無依倣前議除辦納正糧外其餘差役悉與優免使其子孫得常奉祭祀悉力贍給以倡率風俗永延恩澤尤足以見朝廷敦尚教化優禮大臣之義其於治道亦非小補但恩典出自朝廷伏乞聖明裁處緣係

乞恩請命保守義田及奉欽依戶部看了來說事理未敢擅便宏治八年四月二十五日奉聖旨是置義田以贍族補于風化便行下本管有司著嚴爲防護俾其子孫永遠遵守其義莊戶內差役仍與蠲免

藝文志　序

浮溪集序

宋　孫覿

顯謨閣學士左太中大夫知徽州汪公自崇寧初起太學諸生策高第校三館秘書尚符璽再遷尚書郎立柱下爲右史遂贊書命入翰林爲學士益仕朝廷三十年常以文學議論居儒官從臣之列所爲詩文若干首傳天下號浮溪集凡若干卷公以書屬故人孫覿爲之序余曰天下有能事而文章爲難工辭漢訖唐千有餘歲一時大手筆作爲文章閎麗精深傑然視天下而自立于不朽者蓋幾人而已杜子美詩格力自天雄跨百代爲古今詩人之冠至他文輙不工荀卿所謂兼之至者不兩能信矣夫道喪文獘作者衆矣詞句僄淺益不逮前其間心競力取馳騁上下欲一蹷以造古人之域而擇之不精守之不固殉名而媮習鄙而陋固不足與于斯文左太冲積十年之勤僅成一賦劉伯倫以一酒德頌終其身而一能之善一語之工亦遂列于作者之林而名後世今汪公之文所謂宏麗精深傑然視天下者也公平生無所嗜好至讀古聖賢之書屬爲辭章如啗土炙嗜昌歜爲一病癖寐千載心摹手追貫穿百氏網羅舊聞惟原天地道德之旨古今理亂興衰

得失之迹而意有所適者必寓之于此登高望遠屬思千里凡耳目之所接雜觸于中而發于咏嘆者必寓之於此崎嶇兵亂潛深伏奥悲歌慷慨酣醉無聊而不平有動于心者亦必寓之于此伎與道俱習與空會文從字順體質渾然不見刻畫如金鐘大鏞扣之輙應愈扣而愈無窮何其盛也公在館閣時方以文章爲公卿大臣所推重每一篇出余獨指其妙處公亦喜爲余出也後十五年公以儒先宿學當大典冊秉太史筆爲天子視草始大發于文深醇雅健追配前作學士大夫傳自海隅萬里之遠莫不家有其書所謂常楊燕許諸人皆莫及也公詩自少作已有能名及是與年俱老與微託遠得詩人之本意覽者當自知之公鄱陽人諱藻字彥章云

荆南倡和詩序

明　馬治

前年余歸養親始住荆南山中荆南者地志云義興俗勁直有荆楚之風故水名荆溪溪之南曰荆南非江漢之間所謂荆南者也常之屬邑四而義興山獨多凡山之羣峯簇出者惟荆南爲然義興故僻左而荆南延亘且百里予所寓處距州郭七十里四方賓客苟以事來義興者多止州郭遥去以故荆南雖有佳山水谷巖潭洞之勝多不知使知之亦不暇遊也予雖以邑人久寓于茲而亦未及披

覽去年履道自吳門來與余俱主周氏家周氏好學有賢行得客子二人乃大喜爲屋灑東西澗以館之置茶具酒杯屬其子弟從之遊蓋今二年之間亦稍稍事搜覽天高氣清則相與登銅官窺玉潭詠顧山晩晴送具區之洪波招天目之遠雲而長與桐川諸山若奔走來會可喜者始咨向者鈌遊觀之勝也閑居讀書念親舊別離與夫風泉月林之間載嘯載歌商今古較人事弔吳封禪遺跡思孝侯折節從學之勇不可復見與夫杜牧之之風流蘇長公之英靈則復感嘆悲咤唶唶不已予與履道意思皆然因合前後所作爲荊南倡和詩若干篇嗟夫予二人者交舊

矣向年與履道居吳門或居無錫其相從之好有之而聚散恒條忽然非有如今日之多也惟其流離不偶亦豈有如今日之甚也哉蓋前五六年民物尚富康士往來東西州者衆故于登覽不能常宜其于山川之勝反有略而弗顧者今予與履道徒以留連至此遭時屯阨不能羽翼以飛殆所謂匪鱣匪鮪潛逃于淵匪鶉匪鳶翰飛戾天憓士至于此乃得于一邱一壑盡心焉由此觀之則人之有憂患孤苦者未可以爲不幸也孟子曰人之有德慧術智者恒存乎疢疾詩亦然又况重于詩者乎與時年適志義皤然兩翁復相遇于山巔水涯開卷一笑則猶藉此以識憂患窮愁之歲月云

忠義集序

危山

夫忠義之在天地間亘萬古而不可泯者何也誠以其事合天理而通乎人心故不特一時重之雖沒世而聞者猶感激奮勵之不已焉晉平西將軍前御史中丞宜興周公爲簪纓世族其生也全義于鄉里效忠于邦家及其沒也朝廷命有司立祠春秋享祀歷代相因迨至國朝益申嚴之每歲士人以四月八日爲公誕辰咸爲輿鼓吹迎冕服于廟舉祭賽禮黃童白叟奔走塞途此可見公雖沒而猶致上下崇敬不忘如是也余承乏教是邦每謁公祠而顧

瞻徘徊暇日與邑之鉅族蹇燮沈榮張嘉會邵曙諗及古今名公鉅卿所爲記文詩咏或刻石祠下或流落人間者欲裒成一帙梓行衆皆欣然從之各出私帑以爲公費予既編集其次第復考其譜系與史傳事蹟仍摹其遺像出處圖各附于前題之曰忠義集凡詩文有散失者又得邑人王文搜取備錄然後達諸邑大夫皆曰可集成僉謂宜有序嗚呼平西公之才之行載在晉史列傳固不必贅惟惜其不幸死于權戚梁王彤不援之計至今吳人一談平西者仰天嘆其忠義談及梁王者唾地罵其奸雄故往往以後來宋岳武穆王死于奸臣秦檜事擬之事雖有優劣

而情則近此人心天理之公亘萬古而不可泯者也雖然表前代之忠義所以表後代之忠義也後人能以前代忠義爲重則心之所感有在也乎西既死迨今蕩爲飛塵流爲冷風矣而諸君子爲能梓行其集若是其感激奮勵之心爲何如抑是集也傳之四方俾觀者不獨有以知乎西公忠義之跡于往昔而又有以見諸君子忠義之心于今時然則宜興風俗之美夫豈有間于古今也哉是爲序

忠節錄序

徐溥

自古忠節之士史必有傳廟必有祀所以表其賢報其功惟恐其人泯没于世此人心之公也雲南有廟始自國信

使翰林院待制贈學士謚忠文金華王公禕王公死後二年有湖廣行省叅政前刑部尚書宜興吳公雲繼使其地而死則未有祀之者豈惟未有祀之者且未有知之者矣予少則聞先君論公使事而心向慕之既竊祿于朝嘗自念公之忠節人當表之報之予豈避鄉里之私而使其名不傳哉乃以書告于巡撫雲南都御史王公詔詔以爲已責即爲奏請于朝始得與文忠並祀于廟仍蒙賜廟額曰二忠而公且得復贈刑部尚書謚忠節于是公之名始傳於今而予數十年向慕之心庶少慰焉公之使事自當載國史故李太僕應禎平日尤惓惓于公者又嘗爲傳以表公之賢至是予甥翰林編修吳儼復裒其事爲忠節錄錄成告予當序其首竊觀公之使事豈直追及古人而已殆有過之者蓋當洪武初天下既定獨雲南以險遠未下高皇帝始遣忠文往諭既被害乃再遣公因有爲朕作陸賈之語夫當尉陀自王南越賈爲漢使說之臣服其事固善然賈之橐中裝則不少矣未免爲持節之累觀公之能死身且不顧使當時雲南遂下餽之金寧受之乎使陀不服則賈萬無死之理何也其爲乎身與家者重也是以公死後其子瀓蒙朝廷賞延之典僅得一太學生至今諸孫僑居湖湘貧乏無依視賈之五男子雖若不及然前人之清

風光被多矣此所謂過乎古人者也公既廟食雲南鄉人復祀于先賢祠獨其諸孫可憫尚當治其田廬圖返其故居云

南山十景詩序

王與

去宜興東南五十里有山名大潮山以其在縣城之南故又名南山蓋其西自銅棺離墨諸峰蜿蜒東邁至此而矗然隆起秀拔奇偉峻極于天東則偃然伏下瞰重湖而止其山川之秀氣磅礴而鬱積于是焉盛而發洩韓俞氏所謂水土之所產竹箭之美千尋之名材不能獨當必有魁奇之士生其間而吾鄉沈氏實居于茲山之麓異時其祖

原澤舉賢良爲代州同知識者謂代州有才德而用之未盡其必有後考榮號松隱處士者不仕愆常甫亦不仕生四子其仲日暉舉進士甲科歷官南京戸部郎中而愆常甫遂用其初仕恩封戸部主事光顯矣然其存心愈冲淡持身愈清約家雖富厚而志無驕盈無珍奇之玩聲色之奉日惟與文人墨客嘯咏于茂林修竹間意度豁如也其言曰獲幸生居太平之世上沐朝廷之清化下承父祖之遺休退伏田里年逾知命而筋力粗健承祚益隆斯尤幸矣顧何敢自足而不知所慕哉第吾平生所樂者山水所重者詩酒圖史既皆飽取而熟玩之矣而此心常若不足

於是復取旁近山之尤勝古蹟之猶存者列而爲題名曰南山十景命工圖之各賦詩以著其志而大夫士相與唱和者衆既聯爲大軸以傳世矣間復屬予爲序夫所謂十景者南山其一也去南山十里爲太湖周三萬六千頃禹貢所謂震澤是也涉湖而南爲石蘭渚風土記云其山多産蘭花去蘭山西北十里有溪名罨畫以其兩岸多藤花春時照映水上如畫谿因名泝溪行二里所有山峭拔中一竇嵌空遊者秉燭深入歷百磴闕奇怪萬狀名張公洞洞之南三里有玉女潭唐權德輿稱陽羨佳山水以潭爲首至陸希聲罷相其窮幽極深又獨取顧山蘇長公自黃移汝買田陽羨居蜀山之陽二山皆罨畫溪所經流處巖壑清絶固宜二公所取自唐宋至今數百年其遺址渺乎無存而所謂陸相山房東坡别業者其名猶不泯謂非以人而不以山乎愆常甫居常暇日或泛州或策杖登山臨水以慨想昔賢之遺風至于遊劇而倦則又仙府僧廬以少憩焉如天申宫在洞側福源寺之在大潮山頂者亦皆擅有奇勝又胡可拘其異教遂棄其地而不取也雖然徒有山水之佳而不遇其人盖有過之而不過者而况遊覽之不足而品題之以歸之几席之間畫圖文字之内如愆常甫者也山水之遇乎人而人孕靈于山水吾知郎中君

去是其名位日盛而愆常甫之年德日高則斯景之題咏安得不與山川風韻同垂于不朽哉

善權寺古今錄序　王鏊

宜興善權寺僧方冊裒其寺古今石刻碑文彙次爲十卷以授余曰願有記盖江南多古刹而善權號最勝竊擅龍洞有怪偉瓌絶之稱寺創於南齊之建元唐會昌中寺毁咸通八年鳳翔節度使李蠙奏復之始捐田充常住且條事例榜諸事此見於唐碑可考者也南唐時所謂九斗壇者敘於道流乾德五年復之乾道中撫幹陳宗道舍田三百餘畝其後蔣氏王氏鄭氏畢氏咸舍田焉寺以益贍建

炎元年李忠定公綱重嚴像設咸淳二年大學士李曾伯加宏拓焉此見於宋碑可考者也元至正中寺乃以田爲援有印禪師者復歸諸氏國朝正統間周文襄公巡撫江南嘗禱雨寺之龍堂有應成化間又得禪師濟川住山寺以復整册濟川之法嗣也此又見于元國朝之碑可考者也册近又於寺後所謂國山者得孫氏封禪之碑遂以冠焉又錄古今詩總若干首并附于後自孫氏天策元年迄今宏治甲子千有餘年世變凡幾而山巋野刻宛然具在其佛殿蓋唐故物也巋然猶存豈眞有神物護持者乎將佛之道自能久也孫氏封禪歐陽氏固已論之予獨以咸

通建炎南方蓋多事矣意其日不暇給而政府乃得優游以及于此耶抑以爲福田利益者乎跡碑所載世于茲寺或崇之或毀之或施之或斂之或歸之則佛之興衰自有時乎而世道升降亦因有可考者碑其可少哉册于是可謂有勞矣予故爲序之若其山水之勝則他日放舟湖上徑叩禪扃細搜靈跡償所願焉

謝邑大夫丁公奏均田賦序　吳仕

予惟爲治之道均爲要曰均者使之得其平之謂也得其平則得所矣其不均之爭者譬之物不得其平者之鳴也其鳴也爲怨爲詈爲鬬且訟焉其又甚爲甲兵之攜焉皆不均招之也古之聖王知其然也爲之君長以御之爲之法度以維繫之爲之權衡度量以制其輕重多寡長短之節皆所以均其不均者而使之均也其在大學於家於國于天下而曰齊曰治曰平云者固均之别名耳周禮天官冢宰之職曰均邦國曰均萬民而大司徒均齊天下之政則又有均人焉以均地政地職地守所謂地政田賦之類是已然則均之政其可以已而政之當均者又非財賦焉先乎吾嘗謂禹貢揚州之域其屬五其土均也而吾邑之賦之輸視諸邑倍焉其爲不均也大矣國初以來吏民之奔訴于朝者不知其幾而卒莫之省吾邑之民殫出竭入

俯首以就輸者蓋百五十年于茲饑寒困踣日以益甚嗟咨怨憤苦不勝堪我丁侯視篆之初問民所疾苦而有得焉乃列于朝我皇上方建皇極以臨天下蕩蕩平平之治時其有臻而侯疏適至宸衷爲惻遂下大司徒議可尋又下之撫臣下之郡縣議以克協乃省其耗餘若干石而國計不虧民痛若失於是邑之耆宿之民懽忭蹈舞戴侯之德而爲之歌歌曰我赤立兮孰授我以廣衣衣則有敝兮侯之庇我無改爲又歌曰我枵腹兮孰飼我以餔糜糜則有竭兮侯之恩我無窮期既又合而爲之歌曰粟粒衣褸兮惟侯之遺匪侯之遺惟天王尸之民旣爲之歌又相率

走予俾爲之序以傳雖然天下之不均者豈惟一賦稅哉使侯爲司徒則必均齊天下之政如周禮所云又進而秉國均焉則又當舉天官冢宰之賦以佐王均邦國而九州四海無不均之嘆者未必不自今始書以俟之

雙溪詩集序

王愼中

愼中結髮登朝則知有所謂杭雙溪公矣去年秋謫判常州訪公於義興之第因拏舟泛東溪訪張公善權二洞由西溪泛舟而旋于時山明氣肅霜落水清相與把酒賦詩以爲至樂始余以公長者意其倦於杖履之勞然公頎健步善升足之所履也無所擇而其移若翔據高臨下憑曠

以望遠指顧揮斥蓋察見秋毫而接乎飛翼之所入其高談闊辨扣之而應酌之不竭若鐘發而泉出也予乃嘆曰公眞所謂仙人耶何其氣厚而神完也夫昔之爲詩者莫不憂幽拂鬱滑和搖精至于嘔肝喪魄猶不能工今公之神氣其厚且完如是乃以能詩成名于世豈不難哉公曰夫所謂詩者豈誠使人攻苦勞極至此哉亦隨其才量之所得而發之于性情焉動于其中觸於其外其固有不得不然者耶故吾之于詩少而習焉久而耑焉老而得焉然足以爲吾樂而不能爲吾困也因出其若干卷示予曰君其爲我敘之夫以予慕公名積于十年之久一見之未能今乃得從數日之游與聞一言之教又得讀其詩而託姓名焉豈非予之大願哉予初行縣至義興入其境顧而美之曰此非吳地與何其風景物象不類吳中也及其縱而游之益以得其美焉其山水之勝者往往幽邃而曠遠明秀而靜深至于草木泉石亦皆發色含氣而有餘光與夫道塗鄰壁腴衍而深麗者大不同焉予愛而異之意必有魁奇特拔之人應而出者以鍾其美而圖諜所志祇著其爲幽人隱士栖遁之所宜予疑而不能察也及讀公之詩乃欣然得曰所謂魁奇而特拔者其固在此也夫公之詩雖製裁錯出律調不同歸之嚴整雅健體高而意正音舒

而節越有前世作者之風無有乎嬛媚之習粉澤之飾艷妻蕩于佁遊搖託之思不奸于中誦其詩不知其爲人亦可想見其爲美士君子也此豈可以強而致哉蓋其所鍾者粹而所用者大故能成其名而無汩亂於神氣豈與畸窮憔悴之士同日談耶始敬皇帝時治化熙洽士大夫爭以名行相高天下敦龐無事仕者樂於間暇而有和平之風故得大肆于文學其時北地中原江左卓然名家者殆十數人江左則徐迪功郎禎卿顧中丞公璘與公爲三人迪功仕宦最窮而早死二公獨老而大成享遐齡至大官翛然爲江左風流之宗其清德偉望宜於表民用世雖退

而老于家將必有待而起何其盛也予自毘陵入爲留都戸部員外郎特謁通于顧公一見而驩因以論公之詩之言質之顧公曰是也遂書以復于公爲雙溪詩集序

頤山集序

方鵬

嘗聞言而無文則其傳不遠文而不本於德則其言不傳故君子言之必有文也文之必有本也本之則無其如文何哉義興吳公克學不遠數百里擕其所著頤山私集若干卷詣余謁序夫文天下之公器也私之云乎自道耳乃讀之纍日而有得焉是故讀其詩其趣逸焉吾知其曠矣讀其序記其辭整焉吾知其莊矣傳狀誌銘諸作其事核

焉吾知其恪矣祭兄文肅公之文其情惻焉吾知其愛矣與當道諸公書其氣充焉吾知其介矣曠者德之裕也莊者德之敬也恪者德之誠也愛者德之仁也介者德之正也詩曰秩秩德音信其然乎故竊評公之文如水之有源而河海自潤也木之有柢而柯葉自成也城郭之有基而氣勢自雄也有本者固如是矣或者不知本之當務號于人曰某學盤誥某學史漢某學陶學韋吾取法焉而其人心術之微行檢之實忽而不問及讀其所爲文則苦于拘迫不可以言曠過于縱肆不可以言莊遲于浮誇不可以言恪流于刻薄不可以言愛隘于頽靡不可以言介公之文寔有是哉初公夙稟家學文譽四馳然猶末耳若其宅心制行高出流俗身名俱完表裏一致則予知之深信之篤而敢爲推本之論如此知德者必不以予言爲過也公名仕字克學別號頤山因以名其集南畿發解第一舉登進士由儀部正郎擢按察副使視學于閩即致其政復以薦起視學于中州進蜀藩大參遂堅卧不出識者爲世道惜焉

東溪修禊序

國朝　徐喈鳳

歲癸丑三月上巳徐子病方起偕同里諸子泛舟東溪以修禊事飲半酣分曹琴奕詩歌互發遥想蘭亭何多讓乎

遂援筆而序之曰遡自周公卜洛因流水以泛觴而曲水之禊歷代尚之然千古豔稱者惟永和蘭亭一會豈非地以事傳事以文傳而文又以人傳哉使當日者逸少不文不能爲之序即序矣所言皆世俗語而無曠懷高論則蘭亭一會亦若浮橋華林應點故事已耳何至傳爲佳話若斯耶葢人生宇宙非游觀無以博山水之趣非山水無以助筆墨之興非筆墨無以發性情之眞而暢友朋之樂荆溪山水不遜山陰世家望族代生才俊乃自漢魏迄今竟無有如逸少其人集羣賢而觴咏者豈有其事而未有其文乎抑有其事有其文而邑乘遺而弗載乎今日者雖積

雨未晴溪風叠浪而山色空濛漁歌隔浦烟柳連隄鶯簧
睍睆大塊文章觸目都是且列坐名彥雄才競爽詩文之
富遠軼前人信足以暢敘幽情與蘭亭並傳佳話矣雖然
俛仰之間以爲陳迹逸少之言感懷匪淺鳳與諸子生長
荆溪山水間當春光欲暮適逢上巳固有禊事可修即非
上巳亦應借修禊以爲歡上巳而禊禊吾之身非上巳而
亦禊禊吾之心禊吾身身去不祥禊吾心心去不祥心去
不祥則又安往而不得其祥哉諸子以爲然遂書于卷

重修常州府志序代　徐喈鳳

列郡之有志猶列國之有史所以彰往昭來闡微揚休寓

教化而厚風俗也故載之周官任之職方著之圖籍其所
由來尚矣葢君相高居廊廟不出戶庭而能周知九州六
服疆域之廣狹道里之遠近錢穀之盈縮吏治之孰得孰
失習俗之或貞或淫山川形勢之險彝斷續與夫物產豐
儉人才盛衰端藉直省之志可坐而稽不啻躬行巡狩覽
風景而詢故老也然直省之志必集列郡之志而成之則
郡志一書尤爲文獻要典非可苟焉已也余承乏常郡適
當旱澇之餘民貧事冗宵旰莫給百計補苴粗有端緒因
取舊志閱之知自前守劉廣生續修後六十餘載事蹟闕
然若復不修久將無考方欲與鄉先生謀續之恰奉會典

正在纂修之檄遂傳知五邑令悉將縣志錄送編校乃五
邑之志雖自壬子奉文修輯俱草率具稿未爲成書余亟
請郡邑之積學有望者開局分部而修之覩縣志之繁者
刪遺者補紛者釐誤者辨閱五旬而告成伏念
聖天子在上車書一統海澨山陬風教暨訖而公卿大臣
又皆鴻猷碩德宣佐休明則會典一書正以見創制顯庸
遠越前代教化廣而風俗一可以昭示萬世也晉陵雖一
郡凡志中所載豈非會典之所必採而太平盛世之象於
以見一斑乎抑余更有慕焉嘗奉委督漕東涉梁溪梅里
思泰伯之讓王而季札復以讓著其觀樂挂劍之風堪與

九龍爭峻也南浮荆溪望銅峰之叠翠思周處斬蛟射虎
事其英氣猶勃勃山水間而袁圯任昉遺澤流風長存不
泯良足爲後人法也北至蓉江登君山之巔雖黃歇霸佐
聖門羞稱然鑿浦以便民灌溉利及千秋亦可謂功傳不
朽者矣驟沙孤山不足與金焦競勝然潮汐洶湧而巋然
兀峙亦中流一小柱也至於往來運河奔走於毘陵古驛
思孔奐陳襄何以成良二千石而神君慈父至今稱頌不
衰陸昭符叱電成索事尤神異其雅量誠未易及也余喜
志成抽暇卒業因地而思其人因人而思其事覺前賢歷
歷皆百代之典型況其間勳德文章孝義風節炳耀簡冊

者不易更僕數常郡士民自好者多其亦可以觀往蹟而興起矣教化風俗寧不有厚賴乎是爲序

陳檢討集序

徐喈鳳

吾友陳檢討其年卒於京師蔣子京少擕其所著詩詞文集歸慨然捐貲先梓其駢體以傳曹子南耕序之詳矣更屬序於徐子徐子惻然曰嗚呼其年歸泉府而其文獨存物在人亡心酸淚下何能爲之序乎然其年莫逆交重以京少之命不可無一言以序之因思上天生才必非偶然於儔人中擇一人予以沉敏奇麗之才意甚厚也乃久之而若薄之矣不惟薄之又加戹焉戹之不已甚至窘抑愁

苦以死此理之大不可解而事之可爲長太息者也如吾其年生而穎俊讀書一目數行成童工詩賦四方名人與定生先生交者靡不見而異之以爲其年才出天縱必紹乃祖少保公武也孰意名雖噪於士林而困頓支離未獲掇科第以顯於時迨年踰五十大司馬宋蓼天先生乃始薦於朝官翰林修明史嗚呼其年之才與官相稱可謂榮矣其如家徒壁立資斧不給何加以子喪於未仕之前夫人歿於得官之後孤居邸舍能不悲哉壬戌春所以忽發異疾醫不效至五月而卒也嗚呼天生其年而縱其才以嶽瀆之氣偉其貌以日月之精靈其心以星雲卉木之華

繡其腸腑良非偶然者矣乃遲其遇嗇其財又殤其子子殤矣夫人亦亡而身抱鬱以死嗚呼天之生之也何心而戹之也又何心吾自聞訃以來無日不仰天而嘆恨無路叩閶闔而問之既而思天之所吝者才而所重者名其年取才過奢而名又最早天心不無忌矣忌之則必戹之戹以一端不已且多端戹之然其年日在戹中而其才愈肆詩詞古文不下五千餘首而駢體尤工直踞徐庾王駱之上當世士大夫稱駢體者必推其年其年亦自以長於駢體有求文者輒以駢體應之天若曰其年一人將竭古今之菁英矣不得不損其壽稍留才分爲後世文人地也嗚

呼其年因才而得名又因才名而罹戹人亦何樂乎有才名哉雖然庸庸之福在一時而才名在千古二者相去爲何如也京少曰先生之言可以慰其年於地下矣

荆南墾農全集序

莫大勳

嘗論四民之目士爲首農次之工商又次之故人生于世能讀書學道爲四民之首尚矣不然莫如爲農古有農而士者自稷以後伊尹諸葛亮最著其士而農者代必有數人類多敦行飭躬博通今古或不合時宜或性樂田園耕雲耨月而自適其天眞蓋農而能爲士士而能爲農其人必非常人而才品識趣有非恒情可測者矣吾友竹逸徐

子甲午同薦公車旅次嘗爲余言少食貧不能就外傅從先君湛如公讀四子書毎當農時從先君于田學種蒔耘穫事學輙善雖老農弗及也弱冠先君捐館家益貧日習于農即偷暇讀書不過冬杪春初燈前月下耳乃一旦鄉人見所作文歎曰徐子文不凡奈何困于農乎遂延爲塾師力勸讀書圖進取於是舌畊八年而遊庠又六年而舉于鄉此十四年中雖舍農而爲士乃農時技癢猶且脫帽解衣從事于耰鋤閒吾之于農誠所謂少而習焉中心安焉者矣今幸附賢書豈復得爲農家者流乎昔聞徐子之言如此迨壬寅冬徐子歸自滇侍母夫人萩水扃其齋曰

願息若將終身無復仕宦意自號爲荆南墨農余詰之曰既已士矣何復農爲徐子曰予不見夫農字之從辰乎辰者時也農從其時而已况農世業也先君之教也其敢驁士之名而忘其本乎今而後吾將以硯爲田以筆爲犁以硯池水注爲溝洫以古文詩詞雜說法書爲五穀上耕三皇五帝夏商周下耕秦漢魏晉以及唐宋元明凡古今之能爲古文詩詞雜説法書者皆吾耦耕人也吾曩以穀爲農時有三今以墨爲農四時皆農矣不惟四時十二時皆農矣晝而農農于楮夜而農農于腹時在山則爲山農時在澤則爲澤農時在平地則爲平地農曰農于墨可以遣愁慮可以消歲月東坡云非人磨墨墨磨人吾甘爲墨所磨也續聞徐子之言又如此噫奇矣徐子起家于農忽出而爲士士未久復歸而爲農農而士士而農以一身通于士農之間而總不違乎時故其所著古文詩詞雜說法書皆有時之義寓焉士而知時名士也農而知時上農也余讀墨農全集深信徐子非常人而非可以恒情測者故兩述徐子之言而敬爲之序

全史類編序

國朝　儲欣

史之作其難哉非以夫起例之難善敘事之難與夫屬辭文質之難也又非以夫博聞廣見之難凡史之難在類其

人之賢不肖而論定之無僭賞無濫刑自佚克左公邱明而後作者莫良于司馬子長法言稱爲實録然後史後儒掎摭闕失子長弗能禁也史之作其難哉以夫作之之難則又以知彙而論之之爲尤難何者史氏所作一代耳若乃上下數千年出入數千史其賢不肖之變備矣有能發一心之獨斷裁衆論之是非疑獄折于片言成案翻于一旦或原情以奬善或誅意以絶惡則賢者汨沒雖久而必伸不肖者掩蓋雖巧而必敗以勸以誡豈曰小補然而不得其人其疵曰徇曰迂又其甚者曰誕若唐人之史通輕信汲冢狗也宋人之鑑斷若束濕薪迂也明人之藏書專

任胸臆誕也是僞書而疑六籍執一眚而棄瑾瑜作聰明而亂名教極其弊使夫聖賢而蒙不韙者相望而大奸元惡忽然脫不掀之幸受不虞之譽乃亦所時有焉其流毒世道可勝言哉故曰作史難而彙而論之爲尤難吾邑萬懐蓼先生道德文章粹然君子人也宦成歸里家在溪山之間閉戶讀書終歲或不至城郭年六十一覃精史事目營手鈔焚膏繼日寒暑弗輟者十年而書成名曰全史類編又爲序例史論數萬言欣聞而請觀焉先生悉出以相示伏誦累旬作而嘆曰是夫不狥不迂不誕者與恕以原情嚴以誅意與恕與嚴合則前賢之汨沒者無不待以賞

不肖而掩蓋者無不待以刑决矣胡文定公曰春秋立法嚴而宅心恕先生是書即謂之善學春秋豈不可耶先生壯年爲名進士時文衣被天下假令出入承明典司著作纂

本朝之紀柱籍故明之興廢其材當不下司馬子長而不僭不濫必又過之然先生雖不獲史職宦成歸里卒就是書以昭勸誡而先生平日學問文章之蘊畢見於此不可謂非先生之幸與天下後世之幸也先生既以書示欣因命爲之序敬謝不敢承也申命至然後𪊾陳其所管窺而并題之如此

儲欣

遯菴文集序

癸亥廣期疾大漸與余訣其音琅琅取所著詩古文一囊命長子右文坐以進曰四叔爲我擇而論之寧嚴無恕予涕泣受其請廣期卒子即爲持擇得可選者如干篇篇加評論又越二十年始克錄諸板仍其原名顏曰遯菴集而予爲之序言序曰人言古文謂其何讀不類於今此繆說也古文以品骨不以何讀而文品與人品大較不謀而同文高而品下書契以來一二人而已廣期爲諸生即特立不詭隨通籍後士大夫相投契者獨山西魏公環溪一人士人則傅青主姜西溟餘皆如鑿枘之不相入此其耿介絶俗之性適足以大害仕途使跋前疐後而古文則引而

日上卓然成一家之書茲集諸體畢登尤長于議論高處偪鼂家令餘亦紆餘穿透有頴濱遺老之風序事文次之然當其得意恣睢戛然入司馬氏之室者亦往往而有詩工力不深然較之明尤子固又若差勝夫詩古文匪一日之傳將與百世共見焉稱人不符其實將有見而笑且怒而抵之地者予論定遯菴集核實如是予俟百世之見之也抑寧嚴毋恕其于廣期末命庶不負矣乎

儲欣

蔣韋人詩序

韋人先生吾邑澗橋人姓蔣氏工詩古文詩尤深厚追趨風雅扳宋元明町畦之外樹立一家嘗爲明諸生矣酉戌

後藏身巖野躬耕與樵秉鎛腰鐮食力自給而其憂悲愉懌一發諸詩予嘗品其詩高儷陶謝平處不失杜子美嗚呼此可爲知者道也先生既沒有詩萬首佚散人間族孫錫震字豈潛予門下士也嗣先生爲詩古文有能名一日以先生采山集來僅二百章索予序予却之且曰子盍網羅掇拾及五六百章可勒一編矣吾序何難之有今來告曰八百餘章已具余亟取而讀焉决然知非他人之爲而惟先生之爲之也爲狂喜者累日益予讀先生自序曰某弱冠從安隱師學五七言所謂安隱者和橋鄧十坦也天性奇悟時文詩古文並得史書不傳之秘爲學者宗今和

橋千家鄧無留種而十坦撰著亦無隻字之遺邑志刊行曾不獲與樂道人善者揚幽光附姓名于文苑之末豈非其命也夫亦足見生才實難而才人之不磨滅于後者爲尤難也惟先生得宗安隱博極羣書發爲文章多可喜之致然往往標新取異于字句間利病參半未若詩之有利無病必傳無疑今得族孫力網羅掇拾勒爲一編俟有知者而丕顯之文采風流照耀無極抑亦可謂幸也與因不揣固陋而爲之序以志吾喜踐前諾焉

擬龍池消夏宴遊序　蔣錫震

維旃蒙大荒落之歲爲越國王公治宜之二年也政令所被風教所濡秋肅春温陽開陰閉風雨和會士庶恬熙動則有成順以無事於是星火司晨朱紘應節甫平東作遄秩南訛氣方暘而草木具腓民思因而鳥獸希革早夜而勤庶政間以遨遊節宣而散炎歊亦有休止曲池佳燕長招萬里風碧月升霏願假六月息願此重門邃宇庶欲蒸雲況乎近市交塵埃能蔽日朱光徹厚地兼愁白鳥橫空赤腳踏層冰遥望青松駕壑乃陟招提之館爰開燕喜之堂夫龍池者宜邑名藍也實臨濟之祖庭闢禹門之禪院池流寒而若鏡閣橫庋以凴虚古木千章清陰滿地瑯玕萬個黛色參天虎嘯崖前屏列千峯之秀龍吟洞底濤飛

百丈之清峭蒨陂陁何減山陰道上割離昏曉時鬬犬吠雲中蓮幻爲臺灌頂發醍醐之性香真可國祇林開甘露之門三千貝葉文是處精修白業一片清涼地個中截斷紅塵爾乃簡從微朋尋幽陟巘願超火宅借蔭慈雲階砌地以頻頻酌參泉而自省就陰止息腋習習以風生觸境空澄骨脩脩而霞舉雲堂闢梵挾凉雨以俱飛竹院逢僧映冰壺而自朗眉髮染林泉之色笑談交猿鳥之歡自茲簷蔔林中直接羲皇而上王維云怪得銷炎熱能生大地風斯之謂矣於是蒸蕙肴而紛蘭藉少邀四座之歡揮麈尾而接雞談並佐一時之勝彈棊間設偪闘流水聲中撫

搡泠然眞使四山響應或浮瓜而沉李或鬬茗而逃禪豋勝義而閱金經飽伊蒲而參玉版杯承竹露當河朔之碧筩頂灑松風詠晴川於白練何須束帶發杜陵之狂自可披襟快宋玉之賞誠可謂續南皮之游繼西園之雅者矣若夫流連晨夕接跡林邱送西飛之渴烏候東昇之素月地既偏而心愈遠景將入而鳥知還主賦菁莪客歌蟋蟀翩躚兩袖攜爽籟以同歸夭矯孤笻與涼颸而自引恬一枕松窗之夢趣有餘清分六時鉢水之香法眞可喜回車復路定應還望靈山刻坐羣英諒或無忘此日勉援蕪筆敬志勝遊

矜秋閣詞序　儲大文

齊梁高沈詩任筆予觀樂安氏令表燰啓諸體雅克代與平原百代文宗詎容三人而史稱晚年詩隸事太多轉不流便則亦右沈左任之習談也如樂安逸筆明珠鮮圓觸處成采今澹存任子得其法以行樂府飛霞漾波獲參近世陳宋彭朱之列殊匪外疆中乾暨柔支迤節者埒吾知蘭臺之聚雅不在甗山麓而在文孫五色雕琯也爰爲澹存听夕蘄之

汜雲詩序　儲大文

先曾祖太學公天才贍逸家畜女樂二部工絕吳下嘗建高樓于室之西偏爲賓客觴詠地題曰溪頭雲影催詩雨屋角晴巒補畫山是時高忠憲董文敏以通家故來館谷賞不置文敏嘗曰風流公子今世惟陽羨儲君耳晚而姬人多入道及遣去者題曰數莖鶴髮愁中短幾許蛾眉夢裏長表叔祖史雲臣祖姑丈陳其年先生時向予兄弟述之嘆奇絕也先祖文林公尤邃選杜學甲乙後棄所應注官屏居田間與蔣韋人先生更唱迭和今先祖集既殘失而韋人先生詩尤高亦無能振之者可惜也洎先君以詩古文辭伏一世而予兄弟頗好吟詠然予閒考古今篇什嘗謂詩至今日更無著手處外間宗元宗初明祇益刻畫以此三四年來絕意不爲而舍弟汜雲晚出獨爲之不輟每一篇成予輒加點勘又陳子求夏曹子湛斯蔣子豈潛謝子應雲皆入黄子隆吉薾予撰三暨子兄弟時時集應雲西堂湛斯杲亭而余家九峯樓尤數閒有讌遊觴餘燭灺交互揚榷而南蘭邵青門梁溪顧華封金沙周東會諸先生暨家叔在陸先生各以所見論之青門先生尤細加研覈余爲合諸家之論序而次之并書先世遺事于簡端使海内知余家自唐御史公來代有詩名汜雲當益　造且日網羅先輩放失以大昌其學而張之也

增修宜興縣舊志卷之十

藝文志記

孝侯墓碑銘記　晉　陸機

君諱處字子隱義興陽羨人也氏胄纘與煥乎墳典華宗往茂鬱其節眘啟三十之洪基源流定鼎運八百之遠祚枝葉封桐軒茲烈于漢廷蟬冕播于陽羨二南之價傳不朽而紛敷大蘐之音聲無微而必顯山高海潤其在斯焉祖賓少折節早亡吳初召諮議參軍舉郡上計轉爲州辟從事別駕步兵校尉光祿大夫廣平太守父魴少好學舉孝廉吳寧國長奮威長史懷安錢塘縣侯丹陽西部屬國

都尉立節校尉拜裨將軍三部都督大中大夫臨川豫章鄱陽太守晉故散騎常侍新平廣漢二郡太守封關內侯簪紱揚名臺閣標著風化之美奏課爲能亭亭孤美灼灼橫劭侚高位于身前思垂名于身後遂以罕言不遜應期出輔洋洋之風俯冠來葉巍巍之盛仰繼先賢君乃早孤不私禮制年未弱冠膂力絕于天下妙氣挺于人間騎獵無儔時英式慕縱情好合俗弊不欣鄉曲誣其害民改節播其聲字遂來吳事余厥弟讙然受誨向道朝聞方勵志而淫詩書便好學而尋子史文章綺合藻思羅開吳朝州縣交辟太子洗馬東觀左丞中書右丞五官郎中左右國史靖共夙夜恪居官次遷尚書僕射東觀令太常卿無難督匡熙庶績朝廷謐寧使持節大都督塗中京下諸軍事封章浦亭侯國猶多士君實得賢汪洋廷闕之傍昂藏寮寀之上射獸功猶見顯刺蛟名乃遠揚忠烈道自克修義節情還永布琳瑯杞梓珪璧楝梁君著默語三十篇及風土記并撰吳書于是吳平入晉王渾登建鄴宮釃酒既酣乃謂君曰諸人亡國之餘得無戚乎君對曰漢末分崩三方鼎立魏滅于前吳亡于後亡國之戚豈惟一人渾乃大慚仕晉稍遷總統初入拜諮議郎除討虜護軍新平太守撫和戎狄叛羌歸附雍士美之轉爲廣漢太守郡多滯訟

有經三十年不決者處以平其枉直一朝決遣以母年老罷歸尋除楚內史未之官徵散騎常侍處曰古人辭大不辭小乃先之楚而郡既經喪亂新舊雜居風俗未一處敦以致義又檢屍無主及白骨在野收而葬之然以就徵遠近稱嘆及居近侍多所規諷遷御史中丞正繩直筆凡所糾劾不避寵戚梁王彤違法處深文按之及氐人齊萬年反朝臣惡處強直皆曰處吳之名將子也忠烈果毅庶僚振肅英情天逸遠性霞騫陝北留棠遂有二天之詠荆南渡虎猶標十部之書尋轉散騎常侍輕車將軍迴輪出于新平士女揮淚褰帷望于廣漢雞犬靡喧振茲威略宣其

惠和晉京遥仰部從迎欽是時氐賊作逆有衆七萬屯子梁山朝廷推賢以君才兼文武詔授建威將軍以五千兵奉辭西討忠槩盡節不顧身命乃賦詩曰去去世事已策馬觀西戎藜藿甘粱黍期之克令終言畢而戰自旦及暮斬首萬級絃絶矢盡播系不救左右勸退處按劍怒曰此是吾效節授命之日何以退爲我爲大臣以身徇國不亦可乎韓信背水之軍未遑得愉工輸滎帶之勢早擬連縱莫不梯山架壑襁負來歸戎士扞其封疆農人展其耕織秋風纔起追戰勇于雷霆春水方生揮插同于雲雨立功立事名將名賢者乎元康九年因疾增加奄捐館舍春秋

六十有二天子以大臣之塟師傅之禮親臨殯壙建武元年冬十一月甲子追贈平西將軍封清流亭侯謚曰孝侯禮也賜錢百萬塟地一頃京城地五十畝爲第又賜王家田五頃詔曰處母年高加以逆旅遠人朕每愍念給其醫藥酒米以終天年大興二年歲在己卯正月十日塟義興晉原南瞻荆岳崇峻極之巍峩北睇蛟川瀉滈流之澄徹妻同郡盛氏有四子靖玘札碩並皆至性純孝過禮喪親墳前之樹染淚先枯庭際之禽聞悲乃下遂作銘曰周南著美岐山表靈葉繁漢室枝茂晉庭皎皎夫子奇特播名幼有異行世存風烈早馳聞望晚懊耿節頗尚豪雄昇名

禁闥列爵策勳允歸明哲輝赫大晉封冢多故式揚廟略克清天步海濱既淅江淮並泝漢水作薄條章斯布俗歌撲日人謠何暮忠貞作相追縱絳侯將亭嘉茂遽掩芳猷潛光揚句返旆吳邱舊闕雖入鄉路寘浮縱容制墓終非晝遊春墟以綠清淮自流深沉紊𢡄綵繞朱旒元堂寂寂黃泉悠悠書方易折家揭難留鐫兹幽石萬代千秋　萬士和跋

王韞山輝珠含澤媚夫珠玉猶然而況文獻之至寶乎地靈以人傑得垂山川以文字煥發若羊叔子臨峴山之淚顏魯公磨浯溪之崖二地因以著名此其爲寶豈珠玉可比哉吾邑古義興地峯巒洞壑之奇澗溪巨浸之勝山水聚焉然上下數千年人物寂寥獨周孝侯崛起晉紀有致過從義之大勇有尉父死君之大節蒸由類離羣烈丈夫也至今兒童牧豎皆能誦之稟稟有生氣者矦之死陸平原爲之碑王右軍爲之書平原卓冠一時右軍獨步千載

此其文翰亦豈易得廟中有是可謂三絶其爲陽羨之光不既多乎碑舊置西廡壁間失于愛惜年深筆畫漫滅幾不可辨詹簿少溪吳君覩惻然曰此邑寶也何以至是乃往吳門求得墨刻初本筆跡如新者乞騷客周君天球手摹一過付之良工重勒于石周君以書擅吳下故能纖毫不失古軍意詹簿君復作亭以蔽之期于永遠鳴呼照乘之珠夜光之璧寶矣然欲得之者尚可求也即求得之何關于地方輕重豈若兹文獻之珍何處可求爲地方之光彩哉詹簿可謂知所寶也　邑人王升考周廟有古碑刻云平原内史陸機撰右軍將軍王羲之書元人有疑其㢘者其言曰字畫卑弱文詞鄙陋豈足以揚平西之風烈蓋鄉黨自好者爲此托於兩賢以誑遠耳因以碑之年特較之晉書以糾其謬余以爲疑則誠有可疑顧其譏貶不無太峻詳碑文之意乃碑于墓非碑于廟也蓋塋兆列于廟陰恐碑蝕于雨雪故置之廟中耳若鄉黨自好者不應爲他人立墓碑如日爲廟爲之則宜見建廟置碑之由而略不少及何也且其銘詞云元堂寂寂黃泉悠悠其爲墓碑夫復奚疑余嘗考之晉書通鑑綱目碑之所紀與史牴牾者有六史言齊萬年反詔處隸安西將軍夏侯駿討之而碑但云朝廷推賢以君才兼文武詔授建威將軍以五千

兵奉辭西討而不言有所隸則侯當爲主帥矣其失一也史書梁王彤夏侯駿使處以五千兵擊賊七萬處請後繼不許遽逼遣之六陌之役軍士未食彤促令速進而碑止云自旦至暮斬首萬計而不及彤駿逼促之狀其失二也史言弦絕矢盡救兵不至遂力戰而死時元康七年正月也碑載其戰烈及效節徇國之語與史頗同而後乃云元康九年因疾增加奄捐館舍是踰年而終于廨下其失三也史言大安二年成都王穎殺陸機碑載歸葬勒銘之期乃大興二年是機死十七載後而復爲此文其失四也史言處有三子玘靖札而碑云四子靖玘札碩其多寡不同五也史言處死時年五十六而碑云六十二壽數不齊六也夫碑之作宜詳于史而疎濶謬戾如此亦何以解後人之疑且姓也然余細觀焉其文雖不類內史之作然終是六朝綺麗之餘習其書雖不類右軍手筆然猶婉媚非齊梁隋唐間人不能爲也既而觀侯忠義集後一詩云平原文字右軍書字勁詞雄兩絕無永叔獨稱宏景筆後人不必更疇蹟跋云歐陽永叔集古錄以王羲之書周將軍廟碑爲陶宏景書蓋宏景嘗集右軍書故也因題于石云武呂陳謙識案陳謙不知何爲者蓋元末國初人使其言可信則此碑乃陶氏書也則文亦此時人爲之可知已然

隋梁人也周之子孫方貴盛于晉其碑文豈待許時方就耶意當侯之沒即先有平原之文久而後葢時已東晉乃索右軍書之勒之于石遭世亂兵燹之餘無復存者至梁時其裔孫雖不復振而猶能追思先烈求人補爲之而作文者亦嘗見國史兼其子孫傳聞不眞事蹟年月不能舛又其識不高諱言戰沒而以爲捐館故謂梁碑而仍書晉人姓氏者近似有理抑未葢而求碑文則作者必不預定其年月竊恐侯死即屬機爲文而虛其年月值時擾札與兄子莚等五侯俱爲王敦所殺不克葢者蓋踰二十三年至大興間羲之雖少然書學已爲衛夫人所推則求而書之當無不可書時但補填葢之年月不復計作文之時亦常事也脫有此則建武追贈一段亦後來葢時增入之耳又碑傍刻云唐元和六年歲次辛卯十一月十五日承奉郎守宜興令陳從諫重樹此碑則碑至唐而已毀唐人重摹勒之安知爾時磨滅之餘不無所誤耶其云四子者恐入本侯之幼子或其遺腹生初時不復有聞故史略之追齊梁間三長子苗裔浸微而碩之枝蒂庶或追補前碑之人即碩之後裔故耶不然年壽勳烈容傳聞或誤寧有子孫而不知厥祖兄弟幾人者耶王生曰謂碑爲當時眞蹟耶則機文其軍旅倥傯中爲之乎右軍少年之筆可想也然士衡與子隱相知極深詎應疎濶加是謂爲齊梁間人追爲之者庶幾近之然已重勒于唐人能無少失眞乎今碑已漶不可讀詹簿與君取求工書周天球摹之石較元本不加損毫末然亦僅完唐摹之舊耳雖然微使筆之爲齊梁爲李唐不猶勝于宋元之紛紛者乎嗟乎碑在大興時有無不可知有之不知廢于何時自晉至梁葢幾二百年而始追補爲之至唐元和又三百年而重樹元和至今又幾八百年而再勒然則唐摹其最壽歟夫碑之興廢各有其時而侯之忠義貫萬古如一日不繫碑之存亡然此碑常存則廟祀益虔而見聞者益竦向慕而興起其有裨風教豈曰小哉

君陽遁叟山居記

唐 陸希聲

遁叟以斯世方亂遺榮于朝築室陽羨之南而遁跡焉地當君山之陽東溪之上古謂之湖洑渚遁叟既以名自命又名其山曰頤山溪曰蒙溪將以頤養蒙昧也在易頤之

象艮爲山山下有震震爲雷爲龍頤山之下東走震澤震雷魚龍之所萃毓有頤象焉蒙之象亦艮爲山山下有坎坎爲水爲險頤山之下泉流于險而達于大溪有蒙象焉一曰遁叟觴溪山之神于庭酹而飲頤山曰吾之所以命夫山之爲頤者勗子以養也子其養雲雨以潤物養霧露以生物養風霆以長物養霜雪以肅物養巨材以充棟宇養小材以爲蒸薪養茅菅以爲茨藉養竹箭以爲器用養百果以充口腹養百藥以蠲札瘥養昆蟲使咸樂其生養鳥獸使各遂其性愿無或養妖雲悖雨以傷良稼養苦霧淫露以澤惡植養疾風迅霆以摧槁朽養慘霜虐雪以殺

根芟養擁腫之朴不爲幹植養鈎棘之蘖不中樵爨養蔓
延之藟以困條柯養蝟梗之根以困膏土養弗食之實以
蕃庶生養雜毒之藥以中函氣養蟒虺蜂蝎以護巢窟養
豺狼梟獍以害羣類惟山有神子其飲之無虧爾名而竅
爾貲又酌而飲蒙溪曰吾所以命夫溪之爲蒙者昜子以
決也子其決於堧壖以發其源決於塞埴以通其流決於
畎畝以施其潤決于涸澤以溥其惠決于廣陂使介鱗蕃
育決于巨浸使蚪龍變化隱無或決于險阻以資其悍激
決于林藪以縱其蟄溺決於瀉鹵以奮其施決于池蘌以
尉其利決於甽實使蚓蠁爲菑決于沮洳使鼃黽得志惟

溪有神子其飲之無喪爾名而浮爾實於是酌而自飲之
吾之所以命是山也必將有所養也命是溪也亦將有所
決也吾將養吾志于道而不希于世養吾行于德而不眩
于俗養吾浩然之氣以合自然之英養吾誠明之意以入
淸明之願又將決吾心于仁義使不違決吾志於中正使
不過決吾身于天命使不憂決吾跡于遁世使無悶如此
而已遂與山溪揖讓竭吾歡而罷弁且歌曰山乎溪乎吾
之心乎醒乎醉乎吾與汝忝乎

射虎流杯橋記　宋　余登元

壬戌之歲首夏八日英烈廟周武惠王生辰也里人周涣
以辨香東紙揭虔展𢈪禮畢相過而問曰梁生長義興于
兹有年武惠王始終節義前後封爵及禦災捍患著靈顯
應頗悉其詳惟近故寓有通直莊公夢旂淳祐增修義興
志謂流杯橋在南門外六里舊傳周孝侯射虎之地水流
而西夫橋梁跨磵杯何自流水性東之流河爲逆蓄疑未
悟願切有請予憮然曰凡記風土考實而錄事有攸據直
述其地而論其人武惠王晉義興産也晉俗尚豪放飲輒
席地想杯酒流行之頃賈勇作氣攘臂持滿矢發虎斃山
岳震撼風林助威水烏知其不爲逆流耶如舊圖經敘鄉
之上下餘皮者亦以王伐蛟于溪擘鱗甲此所故表而傳

之橋以流杯得名良以是歟問者會斯言而退予復整襟
默思向葉水心論王少日縱暴一旦感激殺虎斬蛟前死
不郤非地之勁挺不能也義興溪山秀拔故地靈而人傑
橋之名水之流于其地亦于其人耳夫何疑遂述其顛末
以識其歲月

義田記　明　吳寬

自宋范文正公置義田以贍族人蓋五百年于此未聞有
倣而行之者彼力之不足者固不能行其可行者亦不能
行焉竊嘆夫仁心之在人未嘗或忘雖犬馬異類猶念之
况人爲吾同類乎况人爲吾同所出者乎使于其饑寒死

亡略不之恤則其心頑然不仁而忘之久矣是可以爲人乎夫其待乎同所出者如此況望其施于同類之人乎又望其施于異類之犬馬乎然此心人固有之於其饑寒死亡亦有能恤之者特出于耳目之所見聞發于心思之所感觸施于此或不及于彼施於前或不及于後未有置爲贍族之具立爲常行之法期其子孫世守如所爲義田者此則范氏獨能行之其制美而周其惠久而厚其心之仁常存而可衍信乎能放而行之者豈非賢于一世之人哉少師兼太子太師吏部尚書華蓋殿大學士徐公常之宜興人也族舊且大自公之祖父嘗顯于仕而世治田業不

絕公少時登甲科入翰林已受教於其先漁隱府君有意於義田之舉矣及公居內閣位三公而天下爲己任旦夕裁決庶務鞠躬盡瘁以副天子倚任之意無暇顧其家蓋至是祿賜益厚終不欲私以自奉也一日其弟時望自宜興至公曰義田其成矣乃相與議之議成俾其叔子元相尚理其事既又慮他日之或廢也特奏請于朝下其事于郡縣有不如規約者得官法治之所以維持之者甚至元相既謹奉教則復使人來請以文載之惟范氏義田當時有錢公輔爲之紀敘其事有法後世猶相傳誦竟何人而敢與此固辭不獲乃爲强書之夫田養生之具也不可一日而無者也惟其可以養生而爲利也人故爭之雖以成周之世虞芮之君不能免此況後世之薄乎蓋其弊皆起于自私爲國者既不井授于是兼并之俗日成親睦之風日息彼疆此畛校及寸尺苟不奪于人亦已賢矣安望推其所有及于族人不論其親疎不量乎久近自其身以至其子孫槩使其獲濟而無饑寒死亾之憂不尤賢乎夫義之事仁之所寓也仁義之道非夫人不能行也元相在子弟中其才既足以理此其亦謹其收斂均其散給以無負祖父之美意嗣而掌之者皆得其人雖至百世可也義田若干畝其規約有錄此不復著

義莊記

胡憲言

事有涉于彝倫關于風教者必銘鼎彝勒金石以侈其美所以昭示天下後世使知趨向也程子曰萬物本乎天人本乎祖故族屬雖有期功袒免親疎之殺然以祖宗視之則本支百世均爲子孫固無親疎也三代盛時以井地養民以比閭族黨聯民以學校三物之典教民凡羣居類聚者非必有昆弟之親宗族之愛然患難相恤死喪相助喜相慶而戚相憂小而五家之比大而萬二千五百家之鄉其情皆如骨肉之親厚且篤也及乎後世法弛教失雖同宗共出之人乖離渙散而不相合貧也而或參之患難也

而或乘之死喪也而或棄之於是倫理大壞而不可振先王良法美意至是蕩無存矣吾邑謙齋徐先生以殿最發軔仕至三公存心近古深惡世俗不以根本爲重視同姓如路人不相顧恤其先公內翰封君嘗欲倣范希文義田爲睦族法未就而卒遂遵其遺訓置田若干項構屋若干楹於東溪之滸名爲義莊歲儲所入量視族人所乏而周之嫁娶者有助疾病者有資守節者加厚焉尊卑喪葬賻有厚薄之差科貢聽選贐有輕重之別遴選幹局明彊者司其出納之數又闢塾延師教育子姓其師取其行而文其教各隨其材質修譜牒以明其本時燕會以維其心歲

有羸餘增益其產頒列條約品式備具睦族之法可謂得其道矣文正公之盛事不圖復見于今日也愚切以天下之俗固非一人一族之所能變然天下者一人一族之積也居今之世莫不有族使有族之人皆知相親相輔歲時爲酒食以洽其歡胥告戒以匡其失賙恤資助以全其生是雖未行比閭族黨之法而先王之法意實行乎其中矣如是則不遺其親而根本之義明天下幾何而不治乎先生相天下民具爾瞻其睦族之法固不止于一家而將及乎天下也觀其疏其事于朝可以識其意矣夫繼父之志而成其事者孝也彰君之賜而爲義舉者忠也贍給族人而周其惠者仁也一事而三美具在是不可以無傳其他豐功偉烈采之太史固非晚學敢僭及者始記義莊一事以勵俗云

遊善權洞記　王世貞

自湖汊發二十里而宿曰蜀山又發三十里質明抵義興薄城南而西曰西氿亦九里袤也邑城若兩腋浸者又五十里抵善權約以晨往既出市不數武即爲馳道可二里許抵寺道皆夾古松柏蒼鱗駁犖上不見際入寺門百步有穹閣曰圓通下多古碑刻中庭多古松柏殿曰釋迦文殿唐大中初創甚奇偉大柱三有雷火書曰詩米漢謝鈞

記摹佩之可以已瘧僧爲導入别室出茶笋啖之良久導至三生堂觀祝英臺讀書處已復折而東北出寺後曰小水洞上爲飛巖若蓋者大石翼之中有竇若偃月水潺湲自中流來唐李蠙司空言微時讀書見白龍從洞起蠙後貴寺所繇以建也從小水洞復折而東北上山不里許至善權洞洞左峭壁陡起古木紛樛若怒虬其本别坼石而出復爲樹時秋晚徧壑若金燈花綺錯如繡洞門峙巨石呀然而中闢可容萬人乳下垂怪偉殊絕多作蒼赤色色不能如張公洞而敞過之左右石壁峭峻貌若鹽堆米堆及仙人牀丹竈者僧一一指示之上有仙人掌出乳間下

垂若招五指柔黄色白勝玉又有石柱可二丈許大十圍色亦如漁陽玉循柱而左折益勝空洞無際稍竘舊徑出余時困足疾蹣跚前倚巨石呼酒左武乃自立而北下艸樹蔚薇泉聲鏦琤又西南而下可數十步其陰爲水洞上視所遊洞若阿房矣洞深黝行里許不盡奔泉自外來爭先亂石軋軋異響如濺白金沫射人面崖石白而方高下井井若經畫曰仙人田者復列炬進窮至崖盡處其下乃深碧亭亭不可測矣然以意度之當穿小水洞出不然無所受水也始余探上洞時足時硜然又鏗然若鐘下洞空水傳之聲也及余遊下洞乳垂滴若雨上洞傳之膏矣洞

中鬲其上空際天下空不知有地與否真大奇勝哉余聞之都穆先生云身所歷稱洞天福地者大都浮艷勝實即不及善權十一乃何以寥寥焉於乎崑崙天柱當山經首遠弗及祀典峩眉爲崑崙仲震旦第一不得二大室培塿之祀其常耳雖然又寧獨山水已哉

清賦碑記　　失名

始者糧長率一人而二役一役而再歲五年循環中無三年之間故民有朝素封夕如洗者其難難在上等之民邑倏某變而爲甲運甲運者以三百六十人代三十二人之役率十八而一役十年循環中有八年之間徭輕于衆力均于分以故人人稱甲運便法久弊滋富者能掩富以爲貧貧者以不能掩貧而均富寬富急貧不堪命矣此其難難在中下等之民上人以爲難下民不若難上民于是又稱糧長迨秦侯至而維本末慮久遠擇便宜搜蠹弊總宜興萬有千頃而異郡圄莊去十之三係著縣額率有戶而無籍世家巨室去十之二蒙其祖戶率有田而無人齊民以十五而勝全邑之徭奈何能均十五之中上戶詭爲中戶中戶詭爲下戶甚者上戶竟等下戶而下戶更過之以貧民而代富民之役奈何能均總縣之凡貧鄉鼎富不若富鄉之貧者第論區派運是以貧鄉而等富鄉之徭奈何

能均故避運莫巧于圄莊巨室掩富莫甚于詭寄花分均徭莫善于限田於是令民自歸田不罪罪其不歸田而民告訐者不旬月而民如令寄莊者令著籍世家者令著戶其饒者以塡運縉紳學士大夫免各有差有人事而與黠解科貧鄉不應役即甲首但以催科充役有成法矣乃總一邑之籍與其賦年而彙之輕重而等之先後而次之命曰虎頭鼠尾著爲令甲而豪有力者羣起而撓寄莊者曰願貼役侯曰籍不著將惟正之無供何役之貼爲巨室者曰願自運侯曰若自運誰當運者又歲申花詭之禁令民得訐舉代役於是貧富信規避絕徭役均僥倖杜寓糧長

于甲運之中行限田于編年之內行之三年而民不知徭
邑大治

三節坊記　鄒元標

聖人作易曰順性命之理則無之不順可矣乃又曰易逆
數何耶由巽自坎艮而至于坤坎陷也進之而戰則乾矣
陰陽數窮萬形凋落造物幾于滅息又進之而坤以長養
爲義天地生生之意使絪緼於不窮葢造化之數以逆而
極以逆而養以養而順不逆則其含也不宏而其發也不
光且大故逆者順之徵夫造化且不能違況于人乎予于
陽羨三節母有徵焉其一爲銀臺吳公達可母屠氏江西

僉憲吳公正志之祖母也其一爲封御史湯公鍾壽母王
氏御史湯公兆京之祖母也其一爲封御史陳公一經母
邵氏御史陳公于廷之祖母也皎皎氷霜天日爲照勁節
同遺慶奕舄冠纓蟬聯啓後同帝命斯皇璀璨王綸詔旌
同陽羨彈丸地耳一時幽節朋植餘芳紛藹凋草木之色
而閟川瀆之祥如木雖拱璧駢産崑崙之墟亦奇矣粤稽
諸古有形捐而後茂有聞者求與母匹休者未之前聞考
之載籍惟歷聖繫節義可繹思焉節前三爻曰不出戶庭
不出門庭曰不節之嗟悔吝種種三母當日一死酬夫者
後二爻曰安節吉而承上道曰甘節吉而往有尚聚順咸

宜聖人無一　凶辭銀臺侍御今濟濟致身于王家者以之
葢三母在險中如一葦洪波罔知有濟聖人不得不憂其
危厲諸君子在險外如膚日融藹百卉皆春聖人不得不
嘉其盛際曰上九亦出險矣又曰苦節不可貞嘆其道窮
何耶曰此聖人嘉其盛追憶其苦節者言也易道尚變不
窮不變不變不通不通不久三母或斷髮毀形或持刃明
心或頸血濺地窮矣變矣變斯通通斯久自天祐之吉無
不利宜哉三母化逆爲順如荼茹飴以母道而兼父道諸
君子順不忘逆殉國忘家以臣道而光子道非源于節者
不及此觀風化臣當順境中風勵母行爲天下後世芳瞻

不獨徵母儀亦可勵臣節嗟乎吾人參天地光日月惟此
眞心耳是眞心者金石不得比堅松柏不得比固不以色
奪不以聲移不以世味汨三母有耳不知有聲有目不知
有色身若枯株而不知有世味默默獨全性命之精使爲
偉丈夫任道履危其深造建豎不知何似吾儕覩斯坊巍
峩當翼而趨俛而思曰日享百順得毋有叢孽慝者隱伏
其間而困窮拂逆中吾與性命安在有逆而能順順而養
且盛出坎而入于坤則斯坊助流風化良不淺鮮三母弁
髦生趣安有千載一㮣有無何得重輕元標寧以世間語
爲母頌咸諸君子遊命爲紀聊爲發其大致以覺世具有

眞心者諸公名姓及落成日月另立碑陰

明道書院記　鄒元標

明道書院基乃常少玉池史公世業捐而爲都講地始其議者予同年定所俞公暨文石張公任其事者舊令南昌養微喻公顏其堂者中丞臨川周公鹹使會岳桐城方公也年年諸衣冠至止於斯日新月盛史公以碑屬記其將以元標爲逐隊同志久或有隙乎天下之語道者多矣語道曰明千萬人不敢承當蓋世雖有嚮道者如浪子思家未可語到家也有樂道者如芻豢悅味未便語知味也日月有明容光必照倘有纖毫未照亦明之未至也夫子三

千之徒曰至一日之明也月至一月之明也三月不違純矣曰不違曰未達一間此一間隱隱疑情未斷可謂之明乎易之乾曰大明終始六位時成時乘六龍御天御天之學周流六虛無一物爲之隔閡始謂之大明嗟乎明可易言哉世之學人以推測爲知以議論爲功以神識爲家宅日紛紛繆繆于塵情中自以爲已得于道其去明也何啻千里不然吾夫子終日不食終夜不寢諸先儒親師取友果何爲哉其必眞見人生墮地天之與我有不與萬形俱斃周三光萬彙者在不可以識識不可以意取不可以言求故一息尚存不容少懈博學審問愼思明辨篤行皆所以求明也元標老矣非不欲言知其言之無當故聞公命而執筆遲回諸君子登堂其自念明焉未明耶道何爲耶學問思辨力行果一一力踐耶當必反覆思言之不欺矣言者行路雖蹩躠遲回足淺足深語人以道路之險彝何若然明者必不以其未嘗涉足而漫言也或曰道原自明可以頓悟子何言之難耶奚不觀之拭鏡者鏡本自明日在几案則昏時時拂拭明體始復蓋自明者眞性也有不明者溺于習也故曰習以漸除今以頓悟而墮陷阱中者豈少哉或又曰入而親親長長出而交友信與人忠吾身無愧行足矣世之講學者身有逸行學何必講不知不著

不察悉自不講不習中來求友切磋猶不免有逸行況逸居任情自安謂無逸行者是舉世盡生知安行斯人與沮俱入忘其身之波也此吾黨之所閔欲招而之平陸也子程子曰由不明故不行諸君其必有味其言矣公立朝大節歸里與二三切磋此道足見吾道不孤說者曰三吳屬離當文明之地故多明道大儒惜乎喻周兩公不及覩其成也

望來臺記　史孟麟

皇上御極之四十五年劉侯來尹吾宜在位百有餘日卽以太夫人憂去斯時吾宜之民農罷耕而哭士罷業而哭

商賈罷市而哭上而縉紳先生下而黃童白叟無家不然皇皇如嬰兒失慈母之懷嗟乎誰謂斯民直道之獨在三代哉既去而宜之民相與負畚築土庀材鳩工爲之臺臺成而以望來名且告記于余余愚蠢不識忌諱爲之辭曰望來臺者吾宜民爲止庵劉侯而作也傳曰來之斯行言上之所以來下也詩曰庶民子來言下之所以來上也今臺名望來則上之所以來下下之所以來上者具可想見於是矣侯未通籍時余得從遊于講學之庭其議論心術諄諄以致君澤民爲事及來吾宜予私慰曰是劉侯致君澤民之日非與然而甫下車時其蠹宜財之奸猾盡於是

其蠹吾民之豪強盡於是其政令去惰濫而易爲嚴肅者盡于是其教化去儇薄而易爲整齊者盡于是夫子曰期月而已可也不其然乎政化甫行而侯遇內禍惜宜之民者皆曰此宜之不幸也以余論之非宜之不幸而劉侯之不幸也劉侯一片熱腸讀聖賢書欲做聖賢事業民之澤不能流膏之竟君之任不能究職之竟至于吾宜安知繼侯而來者其政令教化之不若侯乎余故曰非宜之不幸而劉侯之不幸也今遇大計侯竟以此得罪惜劉侯者皆曰此侯之不幸也以余論之非侯之不幸而吾宜之不幸也劉侯今日受屈畢竟公論自在人心自在安知異日勲

業之終于此乎異日爵位之終于此乎獨繼侯而撫吾宜者其政令教化亦必不以侯爲諱矣余故曰非侯之不幸而吾宜之不幸也雖然余竊更有憂焉固非侯之不幸亦非直吾宜之不幸倘朝廷勸一劉侯則自公卿大夫以至初命凡天下之爲吏者莫不勤恤民隱如侯矣獨令長也乎哉勸一宜之愛劉侯則自畿甸侯衛以至要荒凡天下之爲民者莫不愛上親長如宜民矣獨一鄉一邑也乎哉如吏盡勤恤民隱民盡愛上親長何治而不三代何世而不唐虞則所禆于朝廷者非淺鮮也余故曰固非侯之不幸亦非直吾宜之不幸也若夫侯之爲侯則可謂無愧乎

其民矣無愧乎其民則可謂無愧乎其君矣無愧乎其君無愧乎其民則既無所愧乎其生平之所學問矣雖古聖賢何以加此侯諱永基止菴其號也會稽其生之地也後世君子登斯臺讀斯碑者有以知吾宜之愛戴劉侯侯之有功德于吾宜如此故爲之記

重修蛟橋記

國朝　周啓㑺

蛟橋跨荆溪上當縣治之前環邑諸橋俯首讓焉葢規模宏偉勢莫與京而爲邑之人黽眺瞻依有異于諸橋焉爾按宜志橋成于孫吳之赤烏二年至晉時有蛟潛其下爲民害周孝侯斬蛟而害息橋以寧嗟乎宜邑縣治地自孫

吳以前遡秦漢而上不知幾歷年所矣未問有橋有蛟焉逮橋成百餘年復有蛟以溜之則橋之深廣浩瀚不問可知已自六朝迄唐五代逮宋而元明八世代更橋如故皇清肇造橋之堅者墮巍者圮豈積漸使然與或鼎建伊始百度惟新而橋亦因時改革耶惟時邑之紳士大夫謀所以新之庀材鳩工不煩官帑不勞民力因其舊而修建焉閱數旬而工告竣因合辭請曰是不可無記余聞之父老云橋昔爲徒杠數毀數建至宋令褚理易之以石基其下如上蓋上下如環云故後人名之曰月橋縣亘而長又謂之曰長橋因孝侯斬蛟則更其名曰蛟橋於是蛟橋之

于宜邑列十景中爲蛟橋夜月誌勝也蓋當風淸月皎之時爲宜邑之人之勝遊也登其巔見南山焉矚西氿焉頫雉堞峥嵘足以驗皇輿之固拱北辰而互維京國焉噫勝矣哉其規模宏偉莫與京矣宜乎羣邑之人憑眺瞻依不忍其凌夷圮壞閱數旬而工遂竣也抑余居此有年嘗見橋之上橋之旁有牽衣而羣赴者矣有浩嘆而悲愁者矣有困頓躑躅不遑側足者矣有啼號跳躍不堪再步者矣有顛蹶體毀厥形呼親知而不聞叫彼蒼而莫憫者矣噫此何爲者也抑亦有以使之而然也自橋成以往永毋復見此形而恒覩勝遊之蹟誠厚幸也噫難言之矣是爲記

善卷張公二洞合記

周啓巂

善卷洞在縣西南五十里即國山炳寺也相傳堯時有善卷隱居此地張公洞在縣西南五十五里風土記云漢張道陵嘗修道于此

荆溪蓋有十景焉若夫挾山靈之變幻入其中輙流連循覽而莫能已者善卷張公爲最二山之勝惟以洞洞之擅勝于二山也景自殊善卷則下水上乾如層樓然張公則山形如甕俯瞰而下形彌幽而後出則夫洞中物色瑰奇怪異之狀玲瓏飛舞之奇杳冥雜沓恍惚不可名象前人記之備矣嘻異哉余嘗臚覽乎荆溪有所謂銅峯龍池者莫不氣象峥嵘呼吸風雨吐納景光若置身天際而與之

行游從未有培塿穴列中而光怪隱現萬有不同憑虛而入意與俱深如善卷張公也嘻異哉或曰是地脈之效靈也荆溪淸淑之氣萃而生人復以其氣之餘者激盪而空其山麓或曰否凡山皆空也或曰山體靜而動機寓焉斯二山者適以靜中之幻異者示人而諸山之動固藏也潛木道人曰嘻此何爲者也世固有童而習之至老而不能明其意者衆也於是因復遊焉不數日而周旋于兩山之洞之勝戀戀如返故鄉客依回往復而不忍去噫此果何爲者也既而嘆曰天下大矣山川瑰異之壤出雲物而聚精靈如二山之爲洞府云者不知其幾千萬矣奚沾沾于

此爲然此二山非有崇高之勢上凌霄漢與銅峯龍池爭勝而時有變遷爲洞如故豈非其有不變者存與奚淸淑之氣偏久留于玆土耶蘇子有云深山大澤龍亡而虎逝吾且見狐狸之晝遊而鰍鱔之羣舞也使非有吾邑張公二仙之靈往來炤回于其際恐塵得而封之浩將起而刼之矣又烏得以靜中幻異示人於千載下也噫天下山水有窮人心無盡若必探仙窟而獲靈根吾恐日事問津而山水高深愈遠也又烏在二山之形勝也

重修東坡書院記　周啓雋

距宜城東南三十里蜀山之陽有東坡書院焉葢後人思東坡先生不忍置建之像而祀焉先生之風與山俱永而與水俱淸矣嘗考先生之買田陽羨自嘉祐二年成進士遇同第蔣之奇接席瓊林遂相訂後謫黃遷汝州遂有乞居常州之請哲宗朝起而出入承明數年嗣復知杭州知定州又謫英州貶儋耳連徙永州後乃依陽羨而退老于常噫先生于陽羨始之終之矣世之君子懷英氣負奇才國士自效一旦出而筮仕不知其恍置身于何等矣豈有過一四海九州之人聯袂接席片言契合遂舉家相訂於山阿水湄卒至顯晦窮達不一其時朝野遠近不一其地展轉紆迴必踐言而後已胡先生之于陽羨始之終之莫

與易耶先生蜀人也生于蜀而不拘乎蜀先生葢天下士也蜀烏得而獨有之聞之父老云蜀山本獨山先生更其名曰蜀先生之居陽羨猶之乎居蜀也其雄才大節浩然不可禦之氣無往而不之也居陽羨而蜀重使更而居夫四海九州蜀未嘗不重也葢先生筮仕時已洞知夫天下事矣度其身又度其時安有如吾蘇子之人而能久居廟朝不爲東西南北人耶遇陽羨則莫如陽羨之爲得也使瓊林坐宴或別有所遇如陽羨其人先生未必不以陽羨之訂訂之陽羨之居居之也葢嘗論之東坡赤壁非不樂也而非其志殊崖儋耳非不安也而非其宜金馬石渠非不欲也而非其處惟陽羨之居先生欲之志所存也而安而樂焉固其處也宜也安見百世而下先生之靈不憑依往往於其間也時康熙戊申院道人新其宇而恢大焉余低徊憑弔而爲之記云

龍池山志　任元祥

龍池山在縣西南七十里山高五里南巖曰白雲巖壁立數百仞一望皆石其石皆白取徑峯腰僅可置足最窄處則架閣以度名曰憑虚從之西轉而南望震澤波濤悉在足下當昧晦時見日所從出世人以爲大觀稍西有巖曰伏虎巖宋禪師一元初入山夜至此瞑目而坐侵晨見一

白虎黑紋伏于前甚馴擾遂卓錫巖西則不可得徑矣循
悉虛閣還傍有房三楹俗稱上庵中塑大士西一楹爲靜
室非絶烟火斷滋味苦修真鍊者不能居也出靜室而西
繞峯而上不數十武登其頂石築一基高二尺餘四圍幾
無隙地此溧陽史少卿際所築欲亭其上而功不竟也直
亭基而下五尺許有一池圓可二丈歲旱不竭道人遊客
悉取給焉蜥蜴出沒其中人或捕之下山中途輒亡去旱
而講之以禱未有不驗循舊徑而下有分賓亭亭之南雖
暑而涼亭之北雖冬特温咫尺間涼燠頓異下此數武則
爲中庵平坦可四十畝左右有二池亦多蜥蜴右池時竭

說者以爲人所繫也上池與左池皆爲龍池山之所由得
名也舊有庵久廢曲折而下三里以美是爲下庵即禹門
禪院明萬歷間庵乖廢正傳禪師與唐太常鶴徵協力新
之山之北麓有陳公祠詳後

遊南山記　　周季琬

乙酉春多風雨積寒未退花事稍遲一日新霽遂邀勝友
三四載旨酒挾洞簫權繇西溪波光接天而南山横亘其
前晴暉浮白不能久視左右岸容一洗寒色其時梅已白
頭柳方青眼酒帘竹舍隱現其間知春光正不減于昔也
艤舟簡杜杖策登山數問名園無不歷覽乃憩於吴氏之

山樓下因石爲池流水潺潺晝夜不息爽足傲俗耳笙簧
也其左則石路幽折苔色皆古或亭或閣因山之性而上
下焉其右則叢花一徑假藤爲橋天香馥馥染人衣裾故
當明月靜涵萬籟俱徹野烟未消泉聲愈急宜其晚也瀼
露綴珠星稀漢没嬌鳥向晨碎語不歇宜其朝也余徘徊
數過復牽蘿登巖巖半有蝸閣上逼層霄下臨千仞俯矚
琳瑯萬竿悉出履底亦云曠矣從右歷級直躋其巔萬態
陳前一覽皆悉峰無重數四面環碧以視嘯閣所收又覺
大别古人謂一水一石亦可會心而況置身于高山大水
間乎因留連而不忍去

永定海棠記　　史夏隆

自古名花必見賞于名人從所好也海棠爲花中名品以
其有色無香昔人目爲花中神仙王弇州花疏云海棠出
自蜀就中西府爲佳貼梗垂絲原非本裔皆吴下園丁借
稱而西府以紫錦重辦者尤佳吾地不多得東坡乞居陽
羨移其花至而天遠堂主人邵民瞻與之遊因傳其種而
宜邑始有西府海棠永定傳爲佳話因思兩間寥廓類兹
數名人點綴生色不至與草木同腐而草木亦吐發英華
以相焜耀昔杜工部在西川以不題詩而見稱東坡入荆
溪以得移嘉種而益著凡物之名者將無往而不彰其實

而况於人乎

楓隱禪林碑記　國朝　吳貞度

楓隱禪林者余叔孝廉楓隱公之別墅也以余叔故顏以其號始則買山之巢父終爲捨宅之王珣泉石林巒實甲江左以順治七年十月布施龍池萬如和尚將以剪伐愛根消除我相出俗入禪改園爲寺賢者寄託何多議焉搆造未加萬公西去池臺已矣殿閣云何粵有弟子梅山首罄盂貲以倡善信緇白鱗集珍財泉湧自順治十五年入院之後鳩工庀材首建大雄于祝雄峯之西麓次禪堂次祖堂次山門丈室次第咸建余亦撤山阿別墅以助輪奐

數載之內蔚然叢席于是以法筵爲凡榻以雲水爲賓朋以清淨爲登臨以梵唄爲觴咏以鐘鼓爲絲竹以偈說爲清談以薰修爲隱居以證悟爲閑適賢哉楓隱雖逝猶存千刼因緣允在茲地用告來世爰勒斯銘銘曰

東岳之東峯曰祝融羣峯是雄枕峯而原繚以荔垣給孤之園有林有泉亭亭連綿楓隱在焉觴詠嘯歌爲樂幾何彈指刹那毘嵐業風吹作太空歸我萬公公曰善哉楓隱法開梅山當來寶地煒煌中現法王白毫相光堂峙殿陛室俯殿岑鼉鼓發音以震羣聾覺于無窮斯銘之功

遊楓隱寺記　陳惟岱

出城南十餘里入山夾路皆松濤竹翳又聞澗響潺潺不絕山愈深徑愈曲依山而轉梅花雜發每當春日邑之人莫不挈酒攜榼過而訪之葢數十年于茲矣丁未歲余同儲子友三曹子南耕仲兄半雪探梅山中憇楓隱寺飯訖於僧舍而歸寺爲孝廉吳公園址孝廉余姑丈也自號楓隱居士故名其園亦曰楓隱園孝廉沒而捨爲寺猶言楓隱者物不忘其初也先是孝廉在日於春花秋月夏雲冬雪之時常攜賓從過作數日歡憶余爲童子時孝廉挈余至坐方屋中旋登函經閣陟山崖之亭觀澗水衝激處名曰瀑布者又澗內所生蓴菜孝廉常取以啖余嗚呼何其

盛耶及孝廉沒子亦間歲一往然一過焉而臺之圮者有矣池之淤者有矣再過焉而方屋之精函經閣之勝不可復問矣蓴菜之味更不可得而嘗矣嗚呼又何其盛之倏改耶余少時所見既不可復得今乃再過此地已二十年矣自傷齒日益長卒無所成而孝廉之家勢亦中落而不復振嗚呼豈不重可慨耶夫孝廉亦欲以其園傳之世世使其子若孫有之不異其身有之也何意不數年後高峯曲磵竟爲梵宇有哉然園不屬之孝廉寺猶屬之孝廉又安見楓隱之寺而非楓隱之園也與同遊者詩以感之

在陸草堂記　儲方慶

衛風考槃之詩曰考槃在陸朱子釋之曰高平曰陸以予所見吾邑之東南有陸焉其地置進塚五晋平西將軍周處之墓也後人鑿池於塚之東若山夾水然而塚有高下其迴曲之狀有類於阿西則坡陀而下勢稍平矣考槃首章曰考槃在澗二章曰考槃在阿三章曰考槃在陸澗之旁有阿阿之上有陸陸與澗與阿相映帶故碩人樂山水之趣以盤桓于陸而不忍去今周侯之墓側有澗有阿又有陸宜其爲隱君子所居而吾叔同人之所以擇地而搆數椽焉而名之曰在陸草堂也噫吾叔非隱者也以吾叔之才何遽不富貴命名而違其實君子不取也自吾叔少

時襲曾王父餘業可謂朱門貴胄矣乃早自刻厲讀書通古今冀旦夕登金門上玉堂也今雖强仕之年而屢舉不第見抑于有司先人敝廬無復有存焉者故其憂愁抑鬱之氣托之乎山林隱遯以自鳴所志考槃在陸之詩彼蓋有所取爾也或曰居于此者衆矣皆是陸也獨私之而獨有之可乎亦猶子厚之愚溪云爾或曰是固俞氏之棄地俞氏置之糞土中而今且闢而堂之倘所謂地以人彰乎要之此二說者皆可書故并書以附于在陸之記云

卓錫泉記　陳玉璂

宜興南岳山有泉名卓錫據釋氏云昔有伏虎禪師者至此山結茅爲庵視其旁址石罅而土穴以杖導之泉渫然出飲之而甘於之其徒爲亭三楹于泉之上因以卓錫名泉而書于亭亭旁大樹一株懸崖生圍十數抱根盤曲石壁怒突夭矯不可以狀相傳禪師導泉後以杖劄土中生枝葉他枝葉無似者不名何樹因亦稱卓錫樹云亭勢因山高下似欹似缺若坪若穴無牖櫨戶檻之設石之突然錯者四五環以短垣俾游者可坐而休若人之置之然南山故產茶處與洞山連絡洞山有峽名岕產尤佳今所名岕茶是也二山茶又並稱陽羡歲歲貢于朝南山既得泉凡洞山人每產茶日輒携就泉烹之與南山種茶人相所

勝泉深尺許圍四之淸洌如鏡俯見石齒斷斷然其上嘉木美箭婆娑偃仰早暮不知日出没時與雲氣相盪摩縈青繚白異態百出忽有聲從嶺起仰視松鼠十百羣落樹下驚竄觸人衣履釋氏又云伏虎禪師導泉後即有物在泉間時隱時見識者以爲龍種也名蜥蜴歲旱守者峩冠朱衣肅拜于亭具道所以乞雨狀而所爲蜥蜴者洋洋灑灑昂頭掉尾出于泉間因命取而盛之器祀之於壇雨遂集至今爲伏虎徒者皆誇其師功戊申十月予與友遊南山至斯亭尤徘徊他日產茶時予雖道遠必當更至酌泉而烹之

畫山樓記　　儲大文

予家世撤珠巷東宅有級樓二而四級樓尤負先曾祖太學公才思穎逸多蓄古琴削畫法書名畫又蓄女樂二部雅類唐李學士翰文思少涸輒奏鼓吹以助之時華亭董文敏公無錫高忠憲公歲至予邑輒登樓徘徊四眺訖乃出郭宿予家大礀園歎爲山水奇絶處先曾祖嗜吟工儷語嘗賦樓聯句曰溪頭雲影催詩雨屋角晴巒補畫山蓋樓據邑最高界盡得左右溪山之勝而稜角折旋胥有生態文敏公謂能摹難言之景引筆作行草書自喜與書茂苑池上篇埒一時騷雅士多傳錄之後大礀園先廢宅亦

售他主文敏書遂以放失而四級樓亦旋毀樓旁額曰倚雲日挹靄亦移署旁小宅先曾祖亟閱覸置而不少芥蔕歲九十陳檢討其年先生譔啓曰姬人入道半已黃絁鄰叟談禪相逢白首錢塘徐淸獻公序曰寵辱不驚盛德若愚一時胥以爲實錄康熙丁酉予繇廟巷之東徙南門街堂後有小樓西闢咫牖望南山祖得陰晴槩晻靄萬子星鍾輒書先曾祖聯句于壁而兒誦渠漫名樓畫山越數載海內胥知有畫山樓又以予雅無號時時强號隸予而宣州高士沈君至寫之圖畫三湖詩人張君又刊諸文石以貽叕記樓緣起使知上古有字無號前後宋人誕習殊不足法而予當勗悴黏耗之餘尤大懼無以昭宣祖德也已酉十二月十有七日書

增修宜興縣舊志卷之十

藝文志 題跋

題平西將軍廟贊　　南唐　劉　勲

建隆四年冬勲叨承朝命出宰義興將欲離京洎告辭東海舍人爰以新撰平西將軍廟贊託令刻置仰舍人雄文暴將軍英烈所恨力寡不能獨成其事爰輟俸錢得義營三五將首及縣鎮典押等共建造碑亭子一間自置石請字缺二西正字書文命工刊勒俄爾亭宇云畢貞珉乃立且將軍沒身千載之後翠炎復搆舍人之詞華何以補將軍移孝于君有死無二殉國亡身之命望也斯亭濤溪遍

檻嘉樹環簷山景湖光煥然悅目勲非才非藝固難以盡紀其因由但值書建豎年代而已時皇唐御宇丙寅歲壬戌月甲申日 荆溪外紀

入荆溪題 按此所謂種橘帖也周益公跋謂元豐七年十月二日寫此帖　　宋　蘇　軾

吾來陽羨船入荆溪意思豁然如恰平生之欲逝將歸老殆是前緣王逸少云我卒當以樂死殆非虛言吾性好種植能手自接果木尤好栽橘陽羨在洞庭上柑橘栽至易得當買一小園種柑橘三百本屈原作頌吾園若成當作一亭名之曰楚頌

跋東坡乞常州居住奏狀　　謝采伯

東坡乞常州居住奏狀不知何緣流落人間公之名節文章豈待贊嘆今觀其詞翰藹然不可追跡豈以窮達得喪動其心者哉文集中亦有此一奏藥其辭加詳意者以此狀爲簡略不足以動君父之聽故改用加詳者不然卽先上此奏未能從欲而再用文集所載者俱未可知也當時王音竟俞其請天地之大德君父之大義盡矣後之閱斯文者想咧以爲不祥之金不復留字僕生也晚不揆固陋輒疥卷末云

提兵過金沙寺書壁　　岳　飛

予駐大兵荆溪沿幹王事陪僚寮謁金仙徘徊少憩遂擁鐵騎千餘長驅而逝異日復三關迎二聖使我宋中興得勒金石重過此豈不快哉

跋國山碑　　趙明誠

右吳禪國山碑其前敘孫皓卽位以後郡國祥瑞凡千餘言其後云乃以涒灘之歲欽若昊天月正革元郊天祭地紀號天璽又云丞相允太尉璆大司空朝等以爲今衆瑞畢至四表納貢九域八埏罔不被澤率按典謨宜先行禪禮紀勒天命遂于吳興國山之陰告祭刻石以對揚乾命廣報坤德按皓以丙申歲改元天璽碑言涒灘之歲是也

皓滔虐無道神人憤疾而羣臣方稱述符瑞贊頌功德蓋刻石後四年遂爲晉所俘矣

周將軍像跋　洪僩

晉周孝侯殺身以成仁數百載而下遐想其遺風餘烈使人起敬起慕況復望其儼然之容乎僞唐集賢學士徐鍇有公畫像贊今贊存而像不傳觀者太息茲因葺祠宇且訪得舊像命工刻之琬壁使來者瞻公之容而思其有異于人者庶知所激勵云嘉定十七年三月二十七日甲子承奉郎知常州宜興縣丞鄱陽洪僩識

跋楚頌帖　元趙孟頫

東坡公欲買園種橘于荆溪之上然志竟不遂豈造物者尚有所靳耶而楚頌一帖傳之後世爲不朽則又非造物者所能靳也

題金節婦傳後　倪瓚

王蠋有言曰忠臣不事二君烈女不更二夫讀之未嘗不太息流涕也不有亡國何以見世臣之忠義不有危難何以見婦女之能守節天下兵戈擾攘奔走逃難無虛日其能盡節死義往往于婦女輩見之姚氏婦尤卓然著明者也嗚呼婦女于讀書爲學師友漸磨之道蓋未嘗講而習也而天性篤善悅義慷慨乃如此爲人臣子素講而習之未見有一人奮然自蹈于忠義之塗以表見于天下是殆不可曉也豈余聞見之不廣不能知之耶故不能不太息而流涕也

跋周平西畫像　明危山

宜興周平西公所遺畫像見存石刻樹于祠廟上有宋嘉定間縣丞洪君僩跋語曰僞唐集賢學士徐鍇有公畫像贊今贊存而像不傳因葺祠宇訪得舊像命工刻之珉石然則洪君既刻其像必不遺其贊也今像雖存而贊無考此予所以不能無憾焉因編文集而繪其像於首使四方觀者有以知公之容儀而與夫景慕之心矣尚望博學君

子倘有得其贊者爲能增入集中庶其全美也

跋蘇東坡手書　徐溥

吾鄉山水佳勝昔蘇文忠公愛而居之故其名益著公之居此其事特見于文集與郡志中至訪其手迹僅有所題斬蛟橋八字而已若此種橘一帖乃長洲李應禎摶以示予者竊喜此爲陽羡故事也遂用摹刻于石臨視惟謹不敢失眞既又得公乞居常州奏狀及予家舊藏一小簡言買田事者復次第刻之而周益公謝來伯跋語各附其後蓋其考據歲月皆精當可覽若元人一二題咏亦不忍棄焉刻完歸置洑溪書屋所以起鄉人子弟景仰先賢之意

豈徒玩其筆畫之妙而已哉

跋吳中水利書　　單鍔

水利一書宋進士宜興單鍔所著元祐間蘇文忠公知杭州事聞其有水學召問乃以書并圖上獻書云鍔存心水利凡三十年謂有水學信然文忠以其策可用錄上上不果行皇明來吳中水患滋甚每遣官督治工曹姚主政預爲板行是書未及盡錄宏治壬子科南省策問及此士子不能條答旻近閱家乘及縣志始祖諱錫與文忠爲同榜進士又妻其甥女自眉山同徙居宜興因占籍鍔乃錫之弟旻忝爲雲孫之輩因鋟全書貯之家塾後有董水利者

效規圖圓較塲屋者强學待問未必無小補云

跋文肅公摘稿　　吳達可

達可自束髮時稔聞伯祖翁立朝大節云先朝正德間逆瑾用事竊弄威福公卿而下側目視莫敢抵牾伯祖毅然秉正以文諷之典試中瑾心啣之竟以飛語中翁禍幾叵測國史載爲美談余時心羨之而未讀其文也丁丑歲可偕從兄夢熊同舉南宮熊兄嘗語可以顯祖先年匪獨大節凛然撰著多可述者兄不幸即世士遇兄出摘稿示余余呈之文恭萬師師于當代名公制作慎許可獨稱翁爲文根理道耻雕琢一洗文字家鉤棘之習且謂先尚書精神所在不可無傳也遇兄輩遂付之剞劂而文恭先師暨孚齋王先生各序贊焉謂可不可無言余聞伯祖翁館選後將授職時同邑徐文靖公執政擬翁才當晉秩詞林翁意弛然謂生平每喜居御史職展布蘊略豈以御史爲國家肅紀飭法之臣便於行志耶越三世而可以從孫厠名臺班庶幾可繼翁志矣然翁忤逆瑾抗疏武廟侃侃直節且不以非諫職而少挫其忠義之氣可忝悳文居言責入則無能效糾繩以匡君德出則無能賫彈壓以濟時艱仰視前人刑範不有餘愧哉可不文何能揚美伯祖之文聊述先志以寄感慨云爾

跋盧進士傳　　國朝　徐喈鳳

嗟乎歷代革命時人之慕義捐生不得附青史以傳者可勝道哉吾觀盧進士劝哲先生傳敬之而更惜之焉先生少讀書慷慨有大志伯兄忠烈公已深器之當其間國變激烈辭母破家募士志圖恢復濟不濟以一死自矢其忘身報國之心豈異于忠烈公乎第忠烈公握重兵樹偉績戰死鉅鹿名震朝野史策傳之已久劝哲先生與義師死國難骸沉于水未有毳所同里士人且有不盡知其事者況遠方之野乘隔代之國史誰爲載其事而得之乎余故曰敬之而更惜之也雖然從來忠孝節義悉出于天地正

氣天地必不忍棄置淹没况今天子特選博學宏才纂修明史布檄搜軼事幸有此傳在則匆哲先生得附青史以傳未可知也若陳坦公者慕義來歸竟以身殉猶張睢陽之有南八也可不謂烈丈夫乎作史者亦宜不没其名

增修宜興縣舊志卷之十

藝文志　賦

長溪賦（卽畫溪賦不全存其逸句）　宋　謝靈運

潭結綠而澄清瀨揚白而載華飛急聲之瑟汩散輕文之漣羅始鏡底以如玉終積岸以成沙

震澤賦　元　朱伯顔

客有鄒陽生號遨遊公子倜儻玫瑰超奇拔偉衣白雲之翩翩拔危冠之韡韡神恍恍以欲逸風飄飄而凝佇於是上會稽探禹穴訪遺踪超洞壑軺車前驅輜重紛錯王子進之以笙鶴江令贈之以芍藥適乃揚颿錢塘鼓枻中吳

將欲窮覽山川壯遊江湖造荆溪主人而驩然從子主人曰子號歷覽亦嘗聞澤藪之大有三萬六千頃者乎生曰未也可得而聞歟主人曰唯唯夏曰震澤周曰具區下屬三江實爲五湖右接天目宣嶺出溪之源左通松婁中江入海之迦衆流之委羣利之儲若溪出其南溧水經其西五瀉滂其東垂虹界其隈流甘泉之清液隱雪灘於北隈洞庭中起林屋天開淜彭蠡吞雲夢駕雷夏軼孟潴杳不知其幾千里之爲遠疇能計之三萬頃而有餘其澤則汪瀁（音洋）滈（音浩）汗泡湧㵐澥瀰漫涬溟滇浲沄沄流颸吹波結絡龍鱗日光玉潔澄泓氤氳清瀾凝漪錦花成文浪濤噴

濆澎湃浤（音宏）鄰出雷騰虹蒸雨生雲呼吸陰陽吞吐乾坤
如潮汐之不測或早暮而異觀飛揚蕩薄迅復（防射切）汨淪
千態萬狀不可殫論其藪則碧沙曼衍黃石碱砆莎薛蒹
葭白頻（蘋也）青蒲芀芹蘊藻荾菰荻蘆莧菁壯若茳（音江）離蘪
蕪芡實雞頭草長龍須（音鬚）芰荷翠沃蓮藕芬尃（音敷）衆物居
之何可勝圖其土埂則塗泥微露埤濕就乾葳蕤蔗藷萑
芷蘅蘭菖蒲馬荔荃蓀射干汚楊絮白水柳葉丹蘋蓼旱
綠楡楓蘇殷朱橘火齊黃甘金丸連枝並秀駢集乎其間
爾乃周流楩槩溥覽闗斑兩兩相峙鬱乎崇山其山則層
巒崑崙疊嶂嶙峋岑嶔參差如陵如墳崔嵬猗崒陂陁斜

宜興縣舊志　卷十　賦　卅七

紛上拔仞岡下臨涓濆控地軸以磅礴逶水曲而折旋馬
跡屹立以嶷嶷翠舉峨拔以盤桓憂浮雲之流景俯蛟龍
之深淵空谷谽谺以無底磴道宛蜒而相連其中乃有奉
真之祠供佛之堂琳宮道觀梵宇禪房烟雲繚繞金碧焜
煌黃冠緇衣往來而倘佯談元讚空學幻言嚨或高堂以
演法或擊鮮而稱觴駕白魚之飛艎泝重淅之流光水產
則粘蠔旋螺土蛤石花鯧鱧鯽鯉鯿鱮鰷魦縮項之鯿頳
尾之魴細鱗之鱸紫甲之蝦稻蟹盈尺巨黿專車長蛟潛
鰻（同）鯨穹龜靈鼉周遊涵泳其樂無涯羽禽則晨鴇莊雞鶺
鴒鳧鷺交兼鴇（音保）鴝鵒鸂鶒鴰鵁鴚鴻來賓陽鳥攸居駕鵞

遠舉鷗鷺忘機王雎並鶩屬玉交飛振翮刷羽以敖（音遨）
嬉來如雲集去如烟晞若乃絕岸之濆漸水之石或伏或
倚或臥或立或方如珪或圓如璧或矗如峯巒或平若几
席或滑若肪或廉若劍戟或赬而赤或蒼而碧或縞如
玉或黝如漆爲中流之底柱若逆河之碣石怪怪奇奇熒
熒爍爍斯又天造之神工而出乎茲水之蕩潏也思昔夫
差競伯圖勳麇戰于此勝負未分旌旗蔽空舴艋如雲始
魚鼇以爲樂終麋鹿而成羣乃若歸釣之徒著書之士去
國鴟夷泛舟西子亦復渺渺滄波茫茫白水主人之辭未
終鄒陽生肅乎改容而嘆曰甚矣世道遞下而人心之不

宜興縣舊志　卷十　賦　卅八

古也吾子好學頗識典策不逃職方之經邦而盛稱茲澤
之庶殖不思禹蹟之胼胝而徒嘆英賢于戰國皆非所以
極遊覽之願望而擴夫五性之至德也遐思往古擊節太
息請誦主人所聞而陳于所得嗚呼噫嘻浩蕩之方割懷
襄之未平九域混而莫辨百瀆壅而不行支祁崛強于淮
甸天吳披揭于海濱將惟茲水震蕩靡寧滓滓洶洶硂硂
轟轟疑撼天而動地猶駕雷而鞭霆類不周觸而天柱折
若巨鼇抃而淵島傾斯震之澤所以錫名也迨夫九載既
南庶土交正波神受職川后受令應龍畫地以劾功庚辰
持戟而制命導吳淞以安流別淮海而表境于時澤安其

所水順其性嗚者自停動者自靜斯震之澤所以底定也千載而下美哉禹功昏墊之害既遠灌輸之利無窮故漁人舟子之出入豪商薄宦之經從擊檝鼓淚引帆隨風莫不連檣接軸往來乎其中斯又具區之藪以萬民惟正之供也方今海宇清明朝廷靜謐內宣民化外修貢職農安其畊女效其織工業其習商估其直士守遺經民食餘力風不揚波水不濫佚方鎮以寧土地墾辟音闢開禹之疆廣禹之蹟是以九州之外咸仰聖育沾濡乎仁義涵泳乎道德浹洽恩波沐浴膏澤漸磨浸潤流衍洋溢天無亢燥之災人樂沃土之俗試言其故則辟雍湯湯音傷聖化行矣靈

沼洋洋聖澤汪矣御溝溶溶生意茫矣溥德川流達要荒矣下視一隅寧不溢杯水於坳堂矣主人於是鏘乎樂闓憮然自失仰神功之長存恍餘子其何益相與鼓枻乎滄浪曾不帶芥於胸臆乃起為歌詩以誦德詩曰於赫禹功配天比隆生我遺氓宅我土中原隰畇畇江漢為東萬世永賴惟禹功是崇於皇禹德立我民極手胼足胝救焚拯溺鑿井而飲耕田而食靡謝天功焉知帝力於昭太上示民以應眷佑我皇與民立命開禹疆土繼禹作聖其混合四大惟民之正於穆聖王上帝不常敬哉有土亹亹弗敢康五岳四瀆七澤九罔罔不修其職來享來王受天之祜於萬斯年眊我有土有土有民有子有孫有引勿替以頌茲文

荆溪賦

明　李東陽

宜興荆溪之勝予聞諸徐文靖公舊矣吳禮部克溫世居其上為余道之尤詳請賦焉余乃作賦曰有溪來自西南兮勢奔騰而蜿蜒界句服以為中江兮稱義興之名川上源出于蕪湖兮下通流于震澤乃雲雨之是興兮亦蛟龍之攸宅歷松江以入海兮渺不知其所極棹蘭舟而遐騖兮與羣山而逶迤畫屏爛其前陳兮錦帳紛其後隨樓閣倒景于空青兮沙石分明而陸離彼魚與鳥其何心兮亦

水泳而雲飛惟夫君之好修兮稟坤輿之清淑鍾世澤于名門兮蔭嘉林于喬木泓一鑑以為池兮結重茅以為屋朝孼秀於山巔兮蓐搴芳乎水曲抱經濟以用世兮出觀光於兩都躡瀛海之高蹤兮覽長江之壯圖嘆墨突之不得黔兮念陶園之將蕪列魁象于三台兮寄高情于五湖子養痾于林泉兮每探奇而索輿考茲地于山經兮恨不高飛而遠到重文靖之盟言兮亦惟斯人之為好慕楚頌之遺風兮剡蜀山之惟肖孰使溪之名荆兮復洞庭之是號豈不懷乎三湘兮莽風濤之浩浩楚人聚而咻之兮功垂成而不告歲忽忽其屢更兮意惘惘而莫宣時寒往而

澹水兮宛茲溪之在前吾將探石髓于神山兮尋勝景於桃源佇飛舄于王喬兮遡歸槎于張騫雲幢霧節不可以久駐兮怳若送乎登仙荆溪主人問而歌曰予之溪兮故鄉予之莊兮此堂抱予褰兮水旁汧兮練兮中央進則用兮退有藏參吾道兮相與翱翔招美人兮不來渺予懷兮天一方予亦從而和曰荆之溪兮孰使爲清荆之山兮孰使爲靈人與地而俱佳兮文與獻而俱徵彼信美而非吾土兮悵無樓之可登感妙思于吳歌兮託騷辭于楚聲

荆溪賦有序　國朝　徐喈鳳

溪以荆名者從荆南山而名之也荆南山水北入溪流上自汧洑下至畫溪皆當以荆溪統之邑乘僅指

長橋所跨爲荆溪誤矣且云西溪名西氿東溪名東氿共水盡皆三九二十七里故以氿名之尤誤之誤者夫泉側出曰氿西東二溪泉皆側出故曰西氿東氿何竟誤名之誤解之而後之人莫之辨乎倪雲林荆溪圖序述東坡之言曰一入荆溪便覺意思豁然則荆溪非僅長橋之水可知矣從來名人題咏皆兼兩氿而言李西涯一賦尤爲明證第西涯之賦甞爲家文靖吳文肅兩先生而作未盡荆溪之勝徐子林居日久頻遊于溪溪之助我樂也多矣不揣愚陋放舟兩氿而賦之

繄茲溪之上流實發源乎宜歙雖五堰之分波仍中滙乎金溧幾漫湊而東趨獨瀸瀰乎宜邑方漾潩而奔溜亦漫滀而潔清旣泙湀而氾洩復洸洌而減爭雖汯汩而淢漫又涀深而泓渟乃窈窕而潬滗何浩淼而湆滇勢滮潩而洞澋又涀瀿而涒粼加以荆南萬壑側瀉淵泉東西二氿斯號名川滮滮泝泝汩汩涓涓澗曲行而縈紆帶瀑飛注而騰白烟觸石則珠噴而玉激遇風則鯨蹴而螺旋爾乃百頃汪洋千尋涵育逝而不息摇之弗濁或抵梁而澎湃或激岸而洄潡或閃光于夕曛或煥彩于朝旭或晴霞映而散綺或明蟾照而沉玉狂飈起而銀瀧捲淡烟凝而牙檣矗崩濤瀨蕩而瀫淼澄潭泓靜而澂瀟浦漱潊澈而澴澐湣溴隱輿而溢湨離瀬瀯湔而淙潨湍瀾潰潰而瀲灧于是花圃吸潤禾畝茹滋漉湆汧洩遷滇淋漓園林引之而幽秀臺閣臨之而瑰奇東坡買田貲以灌溉樊川結樹于焉棲遲彦昇垂綸于梁代雲林泛棹于元時名人之遊

者接踵上客之寓者傳詩津液潛通於洞泬支流散給于溝池旱則集源泉而萬井霑足澇則瀉震澤而百瀆淌澌風土藉之而饒孝侯之一記可信景物因之而麗遯叟之諸咏堪思若夫千峯浴翠萬樹浮青晴巒倒影陰壑弄聲怪石突踞于淺渚危巖飛墜于長汀松桂倚流而色潤藤蘿蘸水而香清拒浪拍压而若怒徵波繞麓而有情山控雙溪而幽邃谿帶萬山而爽明況復一城中鎮萬户夾迎佛宫挹秀仙院貯靈粉堞結隅以隱映朱樓豁窾以高瞠淺遥峰而古埨峙穿縣址而長橋横直洲尾而綺閣聳當岸曲而精舍平閒閣撲地而朝夕飲商估揚帆而曉夜行

魚舟欸乃轍入滄浪之浦 遊舫沿洄醉尋蝦虎之城此誠江左之名勝不愧塵界之蓬瀛是以地萃精英人含清淑賢豪代生後先相續歷溯遠朝許氏敦乎人倫蔣門盛乎天祿周侯數世之忠陳族一門之睦略稽近代方略久推士通經術羣宗頡叔相業首稱文靖官評亦褒文肅理學則唐棣周衡繼起者更勝才華則喻凫蔣燦後來者尤多勲業與氣節而俱茂德行與文學而同科處士逸人名非易述貞儒烈婦美不勝歌此皆靈溪之應瑞艮由秀壑之鍾和以至鱗蟲游泳介族行藏鯿白入罟而躍玉鯽鱸吞餌而懸璜神鯉占風而鼓浪老蛟噓沫而蟠潢鰍鰱鮎鯶

青黑鰻鱔龜黿蝦蟹鼈穴鼂梁細鱗小甲雜沓難詳鳩鵲巢陸而游水鷺鷥立渚而蹲塘蒹葭深而翔鸛鶴浦漵淺而浴鴛鴦烟護凫鷖而成陣波涵鴻鴈而分行鷓鴣鸂鶒素鶴黃鵠閒鷗呷藻戴勝降桑纖翎微羽飛宿無方且也樹木蓊翳花草繁茂蔚椐棟于隄邊雜槐榆于堰右連檉柳於平沙映楸桐於曲岫蝕苔蘚於盤根靄雺霖於亘晝既干雲而蔽霄亦號颸而宿颱鬱鬱枖枖厥名難究荇藻串漵而牽風茭蒲簇波而東溜荃芷馥郁以流香蘼蘭容與而呈秀菰蓴解滑而調羹芰蓮甘美而充豆奇葩巧艷而誰剪異卉菁葱而孰繡 裊裊芊芊疏翹密覆尒也宜念

久淌塵情屢滌對浩瀚而忘愁俯淪漪而開臆仿智者之無憂希君子之自得時而春也溪頭物麗渡口風和乃棹扁舟凌彼層波啼鳥綿蠻而奏曲游鱗潑剌而飛梭探古梅於石亭訪故人于山阿愛韶光之明媚爰涉泛而婆娑時而夏也霖雨初收洪濤頓漲舴艋獨乘任風飄蕩慮田疇之混沒訝城郭之激撞感陵阜之懷襄欣涯涘之開曠挽漁艇而問魚追邅舟而荅唱時而秋也潦水乍歇陰靄漸收二三詞客月夜同遊挹殘香于荷渚驚宿鳥於蘆州瀏流光于萬頃懷明德于千秋恍置身於蟾窟每寄興於瀋謳時而冬也河腹凝冰崖根積雪曳杖登城四望澄澈

渺銀海之晶瑩疊玉山之巑岏悵村落之蕭條憐林木之凋蔚惟松柏之耐寒偏蒼翠之獨絕任四序之代更樂茲溪之可悅夫烟波變化而常新卉木蒙茸而多致泉石耽玩而靡窮風月弄吟而罔忌

陽羨磁壺賦 并序 吳梅鼎

六尊有壺或方或圓或大或小方者腹圓圓者腹方范金琢玉彌甚其侈獨陽羨以陶爲之有虞之遺意也然粗而不精與窳等余從祖拳石公讀書南山攜一童子名供春見土人以泥爲缶即澄其泥以爲壺極古秀可愛世所謂供春壺是也嗣是時子大賓師之曲盡厥妙數十年中仲美仲芳之倫用卿君用之屬接踵騁伎而友泉徐子集大成焉一瓷罌耳價埒金玉不幾異乎顧其壺爲四方好事收藏殆盡先子以畨公嗜之所藏頗夥乃以甲乙兵燹盡歸瓦礫精者不堅良足歎也有客過陽羨詢壺之所自來因溯

(其源流狀其體制臚其名目并使後之爲之者考而師之是爲賦)

惟鈞陶之肇造實運巧于姚虞爰前民以利用能制器而無竊在漢秦而爲瓶實厥美曰康瓠類瓦缶之太樸肖鼎鼐以成區雜瓷甃于瓴甋同鍜鍊以無殊然而藝匪匠心制不師古聊抱甕以罔砂欲挈瓶而范土形每儕乎敧器用豈侔夫周盤名山未鑿陶甄無五采之文巧匠不生鏤畫昧百工之譜爰有供春侍我從祖在髫齡而穎異寓目成能借小伎以娛閒因心挈矩過土人之陶穴變瓦甋以爲壺信異僧而琢山斸陰凝以求土(時有異僧繞白碭青龍黃龍諸山指示土人曰賣富貴土人異之鑿山得五色土因爲壺)於是鋤白碭鑿黃龍宛掘井兮千

尋攻巖有骨若入淵兮百仞采玉成峰春風花浪之濱(地有畫溪花浪之勝)分畦茹濾秋月玉潭之上(地近玉女潭)並杵椎舂合以丹青之色圖遵規矩之宗停椅梓之槌酌剪裁於成片握文犀之括施則掠以爲容稽三代以博古考秦漢以程功圓者如丸體稍縱爲龍蛋(壺名龍蛋)方兮若印(壺名印方皆供春式)角偶刻以奏琮(又有刻角印方)脫手則光能照面出冶則賢比凝銅彼新奇兮萬變師造化兮元功信陶壺之鼻祖亦天下之良工過此則大彬之典重(時大彬)價擬璆琳仲美之瑚鏤(陳仲美)巧窮毫髮仲芳骨勝而秀出刀鏘(李仲芳)正春肉好而工疑刻畫(歐正春)求其緻麗爭稱君用離奇(沈君用)尚彼渾成僉曰用卿醇飭(陳用卿)若夫綜古今而合度極變化以從心技而進乎道者其友泉徐子乎緬稽先子與彼同時曾開尊而設館令效技以呈奇每窮年而累月期竭智以殫思潤果符乎球璧巧實媲乎班倕盜什百以韞匱時閒玩而多姿若夫燃彼竹爐汲夫春潮沃此茗椀爛於瓊瑤對煒煌而意愜瞻詭麗以尋翫方匪一名圜不一相文豈傳形賦難爲狀爾其爲制也象雲罍兮作鼎(壺名雲罍)陳螭觶兮揚杯(螭觶名)仿漢室之瓶(漢瓶)則丹砂沁采刻桑門之帽(僧帽)則蓮葉綮臺卣號提梁(提梁卣)膩於雕漆君名苦節(苦節君)蓋已霞堆裁扇面之形(扇面方)觚稜峭厲卷席方之角(蘆席方)宛轉潆洄詰

寶臨函(詰寶)恍紫庭之寶現圓珠在掌(圓珠)知合浦之珠迴至於摹形象體殫精畢異韻斂美人(美人肩)格高西子(西施乳)腰洵約素昭青鏡之菱花(束腰菱花)肩果削成采金塘之蓮蒂(平肩蓮子)菊入手而凝芳(合菊)荷無心而出水(荷花)芝之蘭之秀色(芝蘭)可餐竹節之清(竹節)清貞莫比銳欖核兮幽芬(橄欖六方)實瓜瓠兮渾麗(冬瓜段)或盈尺兮豐隆或徑寸而平砥或分蕉而蟬翼或柄雲而索耳或番象與鯊皮或天雞與篆珥(分蕉蟬翼柄雲索耳番象鼻鯊魚皮天雞篆珥皆花壺款式)匪先朝之法物皆刀尺所不儗若夫泥色之變乍陰乍陽忽葡萄而紺紫倏橘柚而蒼黃搖嫩綠於新桐曉滴琊玕之翠漬流黃於葵露暗飄金粟之

香或黃白堆沙結哀梨兮可啖或青堅在骨塗䰍汁兮生光彼瑰奇之窑變匪一色之可名如鐵如石胡玉胡金備五文于一器具百美于三停遠而望之黝若鐘鼎陳明廷迫而察之爍若琬炎浮精英豈隨珠之與趙璧可比異而稱珍者哉乃有廣厥氣類出乎新裁花蕊婀娜雕作海棠之兮（沈君用海棠香合）翎毛璀璨鏤爲鸚鵡之杯（陳仲美製鸚鵡杯）捧香奩而刻鳳（沈君用香奩）翻茶洗以傾葵（徐友泉葵花茶洗）瓶織迴文之錦（陳六如仿古花尊）爐橫古榦之梅（沈君用梅花爐）巵分十錦（陳六如十錦盃）菊合三臺（沈君用菊合）凡皆用寫生之筆墨工切琢於刀圭倘季倫見之必且珊瑚粉碎使棠溪觀此定教白玉塵灰用濡

毫以染翰誌所見而徘徊

善權洞賦　湯思孝

蕞爾乎宜城斗牛臚其墟輔竈隸道書之靈紀君擸媟荒主之侈圖嗟龍巖之蹇迥羌信姱而匪譸遘姬幽之末步朋岐洛以震刳天符數其潫濊移浩氣于元都爾乃飛滂濤湃危巔巊峅澩壇矗南國城垌北鍾壘于玆觀神瑞籙於玆肆鍚迷斷峽于深塢冷薜蘿之古碣儷崟淵以環嶹抗閬風而縱闕或疑鬼斧所斮鑿或慓仙契之潛宅接滇渤之汗茫雖伯昏而莫測其巇襬而舒態也於上則邇朗隆穹霤坱谽谺磈石虬振盤根續夔玗乳垂掌魚阿豐曈

晶瑳積白丹璊留紅屹若雄虺之蟺九首磕如蠆翹之擊鈞巑扃㞕頫于㜪虋澉墜滙之淵淙霧黮蒙兮闇折玉柱斜兮橫碧石塌傾欹兮臥雲渴馬倪昂兮流咽眩昏蟹之𨑙見白龍隱而不出招師門以秉燧附渠黃之軼迹忽吾行此問徿卒駭鶩而難極于下則㢡瀨澨滆銀注飄錦潀法匎匒溶溶泯泯幽浦鐵冰宮寒田漱境飲峴峪瀏而霧色磩碴懸而倒影曼澌濩之寘宵儵迹琴之悲引渴駼傑傂於輿潭祝翁傳喔於寝磴仰巒閣之麽閟髣聳甓之遺凭玊乃窾沸鏜鎝之聲港瀆偃月之池既彭覆以翼蓋亦瀿潦而䅘差昔矯龍之呈幻蟠玆澤以振鬐秀巑岏之疊

嶂衍蜑蟺之苔坻紛詭遝之駢萃詎易殫乎涯窺於是春容麗卉木榮椒菸藹㯪靄爅䌵纚㵢沫于迴溪畫眉娬嗁於鬱林颶颸交鬣而趯躒鶼鴿侶翅於窲岑山有萱兮解忿憂隰有蕉兮望美人婉游女兮嬋娟忖纖波兮怯層城迄乎燀炎載旅朱陽屆旦鞹菡霞蒸藿葵荐亂練鵲巢启蠍蝪浴澱颸蝠遺夜照之珠野葛承朝熒之盞鳥翌猱以飀風樹旖旎而霽暵滌熠雰于涔室送飅飈之餘善汜灑潡之珉醴沃薌秔而增絜又若恢台望代皚露懷秋草緐䆉而聲乾蟬㖔喇而氣道飄翠影于鐘籠激哀䋣于滭流海棠嬈嬈以試媚楓衫颼颼而芸穊夕崖唳麝狖宿莽棲

鵾鷄悦恨思羽人嶮巇昂能丞至夫屑颶四𣩵崆㘭内裂盜湍堅腹淩濤凝骨息羣動于甾窕幕愁雲以殷結瀠兮瀷兮霱霫霫兮渺陰島之磐礴翕浩頊之玻瓈綴挺松之落𧴩似餙翡于縞幃濤蘋眩而鋻霮𩆷翔陽凋而巘亘霓斯誠漸臺靈圖之神搆禪四序而躍奇者也維山之壋抢提肇建締鳩荷夫李公堤鄂徂乎祝院方舍衛之伊揆豐隆下而霰撰班指化而益巧雷筆焦以適展到鐵屈之秋蛇標篆記于米漢緡伏黴之鱗柏宛迴和之曲燦故其籀擊嵂嵬厦柍爣鳩反宇駭墮支撐軒空攢櫨蘧蘧竦薄鷂軀流精淋滲紫貝瑀形揭四映之聳櫺啓八正之文麗襲

瑶甍於寶頂掫火宅之猋霏胡巨郚翼輪而拱楠割判胡庶切綿累而礎誌大中叐乃肅金姿搞瑰相闊崛移維摩降羅香色而無碍摹莊嚴於罔象天摩敦圍以據械兮獅獏猲狁而蹲踞於菀歲屄而朝稠錫兮熊脂勒律于檀藏夫何獜犖戞爍之駭人也心目眩而恍𦖭前有巍閣是名圓通庇貞石之璘璘帀莅楸之童童大士來儀于墀廡道子絛淡乎脣叓樓響應鐘于霜落橋帶玲瓏之霽虹固覰連其匪一聿硍硜以㛹雄又有飛亭寶日湧金彼何方之梓匠經營瘁而茹形㾏僂般之捴𠩻追寂寞以授能綷樛橑而遝贊摯蕊櫛之幌桁俯沆瀣之綺波淛捘余于渠臺緬叢蹠而透迤斯底跗于松楹後則三生之堂碧薢之岩蹄躔錯跱繆繞蜿蜒異司空之旋輪等醉眺于中山眧四願之結習搴雙桂之樛聯昔鏡樓兮灼芙蓉今搖檻兮吐青蓮王孫兮不自聊佳人兮姣好剩瀟流兮凝艷露湘簾捲兮萋烟草蛺蝶飛兮蕙幬空猿鶴怨兮風娟娟眺遠皐之崱崹翳鬖髿之林篠是以芳塵時奕繡轄紛馳指鷲嶺而婆娑望鷄林以仳跙遊子舞觴于曲泉彼姝靉邁而祈褫披曠襟于孤崖挹冷潤于華池或情怡而假館或灑翰以抽思直瞪勝於羣觀豈惡餅之足稽㬻曰峩峩龍岩永峙古今列屏隔漢積璐干雲蒼蝻夜吼錦霧晨分帳臨層

雪徑瑣橫藤雕胡童採玉饌仙烹龕梢曳轂刹髻斜金春景開鮮花招麗人湄邊囀調林裹遺簪我獨幽尋懷古長吟

罨畫溪賦 有序

蔣景祁

宜興蓋有五溪焉皆分長溪之枝流隨所派別各擅勝名謝康樂常作長溪賦賦不傳傳其逸句可惜也今諸溪湮晦而罨畫溪僅存蘇子云山秀芙蓉溪名罨畫樂以畫荆南之槩誠有取乎爾予卜築其上詹事沈文恪公諱荃題額焉乃爲之賦

維長溪之東逝趨具區而下溢衆川散其枝流衍洪波而汐澹罨畫屈以旁注流澤數之膏馥（非律切）與荆陽而並永緬五溪而餘一夫其連山排壑體勢漫演東堰既築中江

盤訖得鬲切汎濫息而秔稻藝原隰平而穀産出美湖田之就畊俾嘉種之咸秩敷餘潤以灌花竹助騷雅之物色所以游者思慹夂忘其客矧其懷我邦族生長鄉邑徵棠泉之肇源通宣歙之甸綫滙洮滆而成湖乃東迤而爲陽羨織蒲帆之淸淺餐離里之秀茜背晴氿之一幅落烟翠之九變瀾自遠而不驚文成縠而如絢蜿蜒百里墟落數斷路結魚梁家凭水檻宛來往于鏡中對南山而無曉晏及其旋繞城堞瀰衍山塢吉水垂虹洑波紆組陰陰夏木之卩湇湇蒼葭之浦辛莊種木丁山范土鼓枻蜀堂擊棹湖汉聽曉梵于金沙盼流光於玉女信乎含山水之淸暉每

令人褰裛而延佇若夫元卿故廬函亭世閥五柳淸門三槐蔭樾離市闠以漸遥指烟波而爲窟溪聲繚繞嵐影滅没澗壑委屬雲水樛葛閒眺太師之山墹勒封公之碣黃門之港逶遲光祿之臺矶碑柴荆晝閒人跡稀絶朝携曦景暮延明月當夫芳草碧春條榮方艇繫野烟輕淡雲閣雨花氣吹晴漁人結網農夫勸畊濃陰漸暖繁英碎墜醉茶蘼吽鶻鴝荷錢敷麥秀匝聽殘陌上之鶯聽熟沙塘之鴨輕篷摇凉纖衣脫夾烏窺影于匳波魚唼香于鏡匣時乘暇而行游疑遠泛乎苕霅直甲切俄而秋風戒塗淸霜肅路白雁唳空丹楓凋樹葉敗聲乾星芒燿素漸至微霰飄

颶密雪彌布渠沉沉而斷流山顥顥而蒙絮風淒淒而不歸雲漠漠而如戍燈靑浣女之祠木落將軍之墓然而呂師命漁揚功登稼古暮切負氷上冒衝凍涉圃臘酒芽薑藥此室處况乎蝦籠凝寒鯨塘積霧湧明河之匹練結野渡之雙孔客長蕩而難歸怨離羣而日暮莫不理檝鳴舷抽毫作賦因以解悲愁之辭略焉寫銷魂之句蓋閭任公放達實傳釣臺樊川風流水榭乃開買田紀乎蘇子斷腸憶乎方回以至張祐吟龍之什盧仝焙茶之歌追英風于射虎思幻術于籠鵞吾家世于兹溪懷此樂其如何迺葺先人之敝廬掃三徑之舊陌松菊無恙薜蘿就闢牕中見山

牖隙挂席林花媚紅溪影漱碧擅四時之富貴伊千駟其勿易水亭開漁艇摘羅蓴曇罷琴奕謝俗狀揖吟客鬬茶茗永朝夕系曰鬱畫之溪長溪湄兮水木隱暎無秋春川佳切兮風烟一壑懷牧之兮南山悠然日夕佳堅奚切兮樵夫行歌偕漁師兮倚而和之其聲遲兮滄浪濯纓維所宜兮未若兹溪澄須驤通作兮倉

增修宜興縣舊志卷之十

藝文志 五言古詩

涉湖 晉 李 農

旋經義興境頓棹石蘭渚震澤爲何在今惟太湖浦圓徑
縈五百盼目渺無覩高天淼若岸長津雜如縷窈窕尋灣
漪迢遰望巒嶼鶩飈揚飛湍浮霄薄懸阻輕禽翔雲漢游
鱗憩中滸顥譪天時陰蛻岩舟航舞憑河何可徇靜觀戒

行旅

贈從孫銘宰義興 唐 李 白

天子思茂宰天枝得英才朗然清秋月獨出映吳臺落筆

生綺繡操刀振風雷螻屈雖百里鵬騫望三台退食無外
事琴堂向山開綠水寂以閑白雲有時來河陽富奇藻彭
澤縱名杯所恨不見之猶如仰昭回元惡皆滔天疲人散
幽草驚川無活鱗舉邑罕遺老誓雪會稽恥將奔宛陵道
亞相素所重投刄應桑林獨坐傷激揚神融一開襟絃歌
欣再理和樂醉人心蠹政除害馬傾巢有歸禽壺漿候君
來聚舞若謳吟農人棄蓑笠蠶女墮簪纓歡笑相拜賀則
知惠愛深歷職無所聞稱賢爾爲最化洽一邦上名馳三
江外峻節貫雲霄通方堪遠大能文變風俗好客函軒蓋
他日一來遊因之嚴光瀨

愛玉女洞中水既置兩缾恐後復取而爲使者見紿
因破竹爲契使金沙寺僧藏其一以爲往來之信
戲謂之調水符 宋 蘇 軾

欺謾久成俗關市有契繻誰知南山下取水亦置符古人
辨淄澠皎若鶴與鳧吾今既謝此但視符有無常恐汲水
人智出符之餘多防竟無及棄置爲長吁

避地山亭野步 汪 藻

今日幸無雨天空出遥岑行行不知疲遂至春江潯汲路
轉籬落人家在桑陰平疇漲清波隴麥如人深溝畝戲鳧

鶩新蒲映浮沉我生本漁樵對此諧初心風物豈不好悲
來難自任胡塵暗中原四海如驚禽黄屋狩萬里兩宫隔
辰參龍移螻螘窺月海蟠蜍侵宇宙有傾覆茲遊豈嶇嶔
消憂賴濁醪太息誰能斟

遊南山憇山下人家 元 趙孟頫

驅馬南山陽下馬望絶巘解衣坐盤桓言就蓬廬偃非無
扳援力興盡自應返天高喧風息木落歲華晚勢阻乏退
觀趣得心自遠不有君子辭何用抒繾綣

銅官山 蔣 堤

峯嵂荆南山袁令葬其麓相傳天賜棺咄咄誕流俗令嘗
成輿梁天報宜以福賜棺信榮矣畢竟入鬼録珠官在嶺

南錦官在巴蜀鹽官與鐵官登載紛簡牘吾恐古有司鑄
銅山之足後人訛承訛官傍妄加木政須改銅官大字鑱
崖腹事有作偏者併按王喬玉

題周孝侯廟　夾谷之奇

長橋漲清波南山滴空翠清風孝侯祠六月薄炎熾蒼然
擁喬木廊宇深以邃升堂拜遺像凜凜增壯氣緬懷絶塵
姿跅弛幾自棄一念狂聖分千載仰高義義興阻湖山從
古勞撫治況當亂離後生理多不遂連州虎爲害接浦蛟
作祟故國神所遊陰相得無意我來按茲郡强禦寧汝畏
恐被蛟虎徒匿影知譬避不埋張綱輪徒攬范滂轡澄清

悵何時留詩志予愧

出西澗過龍巖途中瞻眺　明　周砥

適意窮山水覽物春時候蘭薄迷煙孕桐林仰雲逗却立
騁幽躅前臨縱退觀谷鳴正嚶嚶川響復瀏瀏衝飈激高
竹晴曦艷寒溜崖複翠羽戢石觸金鱗皺妙合理無遺心
怡興難究過仄緣石磴岩墝陟雲搆豈惟盧霍期攬此巖
壑秀素履非行險逸想仍冐訴遹遹此中情庶以謝紛揉

竹菌

竹徑拾朝菌中林露瀼瀼宛轉童豎歌頃刻易滿筐粲然
丹砂質攜下白雲鄉盼睞意忻喜執爨屬初嘗溉鬵沃靈
液登俎達馨香脂毒惧厚味餐霞秘仙方得此與蔬荐蕭
蕭侑一觴含和適勝韵茹美貴清涼孰謂可樂饑庶以潔
中腸非但紫芝曲願繼採薇章

張公洞記遊　沈周

仙山不在高靈區設中冓包蒙自太古霹靂始于牖闇然
不耀地白日已逼晝遂囊世游人我及千載後登頓入地
中足與石角鬬飛崖臨紫雲旣掀勢還覆仰面欲成壓山
鬼自司救元氣不蒸雨五色變乳溜支本萬不齊纂纂簪
笋瘦又如人披腹呈此琅玕秀旁屏表雲房曲竇通窾竇
跬步必容炬老膽怯且逗神仙未易求冥探亦何遣矯手

採瑶華和飲千日酎耶度三百年擬與石同壽

蘭山　項麟

蘭谷何透迤喧風藹然至清芬遠飛揚芳心靜無倚不採
非所傷幽獨艮自媚彼美巖阿人時來慰芳意冰絃一再
揮餘音淡盈耳白雪凝不流春空曠如洗安得同心人清
言究眞趣

春風亭次袁大尹韵　亭在縣治　沈暉

我登春風亭適此好天氣豈惟二難并亦喜四美備元化
究終始微言析同異況觀春容篇綽有風雅意一唱再三
歎使我開壅蔽辟如聞簫韶食肉不知味吁嗟去古遠大

道曰云敝詩書秦王火禮法晉人棄兼愛賊吾仁爲我亂
吾義睨視同室鬩門戸堅自閉伐木傷友朋甘棠憫兄弟
骨肉尚路人矧肯及殊類慱哉仁人澤六合鈞覆被諒彼
燕與雀安知鴻鵠志中牟感魯恭渤海仰龔遂伊周雖聖
賢馴致良亦易嗟余亦何幸交好從蚤歲所期在道德豈
直爲功利三江瀉詞源五嶽森筆勢醉後發狂歌吳箋爲
君試

入陽羨　李文

薄遊耽曉行遂逐山溪轉野水雲根深春風柳芽短古瀆
飛鶴鵓中流聽雞犬客棹尚迷源人家應不遠何處訊漁

郎簑笠桃源晩

題橋頌帖後四首　徐顯卿

杜曲連青天峩眉甲震旦卒歲豈不得萬里卜陽羨緬懷
兩公達故鄉安足戀男兒志四方貴在適所願買田惟種
秫卜築溪山半仕宦有時止聊得躭荒晏

又

青天落白虹帶我西北樓長橋一何長千秋附周侯斬蛟
入其窟血濺神龍愁威聲震六合名與天壤侔我來登此
橋清夜風颼颼上有千古月下有千古流千古尚爲憐一
世安足儔俛仰百歲間努力追前修

又

杜門澹無營乘興當何之天高風日佳可以樂渴饑何況
谿山間陶然持一卮水深多郭索壤沃多蹲鴟春華涉嚴
秋橘柚重纍纍吾事亦既足課童力耕耔

又

步出小東門流水何瀰瀰古人水中央水榭有遺址入門
登高樓青山暮成紫四顧山光中草木何韡韡云是杏花
村當春爛桃李謝公有別墅肯爲蒼生起

初至西村　吳正志

避世不可得聊復居西村西村亦何有松竹羅故園況茲

青陽暮卉脫芳蕤繁雨餘眺秀野寒風帶朧翻既隨物候
適亦絕人情援嘿坐觀無始散步神理存喧寂故自如昏
旦安足論所愧素心人悠然獨舉罇

北澗　湯聘

黃河發崑崙混混能幾清滇渤納萬派潔濁於斯弁迥觀
北澗水長流自澄澄微風起紋縠顯彼坤之靈波平淨無
滓上接天光明誰云河海大試取澗泉銘

杜鵑花紀事有小引　國朝湯原清

嘗聞杜鵑花有二種一產蜀中一產陽羨善行洞石
壁間其花頗且大瓣有淚點對壁有閣三楹每至初
夏游人登閣玩賞則粉牆素衣紅光照耀人面如桃
焉邑人好事者取採枝植別圖中亦絕可玩然終不

及原本之鮮妍也明季閣圯樹死幾二十餘年矣已酉萌芽復生孟夏發花數朶豈花之剝復亦有數存其間耶爰賦詩以紀之

山鵑開滿山蜀鵑未曾識善行洞壁間異種遥相匹初夏映日紅斑斑淚點濕靈物造化珍久枯還復茁頃聞花又開數枝如血色何事羈山中花時不相值蹉跎負歲華從此啼鵑泣

過余狀元墓　儲方慶

杖策循東郊東郊廣且修道周立灌木其上鳴鵂鶹下有紙錢灰叢竹掩荒邱荒邱陰以幽野煙空以浮不見墓門路微聞聲啾啾田父競末利鋤削及隴頭當年狀元墓難爭土一坏

碧鮮巖　湯思孝

涼風墜空葉悄然心已愁淺寐颯欲驚披衣下層樓斜陽雨後曬斷壁濕更幽冷蝶尚飛飛美人安可儔瀋浥海棠艷露凝泫淚流故址是耶非芳魂來此不感歎日云暮躑躅山之湫我思杳且深白雲去悠悠

南岳杜鵑　許穎昌

何年自蜀中攜向南山隈託境特窈窱附根更崔嵬怪石上雄峙盤渦下旋迴扶踈綠條敷焯煜丹萼開麗色應朱明繁葩掩玫瑰流霞落遠岫錦障舒高臺絪縕赤壁新滴瀝紅泉洞自是仙山花何關望帝哀

東坡書院　儲欣

先生産巴蜀吳會留精英騎箕近千載祠宇肅然清一構山水間一傍蘭陵城蘭陵負手地萬古含滄清合祀楊龜山春秋薦兕觥二賢俎豆光朦朧知景行憶公僅弱冠抱書遊帝京驍騰凡馬却咳唾羣公驚方當瓊林宴早結陽羨盟斯志半疑信斯言恐中更幾見金閨彥溪山理釣耕崎嶇百折後荏苒二毛生卜宅依烟水買田種秫秔幽奇遊屐遍色笑野人迎擇地同任昉離憂繼屈平至今遺像在瞻拜淚縱橫

同儲六雅祀雲昆季宿南嶽寺大悲閣　萬蘷輔

振衣登傑閣瞥焉洗煩襟蕭晨氣方肅薄暮靄斜侵四山無向背六窗有晴陰窗竹藏靜理飛泉懸道心敞潔象俱攝明遠意自欽相現窺月上籟寂識蟲吟遊覽頻憶昔恰悅實在今諸子多定力列坐指橫參方知良友樂益我良獨深

祝英臺碧鮮菴　許豈凡

女慕天下士遊學齊魯間結友去東吳全身同木蘭伯也不可從潔已殉古歡信義苟不虧生死如等閒蛺蝶成化

衣雙飛繞青山捨宅爲道院祝陵至今傳當年梳妝臺卽
漢風雨壇嵯峨石壁下遺菴名碧鮮春秋薦蘋藻靈響來
珊珊晴天披石髮慌惚見雲鬟

西溪卽事　　儲雄文

薄暮下溪潯擘衣寒宿莽蒼蒼風葦靡灩灩寒流廣落日
停山椒窅映難爲想邈爾半溪晴素練縈雙槳林疎列洲
渚楓相堪殊獎倏忽白煙生砧聲應空响秋氣集襟裾轉
覺形神爽欲尋莎徑路稍遲山月上

蛟橋夜月　　路衡

山城跨長虹層堦歷峻崒我來登其巔仰手接明月明月

湧長空年年掛瑶闕臨風倒金樽懷古徒激越昨夜匣龍
吟沉淵泣蛟骨

南岳寺　　蕭趙炎

南山招遊人出郭便清景身隨雲林遠興逐風泉永好鳥
夾路鳴佳花發桃杏春騎暫停鞭樵歌出廬井峯高日車
側寺古禪關冷洞然樓閣中總牖疎且同虛簷冒石勢飛
棟倒雲影竦身坐青霄憑欄數諸嶺雖無入山志頗覺聞
者靜欲與山僧期他年訪箕穎

曉晴尋善權洞

夜雨宿烟寺清曉衆峯出窈窕探幽奇豁然兩石室浮雲

上容裔奔泉中蕩漓嚚吟陰壁間瀑雨候海日谷鳥歡新
晴花外引儔匹飄風歸洞壑遊子意蕭瑟尋源不厭深探
林不厭密且復深密中看山抱雙膝

古詩一首懷謝二皆人　　王士禎

秋眠池上亭竹蹐通人語空吟小謝詩荆谿渺何處流目
送飛鴻歷歷江南去

送友歸江南因懷陽羨　　謝芳連

亭亭塞北雲藹藹江南樹風吹遊子情夢繞歸人路何處
一鳩鳴前村杏花雨

乘月散步南岳山池

暮色寒山池欲往弄秋月烟中僧獨歸松際鶴初歇倚石
望晴峯樵斤響林樾人影自參差桂香時髣髴徙倚迴石
梁禪扉梵聲訖

增修宜興縣舊志卷之十

藝文志七言古詩

懷金鵞山人沈師魯二首　唐　盧仝

君愛煉藥藥欲成我愛煉骨骨已清試自比較得仙者也應合得上天行天門九重高崔嵬青空鑿出黃金堆夜叉守門晝不啟半夜醮祭半夜開夜叉喜歡動關鎖鎖門摐地生風雷地上禽獸重血食性命血化飛黃埃太上道君蓮花臺九門隔闊安在哉嗚呼沈君大藥成兼須巧會鬼神情無貪長生喪厥生

君家山頭松樹風適來入我竹林裏一片新茶破鼻香請

君速來助我喜莫合九轉大還丹莫讀三十六部大洞經閒來共我說真意齒下領取真長生不須服藥求神仙神仙意智或偶然自古聖賢放入土淮南雞犬驅上天白日上昇應不惡藥成且吃一丸藥暫時上天少問天蚍頭蝎尾誰安著

張公洞　元　楊維禎

五月八日記遊仙三十六天洞靈洞洞中窗戶夜不扃地底風雷日相哄巉巉靈骨誰手鑿納納虛谺曷時濆龍顛虎卧絡薜蘿委蓋垂旃一作垂旌掛鸞鳳莛高玉屑陳金拌窐陷璺漿流碼瑙元田鴉色白於鷗丹室蛇光紅似煉石涵

綠字紫泥封元圖璦花青子種白螺有迹蹋石田金虎無聲飲銀汞樵柯已爛商四朋蓜葦初過茅二仲牛車望氣待著書螺女行厨時進供胡麻留飯阮郎來林屋剌舡毛父過去聲或作過音洞過也王生石髓隨手堅吳客求珠空耳縫九靈太廟苞氣母五岳真圖特兒弄書傳丹篆再何須石化黃金本無用玉盆濯髮天雞鳴鐵笛穿空神馬鞚符行律令鬼承呵聲出腦宮龍聽頌汞應片石隔仙凡溪上桃花自迎送

題荆南精舍圖　明　高啟

雎陽醉磨一斗墨夢落荆南寫秋色天陰垂雨尚淋漓哀

壑迴風更蕭瑟楓林思入烟霧清湖水愁翻浪波白溪上初逢野老航山中忽見先生宅秫田半頃連芋蘆茅屋三間倚蘿薜翁來看竹乘小輿客去尋山借高屐任公釣臺石可坐周侯祠前路曾識虎跡時留暮苔紫蛟氣或化秋雲黑城郭何年别已久風塵此日歸不得月落書齋半壁明畫圖卧對空相憶

蜀山草堂　王晏

春山雨晴嵐翠青春溪兩岸花冥冥隨流蕩槳看山去花間水狹舡初停登登隈隩連回顧綠蘿垂壁猿啼樹石城茶竈草堂閑雲深只有幽人任幽人長時喜客來山肴野

菽濤尊開酒酣歌呼林月出新詩一寫紛天才人間往往
趙名譽誰解致身蕭爽處君不見當年鄭子眞躬耕亦似
尋常人

洴𣻎溪爲吳甯庵賦　李東陽

𣻎溪之水光如練練溪之詩淸滿卷洴洌眞成水上文機
梭不作江南怨靜餘雙耳閒能洗坐愛一淸差可戀不問
莊生棄手龜羞隨墨子悲絲變何須火浣銷塵垢却笑愚
神蒙詆嫚里名勝母車當廻歡有刑天字須辯卧遊久矣
讓君曾聽說酒然醒我倦虛舟有意空江海繭足無由出
庭院敢謂曲江非鑑湖卽看湘浦同陽羨舊號新名次第

更前堂後圃書題遍莫欺我不識江南已向元暉句中見

張公洞紀遊　杭淮

重遊名山三月暮雜花洞口春濛濛捫蘿累足入地底逸
思飄然凌太空舉頭顚崖若覆蓋瓊脂玉乳懸玲瓏危臺
百尺俯幽奧疑與元圃滄溟通中有石筍起撐䂩傍覺巨
象駝叢茸烟雲氤氳不出戶時有石燕飛空中蟠拏又如
伏虎豹踴躍或似舞蛟龍千態萬狀接不暇吐吞駭此造
化工眼無廬山瀑布泉暗滴石上時淙淙把炬搜奇更深
入日午重關掩曈曨手撫石床蹴丹田恍聞玉女歌仙童
丹田芝荒石床冷至今修鍊留遺蹤世上三十六洞天不

知誰爲似張公吾生足跡半天下空聞海上有方蓬金銀
宮闕拂紫烟綠窗玉樹生華風弱水三千不可渡求仙却
笑人匆匆不如騎鹿訪茲山蒼崖咫尺非難從爲語同袍
二三子解脫還應早學家白日飛昇未足問靈襟已覺煙
霞充憶昔遊時當少壯愧今躋此成老翁

遊東坡書院次方金湖韵　湯建衡

坡老英豪揮八極陽羨荒祠蘚痕碧買田舊事已茫然橋
頌猶存書咫尺文章萬卷希世珍烏臺遺案羞空陳潁川
歸來世事已江山我輩還登臨章惇舒亶何足數父子聲
華炤千古子由兄弟世緣深芳草池塘感春雨先生一去

五百秋碧水丹山麋鹿游松杉歲歲巢木鶴樵童牧豎歌
荒圻古砌蒼苔餘鳥跡浮世光陰眞一息風流倜儻不可
尋猶是遺文存斷石於今筆陣海潮平二難四美難具并
誰云後世絕知己君侯具眼開雙睛木落高秋尋老屋正
値山中紅友熟殺牲烹黍奠生芻冠蓋森森禮儀肅屈指
春秋幾變更尊前之酒身後名人間富貴亦何有不如千
秋萬歲奠鼎長留銘

城南懷古　僧宏倫

四山落日蒼烟裏斬蛟橋上腥風起樵客歸途射虎墩月
沉弓影淸波底劍履幽宮濕莽中石麟欹卧野棠風獵旗

書鼓年年社鐵馬神燈夜夜紅（市人於陰夜嘗見金戈鐵馬擁神燈而行）野老家傳風土編山川淳樸義熙前將軍祠廟清溪上亘古忠名日月邊

竹山（一名竺山以其似天竺也或曰足山山之奇在足云）　史懋錦

巋然足山當湖衝上有古刹凌空簷登峯放眼渺無際浮乾盪坤開心胷秋雲明淨秋颸爽三萬六千平入掌水天相接涵虛無點點青螺波下上寘摟攜伴窺山腹鬼斧神工眩心目巃巃之窟蛟龍宫飛仙羽客紛遊蹤莫向桃源問仙谷石牀丹竈在幽隅誰道竹山無足奇竹山之奇在山足

香罏洞　國朝　任繩隗

林泉色色留陰濃天風剪剪吼蒼松新綠上山浮落日遠雲下水飛蛟龍洞府何年玲瓏碧疑是神仙太古宅高低如畫景如詩野鳥似歌花似席竹樹橫斜古寺青小橋曲徑題崖屏如看鐘磬來遥夜明月禪房照道經

彦昇釣臺　潘宗洛

南山傍水蜿蜒走萬派泉來滙作沆和日輕波縠縠文靜涵天地如未剖昔聞百尺巖岡高危崖挺出凌波濤何如平陂壘石碁安于薄宦寄城壕佩符公子鎮鶯州朝朝閒坐溪灘頭蛟龍擣服不敢擾橫竹直拂珊瑚鈎吁嗟乎當年釣臺湮沒無餘存總有持竿垂綸者難與風流太守同時論

杜牧之水榭　許豈凡

陽羨泉通霅畫溪兩溪榆柳列漁磯臺空舊說任公釣榭去猶傳杜紫薇紫薇十載楊州住風流跌宕何豪舉贏得青樓薄倖名晚來陽羨花深處檻外多開射鴨闌鴆鵲菰蔣滿晴川春深漲發桃花水十里荷香好放船門前流水舊時灣碧玉簪抽雨後山蔚藍天淨明如鏡小杜曾經照玉顔

荊溪雪後送殷介持歸婁城　謝方琦

朔風蕭蕭林竹折曉來門外千山雪有客淹留陽羨城愁聽旅館雞聲咽仲文儒雅舊知名漂泊江湖百感生故園東歸歲云暮斷冰寒月他鄉路村橋早發行人稀凍浦舟橫不敢渡朱門重裘被僮僕文章不救窮途叟短衣衝雪君無悲寒士何當謝荒谷君不見少陵廣廈空高歌江上秋風捲茅屋

增修宜興縣舊志卷之十

藝文志 歌行

茶山貢焙歌　唐 李郢

使君愛客情無已客在金臺價無比春風三月貢茶時盡逐紅旌到山裏焙中清曉朱門開筐箱漸見新茶來凌烟觸露不停採官家赤印連帖催朝饑暮匐誰興哀喧闐競納不盈掬一時一餉還成堆蒸之馥之香勝梅研膏架動轟如雷茶成拜表貢天子萬人爭噉春山摧驛騎鞭聲書流電半夜驅夫誰復見十日王程路四千到時須及清明宴吾君可謂納諫君諫官不諫何由聞九重城裏雖玉食

天涯吏役長紛紛使君憂民慘容色就焙嘗茶坐諸客幾回到口重咨嗟嫩綠鮮芳出何力山中有酒亦有歌樂營房戶皆仙娥仙房十隊酒百斛金絲宴饌誰經過使君是日憂思多客亦無言徵綺羅殷勤繞焙復長嘆官府例成竟如何吳民吳民莫憔悴使君作相期蘇爾

還山吟送沈四山人　高適

還山吟天高日暮寒山深送君還山識君心人生老大須恣意看君解作一生事山間偃仰無不至石泉淙淙若風雨桂花松子常滿地賣藥囊中應有錢還山服藥又長年白雲勸盡杯中物明月相隨何處眠眠時憶問醒時意夢魂可以長周旋

陽羨春歌　宋 陳克

石亭梅花落如雪玉鮫斕斑竹姑赤祝陵有酒清若空煮粳蒸魚作寒食長橋新晴好天氣兩市兒郎擢船戲溪頭鐃鼓狂殺儂青鞵紅裙偶相值風光何處最可憐邵家高樓白日邊樓下遊人顏色喜溪南黃帽應羞死三月未有二月殘靈龜可信滓水乾封草青青促歸去短簫橫笛說明年

題荊南精舍圖　元 楊基

先生荊南客久住荊南地荊南山水清且奇綠玉芙蓉亂

金翠上有噓風嘯月之於菟下有銜波激石之神魚驚瀾怒濤不敢渡青林欲上愁號呼山人川嶽靈拂劍睨九州蒼蛟授首白虎斃丹崖碧水成安流銅官聳西來歷歷青可數鸞如飛虬蟠飄如怒鯨舞先生愛之不忍去結屋溪南卧秋雨溪南山色三千丈正與茅堂屹相向一箇青猿霜外啼半規明月松間上先生居其中日採澗底薇讀書三十年而無喜與悲乾坤一變亂飄泊不得歸豈不懷故址夜夜夢見之先生先生慎勿憶爾之草堂湖水百里逕相望高山可梯水可航何當臍買樽中酒陽羨溪頭共晚涼

湖上吟　沈貞

悠悠湖中水不可窮莫搜幽幽湖上山不能成勝遊山水
茫茫天盡頭扶桑日漾紅玉毬把酒臨風相勸酬高咏大
唱驚眠鷗紫霞流光拍天浮豪鳴鼉罷舞蛟虬龍伯國人
持釣鈎不肯浪中投鴟夷子皮竊妻來不肯下扁舟大笑
立湖邊欲知此意不半岸烏紗巾斜披紫雲裘秋風吹背
輿颼颼塵斥八極瞰九州傲睨物表瞪雙眸狂呼李太白
捉月遡浪流喚取岑夫子復召元丹邱元氣未洩如覆甌
神仙有無不可求此郎是蓬萊此郎是瀛州何須白玉京
五城十二樓腦中長虹爛不收奚爲自縶如楚囚莫學仲

尼栖栖魯莫作孟子區區鄒長笛一聲孤鶴橫秋與爾爭
洗萬斛之閒愁山幽幽水悠悠

送吳老歸宜興　明　羅玘

遺金在道吾亦攫入朝爭名戰自惡奚爲徒手長安歸骨
瘦脛長如野鶴君不見饑鴟低飛啄腐鼠飽鳴入屋入射
汝又不見鶴飛入層雲赤睛炅炅窺天文腹則饑眼獨飽
下栖舊林覺林小征西廟前是舊林鳳凰巢高宣百禽

萬松樓歌爲沈懋常題　卞榮

南遊陽羨里訪我沈夫子夫子好門牆高樓面山起山中
種松一萬株萬松名樓揭大書吾聞古有萬松閣若此此
樓亘不如松風徐徐來翠濤瀟樓響分明太湖三萬頃置
我樓中几席上松月皎皎出蒼烟淨無迹誰遣驪龍頷下
珠照我玉容如雪白祝融空自鞭火龍烈焰不落清陰中
般其雷在南山下蟄龍何曾戰於野空花皆幻爾髯叟獨
蒼然與樓結好三千年星辰拂動蚪枝摘白雲招入鶴帳
眠長材直幹作棟梁夫子勅賜向書郎會封十八公吉夢
非尋常勸君多釀松花酒我欲登樓再獻崑崙觴笑拍闌
干醉一場

石亭歌　吳仕

青天作障雲作屏超然中結水心亭金尊細泛貢管綠湘

簾半捲芙蓉青長松亭亭十萬樹石骨槊槊太瘦生九霄
使者三楚英西來聲價何崢嶸黃鵠山中駕鶴仙青虬海
上釣鰲客五湖煙月在揮毫亭羨區區九州伯一朝令下
神鬼驚長蛇封豕潛無跡風清日永政多暇獨往山中訪
遺逸石亭西隔蠡溪雲有客悠然會此心手抉銀潢飛百
尺臥對香爐碧萬壑與來獨撫綠綺琴天風颯颯吹冠衿
仰天長嘯復三嘆高山流水幾知音酒酣拔劍起欲舞千
山紅間萬山紫意氣逢君豈偶然究奏簫韶諧角徵沿流
俯首拾飛觴月在珠宮天在水一聲殘磬萬籟凝四顧蒼
茫悄無語支頤覓句亘亦苦不訪撚斷幾莖髭青驄入鞚

人語亂野燒無光林菓稀枕流漱石眞吾事洛日補天唯
爾爲雲山一會何由再從此相思減帶圍

坐懷蘇亭焚北鑄爐以陳壺徐壺烹洞山岕片歌　熊飛

顒皇蜚棋昇平季文盛兵銷遏恬喜是時朝士多韵人競
仿吳儂作清事書齋蘊藉快沈煩湯社精微重茶器景陵
銅鼎半伯沽荆溪瓷注十千餘宣工衣鉢有施叟時大後
勁撫陳徐凝神昵古得古意寧與秦漢官哥殊余生有癖
嘗涎覬竊恐尤物難兼圖昔年挾策上公車長安米價貴
如珠輟食典衣酧夙好鑄得大小兩施爐今年陽羨理宿

架懷蘇亭畔樂名壺蘇公癖好予梓里此地買田貽手書
爲知我癖非公癖臭味豈必分賢愚閒煮惠泉燒柏子梧
風習習引輕裾吁嗟洞山岕片不多得任教茗戰難相克
亭中長日三摩挲猶如瓣香荼話隨公側顧智跋偶檢懷殘編得熊君懷蘇亭歌詞想見承平盛時風流暇逸今亭既淹沒烏有宮斯地者無復曩時焚香煮茗之況故付梓於誌以誌學宮昔有此亭亦見陽羨壺著固甲天下也

父老行送鄒縣丞　王旻

春風輕舂雨晴孝侯祠前溪水生桃花初紅柳初緑父老
怨懟來送行殷勤杖扶策父老言感激官長多賢明三載
今考績官長前年始下車教化吾民苛政除門靜鄉無叫
囂吏婦女育蠶男讀書官長今年覲闕去田闢荒蕪戶增
數利澤於人惠有餘往者紛紜奚足慕玉殿承恩拜舞回
織成鸞誥錦文開京華得意看春色還作吾邦父母來父
老於時出郊野接官兒童騎竹馬

修禊行　國朝　徐喈鳳

春光已去三之二楊柳枝頭百舌沸兩絲斜織花滿地放
船溪口共修禊溪口風狂船且繫開尊接席羅珍味船前
何所見南山空翠來天際船後何所聞漁父高歌頻鼓枻
浩渺烟波饒畫意鬱葱城郭籠佳氣須臾風小天欲霽坐
客詩詞成次第徐庾播遷盡雕龍清辭麗句人人異酒酣

耳熱說蘭亭倚隨事遷感慨係君不見堤邊舊日平泉莊
樓傾臺圮池館荒管絃粉黛歸何鄉勢隨繁華那得長臨
流感復飛羽觴秉燭歸來亦奚妨後之視今今視昔從來
不朽惟文章

田父歎　徐騰鸞

吁嗟天王仁兩膏胡久屯六月終七月雲漢昭秋旻老稚
同生計西成望眗眗手足勞既竭魃虐如惔焚羣黎自多
辜哀泣忘昏晨青苗色盡赤薄溉徒艱辛潢潦澤已涸枯
槔徒廣肆穎粟寧有期拜祝竟無靈去年夏大水今年暵
枯搖兩歲苦薦饑里社空簞簋嗚呼造命惟哲王從來至

德回凶荒浩浩懷襄轉豐阜蟲蟲隆蘊還沱滂陰陽調燮
滋稼穡宸宮動息通紫極但祈箕畢按候明吾儕擊壤歌
帝力

升天行 為張烈女賦 吴固本

麻不扶自直玉不磐自潔蘭雜蕭艾而彌芳兮貞女處薄
俗而益烈張氏有好女兮未嫁而婿歿母行臨含兮女請
隨行而泣血母不聽兮女留在室不待母歸兮遽扼吭而
自絕是何有保姆之訓兮非計修名之可立豈彼媿夫披
猖之姝女兮志士聞之嚙指而嗚邑彼為守夫喪不如早
嫁郎之說者兮可自玆而結舌吁嗟乎生不同衾死同穴

兮華山巖猶逕其芳則亂曰青童垂髻雙兮手持絳節長
兮驂駕虬麟翔兮霓帷霧蓋張兮貝霞羨而酌瀣漿兮靈
殷鼓而風鳴篁兮禀女上太清白玉之堂兮下視女德之
跌蹌兮若蛆生蠅乳逐穢吞腥亦可傷兮

南山歌 冒雨尋南耕讀書處 曹湖

吾聞老蛟無情壯士苦劍执波濤一起舞又向南山山頭
射猛虎青松顆顆日色古至今雷雨無行人我獨衝泥亦
何補五里渡一水十里坐一石谿廻路折千花明野鼠山
雞恠人迹偶逢樵衲山上來問之不語心徘徊合樹飛泉
變秋響空碧倒瀉金銀臺南耕北耕乃在楓隱之上

楓隱 吴孝廉故園捨為寺

石壁之下頻年讀書不肯休欲就懸崖結廬合匡
家有弟汝有兄偕隱千秋亦其亞栖鳥呼飛鳥鳴春草茁
秋草榮千松萬竹雲為聲凄然霹靂坵巒鷲洞天石扇空
中行青鸞白鶴毛羽潔天高月出聞吹笙我來坐此四五
日於世已覺忘其名東山有雙屐北山有移文猿鳥絲竹
徒紛紛吁嗟乎不如南山萬古之浮雲

佘墓歌 龔勝玉

荊溪先賢邸墓少但知崔嵬周墓墩佘公埋劍在杏村可
憐瓦礫尺土存秋風禾黍孔道旁行人百過不相向小院
孤僧在墓側遊魂寂寞空惆悵相傳佘公賢聖倫薦兄自

黜友道敦昔年彤管深嘉許口碑湮沒今不論吁嗟乎喬
木蒼松子隱墓焚香爇燭人相親公與子隱同忠槩憑弔
祭享無一人草色蒼涼杏花死大魁神道今如此比鄰烟
火迷荒津我為公歌公不聞

陳生行 戲送其年歸陽羨 王士禛

陳生陳生爾既不能入淵斬長蛟又不能登山射猛虎復
不能無賴作横苦鄉里十載哦詩守環堵徒抱輪囷一片
心藜藿飋飋相枝拄昨日渡江來今復渡江歸運租船上
苦憔悴風高浪湧横江磯朝來寄我新詞句明月無情蟬
鬢去五湖歸去伴漁竿楓岸蘆汀不知處季鷹鱸鱠思江

東我亦年年嘆轉蓬期汝扁丹同射鴨銅官山下竹枝弓

弔晉周將軍處墓　　儲大文

噫吁巇雍雲不反異雲悠悠涼颸參差吹孫浮游寶刀雕弓地下留嗟家健筆空橫秋江北兮五馬江南兮五侯侯家帝里長已矣至今墓道羅松楸噫吁巇誰令雙溪日夕波都作隴水東西流

張公洞　　儲雄文

秋陰壓山埋死灰行纏戴笠踉蹌來山人導我覓古洞厠足賠穴相疑猜須臾列炬驚欲倒造化於此根胚胎神仙作計太狡獪搏弄沙石如塵埃若堂若奧若閭閾錯置上下傾煙煤花田徑渡蹋魚脊以尻代趾膝拄頦衆聲啥呀忽叫絕舉頭一線圓光開迎光競進轉瑟縮總有耳月難爲才或如驚風排堅冰仄立鞭撻蛟蜃豎尾撐高桅或如萬釘拔筍春欝浡不辨猫頭鳳尾磕磕搜怒雷亦鳥亦獸驀且舞非煙非霧往復廻亭亭姹女捲簾出鬟風一尺裙雲裁指點翁媼守丹處几榻瓊淨鋪尊罍其餘瑣屑不足數收我視聽凌高臺暗中乳管互包絡遺憾未及探根荄行看提足騰洞口已有日光倒景一片荇藻交蕣苔踞崖百喚不一應安知予樂非魚哉

增修宜興縣舊志卷之十

藝文志　五言律

送臨津房少府　　唐　楊炯

岐路三秋別江津萬里長烟霞駐征蓋絃奏促飛觴階樹含斜日池風泛早涼贈言未終竟流涕忽沾裳

秋夜宴臨津鄭明府宅　　杜審言

行止皆無地招尋獨有君酒中堪累月身外即浮雲霜白宵鐘徹風清曉漏聞坐攜餘興往還似未離羣

送陸鴻漸南山採茶　　皇甫曾

千峯待逋客香茗復叢生採摘知深處烟霞羨獨行幽期山寺遠野飯石泉清寂寂燃燈夜相思磬一聲

晚次荊溪呈崔明府　　張　祜

艤舟陽羨館飛步繞疎楹山暝水雲碧月涼煙樹青長橋深夜影遠櫓下溪聲況是無三害絃歌初政成

送義興元少府　　李　端

逢君惠連第初命便光輝已得羣公組微妨太傅譏路長人返顧草盡燕回飛本是江南客還同衣錦歸

宿荊溪館呈邱義興　　嚴　維

失路荊溪上依人忽暝投長橋今夜月陽羨古時州野燒明山郭寒更出縣樓先生能館我何事五湖遊

送喻梟及第歸陽羨　僧無可
姓字載科名無過子最榮宗中初及第江上覲難兄月白
波濤没茶連洞壑生石橋高思在且爲看東坑

望湖　宋 蘇軾
八月渡長湖蕭條景物疎西風片帆急暮靄一山孤許國
心猶在匡時術已虚岷峨家萬里投老得歸無

舟過湖汶泊丁山　孫覿
雞犬三家市蓬蒿一畝宫蘿牽籬巤翠葉隕砌堆紅宿鳥
來還去微泉咽復通幽林殊未已落日滿疎桐

日下殘紅歛烟深積翠重鷗輕没浩蕩魚樂自從容野饁
迎秋穫鄉謳相夜春田翁有眞意一笑酒中逢

題通眞觀　元 陳鈞
萬木鎖幽寂窗虚夜氣清松風醒酒病蕉雨聽棋聲老子
來分榻山人勸避名避名何處去烟浪五湖程

贈滆湖隱者　陳師曾
延陵隱君子居傍五湖濱日似忘機鳥時收墜網鱗悠然
遺世故樂矣見天眞我亦耽幽處於焉願卜隣

上金牛嶺　沈貞
一上金牛嶺令人野興多尋詩旋澗谷採藥挽藤蘿振臂
風醒酒掻頭鳥和歌烟中起長嘯塵世欲如何

遊會仙巖　徐伯通
溪水碧溶溶東南聳衆峯斷崖蒼蘚合深塢白雲封幻世
眞堪厭仙蹤不易逢何年傍西崦結搆遂疎慵

過任昉釣臺　明 周砥
雪樹參差短寒山迢遞明深春釣臺没殘照夕嵐輕萬化
同斯盡孤名如水清誰悲范僕射千載見交情

南山小隱　王超
一室南山下蕭然雲半間芹葅便病齒野服稱衰顔塵軟
何曾到仙軿或可攀莫嫌渾嬾熳幽事亦相關

雲林幽勝處徐孺有茅亭巖溜到池靜簷峯隔幔青山瓢
椰子酒石室蕊珠經媿彼塵途客東華夢未醒

大潮山　卞榮
陽羨誰爲鎮東南第一峯陂陀結蘭若湖水浸芙蓉禹貢
良材具坤輿秀氣鍾出雲作霖雨此處有人龍

罨畫溪　夏瑄
春草翠逶迤春流緑漲溪不知溪遠近但見樹高低雨過
花爭發風來鳥亂啼藤翻波影碧妙絶畫難題

蜀山書院　陳公懋
萬疊雲山裏坡仙迹已陳依微殘壁夜寂歷野花春光氣
横孤漢文章滿後塵懷賢動長恩何處采芳蘋

遊善權洞 時宜興尹何伯直同行　楊一清

餘興尚崔巍盤旋去却廻停杯遲山月躡屐破林苔歌吹緣雲上茶煙引鶴來奇觀誰解賦何遜故多才

荊溪道中　孫一元

樹夾蒼崖立逶迤溪路微浪花迎棹尾山影上人衣饑鵲鳴將下頹雲凍不飛還尋舊遊處日暮漁樵稀

同吳頤山諸公荊溪泛雪　王大用

重過泰伯宅共作剡溪遊愛雪飄尊俎看山失島邱水雲無逝鳥簑笠有漁舟興盡已昏黑醉歸鸚鵡洲

飲雙溪圖塢莊　吳仕

峯回谷仍轉人語隔疎林曲澗春流細微風午坐深惜花聊對酒把竹共論心更好樓頭景鉤簾碧萬尋

罨畫溪泛舟　蔣山卿

水向桃花發溪從罨畫遊春風漫搖蕩孤棹好夷猶碧浪牽魚藻清沙點雪鷗任公釣臺在吾欲一垂鉤

暮春遊陽羨　唐順之

青溪知幾曲惟見白雲深一入蘼蕪境欣聞樵採吟春鶯未停囀夏葉始繁陰乘此縱長嘯悠然物外心

雨中遊善權　周天球

山雨颯寒愁山嵐翠欲流不孤攜屐往直擬採真遊木落蒼崖谽泉鳴古洞幽仙期不可即濁酒漫淹留

經臨津城廟　湯建衡

舊縣猶存廟淒清溪水陽居人聚村落賽社說城隍古樹喧鳥雀平疇襍稻粱維舟一登眺落日正蒼蒼

雨遊善卷　吳貞吉

古殿層霄外遊人雲霧邊長松開綠徑新雨出鳴泉展齒添山響村炊合暮烟登臨思往事身入大唐年

憩芙蓉寺　楊起祥

夏日宜幽矚卑樓壽熱偏祗緣僧舍好來借石牀眠徑轉疎疎竹池通細細泉香消柏子火茗味下蒼烟

秋日山居　任名臣

黃葉溪邊路悠然一徑通好山遮不斷遠水積疑空粉堞愁蓮渚香來訪桂叢里人機事少吾亦是愚公

善行洞看杜鵑　鄧秉貞

善行本爲長者得名而今之遊善行者專爲杜鵑絕非爲高僧遺跡也昔人謂羊叔子不如銅雀妓今可謂善行長者不及杜鵑花耳雖然微杜鵑人并不知遊善行矣是杜鵑猶爲善行護法也雖然吾又惡知長者不以杜鵑而爲佛事余乃詩以當偈

入山應免俗翻爲踏春行古洞留僧號繁花帶鳥名役魂應見色啼血且無聲只恐春歸後緇流惡獨清

東城春望　國朝　儲方慶

城上春光滿登臨興自賒輕風拂楊柳晴日照梅花京國迷天路山川感鬢華留連惟野色郭外幾人家

漲卯潭　湯能獅

山下一泓水無人空自清波提修竹亂石出早潮平天地留眞境林泉誰有情惟餘深澗底幽草逐時生

攜友南岳　蔣偉

探幽向層碧攜友還獨行氣合衣多濕風來鐘自鳴閒懸山色滿足到澗聲清伏虎名知久歸來已二更

𨻶蕸茶泉　盧士登

嶽秩從吳禪幽泉卓錫停花間開照鏡石底落明星品合

中泠美姿分上貢馨盈盈常不溢源遠自通靈

蛟橋夜月

中流環粉堞夾岸卧長虹水合羣山秀花深萬井融冰輪開玉宇霜鍔淨蛟宮解取姮娥意清光孰許同

遊芙蓉寺贈雪上人　徐嗜鳳

春晴動遊興輕棹渡溪沙竹隱高僧屋雲封古佛家疎鐘空萬籟爪嶺鎖孤霞脫俗歸蓮社頻來坐小車

遊張公洞二首　史鑑宗

一卷藏島嶼誰闢此壺天反振峯巒勢全屏日月權分明列堂奧恍惚隱神仙只恐追尋去桃花在隔川

迹有烟霞侶同探造化工直疑窺鬼谷還恐動蛟宮側石飛梁渡懸崖小磚通燭龍如可達我欲鑿鴻濛

同李研齋遊南嶽寺二首　吳固本

亭午入南澗尋山忘我疲陰崖疑虎近荒寺得僧遲竹喜竿竿大梅涎個個垂日闌吾欲住草具果相宜

卧樹通人過林深覺伴稀山魈晴欲出蒼鼠晝能飛逆旅原今古空山何是非最憐塵世外衰盛亦同歸

渡西溪將至西墟别業　吳本嵩

舴艋知溪性微風水不波鵝鶵聽處見楊柳坐中過泛宅心空切歸田話較多身居圖畫裏不隱待如何

善行洞與山僧茶話　吳梅鼎

高嶺參天立烟雲曉夕生山靈留勝地石屋喜新成松偃虬龍跡巖棲鶴鶴鳴心期就林壑相對眼雙明

過周孝侯墓祠

今年秋事盡提落又如斯聊復登高望閒吟晚眺詩鳥聲風靜處山色雨晴時一片祠前草萋萋似黍離

龍池　陳維岳

憶昔探奇勝題詩池上樓亂山雲石古一徑竹松幽怪侶稽中散名僧湯惠休曾聽夜半雨龍跡至今留

泊東湖雙橋　岳麓

凌晨過夾浦日暮泊雙橋就網分鮮鯽提壺剏濁醪山光
浮近遠帆影没波濤笠澤誰云濶葦航信未遥

舟泊荆溪即事二首　李珍

十月江南地輕衣未覺寒水光明玉女烟色暗銅官風葉
時時落霜花處處繁斷蛟橋下路懷古每憑欄
暝色空如洗千峯一抹勻疎星懸樹杪曲水度城闉鴈織
雲邊錦魚翻沼面銀徘徊忘夜永寒笛更撩人

雨中游罨畫溪　徐江普

亂雲生極浦小雨失山郭一艇衝寒發緣溪問水源崖空
仙跡杳樹老鶴巢昏不見桃花浪春歸無片言

宿畫溪菴　儲雄文

古寺夕陽邊霞蒸竹氣鮮人耕石面土泉响洞中煙萬木
月坡立數星禪榻懸聊隨羣動息鐘梵亦冷然

溪橋候月　蕭趙炎

候月荆溪口初涼橋上生星辰秋在水河漢夜無聲農火
歸殘巷漁家話淺更興來忘所待人影欲同行

夜渡東溪　謝方琦

倚棹看雲漢溪千夜色餘舟行秋樹裏月上曉鐘初極浦
沙鷗散村橋野竹疎到來啼鳥亂風葉滿階除

增修宜興縣舊志卷之十

藝文志　七言律

遊荆溪　唐　嚴維

銅官之山溪水南周處廟前多夕嵐看捲雲帆歌白苧勸
嘗春酒破黄柑長林獨往誰能覓幽事相關性所耽若欲
避喧那畏虎尚從地主結松龕

三月三日同義興李明府泛舟　皇甫冉

江南烟景復如何聞道新亭便可過處處藝蘭春浦緑萋
萋藉草遠山多壺觴須就陶彭澤風俗猶傳晉永和更便
輕橈隨轉去微風落日水無波

題善權寺石壁　李蠙

四周寒暑鎮湖關三卧漳濱帶病顔報國雖當存死節解
龜終得遂生還容華漸改心徒壯志氣無成鬢早斑從此
便歸林藪去更將餘俸買南山

題天申宫　宋維

殿閣盤空壓巨鰲洗然靈迹助風騷玉龍卧久洞雲冷元
鶴啄頻山月高深谷羽童探石菌曉堂眞侶飲仙桃可憐
不悟長生者塵裡區區改鬢毛

次蔣穎叔韻　宋　蘇軾

月明驚鵲未安枝一棹飄然影自隨江上秋風無限浪枕

中春夢不多時瓊林花草問前語罨畫溪山指後期豈敢
便爲鷄黍約玉堂金殿要論思

張公洞　蘇軾

亂山深處白雲堆地坼中空洞府開蘭凳有天含宇宙瑶
臺無路接蓬萊金芝春暖青牛卧珠樹月明黄鶴回此日
登臨興何限春風吹綻碧桃腮

東溪　梅堯臣

行到東溪看水時坐臨孤嶼發船遲野鳧眠岸有閑意老
樹着花無醜枝短短蒲茸齊似剪平平沙岸淨於篩情雖
不厭住不得薄暮歸來車馬疲

題張公洞　單鍔

松菊投荒山水間阿難指點到仙寰洞門龍出雲猶濕石
室丹成火欲寒百越樓臺摩詰畫三吳烟水季膺閒陶然
醉卧花間酒細納餘香滿袖還

勝果寺　周必大

門前叠嶂鎖烟霞澗底流泉泛落花藏却三衣辭寶社寄
生二子在農家聽經日到斑斑虎獻茗時來白白蛇是聖
是凡都莫測世人休謗亦休誇

望太湖　蘇頤

香杳波濤閱古今四邊無際莫知深潤通曉月爲清露氣

入霜天作溟陰笠澤鱸肥人鱠玉洞庭柑熟客分金風烟
觸目相招引聊爲停橈一楚吟

題宜興迎華驛　無名氏　建炎間人

家問不來秋夜長白鷗眠處倚牙檣風摇湖水動山影天
壓龍雲低雁行菊老過時猶嚼蕊魚逃無水尚鳴榔洗兵
馬詔何時下免遣農夫坐女墻

笠澤漁隱　元　陳子貞

方塘如鑑石如峯落葉平蕪覆一重雲作曉陰低薜荔水
涵秋色亂芙蓉黄冠道士松間過白雪漁舟月下逢尚想
天隨無俗伴應攜茶竈與從容

善權山洞　張雨

善權離墨爭盤紆浩刼礧砢仙人廬莘莘石林壓水府往
往問道通樓居壁藏已出黄素卷穴處猶多青綠魚愛此
長連煮茶竈待我盥漱沾遺餘

題荆溪圖　明　周砥

荆南山水昔曾遊離墨銅官嵐翠浮任昉臺前好垂釣張
公洞口不容舟綠蘿捉雨花飛急白鳥銜煙浪未休今日
披圖一惆悵王君任處憶風流

游張公洞　吳雲

天開地闢神仙窟壯觀荆溪第一峯紫府移來知上界青

驟去後見遺踪柯消石室棋聲歇花落巖扉麝氣濃我欲步虛窮睇盼雲深直恐伏虬龍

過蓮溪　高直

菴畫溪頭賀鑑家碧涵天影淨無瑕微霜色染青楓樹流水香飄白藕花風急片帆投極浦日斜一雁下平沙扁舟載得蘭陵酒來候星郎八月槎

滆湖　王超

湖上人家淡夕暉青山數點映柴扉桃花流水迷歸櫂楊柳東風拂釣磯晚飯香抄雲子粒晨羹細斫錦鱗肥卜隣我欲從漁隱歲晚滄洲願不違

金鵞峯

金鵞秋色淨塵氛每憶登臨賦夕曛一徑曲通窮島上兩峯高並翠屏分禪宮遠近皆紅葉鳥没蒼茫半白雲許我結茅曾有約山靈不必重移文

送仲弟時望歸為義田之舉　徐溥

扁舟憶昨上神京知爾非圖利與名先志未忘年尚少義莊欲置議初成族同公藝雖無及制倣希文定可行莫惜殷勤為久計緘書早報慰深情

黄瀆舊居有感　沈暉

黄瀆移居二百年門前喬木蔚參天　春風楊柳湖邊路曉雨桑麻屋後田撫鵲非關鳩性拙巢松休恠鶴情偏傳家不用千金積架上遺書有一編

蜀山草堂　胡璉

春風禽鳥自相呼最愛茅亭水竹居詩有投簪解珮句人傳射虎斬蛟書玉堂金馬論思後白酒黄鷄鄉社餘我到蜀山祠下拜荻花楓葉值秋初

邀費鵞湖過山莊避暑　吳儼

小浴橋西碧澗長濯纓不必問滄浪五湖地濶居偏靜六月山深夜自涼池面雨浮菱葉亂門前風細稻花香高雄暫住茅簷下音信何愁滯異鄉

荆溪道中　文徵明

扁舟十里下荆溪落日蒼涼草樹低絶巘凝暉知積翠晚風吹水欲流澌行逢曲渚常疑斷遥聽荒雞近却迷一片沙鷗明似雪背人飛過野塘西

遊善權　方鵬

肩輿冉冉欲凌空翠竹蒼松隔水東三洞直通溟渤外諸天疑在渺茫中獨憐地主來今雨更羡山僧抱古風明日又從何處去雪泥踪跡笑飛鴻

義興八景詩 有序　方逢時

嘉靖壬寅予筮仕義興聽理之暇觀風境内愛其山溪洞巖幽深奇絶多天成之巧不假人為命駕操舟

使人槩而亡反因誦帝應物縣多山水真仙吏之句若有得焉爰考圖志見其所載十景者可以槩其一二而未盡也命工繪之成冊垂三十年矣歸自雲中林卧無營翻閱舊笥止存其八時復展玩恍然身在玉潭銅峯之間與張公玉女相邂逅也各賦近體一章以紀之夫壯年奇趣消磨漸盡追憶舊遊慚無惠政而佳山佳水知自無恙也撫景興懷艮增一慨

龍池夏雲

何年飛去舊池寬噓氣氤氳尚未乾三伏炎威蒸下土九霄清絕溢高寒人間漫自驚神蹟帝世曾聞紀瑞官欲學無心蟠大地石林金谷共盤桓

蛟橋秋月

雙溪秋水淨無塵隱隱長虹跨遠津丹桂香飄蟾窟曉白

榆光散蚌胎春關山有恨飛橫笛河漢無聲轉玉輪劍氣尚冲牛斗在九淵何處泣蛟神

洴洌雪竇

奇英六出洒長洲小艇雙溪泛遠流結習何緣花著體雕鎪孰是玉盈眸坐溫蓬底春生盎起舞風前月掛鈎醉卧不干塵土夢牛衣堪笑泣孤囚

國山煙寺

塵世茫茫幾劫灰化城依舊碧山隈諸天樹老悲猿鳥五葉花殘空草萊僧定石牀雲寂寞泉流玉澗日昭回須知至理無生滅何事三生有去來

陽羨茶泉

一泓飛雪落晴峯萬樹流雲散曉空采處喜逢金粟長汲來驚見玉花濃乘風便可遊三島錫貢應先上九重欲識山中清絕處試將標品問盧仝

畫溪花浪

春盡溪南花亂飛東風卷畫見葳蕤影涵魚藻搖空碧香逐鳧鷖盪遠漪漁父醉時歌欸乃女郎遊處鬪腰肢扁舟記得經行日霽雨晴烟錦纜遲

玉潭凝碧

萬壑中盤一鑑開昆明浪說有秦灰光涵翠碧烟霞淨寒

浸青冥象緯回魑魅穩驪龍珠自媚練成冰繭錦難裁不知玉女今何處濯罷長纓歸去來

銅峯疊翠

峯峯蜿蜒鬱流虹障列荆南紫翠重萬古雲霄懸鳥道雙懸日月轉龍宮溪沉霽景冲融裏樹染晴嵐杳靄中却憶當年抱琴處捲簾圖畫對花封

大潮寺　沈敕

瘦竹扶吾到上方湖山一覽盡吳鄉千年福地烟霞合六月薰風殿閣涼老去未應詩思減醉來還覺禮容莊七言援筆俱成就金谷誰當飲罰觴

初夏同友入芙蓉山　吳達可

經春日日掩郊扉喜是同心寄所思山鳥有緣還自語巖花無意向人期已甘水石同身老何事塵寰入夢思爲問來來亭上月幾人共賦白雲詞

國山烟寺　蔣如奇

巍巍古刹與雲平夾砌松濤入檻迎陸洞千尋環水洞三生一偈證無生蒼茫薜蘚殘碑立峭削琅玕玉桂明貪看翠烟迷遠近移時凄梵喚人清

龍池曉雲　萬濯

松徑千重入翠微杉風春老落緇衣閣招海日紅堪掇檻

貯巖雲白欲飛蘭若已沉禪月影蒲團猶映梵燈輝禹門佳景今仍在鉢裏池龍上玉磯

周侯古祠　任名臣

仗節惟餘土一邱千年劍履此中幽西戎蔡藿生前恨落日牛羊塚上愁射虎亭荒風自烈斬蛟橋在水仍流可憐祠廟渾如昔古木陰陰集暮鳩

畫溪花浪

青山曲曲抱溪迴十里藤花送酒杯啼鳥過時紅欲碎遊魚沫處緑成堆紋疑西子羅中見艷逐魚人問後來獨有錦江差可擬攜樽應得恣徘徊

龍池曉雲

枝巢聊寄白雲阿杲日初升瑞靄多紅雨乍飛鶯綴綠碧天如洗欲生波浮來亂水銀千縷散入遥岑黛幾螺聞道石梁原不遠捨身無奈俗緣何

城南小築始成即事

日射層城散赤霞地偏誰復羨山家滿園晴竹初添子繞樹春藤尚作花夢去不知成蝶化閒來時亦問魚叉悠然坐到忘言處松響鶯啼也覺譁

過吳楓隱登雲起樓露臺　國朝 蔣偉

露臺高出暮雲顛主道歡留酒盞前帆影到闌沉晝角山

根帶水入青天置身百尺難爲俗果腹三升已達元待得老梅香滿樹朝朝從此卜長眠

游龍池　莊同生

禹門三級石橋幽槲櫟橫施最上頭避暑窟中風不歇浴暘臺上雨初收山僧分試新羅岕過客渾拔破衲裘再向憑虛高閣望萬峯環翠拱丹邱

洴浰雪簑　徐喈鳳

溪空雲凍雪霏霏何事漁舟獨未歸隱隱白衣人把釣茫茫素練浪衝磯半身簑笠忘寒暑一色乾坤渾是非此景從來難寫照雲林淡筆或依稀

周侯古墓　史惟圓

孝侯遺像儼祠堂疑塚纍纍荆水陽遥見旌旗空際出誰將冠劍此中藏古碑有字荒苔碧老樹無枝落日黄今日紛紛足蛟虎威靈寂寞對寒塘

禹門橋　吳本嵩

百斛紅塵到此消遊踪直上禹門橋潑溪龍孕吞雲子亂石松聲作霧朝春雨箏雄高出樹晴巒苔滑綠齊腰衝梁水湱如雷吼未了凡心尚易搖

謁平西將軍墓　湯能翀

斬蛟射虎事何難仗節須登上將壇一自沙場遺戰骨幾時故里葬衣冠秋風牧馬荒原静落日啼鴉古木寒爲訪當年忠孝蹟斷碑蕪没有誰看

湖濱眺遠　邵俠

鷗磯鳥道恣經過浪捲沙痕旋指螺插地一峯縹渺出連天萬頃水雲多偶攜同調尋幽賞不覺清狂起浩歌世事東流誰砥柱湯從方外覓烟簑

遊石磬

古藤掛壁舊曾攀高閣凌虚敞不關峭嶂崢嶸排檻外幽泉自在響松間林深有客披雲坐山静如僧盡日閒醉著不聞塵界事倦飛應羨鳥知還

遊善權寺　蔣景祁

雨餘煙寺路初通一徑松風聽不窮綠字久湮丞相碣青山無恙梵王宮林間鐘磬横空度洞口雲霞入畫工我至欲尋棲隱地當年善卷許誰同

善權洞　錢肅潤

此洞原來是善權今朝如遘避堯天劫灰不使湮丹竈滄海何從變石田百尺虬龍猶在上兩行獅象正當前我生若得長行樂願誦康衢野老篇

玉女潭　孫亢宗

聞說仙姝一寄蹤丹成飛去更難逢長留皓月明潭鏡可趁晴雲現玉容巖上異花青鳥度澗邊古碣碧苔封遊人不敢舒清嘯恐放聲驚水底龍

同其年原白攜壺福生寺　吳梅鼎

南郭仙居接梵宮壺觴結伴幾回同晴雲晚駐千峯日曠野寒生萬樹風城動角聲歸牧馬溪涵月影度征鴻山川儘可供吟嘯何事人間逐轉蓬

過亳村看牡丹　龔勝玉

是處桑陰浸綠村經行不計舊苔痕雲依流水時遮徑客爲看花便叩門步障香塵爭一瞬寒沙片石坐堪論子規且莫啼紅急留取晴笻到故園

磬山蜀山俱未果遊縱步至趙莊菴小憇悵然賦懷
迂踈如我百無躭膭有溪山興尚酣九日泛尊誰是主三
秋尋勝惜空譚郎看芳渚尋鴻鴈謾捲晴霞斂翠嵐此際
愁心何所遣行行還向趙州菴

春日同友飲石亭紀勝　許穎昌
繫舫溪橋向曲阿春山深寂聽樵歌濤聲飛向松杉急人
跡經從薜荔多竹裡紅泉縈碧檻波間白石轉青螺相看
疑入山陰道修禊歸來月滿坡

過陽山潮音寺　許大就
喧寂春秋過自分常留龍象護慈雲綠楊風定看山影白

草烟清見水紋猶認鶯啼當古渡俄驚月出散斜曛歸心
帶講依然定方丈疎鐘幾度聞

入龍池山坐萬息亭　路念祖
孤亭橫枕亂山邊楚老相逢偶息肩馬跡車塵分下界鐘
聲花氣落諸天苔堦翠滴池頭水竹徑涼通谷口烟去去
不須登絕頂勞生到此已悠然

上巳日食棉繭團　萬夔輔
帶雨挑蔬遺作團匀成膩粉足供餐誰家椰絮先偷煖別
有桑絲巧耐寒氣味圖經渾未熟年時風俗整相看憑教
點檢蘭亭節與取奚奴捧一盤

娑羅樹　出郭名山南岳為最襟溪帶邑列岫重峯時偕勝友仗策其間泉聲咽石日色寒松如行山陰道上應接不暇寺門有娑羅樹一株相傳稠錫禪師手植嘅咏其下不自知其工拙也　楊湛露
靈山翳鬱晝長陰寶榦槎枒自古今東渡一花原五葉西
來雙樹不多林石邊掃月移清梵池上吟風起素琴伐木
斧柯曾不到懸知佛日過來深

滆湖漁火　岳駿
落日漁舟艤水涯一湖南北任浮家知因沽酒忘村遠定
為穿魚折柳斜野岸烟橫燒楚竹遙汀燈亂隱蘆花秋來
孤米垂垂實飽卧星霜度歲華

銅峯叠翠　潘宗洛
嵯峨不與衆山隣遠襯雲根接地輪依縣作屏橫翠黛遙
溪浮影壓金鱗層層雨洗天同色曲曲風迴谷應春我欲
往尋袁令蹟薜蘿環接石苔新

玉潭凝碧
曲澗淙淙別有泉忽於山曲見深淵一泓秋水翻天碧萬
樹春容胥谷烟照影石潭塵自洗留雲松壑意多元高崖
靜處紋如縠玉女何年駕鶴還

增修宜興縣舊志卷之十

藝文志　五言長律

荆溪夜漲　唐 皇甫冉

驚湍流不極夜度識雲岑長帶溪沙淺時因山雨深方同七里路更逐五湖心揭厲朝將夕潺湲古望今花源若許到雖遠亦相尋

龍巖　宋 孫覿

日上千峯亂風涵萬壑秋兩崖拆天罅一水瀉巖幽絶岸飛橋過尋源秉炬遊倚空翹翠葆漱石走蒼虬老樹攙天立奔雲接地流壯懷開浩蕩病骨聳颼飀皓首殊方去清

尊盡日畱無人與說似勝事滿南州

張公洞　元 包節

採藥珠林逈尋真洞府懸隨花漁引入捫葛鹿俱前谷抱烝雲潤崖承滴乳鮮霧昏三里合炬列百枝燃斗絶疑無地霞標覺有天千巖微映紫百道稍聞泉徑草封樵局壇松護鼎烟匡牀猶玉簟殘埒尚芝田控鶴人何在遺宮跡宛然憐余朝槿歲欲問大羅仙元秘空延想徘徊獨暮旋

玉女潭　明 萬士和

扶杖升天壁低身下碧涔人傳仙子跡我向玉潭尋名自從開闢源誰測淺深霞明脂棄水日照鈿拋金投石探餘響浮杯試淨心還看千嶂合不受一塵侵映樹層層翠含雲片片陰壑餘聲杳杳山拔氣森森我昔貪幽賞因之滌素襟何緣未解珮遂喜得抽簪應接人無暇登臨思不禁回車當暮景歸路發長吟

楚山爲沈克貞賦　許穀

全楚多靈嶠茲山秀獨睬峯晴流紫霧石潤湧金沙結搆臨邱蔚虛無絶世譁樓觀松嶺日窗度玉潭霞地發千年藥林開五色花修梧停鸑鷟大澤卧龍蛇洞月開圖帙巖星映莫邪谷中三賦就看爾獻京華

遊南岳廢園　國朝 徐騰蛟

出郭尋春去攜舠得自由晴天新語燕暖水忞浮鷗深淺時花見嶙峋古木稠行行峯漸矗潺潺壑初流滲雪前村李凝烟別徑湫幾年成賊窟山鳥怪人遊澹日空攜扇輕寒早脫裘柴車聲遠近槿戶影綢繆松鼠偷花健山雞啄蝶遒谷鳴樵斧落鸝語客笻畱蟄笋驚雷拔茶苗沐雨抽小庵尋憩息老樹逈無侔蔭畝孳青薺參霄動絳虬良材遭浩刼拙匠肆虔劉斷梗猶鱗甲橫軀若卧虎百年餐雨露一斧廢春秋過客含長嘆村兒昧遠謀倚藤聊渡澗入竹漸忘邱遭火悲殘樹迎風想舊樓玉蘭存朽蘖金橘作薪樵菌乳供僧飯椿芽侑僕收枕流消汗濕拂面覺風柔

山火早歸尸林狙𤞑聚傳泉聲頻送展野老待傳瓯倦足逢郁愁香酲喜客酣松濤檐下過麥浪樹前浮薄暮應防虎連陰欲怒鳩勝遊天亦妬高興雨爲仇瞑麓趨農笠烟田喚渡舟城門驚早閉秉燭樂歸休洗足舒長嘯含毫散宿愁茲遊殊草草吾意已悠悠

重修學宮喜成　潘起

重瞻黌序美殿宇仰崔嵬荊水佳名舊文章勝賞陪菁莪磨雅化棫樸見良才絃誦風逾盛謳吟運轉開門成桃李逕堂集棟樑材鱗瓦標新月鳧鐘應早雷彩椽增古藻薝樹淨餘埃日麗花磚影橫經上玉臺

讀家司馬忠烈公鉅鹿野史　盧士登

政府肅戎旃中丞閫外專詩書忠孝盡韜畧智仁先豸冠孚三楚移師靖九邊向方星彩煥御酒主恩傳決戰譽和議孤忠伏闕前監瑫旁掣餉樞輔内招欑慷慨龍城氣吁嗟馬革捐朱偻空壁壘白石隕燕然八載關山月千秋塞草烟英雄長灑淚搔首問蒼天

增修宜興縣舊志卷之十

藝文志五言截句

題玉女潭　唐　獨孤及

碧玉徒强名氷壺難比德惟當夕照心可並奫淪色

送陸士倫之宜興　李嘉祐

陽羨蘭陵近高城帶水閒淺深通野水緑茗滿春山

秋日湖上　薛瑩

落日五湖遊烟波處處愁浮沉千古事誰與問東流

宿甑山晝上人房　僧皎然

别來山頂宿知在甑山禪積翠沉斜月孤燈照落泉

隱居南莊　宋　蔣之奇

耕春烟一壠釣月水千尋未荒三徑菊不負此生心

乞常州義興居住得請　蘇軾

上書得便宜歸老湖山曲躬耕二頃田自種十年木

遊龍巖三洞　元　葉景南

徘徊三洞天擗作十日留何當約安期共爲千載遊

題荊溪　倪瓚

荊溪清遠地水秀石幽貞誰識懷歸者終朝憤憤情

銅峯秀色　明　馬治

竹陰重翠羽樹色冷龍鱗五月無人境銅官南澗濱

大潮山　　　　項　麒

廟上大潮山，靜倚大潮松。耶舒萬里眼，淨洗百年胷。

泛湖　　　　邵　珪

風恬一鏡平，闌槳擊空明。仔細看秋月，浮雲亦易生。

泛太湖　唐府志題作汎太湖　　　　杭　淮

一葉烟波艇，如乘銀漢槎。秋來萬里興，浩蕩屬誰家。

玉陽山房

幽卧春山雲，黄鸝隔窗語。靜響發澄潭，女蘿滴殘雨。

張渚道中　　　　湯　霖

雨晴沙草潤，湖潤暮烟平。清興無人續，閒鷗定舊盟。

善權寺龍眼亭　　　　吳正志

山深入寺僻，得亭始得路。夾道護蒼松，行行欲回顧。

南岳　　　　吳貞吉

結宇依空谷，秋來多白雲。前山渾無賴，日日下斜曛。

乾元升

絶壁藏深塢，仙臺俯碧空。疎篁一蕭瑟，我欲御長風。

洗腸池四偈　　　　鄧秉貞

腸汚既欲潔，水垢亦應爾。不識洗腸池，更將何物洗。

剖腹我不能，洗腸何必爾。不見月光重，徧身都是水。

胸藏塵萬斛，一水安能洗。若解洗腸時，池中無滴水。

清泉良可漱，勿以汚吾齒。我視錫師腸，同于許山耳。

南岳雨餘　　　　國朝　蔣　偹

雨過農何急，晴來我自閒。灌將山色老，添得水聲潺。

國山烟寺　　　　路　衡

朦朧竹間月，出沒松頂鶴。何處晚鐘鳴，簌簌野花落。

善權小水洞　　　　謝方連

石晴間雨滴，竇冷欲生風。只恐彈琴久，潭深起白龍。

西溪即目

漢原罷耕作，樵徑人踪絶。水廊北風寒，舟橫渡頭雪。

田居雜興

刈穫在南陌，日高人出村。村側一溪綠，蓼花紅到門。

天寒暑時易，清興滿晨夕。霜樹影初稀，秋山入潭碧。

簷上鳩獨鳴，籬邊燕雙舞。新篁長出墻，時墮瀟瀟雨。

荆溪雪望

前汀亂葭葦，北里烟村潔。寂寂溪渡寒，人肩一罾雪。

梅溪絶句用張文昌韻

曲徑香風滿，梅溪日未斜。有情應再往，一看水南花。

野逕聲聲笛，疎林暮影斜。逕同一溪水，流出盡梅花。

新梅溪上發，殘月望中斜。一徑穿雲入，聞香始辨花。

增修宜興縣舊志卷之十

藝文志 六言截句

宿龍山 唐 韓翃

山中今夜何人門下當年近臣青瑣應須早去白雲何用相尋

別龍山

一身趁侍丹墀西路翩翩去時惆悵青山綠水何年更是來期

牧之水榭 無名氏

罨畫溪頭問渡銅官山下尋僧水榭風橋曲曲楓林雲磴

層層

福嚴堂頭再過公安病中信口送行所望不忘夙約三首 宋 李曾伯

記得桂林臨別勸師緊閉禪關又被如來牽率未容高臥雲山

浙境欲留師住荆人爭望師來要是因緣未了不妨兩地徘徊

方藉名山作主胡然舊席重開了却江湖願力切須早早歸來

寓宜興予莊贈吳翁 明 費宏

水北水南芳草山前山後白雲我欲求田問舍杖藜載酒尋君

遊張公洞返棹 李杲

若雨可歇不歇短帆欲開未開一片閒雲洞口不嫌人去人來

芙蓉寺大悲松 僧行能

曲徑寒松千尺不知何代人栽亭亭挺立天外野鶴不呼自來

來來亭

孤亭結在雲中領點無數蒼龍獨許老龐親到尚餘市地

清風

三到亭

昔年賣筑籬翁問道頻來此中萬壑寒松翠竹一亭秋月春風

增修宜興縣舊志卷之十

藝文志 七言絶句

送李校書趁寒食歸義興山居　唐 白居易

人見騰騰詩酒客不憂生計似君稀到舍將何作寒食滿船惟載樹陰歸

贈上人　顧況

家住義興東舍溪溪邊莎草兩無泥上人一向心入定春鳥年年空自啼

茶山下題草市　杜牧

倚溪侵嶺多高樹誇酒書旗有小樓驚起鴛鴦豈無恨一雙飛去却回頭

荆溪夜泊　李九齡

點點漁燈照浪清水烟疎碧月朧明小灘驚起鴛鴦處一隻採蓮船過聲

題雙楠軒 蘇容輝所居　宋 蘇軾

南軒前頭兩佳木先生擁氈常不足尤愛薰風五月初白銀花開光照屋

舟泊山溪　朱熹

鬱鬱層巒夾岸青春溪流水去無聲烟波一棹知何處鵜鴂兩山相對鳴

過張溪贈張完　岳飛

無心買酒謁青春對鏡空嗟白髮新花下少年應笑我垂垂羸馬訪高人 張完答詩云相別相逢不計春眼前非舊亦非新聲求色相皆邪妄莫訝無疑是昔人今勒石尚存

題荆溪圖　張監

斬蛟橋北王樞府高樹迎雲第一家欲向新圖問何處客窗風雨對梨花

前題　虞堪

好山都在太湖西滿路風烟荆棘迷華屋燕飛今在否市橋官柳不勝題

前題　王蒙

太湖西畔樹離離故國溪山入夢思遼鶴未歸人世換歲時誰祭斬蛟祠

重讀荆南集有感　明 高啟

生別猶疑得再逢楚天雲樹隔重重愁來讀盡荆南稿風雨空齋掩暮鐘

洴滆湖　馬治

荷花欲白水雲凉天濶晴湖明鏡光日暮蘭舟看不及帶將山色下橫塘

周孝侯祠迎神曲

靈修欲歸巫未醒瑣筵香暗燭花明浮雲獨行山雨歇空
裡蕭蕭聞馬鳴

過太湖吳歌　吳雲

南風漸低吳水平行人搖曳櫂歌聲亂畫蛾眉明鏡裡天
青七十二峯橫

遊張公洞　沈暉

湖㳇鎮前春繫船張公洞裡去尋仙青山綠水真如畫紫
笋紅菇不論錢

寄荊溪諸友　張弼

茶芽香碧竹菇紅陽羨荊溪夢寐中寄語遊人休浪占洞

名原是屬張公

送宜興族人二首　儲巏

堂前松桂百年陰門外桑麻十里深父老至今論土著故
家風物只藏林

江上清風起白波晚涼疏雨洗明河遊人真是江南客拍
酒船頭聽棹歌

題荊南集後　徐賁

故友空悲生死異名州曾說亂離頻因君重讀荊南集已
憶溪山又憶人

蹇龍妻陳氏替咏　杭倫

百年匹配重綱常山海盟深義不忘相對玉容君未識菱
花何忍試新妝

荊溪春詞　任名臣

酒旗輕颺酒樓西典得新裘手自攜獨坐花裀誰作伴綠
楊多處一鶯啼

鞦韆兒童放紙鳶翩翩素羽雜鳴絃憐渠總有絲千縷攪
亂春風又一年

尋芳偷向碧山隈金犢寬軿次第來桃李滿車香滿路女
郎山北祭墳回

岳南桃李妬明霞藉草荊花樂事賒汗濕口脂朱半減背

人猶自摘茶芽

卓錫泉

卓錫將無事渺茫一泓清欲損詩腸穀茶瀹罷聽流水竹
影松濤盡日涼

大悲閣

傑閣時時現玉毫入牕晴色倚雲高坐來不覺松聲壯疑
是潮音海上濤

題伏虎禪師洗腸池　國朝　蔣偉

雨後疏池分外清風飛點點雪花輕可憐未解山僧法流
到中流作虎聲

雨中南岳

夏初新整遊山屐樂與山僧數晨夕莫怪瀟瀟雨阻人洗腸池水添三尺

再過善行洞

數峯環處老僧家二尺山童解施茶善行只今惟有洞杜鵑何日始無花

送陳其年歸宜興二首　王士禎

與君五載揚州夢細馬吟春皂莢橋歲晚幽州復相送九門風雪壓盤鵰

送客魂消楓樹林買田陽羨舊同心花枝照眼蝦籠嘴未得從君弄渚禽

雙溪竹枝詞十首　陳維崧

斜日闌橈罨畫遊可憐春水滑如油廻船亂泊蝦籠嘴三月風光似小秋

斑竹粧樓水上多樓前流水是官河釣簾纔覺西風起一幅吳綾已作波

荆溪士女多明秀眠食青山與碧潭周處廟連珠巷北牧之陂在石橋南

最難忘處三春事楊柳參差蝴蝶忙摘蕙滿山裙帶綠焙茶十里水泉香

清明市上雨濛濛酒店帘斜漾遠空紫筍青梅還未歇筠筐已貯竹菇紅

曾數他州食品無廚娘風調冠南都紅槽薄醉燕山獷銀縷如絲切柹狐（山獷土名石獾柹狐食柹而肥二物尤美）

蜀山舊有東坡院一帶居民淺瀨邊白甄家家哀玉響青瓷處處畫溪烟（蜀山居民皆以磁器爲業）

百合場西戰壘存射蛟橋上暮雲昏尚留雨後銅官色潑翠流丹到縣門

善權洞與張公洞秋日偏題老子名仙窟苦封人不見銀房玉竈爲誰明

雙溪杭詩賦半江邵詞前輩風流那得知更說畫家文石張好墨花斜放兩三枝

周孝侯拜斗臺　徐翽鳳

山色蒼蒼水色清將軍忠孝死猶生偶從拜斗臺前過懷古情深淚欲傾

玉女潭二首　萬夔輔

玉女西施各有泉兩般相並最爭妍輸他一面菱花鏡照見丹楓插鬢邊

瑶臺浸澈不勝寒雁字分明著底看寂寞空山黄葉後一規清影碧琅玕

罨畫溪　謝方琦

晴川夾樹絲雲斜莫遣東風掃落霞疑是武陵春未老一溪流水漾桃花

舟行歸抵嘯莊　謝方連

舴艋溪行日半輪板橋瓜舍近西鄰蟬聲向晩邨邨急一路柴門稻色新

題西溪貞義女祠廟

溪葦蕭蕭客渡稀沙禽時見引雛飛一間古屋無僧住終日閒開水廟扉

訪朝陽道院　儲雄文

草積平橋水暗流行來漸覺此身浮道人晏坐前宵雨滿地松花散不收

玉潭凝碧　路衡

山靈何事也爭妍磨澈菱花浸碧天寫到空明無筆墨滿光依約照嬋娟

畫溪花淚二首

紅雨輕盈夾岸飛春風無力綰芳菲蘭橈撥處波心碎滿載花陰帶月歸

滿溪花雨撲山樓濃瀉春光醉碧流最是釣絲風定後一痕紅影上漁釣

增修宜興縣舊志卷之十

藝文志　詞

小令

菩薩蠻　陽羨作　蘇軾

買田陽羨吾將老從初只爲溪山好來往一虚舟聊從造物遊　有書仍懶著且漫歌歸去筋力不辭詩要須風雨時

鳳棲梧　荊溪寫景　蘇軾

山秀芙蓉溪明罨畫真遊洞穴滄波下臨風慨想斬蛟人長橋千載猶橫跨　解珮投簪求田問舍黄雞白酒漁樵社元龍非復少時豪耳根洗盡功名話

浣溪紗　陽羨上元二首　陳克

橋北橋南新雨晴柳邊花底暮雲輕萬家燈火照溪明

梟梟差池官事了木山彩錯市人驚街頭酒賤唱歌聲

罨畫溪頭春水生銅官山外夕陽明暖風無力小舟橫

萬事悠悠生處熟三杯兀兀醉時醒杏花楊柳更多情

望江南　山居　路念祖

山居好約略似仙家木榻殘眠聽夜雨板窗低坐看梅花茶熟飯胡麻

明月斜　舟宿荊溪　史可程

菰蒲肥菱葉瘦一隊沙禽拍浪飛半船明月斜光透

望江南 氿溪　　徐喈鳳

僊溪好春水浴春山風捲浪花漁欸乃煙迷岸柳鳥縣蠻蕩槳不知還

又 憶荊溪　　陳枋

荊溪憶烟景未能描官閣面山横玉案子城帶水束冰綃海市幻蛟橋

楊柳枝 荊溪柳　　史惟圓

溪裏帆檣溪上樓拂帆撩屋柳絲柔不知何事風流甚贏得斜陽無限愁

浣溪紗 癸丑東溪雨中修禊　　陳維崧

春水揉藍接遠汀晚山愁黛矗層屏綠楊城外畫船停燕剪輕陰拖水榭鶯翻嫩雨濕蘭亭半溪燈火酒微醒

又 梧月山莊　　蔣景祁

半畝榛蕪手自芟爲求樹蔭植南杉花香鳥語坐來添風颭柳烟迷屋角雨晴嵐翠落溪尖却貪無夢一春甜

又 東溪雨中修禊

擬向山陰續舊遊别般天氣減風流畫橋絲雨綠楊柔天外嵐煙背接水望中春色却如秋多情憑付木蘭舟

又 冰溪　　徐璐

一夜西風吼石鯨排空怒浪變成鱗吳孃雙槳且教停雪鷺驚飛羣玉圃銀鼇穩卧水晶城一泓冰鑑遠山横

菩薩蠻 禹門松徑　　儲貞慶

巉巖石徑苔痕曲千峯染就高低綠風激梵聲寒松濤助夜湍　雲埋欹路斷日落樵歸半新筍接雕腰吟情渡小橋

河瀆神 西溪浣紗女廟　　陳維岱

古廟碧溪頭斷碑長卧荒圻門前老樹縛吳牛蘆灣幾箇漁舟　縹緲靈旗天半去蓬山杳杳珠樹深夜雲軿歸處漆燈零亂如雨

偷聲木蘭花 城南　　僧原詰

萋萋芳草城南路隔岸春山收宿霧一望迢迢行到前村第五橋　小樓風暖珠簾捲樓上曉鶯嬌乍囀知是誰家柳下雙扉帶水斜

中調

臨江仙 憶予莊　　吳儼

我愛予莊風景好白沙翠竹柴門而今身落在塵樊冠裳纏縛此意有誰言　翠碧丹崖千萬丈山靈未許扳援何時投紱更高騫長松樹底石上聽啼猿

又 春日山遊集唐詩　　史鑑宗

千里好春聊極目吳蝸朝朝幾度雲遮皇甫冉又因蝴蝶夢生
涯麋楚欲尋霄漢路朱延齡相送到煙霞李端乘興杳然迷出
處杜甫空山更有人家劉長卿閉門高柳亂飛鴉錢起客來花雨
際李白香飯進胡麻王維

蝶戀花　荆溪詞　黃錫朋

四月荆南徵稅始一歲官糧減半琴堂比山瀊良民宜解
意輸公便可懽呼醉　憲檄頻催如雨墜餉務營懷虧慭
慈仁吏典盡簪斂心甚瘁村頭倘急酬神戲
四月荆南農勸事愛護秧針㕍水溪西地遥擬田間充餅
餌兒童喜躍燈前記　眼見塲頭黃麥穗求得晴天打出

盤餐利學種瓜蔬時灌溉村中莫效城中戲

漁家傲　送李晉卿令宜興　夏言

二十九年如一夢鹿鳴筵上笙歌動今日長安尊酒共遥
相送行春好醉張公洞　但得閭閻無疾痛莫辭枳棘棲
鸞鳳自古循良非小用須珍重他時爲撰甘棠頌

蔿山溪　癸丑東溪修禊集詞名　徐喈鳳

蔿山溪路解語雙雙燕南浦柳含煙雨中花小桃紅綻綺
羅香裏蝶蹤少年遊芳草渡鷓鴣天共惜餘春慢　風流
薄倖多麗懽相見疎影雨淋鈴望湘人春雲寄怨漁歌欸
乃水調瑞龍吟過澗歇踏莎行勝醉蓬萊苑

浪淘沙第二體　初夏同萬懷蓼天峯上人遊南岳寺
野性愛遊山倚杖蹣跚道旁新竹戛珊珊幽鳥似知閒客
到分外緜蠻　登閣數晴巒面面奇觀垂巖萬樹影交攢
坐久自知腸可洗却勝參禪

秋夜月　蛟橋望月　潘瀛選

月兒圓也趁金風舒皓彩碧空斜挂浸着兩溪銀浪一城
霜瓦水樓上招紅袖許多妖冶閒話都笑蟾孤兔寡　橋
頭月下記當年周子隱曾將虎射千古靈旗颯颯英姿堪
盡到而今嗟滿目漁村蟹舍濤聲偏只共更聲打

洞仙歌　避暑南嶽山房　陳履端

南華一卷是驅炎清課燃竹風廊颺茶火把塵襟盡滌世
累都捐蕭淡甚泉際山巔有我　老僧無箇事閒話忘機
簌簌林間暗香墮薄暮轉山房水簟凉生拂磁枕北窗高
臥又細聽微風響松濤覺此際心情十分安妥

梅花引　荆溪阻雪　蔣捷

白鷗問我泊孤舟是身留是心留心若留時何事鎖眉頭
風拍小簾燈暈舞對閒影冷清清憶舊遊　舊遊舊遊今
在否花外樓柳下舟夢也夢也夢不到寒水空流漠漠黃
雲濕透木棉裘都道無人愁似我今夜雪有梅花似我愁

八六子　楓隱寺感舊　陳維崧

弄綠楊重過廢館閒池頓起思量正夢歸紙窩舊處依稀
竹馬兒時巡簷繞牆　當年無限風光月照千山裙幄鶯
啼一院糟牀漸舞樹成墳歌臺作寺松雞已老梅妻都嫁
祇剩亂澗閒騰飈颭矮坡斜下牛羊太蒼茫疎林一坏夕
陽

祝英臺近　遊南岳　徐瑤

逕逶迤林窅窕面面碧峯峭夾道松杉雞犬吠如豹行來
幾處琳宮誰家金谷恍疑是入山陰道　境逾杳見說春
老幽巖漸開杜鵑了寶馬香車踏盡磵邊草可憐伏虎菴
前洗腸池畔也曾共那人吟嘯

長調

滿庭芳　余至南都蒙恩放歸陽羨　蘇軾

歸去來兮清溪無底上有千仞嵯峨畫樓東畔天遠夕陽
多老去君恩未報空回首彈鋏悲歌船頭轉長風萬里歸
馬注平坡　無何何處是銀潢盡處天女停梭問何事人
間久戲風波顧謂同來稚子應爛汝腰下長柯青衫破羣
仙笑我千縷掛烟蓑

水龍吟　溪行有感　吳儼

乾坤浩蕩無涯幾人獨立風塵表泡中得喪槐南富貴魂
夢空繞紅蓼灘頭黃蘆岸側漁煙斜裊問釣鰲公子舊磯
存否此去路應多少　記得扁舟來處見銅官一峯青小
洗頭玉女種芝丹客何時是了翠竹蒼梧清泉白石分明
蓬島又詩人才子賡歌疊和自堪怡老

永遇樂　謝丁侯減稅功成　吳仕

心事冰清才華錦美縣庭如水百里民痍一緘封事宛轉
聞宮裏九重神聖維新治理飛下金雞一紙詔江南十州
均賦豈應低昂彼此　一日功成五湖恩被竹帛安能盡
紀銅嶺巍巍畫溪瀰瀰應與相流峙考求圖記二袁輝映
今得公爲三矣試看取萬戶歌聲千秋廟祀

風流子　詠玉陽洞天寄玉陽山人史恭甫　夏言

陽羨溪山好吾將老曾見昔賢心念此語空留買田未遂
桃源一別舊路難尋歎人生幾回王子棹都付伯牙琴那
似山人煙霞占斷洞天深隱高臥長吟　向仙臺佛窟看
柴煙斂散白日升沉時聽湍流激玉巖溜淙金更徙步坻
遊底須策杖直鉤可釣不用敲針何日扁舟漏水獨訪雲
林

映山紅慢　咏竹菇　史可程

爽食遺風纔料理山家妝粔恐玉薤金虀輸他珍餉齜羨
麟脯園丁忽報濡仙露徧金谷結珊瑚乳論風格託籍質
罄儕然芝侶　藜藿齒陀詫非常謾說甚長生餐苣儘舉

向空門擎鉢玉版參來鈍句暈紅眞似霞生面裊風前茜裙斜護提筠籃去摘春雨翠娥應妬

滿江紅 飲南磵山房　吳本嵩

點點青山擬移向草堂無術還依傍藥藍樵擔紫芝蒼朮老屋幾家雞與犢疎林一片松兼栗早霜融馬滑過前岡冬之日　山如黛疑浮漆溪如練疑成匹問何年道子丹青遺筆檻外煙霞低且近尊前笑語驩然客縱歸鞭新月送遊人林端出

又 福田菴感舊　陳維岳

數武茅庵記少日得頻閒過小橋外溪流演迤山峯駊騀

沽酒前村拉伴飲吟詩東崦尋僧和最堪憐滿樹絳桃開春無那　梵閣下琉璃火禪榻上蒲團坐問闍黎往日今存幾箇蘆葉作花和雪舞松枝成幹如人大手摩娑古佛一年年淒涼我

又 遊張公洞　陳維岱

移此山來是當日愚公夸父還疑倩五丁力士鑿成紫府曲磴崎嶇猶可入懸崖偪側眞難度只洞中蝙蝠共飛攀羊腸路　石窪者形如釜石突者形如皷更左挐右攫獰龍獰虎仙去已無黃鶴到人來尙憶青鸞舞漸雲迷丹竈日西斜催歸步

又 讀盧忠烈傳用岳武穆韻　仇元善

剪燭西窗聽秋雨瀟瀟不歇閒憑吊賈庄遺事感懷忠烈正氣到今留信史丹心自昔懸明月賴先生萬里作長城勤王切　孤蹤渡冰和雪羊房堡追而滅自將軍去後金甌旋缺百戰難銷鉅鹿恨千秋猶洒龍泉血悔當初不斬佞臣頭歸天闕

又 移錫金鵞山　僧宏倫

雨笠雲瓢移家在金鵞之麓惟樂得一庭花藥數椽書屋洗鉢池頭鷗似雪焙茶爐外山如沐愛月明龍母古祠空羣峯矗　芙渠岸漁罾簇桑麻地耕牛宿有閒遊客到儘

題修竹藹藹林深孤夢穩滔滔候變雙丸促聽天風遥送上方鐘眠方足

水調歌頭 泛溪　曹亮武

最愛兩溪水溪上列青螺茫茫一葦萬頃樂事不須他塵市那堪鬱悒每到水天佳處煩渴總消磨浩蕩數聲笛響透蟄龍窩　休搔首追往事怨蹉跎今宵簟紋明淨倩汝浸金波容我百壺頻送醉倚篷窗極目獨自放狂歌但願柳陰下長此共漁蓑

滿庭芳 蜀山謁東坡書院　陳維崧

水拍晴橋山街春店飛花落絮悠颺打魚放鴨四月好年

光此地林巒絕勝家家足碧澗幽篁斜坡上碎瓦敗甓零亂補園牆　嗚榔思往事峨嵋仙客曾駐吾鄉惹溪山千載姓氏猶香今日紫姑聖女喧村賽晝鼓明粧殘碑在獨憐野草漸沒古祠堂山上俗有所謂娘娘廟是日香火最盛居民奔走如鶩而書院滅沒荒烟淡焉問無有過而問者詞以志慨

漢宮春　將歸荆溪次梁村先生贈別韻　陳宗石

鷗首蒲帆看兩岸蕭蕭千林索索半生懷抱大抵哀多於樂壎篪纔和又早是兄南弟朔歎萍蹤歸來何日再到故園酬酢　莫問此番行橐且狂歌起舞不妨飄泊輦上諸君休哂謝家中落富貴浮雲且還我青山芒屩蚪杯笑紛

紛項領何限眼中輕薄

倦尋芳　詠藍綠軒紫牡丹　陳維崧

畫堂左側繡檻東偏朵朵輕俊歐碧姚黃總是讓他風韻紫府家鄉原不遠紅樓伴侶休相混記當時恰一枝初顫便曾厮認　誰料是六年一別今日人歸倍添春暈滿院濃香砌就間愁成陣雨後喜看嬌態足朝來怕見殘粧褪這情懷醉醒時細將花問

丁香結　詠竹茹

碎錦成斑餘霞弄點小園臙脂隱隱正叢篁搖粉桃花醫偷把烟梢扶襯竹郎門第好姑年小卯酒添暈瀟湘二女去遂接下啼紅盈寸　淹潤被雨後鶯啼喚出滿林芳嫩櫻筍年光錫簫節候做他輕俊小巷筠籃提入帶笑爭相認似開元錢樣一縷嬌痕巧印

念奴嬌　初夏渡太湖感舊　董儒龍

綠遍枝頭斷送了九十春光消息馬足紅塵飛盡處牛背何人橫笛剗地長風排空濁浪中有扁舟立魚綸名罷五湖自署狂客　猶記初泛年時香絹粉袖偎傍粧臺側三載離魂無覓處血淚愁腸消得細數繁華夢中身爾醉後重浮白一彈別鶴萬山湖上凝碧

瑞鶴仙　為湖濱周貞女賦貞女福建進士林雲銘室人　蔡捷

麻衣因嫁設伴鬼幄孤燈夜分明滅朦朧若來接向未知郎面轉生羞怯冰心皎潔誓畢生空牀對月想當年抱鴈家來已把雙翎分拆　休說冥途遼絕溫清翁姑死生何別古今義烈差片念誤全節拚伶仃形影抛將同衾耐到泉臺共穴莫道儂巾幗柔腸鬢眉誰埒

永遇樂　癸丑上巳東溪修禊　潘眉

錦纜籠紗紅欄委浪一碧無際催瞑鳩啼拖涼荇滑偶浦春寒細湔裙令節偏將絲雨添滿一川空翠便教他冥濛滴瀝正應憑時修禊　年年此日酒痕花淚零亂倚遊衫袂水上麗人山陰修竹往事都休記莫停檀板且偎紅袖

此會後賢應斷歸來也明朝花下問他晴未

沁園春 大風雪中過周孝侯墓 萬廷仕

十里春城千秋古墓老樹峥嵘正悲風四起梟呼木末浮雲低度厓拄冰冷展禸迷離帽簷欹側撲面飛花絲有情方凝佇恍靈旗高颭長劍空橫 他時聞耽聞凭奈此際崚嶒冰雪撐似剡溪乘興便教舟放灞橋衝凍羸得詩成何處玉龍鏖時戰敗一片拋鱗卸甲聲還追憶憶沙場星隕遺恨難平

又 題周孝侯墓 顧彩

宿莽城隅馬鬣遺封周侯在焉憶斬蛟名播祠留荆水平羌志賢塚象祁連麈塵清談何人誤却典午河山五十年如侯者更丹心一點日月孤懸 長橋東望凄然想毅魄歸來認故園任風前白鶴啼殘華表雨中黃犢耕破平原白叟朱童羣瞻廟貌寒食還應送紙錢悲千古盡英雄逝水戰骨寒煙

賀新郎 遊芙蓉寺贈雪上人 徐喈鳳

聞說招提古在西南芙蓉峯下煙霞深處春霽攜筇閒訪覓曲曲桃源竹塢更百尺松排雲路對峙雙亭臨小澗問來來三到名何故因地勝道銜顧 曾經刼火巢狠虎喜而今雕題繡柱輝煌重睹座上高僧拈玉拂飛墜天花無數恰幾樹小梅初吐下偈上方雲臥穩夢吾身已向慈航渡須再宿莫輕去 大毓禪師開山時襄陽龐道衡三來訪道建來來三到兩亭

望海潮 同西泠洪子昉思過五橋莊訪吳石渠先生塡詞處有感 徐瑤

寒欺梅影幽芬微裊風來花信初番客本武林帆開申浦相逢趁早春天攜手步溪灣近牛斜松巷第五橋邊傍水誰家寂寥門第說前賢 延陵豔曲曾傳有粲花五種流播人間滄海未歸東山永別淒涼剩有梨園憑弔共潸然同舞裙歌扇一片頹垣惟見銅峯數九脩髻似當年

賀新郎 登龍池憑虛閣 史鑑宗

蒼翠飛千狀破松根嶙峋石磴曲隨烟上一徑躋躋當絕頂縱眼豁然遼曠看展底羣峯鋪浪小閣恰當龍蹤處俯懸崖萬仞臨虛莽憑闌語衆山響 高寒色沁塵襟盪眺東湖一泓盃水空明微漾野衲孤樓誰伴侶虎嘯猿啼酬唱問佛法無言相向酌我半甌中頂茗傍龍湫拍手雲生杖登臨興老猶壯

又 過城南廢園 萬錦雯

四壁堆荒瓦是當年遺基剩址麥雲之廈一自風流消散後無復詩壇酒社但景物依然瀟灑短白長紅新剌眼問野花爛熳誰栽者人不到自開謝 唾壺敲缺悲歌罷歎人間繁華能幾眞如傳舍多少王侯羅第宅盡入漁樵閒

話算只有青山非借我欲支頤看爽氣又日之夕矣牛羊下空徙倚意難寫

又石亭記遊　萬樹

乙巳春之季與吳君曹君諸子會於槐里遂往遊於石亭磵少長羣賢畢至興不減蘭亭修禊此地崇山多峻嶺有茂林修竹清流水堪暢敘坐其次　氣清天朗風和惠共欣然形骸放浪興懷託寄俯仰彭殤皆妄作莫問世殊時異且一觴一詠相繼客曰斯遊眞足樂不可無韻語傳於世余曰諾是爲記

貂裘換酒冬日溪行　徐瑤

最愛溪行者放輕舠寒風蕭瑟凍雲飄灑數點巒尖凝殘雪彷彿米家圖畫更拍岸驚濤噴瀉斜望疎林青帘漾有兩三漁子喁喁話魚換酒渾忘價　布帆直指南城掛怪紛紛亂鴉孤鶩迅於奔馬漠漠遥天迷波路惆悵川流東下晚寒冽酒杯深把慘淡山村烟四起忽汀前幾處青燈射歸已近黃昏也

增修宜興縣舊志卷之末

雜志藝術

陳許允宗仕陳爲新蔡王外兵參軍王舊唐書作柳太后病風不能言脉沉難對醫家告術窮允宗曰餌液不可進即以黃耆防風煮湯數十斛置牀下氣如霧熏薄之是夕語擢義興太守舊唐書此下有陳亡入隋歷尚藥奉御二句武德初累進散騎侍郎關中多骨蒸疾轉相染皆死允宗療視必愈或勸其著書答曰醫者意也思慮精則得之脉之候幽而難明吾意所解口莫能宣也古之上醫視脉識病唯用一物攻之氣純而愈速今人不善爲脉以情度病多其物以幸有功譬獵

不知兎廣絡原野冀一獲之術亦疎矣脉之妙處不可傳處著方劑終無益於世此吾所以不著書也卒年七十餘節新唐書甄權傳參舊唐書

南唐丁謙初工畫竹後兼善果實園蔬傳彩淺深率有生意而蟲蠹殘蝕之狀具能摹寫嘗畫葱一本爲李後主賞激親書丁謙二字於其上後寇準藏之以爲珍玩宣和畫譜

按畫譜云丁謙晉陵義興人而陽湖志乃收謙入陽湖方技當爲晉陵二字所誤宋劉道醇五代名畫補遺云嘗覽謙畫倒崖及病竹筆法快利極節爽縮得危挂離𤸫之狀可列能品

宋張駒陽羨人善楷書書史會要

元於材仲工製墨與武夷杜清碧豫章朱萬初輩齊名各

有所傳可以倣古（叅王升舊志宗儀輟耕錄）

陶

吳國良與倪瓚顧瑛善瓚見國良製墨必售之以供饋餉賓友及雜用之需時又有李文遠吳善潘生湯生並造墨名手瓚嘗贈文遠詩云潘衡墨法老坡傳承晏昆仍又幾年獨依山室燒桐子贈與仙人寫內篇石竈霞光存活火夜惟雲影炷晴烟要知文字遺不朽猶向詩中詠墨仙（叅雲林詩集桃溪客語）

明蔣子成（一作誠）善畫山水人物傳采精緻尤長於水墨大士像永樂間徵入京嘗命畫眞像賜番國時以趙士廉虎邊文進翎毛并子成人物爲三絕（叅王志）

宜興縣舊志　卷末　藝術　二

吳芳由陰陽生任欽天監五官保章正精於推步同輩咸推重焉（唐鶴徵常州府志）

李公實造墨得於氏之傳永樂間被召赴京供應士大夫多以詩歌贈之（節王志）

邵璨字文明喜詞賦曉音律尤精於奕（節王志）

王玉字汝瑛成化末舉明醫隸太醫院宏治初每用藥有奇效帝與太后甚嘉寵之累官通政使賜麒麟服一襲犀帶一圍著有醫案傳世子廷相官御醫明代以醫舉者又有卜惠單信楊悫徐汝翼王承學俱嘗官御醫云（叅節王徐舊志）

杭倫字宗埋能詩尤善作行楷書以子濟封吏部主事著有省齋集一卷（叅節王志）

周衛字道明紀善衛之兄也習醫有盧扁再世之稱以薦入太醫院（叅節徐志）

吳驥字惟德尚書儼子蔭尚寶司丞以孝友稱能詩文善畫竹（叅節王志）

杭士銘號近廎副都御史淮孫少好繪事落筆遒勁而意趣有餘評者以爲吳偉張路之儔孫茂齡亦工畫山水人物有祖風（叅節王志）

金沙寺僧逸其名陶者相傳謂僧閒靜有致習與陶人處摶其細土加以澂練捏築爲胎規而圓之刳使中空踵傅

宜興縣舊志　卷末　藝術　三

口柄葢的附陶穴燒成人遂傳用（叅節周高起陽羨茗壺系）

供春邑吳氏家僮偶見金沙寺僧爲茗壺暇竊仿之亦淘細土摶胚茶匙穴中指掠內外指螺文隱起可按胎必累按故腹半尚現節腠視以辨眞今傳世者栗色闇闇如古金鐵以其本龔姓亦書爲龔春（叅吳梅鼎陽羨茗壺賦序吳騫陽羡名陶錄）

董翰別字後谿造壺始作菱花式與趙梁元錫時朋皆萬歷時人爲供春後四名家翰文巧而三家古拙

時大彬別字少山朋子其爲壺或淘土或雜鋼砂土不務妍媚而樸雅堅栗妙不可思初仿供春喜作大壺後游松江聞陳繼儒與王世貞諸人品茶施茶之論乃作小壺置

几案間生人閒遠之思前後名家並莫能及
李養心字茂林製小圓壺姸妙在樸緻中世稱名玩子仲芳時大彬高弟製漸趨文巧世所傳大彬壺有仲芳作而大彬自署欵識者時人語曰李大瓶時大名
徐士衡字友泉其父好時大彬壺延之家士衡强大彬作泥牛爲戲不即從遽奪其壺土出門去適樹下有眠牛將起尙屈一足士衡注視捏塑曲盡厥狀攜以視大彬大彬驚歎曰如子智能異日必出吾上士衡因學爲壺變化其式仿古尊罍諸器配合土色所宜畢智窮工移人心目所製有漢方小雲罍提梁卣蕉葉蓮方菱花美人垂蓮大頂

蓮一回角六子諸款泥色有海棠紅硃砂紫定窯白冷金黃淡墨沉香水碧葵黃諸名然晩年恒自歎曰吾之精終不及時之粗其子亦工是技未詳其名或曰即徐令音
歐正春邵文金邵文銀蔣時英陳俊卿並時大彬弟子正春多規花卉果物式度精研文金仿大彬漢方獨絕時英初字伯敷後客於吳陳繼儒爲改敷爲莽頗諱言本業然所作堅緻不俗俊卿壺則別派
陳用卿與時大彬同工而年技俱後負力尙氣俗呼爲陳三獃子式尙工緻如蓮子湯婆鉢盂圓珠諸製皆不規而圓欵仿鍾繇帖意落墨拙奏刀工同時有陳信卿所作豐美遜用卿而堅瘦工整雅自不羣仿時李諸傳器頗能亂眞
閔賢字魯生見諸家傳器則虛心企擬不憚改爲故所仿製頗得其妙又有陳光甫者仿供春時大彬器爲入室弟子惜靑一目相視口的不能極端緻
沈士良字君用崇禎時人壺式上接歐正春一派時變源陳仲美自景德鎮來配合壺土造香盒花盃狻猊爐辟邪鎮紙諸物重鏤叠刻細極鬼工士良巧與相敵所製取象器用不尙正方圓而筍縫不苟絲髮金石同堅妙色天錯自幼知名人呼之曰沈多梳多梳者宜興垂髫之稱也

沈子澈崇禎時人所製壺古雅渾樸嘗爲人製菱花壺銘之曰石根泉蒙頂葉漱齒鮮滌塵熱時又有沈君盛善仿徐士衡沈士良二家器
陳辰字共之工鐫壺欵人多假手周高起稱之爲陶家中書君（已上俱參節陽羨茗壺系）
周世臣字穎侯崇禎十三年進士除漢川知縣以建言革職補永平府檢校升興化推官精繪事筆墨淡遠不肯多作死後陳維崧作感舊詩悼之有斷紈零墨總離披董巨荆關作本師之句（參陳檢討集鄉評備考）
王崇雅以字行明通判升孫善畏石園林之中經其布置

輒成佳境（參鄉評備考）

蔣允睿字聖思明參議如奇子書法能繼其父一時有二王之目陳維崧感舊詩有詠蔣公子瞻武云吾邑臨池誰絶妙蔣公觧作壁窠書郎君大有家雞好屋漏釵痕也不如瞻武允睿別字（參陳檢討集）

方瑞字鳳生善丹青嘗曰顧陸澌矣舍張吳其誰與歸今世非襲小仙平山之故習則但知有仇生耳沿波討源先河後海由實父而上溯千里松年由六如而上溯鷗波由鷗波而溯龍眠然後可以窺僧繇道子堂奧瑞尤工寫眞其孫東巖字曾瞻得其傳

徐元球字渭文父珏美以能書名元球好繪事人有藏畫輒借摹臨務盡其法陳維崧有菩薩蠻詞題其畫牡丹云年時鬬酒紅闌下一叢姹紫眞如畫今日畫花王依稀洛下妝徐熙眞逸品淺暈葡萄錦挂在賞花天狂蜂兩處喧

陳遠字鳴遠工製壺盃缾盒諸物手法在徐士衡沈士良間而款識書法獨雅健有晉唐風格嘗銘所作壺云汲寒泉瀹芳茗孔顏之樂在瓢飲時有陳子畦仿士衡壺最佳爲時所珍或云即遠之父（已上參徐志）

路錦程字若瞻善丹青寫花鳥尤工或曰錦程工技擊能千人敵至老不衰云

徐丞宗字輔高康熙間官臨清州判畫仕女仙釋神鬼於刻削見風骨於蒼秀見丰神而於畫山水尤善用墨

吳潔字玉濤一字晉陶明諭德國華孫官廣東三水縣丞畫蘭竹超絶露葉烟苞含聲吐秀窮極變態有非思力所能到者尤工詩晚號截月翁著有截月軒詩集

徐鶴詔字廷皋善奕先是劉師仲徐煥龍路堅相繼以奕名鶴詔尤出三人上煥龍康熙五年舉人堅見隱逸傳（參節鄉評備考）

蔣宗琳字玉持弟宗璽字玉峰並工篆隸及鐫刻印章而宗琳兼工畫嘗白描觀音大士像半面垂衣出於雲際雲

光離合極縹緲虛無之態畫花鳥亦工惜爲書名所掩知之者絶少著有書法要錄集陶詩宗璽著有月午樓詩稿

馮畱字二酉方瑞弟子先世慈谿人自其父始徙宜興善書畫尤工寫眞畱亦自珍其畫一樹一石皆自負必傳一日臨元人畫或爲誦王維前身應畫師句畱愠甚曰吾生平不欲持刺謁一人正爲避此兩字（參潘旃語古堂文集）

許維嵩字松嵋畫山用青綠法間用水墨能極瀚淡之趣尤長於畫水波委雲屬滅盡筆墨痕

潘育字炎孺善畫山水邑人吕士琦題其江邨消暑圖有云我聞潘餘堂嗜酒如張顛終年不耕硯作田揮毫潑墨

如雲烟與來一掃一千紙一紙便直千銅錢餘堂盡育別字泰（吕士琦石佳山房詩稿）

陳漢文雍正時人或曰子畦之子工茗壺尤善鋪砂渾樸不讓前輩後有王南林楊繼元者皆以體質堅凈與式精雅著稱又有陳介溪者佚其名盡工仿古式云

吳鉞瑞一名常銘字集成畫美女瀟而能冶全以韻勝又嘗畫淵明九日對菊花圖葛巾野服風神散朗如見天懷坦率菊一兩叢出籬落間掩映茅茨數椽景象幽絕觀者歎爲妙筆

周士標字豈凡畫花鳥以法勝與海寧查二瞻同名或攜

其畫至揚州未署姓氏見者以爲二瞻筆有鉅公某諦視之笑曰此宜興周君也顧周君畫何減查先生哉由是名益噪

朱嶼字鳴谷一字與山畫人物花鳥運思深湛而出之以蒼辣畫龍能以骨勝尤具神解

增修宜興縣舊志卷之末

古蹟志　寺觀

法藏禪寺在縣西南隅舊在縣西五十里談村齊時建名重居唐上元二年徙縣南二里會昌間廢咸通中復宋大中祥符間賜今額紹定初令趙與悊重建大雄殿元末燬明洪武初移建今地萬歷間敕賜藏經全部　國朝康熙二十年大殿半傾令姚景崇延芙蓉僧岳慧住持募修形家言殿不宜高截去舊楹一丈五年成（本史能之毘陵志參徐喈鳳志）

元倪瓚過重居寺詩　風雨入城府禪屏三日留清齋聊弄翰晚浴更梳頭石鉢香烟細經幢樹影稠移舟未褭

霽少泊聽鳴鳩（荊溪外紀）

明浦源重居寺雨後次初上人韻　空庭修竹響琅琅夜坐高齋語對床茶竈有泉分古澗寺門無樹掩寒塘禪心不動千峯暝旅夢將歸百里長歲晚荊南聽風雨故園何日守茅堂（荊溪外紀）

國朝邑人陳維崧憶法藏寺前柳　一樹青絲拂寺前毵毵和月復和煙當時春夜頻來往曾見依依十二年（陳檢討詩草）

西法華寺在縣西北隅（舊名西法華庵）宋咸淳二年僧智明建明洪武間僧處元重修嘉靖三十年僧文昌重建正殿隆慶

五年暨萬歷二年山門廊廡僧法明鼎新改爲寺蔣瑞卿
記（本王升志） 國初寺毁順治四年僧本高重整名西成庵營
卒久佔寺右僧寮康熙三十六年僧一麟經理歸寺內殿
後禪堂華嚴堂湫隘改建大悲閣閣西建禪堂祖師堂

東法華寺在西法華寺東創建年月無考

淸修禪院在縣東南九十步宋淳祐間比邱尼普達建明
洪武末移建伍賢鄉陳庄卽其舊址爲茶局（本史能之毘陵志參朱昱毘陵志）

樂善堂在南門大街 國朝邑人曹亮武倡募施棺有年
因捐樓屋三進基地三分五釐周世俊萬袞侍萬廷詔協

捐蔣庠復助資修葺康熙二十一年僧寂靜又募周氏基
二分建屋改名育嬰堂（徐志）

九龍庵在東關外水浮地鎭東流之水明洪武初建嘉靖
間修 國朝康熙九年邑人路序新安汪懋熣倡舉放生
會以東關潭爲放生河周啟㝢作記勒碑庵門（徐志）

通眞觀縣東南八十步陳大建二年建名宏道唐神龍中
改興道宋大中祥符三年賜額元通避諱改今名有北極
閣南唐保大中道士馮道京建徐鍇爲記閣前有丹井井
西有雙栢（提刑盧緼文侍郎鄒浩俱有題詠） 紹興末道士焦善淵請爲行
在寧壽支院嘉定初建輪藏殿宇屢摧敗前基地池塘共
四十一畝有奇後僅存二十二畝五分有奇明洪武二年
道士王秋碧重建正殿五間高七丈六尺深二十七步廣
三十七步正統間道會談景眞道士蔣中隱重建山門高
二丈九尺列靑龍白虎神於左右又建玉皇樓七間高二
丈七尺勅賜藏經一部貯樓中嘉靖三十年樓燬惟勅經
尚存隆慶六年正殿將圮道會王元志閔似默募修欽人
朱永捐金三百兩倡率重修萬歷十二年道士談圓慧募
建文昌閣於正殿南（邑人萬士和記） 十六年陳令移建鑾駕庫於
殿東北隅 國朝順治十五年邑人周奕封捨樓木三間
道會王尙賢捐貲建文昌閣四間于殿後東側康熙九年

道士張一諫以整修正殿往洞庭山席氏募緣五百兩後
復往他處募化竟卒於外十六年道士蔡尙貞王陽晨踵
成其事（本史志 參張素位通眞觀志徐志）

明邵蹔經行觀中有感詩 紫殿何王朝淒凉復瀟灑老
樹吟霜風枯藤蔓古瓦雙栢至今聞徐碑昔誰打荒庭
丹井寒蟾滴相傾瀉唐石官道移徑草羅裙惹南去與
西馳紛交若空野每見平頭奴牧豚還牧馬勝有危叟
文偃臥山門下悠悠千餘年雄圖等村社競艷槐王尊
寧知蕉夢假轉訝虛皇宮殘經向堪把（通眞觀志）

淨土庵在縣西關南 國朝順治間僧白雲建康熙間僧

慈修重修徐志

以上隸在城區

福聖教寺在縣東北二十五里一名福勝梁大同元年交州刺史楊師利捨宅建陳永定元年名安國宋太平興國五年改福聖禪寺明改今名徐志

虞山寺在縣北二十五里與保安寺相近並稱古刹建造年月未詳徐志

保安禪寺在縣東北二十里保安山南麓陳永定二年建名永安一云唐天祐二年周承祐捨宅建名保安宋熙寧三年更名壽聖保安隆興初又名廣福乾道間周叅政葵

請爲父墳剎改崇恩彰孝寺明初復今名正統間重建千佛閣大殿前垂栢一株連數抱中若剖裂四圍皆透枝葉甚繁謂唐宋時所植王志

按徐志又云殿後有汪藻撰周叅政碑考碑文係周必大撰誤作汪藻

接待禪院在縣北二十里元咸祐四年建　國朝康熙十年僧眞睿募修徐志

高士庵在縣東北二十里明萬歷間常熟繆希雍置地同邑人湯兆京建庵成于崇禎辛巳吳興朱國楨題額邑人路邁記節徐志

覺斯庵在縣東北二十里邑人蔣龍光記徐志

東隱庵在縣東十八里宋咸淳二年僧無極建明洪武間僧自源重建崇禎九年僧通秀重建大殿　國朝順治丁酉僧智宏增建禪堂徐志

古竹庵在縣東北十五里宋乾道間僧德純建明嘉靖十一年燬十四年重建徐志

慧日庵在縣東十五里俗名上塘庵元大德八年僧無極建明洪武初僧可明重修永樂間僧如拱重建成化十一年僧覺澄修飭殿宇嘉靖間僧海潤重修王志　國初庵燬康熙五十四年僧道成修建

寶蓮庵東郭外永嘉潭側　國朝康熙壬寅年僧佛心募

貲建丙戌年燬戊子僧本空重建

靜山堂在縣北二里唐開元間建僧休心重建　國朝順治間僧超祖建禪堂重修大殿邑人戴英記康熙二十一年僧賓勝修徐志

按靜山堂門外有石幢寫尊勝陀羅尼經係唐天寶間仰氏所書徐志謂唐時國碑誤

以上隸開寶上區

潮音寺在縣東北三十里陽山寺西明萬歷年間柳道八於甘草墩一名孝感墩前洲上築基創建徐志

彰善寺本名顯忠彰孝禪院在縣東北三十里建炎三年郭樞密三益請爲墳剎改彰孝史志

大聖院在縣北三里唐顯慶三年僧大方建宋咸淳二年僧妙智修明永樂間僧宗瑜重建正德十年僧道全修景泰四年里人蔣晃修萬歷十四年僧照所重建大殿邑人俞諤記（徐志）

中隱禪院在縣東北一里俗名奇塘庵元大德間僧妙雲祥邑人蔣贇等建明正統十三年僧洪霖重修（徐志）

公文庵一名工文在縣西北十五里公文村湛瀆河旁宋咸淳二年僧潭心建僧圓音再建明嘉靖間重修武進唐順之講學於此邑人萬士和記（徐志）

明唐順之公文庵詩　何處尋山不厭深淡烟歸鳥弄晴

音去家百里渾如客別爾經年倘此心宴坐清香知夜氣閉門殘雪映寒林相從一宿應堪覺機事何須問漢陰（徐志）

以上隸開寶下區

李山禪寺在縣東北三十五里梁普通三年建唐元和間名隱靜宋太平興國五年改禪寂明改今名（徐志）

報恩庵有二一在縣東北七十里元至元間僧益堂建明洪武十五年僧惠暹重建一在縣東北四十五里僧真公建後兵燬明洪武二年邑人邵德修建（王志）

靜壽庵在縣東北六十五里蔣灣山宋咸淳二年建明洪武四年僧鑑平重建崇禎間僧靜觀重修（徐志）

松村庵舊名顯教庵在縣東北五十里三洞橋北唐貞觀年建明初有道人大書松村二字於壁遂名　國朝康熙八年僧淨修重修（徐志）

廣濟庵在縣東北五十里元至元間僧性虛建明宣德三年邑人陳剛重建（徐志）

崇善庵在縣東北四十里明萬歷間僧心閒本姓凌鼇家貲建庵祝髮壽九十六歲　國朝康熙十八年僧圓聲重建山門（徐志）

大悲庵在縣東北三十里吳思瀆元末建庵中銀杏一株

大四抱餘蔭屋十餘間望之亭亭如綠屏青蓋明萬歷間庵廢旁址爲東嶽廟（徐志）

崇真道院在縣東北四十五里元至元二年建丙申兵燬明正統間道士錢雲漢重建屬通真觀（本史志參王志）

按史志云元建王志云唐開元二年道士都通叟建俟考

以上隸洞山上區

萬善庵在縣東北四十里元大德八年僧靜信建明僧志圖重建（徐志）

崇先庵在縣北四十里下邾村明洪武間僧繼元建宣德五年僧文飾重建　國朝康熙二年僧寂濤寂靜重建（徐志）

顯祖庵在縣東北四十里唐門村宋淳祐間僧汝弼建後兵燬明洪武間僧永嵩重建徐志

以上洞山下區

法性寺在縣北五十里梁普通二年建名白墖一云唐乾元初建名聖像光啟二年改今額後廢明洪武二十一年重建朱昱毘陵志

慧林禪院在縣東北六十里百瀆明嘉靖五年杭奎捐貲建爲中丞香火崇禎十四年僧道誼重修徐志

在水庵明吳學士中行別業本名蒹葭庄中行劾江陵奪情後居此復召後捨爲庵

按中行于孝廉充復移庄額以名其別墅在郡城南門外茶山

圓修庵在周落橋西明天啟年建後燬 國朝順治丙申年僧無僞建庵基爲貝墅謝寮所捐

以上隸萬金一區

崇慶禪寺在縣北五十五里梁普通二年建名養安史志作安養宋治平三年改今額明洪武四年重建正統九年重修徐志

金明教寺在縣北三十里隋開皇十年建名西域宋大中祥符元年改今額元末兵燬明洪武初復建永樂十三年重修徐志

大聖寺唐顯慶年建明永樂嘉靖年重修史際有碑記

西域庵一名高城庵在縣西北三十里宋熙寧十年僧有田建明永樂二年僧智澄重建徐志

觀音樓在和橋鎮上塘元泰定四年邑人邵棠軒建

化城庵在和橋鎮下塘明隆慶中有僧結茅於此俗名茅庵 國朝康熙初僧惠生募基創建

三官堂在縣北三十三里和橋鎮元泰定四年道士滿道源建明成化乙酉邑人邵珪撰記萬歷元年盜燬道士顧自綱陳宏重建徐志 明鄧恭施殿基三分爲官地不起糧山門外并建茶亭

老君堂和橋南首鄧恭建其倡建時代無考

以上隸萬金二區

敬先庵在縣西北二十五里亳村宋宣和間里人尹凱之與僧曇隱建明正統間尹裔孫弼重修徐志

國朝邑人陳維崧一寸金詞并序距亳村不數里有古刹曰敬先庵庵側有一高邱或穴其下乃得古冢隧凋幽涼明器恠詭似是古侯王墓詞以紀事 古寺高邱雨溜松毛土花濕有破空石龐呀然如竇懸崖鐵綰窈然而黑壞棧盤雲仄鳥窺處龍湫深極誰人作校尉摸金千載盡衣化烟色 隱隱便房迢迢夜壑風吼魚燈逼問珠襦玉匣幾年眦破金釵銀椀誰人拾得牧子頻吹笛

惹漢武秦皇沾臆歎多時樂大城荒徐福歸何日（湖海樓詞）

古城庵在縣西北二十五里元大歷二年僧餞禪師建後兵燬明宣德二年里人陸友仁建

衍慶庵在縣西北二十五里元至治元年僧覺通建明洪武十五年僧德智重建

般若庵在縣西二十里亳村吳赤烏年建明時燬邑人陳少保于廷移建村東南

香雲庵在縣西北十八里高遙橋北明成化十五年建萬歷二年重修崇禎丙子僧海通募建正殿

後桂庵（今名淨明）在縣西北十五里元至正二年僧圓明建永

樂元年僧惟慶重建（以上並徐志）

鏡心庵在前庄明嘉靖五年創建萬歷三十年重修

范道庵在縣西北三十里天生圩村西元至正間建明萬歷間戴氏重建

福田院在縣西北二十五里亳村宋淳祐二年僧庭柏建明洪武十八年僧守常重建正統九年僧惟順修（徐志）

普照院在縣西北二十里餘霸村宋天祐二年僧照大德建明永樂十六年僧本昌重建正統五年僧宗曇同里人陸友仁錢宗澤再建（徐志）

白蓮庵在縣西北二十五里城塘元大德二年僧無極建明洪武十八年僧道源重建正統十一年蕭茂重建（徐志）

以上隸成任區

利益教寺在縣西五十里俗名鍾離寺梁天監十年建宋寧熙中加壽聖隆興改廣福元末兵燬明洪武二十五年復建改教寺宣德三年重建（本史志參王志）

崇福禪院在夾溝村創建年代無考

新豐禪院明嘉靖間里人周儀僧普輝建

普覺庵在縣西七十里元元統二年僧智仁建明正統二年重建（徐志）

圓通庵在縣西四十五里周聰圩元至正二年僧瓊玉建

（徐志）

冲寂觀在縣西北五十里官村屬通真觀唐宏道元年周選所居井有白兔昇天捨為觀（井在三清殿前）舊名凌霞宋大中祥符八年賜額元寂避國諱改今額元至元庚寅年重建玉皇殿薛舉有碑記明正統二年道士薛以清重建相傳南唐時有道士許堅來遊題詩於壁浴漏湖淩波而去詳見仙釋（本史志參薛舉碑王志）

宋邑人蔣之奇冲寂觀詩　樓閣欝穹窿清都幸此逢兔藏賢令井鯨吼貳卿鐘花覆瑤臺暗香飄寶鼎濃仙居赤城洞人住玉霄峯棋響風敲竹琴栖月在松雲霞隨

步武猿鶴伴從容湖漲綃千尺山浮黛幾重人間眞福
地物外是靈蹤鷲嶺標香刹蛟溪接近封枌榆偏在念
桑梓更惟恭學道功成就冲霄願必從他年騎羽化攢
跨葛陂龍荆溪外紀
元陳鈞題冲寂觀詩　琴聲邀我鶴壇游瘦馬透途得暫
休黃葉兩蹊山徑晚白雲一枕石牀秋丹泉月靜曾飛
舄惟樹年深欲化牛忽憶波心長嘯客凌波不假白蓮
舟徐志
以上隸神安區
胡聖庵在縣西北七十里宋淳祐間僧大乘建明正統十

年僧淨覺重建徐志
朝陽庵明萬歷辛丑年建　國朝康熙四十年里人楊友
昆僧谷音重修
大聖堂在縣西北七十里元泰定元年僧行隆建明洪熙
元年僧法仁修徐志
以上隸清津東區
普門禪寺在縣西百里洮湖中大坯山唐元和五年僧鐵
牛建後修建不一
慧明禪寺在縣西北九十里臨洮湖唐上元二年建名淨
土後改善覺會昌中廢南唐保大八年僧惠正重建復號

淨土宋改今額元末兵燬明洪武十年重建正統九年重
修
妙泉庵一名妙泉院在縣西北七十里宋咸淳二年僧原
祥建明建文四年僧价旻重建宣德七年僧文琳再建前
有潭周廣三丈深不可測
新莊庵在新莊橋曹司勲有記以上並徐志
以上隸清津西區
聖感禪院在縣西北七十里齊永明元年建名香勝唐廣
明中更名禪林護國宋太平興國五年改今額明萬歷年
間僧清瑾重建大殿徐志

國朝邑人陳維嵋聖感禪院詩　巳公蘭若碧山西門外
垂楊亂拂溪獨向梵宮傷浩劫手披殘碣記蕭齊半雪詩草
普明院在縣西北六十里元僧覺明建明洪武末重建嘉
靖隆慶間道人談惠鼎新之徐志
以上隸山亭區
仁澤禪院在縣北三里　國朝順治十一年邑人吳友忠
僧大休捐貲建徐志
無相庵在縣西北七里元至治四年僧正儀建王志
福善庵在縣北七里宋咸淳二年僧燈庵建明正統元年
僧宗展重建

高隱庵在縣北七里明萬歷年建邑人湯兆京記　國朝
康熙八年僧隱初重建
準提庵在西門外　國朝康熙六年邑人曹恂倡建史可
程記十八年僧普淳重修今廢
舍利庵一名非心庵在西門外天啟崇禎間比邱尼寂禪
建尼本女伶武陵人姓王字非心演劇於邑吳氏宅忽有
省薙髮受戒精修數十載趺坐而寂（本吳貞啟碑記　參史承豫蒼雪齋集）
安樂淨院在縣北一里釣橋東　國朝順治十三年僧如
先建康熙間僧智操駐錫開堂（徐志）
會真庵在西門外社稷壇前傳宋劉混康插枯蘆於地成

葦建此庵建炎二年道士華洞真重建屬通真觀後兵燬
明洪武二年道士范道真陳坦然修建永樂初蔣守約以
樂舞生發軔官至尚書宣德間道士屠景芳龔道安修正
德間道士徐元祚修嘉靖甲子道士吳應仁重建正殿萬
歷二年道士盧德膺重建大殿邑人萬士和記（徐志）
按劉混康宋人王志誤作唐
明浦源會真庵詩　荊溪溪畔道人家離亂經今幾歲華
林下共看松化石海濱誰見棗如瓜壞籬殘雨應分菊
虛牖疎煙始煮茶盡日來吟不能去竟忘羈旅在天涯
（王志）

以上隸山亭區
大蘆禪寺在縣西南四十里橫山唐咸通二年里人張氏
捨宅建名大蘆靈峯院爲鑒真大德禪師道場宋太平興
國中改禪林舊在山麓至和間僧宗震徙今地有華嚴閣
景定五年改興平報國禪寺明復名大蘆禪寺萬歷二十
六年僧無際移建正殿　國朝順治間僧鐵關重修康熙
二十八年僧大受重建禪堂四十六年重修正殿（本史志　參徐志）
蔣錫旋大蘆寺碑記
明邑人王超題大蘆寺詩　欲問三生石上緣名山千載
一燈傳庭蕉靜剪翻經葉雲竇香分洗藥泉龍出曉堂

飛白雨鶴歸晴嶂破蒼煙憑師乞與安心法莫放鐘聲
到客船（荊溪外紀）
圓寂禪寺在縣南二十五里舊傳荊溪尊者道場宋太平
興國二年賜額元廢（徐志）
崇興寺在縣西南二十里元大德十年僧玠寧建明洪武
十七年僧大安重建正統十三年僧金鼎再建（徐志）
南嶽講寺在縣西南十里南嶽山齊永明二年建唐天寶
中稠錫禪師廬其旁有滌腸池卓錫泉天然井又有吳越
金（徐王二志誤作全）書法華經二袠藏於寺宋改勝果禪院紹定
間重創法堂明洪武二十四年改今額宣德六年重建寺

舊稱伏虎道場又有白蛇啣茶種故事宋郭三益詩官符星火催春焙却使山僧怨白蛇周必大詩聽經日到斑斑虎獻茗時來白白蛇詠其事也大悲閣下有天啟間吳門周廷策畫壁（參節史志徐志）

按唐道士曹唐送馮處士歸南嶽詩當是衡山若孫吳南嶽唐人未有題及者舊志又誤入僧處默勝果寺一律又是杭州之勝果徐志去之良是

明邑人邵珪游南磵詩　夢魂無復戀春明騎馬看山興欲生地主多情能餉客老僧相對不知名巖扉竹色當杯綠土竈茶香出焙清佛日有緣聊復爾洗腸池畔最關情（半江集）

邑人吳正志由嶰川焦林陟羊嶺憩南嶽山房詩　尋山貴歷險險盡乃見奇我行嶰川下幽探靡有遺行行歷蕭寺浮陽忽西馳靈泉香未汲雙樹陰潛移修竹不盈畝風前弄餘姿徙倚林影黑山月來遲遲隣家具晚食有酒斟酌之我醉君且去來晨以爲期（雲起樓詩）

國朝邑人吳本嵩南磵杜鵑花沁園春詞　與客重游緊馬停車花事依然宛鮫綃剪出分攜雲岫水壺凝結展向霞天圖畫樓臺管絃山水併作花枝十倍妍空亭裏似含顰被酒嬌暈當筵　傷心不待秦川歎帝子魂歸又一年倩石家錦帳遮伊行處鄂君繡被擁汝尊前擘碎珊瑚拋殘紅豆只有春光最可憐青山晚恐落紅如血又化啼鵑（善卷山房集）

楓隱禪寺在南嶽寺北明孝廉吳洪裕別業名蘭墅爲南嶽園亭之冠王穉登董其昌皆有記　國朝順治七年孝廉將終捨僧萬如爲禪院并施山地茶竹地六百餘畝自葬其旁順治十四年僧萬如命徒梅山重葺買田三十七畝房十有八楹雍正壬子廢（參節徐志蔣龍光碑記）

明邑人吳貞吉攜僧過蘭墅詩　陰霧半收風習習好山攜杖共僧尋澄潭欲盡出飛瀑高閣一開森竹林眺遠晴分天地色長吟秋入古今心誰知此夜能明月還合

來聽石上琴（春暉樓集）

國朝邑人陳維崧感舊詩　山寺荒園認劫灰當年高士此中來羅浮雪萼三千顆一樹花供酒一盃（陳檢討詩草）

邑人萬錦雯春暮同友人游楓隱寺意難忘詞　欲去春光趂今朝酣住山寺相羊花殘迷蝶翅柳暗轉鶯簧朝日麗午風颺嵐翠撲衣裳喜招邀吟朋三五逸興悠揚　奈他臺榭蒼凉剩琳宮丹粉隱隱頹牆亂藤穿石磴飛瀑捲雲梁漱齒罷引盃長憑吊對斜陽嘆從來榮華彈指都入滄桑（吏隱詞）

北岳寺在縣西南十里以寺基正對南岳故名創建無考

明萬歷初重修邑人萬民表撰碑書額明末大乘禪師弟
子海覺修葺毘陵張瑋爲記邑人蔣如奇書額參何少白西南諸刹
記
南隱禪院在縣南三十里象山麓元至正三年僧無極建
明正統五年僧法雲再建徐志
廣果庵去縣三十里元至正十年僧智明建　國朝康熙
二十一年僧普淳重建徐志
敬亭庵在縣西南二十里宋紹興十一年僧道忠建明永
樂二年僧自聰重建天啟二年僧貧將毀庵邑人萬象新
捐貲留之　國朝順治四年僧明朔重修徐志

慈雲庵在縣西南十三里娄窠村本餘清園明通判潘紹
顯別業有邱池花木之勝　國初隱毀於此後人即其園
祀之改爲庵
隱山庵在縣西南十里明萬歷間僧靜虛建　國朝康熙
二年僧無碍重修本張鉒碑記
茅庵在君山絕頂雄鷲峯明嘉靖間僧道澄建萬哲助山
百畝庵近古比邱址址在阿中有小池多蜥蜴大旱祈雨
取之今庵並廢本王志參花轉東震西外集
善行庵在君山頂善行洞前爲善行尊者焚修地有茅广
數楹久毀明末邑人萬需圻重建并入山田竹地　國朝

康熙間僧心任重修本張鉒善行洞記參震西外集
響谷庵在南嶽寺側　國初建
水月庵在縣南六里石亭埠東俗名北庵本參政吳仕別
業名石亭山房沈啟南文徵仲王元美唐荊川每過荊溪
輒寓于此仕曾孫炳殉難粵西後改爲僧舍或夢炳僧袈
偏袒曰此吾前身也邑人陳維崧題句云以歌舞地作選
佛塲聽今日梵鐘唄鼓迺韻猶存本菩提體現宰官身覺
是處明月荒山忠魂或出又無錫秦松齡題額曰梨花精
舍本沈堃淮游紀畧
國朝邑人萬樹憶石亭山房滿江紅詞　拋却家園拋不

下石亭山色渾可愛攤春作繡聚香爲國六七間樓閣
翠篠兩三層徑埋黃石向支公坐處記當年王珣宅原係
先渭陽別墅後捨智公作蘭若　紛玉笋蘭亭集鬬縞袖羅浮立算風
光如此儘供眠食客爲花揉顛倒醉花因客愈玲瓏白
到而今花盡竹菇紅誰吟客香膽詞
古香庵近水月庵即吳忠節炳古香亭址後爲庵淮游紀畧
國朝邑人陳維崧古香庵楊妃山茶宴清都詞　幾朶僧
房吐東風裏臙脂淺淡偷注空王齋院艷陽天氣紅香
盈樹嬲娃漫鬬輕盈儘玉茗明妝縞素總輸伊睡足春
酥臉潮分外嬌嫮　憑闌小字輕呼花如解恨暗垂紅

觔依稀記得寧王玉笛花奴羯鼓古佛堂西弄影悵舊
日花容何處又夜來細雨淋鈴黯然無語湖海樓詞
沈堡石亭山房月上海棠詞 空山明月常如此石渠先生
絶命詩有空山誰與收枯骨明月長留照短纓之句寂寂英靈夜深至華表記何
年城郭人民非是消魂處雨後百花蕭寺 瀟湘澤畔
纍臣泪先生死於衡州望剩水殘山暮煙裏杜宇幾時歸那更
問故園奚似西州墅一片梵王鐘起淮游祀署
毘盧庵在縣西南六里省田村 國朝順治庚寅僧戒心
建
施水庵一名寶興院在縣南門外一里宋紹興二年僧妙

福建明宣德元年僧智澄重建嘉靖四年僧眞澤重修邑
人吳仕記 國朝康熙十年僧恒樸重建大殿并茶亭徐志
以上隷山亭區
乾賜香界寺本昌福庵在縣東南三十里元至正間僧德山建
明洪武十五年僧廣太虛重建天啟五年邑令饒京題善
會堂額 國朝康熙四十四年閏四月二日
聖祖仁皇帝宸翰書香界寺三大字額
御璽康熙御筆之寶 賜住持僧實誠
慧親王書禪心澄水月法鼓聚魚龍聯句參徐志僧慧如湛恩錄
烏墅寺在邑東南十五里明天啟五年僧休休建徐志本名龍坡

禪院俗名烏池
廣福寺在縣東九里宋紹興間僧宗賢建元僧古田謂杜樊川水榭在是
築屋三間以水榭名張雨賦詩云幽篁嘉木知誰共塵意
雲情若个分陽羨溪頭黃葉路晚晴賦裏白鷗羣張翥賦
詩云故事相從張句曲高風留在杜樊川棋燈夜藏書
閣棹雪衝寒載酒船後縣丞李胆於東關外築堤邑令鄒
日追建樊川水榭於堤上今
並廢參徐志荆溪外紀
福源寺在縣東七里瑞雲山俗名新寺宋景定間建明初
頹廢景泰間封太子太傅徐琳增修爲墳剎子文靖公爲
記徐志
顯親追孝禪寺在縣南門外里許一名光孝舊在古法藏
寺東爲寺別院名福生寺宋建中靖國元年蔣樞密之奇

請爲墳剎賜今額元至正元年僧方厓建聽秋軒丙申兵
燬明洪武初僧成大移建今地二十五年僧智明重建正
統間改名鎮邑寺萬曆二十八年邑人吳正志重建聽秋
軒天啟七年僧眞誠募貲重修崇禎九年周大沂捐金濬
放生池曹應秋記 國朝康熙間僧佛庵重修蔣永修記
寺多名額曹溪猶在邑令劉永基書萬壽無疆董其昌書
寶洲甘露邑人蔣如奇書忝節徐志 姜洪蔣允儀碑記
香潔禪院在縣東南二十里 國朝順治十四年邑人吳
益同僧自証建徐志
大聖庵在縣東南五十里宋嘉定七年僧應闍黎建明洪
武二十四年僧古航重建宣德七年僧宗堅重修嘉靖間

僧廣義增置石柱佛殿山門徐志
普福庵在縣東南四十五里元至元間開禪師建明正統
二年僧洪勗重建徐志
大士庵在縣東南三十六里趙莊明宏治間徐元相建萬
歷十三年道人吳普明重修徐志
龍華庵在縣東二十里宋咸淳間僧古心建明洪武十八
年僧俊峯移建於邵萬八園西圩徐志
福慶庵在縣東九里滄浦灣唐乾元間荆溪尊者建明正
統六年僧德通里人陳剛重建徐志
雲來庵在洑溪東首俗名東庵本觀音堂創自明宏治時

嘉靖間道人閔道通周海會重建殿堂堂左側置茶亭
以上隸清泉區
大潮福源禪寺在縣東南五十里名大潮庵元末毁明洪
武初僧雪庵淨重建正統十二年僧道性再建請以廢寺
福源舊額名之遂賜今額景泰四年敕賜藏經一部建閣
國朝順治七年僧行植重修增寺田一百二十畝今分
上下二院僧多居下院本朱昱毗陵志王志　參胡潔碑記
按徐志載永樂初修撰吳成學不肯降附逃至宜沈暉之祖榮留匿於家役削髮爲僧號雪庵榮爲築室於山名大潮庵考史朱兩毗陵志及王志皆無之姑存其說以俟考
明李庶大潮寺詩　峭壁危峯路幾重空門寂寂亂雲封
玉書天上須鷲鶊金地山中護象龍笠澤南來元有勝
雪庵西去杳無蹤上方記得當時到踏遍清音十里松
王志
邑人沈暉大潮寺詩　湖光西擁大湖山千仞青蓮一
水環佛殿高凌銀漢表禪房多住白雲間散花龍女乘
風去乞食山僧冒雨還最喜攀蘿登絕頂倚闌終古絕
塵寰大潮寺詩碑
靜樂寺在縣西南三十里銅官山側羣山迴合寺後一峯
爲銅官正面唐乾元初荆溪尊者湛然建梁蕭撰碑明洪
武間重建宣德七年僧智廸再建本周必大泛舟錄　參徐志

永興禪院在縣東南六十里凰川山中有山一百畝田二
十畝前朝舊刹兵火毁壞里人張四維捐貲重建
壽昌庵在縣東南五十里荆溪尊者建宋咸淳間僧副菴
重建元至正間僧宏辯修明永樂間僧善達重建
鹿峯庵在縣南三十里宋咸淳間僧湛然建
三官堂在縣東南四十里蠡墅村明萬歷間建　國朝康
熙九年里人袁文茂僧上培重修以上並徐志
以上隸均山上區
敕賜崇恩寺在縣東南六十里磬山明天啓間天隱和尚建名
磬山禪院本徐志　參湛恩錄

金沙禪寺在縣東南四十里唐陸希聲讀書山房後改禪院宋熙寧三年賜額壽聖金沙隆興初改廣福金沙岳忠武至此嘗題其壁明改爲寺嘉靖間僧貧寺鬻杭中丞淮捐貲贖之其子頤泉孫子宜拓成先志復給田山屋宇延僧員珂居守縣令方金湖爲肖中丞像署額於內隆慶六年重建殿宇僧真驤延寶山庵僧德汾協力募成 國朝順治間中丞五世孫昌齡延僧重修本史志王志節徐志

宋孫覿游金沙題陸希聲讀書臺詩 一龕明沒佛前燈破衲猶殘一兩僧說是鴻磐讀書處試尋幽伴拄孤藤綠筍遺苞半出籬清溪一曲翠相迷古苔稱意壞墻

滿好鳥盡情深樹啼王志

崇報寺在縣東南四十里宋嘉泰中袁燮政說友請爲墳剎賜額元末廢明永樂十九年重建

海會寺初名庵在縣南四十里元至正甲申僧無極建明永樂六年重建天順二年改寺嘉靖癸丑重修邑人萬士和記

毘盧寺邑東南四十里湖洑鎮 國朝順治七年僧湛淵建別駕熊坊記邑人徐喈鳳書碑

慈照庵在縣東南六十里元至正四年僧竹房建明洪武間僧永寧重建

普覺庵在縣南六十里大乘山宋乾道四年僧至圖建明宣德三年僧淨覺重建

清隱庵在縣東南七十里元至正五年僧無極建明正統五年僧惠謙重建萬歷四十六年僧體靜重建

寂照庵在縣南七十里元至元二年僧無極建無極累創梵剎學士危素爲撰塔銘明景泰元年邑人吳燠刻其文于中隱禪院

順慶庵在縣東南五十里唐貞觀六年建

敬親庵在縣南五十里途山傳爲陸希賢功德院宋熙寧三年僧真歇了移建侍郎橋西元至正間僧寧一源重建

潘山庵在縣東南五十里湖洑鎮明嘉靖間邑人王玭鼎新萬倉捨田五畝四分

覺逆庵在罨畫溪濱舊名東山草堂面山臨水竹樹蔭翳明大學士周延儒山莊子庶常奕封捨爲庵延龍池僧超隱居之以上並徐志

大乘庵在湖洑鎮南大成山本大乘寺元季建明末燬 國朝康熙二十五年僧蘊悉建屋數十楹山有洞名大成見周必大泛舟錄俗名雙家洞參節儲大文存硯樓集

洞靈觀在縣東南四十里張公洞前唐以前爲寺開元初萬惠昭天師至此奏復爲觀明皇爲題額鬬迴真觀後兵

燬南唐保大三年道士周敬微繪圖奏請遂賜營建韓熙載撰碑記云青龍將關尹重來白馬共胡僧却去又云舊御筆以題額賜洞靈之美名宋大中祥符四年賜金帛一新棟宇乾道六年內侍劉能真入道請陞爲宮賜額天申萬壽宮元末廢明洪武二年道士陳清源復建後廢宣德二年道會談惟一構屋數楹僅存其址　國朝康熙間重建改名朝陽道院中書舍人萬錦雯記觀前有石柱六如華表插天上刻時泰定三年住山李勳募建今仆其一節參史志朱志徐志

唐皇甫冉洞靈觀詩　孤烟靈洞遠積雪暮山寒松柏凌

高殿莓苔封古壇客來清夜久仙去白雲殘明月開金籙焚香入木蘭王志

許渾題洞靈觀冬青樹詩　霜霰不凋色兩株交石壇未秋紅實淺經夏綠陰寒露重蟬鳴急風多宿鳥難何如西禁柳晴舞玉闌干王志

宋蔡肇洞靈觀詩　勝迹傳來不記年昔聞曾駐漢神仙赤烏方喜靈壇建白馬俄驚梵宇遷觀額自唐因記定宮碑至宋有珉鐫江南福地雖云衆第一無過此洞天王志

玉潭仙院在縣東南玉女潭上明嘉靖間溧陽史際建敕賜額今廢徐志

碧巖道院在縣東南四十里湖㳇鎮本碧巖庵創建時代無考

以上隸均山下區

終隱庵在縣西北五十里談村明初許茂却聘隱居於此故名今爲禪院徐志

餘慶庵俗名楊舍庵在縣西四十五里宋紹興十五年僧了悟建明洪武十三年僧永興重建正統三年僧永安再建嘉靖十八年僧德曦重建大殿徐志

善義庵在縣西四十五里徐舍俗名三官堂宋嘉定七年

莎衣道人建明萬歷十七年道人范湖重修　國朝順治初僧毓麟任持改道院爲僧房

興福庵在縣西四十里元至正二年僧茂山建明正統十二年僧德俊重建徐志

鎮龍庵在縣西三十五里元至正三年建明萬歷十九年重修駱銘碑記

碧霞庵在縣西三十五里徐府莊明初建

天相院在縣西四十里安樂橋明洪武初建真武廟　國朝康熙丙午霞溪陸氏捨基重建改今名徐志

以上隸伍賢區

衍慶寺初名邵塢庵在縣西南三十里王問路宋乾道二年僧獨峯建元僧純一庵重建明洪武十年再建正統十三年僧募緣修天順三年僧守振重修賜寺額本僧會原碑記參徐志

報德庵在縣西南七十里城坎村宋治平三年僧道典建明洪武間僧本正重建徐志

鄭堂庵在縣西六十里唐上元二年僧大寧建明永樂間僧玉琳再建徐志

五雲庵在縣西南五十里龍溪渡　國朝康熙元年募建茶亭邑人周啓儁記徐志

慶福庵在縣西南五十里宋紹興八年傳爲李忠定公綱所建明萬歷十四年僧如恩里人李金儉重建本徐志參巡撫陳批文碑

永福庵在縣西南四十五里宋咸淳二年建明永樂二年僧善成重建

西畬庵在縣西南四十里元大德元年邑人蔣榮五建明萬歷丁亥蔣芸重修

大乘庵在縣西南四十里蒲墅村元至正三年鄉人募建明洪武間守禦官湯旺重修

觀音堂在縣西南五十里下庄明嘉靖間丁七捨宅建以上並徐志

以上隸從善一區

開勝寺在縣西南五十里唐上元二年建名開勝宋熙寧中加壽聖隆興中改廣福開勝元末燬明洪武十四年重建崇禎三年重建正殿徐志

普濟庵在縣西南五十里艾墅創建年月無考　國朝順治十三年僧寂眞重修徐志

以上隸從善二區

顯德禪寺在縣西南六十里唐上元二年建名永業一云南唐保大中崔顥捨宅建名善慶宋太平興國五年更名

保寧爲禪院宣和四年復禪寺建炎三年王樞密淵死節其子倚王志作琦請爲墳刹改報國顯德元末廢明洪武十九年重建　國朝順治八年丁祠與僧一如等重建觀音大殿本史志參徐志

國朝邑人陳維崧泛舟顯德寺逢友人同坐僧寮茶話春雲怨詞　春山六幅和山前春水朝來齊綠指點前村古寺隔水經幡煙際矗覓買蜻蜓斜穿彴畧搖皺溪梢一痕玉隱隱鐘聲迢迢僧語風亞半墻竹　逕青媚寺添幽獨意中人恰到吟情倍足小院松濤又將熟笑向空王十載塵襟一時盡沐斜日歸庄落紅成陣依舊閒

愁萬斛湖海樓詞
清修禪院本在城中茶局巷明洪武末移建陳庄朱志
寂慶庵在縣西七十里埠頭村元大德三年僧智隆建徐志
白雲庵在縣西六十里大樹村元至正元年丁達善建徐志
白菓庵在縣西六十里壅村明景泰三年丁貞捨基道人
黃福募建　國朝康熙十一年僧慈照募建正殿徐志
以上隸從善三區
慧光教寺在縣西五十里本臨津縣齊王志作濟明寺唐武德
八年縣廢寺亦毀上元元年移建天寶八載更名圓照南
唐保大三年勅封慧光禪寺明洪武二十四年改今名正

統六年重修本史志叅徐志
太平衍慶觀在縣西五十里五牧村屬通真觀今廢徐志
以上隸從善四區
善慶庵在縣西六十里萬畝圩宋嘉定間僧妙法建明正
統九年僧可力重建徐志
東庵在縣西七十里芳庄明萬歷二十八年吳承裕捐貲
創建徐志
廣福庵在縣西七十里蔣墅明萬歷間僧瑞林建徐志
以上隸從善五區
碧雲寺在縣西南六十里烱山宋嘉泰十四年僧深山建

元末廢明正統七年僧德澄重建名報恩光孝禪寺天啟
元年僧大祿建石佛殿再建鐵佛殿徐志
正覺庵在縣西南百里太平山元至元三年僧寧一源建
明洪武間僧義舉重建徐志
普濟庵在縣西南九十里北川里元至正間僧涓吉建明
洪武間重建徐志
黃石庵在縣西南九十里覺了西山崖齊建元三年僧明
玉建後廢爲蔣氏基地南唐保大中蔣氏捨地建庵屋三
進後進供祀石亭蔣侯山石皆黃故土人傳爲黃石公煉
丹處庵側有天生石橋丹竈穴元末庵廢明正統七年僧

智亨重建　國朝康熙五十九年僧定艮重修徐志節何少白黃石庵碑記
勝壽庵在縣西南八十里俞山元至正三年僧鎮大方建
明正統六年僧會寧再建徐志
大覺院在縣西南九十里白壋山宋咸淳元年僧志寧建
明宣德間僧如玘修萬歷間道人傅明心修天啟間僧明
源修　國朝順治間僧如智修徐志
憩雲庵在縣西南八十里麻山界　國朝順治九年僧行
琦建
迎真道院在縣西南七十里東亳陽屬通真觀元泰定三

年道士鄭師正建有嶽聖堂　國朝康熙七年道士俞永泰重建徐志

以上隸金泉區

敕賜澄光寺舊名禹門禪院在縣西南七十里龍池山宋咸淳二年建上有龍湫雞冠石捨身石白雲巖眺望可數百里明永樂間賜大藏經一部慈仁太后賜金觀音一尊金籃一隻寺有上中下之稱上庵在玉陽臺旁濕虛閣右元至治間僧寧一源於絕巘石立處架屋蓋茆有房三楹中塑大士西一楹爲靜室今廢中庵在中龍池久廢明萬歷初邑令丁懋建建三楹功不竟下庵有殿五楹樓五楹隆慶

初僧惠澄重建萬士和記萬民表書長洲文彭鐫時稱三妙萬歷四十六年僧正傳卸中庵殿材重建山下唐鶴徵記崇禎癸未僧通徹重建山門及各寮房　國朝康熙壬午僧德宏重建大殿

敕賜澄光寺額本湛恩錄參徐志

明邑人路邁禹門禪院詩　登山不見寺古木何蒙茸濃靄入飛鳥高寒隱臥龍紺宇依秋壑青山度晚鐘塵緣到此淨夜半吼長松徐志

承福禪寺在縣西七十里梁天監中建後廢宋淳熙壬志作熙寧中重建元末廢大德丁西建改廣惠行祠殿柱舊有雷書本史志徐志

福泉寺一名何家寺在縣西南七十五里明萬歷甲辰何其愚建

棲雲寺在縣西南六十里烟山宋紹興間樞密王淵與僧了寧建明洪武十七年燬後僧德昇重建隆慶間廢萬歷三十六年重建徐志

福源寺舊名福源庵今改寺在縣西南五十里紫雲山元至正二年僧寧一源建有石井可丈餘泉泛如沸大旱不竭因以名庵元末兵燬明正統四年僧普祥重建明末正殿燬　國朝順治八年丁祠捐貲與僧圓融重建邑人顧

一讓平陵馬世俊撰碑記寺又名上庵山徑幽邃寺門椐樹四僧恐爲人所伐鏤其幹爲天王纓絡冠劍悉具其上仍茁枝葉惜今已萎梵相亦漸剝落本徐志參西南諸刹記

復隆一作伏龍教寺在縣西南五十里齊永明二年建名會善唐光化三年僧道洪居之號龍溪彌勒上昇道場宋熙寧三年賜號壽聖隆興間改廣福伏龍禪院明改今名　國朝順治二年火八年僧顯忠募建徐志

善權禪寺在縣西南五十里善權山齊建元二年以祝英臺故宅建唐會昌中廢爲海陵鍾離簡所得咸通中李司空蠙贖以私財重建正殿盧州刺史張崇造制作甚古有

大中十年歲次丙子秋七月除殿基造石匠𠌫言十九字
刻殿內右柱礎上殿柱有雷書又有偃栢宋名廣教禪院
崇寧中傳待制楫請爲墳剎宣和中改崇道觀建炎元年
詔復爲院明改爲善權寺正統十年僧道愷重建前有古
松栢百餘株正德間僧負官租將鬻以償邑人陳哀捐金
𧻚之松栢巷基五畝四分至今陳氏辦糧宋陳宗道捨常熟田二百畝國
子監部沈文記進士陳珪等捨祭田四十畝河南李農記
明陳思明捨田百畝溧陽進士狄斯彬記寺內有三生堂
祀唐司空李蠙宋宰相李綱學士李曾伯又有六祠祀宋
撫幹陳宗道待制丁貴方明巡撫周忱邑令劉永基饒京
副使邵賢　國朝順治間僧掘偃栢毀三生神座爲禪堂撤兩
廡大千諸佛改爲僧房康熙十三年玉林禪師來住持未

數月去法嗣白松主席欲毀陳撫幹宗道祠屋爲方丈不
容陳氏子孫祭祀陳氏不能忍舉火焚寺白松焚死巡撫
馬聞於　朝陳氏羅大獄族長文彩伏辜族俱得釋本史志徐
志參泛舟錄荊溪疏善卷寺文錄
唐羊士諤息舟荊溪陽羡南山游善權寺呈李功曹巨詩
結纜蘭渚畔柴車上連岡晏温值初霽去繞山河長
獻歲冰雪盡細泉生路旁行披烟杉入激澗橫石梁層
閣表精盧飛甍切雲翔沖襟得高步清眺極遠方潭嶂
積佳氣蕙英多早芳具觀澤國秀重使春心傷念違煩
促遂榮利鶩浮光勉君脫冠意共匿無何鄉全唐詩

張祜題善權寺詩　碧山南一寺最勝是仙源峻岅依
巖壁清流注洞門金函崇寶藏玉柱閟靈根寄謝香林
客高蹤不可援全唐詩
明邑人邵珪游善權寺見王起畫詩　樓閣峩峩倚天起
巖際白雲如潑水掃除煩惱作清涼亦有莊嚴供畫史
畫史風流摩詰孫可惜苦心今老死茗甌香炷坐西堂
水月松風靜如洗半江集
邑人邵賢游善權寺詩　穿林重叩竹間題入洞更憑
雲外梯白足焚香迎客慣蒼頭擔酒壓眉低高岩積雪
春猶沍紺殿排空山與齊此日登臨愜清興杖藜回首

夕陽西荊溪外紀
國朝邑人陳維崧由祝陵至善權寺詩　挂席南板橋鳴
榔東舍溪飛花點春渡激水迴前堤到村磵壑淨繞寺
風篁低松巷頗透迤秀色無端倪虯根裂地軸蒼幹排
天梯足知龍象力難以年代稽松際露茅亭製古色亦
齊解衣一盤礴餘景含招提此時樵子歸山山啼竹雞
夤緣入寺門拾級雜巖飀古穆結團碑蒼巖露堂構
阿師湘中人巾拂遥相候爲我具瓜茶導我歷前後經
堂架巉巗長櫚貫林岫銀沫濺齋廚晴螺媚簷霤坐久
剔荊榛談深詢遺漏偃柏不復存圓通閣非舊空餘火

篆古俶詭妙雕鏤束緼一詳覩雷音劃然吼空聞善權
鍾不見祝陵酒唐李郢詩祝陵有酒清若空流涎語同行脫復思飲
否聞有道士房鑿翠置戶牖軒檻頗崢泓花藥還雜採
欣然謝禪縛相將命尊卣綫酌顏已酡淡蕩無不有風
來長松端月落西巖口微醉掩花關妙杳亦時取湖海樓集
成正庵在縣西南百里名橋下庵　國初建因僧智禪自
化其軀改今名
九峯庵在縣西南八十里太華山舊名地藏殿明嘉靖間
陳道人建明末燬　國朝康熙間有蓬頭僧募貲重建
福泉庵在縣西南八十里鳳飛嶺宋初建元至正間僧寧

一源重建明正統間僧法桂舟濟修嘉靖間僧眞耀修邑
人徐太來捐貲萬歷初僧性澄重建正殿萬民表撰碑記
庵徑有古杉數株皆連數抱相傳晉太守劉超植或云唐
荊溪尊者植　國朝康熙五年僧了塵重建山門節西南諸刹記
按舊稱庵爲晉太守劉超墳刹攷萬民表記云俗傳劉太守超巡行至此偶植松杉有終隱之志後因國步艱難未遂首邱則太守墓不在鳳飛嶺明矣
芙蓉寺在縣西南四十里芙蓉山唐乾元初建禪院名乾
元舊刻云阜封大毓禪師駐錫此山宋熙寧二年更名壽
聖有來來亭三到亭大毓禪師與麗居士問答處紹興八年僧了清爲
記有麗居士三到此山之語隆興元年改廣福元至正丙

申兵燬明洪武二十年重建改教寺永樂正統重建尋燬
嘉靖元年重修萬歷九年正殿燬長洲徐學士顯卿建採
芝亭三間於基右僧眞覺募起正殿三十六年史孟麟建
講堂旋燬　國朝順治初山寇起僧散寺頽僧自問岳慧
經營興復邑人徐喈鳳記來來亭前一礀水石幽奇諸題
詩者如唐順之陳鏊令朝雨晴峯聚晚霞湯啟祚迴轉疏
疏竹池通細細泉徐喈鳳疏鐘空萬籟仄嶺鎖孤霞吳達
可山鳥有緣還自語巖花無意向人期僧行能萬壑寒松
翠竹一亭秋月春風皆爲得景本史志參徐志王升
明邑人丁天毓芙蓉寺詩　修竹千竿覆石林禪扉寂寂

鎖雲深臥聽鐘鉢持仙梵起看松杉弄夕陰巖影却從
天際落鹿羣時傍澗邊尋坐來不覺空諸有明月清風
自滿襟徐志
僧行能咏大悲松詩　曲逕寒松千尺不知何代人栽
亭亭挺立天外野鶴不呼自來徐志
泗州庵在縣西南八十里張渚鎭明永樂間邑人陳工部
允迪建嘉靖間張縉公於庵前設土地祠祀袁府君後余
處士失名何侍郎士晉重修晉陵唐太常鶴徵爲拓地置田
徐志參張納陛碑記　國朝康熙己亥僧戒心僧廣清重修
觀音庵在縣西南八十里坡陀岡元至正三年僧智明建

徐志
一心庵在縣西南八十里泰山側元至正間僧寧一源建
明正統十年僧海裕重建徐志
普明庵在縣西南七十里宋咸淳二年僧雲項建明正統
元年僧惠碧重建徐志
潘山庵在縣西南六十里元至正間僧寧一源募建徐志
蔣庵在縣西南六十里宋咸淳間僧自空建徐志
任勝庵在縣西南五十里瀫里村元至元元年董楠建
國朝順治十五年董昌重修徐志
禮庵在縣西南五十里善權洞口　國朝康熙十四年曹

洞僧智操重建護百愚和尚墖邑人徐喈鳳書額徐志
寧福庵　國朝康熙間庠生陳辰重建
慈雲院在縣西南七十里浯橋村宋咸淳元年僧珪曇建
後兵燬明永樂間僧善傑重建明末傾圮　國朝康熙十
年僧緣成募修徐志
泗州堂在縣西南八十里石門村明洪武十四年里人吳
得建徐志
華陽道院在縣西南七十里東霞埠屬通真觀宋建炎二
年茅山宗師劉混康棲真於此明洪武元年道士周宜仲
重建永樂間道士翟德清再建徐志

仁福菴在縣西南六十里坐落莊村北明宣德辛亥陳蕃
建嘉靖年間陳袁修
任慶菴在縣西南六十里坐落莊村西明萬歷年間陳九
經九韶僧明健同建
以上隸永豐區

增修宜興縣舊志卷之末

雜志　方外

唐

劉商彭城人第進士歷尚書郎性沖淡以病免官至廣陵遇異人授藥九粒如粟食之不饑渡江遊茅山至義興隱居湖㳇渚徧歷諸溪山名勝樵者問之曰我劉郎中也後莫知所終

毛蕢不知何代人嘗遊張公洞自洞底東行至太湖洞庭山得石穴而出自言東行時聞頂上有風波聲今山上有毛公洞又有毛壇丹井已上參徐志

等照姓蔣氏生即白首誦經典一目七行貞觀中出家至天台超禪師所受戒人稱爲善伏師參節咸淳毗陵志

稠錫禪師桐廬人開元間築菴南嶽忽膝間聞嬰兒聲曰有是哉喝開菴前桐木納衣錫其中下山得婺婦娶焉生二子一日晨炊俾復進羹妻辭以盡曰非羹盡乃緣盡也復取衣錫歸菴衆不納師偕二虎與衆決去留衆懼請止師乃剖腹出腸洗之今有洗腸池存焉黃巖志云師名清宴在南嶽飛錫至白龍山所娶杜氏生三子曇翼曇鎧其一無考杜卒攜三子歸菴後皆有聲叢林中寺前有手植樹今名稠錫樹參王升舊志唐鶴徵府志

湛然姓戚氏邑人初住越州晚歸天台山傳天台教天寶大歷間屢詔徵不起建中二年無疾而化書法師鍾繇丁眞行吳越時追謚圓通尊者參江南通志台州府志

普門禪師姓何氏灊人父玠爲義興尉卒終喪後郡舉遺逸不赴天寶中受度於南嶽寺博聞强記蕭公定輩皆與遊正元間歸寂建塔西澗許孟容爲記皇甫冉有同李萬晚望南嶽寺懷普門上人詩云釋子身心無垢氛獨將衣鉢去人羣相思晚望松林寺惟有鐘聲出白雲

大鑑金陵人元和中住芙蓉寺與龐居士問答機鋒如電大和中追謚大寶禪師已上參節咸淳毗陵志

鑒眞姓潘氏蘇人幼慕禪律父母不能奪送入寶集精舍經偈過目如宿習大中間遊陽羨住大蘆禪院咸通中賜號大蘆禪師節王志

孫菩薩　義興和尚　勝辨禪師

按徐志云已上並邑人見傳燈録而傳法正宗以其無機緣語句屏不載鄧秉貞義興高僧考云文字不傳正宗門本色不當憑臆削去故仍舊志存之

法雲禪師周孝侯七世孫生有至性事親孝父母亡後出家爲寶亮弟子亮每云我之神明殊未及參鄧秉貞義興高僧考

王氏女乾符中與母寓居湖㳇桂巖山幼不茹葷工詞善琴笄而不嫁常誦大洞三十九章所居每有異香一日微

疾題詩石上云翫水登山無足時諸仙頻下聽琴詩此心不戀人間世惟見庭前雙鶴飛是夕奄逝及舉棺甚輕啓之惟存雙屐節咸淳志王志

南唐

許堅不知其家世或曰晉長史穆之裔形陋而怪幅巾芒屨短襴至骭負布囊不輒啓乾德中至陽羨居邑西沖寂觀人不之識一日呼道士共浴滆湖堅忽凌波濶步若平地然行漸遠手招道士笑而去節馬令南唐書

宋

申屠有涯居義興性不羈嘗攜一甆瓶可受八九升一日

自吳游楚脫衣附舟時舟中人已十數有涯沽酒斗餘飲竟大吐衆怒逐之有涯曰風雪如此棄我何之諸賢不相容何可共載挈瓶登岸倚木吟曰仲尼非不賢爲世所不容蟲蟲同舟子不識人中龍吟已躍入瓶衆駭視舉瓶碎之無所覩後有見其攜瓶踞坐虎邱節王志

劉混康少遇異人授以咒術治疾輒驗宣和中賜號靜一先生棲眞於宜興華陽道院建炎二年過邑西門外插枯藘成葦遂創建會眞菴參江南通志

芮道陵居沖寂觀宣和間以道術受知徽宗寵賚優渥賜號南昌郡左街都道籙仍詔本觀齋田復其租稅道陵謝表有云左街錫寵一身濫被於鴻私南畝蠲租衆口均沾於鶴料參節沈敕荊溪外紀

元

永寧姓朱氏字一源淮東通州人至治三年至宜興龍池山有白虎馴服建禹門禪院居焉至順元年開堂呂山至正二十年領善卷寺又以薦至常州天寧寺奉詔入龍光殿說法函香往五臺及赴廣德求雨留住慈惠菴每數年必歸龍池先賜號本覺妙明眞淨禪師後賜金襴法衣加號佛心了悟大禪師節禹門寺志江南通志

岳道士佚其名倪瓚嘗題畫贈之云義興岳道士野鶴如

長身我知爾明徒不是侯喜倫結喉吟肩聳鐵脊霜髯新手中石棊子頭上漉酒巾久居離墨山自謂無懷民喪亂不經意松陵留十旬香雲作與衞長松爲主賓既滋數畦菊復種一畝芹樂哉以忘死道富寧憂貧爲我具舟楫相期桃花春參淸閟閣集

明

夷簡字易道出家住杭州淨慈寺又主南京天界寺洪武四年徵高僧十八詣京建法會夷簡與焉除僧錄左善世能詩尤工書法參書史會要

李鐵箍山東人以頭戴鐵箍故名善行氣治病從學者戒

以不得覲婦人曰此偷陽賊也嘉靖三十五年坐化於常州天寧寺留偈曰老漢九十九今日騎牛走拍手上青天乾坤如雷吼後一載人見其賣藥於宜興東關橋節唐鶴徵府志

幻有禪師名正傳溧陽呂氏子也因感香山小說思出家從荆溪沙門樂菴剃髮每至京師謁笑巖禪師得大悟復往五臺山靜修十三年會武進唐鶴徵問道五臺請南還駐錫龍池大振宗風今禹門禪院中有唐鶴徵及師塑像叅禹門寺志江南通志

無着字了虛住銅官山中通脫疏放傲然自得見人輒叉手高坐不縛沙門威儀遊虞山與瞿元立嚴道徹善嘗立

三年禪期掩關未浹辰哭入元立座中元立怪問之曰吾不耐枯坐作死人已破關出矣馮夢禎嘗問曰近日山居作何功課答曰讀得習書一部其坦率如此有初夏晝溪泛舟詩云爲看原上桑麻小艇浮來落花樹杪雲中僧寺溪邊竹裏人家

陳丹心字南明荆溪人舘武進孫慎行家冠一敝巾無寒暑衣布二層朔風大雪獨露坐崖岸上善飯常茹蔬間食糠覈麥麩天啓元年春尸卧六十餘日日飲水二甌鬚鬓黑有光體隱隱有香氣又半月步行十餘里附舟至荆溪月餘卒生平未嘗說仙亦絕無異人往還然談未來事多奇中人叩所以則曰汝能不近一毫非禮色不取一毫非義財即汝應自先知有田十餘畝常以施族之貧者卒後慎行在邸有老儒敝衣冠貌類丹心投僕一書欲寄其子所言盡經術義家國事節孫慎行元晏齋文抄

天童禪師名覺初一名圓悟號密雲姓蔣氏幼居南嶽負薪爲業年三十去其妻祝髮龍池從幻有受衣拂一日登銅官山頂豁然大悟海內叅訪者舟泊張渚埠常數里後出主寧波之天童崇禎時詔賜紫衣叅存研樓二集江南通志

天隱禪師名覺譽姓閔氏邑中牛塲巷人年二十四出家與天童同事幻有偶閲楞嚴經頓悟先開堂磬山禪院後

住武康報恩寺宗風之振亞於圓悟法嗣四人箬菴玉林尤著節江南通志

任聃年邑人爲溧陽太清觀道士崇禎甲申之變聃年備法衣加衰詣縣治舉哀禮成遍别所知言分當死設三日醮入玉華山端坐而死叅江南通志

國朝萬如禪師名通徹姓張氏嘉興人從圓悟住龍池及圓悟出主天童令萬如繼席順治間開堂說法僧衆歸者以千計四方喜捨絡繹不絕有盜覬僧貲欲入寺行刼每至輒有虎阻道叅節楊懷遠卿評備考

得信字逝北姓吳氏中行孫本名治思字寒若武進庠生

順治間爲僧講法於呂山寺著心經如說先期示寂沐浴
整衣而化參楊懷遠鄒評備考
碧菴禪師佚其名年十八出家爲天隱法嗣後於杭州士
八衕開堂順治初修理磬山禪院視天隱圓寂復往杭州
不知所終參徐志
玉林禪師名通琇江陰楊氏子年十九出家嗣天隱法席
凡六坐道場七會說法順治戊戌
世祖章皇帝詔迎入禁問如何是孔顏樂處對曰憂心悄悄慍
於羣小
世祖大悅賜號大覺普濟能仁國師庚子春遣使賜紫衣金印
冬再
召入京辛丑春
聖祖皇帝命重臣驛送南還乙卯冬圓寂參江南通志徐志
宏聖字碩機巫氏子十九歲出家往江陰什方菴受戒後
爲三峰藏和尚侍者又叅金粟悟和尚因問薰風自南來
句遂大悟往住江西雲陽山禪耆輻輳順治丁酉坐化於
羅山參志志
潘道士佚其名字朝陽寧都人康熙三十三年在宜興自
云游至張公洞得道能逆知人禍福著三才圖今洞前朝
陽道院葢以道士名參鄒評備考

照徹字蓮若康熙間出家於磬山寺知醫善畫嘗依巖築
室搗藥有羣猴環伺執役如弟子後住蘇州開元寺一日
飯罷說偈結跏而化參節韓是升治隱園叢稿

增修宜興縣舊志卷之末

雜志　祥異

吳孫亮五鳳二年五月（吳志作七月）陽羨縣離墨山大石自立干寶以爲孫皓承廢得立之象或曰孫休見立之祥也（節晉書五行志參吳志）

孫皓天璽元年陽羨山有空石（晉宋二書作石穴）裂十餘丈名曰石室表爲大瑞乃遣兼司徒董朝兼太常周處至陽羨縣封禪國山（節吳志參晉書五行志）

晉惠帝太安中周玘家有雌雞逃承霤中六七日而下奮翼鳴將獨毛羽不變其後有陳敏之事敏雖控制江表終

無紀綱文章殆其象也卒爲玘所滅京易傳曰牝雞雄鳴主不榮（節晉書五行志）

太安中周玘於陽羨起宅始成而邊戶有聲如人嘆咤者玘亡後家誅滅此其徵也（節宋書五行志）

孝懷帝世周玘家有鷩在籠中而頭斷籠外亦爲周氏敗亡之徵又晉書周札傳周筵造屋五間六梁一時躍出墮地（節宋書五行志）

成帝咸康三年五月甘露降義興陽羨縣柞樹東西十四步南北十五步（節宋書符瑞志）

孝武帝寧康二年夏四月壬戌皇太后詔曰三吳義興晉陵及會稽遭水之縣尤甚者全除一年租布其次聽除半年受賑貸者即以賜之（節晉書孝武帝紀）

安帝義熙二年陽羨縣有木連理（咸淳毗陵志）

宋武帝永初元年七月青龍見義興陽羨

少帝景平元年五月癸未白麞見義興陽羨太守王準之獲以獻（以上宋書符瑞志）

文帝元嘉七年十二月義興大水遣使巡行賑恤（節南史宋本紀）

十年六月大水　十二年六月東諸郡大水（帝紀丹陽淮南吳興義興大水京邑乘船）民人饑饉吳義興及吳郡之錢塘升米三百以沈演之江遂兼散騎常侍巡行賑卹許以便宜從事演之

乃開倉廩以賑饑民民有生子者口賜米一斗刑獄有疑枉者悉制遣之百姓蒙賴已酉以徐豫南兗三州會稽宣郡二郡米數百萬斛賜五郡遭水民（節宋書沈演之傳參文帝本紀）

十三年三月戊辰義興陽羨令獲白烏太守劉禎以獻（宋書符瑞志）

孝武帝大明元年五月義興大水民饑乙卯遣使開倉賑卹（節宋書孝武帝本紀）

明帝泰豫元年十月壬戌陽羨縣獲毛龜同日白麞見國山太守王蘊并以獻（節宋書符瑞志）

齊高帝建元元年九月辛丑詔二吳義興三郡遭水減今

年田租二年六月癸未詔昔水旱赦丹陽二吳義興四郡
遭水尤劇之縣元年以前三調未充已畢官長吏應共償
備外詳所除宥節南齊書高帝本紀 四年大水六月戊戌詔曰吳
興義興遭水縣蠲除租調節南齊書武帝本紀
武帝永明五年夏水雨傷稼八月乙亥詔今夏雨水吳興
義興二郡田農多傷詳蠲租調節南齊書五行志 六年大水八
月乙卯詔吳興義興水潦被水之鄉賜痼疾篤癃口二斛
老疾二斛小口五斗節南齊書 八年四月陽羨縣獲白烏一
頭南齊書祥瑞志 九年八月吳興義興大水乙卯蠲二郡租節南史齊
本紀

鬱林王隆昌元年四月陽羨縣獲白烏一頭南齊書祥瑞志
梁武帝中大通中郡西亭有古樹積年枯死忽更生枝葉
節南史褚裕之傳
陳宣帝大建十二年夏旱十一月詔丹陽吳興晉陵建興
義興東海信義陳留江陵等十郡并積年田稅祿秩並各
原半其丁租半申至來歲秋登節陳書宣帝本紀
唐高宗永徽四年義興民顧氏家產芝草咸淳毗陵志
乾封王志作乾符 二年義興邑宰所居有木連理參王志
宋太宗太平興國七年八月宜興縣民長孫裕家生芝紫
莖黃蕊節宋史五行志

英宗治平元年毘陵日晡有大聲如雷震一星如月出東
南再震移西南三震星隕焉在宜興呂亭許氏藩籬俱熱
火息視地一竅深三尺餘星猶灼灼久漸暗熱不可近後
得拳石頭微銳其色如鐵郡守鄭伸取以遺潤州金山寺
節沈括筆談
神宗熙寧八年大旱太湖涸見丘墓街市徐喈鳳舊志
孝宗淳熙間大水詔問知常州事張孝贄間常州宜興無
錫二縣近遭大水今水勢何如合補種晚稻即日已插種
多少不可車戽再種者頃畝若干疾速開具奏來節咸淳毘陵參
志

理宗端平二年五月宜興近湖地有二龍交鬭墜於湖其
長無際項刻大風水高丈餘有火塊大如十間屋者十餘
自天而墜二龍隨升節癸辛雜志
元成宗大德元年十一月常州路及宜興州旱並賑之節元史成宗本紀
文宗天歷二年旱
至順二年旱以上參王志
順帝至元五年宜興州山水湧出勢高一丈壞民居節元史五行志
明永樂三年山水暴溢壞民居溺者甚衆 十二年水

正統五年大旱　九年七月山水暴溢漂壞廬舍千餘家大風拔木巡撫侍郎周忱以聞詔免秋糧十分之四　十二年水以上本王志　濱太湖居民王氏子塚上木牌忽生枝葉節徐志

景泰元年水巡撫侍郎李敏奏免被災者秋糧一萬五千餘石　四年冬大雪平地深三尺　五年春大雪平地深五尺餘河氷一月草木至清明後萌芽夏恒雨秋大旱人相食撫按勸富民出粟賑貸視其多寡旌賞有差陳玉出二千石陳錞潘岐蹇驥各出六百石毛溥陳綱鄧曙錢恭堵忠各出四百石許信杭浙湯政周成沈彝莫程各出三百五十石

天順七年大水免秋糧有差以上本王志

成化七年七月十七日大雷電有物騰起西溺湖東至太湖馬蹟山拔木壞民居百餘所被災之家屋柱倒植而瓦甓不毀節徐志　十六年湖沒張渚水暴漲漂沒廬舍溺死者千餘人巡撫尚書王恕命府縣出粟賑之　十七年山水湧出凡十八所

宏治四年水　五年大水免秋糧十二萬二千石有奇　七年大水免夏麥萬四百九十石秋糧九萬九千八百石有奇　八年水免夏麥萬二千五百石　十一年大水免秋糧萬六千二百五十二石　十三年城中火自長橋西北延蓺橋南燬數百家果利坊居民李植有母喪在庭力救得免家貲亦無所損巡撫都御史令優恤被災者戶給米二石　十六年大旱免秋糧九萬七千五百石

正德三年大旱上王橋徐㫤捐穀賑饑邑令旌其門　五年大水免秋糧十一萬一千二百石有奇　六年七月山水湧出凡二十餘所漂溺甚多免秋糧四萬五千四百五十石　七年均山鄉麥兩岐　八年正月日晡時有如日者百十接續自南來行至日旁即過漸北十數丈而沒凡旬餘人多設水盆照之十二月溪河大氷男婦老幼扶攜負戴行氷上七日後有陷者　十三年山水湧出凡七十

餘所漂溺甚多饑民食草根免秋糧十分之四巡按御史葉忠上聞復加恤免　十四年水民饑大疫免秋糧七萬三千九十八石知府王教發粟賑貸

嘉靖二年旱運河絕流西溪見底有碓磑之類以上俱參王志　三年十月七日有黑白二龍鬬於太湖濱湖水皆赤白龍敗節陳玉璂府志　七年七月十七日訛言勦洗男婦東西互奔明旦乃定林墓水澤中死者甚衆節王志　二十一年七月朔午刻日食明星爛然如昏夜良久漸明　二十二年二十三年歲連祲民大饑寓宦溧陽史際發米至宜以賑參方逢時張公壩記　二十四年旱斗米一錢五分知縣方逢時量戶

賑濟宜城簿湯應隆出米五百石節王志 二十八年大水知縣王鈴勘恤奏免秋糧有差節王志 三十三年大旱滆湖絕流節陳玉璂府志 三十九年五月海寇警甚城守戒嚴周孝侯墓忽烟氣漲天若豎黑旗三面數日後又添一面宛然在望王志作去地數丈有飛蟲成陣儼若旗幟搖曳樹杪旬日之間人所共覩 知縣董一魁爲文祭之役賊過境上竟不爲害節碧里雜存 四十年大水 四十一年春饑疫巡按御史陳瑞設粥藥於路民多賴之

隆慶元年訛言取繡女民大擾一時婚嫁殆盡 四年饑民大掠

萬歷八年大水 十二年麥兩岐 十三年麥復秀兩岐

十五年夏大水秋七月二十一日太湖水高二丈餘漂蕩居民廬舍無數溺死者千餘人是歲高田亦秀而不實 十六年旱民大饑疫米價騰貴 十七年大旱河流俱涸輿馬由水道往來民饑疫令陳遴瑋悉心惠濟時連年水旱富室幾罄閔䘏助銀一百兩糴賑以上俱本王志 十八年五月雹傷麥徐志 十九年秋久雨傷稼蠲免十五年應解鳳陽淮安麥銀停緩十五年草折銀十六年粳糯米草折銀十七年麥草麻布銀參節任源祥志稿 二十年大有年徐志 二十一年九月雹災漕糧每石折銀五錢省免輕賫等銀二千二百六十八兩五錢七分九釐任源祥志稿 二十二年蟲災民間訛言兵至士女奔竄數日乃定節徐志 二十三年水改折漕糧正米連耗每石折銀七錢省免輕賫等銀七千六百二兩九錢 二十四年大水改折漕糧等米每石折銀五錢省免輕賫等銀五千二百十兩二錢一分 二十六年自春至夏霪雨毒霧爲災二麥壞改折漕米三分長安倉糙米三分每石折銀五錢省免輕賫貼役等銀二千二百六十八兩五錢七分九釐 二十七年春久雨無麥改折漕糧等米每石折銀五錢省免輕賫等銀五千一百十二兩五錢七分一釐以上參任源祥志稿 二十八年湖決潼渚洪水驟發衝壞田禾竹地及民屋商船多溺死者發縣

倉穀八百四十五石賑之江院朱弼發穀三百石助賑徐志

二十九年水巡按何熊祥題請被災九分以上太倉州吳江崑山武進江陰宜興金壇七縣本年漕糧俱准改折七分仍徵本色三分節續文獻通考 三十年無麥穀登 三十一年烈風雨雹傷禾九月初九日又雨雹傷稼、 三十五年十二月二十五日立春地震以上本徐志 三十六年三月至五月霪雨不止平地成陸海巡撫周孔教大學士朱賡題奉旨發賑銀二千八百兩巴始縣余中書賑米一百六十五石曹守義助賑三百石任楠助米三百石節任源祥志稿參徐志 三十八年水 四十年三月二十五日訛言兵至 四十四年蝗 四十五年蝗種繁

生知府劉廣生設法搜捕五月復自他境飛集捕獲萬六
百六十七石八斗　四十六年春雨無麥九月東方有白
虹長中天　四十七年春水冬十二月雷震
天啓元年春大雪深丈餘　三年冬旱十二月二十日地
大震河水久不開　四年大水　五年夏大旱　七年水
稻生蟲
崇禎二年春夏水自秋至冬旱　四年大水　五年旱六
月祈雨閉南門一月以上參徐志　十一年旱蝗是歲堵允錫
廬墓四月壟上枯桐枝間蛛網成孝字桐載華參堵忠肅公年譜
十二年二月雨小豆　十三年夏旱洮湖竭蝗傷禾斗

米二錢　十四年大旱溪河竭疫　十五年大疫三月洮
溪水如血數月方淸稻生蟲斗米三錢三分　十六年十
二月十四日地震　十七年大旱溪河皆涸兩沈見古井
街衢輿馬通行斗米三錢五分三月間豐義村雨血以上本徐志
國朝順治七年元旦有魚千萬爲羣駢集張渚大者丈
餘次數尺寅來辰退了不避人如是者三日俗謂之魚朝
八年水疫斗米四錢夏四月九日大水馬跡山及陳灣
百瀆諸山發蛟七十三穴拔木走石蛟穴四圍土石皆紅
九年旱疫二月十四夜地震　十一年冬溪河氷越四
旬始解　十二年夏五月水六月不雨蝗蝻生九月雨雹

傷稼　十六年春水　十八年大旱夏六月初三夜雨雪
康熙元年夏四月二十九日大風雷拔木發屋　三年夏
六月大水以上參徐志　七年夏六月十七夜地震生白毛長
尺許參節陳玉璂府志　九年夏五月大雨浹旬田禾淹沒知府
駱鍾麟捐俸給賑勸各鄉富戶助米設粥　十年夏六月
至秋七月不雨　十一年秋七月山水衝没田廬人畜被
漂蕩者甚多　十七年旱以上俱參徐志　十八年大旱溪流斷
絕可通車馬是歲江南造戰艦張公洞舊有大銀杏數株
蘇松道方國棟奉巡撫檄來伐樹皆血出參池北偶談　十九
年大水太湖中水忽分爲兩有路可達長興役有人見一

田螺大如籮以帶繫之將負去兩邊水合亟放之趨歸又
有人見爛木十餘段上有鐵箍舉之不動疑銀鞘也節史惟彥荆水遺聞
二十二年春雨無麥　二十三年旱秋霖以上參徐志　四十
六年大旱河流涸湖水夜上沿湖賴以灌溉　四十
七年大水圩田無收
雍正三年旱

增修宜興縣舊志卷之末

雜志 軼聞

長橋下舊有白獺若出穴四望而嗥則爲兵兆神而祠之今廢或賦詩云淵淪不作捕魚忙攙報人間赤白囊世道清平渠屏跡吳宮醫頰授神方 陳玉璂府志

孫權年十五爲陽羨長率衆捕盜至太湖濱羣盜猝聚權乘馬走獨山巔見三少婦樵採匿權積薪中盜至三女紿之日下麓過水去矣盜欲脅從三女皆投崖死後權稱帝求三女姓氏不得乃即其地祀之赤烏三年立廟廟有古碑隸書不滿百字南唐時字始泐今浙西人家猶有搨本

宋太平興國府著靈異加號三夫人 邵補之毘陵志

陽羨許彥於綏安山行遇一書生求寄鵞籠中彥以爲戲言書生便入籠籠不更重宛然與雙鵞並坐前行息樹下書生乃出籠

義興人周姓者永和中出郭日暮道傍有草屋一女子出門望周求寄宿許之向一更中聞外呼阿香官與汝推車去俄而大雨雷震既明視所宿處乃一塚多車馬蹟 續搜神記

陽羨縣小吏吳龕嘗於溪中見五色浮石因取納牀頭至夜化成女子至曙仍是石 宋劉義慶幽明錄 梁任昉述異記

按原化記云邑人吳戡爲縣吏家荆溪得白螺置於家嘗自縣歸見飲膳畢具蓋螺化女子爲治飪戡怪之女曰天矜君勤小職勅奉配君勿疑幽明錄云吳戡得螺化爲女子號爲螺婦後因立祠于縣西名曰西津廟事頗相類吳龕與吳戡姓名音相同疑有傳聞之誤附志之以俟考

唐三姚生嘗遊張公洞秉燭行十餘里見二道士奕棋生倦且饑道士指以旁有青泥可食試取咀嚼甚芳馨道士曰爾去謹無語於世人生再拜返密懷其餘以示市中人青泥出洞已堅如石賈胡見之驚曰此龍食也生具述其事復與俱往尋之但存巨石不復得路 荆溪外紀

唐司空李蠙始名虬赴舉之秋偶自題名於屋壁經宵忽覩名上添一畫乃成虱字矣蠙曰虱者蠙也遂改名蠙明年登第 南楚新聞

宜興縣西有地名石亭十餘里多古梅苔蘚蒼翠宛如虬龍皆數百年物著花極晚詢之士人云梅之小者皆嫩故得春最早樹老則得春遲此說前所未聞梅間有小溪流水橫貫交午橋下多小石圓淨可愛或如花鳥人物狀近世以來有如騎而笠者蓋地氣亦隨時變形尤可異也 癸辛雜志

宜興段承務精醫術性嗜利非大勢力不能致翟忠惠公

居常熟招之不可委平江守梁尚書邀之始一來又適有
富人病請艮視之曰此病非五百千文爲謝不可其家許
以半拂衣去竟從其請又索銀百兩爲藥資數日愈載所
獲歸至中途夢一朱衣曰上帝以汝爲醫而務貪財賄無
利濟心命杖脊二十遂叱左右捽而鞭之既覺脊痛視之
箠痕宛然蓐死洪邁夷堅志
昔有吏丁姓過長蕩湖中見一青衣少婦倪没波中化爲
獺衣郎荷葉蓋獺多年則能變化迷人荆溪外紀
邑張公洞山形如覆盂吳赤烏二年一夕大風雨霹靂一
聲山裂洞開語云雷打張公洞惟有單家知蓋單氏之居

此地也最古洞旁有天申宮宋單錫作先知亭於其側鄒評
備考
元豐中東坡自黄移汝至荆溪寓滆湖別業一夕與單錫
步月於黄土有餉紅花酒者曰此紅友也東坡云彼知有
紅友不知有黄封眞快活人也圖經
東坡先生擬買田陽羡未果叔黨之孫峴流寓宜興乾道
中爲大府寺丞見周省齋集桃溪客語
大德中荆南有九人同山行遇雨避入土穴忽一虎來踞
坐洞口眈眈而視八人密計排一愚者出喫虎虎當去虎
果啣愚者置他所復來踞坐如故須臾洞崩八人皆死愚

者獨生儲惠碎金集
府志載佘學士墓在佘宅港今名佘墓墩明嘉靖間諸生
蔣懷珍館其地夜夢絳衣博帶者呼其名曰汝奈何令童
子溺我寢所蔣驚異遂從去又小東門外杏花村有佘墓
未知孰是舊傳宋熙寧間有僧智容善相術每許吳興朱
行中當得元後遇一士於相國寺驚嗜曰行中狀元爲此
子奪去矣詢之則毘陵佘中及傳臚佘果第一朱次之碎金集
元時碧雲寺有千僧内一僧矮而肥每食已即去久而怪
之尾其去至羅漢山掘之得石佛失手碎其顱血飛至寺

寺盡燬王升舊志
義興王子明家藏三代彝器六朝以來法書名畫實冠浙
右每年必祈一籤於烈帝廟以卜休咎一歲籤詞有曰開
溝鑿井當得其鼎珠不以爲意家人以商賈至汴購得一
商彝絶精妙以比舊藏皆不能及至正壬辰冦起蘄黄將
由義興取道犯浙西子明罄所藏瘞深窖埋之既入窖作
牛鳴者七夜子明疑商彝有神取出寄田家後窖遭發掘
獨此彝尚存輟耕錄
宜興邑西三十里有巨室楊景舒元季爲武弁富甲一郡
嘗淮張與金陵相埒時景舒覘望太祖兵至太湖索餉景

舒約軍艘以某日至屆期鳴鉦家衆雨集離立手傳頃刻畢事太祖慮其變籍誅之其土田冊賜中山王即今徐府莊田是也莊南里許有碧霞尼菴中設武寧王暨夫人神位王三女貞姑之所祀也父老言景舒驕暴其妻則長齋居一室太祖屠其家憫而赦之以所居爲菴云（史問和文集）

儲埏字公袞永樂時仕山東右布政叅安遠侯柳升軍勦唐賽兒埏先游齊曾時通破彌勒妖訣至是彥杲等遣人詐降云寨中乏水埏時叅升軍語升曰亟據東門外舊汲道不聽夜二鼓賊襲殺指揮劉忠升不覺至曉埏急馳至大營趣升分兵追賊用前破彌勒妖訣試之紙人馬皆墮

地遂獲賽兒暨劉俊等男婦百餘人賽兒坐檻車語解者曰今死矣幸畀我一杯水以止渴解者哀之水至而賽兒遁濟南趙百戶訐埏縱賊成祖逮升下吏以勳臣免而腰斬埏於西華門仰天歎曰死生命也趙百戶豈能搆我哉時夏五月十九日夏忠靖輓之曰憶昔長楊獻賦人定交傾蓋便相親豈期挂誤么麽子中夜長懷負伯仁蓋知其冤而不敢救也（節存研樓集）

隆慶元年有牛將屠忽自解其縛望縣而奔無能禦之者值黃令茂方坐牛竟入蹈堂下貴大異之良久曰此神告我勿宰牛耳乃令倉夫牧養倉夫呼牛起隨之行若素所馴擾者遂禁屠牛嗣令韓侯容至因書其事於石以告後人（王升舊志）

正統初邑東濱澤而居曰王中者本周氏子阿中也死於瘵王氏用堪輿說削梓爲牌插塚頭歷之牌忽生蘖枝葉漸繁歷百餘禩大合抱亭亭如蓋其孫國賓舉于鄉後賓欲爲歸宗計遂有鵲結巢枝上如懸靴狀解之者曰靴字從革而化其還於周之兆乎賓乃走京師白其事果復周姓（節王升舊志）

徐文靖公作相十餘年城中不起第宅洑溪新第落成時公目已眚命兩僮扶之遍行室中撫楹柱曰吾恐兒輩繕

葺過麗也（史惟彥荆水遺聞）

吳經字大常徐少師婿起家累巨萬所至窖金輒隨之今華要滄浜諸莊皆所造也宏治二年以貢試京師子儼已成進士王文恪鏊有送吳大常還宜興詩曰詩罷彤廷便乞還不教名字落人間小團龍鳳春前雨罨畫樓臺水面山文采傳來多似舅功名老去只如閒洞庭東望無多路楚頌亭成有舊顏（叅節鄉評備考）

成化中宜興王昌四者有奇力治田身犁而耕妻駕之昌四一臂奮撥土數尺嘗餽運昌四以舟梔肩米十鍾達舟舟人或恚其恃勇集鄰船百餘人共擊之昌四持檣左右

拂無弗墮溺者一日山行見巨虵長十餘將吞之昌四舉虵尾擲之墮地死途遇搏虎者各持鎗昌四獨拔巨竹削其端虎突至以手揞虎兩髆抽竹刺虎喉直透至背或久不運其力輒手足撼掉即拔木數株或提巨石行數百步乃可有女亦似其父陸有修艦或請昌四致之水命女往女獨自盪舟行比衆至舟已在水 祝允明枝山前聞

卜同成化乙未已擬一甲第一有忌之者曰天下大同何以卜爲遂抑二甲第一同天才絶異自命必得大魁成化辛卯省試撫軍餞送科舉置大觥謂衆曰諸君能掄元者飲此同進曰惟讓震澤王鏊耳持杯飲之果王第一而同

第二巳未會試王一甲第三同又次之 荆水遺聞

宜興阮二素有拳力宏治乙卯秋舟行遇虎突入舟中阮登岸挽大石伏數百步外俟虎至直前騎虎虎不能轉顧阮左手搏其毛右手擊其腦踰時腦穿虎斃 西樵野記

萬公士和尹應天時與直指交無加禮直指銜之欲抵以法求公事可釀爲罪者日榜笞主椎椽吏吏忍死曰萬公不應飲一勺水耳直指怒措摭益亟香山黄公佐家居養高不可致忽出謁直指直指喜已能致黄公也起迎之黄公入揖曰老夫跡不至公府久矣今爲萬公來公即欲湼之其人非可緇者直指乃寢其事 焦竑玉堂叢話

明曹尚書三暘之祖館溧陽山中主人負其修金曹訴之溧令時令以歲暮正徵糧急不之理曹下堂曰水面上打一棒令聞呼之還即以其語令賦詩曹援筆題云誰把長竿杖碧流一聲劈破楚天秋兩條玉帶分還合萬顆明珠散復收紅蓼灘頭驚鸕鴨白蘋洲外起浮鷗料知此處無魚釣收拾絲綸別下鈎令驚其才即日爲之追取遣主人以舟送琅玕山并命連舟以贈至河干適有僧在地募造鵬程橋曹即以舟及館穀并捐之謂僧曰橋洞須高他日令吾子孫官舫得過 吳紱荆水遺聞

吳頤山仕正德丁卯發解南畿試錄即以元卷改作程而

文肅公儼是科典試北闈首程實出其手兄主北弟冠南兩京程式出自一家一時傳爲盛事頤山歷官學政預決元魁十不失一河南尚維持父以事繫獄維持侍父囹圄不得就試按君某來監臨問頤山曰今科舉子何人是元答曰無出尚維持之右按君查冊尚無名即行牌提取應試迨放榜尚果第一聯捷官御史來巡江左時頤山已逝有嗣子謀害公孤家人朱昌等訴狀尚親至頤山公宅升堂懸遺像拜哭即爲分析遺產孤始得成立 吳氏手抄

頤山舊僕朱昌爲公所倚任後卒賴其力門戶以全朱有子三長本吳入籍杭萬歷丙辰進士後官陝藩次宗吳甲

午舉人德安知縣三懷吳庚子舉人郃武同知（吳氏手抄）

上黃里有黃芮二姓芮祖於明初自金沙來傭于黃適館師爲送春詩傭釋鋤聽口占一律曰怨風怨雨總成非無雨無風春亦歸蜀魄啼殘花影瘦吳蠶食盡柘陰稀枝頭紅綻櫻桃熟口角黃消燕子肥我亦欲歸歸不得擔頭長挂綠蓑衣塾師大駭主人郎以碧女妻之生二子皆貴爲給諫里諺云芮門雙給事黃門兩同知同知者主人子也當二姓顯時傭與碧俱在云（任源祥鳴鶴堂文集）

茗嶺盧氏世以樵採爲業至荊玉先生始讀書館於芳庄與諸友切磋文日進凡遇考試有鬼預告之萬歷乙酉鄉

試鬼許荊玉中式題是苗而不秀一章果驗數年後鬼忽告别云本欲佐汝成大魁今不能矣荊玉曰大魁不能可成進士否鬼良久曰若遇定公問一言題可中式荊玉後爲浚儀南康令至天啓壬戌科恰遇是題公孫忠肅公中式（節荊水遺聞）

陳氏家山中夜聞虎虎當門大虓久之虎去開門視之得一少艾衣襦凋損而妍姿不傷問其從來云是商女隨母寒食上塚爲虎搏至此陳見其妍麗諷之曰肯爲吾家婦乎女謝惟命遂配其季子踰月其父母踪跡得之喜甚遂定姻焉人謂之虎媒（碎金集）

荊溪有二人爲丱角交及壯而貧富不同窶者無他長略通書算妻甚豔富者乃設謀謂若困甚山中某甲豐於財乏主計者汝夫婦可寄食於彼吾爲若策之窶感謝富郎爲具舟載其夫婦抵山又謂曰且留汝婦守舟吾與若先往窶從之行至山岩極峻處富推窶者墮絕澗中謂必死乃奔至舟謂其婦曰若夫爲虎所嚙婦號泣隨富者往覓偕行至一所極隱僻遂擁而求淫焉婦皇遽不肯從忽有虎出叢中嚙富者去婦驚定念彼如此吾夫果在虎腹中矣獨行躑躅不知歸路有一人導至繫舟處倏不見俄有一污血披面者踉蹌來則窶者也婦駭爲鬼已而各道其

事相持大慟窶者云予墮澗時若有人挈之登岸者方知空山絕巘隨處有鬼神也遂歸偕老於鄉（祝允明甫田集）

成化乙未七月宜興西溪中三人共駕一舟行次被雷擊一人縛船中一人頭入甕一人橫繫於篙杪船自流六七里後縛者解入甕者出篙杪者墮俱不死擊時彷彿聞人喝云能改過否（堅瓠集）

宜興銅官山農吳孝先家畜牯牛其幼子希年牧之希年時跨牛背隨所之一日牛食草澗邊虎忽從林中出欲攫希年牛以首向虎徐徐嚙草行希年伏牛背不敢動虎意在攫牛背兒牛遽前竭力觸虎虎不及避跌入隘澗中水

浸其首旋斃希年驅牛返父集衆往舁虎歸他日孝先與
鄰人王佛生爭水佛生富而暴毆孝先至死希年訟於官
佛生上下行賂欲斃希年杖下其母周日號哭於牛前曰
曩藉汝免吾兒於虎今且父子俱死矣寧與我雪恨耶一
日佛生方延客歡飲牛猝登其堂觝佛生斃復斃其二子
鄰里趨白邑令令聞之知希年父子冤乃雪其訟節陳鼎義牛記
宜興名花三種善行洞杜鵑永定村海棠大潮寺牡丹也
舊傳蛟橋下有鈴記云長橋脉斷杜鵑枯四方兵亂爲郭
景純遺驗語昔善行洞有杜鵑一樹生石壁間花瓣大有
淚點爲佳本崇禎辛巳年樹忽枯是年周相國欲建石坊

於長橋北堍上鑿斷橋脉坊亦不成遂有甲申之變永定
村爲邵氏舊業其西府海棠一本相傳爲宋時遺植今尚
存大潮寺牡丹高可二丈花發數百蕋雍正四年秋大風
拔木見有火龍旋繞寺宇鬧墻傾倒壓斷牡丹今其萌蘖
僅存桃谿客語
崇禎丁丑九月九日邑人萬求玉夢至周孝侯祠侯揖入
曰世所傳予事甚謬史亦未盡然也予豈爲暴於鄉者亦
並未嘗仕吳予鄱陽刺史子魚公之子也公棄世卽奉母
夫人居荆溪之陽山立志不仕故名處字子隱以漁獵爲
業出嘗負弓矢帶劍嘗記潛華村二姓錯居潘族之豪有

十八者雄横閭里窺華姓二女色美欲委禽焉華不允登
門而攫之予適過其地目擊不平遽援矢破顱貫項潘立
斃自首於官官義予弗予罪也潘射頭之名因以顯今其
地猶存近塘橋悍婦曰王雌黑虎每侮夫而虐其姑逐使
居外負其膂力族黨弗能禁也予執而數之鞭至百流血
破體哀叩懇釋後遂謹事其姑因改其橋曰化酷橋事多
此類害於予者皆不善人耳善人固未嘗害於予也一日
入山探樵山人言近出白額虎暴甚予因至南岳寺伏虎
禪師前禱之禱畢師首動若肯者予揖出下山虎咆哮出
班斕白額高丈餘躍起數丈作搏予狀予隱一大樹間彎

弓抽矢一箭貫其睛再箭洞其喉三箭而腰折坐斃焉因
舍薪負虎歸見者以爲神傍晚過澄溪橋聞老嫗哭甚哀
釋負而問之嫗言彼生一子三女三女盡爲蛟所吞止存
一子恐不免故哭予慰之曰勿哭吾爲女報仇遂止其舍
殺虎爲食嫗出酒米佐之翼早啖斗粟飲鐔酒酒盡半酣
予歸至舍握鐵鉈腰鐵索戴先君之衣甲頂刻而至里中
有好事者五人素亦負胆力與同往時歲大旱溪水盡涸
自北而南可陸行詢土人言蛟潛於滄浦之老龍潭卽於
潭旁跡之見潭底時有泡起因下大石焉目睛蛟乃出飛
躍十餘里至大溪深處入焉予命五人者斫大樹運大石

投老龍潭中堵其歸路予追溪濆候之夜將半蛟從水中起望西而奔予知歸路已斷弗追也少頃復至張牙露爪予迎擊復入水中潛不復出及晚禱於龍王廟曰蛟龍屬也爲民害王弗禁非理予今欲殺之望王勿袒蛟當世世賽王得笤吉里人爭餽餉予予飽餐與五人者約鬭時須鳴鑼助我衆聲諾結蘆爲帷坐以伺之星月皎潔寂如也至夜半風起雷雨大作五人者不能留遂獨立雨中忽有電從西南來光映溪水見一物當水面立頭角崢嶸噴沫吞吐因向前斬之蛟亦乘雨騰容中倏忽馳驟來往如風劍不能近雨少殺電光逼蛟愈近得見蛟怪狀百出盡力

奔鬭閱二時忽下一劍如砍石劍鋒折有血如注逼視之則蛟角斷矣蛟乃負痛東奔時天色微明五人者鳴鑼擊鼓從而和者以萬計蛟聞聲不復東還思入水予邀而擊之易劍以錘錘重五十觔蛟以口吞之掣而退走予亦從之走至大浦港水盡蛟亦力盡予乃登其背洞其腹以鐵索貫之曳而西至長橋斬焉溪水盡赤至今名爲紅巷以此故也戮其尸陳于市有唐姓者分其角俞姓者取其皮皆五人中人也故所居唐角俞皮皆以此名而澄溪橋老嫗之子亦得無恙遂名其地曰男留云自此始折節讀書游雲間從二陸名聞於時府縣交辟乃仕晉爲征西將軍仕吳之事所未有也言訖夢醒晨特起而記之節萬球斬蛟射虎記

崇禎戊寅年吳門鄭從西湖攜蓴菜植于南岳蘭墅澗漸繁五六月間莖長丈許凝脂甚滑味淡而旨移置他處無有活者今南岳亦絕種久矣碎金集

崇禎丁丑會試宜興吳貞啓登榜元里人演劇爲賀有姑蘇女伶色藝絕羣傾動貴顯纏頭賞賚累篋盈箱衆方艷之一旦步罨畫溪見花飛水流山翠欲滴徘徊惆悵誓不復歸遂結茅於會貞菴之旁而栖老焉吳贈詩云籍甚幽名麴部頭霓裳一曲廣寒秋如何不作煙花長忽漫抽身物外游我亦三生杜牧之相逢偏恨看花遲瀟瀟暮雨旗

亭路誰唱黃河遠上詞湯大奎炙硯瑣談

盧忠肅死于賈庄嗣昌命總旗官俞振龍偵之歸備言殉節狀嗣昌怒別差兩人查勘與振龍異振龍執前說不移嗣昌命嚴刑拷掠振龍忽仰天大呼曰盧爺在此日將夕下振龍獄兩勘者歸昏定後有人喚之出家人駭久不回取燈視之俱斃于路荆水遺聞

李景鼎盧忠肅外兄順治間歲貢年八十餘病且死醒曰我尚有三年活適至一山見車馬甚盛中建一旗大書總督天下兵馬字方欲避俄一戎冠博帶者至乃盧忠肅也相見道闊甚殷謂予曰兄速歸三年後可再相見後果三

年而死（荆水遺聞）
鉅鹿諸生姚東明以衆餉盧公軍聞師起往見之公被甲立軍門次第揮諸將出東明請纓見期公解所佩刀授曰生從念我當視此刀耳師遂進明日戰没姚寶其刀每撫對流涕後公從孫傑夫令威縣往來鉅鹿境上購得之土花滲漬中稟稟有生氣（節曲周王令遠記佩刀事）
盧公分餉清源有黄衫而龐眉者直趨馬前曰公有劍骨三十外當奇貴然劍室露鋩能從吾養骨乎公笑而謝之徐視龐眉者踏道上雪無履跡因招之已失所在（節在陸草堂文集）

牧遊先生姓堵氏父禱子于三茅山一夕夢神語曰吾畀而一子自擇之吏導至廡下啓一室冠進賢襴袍束帶列坐十餘人吏問所欲翁曰吾不願也又啓一室儒衣巾列坐者十餘人翁又不願見牛欄屋一牧牛兒方睡翁曰吾欲得此爲子吏白神神許之歸以語媪媪亦喜未幾公生名之曰牧子後自號牧遊不數年翁媪相繼死育於外氏少落魄嗜酒亡賴好大言時流詆蔑延西北常慷慨思奮功名顧猶挾冊爲里塾師非其好也大書壁曰素貧賤行乎貧賤受牛羊則牧牛羊常讀書村寺醉歸失足墮泥塹罵曰伽藍神司何事不爲除道提神像擲塹中爲萬言書抵太守自薦避才太守目笑之曰狂生其儻易多類此辛已官長沙知府會山賊蕭相宇竊發擾安化寧鄉數敗官兵公率鄉勇破斬之又破醴陵燕子窩賊斬其渠曰草上飛於是中外稱知兵甲申留都擁立遷武昌兵巡副使尋擢巡撫湖北先是李自成既死其義兒李錦等十八部屯澧州界上號三十萬遠近大震公偵知錦母高氏有智術軍事皆取決而高氏第一功所部二萬人驍勇爲諸軍最公單騎詣其營諭降之自是屢立戰功加總督侍郎賜上方劍順治六年正月
大兵下湘潭公敗走郴州又走肇慶檄召李錦等於籐鬱

將率之出楚謀再舉至梧州部曲多散錦等亦不至恚恨疾革十一月舟泊潯江夜且半遽索紙筆草遺疏復自題其像擲筆呼左右語曰吾不能馬革裹尸死有餘恨奮衣起欲沉於江左右力抱持是夜尋卒後五六年其友人曾釗走蒼梧覓遺骸不得得遺像以歸其自題曰吁嗟牧子遭家不造誠身事親遭時多難誠身事君四十九年孤兒逋臣嗚呼可哀也已釗字桐聲亦狂士初先生未第時所與交如釗輩者凡十八號十鈍或曰十遁亦號十痴甲申之變往往散去後多不知所終惟釗存（邵長蘅青門簏稿）
堵公卒時有大星墜粵西南隅左右同夢公騎牛上昇公

生以辛丑捷以丁丑卒以已丑丑牛之星精也茅山之瑞徵於前滸陽之夢符於後豈偶然哉（孫順堵公墓表）

堵牧子先生偕友行經一祠頹垣敗壁遺像剝落殆盡視碑記則故宋狀元佘中也語其神曰君在宋朝雖無甚建豎亦科名中人而飄搖風雨困厄至此不幾遺冠冕羞乎吾今且葬君以滅其迹遂與友掘一坎舁其像葬之後數日夢所埋像曰吾土木之形雖敗尚當享此禋祀子何得瀆我本應加禍於子念子亦吾輩中人姑容子以復吾舊明旦先生急趨前祠其友已先在曰吾夢所埋神杖劍逐我謂堵某後當有立吾憐而貰之汝何人亦作狂奴態故

詣此自謝先生亦以夢告因復出坎中像拂拭加禮而去未幾其友人死（節堵公年譜）

天啓間富室每為豪暴搆陷入按臣訪家立破有雲霧村周中立於暮雪嚴寒時偶見一人貌類士即挽入室陳雞黍贈鹽而別不知即按君也後數年周解磚至都其人司勘驗見其名相與款曲且曰非雪夜習君仁厚幾悞聽某言陷君不測矣命役速收解而歸（潘司農集）

宜興周相國之再召夫人吳氏卒踰十年忽於夢中阻其出山宜興意未然之夫人云不信吾言可同我暫至一處宜興隨之見一老僧頸繫一索夫人指示之悚然警悟自知不祥然卒就召（節王堂奇記）

前明崇禎辛未陳殿撰于泰廷試卷尚存上有思陵御書第一甲第一名六字中又為改數字楷法遒整殿撰書策字不工而思陵賞之日筆筆鍾王遇合有數不獨文章也

儲既白為陝西榆林道時有武弁送大石硯一不知其佳也後家居蘇州新撫到任儲與有舊往謁之欲將此硯持贈因重加洗滌見墨池中有金色石卵突起寸餘亦不解何故後撫致謝以寶硯相贈何以克當心異之徐訪始知此硯名金母硯一晝夜長金三分（碎金集）

邑中建承雲塔時方築基定磉一道者扶杖來前云塔建

於此誠足攬溪山之秀當科名鼎盛但恐遭三九之厄耳後燬於順治壬辰為九年九月九日也（荆溪遊艾偶輯）

距毫村不數里有古刹曰敬先菴菴側高邱或穴其下乃得古冢隧澗幽凉明器詭怪似是古王侯墓（陳迦陵集）

儲鳳字漸磐順治壬辰闢館授經有道人求見延食具膳道人曰吾暨若偕會稽胡直宿世學道五臺山若兩人不戒於火焚金剛殿遂謫塵世今胡官翰林師命吾來招汝今歲六月三日當大疫若名在冥籍授秘法禳之當免出札授之緘甚固云五年後胡官江南持札候之言訖辭去送至馬塘渡倏不見後胡備兵常潤風持前札屬道掾章

介甫代呈胡曰若知儲漸磐乎對曰知之胡曰此吾故友
爲吾肅以來胡一見謂曰道人前來吾家語及爾等告歸
康熙戊申冬鳳家被災而胡家亦同日燼蓋應金剛殿讖
也鳳少病痁道人授紅丸服之不復發後無疾卒年七十
八（節存研儀集）

宜興任葵尊宏嘉爲御史疏定朝服等級三品以上乃得
衣貂及猞猁猻一日冬夜入朝寒甚梅銅崖總憲銷時爲
大理寺少卿以四品不得衣貂葵尊戲爲口號贈之云京
堂銓翰兩衙門齊脫貂裘猞猁猻非夜五更寒透骨滿朝
誰不怨葵尊（分甘餘話）

儲同人在陸草堂成徙居夕夢桃李葩盈園鉅者宋彌絢
俞文英釋曰此公門桃李徵也（節存研樸文集）

任釣臺先生初學易苦不能貫通雍正庚戌寄及門諸子
詩自註有云見離如日輪出海火光四射坎黑如圭柱撐
天拄地耳閒入語云如此無一毫遮蔽無一息間斷方成
心體又云撐天拄地方可言才伊尹聖之任纔盡坎之用
震艮兩卦相對爲經巽兌兩卦交織如緯又云至要則大
明終始一語汝體會著又云習坎維心亨不習无不利汝
意云何九月六日魂游二十三日歸魄時余一無所知而
間發一言後輒驗豈所謂游魂爲變歟甦後夜靜輒聞天
中讀易聲（參節清芬堂集）

康熙壬戌正月十二日邑之扶風橋許丹忱入城遇美女
視之笑是日宿戚袁氏家聞剝啄聲出視無所見復就寢
榻前有女子言有夫婦緣故來相訪述許家中平日事甚
悉丹忱疑畏甚明日抵家女已在其臥室自言胡姓名淑
貞前世宋眞宗宮中宋女汝爲奄人相愛甚約來世爲夫
婦不意墮入狐胎遂七百年不相值今來了夙緣勿疑也
丹忱弁告其祖可觀可觀入無所見但聞言太公請坐受
奴拜丹忱遂與成夫婦有定情詩一月後吟恨別詩而去
其侍女素娥時來誦淑貞相思曲道殷勤後或借秋鴻來

或借數婢曰春燕翠雲一枝紅青青柳爲丹忱理家事癸
亥五月淑貞遣秋鴻令閉目附其肩但聞風聲少頃至則
在萬山中別有天地淑貞一姊一妹俱出見素娥抱女嬰
至曰此君所生十閱月矣名綠陰供具皆異品與丹忱並
坐而不同寢留四日送歸手製葛衣爲贈是冬又遣婢迎
去路較近曰前黃山此銅峯也甲子春云往崑崙諸婢猶
歲一再至（節鄉評備考）

許丹忱之遇狐仙也有仇生元善者居比鄰聞丹忱言青
青柳年可二八容貌俊雅爲女使第一因戲賦綉鞋詩浼
丹忱持贈柳得詩曰仇生言近戲彼豈知我與若實兄妹

爲語仇生以九月初六夜與彼一會屆期仇往候漏二下柳至攜一壺置几上呼曰兄知妹來乎仇起應聲柳整衣行禮手奉壺水一杯曰此崑崙泉子姐淑貞命爲元靈娘娘壽謹分攜進兄表小妹之敬仇飲之甘溫香美非復人間物問兄妹所由云五代周時兩人逃難相失兄落塵界妹歸仙窟遂不相知今我兩人猶獲少聚未知親在何處言畢泣下呼仇妻爲嫂惓惓以生育爲言又言妹在山中日夕禮斗爲兄延齡時仇年二十有二後果未及四十而卒蓀柳已先知之節鄉評備考後記

縣東北十五里閘寶鄉有枯竹寺宋紹興乾道時有古竹

一株高數丈大數圍至元季兵燹竹遂枯寺因以名時土人發其根縝密如楠木好事者命工析作板刮磨之爲竹臬十二貯寺中施星夫延工繪古竹圖以傳今寺中竹根臺尚存其一文彩斑駁可愛

後記

無錫是中國吴文化的發祥地。七千多年悠久歷史與文明，造就了『梁溪明秀之區，衣冠禮樂甲于江左』的城市人文傳統和深厚的歷史文化底蘊。數千年來，文脉綿延，永世流芳。邵寶在《錫山遺響》序中曾經這樣描述：『錫之爲邑，在三吴間。山水清麗豐曠，生其地者，多沉雅秀整，以文名家，代不乏人，詩文之一也。』文化已經成爲這座城市最本色的氣質。爲傳承吴地文明，建設文化名城，進一步彰顯無錫城市内在精神特質，經過幾年的精心策劃，旨在全面整理地方文化典籍的《無錫文庫》編纂出版工作于二〇一〇年全面啓動，二〇一一年起陸續與讀者見面了。

無錫的城市文化曾經爲中華文化寶庫作出過巨大貢獻。顧愷之、倪瓚、王紱、鄒一桂、賀天健、徐悲鴻、錢松喦、吴冠中，如松秀群嶺，在中國繪畫史上擁有很高的地位；華秋蘋、楊蔭瀏、劉天華、華彦鈞（阿炳），乃韵動天籟，對中國音樂發展發揮了重要作用；李紳、蔣防、尤袤、蔣捷、陳維崧、顧貞觀、嚴繩孫、周濟、劉半農，皆胸懷錦綉，在中國文學史上可謂各領風騷；計六奇、顧祖禹、顧棟高、秦蕙田、嵇璜、錢基博、錢穆、錢鍾書、錢海岳，可稱堂奥廣庭，學造淵源，在中國學術史上卓然大家；顧憲成、高攀龍之東林，唐文治之『國專』，徐霞客之游記，徐壽、華蘅芳之『格致之學』，陳翰笙、錢俊瑞、孫冶方、薛暮橋之經濟學，都堪稱中華文化史上的一座座高峰，至今閃耀着炫目的光芒。

深厚的歷史文化底蘊激發了無錫城市的文化自覺。市委、市政府滿懷對鄉土誠摯之情、對文化敬畏之感，以義不容辭的責任擔當，致力於文化强市建設，以科學的理念和方式對歷史文化遺産作全方位的觀照、深層次的發掘、系統性的保護，匯四海之智，舉全市之力，共襄文化建設盛舉。二〇〇六年十二月，無錫市成功申報國家歷史文化名城，標志着新一輪文化意識的覺醒，并迅速轉化爲文化自覺的實踐。近年來，我市全面啓動惠山、清名橋、小婁巷、榮巷、蕩口等五個歷史文化街區和十個古村落保護修復工程，『護其貌，顯其顔，鑄其魂，揚其韵』；鴻山遺址成功保護的經驗被國家文物局譽爲大遺址保護『無錫模式』，并被授予首批國家考古大遺址公園，闔閭城遺址考古發現則確立了歷史上無錫曾作爲吴王闔閭都城的地位；建成開放六十餘座博物館、名人故居和紀念館；對無錫的非物質文化遺産予以重點保護；每年春天舉辦的中國（無錫）吴文化節、中國文化遺産保護論壇成爲文化亮點，享譽海内外。這些舉措遵循規律，探索文化建設體制和機制的創新，形成了寶貴的『無錫經驗』，得到海内外學者、專家的一致肯定。

在注重保護歷史文化遺存的過程中，發掘、整理無錫歷史文獻著作，展示和弘揚無錫城市的思想精神世界，自然而然成爲大家關注的重點。二〇〇六年，市委宣傳部組織無錫文史專家、學者編撰的十七册三百萬字的《無錫文化叢書》正式出版，引起强烈反響，出版後供不應求，在二〇〇八年再版加印。《無錫文化叢書》集中反映了無錫城市文化精華，展示了無錫城市文化特質，彰顯了無錫歷史文化的厚重，同時也告訴人們，文化精神的傳遞是文化繁榮發展的重要内涵，一旦擦去歲月蒙塵，優秀的歷史文化就會轉化成爲取之不盡的精神財富。

爲了進一步彰顯城市歷史文化底蘊，二〇〇七年，市委、市政府將全面系統整理無錫文化典籍擺上工作議事日程，明確提出編纂《無錫文庫》。由于無錫歷史文化底蘊深厚，卷帙浩繁，内容豐富，編纂工作千頭萬緒，要想整理出一部簡明扼要而又内容翔實、主旨鮮明而又文質彬彬的文獻集成，難度遠大于預想。爲此，我們先後成立了《無錫文庫》工作委員會和編輯委員會，加强對編纂出版工作的組織領導與統籌協調，在尊重歷史、尊重規律、尊重科學、尊重專家的基礎上，積極推進文庫編纂工作。編輯委員會經過反復論證，明確原則，綱舉目張，有條不紊地開展工作。充分憑借地方文史專家的優勢，充分發揮高校人文學院、研究機構的作用，充分依靠出版機構的專業經驗，并邀請國内外著名文史專家指導、把關，形成了文庫編纂的工作合力。

在編輯過程中，我們力求使《無錫文庫》成爲經得起歷史考驗的鄉邦文獻集成。

全面規劃又保持開放結構。面對豐富的歷史文化積澱，没有規劃就不可能形成清晰的編纂思路。在前期編纂工作中，編輯委員會經過二十餘次的論證會和專題研討會，形成并確定了《無錫文庫》總書目，明確了收録範圍和内容主體，立足無錫市區，兼顧江陰、宜興，主要體現無錫本土内容，突出人文科學，適當兼顧其他門類。據此，《無錫文庫》收録圖書五百五十餘種，分爲五輯：第一輯『官修舊志』，收編無錫地方志（含江陰、宜興）；第二輯『地方史料專著』，收編反映無錫地方史料的專著與筆記；第三輯『年譜家乘』，收編無錫（含江陰、宜興）地方名人年譜和望族的家譜；第四輯『無錫文存』，收編歷史上無錫作家詩文和專著的精華；第五輯『近現代名家名著存目』，編撰無錫近現代名家名著的書目提要。爲使文庫具有更大的開放度和包容量，《無錫文庫》注重整體設計，在框架分類上既注意整合，又突出重點，考慮到文庫的涵蓋面和系統性；在書目選擇上既注重經典性，又强調代表性，兼顧到圖書本身質量和作者特點；在出版方式上既總體規劃，循序推進，又采取較爲靈活的方式，成熟一批出版一批，不編序號，爲今後增補書目預留空間。

尊重歷史又反映時代特色。《無錫文庫》注重歷史性與時代性相結合，以嶄新的學術角度和現代學科理念對城市歷史文化進行整理和弘揚。編纂工作充分體現對歷史傳統的尊重，儘可能減少評述性成分，杜絶截割、改篡、增删圖書内容，對節選本祇采取作者的自選本。與此同時，以現代學術視野來看待傳統史料，增加收録有價值的歷史資料和文獻，如對民國時期的一些稿本、期刊、會刊、紀念册也予以應有的關注，收入了部分重要的民間史料。

保持原貌又便于讀者查閲。《無錫文庫》除第五輯外，全部采用原版影印方式，力争選擇最優版本作底本，保持文獻著作的歷史面目。爲了便于閲讀、查證、使用、研究，每一輯均撰寫編輯説明，每種書撰寫提要，并編撰《文庫》書目索引。通過這樣的方式，使《無錫文庫》兼具工具書檢索的作用，增强文化典籍整理的實用功能。

如期完成又精益求精。《無錫文庫》作爲一項重大文化工程，編纂工作面廣量大，必須集中力量，一鼓作氣。我們明確，從編纂工作全面啓動開始，花三年時間完成《無錫文庫》出版工作。《無錫文庫》總書目形成後，五輯的書目編纂工作同時開展，整體推進。我們要求，《無錫文庫》編纂出版工作要强化精品意識，力求思想精深、内容精彩、選編精當、學風精良、裝幀精美。文庫編纂出版的每個環節都反復論證推敲，確保經得起歷史檢驗。

《無錫文庫》的編纂出版工作，得到了鳳凰出版傳媒集團的大力支持，鳳凰出版社在版本選擇、編輯出版方面做了細緻的工作；由于《無錫文庫》收録的資料有三分之二散落在全國各圖書館中，中國國家圖書館、上海圖書館、南京圖書館等一批國内知名圖書館爲此提供了積極的幫助；應邀擔任《無錫文庫》學術顧問的專家，都是無錫籍的文化名人和國内一流的古籍研究專家，他們有的不顧年事已高，有的不顧自身工作繁忙，爲《無錫文庫》的編纂工作付出辛勤勞動；《無錫文庫》工作委員會和編輯委員會成員以及編務人員在文庫編纂出版過程中做了大量的工作。在此，謹向他們表示崇高的敬意和由衷的謝忱！

由於《無錫文庫》收録内容涉及範圍廣、時間跨度長，部分書目已經散佚，可利用資料受到限制，加之編輯委員會水平有限，《無錫文庫》的編纂工作難免會有一些疏漏和錯誤，不當之處敬請讀者指正。

王立人

二〇一一年一月